"当代地理科学译丛"编委会

(按汉语拼音音序排列)

蔡运龙　柴彦威　樊　杰　顾朝林
胡天新　李　娟　李　平　李小建
李秀彬　梁进社　刘宝元　刘卫东
孟　锴　齐清文　汤茂林　唐晓峰
王　铮　周尚意

当代地理科学译丛·学术专著系列

国家自然科学基金项目(41171107)、中国科学院地理科学与资源研究所
"一三五"项目(2011RC201)和国家科技支撑项目(2011BAJ07B01)资助

城市交通地理学

〔美〕苏珊·汉森   编
吉纳维夫·朱利亚诺

金凤君 王姣娥 王成金 戴特奇 等译

商务印书馆

2014年·北京

Edited by
Susan Hanson, Genevieve Giuliano
THE GEOGRAPHY OF URBAN TRANSPORTATION
The Guilford Press 2004
Copyright © 2004 The Guilford Press
A Division of Guilford Publications, Inc.
（根据吉尔福德出版社 2004 年版译出）

内容简介

由美国科学院资深院士苏珊·汉森和美国交通研究会前执行委员会主席吉纳维夫·朱利亚诺主持编著的《城市交通地理学》，是关于最新城市交通问题研究成果的著作。本书的目标是帮助读者理解交通和交通规划在塑造城市形态中所扮演的重要角色。前言部分首先扼要介绍了城市交通在社会、经济生活中的重要性。书中强调，人们最终使用的交通系统，其实是一定地域范围内的公民和决策者在特定的环境下，形成关于交通问题的判断，然后利用上述判断指引研究和决策，并采取行动的结果。

全书共分三部分。第一部分设定背景知识，解释本书的核心概念，并从地理学的视角来审视交通，随后概述城市客运和货运，介绍交通发展历史及其影响城市形态的机理和过程，并强调信息技术对人们出行方式和城市形态的影响。第二部分以美国为案例，介绍在当前的政治背景下城市交通规划的过程及其发展趋势，概述了GIS在不同级别政府的应用，最后强调了美国公共交通发展的不足。第三部分针对当前一些迫切的政策问题展开论述——公共交通、土地利用、能源、金融、公平和环境影响。与前两个版本相比，本书不仅仅关注交通拥堵的问题，而且增加了最后一章内容来关注交通拥堵的根源——小汽车的管理问题。

本书强调了地理学在研究城市交通中的地位和作用。指出与交通有关的一系列问题，必须在特定的空间尺度下进行研究。个人、政府、制度、地理均与交通之间存在复杂的关系。若要切实解决交通问题，必须重视社会开放性、民主制度以及法律的建设。本书可为我国从事城市交通的研究者、规划师、决策者、管理者和普通民众提供有益的背景知识和分析工具。

"当代地理科学译丛"
序　　言

　　对国外学术名著的移译无疑是中国现代学术的源泉之一，说此事是为学的一种基本途径当不为过。地理学界也不例外，中国现代地理学直接就是通过译介西方地理学著作而发轫的，其发展也离不开国外地理学不断涌现的思想财富和学术营养。感谢商务印书馆，她有全国唯一的地理学专门编辑室，义不容辞地担当着这一重要任务，翻译出版的国外地理学名著已蔚为大观，并将继续弘扬这一光荣传统。但鉴于已往译本多以单行本印行，或纳入"汉译世界学术名著丛书"之类，难以自成体系，地理学界同仁呼吁建立一套相对独立的丛书，以便相得益彰，集其大成，利于全面、完整地研读查考；而商务印书馆也早就希望搭建一个这样的平台，双方一拍即合，这就成为这套丛书的缘起。

　　为什么定位在"当代"呢？可以说出很多理由，例如，当代著作与我们现在面临的问题关联最紧，当代地理学思想和实践既传承历史又日新月异，中国地理学者最需要了解国外最新学术动态，如此等等。至于如何界定"当代"，我们则无意陷入史学断代的严格考证中，只是想尽量介绍"新颖"、"重要"者而已。编委会很郑重地讨论过这套丛书的宗旨和侧重点，当然不可避免见仁见智，主要有以下基本想法：兼顾人文地理学和自然地理学，优先介绍最重要的学科和流派，理论和应用皆得而兼，借助此丛书为搭建和完善中国地理学的理论体系助一臂之力。比较认同的宗旨是：选取有代表性的、高层次的、理论性强的学术著作，兼顾各分支学科的最新学术进展和实践应用，组成"学术专著系列"；同时，推出若干在国外大学地理教学中影响较大、经久不衰且不断更新的教材，组成"大学教材系列"，以为国内地理学界提供参考。

由于诸多限制,本译丛当然不可能把符合上述宗旨的国外地理学名著包揽无遗,也难于把已翻译出版者再版纳入。所以,真要做到"集其大成"、"自成体系",还必须触类旁通,与已有的中文版本和将有的其他译本联系起来。对此,这里很难有一个完整的清单,姑且择其大端聊作"引得"(index)。商务印书馆已出版的哈特向著《地理学性质的透视》、哈维著《地理学中的解释》、詹姆斯著《地理学思想史》、哈特向著《地理学的性质》、阿努钦著《地理学的理论问题》、邦奇著《理论地理学》、约翰斯顿著《地理学与地理学家》和《哲学与人文地理学》、威尔逊著《地理学与环境》、伊萨钦柯著《今日地理学》、索恰瓦著《地理系统学说导论》、阿尔曼德著《景观科学》、丽丝著《自然资源:分配、经济学与政策》、萨乌什金著《经济地理学》、约翰斯顿主编的《人文地理学辞典》等,都可算"当代地理学"名著;国内其他出版社在这方面也颇有贡献,特别值得一提的是学苑出版社出版的《重新发现地理学:与科学和社会的新关联》。

当然,此类译著也会良莠不齐,还需读者判断。更重要的是国情不同,区域性最强的地理学最忌食洋不化,把龙种搞成跳蚤,学界同仁当知需"去粗取精,去伪存真,由此及彼,由表及里"。

说到这里,作为一套丛书的序言可以打住了,但还有些相关的话无处可说又不得不说,不妨借机一吐。

时下浮躁之风如瘟疫蔓延,学界亦概不能免。其表现之一是夜郎自大,"国际领先"、"世界一流"、"首先发现"、"独特创造"、"重大突破"之类的溢美之词过多,往往言过其实;如有一个参照系,此类评价当可以客观一些,适度一些,本译丛或许就提供了医治这种自闭症和自恋狂的一个参照。表现之二是狐假虎威,捡得一星半点儿洋货,自诩国际大师真传,于是"言必称希腊",以致经常搞出一些不中不洋、不伦不类的概念来,正所谓"创新不够,新词来凑";大家识别这种把戏的最好办法之一,也是此种食洋不化症患者自治的最好药方之一,就是多读国外名著,尤其是新著,本译丛无疑为此提供了方便。

时下搞翻译是一件苦差事,需要语言和专业的学养自不待言,那实在是要面寒窗坐冷板凳才行的。而且,既然浮躁风行,急功近利者众,凡稍微有点儿地位的学术机构,都不看重译事,既不看做科研成果,也不视为教学成果。译者的收获,看得见的大概只有一点儿稿费了,但以实惠的观点看,挣这种钱实在是捡了芝麻丢了西瓜。然而,依然有真学者愿付出这种牺牲,一个很简单的想法是:戒除浮躁之风,从我做起。为此,我们向参与本丛书的所有译者致敬。

蔡运龙
2003 年 8 月 27 日
于北大蓝旗营寓所

译 序

城市交通既是一系列复杂社会现象的空间集合，也是一项复杂的系统工程，始终是社会发展的焦点问题。满足居民职住地间通勤需求、休憩需求和提升生活品质需求是城市交通产生与发展的核心动力，而城市交通系统的建设与管理同时也是影响城市功能与效率、改善城市居民生活品质的关键内容。从上述两方面认识和研究城市交通发生的机制与规律，并对其进行规划与管理，才能精准把握城市交通问题，破解城市发展过程中遇到的各类交通困境和难题。

由美国科学院资深院士苏珊·汉森和美国交通研究会前执行委员会主席吉纳维夫·朱利亚诺主持编著的《城市交通地理学》，是关于最新城市交通问题研究成果的著作。本书立足"地理"的视角，从三方面对城市交通问题进行了介绍。第一部分主要是对核心概念的解释，概述了城市客运和货运，介绍了交通和城市形态的发展历史，评价了信息技术对出行方式和城市形态可能造成的冲击。第二部分介绍了城市交通规划过程及其当前的趋势，并将规划过程放在它试图去影响的政治背景中来考察，这一部分还概述了交通规划中的GIS应用。第三部分针对公共交通、土地利用、能源、金融、公平和环境影响等一些迫切需要解决的政策问题展开论述，最后探讨了汽车交通管理对公共交通效率提高的可能性。

本书对交通研究者、规划师和决策者、管理者和普通民众都很有参考价值。书中提供了几个看待城市交通问题一般性的观点和见解：第一，城市交通问题不再简单地被认为是交通拥挤问题，环境管理、历史遗产保护、公众参与等其他问题也被牢固地置于主流交通议程之中；第二，要理解当前的城市交通问题，很大部分需要把它看作是各种政策选项竞争的结果，而这些政策选项本身也是规划师、市民、城市经营者和城市管理者从各自角度将问题概念化、进而设想解决方案并采取行动的产物；第三，交通研究和交通规划的根本目的是改善人们的生活品质，而交通对人们生活品质的影响,主要体现在可达性、机动性、环境和健康等方面;第四,交通问题的研究和解决不能完全由政府包办,必须建立起个人、社区、社会团体和各级政府的良好互动,而这种互动需要一定的制度建设和保障,更需要有整个社会的共同参与,即解决城市交通问题是一个群策群力、相互协商的政治过程,并不是一个单纯的技术过程或政府行为。

由于城镇化的快速推进和机动车拥有率以前所未有的速度提高,使得我国所面临的改善城市交通的任务可能比任何国家都艰巨。但目前国内尚缺乏城市交通地理方面的权威著作,而城市交通规划往往更为注重城市交通系统本身的建设和管理,忽略了城市以及社会这两个更大的系统。因此,汲取国际上的最新研究成果,借鉴国际先进的交通管理经验,是探索建设有中国特色的城市交通建设与管理模式的有效途径,这也是我们翻译这一著作的初衷。期望这一著作的翻译出版,能为我国从事城市交通的研究者、规划师、决策者、管理者和普通民众提供有益的背景知识和分析工具。

本书的校译工作由中国科学院地理科学与资源研究所的金凤君、王姣娥、王成金、杨振山、陈洁等和北京师范大学的戴特奇共同承担。详细分工如下:

第一章,戴特奇、周彬学译,王姣娥校;

第二章,李莉译,王姣娥校;

第三章,王成金译,金凤君校;

第四章,刘鹤、金凤君译,王姣娥校;

第五章,王姣娥、莫辉辉译,金凤君校;

第六章,杨红梅、莫辉辉译,王姣娥校;

第七章,陈洁译,王姣娥校;

第八章,许旭、金凤君译,莫辉辉校;

第九章,谌丽、金凤君译,王姣娥校;

第十章,金凤君、楚波、王娇娥译,莫辉辉校;

第十一章,武巍、王姣娥译,莫辉辉校;

第十二章,高菠阳译,王姣娥校;

第十三章,洪敏、王姣娥译,莫辉辉校;

第十四章,杨振山译,王姣娥校;

译　序

主题词对照表,王姣娥译,金凤君校。

在本书的翻译出版过程中,商务印书馆的田文祝、李娟博士给予了诸多帮助,在此深表感谢。

中国科学院地理科学与资源研究所
金凤君
2013 年 10 月

献给我们的孩子

克里斯汀和比尔
埃里克和梅格——威尔和卢克

丹蒂和塔米
马塞洛和克里斯蒂娜

怀念文森特

目 录

前言 i
缩略词列表 iii

第一部分　场景设置 1

第一章　城市交通出行的背景：概念及最新趋势 3
苏珊·汉森

第二章　城市间相互作用：客流和货流的变化 37
托马斯·莱茵巴克

第三章　交通与城市形态——美国都市区的空间演化阶段 77
彼得·马勒

第四章　信息技术的影响 108
唐纳德·贾内尔

第二部分　城市交通规划 141

第五章　城市交通规划过程 143
罗伯特·约翰斯顿

第六章　交通规划过程反思 180
马丁·瓦奇

第七章　城市与区域交通规划中的GIS应用研究 206
蒂莫西·涅尔盖什

第三部分　政策问题 ··· 245

第八章　公共交通 ··· 247
约翰·普克尔

第九章　交通投资对土地利用的影响——以公路和公共交通为例········ 294
吉纳维夫·朱利亚诺

第十章　交通运输与能源 ··································· 340
戴维·格林

第十一章　城市交通投资地理学 ······························ 367
布赖恩·泰勒

第十二章　城市交通中的社会和环境公正问题 ··················· 415
德瓦乔提·德卡

第十三章　交通与环境 ····································· 448
希钱格·克里斯汀·贝

第十四章　汽车交通管理 ··································· 483
吉纳维夫·朱利亚诺、苏珊·汉森

主题词对照表 ··· 511
作者简介 ··· 517
撰稿人 ··· 518

前　言

从某种意义上讲,交通支撑着城市生活;如果没有交通,一切城市活动将难以维系。交通也是许多城市难题的来源,比如拥挤、污染、社会公平以及化石燃料依赖问题。《城市交通地理学》(第三版)保持了与以前版本一致的基本论述原则:市民和政策制定者如何定义一个问题将直接影响他们如何研究和分析这一问题,这种分析反过来又将影响到政策制定及决策过程,并最终塑造城市交通系统本身。

多年来,城市交通问题被等同于交通拥挤问题。为了解决这一问题(如四阶段城市交通模型系统),各种模型系统分析框架的主要目标是指导新建更大容量的基础设施,多数结果下是修建更多的高速公路。但随着人们越来越关注空气污染及其他环境问题,越来越关注无车群体的机动性,也越来越担心几乎完全依赖私家车的城市交通系统会带来何种长期后果,政策调整的压力在20世纪80年代累积得越来越大。1991年美国政府通过的"冰茶法案"(《综合地面运输效率法》,ISTEA)显示这些力量的累积达到了一个顶点,代表了根本性转变的观点。城市交通问题不再简单地被认为是交通拥挤问题,环境管理、历史遗产保护、公众参与等其他问题也被坚定地置于主流交通议程之中。在本书第三版中,我们将探索这种思考方式的转变如何改变了城市交通规划过程的本质,如何改变了政策环境,以及如何扩大了公众参与的范围。

如同前两个版本,这一版本是为高年级本科生和低年级研究生编写的。这一版本保留了前两版分为三部分的基本结构。第一部分设定背景知识,主要内容是对核心概念的解释,概述城市客运和货运,介绍交通和城市形态的发展历史,并评价信息技术对出行方式和城市形态可能造成的冲击。第二部分把城市交通规划过程及其当前的趋势介绍给学生,并将规划过程放在它试图去影响的政治背景中(而且经常被政治化)来考察,这一部分还将概述交通规划中的GIS应用。在第三部分，各章针对一些迫切的政策问题展开论述——公共交通、土地利用、能源、金融、公平和环境影响。最后一章探讨汽车交通管理对公共交通效率提高的可能性，从而综合地考察这些政策焦点。

与第一版和第二版相比，这一版极大地增加了对政策的关注。我们重新聚焦了各章的内容，并增加了新的章节，特别增加了城际交通和交通投资方面的内容，并在最后一章增加了汽车交通管理的内容。

本书鼓励学生去理解问题表述、研究设计、分析方法和规划决策之间的联系。我们希望学生能够领会到：要理解当前的城市交通地理，很大部分需要把它看做是各种政策选项竞争的结果，而这些政策选项本身也是规划师、市民、劳资双方以及被选举的官员从各自角度将问题概念化、进而设想解决方案并采取行动的产物，而且我们希望这种理解能使学生在头脑中形成新的城市交通地理，并积极地为之工作。

这里需要感谢许多人。首先要感谢的是各章作者，他们的研究和思想是本书的灵魂。虽然13位作者来自不同的专业领域，但他们极富耐心的工作促使了本书的连贯性。还要感谢吉尔福德出版社的克里斯多·霍金斯为本书所做的组织协调工作。感谢莎拉·洛伊和雅伊梅·哈伯对本书出版上的帮助。最后，特别要感谢许多愉快的合作。苏珊（独自完成了本书前两版）非常享受这次与金的合作；正如预期的一样，合作性的工作的确是更令人愉快的。

（金凤君译）

缩略词列表[①]

AVR 平均车辆率

BRT 快速公交系统

BOTS 交通统计局

CAA 《清洁空气法》(1971年首次通过)

CAAA 《清洁空气法修正案》(1977年首次通过)

CAFE 公司平均燃料经济性指标

CBD 中央商务区

CO 一氧化碳

CO_2 二氧化碳

DOE 能源部

DOT 运输部(美国)

DRAM 细分居住分配模块

EIA 能源信息管理局

EMPAL 就业分配模块

EPA 环境保护署

FAZ 预测分析区

FHWA 联邦公路管理局(美国)

FTA 联邦公共交通管理局(美国)

GAO 审计总署(美国)

GHG 温室气体

GIS 地理信息系统

GIS-T 交通地理信息系统

[①] 译者注:括号内表示该词常用于美国。

GMA《增长管理法案》(1990年华盛顿州通过)

GPS 全球定位系统

IHS 州际公路系统

HOV 高乘载车辆(如,合伙使用汽车)

IPCC 政府间气候变化专门委员会

ISTEA 俗称"冰茶法案",即《综合地面运输效率法》(1991年通过;亦称1991年《地面运输法案》)

ITLUP 一体化交通与土地利用软件包

ITS 智能交通系统

IVHS 智能路车系统

LEV 低排放车辆

LOS 服务水平

LPG 液化石油气

LRT 轻轨运输

MPG 每加仑燃油可行驶的英里数

MPO 大都市区规划机构

MSA 大都市统计区(通常包括一个城市及其周围的郊区)

MTA 大都市交通局

MTP 大都市交通规划

NAAQS 国家环境空气质量标准

NEPA《国家环境政策法》(1969年通过)(美国)

NHTS 全国家庭出行调查(美国)

NHTSA 国家高速公路交通安全管理局(美国)

NPTS 全国个人出行调查(美国)

OECD 经济合作与发展组织

OPEC 石油输出国组织

PECAS 生产、交易和消费分派系统

PEM 质子交换膜

PMT 人出行英里数

PNGV 新一代汽车合作计划

POV 私人拥有车辆

PSRC 普捷湾区域议会

RTI 道路交通通信技术
RTPO 区域交通规划组织
SACMET 萨克拉门托都市区出行模型
SAZ 小区
SIP 国家实施计划
SO_2 二氧化硫
SOV 单乘载车辆
STP 水陆交通运输计划
STPP 水陆交通运输政策纲领
SUV 运动型多功能车
SULEV 超低排放车辆
TAM 运输充足措施
TAZ 交通(或出行)分析区
TCM 交通管制措施
TEA-21《21世纪交通运输公平法》
TIP 交通改善计划
TOD 公交导向型开发
TRB 交通运输研究委员会
TNR 运输需求报告
TSM 交通系统管理
TSP 交通战略规划
USDOT 美国运输部
USEPA 美国环境保护署
USGS 美国地质勘探局
UTMS 城市交通建模系统
UTPS 城市交通规划系统
V/C ratio 交通量/通行能力比率
VMT 车辆行驶里程
VOC 挥发性有机化合物
ZEV 零排放车辆

第一部分 场景设置

第一章 城市交通出行的背景:概念及最新趋势

苏珊·汉森(Susan Hanson)

许多人会将美国现代民权运动的开端追溯到 1955 年 12 月 1 日,当天,在亚拉巴马州蒙哥马利市一辆公共汽车上发生了一件事:因拒绝市政公共汽车司机的命令——将座位让给一位白人男士,罗萨·帕克女士遭到逮捕。她的被捕导致人们对蒙哥马利市公共汽车的联合抵制行动(1955-1959 年)——黑人拒绝乘坐实行种族隔离政策的市政公共汽车系统。最终,这一运动证明了集体行为的力量,也使马丁·路德·金成为著名人物。民权运动起源于市政公共汽车仅仅是说明城市交通如何被融入美国生活的一个例子。

如果缺少眼前这些想当然存在的舒适的交通工具,你能想象生活将是什么样子吗?周期性的暴风雪笼罩主要城市,并将人们一个个禁锢(毫不夸张的说法)在家(或其他地方)长达数天的时候,人们就会对这种生活有一个短暂的体验:当道路被埋在积雪之下达 6 英尺深时,你就不能获得食物,不能赚钱谋生,不能为生病的孩子寻得医疗保健,也不能走访朋友。最近发生在加州的地震及中西部地区的洪水事件都是这方面的例证,一座桥梁的坍塌就能扰乱数以万计人的日常生活以及数以百计的商业活动。2003 年 8 月美国东北部和中西部大多数地区仅出现了几天的大停电,就使那里的生活几乎崩溃。

交通对美国和其他地区的城市生活至关重要,因为交通是抵达目的地所必需的手段:交通使人们可以进行日常生活的各种活动。各种土地利用——食品店、洗衣店、五金店、银行、药店、医院、图书馆、学校、邮局等组成了空间分离、高度专业化的城市——如果要获得必需的商品和服务,人们必须移动。只有少部分人的居住和就业在同一位置(约占 2000 年美国劳动力的 3.3%),多数人必须通过移动才能赚取收入和进行消费。

尽管人们偶尔也把旅行本身当做目的(如周日驾车游或家庭自行车运动),但多数城市出行是其他(非出行)活动的副产品,比如上班、购物、寄信。在美国大约只有0.5%的出行是娱乐性的(FHA,1994,pp.4-72)。从这个意义上看,城市交通需求被认为是一种衍生(派生)需求,因为它来源于其他的需求和目的。以下两种方案之间的权衡总是存在的:在家完成某一活动(比如吃饭、看电影或者洗衣服),还是去其他地方完成这一活动或完成与之类似的活动(比如去餐馆、电影院或洗衣店)。

所有的移动都会产生某种成本,这种成本通常以时间或金钱来衡量。利用私家车、公共汽车或轨道交通的出行既产生时间成本,也产生货币成本;而其他如步行这类出行,主要涉及时间上的花费。在决定采用何种方式(例如使用小汽车或乘坐公共汽车)出行的时候,出行者经常要在时间和金钱之间权衡,花费更高的出行方式往往速度也更快。在决定是否出行的时候也需要权衡:出行者会将到达目的地后的预期收益与到达那里所需的预期成本进行比较。当然,并非每次出行前都有这样一番复杂的比较权衡,有许多出行是习惯使然,但每次出行的发生都代表了预期收益对预期成本的一次胜利。

尽管已有的交通研究非常强调出行成本,但最新的一些研究认为许多人的日常移动可能也是一种娱乐,而不是单纯地为了完成工作这类必要活动而不得不忍受的痛苦。比如,一些人很享受通勤时独自在车里的时光,声称那是一天中唯一属于他们自己的时间。与多数交通理论相反的是,这些人并不寻求工作出行或其他出行的时间最小化或距离最小化(Mokhtarian, et al., 2001)。此时的出行需求不是单纯地"衍生"于其他活动的需求,而是为了它本身收益而采取的行动。

本章将介绍城市交通中一些关键的概念,并为后面的章节设定场景。具体将解释:①可达性、机动性和公平性的概念;②涉及交通出行方面的城市背景;③美国交通出行方式的最新趋势;④美国交通分析和规划的政策背景。本书总的目标是帮助读者理解交通和交通规划在塑造大都市区时的中心角色。

一、核心概念

(一)可达性和机动性

理解交通的两个核心概念是可达性(Accessibility)和机动性(Mobility)。可达性指在某一距离和时间范围内可到达的机会数量,这些机会也被称为"活动点"。机动性则指从一个地点移动到另外一个地点的能力(比如从家到杂货店)。随着活动场所之间的距离越来越长(因为居住模式的密度越来越低),可达性越来越依赖于机动性,尤其是私人拥有车辆(POVs)。

1. 可达性与土地利用模式

请允许我以我自己所在的社区为例,这个社区位于马萨诸塞州伍斯特内城。约40年前,许多不同类型的活动点都位于我家周围的三个街区内:一个超市、一个服装店、一个药店、一个邮局、几座教堂、一个大公园、三个小学、一个书店、一个面包房、一个干洗店、一个洗衣店、一个理发店和几个餐馆。另外,几个大的制造业就业点(一个钢厂、一个地毯厂、一个纺织机制造厂)位于居住区的另一边。仅靠步行就很容易得到所需的商品和服务,甚至就业也如此。上述情况中,可达性依赖于行人的移动能力,而不是车辆的移动能力。现在尽管上述许多场所仍然在这里,但制造业企业和超市已经关闭了;食品店的规模明显变大,数量变少,彼此之间的距离变远。居民区附近步行范围内没有杂货店。现在获取食物要求使用公共汽车、小汽车或出租车所提供的机动性。规模不断扩大(数量不断减少)的食品店依赖于不断升级的机动性;与同样时间内步行所能到达的地方相比,现在依靠小汽车的出行要远得多。

这个例子表明对机动性的需求可以被看做城市不同土地利用类型空间分离的结果,但机动性的增强也促进了土地利用的分离。因为交通设施的改善可以使人们在给定时间内的出行距离比以前更远,交通进步推动了城市地区活动点之间(尤其是居住和就业之间)的空间分离。正如后面章节将要谈及的,交通规划的目标曾是增加人们的机动性,有时甚至将机动性的增加等同于可达性的增加。如阿苏贝尔曾评论到,交通规划者设计了"致力于寻找低成本的速度来使个人的出行距离最大化"的各种系统(Ausabel,1992,p.879)。然而,现在规划者和政策制定者已认识到,即使不增加机动性,而对土地利用规划给予更多的重视,即通过创造高密度的城市社区,也能获得同样的可达性,就像40年前我所在的伍斯特社区那样。

交通和土地利用之间的这种共生关系是地理学家对城市交通感兴趣的原因之一。如果没有关于交通模式的知识,是不可能理解大都市区的空间结构及领会他是如何改变的。场所的可达性对其土地价值有重要的影响(因此对土地利用类型也有显著的影响),而场所在交通网络中的区位决定了它的可达性。因此,长期而言,交通系统(和出行)塑造了土地利用模式。莱茵巴克将在第二章揭示这一原理如何在城际尺度发生作用,而在第三章,马勒将在都市区尺度上通过数个历史案例来展示交通创新与城市土地利用模式之间的相互作用。但就短期而言,土地利用布局的现状决定着出行模式的形成。交通与土地利用之间的密切关系可以由下面这个事实印证:即每个城市核心区的土地利用长期规划就是一个交通规划。在第四章,唐纳德·贾内尔将探讨一个有趣的问题,即互联网、手机、视频会议等信息技术如何改变距离和可达性之间的关系,并进而改变可达性和土地利用之间的关系。

2. 可达性度量

我们已经谈及了场所的可达性(如到达某一地点的难易程度)和人的可达性(如一个人或一群人到达某一活动点的难易程度)。正如我们在前文的例子中见到的那样,个人的可达性水平很大程度上依赖于活动点相对于这个人住所和交通网络的区位,但也受到这个活动点运营时间的影响,甚至这个人可以花多少时间在路上也影响着可达性。城市规划师和学者很早就指出,在评价城市是否健康发展时应该考虑人们到达就业地点、零售和其他服务店以及娱乐场所的难易程度。这就暗示着,可达性应该是衡量生活质量的一个核心指标(Chapin, 1974; Scott, 2000; Wachs & Kumagi, 1973)。然而,以一种有意义的方式来度量可达性却是困难的。

个人可达性的度量通常是在给定距离内可获得的活动点(也被称为"机会")的数量累计,这种累计要考虑每个活动点因距离而产生的"折扣"。一般是计算某种特定类型机会的可达性,比如商店、就业点或者医疗设施。式(1)展示了可达性的一种度量方式:

$$A_i = \sum_j O_j d_{ij}^{-b} \tag{1}$$

其中,A_i 表示个体 i 的可达性,O_j 表示到个人 i 的家庭住址距离 j 处的机会数,d_{ij} 是对 i 和 j 分离程度的度量(可以用出行时间、成本或简单地用距离来度量)。这一可达性指标度量了一个人可获得的潜在目的地数量,以及到达目的地的难易程度。可达性通常相对于个人的家庭住址来评价,是因为家是人们用作出行起点最多的中心;个人的可达性指标也可以(或应该)围绕其他重要的中心来计算,比如工作场所。

城市中一个场所到其他场所的可达性可以用类似的公式来度量,如式(2):

$$A_i = \sum_j O_j d_{ij}^{-b} \tag{2}$$

其中，A_i 表示地区 i 的可达性，O_j 表示地区 j 的机会数，如上，d_{ij} 是对 i 和 j 分离程度的度量。

尽管式(1)和式(2)在结构上相似，但二者之间的区别是重要的。前者度量的是个体可达性，而后者则度量城市中某一地点(或区域)的可达性。后一度量指标将生活在地带 i 内的人们做了均质化处理，认为他们到城市其他活动点的可达性一致；它也不区分该地带内人群的类型，比如有车的人和没有车的人。

上面的可达性度量指标是高度简化的；既未真正考虑机动性，也未包括其他方面，如一天中在不同时间访问场所的能力不同。第三种度量指标被称为时空自由度(Space-Time Autonomy)，它既考虑了可达性，也考虑了机动性；因此，从概念上而言它更令人满意，但与(1)相比，在操作性上要困难得多。该概念是在时间地理学的背景下发展起来的，强调对个人移动自由的约束(Hagerstrand,1970)。这些约束包括：

- 能力约束(Capability constraints)——给定交通技术条件下实施某一任务的能力是有限的，即我们在一个时间点上只能出现在一个地方；举例说明，如果你能采用的交通方式只有步行和自行车，那么在给定的时间内，比如半个小时，你能到达的活动点数量将少于你用小汽车时的情况。
- 组合约束(Coupling constraints)——在某些地点与其他人一起活动的需要；例如，与你的老板午餐聚会只能安排你们两个在同一时间出现在同一地点。
- 权力约束(Authority constraints)——社会规范、政治和法律对可达性的限制——例如，你只能在银行或者邮局营业期间去办理业务，而一些场所如果没有准入许可，则市民是不能进入的。

你到达场所的行为是受这些约束的。

个人时空自由度的一个衡量方式是"时空棱柱"，这一方法直观地展示了在给定约束条件下对个人开放的时间和空间上的机会(图 1.1)。在图 1.1 中，坐标轴内的平行四边形反映了棱柱的大小，越大的棱柱代表特定情况下个人的时空自由度越大。

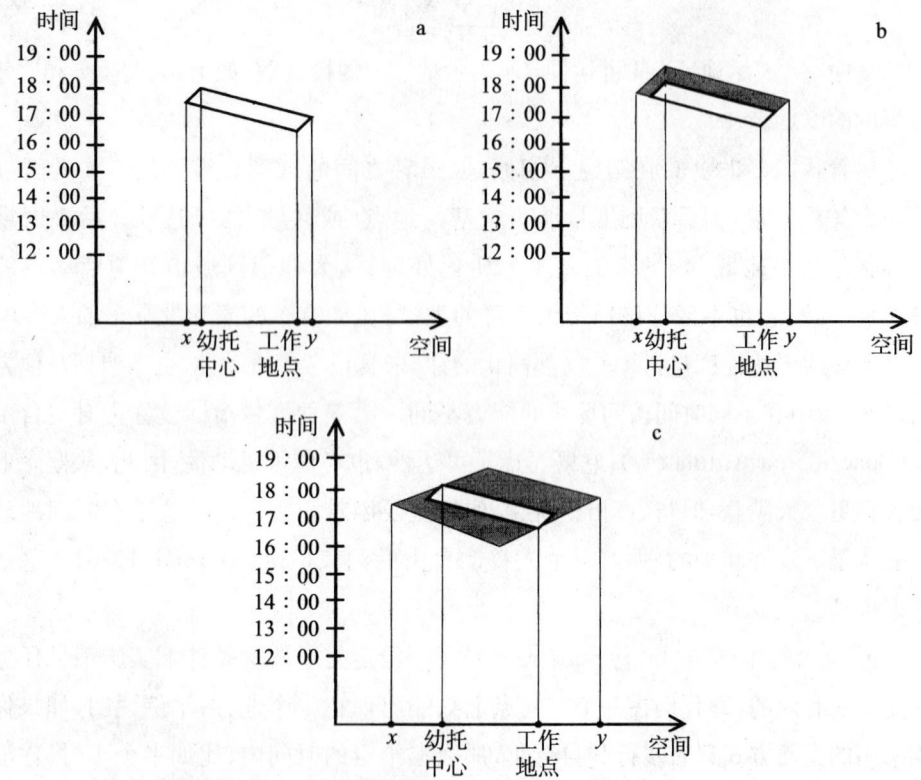

图 1.1 衡量时空自由度的方法之一：时空棱柱

图(a)中时空棱柱定义了一个可能集，即父亲必须在下午 5 点之后从工作地点步行或骑自行车到幼托中心，后者将在下午 6 点关门。图(b)反映了幼托中心延长工作时间的影响：如果幼托中心的下班时间从下午 6 点延长到 6 点 30 分，阴影部分反映了对应增加的时空自由。图(c)反映了使用小汽车的影响；如果使用小汽车则可以加快速度，阴影部分说明了由此增加的时空自由度。

例如，图 1.1a 表示一个人现在（下午 5 点）在工作地点，而且下午 6 点之前必须要赶到幼托中心去接自己的女儿；这两点之间的距离显示在"空间"轴上。在两点之间他必须停在某个食品店买点汤、面包、乳酪和一份彩票。除了这些时空约束外，他的出行方式限于步行或骑自行车。图 1.1 中线的斜率表示他出行的最大速度（从图 1.1a 中可以推测他是骑自行车出行的）。棱柱中描绘的包络面包含了他在给定约束下可能到达的所有地点。如果 x 和 y 之间（在"空间"轴上）没有食品店存在，则他在这一距离上就缺乏可达性。

时空棱柱概念也能说明约束的变化是如何影响可达性的。在这个例子中,如果幼托中心延长工作时间到下午 6 点 30 分,则时空棱柱定义的机会集将扩大(图 1.1b 的阴影区),这个人的时空自由度也将增加。若假设他的出行模式变为小汽车:那么他在同样时间内出行的距离将会更远,因此时空棱柱也将更大。值得注意的是,这一更快的速度反映在图 1.1c 中线的斜率上,这一斜率比图 1.1a 和图 1.1b 中的斜率要陡峭,那时我们假设他骑自行车出行。图 1.1c 中的阴影区是因小汽车而增加的时空自由度。另一个值得注意的地方是,可能性集合的空间边界,即各个例子中空间轴上 x 和 y 之间的范围,在约束放松的时候就向外扩展。一般地,时空棱柱说明了时间和空间之间的关系,从这个例子中我们可以看出,对这位父亲的时间约束越少,他能够移动的空间范围就越大。

许多因素可以影响时空自由度。比如,弹性工作制、更长的营业时间和购买小汽车都能扩展时空棱柱的边界,增加时空自由。更低的限速、刚性上课时间和交通拥挤都能限制选择。规模较大的家庭被施加的组合约束对妇女的影响往往大于对男性的影响。保姆、幼儿园和儿童的成长都反复用到时空自由度的概念。但你也会注意到,用一个包括所有相关因素的方法来度量时空自由度非常复杂。

人们总是渴望增加时空自由,因为它意味着更大的可达性和更自由地支配自己的时间。但我们也可以质疑这种不断增长的时空自由需求和不断增长的个人机动性需求。交通地理学者和许多其他学者已经开始思索一个问题——那就是机动性是不是太多了!

(二) 社会公平

正如我们从时空自由度概念所看到的,到达特定场所的能力仅部分地依赖于场所之间的相对区位;这种能力还依赖于机动性,即移动到场所的能力在美国通常使用小汽车。我们已经看到当前的社会空间组织多么需要——实际上是假设需要——机动性;并非所有的城市居民都能享受这种日常生活所必需的高机动性。评价交通系统或交通政策的公平性需要考虑它们造成了哪些人可达性的增加和哪些人可达性的损失;这就要求分析人们的出行模式在多大程度上是约束造成的结果或在多大程度上是自由选择的结果?交通系统的成本和收益如何在不同群体之间分配?

20世纪50年代在亚拉巴马州蒙哥马利市(Montgomery)发生公共汽车联合抵制的时候,就像现在一样,较穷的人们在交通上对公共汽车的依赖与其人口数量是不成比例的。1955年联合抵制开始的时候,黑人仅占蒙哥马利市人口的45%,却占有75%的公共汽车乘客量,而且公共汽车乘客主要以妇女为主(Powledge,1992;对蒙哥马利市公共汽车联合抵制的一篇精彩论述详见 Garrow,1988)。没有小汽车的人们很可能缺少到达就业地点和其他活动点的必需的机动性。事实上,低收入阶层的出行次数要显著地少于高收入阶层(他们"消费"的交通更少)。2000年总收入在25 000美元以下的家庭数占美国所有家庭数的22.5%,但仅占所有车辆行驶英里数的15.2%(注释1)。公平问题在交通中是如此重要,因此我们设置了一个专门的章节来讨论这一主题(见 Deka,本书第十二章)。

特定人群缺乏机动性只是城市交通问题的一部分。由于交通是城市生活中必不可少的部分,所以交通问题与其他社会问题也是密不可分的,如经济福利、社会不公平、健康和环境污染。在我们考虑城市交通问题的其他方面之前,本章下一节将介绍一些美国城市交通出行的背景,还会介绍美国的背景与其他国家有什么不同。

二、变化中的城市

近几十年美国城市发生了什么变化呢?尤其是居住和就业模式发生了什么变化呢?除了从整体上关注美国城市的模式变化外,我们将集中讨论一个城市案例——马萨诸塞州的伍斯特市(Worcester)——因为在伍斯特市所揭示的趋势与美国其他城市是类似的,并让我们得以考察城市内部的模式和趋势。

(一) 居住模式

表1.1的数据展示了全美国的大都市区从1970年到2000年的一些重要人口变化趋势,而表1.2则包含了马萨诸塞州伍斯特都市化地区从1960年到2000年同样的人口指标数据。两个表的人口普查数据揭示了许多趋势,对于出行模式、可达性、机动性和城市交通规划都有重要的启示。虽然下面的讨论主要集中于伍斯特市,但读者应该不时查看表1.1,以便将伍斯特市放在全美国都市

区的背景下来考虑。

首先，伍斯特都市区（大都市统计区，Metropolitan Statistical Area，MSA）的总人口有所增长（从1960年到2000年增长了55%），但同期家庭数量和单人家庭数量的增长更快，分别增长了101%和299%。单人家庭数占MSA所有家庭数的比例在1960年仅为13.6%，而在2000年却增长为近27%。家庭数量相对人口更快的增长意味着出行的增加，因为每人每天的出行次数通常是随家庭规模的增加而减少的。因此，家庭总数和单人家庭数的增加会显著地增加出行总数。

第二，尽管人口和户数都在增加，但在中心城区（Central city）居住的人口比例却在持续下降。都市区大部分人口（2000年达到66%，而1960年仅为42%）现在居住在低密度郊区，那里更难实现公共交通的有效服务。现在有必要看看表1.2，你将发现从1960年到2000年的数十年间人口向郊区迁移的连续性，同时中心城区人口占整个都市区的比例不断下降。本书后面的章节将继续说明城市和郊区具有不同的交通需求和建设重点。

第三，1960年以来，尽管MSA和伍斯特市的无车家庭比例下降了，但中心城区无车家庭比例仍显著高于郊区。这一城郊差异在预期之中，因为中心城区有更多的老龄家庭和低收入家庭，且公共交通的可获得性也更高。尽管现在无车家庭比例比1960年要低（与1960年的22%相比，2000年"仅"为10.5%），但仍有许多人必须依靠公共汽车、出租车、自行车、步行或搭便车出行。

第四，无车家庭比例下降的同时，城市和郊区拥有1辆车以上的家庭比例都上升了；2000年，伍斯特市一半以上的家庭拥有不止1辆轿车。

第五，1960年以来有特殊需求的家庭数量（和比例）——老人、穷人、女性——不但没有减少，反而略有增加（表1.2）。在这一时期，中心城区老龄人口比例要高于郊区，但这一城郊差异已在逐步消失。事实上，MSA的中心城区老龄人口比例在过去40年一直是下降的——从1960年的66%降到了2000年的36%。这意味着在郊区居住的老龄人口比例有明显的上升。由于一些老年人不会驾车，他们在郊区的生活——对郊区的公共汽车服务频次很低甚至没有——提出了如何满足这一阶层机动性需求的问题。单亲家庭的出行问题，其中绝大部分为女性，主要是由于这类家庭在日常生活上存在困难，赚钱、购物、获取医疗和幼托都必须由家庭唯一的成年人完成，有时还没有汽车的帮助。

表 1.1　1970-2000 年美国大都市区的人口趋势(人,个,%)

年份	1970[b]	2000
MSAs[a] 的人口	139 418 811	225 981 711
MSAs 家庭数	43 862 993	84 351 108
MSAs 单人家庭比例	18.1	25.9
MSAs 中心城区居住人口比例	45.8	37.8
无车家庭比例		
MSA	18.6	11.0
城市	28.0	18.4
郊区	9.2	6.2
拥有 1 辆车以上的家庭比例		
MSA	35.6	54.2
城市	26.2	41.9
郊区	44.7	62.0
65 岁以上人口的比例		
MSA	9.3	11.9
城市	10.8	11.5
郊区	8.0	12.1
贫困线以下的家庭		
MSA	8.5	8.7
城市	11.0	13.6
郊区	6.3	6.0
户主是女性的家庭		
MSA	11.5	18.0
城市	15.5	25.0
郊区	8.3	14.2

a:MSAs,大都市统计区,包括一个或者数个中心城市及其周围的郊区。

b:1970 年的数据是基于当时定义的 SMSAs(Standard Metropolitan Statistical Areas,标准都市统计区)来统计的。

资料来源:改编自美国人口和住房普查(U. S. Bureau of the Census,1970,2000)。

表 1.2　1960-2000 年马萨诸塞州伍斯特市的人口趋势（人，个，%）

年份	1960	1970	1980	1990	2000
MSAs[a] 的人口	323 306	344 320	372 940	436 905	502 511
MSAs 家庭数	94 680	104 694	130 785	161 350	191 011
MSAs 单人家庭比例	13.6	17.6	23.2	24.5	26.9
MSAs 中心城区居住人口比例	57.7	51.3	43.4	38.9	34.4
无车家庭比例					
MSA	22.0	17.7	14.5	11.9	10.5
城市	29.3	26.2	23.0	20.5	18.1
郊区	无数据	7.6	7.5	6.3	6.3
拥有 1 辆车以上的家庭比例					
MSA	15.2	28.6	43.2	52.4	53.1
城市	11.1	19.4	29.1	37.6	36.9
郊区	无数据	39.3	53.0	62.1	61.9
65 岁以上人口的比例					
MSA	11.9	12.0	13.4	14.2	13.3
城市	13.6	14.7	16.3	16.0	14.1
郊区	9.5	9.2	11.3	13.0	12.8
贫困线以下的家庭					
MSA	无数据	5.4	7.5	6.4	7.1
城市		7.1	11.2	12.2	14.1
郊区		3.7	4.7	3.2	4.0
户主是女性的家庭					
MSA	无数据	11.3	15.1	16.0	11.6
城市		15.2	21.1	24.2	15.6
郊区		7.2	10.9	11.5	9.4

a：MSAs，大都市统计区，包括一个或者数个中心城市及其周围的郊区。
资料来源：改编自美国人口和住房普查(U.S. Bureau of the Census,1960,1970,1980,1990,2000)。

(二) 就业模式

1960年以来，就业从中心城区向郊区持续地扩散。从传统的观点看，特别是从交通规划的角度看，郊区被视为中心城区就业人口的卧城。放射状的交通系统集聚到城市核心，组织着大部分劳动力早上从郊区到中心城区、晚上从中心城区到郊区的交通。但这一简单的模式现在仅描述了很少部分的事实。比如，1960年42%的伍斯特市郊区工人在中心城区就业；到2000年居住在郊区的就业人口只有22%到中心城区工作。类似地，与周边的郊区相比，在伍斯特市就业的劳动力占整个都市区的比例从1960年的2/3强降到了2000年的1/3左右（注释2）。

休斯（Hughes,1991）整理了新泽西州纽华克市的就业迁出及其周围郊区的就业迁入情况。1960年之后的30年间，尽管纽华克地区整体上有相当的就业增长，但区域内就业的空间分布仍然有剧烈的变化，主要是从中心城区到郊区的迁移。中心城区就业的流失伴随着郊区就业的增长，导致了在中心城区居住的无车人口极难获得就业可达性。在休斯的研究中，他还整理了中心城区无车居民获得纽华克地区的就业相对少到了什么程度；他们不得不乘坐通勤列车，即使这样，他们又如何从郊区轨道车站到达就业地点呢？

休斯将过去数十年这样的就业分散化和纽华克内城贫困的增加联系了起来。显然，正如我们在伍斯特市这一案例中看到的那样，在过去40年中大量的居住和就业向伍斯特的郊区迁移。然而，由于不同阶层人们到郊区住宅的可达性并不平等，并非所有社会阶层都分散到了同样的程度。特别地，住宅市场中的低收入和种族歧视阻碍了许多人迁移到郊区，尤其是少数民族。休斯及其他学者的分析工作（如 Wilson,1987）都强调了美国城市中存在的居住隔离和就业区位变化对人们就业可达性的重要影响，更详细地，强调了就业分布变化对人们就业可达性缺失的重要影响。术语"空间错位"（Spatial mismatch）指的就是这种情况，即在没有汽车条件下"连接这些点"时发生的内城居住区位与郊区就业区位之间的"不匹配"（见（Holzer,1991）和（Mouw,2000）对空间错位的文献回顾部分）。

在对波士顿都市区的详细研究中，沈（Shen,2001）扩展和加深了我们对低技能求职者就业空间可达性的理解。特别地，沈认为研究应当关注的是仍然空缺的就业机会(job openings)的区位,而不是休斯强调的就业区位,先前集中于中心城区的就业正是空缺的就业机会的主要来源。沈还分析证明了:居住区位(城郊差异)对人们寻求就业中出现的可达性差异的影响不如交通模式重要。也就是说,拥有轿车的求职者将获得高于从任何居住区位出发的平均空缺就业可达性,而大多数居住区位上依赖公共交通出行的求职者可获得的可达性比平均水平低得多(Shen,2001,p.65)。德瓦乔提·德卡(Devajyoti Deka,本书第十二章)将进一步分析这些关于可达性的公平问题。

(三) 尺度问题

关于居住和就业模式的讨论展示了一些对交通分析有意义的重要的城市进程:人口和就业的分散化进程以及低收入、无车阶层和女性户主在中心城区的集中。但到目前为止,信息的空间分辨率仍然是泛泛而谈;在探寻伍斯特市人口趋势和纽华克就业趋势时,最精细也就是区别了中心城区和郊区。这一尺度上的数据对于理解许多问题已经足够了,但如果涉及不同人群特殊的交通政策需求和交通设施需求,如老龄人口和无车人口,那么,尽可能精确地知道这些目标人群具体居住在郊区或中心城区的位置就非常重要了。

人口普查区(平均每个调查区约有 4 000-5 000 人)或人口普查街区群(在普查区内平均每个调查区约 1 000 人)的地图揭示了特定居民和家庭在城市或郊区具体地点的聚居程度。以马萨诸塞州伍斯特市普查区的地图为例,图 1.2 展示了 1960 年 65 岁以上人口的分布,而图 1.3 展示了 2000 年的分布。在这 40 年间,不但 65 岁以上人口的总量增加了[2000 年(图 1.3)的四分位值界限要比 1960 年(图 1.2)高很多],而且他们的空间分布也更加分散了。1960 年,有 8 个普查区的 65 岁以上老年人口比例高于 16%,到 2000 年,则增加到了 20 个普查区。

通过对比可以发现,虽然城市整体在贫困线以下家庭的比例增加了两倍(从 1970 年的 7.1%增加到了 2000 年的 14.1%),而且贫困比例较高区域的贫困家庭比例在 2000 年要远远高于 1970 年(试比较 1970 年和 2000 年四分位值界限),但 1970 年(图 1.4)和 2000 年(图 1.5)贫困线以下家庭的空间分布变化相对较小。城市的西北方向始终是高收入、低贫困区域。

16　　第一部分　场景设置

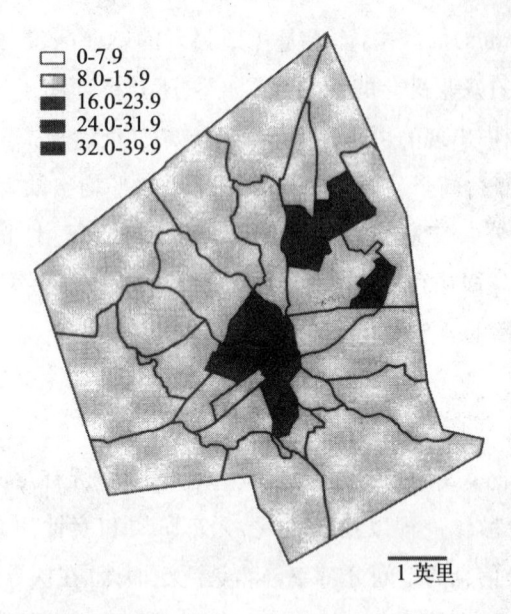

```
□ 0-7.9
▨ 8.0-15.9
■ 16.0-23.9
■ 24.0-31.9
■ 32.0-39.9
```

1英里

图 1.2　1960 年马萨诸塞州伍斯特市每个人口普查区年龄 65 岁以上人口的百分比(%)

资料来源:美国人口普查局(U. S. Bureau of the Census,1960)。

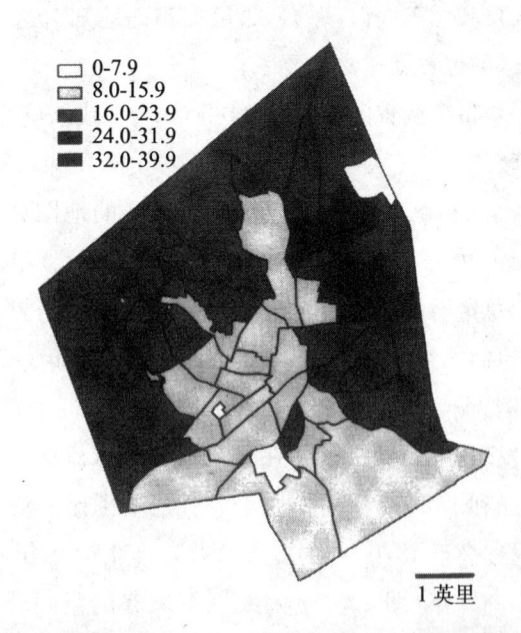

```
□ 0-7.9
▨ 8.0-15.9
■ 16.0-23.9
■ 24.0-31.9
■ 32.0-39.9
```

1英里

图 1.3　2000 年马萨诸塞州伍斯特市每个人口普查区年龄 65 岁以上人口的百分比(%)

资料来源:美国人口普查局(U. S. Bureau of the Census,2000)。

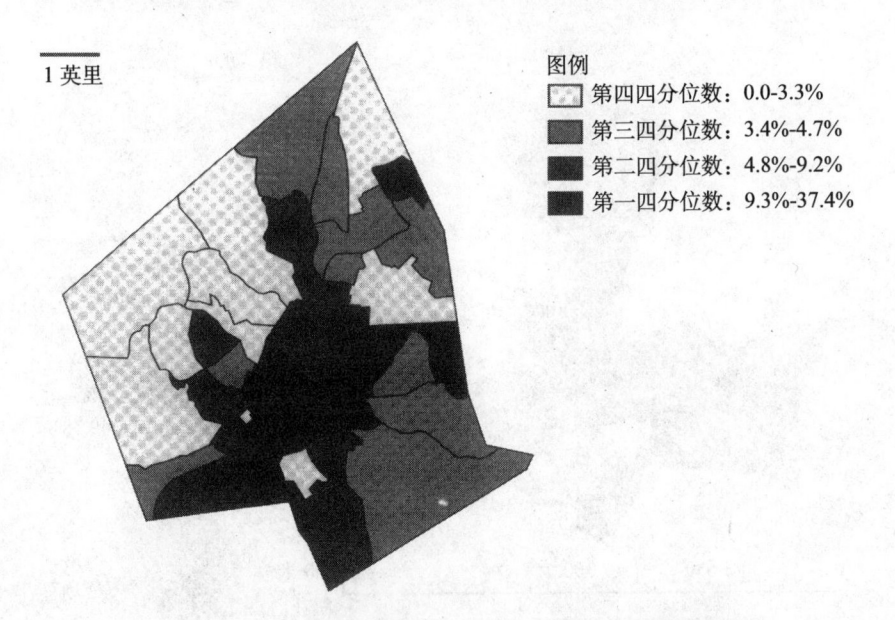

第一章 城市交通出行的背景:概念及最新趋势　　17

图例
第四四分位数:0.0-3.3%
第三四分位数:3.4%-4.7%
第二四分位数:4.8%-9.2%
第一四分位数:9.3%-37.4%

1英里

图 1.4　1970 年马萨诸塞州伍斯特市人口普查区贫困家庭百分比

资料来源:美国人口普查局(U.S. Bureau of the Census,1970)。

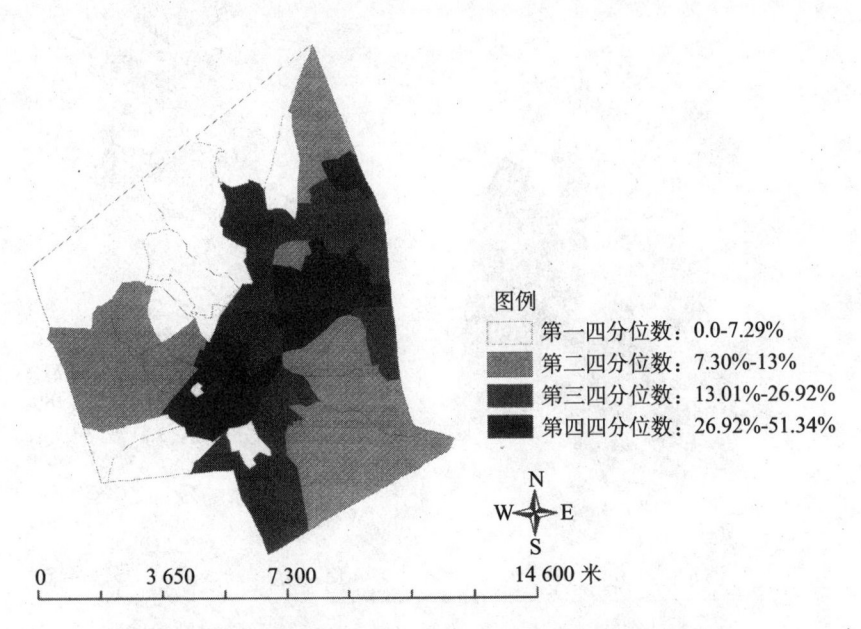

图例
第一四分位数:0.0-7.29%
第二四分位数:7.30%-13%
第三四分位数:13.01%-26.92%
第四四分位数:26.92%-51.34%

0　　3 650　　7 300　　14 600 米

图 1.5　2000 年马萨诸塞州伍斯特市人口普查区贫困家庭百分比

资料来源:美国人口普查局(U.S. Bureau of the Census,2000)。

18　　第一部分　场景设置

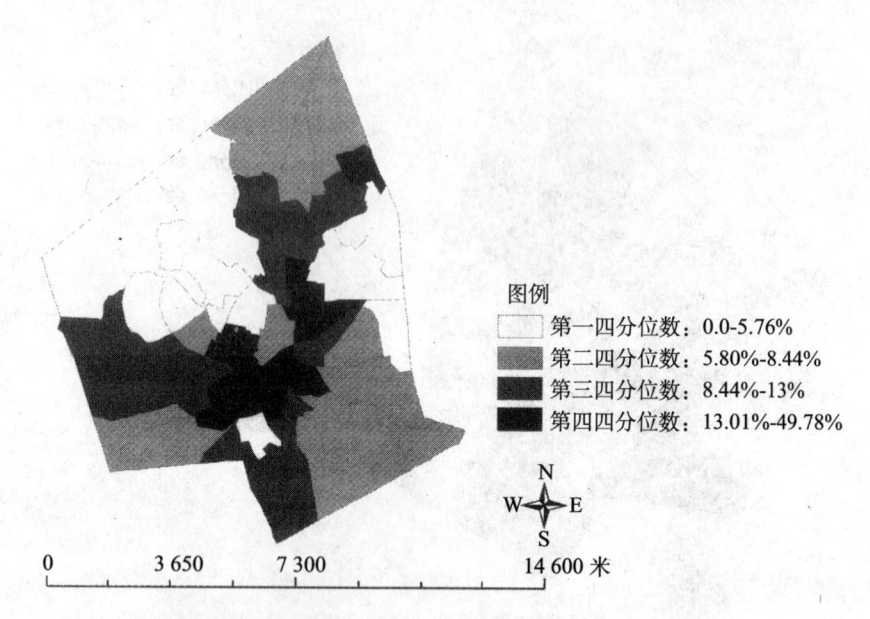

图例
第一四分位数：0.0-5.76%
第二四分位数：5.80%-8.44%
第三四分位数：8.44%-13%
第四四分位数：13.01%-49.78%

图 1.6　2000 年马萨诸塞州伍斯特市人口普查区女性户主家庭百分比

资料来源：美国人口普查局（U.S. Bureau of the Census, 2000）。

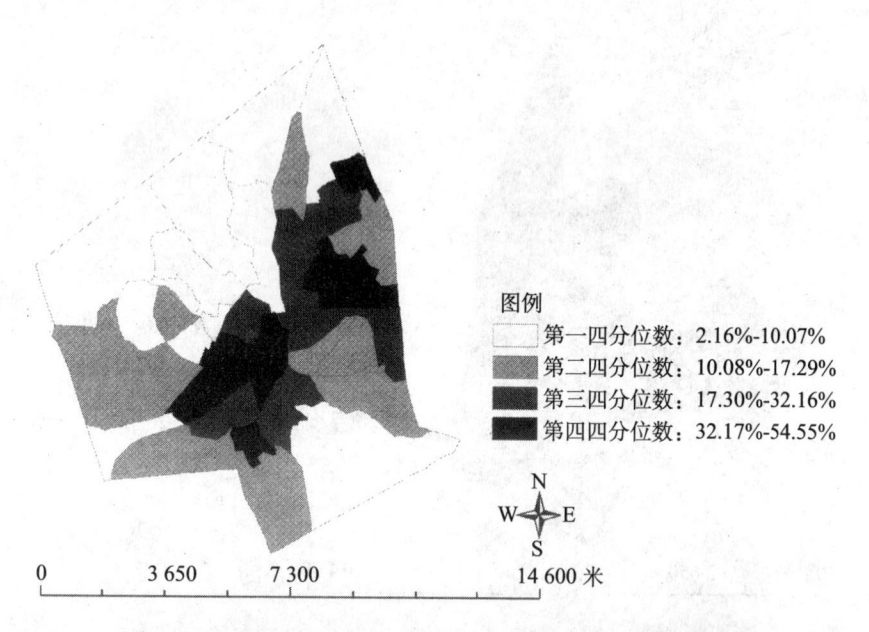

图例
第一四分位数：2.16%-10.07%
第二四分位数：10.08%-17.29%
第三四分位数：17.30%-32.16%
第四四分位数：32.17%-54.55%

图 1.7　2000 年马萨诸塞州伍斯特市人口普查区无车家庭百分比

资料来源：美国人口普查局（U.S. Bureau of the Census, 2000）。

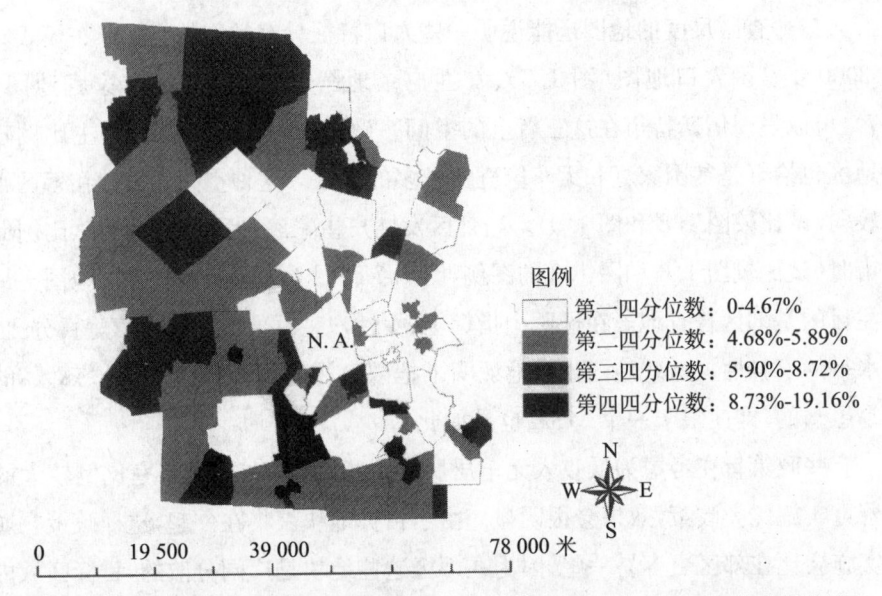

第一章 城市交通出行的背景：概念及最新趋势　　19

图例
第一四分位数：0-4.67%
第二四分位数：4.68%-5.89%
第三四分位数：5.90%-8.72%
第四四分位数：8.73%-19.16%

图 1.8　2000 年马萨诸塞州伍斯特市郊区人口普查区女性户主中无车家庭百分比

资料来源：美国人口普查局（U. S. Bureau of the Census, 2000）。

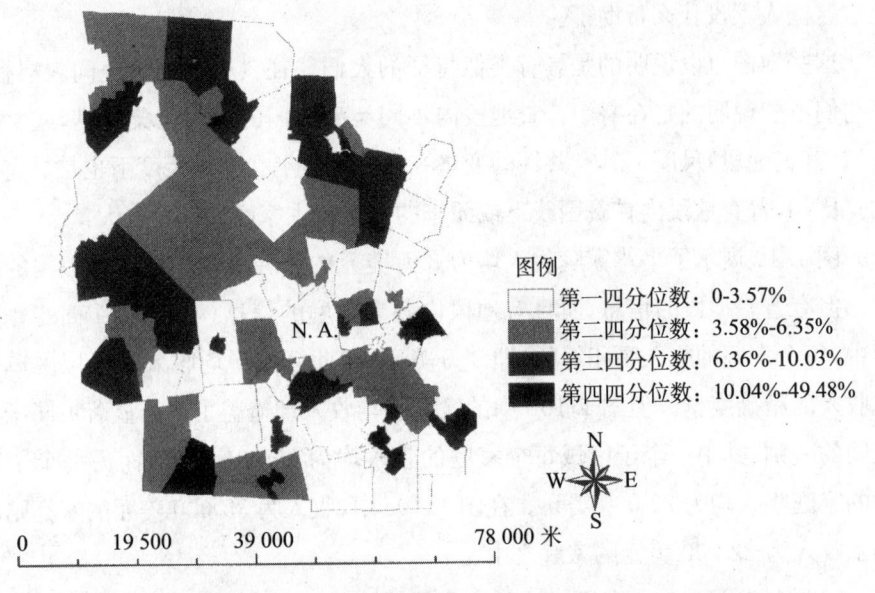

图例
第一四分位数：0-3.57%
第二四分位数：3.58%-6.35%
第三四分位数：6.36%-10.03%
第四四分位数：10.04%-49.48%

图 1.9　2000 年马萨诸塞州伍斯特市郊区人口普查区无车家庭百分比

资料来源：美国人口普查局（U. S. Bureau of the Census, 2000）。

人口普查区尺度的地图还能说明一些人口特征具有类似的空间分布模式。比较2000年贫困人口地图(图1.5)、女性户主地图(图1.6)和无车家庭地图(图1.7),可以发现伍斯特市在这三者上的空间一致性;也就是说,女性户主比例较高的地区也恰好是贫困家庭和无车家庭比较多的地区。这种空间相关性在郊区则相对较弱(试比较图1.8和图1.9)。当郊区女性户主家庭和无车家庭的总比例低于城市时(试比较图1.6和图1.8的图例,图1.7和图1.9的图例),郊区地图上最引人注目的是郊区普查地段在这两个指标上(女性户主百分比和无车家庭百分比)的高水平的变异性。这些地图强烈地证明了把郊区视为均质地区,并对"郊区"的归纳是愚蠢的,即使限于一个MSA也是如此。

有些政策旨在考虑为低收入无车居民提供机动性,在这类家庭比例较大的地区着重实施此类政策,效果会很明显。由于目标地块聚集在一起,这样政策在城市的实施会比在郊区更容易一些,因为在郊区这些地块是广阔分散的,目标区域内许多有车或非贫困人口也将获得相应的服务,而大量不在目标区域内的无车家庭却将错过这些服务。而且有许多人(不是家庭)在大多数时间是无车的,比如当家里唯一的汽车被用于上班之后,留在家中的人就没有车了。这类普查区的地图对于定位这些人就没什么帮助了。

这些地图可以说明的是具有类似特征的人们往往具有类似的空间聚居模式;而它们不能说明的是在一个普查地段内不同类型人们的空间聚集程度,或某些在区域(普查地段)尺度下具有共性的变量在多大程度上在个人尺度下也是具有共性的。比如,普查地段内在贫困线下或无车的女性户主家庭比例有多大?

图1.10展示了平均家庭收入均为3万美元的三种假设。在这一虚构的例子中不但有普查地段的信息,而且有地段内各个家庭的信息。在图1.10a的普查地段中,每个家庭的收入是相等的,即3万美元,因此区域平均收入是区域内单个家庭收入的精确度量。但图1.10b中的区域平均收入却掩盖了两个显著不同子区域之间的差别:其中一个子区域每个家庭的收入均为35 000美元,而另一个子区域内的家庭收入均为22 000美元。在图1.10c中,收入为35 000美元的家庭则散布到了收入为22 000美元的家庭之中。

问题在于图1.10a中所描述的完全均质区域在现实世界中根本不存在;区域(或分区)数据抹杀了内部所有的异质性。家庭收入为35 000美元的人与22 000

美元的相比,出行模式大不相同,但地区尺度的数据仅描述了这一区域内人们的"平均"行为。一个区域越是均质化,区域尺度的数据越能够近似出这一区域内个人的特征。因此,普查地段边界或交通分区边界(交通研究中常用的地域单元)通常会划分出相对均质的区域,而把异质性留给了合成区域。一般地,地段或分区越大,其内部所有家庭就越难具有相似的特征。

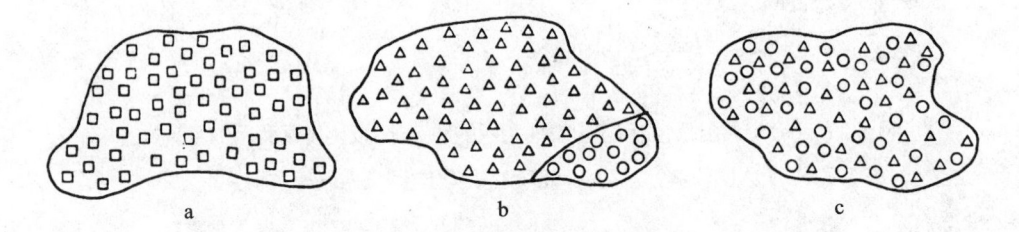

△ 收入水平为35 000美元的家庭
□ 收入水平为30 000美元的家庭
○ 收入水平为22 000美元的家庭

图 1.10　不同收入水平家庭的假设分布

伍斯特市地图中的地区数据展示了 MSA 内人口分布和就业区位的总况,说明了哪些地区的人口特征在空间上一致,也说明了在哪些地区,某些交通政策得到最佳实施。但在说明哪些特征在家庭或个人尺度上存在共性时并不是特别有用,同样也不适于调查人们如何以及为什么出行,或人们将如何应对特定的交通政策,比如增加公共汽车发车间隔(两辆公共汽车之间间隔更长的发车时间),或在某条线路上开辟自行车道。这些问题要求的不是地区尺度的数据,而是个人尺度的数据。

在研究城市出行模式时,交通分析同时使用地区尺度(集计,Aggregate)和个人尺度(非集计,Disaggregate)数据。集计方法在研究中根据起点地区和终点地区,即使用被称为"交通分区"的地域单元数据,也使用分离的组群出行数据(图1.11)。其关注点在于地区之间的交通流:特定分区会"生产"多少出行量(换言之,多少出行是从地区 i 出发的),或者"吸引"多少出行量(多少出行结束于地区 j)? 离开 i 或到达 j 的交通流量与地区 i 和地区 j 的什么特征有关? 能用 j 的吸引力和 i 与 j 的距离来解释从 i 到 j 的交通流量吗? 这些都是交通分析中集计方法试图回答的问题。

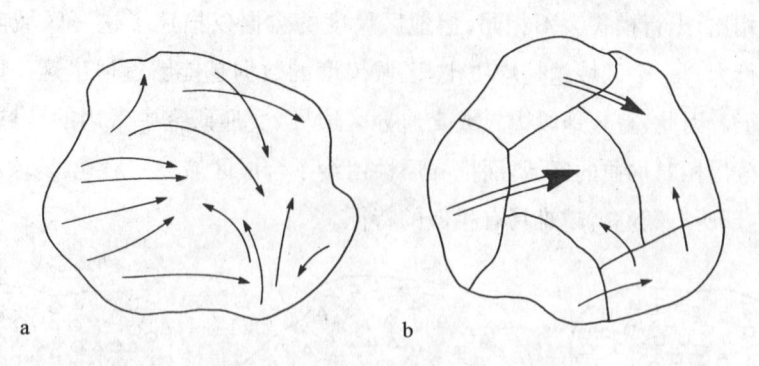

图1.11 (a)个人出行,显示了出发地和目的地。(b)按出发区和目的区分类的个人出行集合。箭头宽度表示地区之间交通流的大小。

近年来,除了地区尺度的数据,交通分析开始采用个人或家庭尺度的数据来分析。非集计数据通常使用精准的空间编码,比如街道地址,而不是分区。非集计方法的概念基础是个人的日常出行活动模式,而不是分区之间的交通流。图1.12显示了一个假设的日常出行模式的鸟瞰视图;你可以试着将你自己一段时间的出行行为像这样落到图上。在非集计背景下的问题主要是针对个人或家庭,而不是地区:与家庭出行相关的社会人口特征是什么?影响个人出行目的地和交通模式的因素是什么?如果设置用于通勤的高速、高乘载车辆(HOV)专用道,居住在郊区而工作在中心城区的人们将有多少会由单独驾车转为合乘汽车或合乘面包车呢?

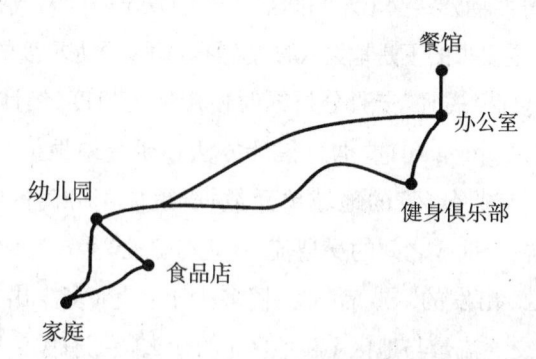

图1.12 一个假设的日常出行模式

聚合和分类方法之间尺度的差异贯穿本书的许多章节,特别是在第二部分,在其中将讨论规划者为了设计和改变城市交通系统而采用的用以分析城市居民移动模式的各种方法。理解数据、模型和政策分析三者之间的紧密联系是非常重要的,即:你是在什么空间尺度上收集的数据、能够建立什么类型的模型(比如,你如何将过于复杂的交通流简化和综合为典型模式)、进而完成什么样的政策分析。要持续地问自己,交通问题是在什么尺度上被概念化的。

三、美国出行方式的变化趋势

美国居民比其他任何国家和地区人们的机动性要强很多,尤其是在机动车辆提供的机动性上。1997 年美国的机动化出行达到了 4.6 万亿人英里数,其中 92% 是由汽车完成的;这意味着每人每年的出行不少于 14 000 英里(U. S. Department of Transpotration, USDOT, Bureau of Transportation Statistics, BOTS, 1999, pp. 35-37)。而且,尽管受到燃料短缺的威胁和对环境污染的担忧,美国近年的机动性仍在增加。1975-1997 年,美国出行的人均英里数(人英里数,a person mile of travel,缩写为 PMT,1PMT 指 1 个人移动了 1 英里)增加了 77%。一方面,这一增长反映了人口的增长;但更重要的是缘于人均出行数量和平均出行距离的增长(Pisarski,1992;USDOT,BOTS,2001,pp. 85-86)。

这些趋势也缘于其他两个方面:道路上汽车数量的增加和美国人口中获得驾驶执照比例的增加。1960 年美国每 3.8 人才有 1 辆车;到 2000 年美国总人口达到 2.81 亿时每 1.3 人就有 1 辆车(U. S. Bureau of the Census[①],1961,2001)。汽车拥有量的增长率与驾照人口比例同时增长。1960 年 16 岁以上人口中仅有 71.7% 拥有驾照,到 2001 年增加到 93% 的男性和 87% 的女性(即 90% 的 16 岁以上人口)(U. S. Bureau of the Census,1962;USDOT,2003b)。事实上,近年来女性导致美国出行水平的增加表现不平衡。尽管过去女性日常出行发生率总是低于男性,但到 1995 年就与男性齐平,达到每天 4.3 次本地出行的水平。当然,男性的平

---

① 译者注:原文为美国,疑笔误,应为美国人口普查局。

均出行距离——10英里仍然高于女性的水平——8英里(USDOT,FHWA,2001,pp.4-9,4-12)。

驾照和私家车数量的增加刺激了车辆英里数的增加(车辆英里数,Vehicle miles traveled,缩写为VMT;1VMT指1辆车行驶1英里;如果1辆车有4个乘客,那么1VMT等于4PMT)。1989-1999年,美国VMT几乎增加了30%,即年均2.5%。同期人均车辆英里数增长了16%(USDOT,BOTS,2001,p.87)。这些增长反映了从步行和公共交通向汽车的转移,也反映了车辆承载水平的降低。所有出行车辆平均承载水平从1977年的1.9人下降到了1990年的1.6人,此后一直保持在这一水平上(Pisarski,1992,p.12;USDOT,2003a,p.11)。单纯的乘客越来越少而驾驶员越来越多,结果导致了服务同样数量的乘客需要更多的轿车。以上趋势的综合影响是明显的,即VMT呈现平稳的增长趋势(图1.13)。

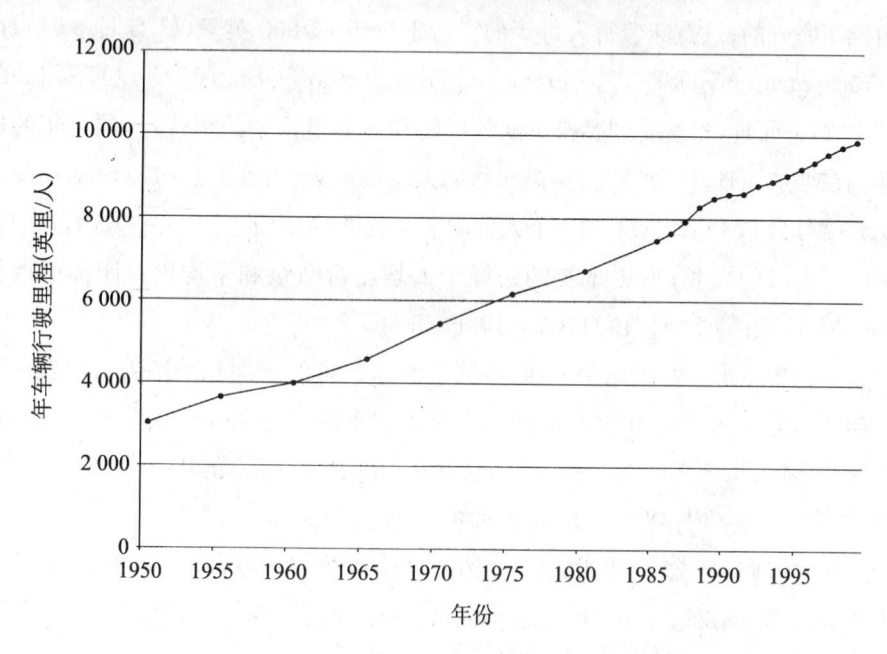

图1.13 1950-1999年人均年出行车辆英里数

资料来源:美国能源部(U.S. Department of Energy,2001)。

数十年来,城市交通规划主要关注工作出行(work trip)。对工作出行的过度关注有以下几个方面的原因。首先,在所有的出行目的中(包括工作、社会活动、娱乐、购物和个人事务),工作在过去常占了绝大部分的出行。其次,工作出行与早晚"高峰期问题"紧密联系;多数人不得不在早上 7 点到 9 点上班,并在 8 小时之后下班,工作出行则集中在这些时段内。上班带来的高峰负荷对交通系统提出了最大的要求。读者将在城市交通规划过程的相关章节(本书第五、六、七章)中了解到,城市交通规划的传统目标正是通过提供足够的通行能力来解决工作出行问题,其背后的假定是这样的:系统能轻易地容纳其他目的的交通出行(显然,如果非工作出行与工作出行的空间结构明显不同,则这一假设就是错误的)。交通规划者关注工作出行的最后一个理由是,与其他出行目的相比,人们的工作出行距离更长。2001 年美国工作平均出行距离(13.4 英里)是购物平均出行距离(6.7 英里)的两倍[由全国家庭出行调查(National Household Travel Survey,NHTS)计算得到]。

然而,上面提及的前两个方面在近些年有所变化。首先,非工作出行(如社会活动、娱乐、个人事务)比例显著增加了。1969 年工作及相关出行占了所有本地出行的 41% 以上,但 2001 年这一比例仅为 15%(USDOT,2003a,p.10)。一个原因在于,尽管各种目的的出行均有很大增长,但非工作出行比工作出行增长的速度要快。非工作出行增长源于富裕家庭和双薪家庭数量的增长,刺激了到幼托中心、餐馆、商店、健身中心和其他场所的出行。另一个原因是家庭规模的减小(意味着同样的人口规模下家庭数量的增多),因为"通常是照顾和维持家庭的需求控制着出行,这种需求几乎与家庭成员的数量没有关系"(USDOT,BOTS,1994,p.54)。与过去相比,现在通勤成本在平均家庭交通总成本中只是很小的一部分。

工作出行的第二个变化是早晚高峰时段出行量的减少,虽然总的 VMT 和交通拥挤在增加,但全天的出行分布越来越接近于均衡,而更少地集中于高峰通勤小时(USDOT,BOTS,1999,p.57;美国运输部,2003a,p.11)。这一变化在一定程度上与制造业和服务业就业的空间置换有关,后者倾向于地理上分散布局和灵活的工作时间制度。这也与兼职工作和临时工作的增多将许多工作出行转移到了非高峰时间有关(注释 3)。这两种趋势(非工作出行的增加和高峰小时工作出行的降低)意味着不能将交通拥挤的原因单一地归结到工作出行上。

人们工作出行的距离不但长于其他出行,而且工作出行距离本身也在增加,但是工作出行的时间保持稳定。1975 年平均工作出行距离约为 9 英里,而平均出行时间约为20分钟(美国人口普查局,1979)。到1995年平均工作出行距离长达11.6英里,而出行时间约21分钟(USDOT,FHWA,2001,pp.6-11)。当然,这些全国尺度的平均数据掩盖了不同人群之间的许多差异,比如没有考虑不同的居住区位(如中心城区、郊区和小城镇)、年龄、性别和出行模式。但不论里程如何增加,出行时间相对稳定(平均速度增加),这一定程度上反映了交通系统(尤其是高速路)的改善,使得在给定时间内可以出行的距离更远。但平均工作出行速度的增加也归结为出行模式的变化,即从合乘汽车、大运量公共交通和步行转向单独驾车(Pisarski,1992)。

理解工作出行许多其他方面的重要特征也很有必要,这些特征包括劳动力的规模和构成、通勤结构和使用的交通模式。1960年代末以来,新增的就业机会(和机会增加而吸纳的就业人口)超过了人口的增长。比如,1980-1990年美国人口增速不到10%,而工人的增速超过了19%(USDOT,BOTS,1994,p.52)(注释4)。大量妇女加入有偿劳动力是导致这一趋势的一个主要因素;1960年16岁到64岁的女性有36%是有偿劳动力,到2000年这一数字增加到了58%,而且孩子在6岁以下的妇女有超过3/5(63%)也是劳动力(U.S.Bureau of the Census,1960,2000)。现在,妇女占工作出行人口的45%以上。

通勤交通流的空间模式也变得更加复杂了;至少在1970年(Plane,1981)之后,传统的郊区-中心城区之间的通勤已经不再是主要的工作出行类型。2000年,如果我们不包括非大都市区之间和非大都市区内部的工作出行,而仅考察大都市区内部的工作出行,全美国通勤交通流的模式看上去是相当复杂的(表1.3)。郊区内部或郊区之间的通勤明显占有优势,占约2/5的大都市区工作出行。"传统"通勤(郊区到中心城区)仅占不足1/5(仅17.4%)的工作出行比例,而反方向的通勤(中心城区到郊区)仅占通勤交通流的7.6%。

以表1.3描述的交通流模式的复杂性来看,读者大概不会惊讶于工作出行中小汽车比例的持续增加和公共交通(公共汽车、通勤轨道、地铁)比例的持续下降(图1.14)。2000年,美国只有不到5%的工作出行使用公共交通,当然,图表也掩盖了许多地区差异性(U.S.Bureau of the Census,2000)(关于公共交通详细的讨论,见第八章)。到2000年,人们单独驾车上班的比例增加了(增加到约80%),而合乘汽车的比例从 1980 年的 20% 下降到了 12%。2000 年,私家车通勤比例占所有工作出行的 88%(USDOT,BOTS,2001,p.98)。

表 1.3 美国大都市地区的通勤流(人)

郊区到中心城区	18 175 489	17.4%
郊区内	40 745 878	39.0%
从郊区到 MSA 之外的家	7 650 705	7.3%
中心城区到郊区	7 984 014	7.6%
中心城区内	27 425 079	26.3%
从中心城区到 MSA 外的家	2 402 466	2.3%

注:基数(在 MSA 居住的 16 岁以上的工人):104 383 631 人。
资料来源:美国人口普查局(U.S. Bureau of the Census,2000)。

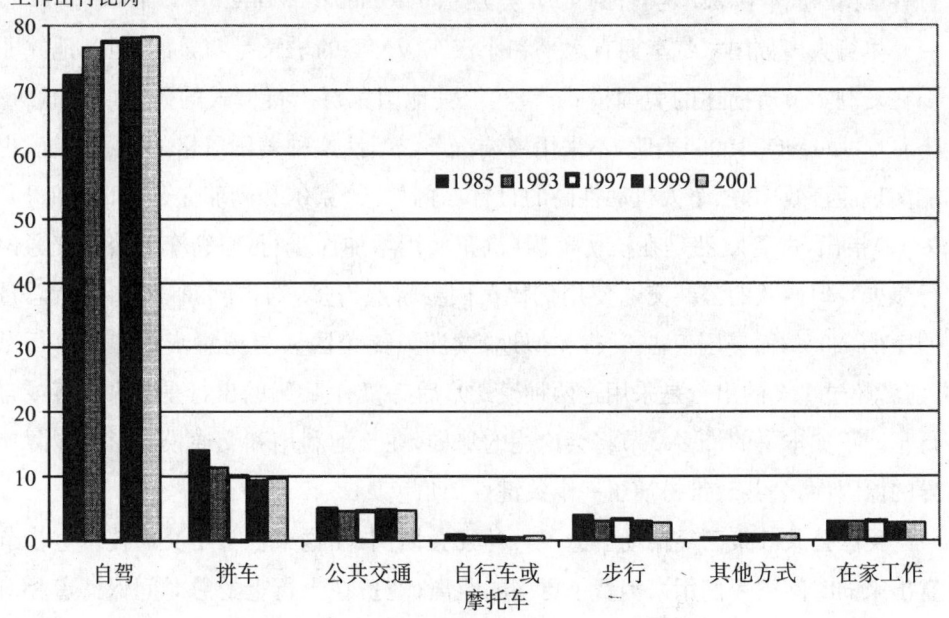

图 1.14 上班出行方式构成:1985-2001 年(%)

资料来源:美国住房和城市发展部(U.S. Department of Housing and Urban Development),
美国住房调查(American Housing Survey),各个年份。

综上所述,这些趋势——道路上的汽车越来越多,VMT 不断增加,出行距离越来越长——不但增加了对许多美国人有显著价值的机动性,也带来了许多与交通相关的问题,这些问题主要来自于小汽车,包括交通拥挤;空气、水和噪音污染;能源消费;城市蔓延;交通事故以及健康问题。一部分来自于自然资源保护协会(NRDC)的研究(Miller & Moffet,1993)发现,小汽车出行的成本和代价很大部分不是由使用者承担,而是由政府和社会承受,包括我们的后代。这份 NRDC 的研究认为尽管人们感觉公共交通得到的补贴要比小汽车高很多(其原因在于公共交通很大部分成本没有直接由乘客支付),"但公共交通得到的补贴是容易被细查的(因为补贴通常是直接的政府支付),而小汽车得到的补贴是隐蔽的,也不容易被量化,且十分分散"(1993,p.67)。事实上,研究估计汽车得到的补贴约有 85% 是外部成本(即不由使用者支付),比如交通拥挤、停车、交通事故以及空气、噪音和水污染造成的成本。汽车每人英里(PMT)的实际成本估计在 38 到 52 美分之间,而其中由社会而不是出行者承担的成本在 33.5 美分到 42.4 美分之间(Miller & Moffet,1993,p.66)。

尽管大多数国家汽车拥有水平和小汽车 VMT 的增长是明显的,但各地并非都在复制本节所描述的美国模式;事实上其他国家对出行模式的研究(例如,Pucher & Lefevre,1996)表明,不采用极端汽车依赖性这种美国风格的交通系统,也能实现经济效率好、个人机动性高的目标。例如,普克尔和勒菲弗(Pucher & Lefevre)指出,尽管欧洲是在模仿美国(汽车使用增加而步行、自行车和公共交通出行减少),但西欧的公共交通使用仍比美国要普遍得多,约占欧洲[①]城市出行总量的 10%-20%,而美国仅占 3%;类似地,欧洲人比美国人更愿意步行和骑自行车(前者超过 1/3 的出行是采用这两种模式),后者仅有 10% 的出行是依靠步行或自行车。正如本书的许多章节将会论述的那样,在土地利用和交通模式形成国际差异的原因中,公共政策扮演了一个关键性的角色。

美国公共政策已经推动创造了一种社会惯例:在这个社会中交通技术进步节省出来的时间被人们用来消费了更多的距离(花费在出行上的总时间保持着相对的恒定)而不是将交通节省出来的时间重新分配给其他活动。尽管我们重视汽车舒适性、灵活性和速度的一个理由是我们身处一个看起来总是要挤时间的社会。

---

① 译者注:原文如此,疑为原作者笔误,应为西欧。

读者将在第五、六章了解到,交通规划很大程度上是为了节约出行时间;其核心是将更快速度所"节省"的时间换算为金钱,这推动了交通系统走向建设更多、更宽的道路(Whitelegg,1993,pp.94-96)、高速铁路和飞机场。我们如何打破这一循环呢?或者说我们是否应该那样做呢?美国最近的政策变化暗示着人们思考交通问题时倾向于采用更为综合的方法。

四、政策背景

20世纪90年代初期,随着两部关键的联邦立法——《清洁空气法修正案》(CAAA,1990年通过)和《综合地面运输效率法》(ISTEA,1991年通过)的出台,美国交通规划的政策背景发生了剧烈的变化。1970年的《清洁空气法》确认了汽车是国家空气污染的主要污染源,并明确地寻求交通规划师的支持来达到空气质量目标。1990年的CAAA要求拓展交通规划过程,以在区域层次将清洁空气规划和交通规划整合起来。具体地,CAAA设定了一系列目标,要求使用更清洁的车辆和燃油,要求交通项目达到各种空气质量标准。

ISTEA通过分配基金和建立制度性流程来保证这些目标的实现。正如豪(Howe,1994,p.11)所指出的,ISTEA体现了"对交通规划的全新态度"。ISTEA陈述道:"本法是美国政府发展经济高效、环境友好的国家交通模式联运系统的一项政策,为国家参与全球竞争提供基础,并以节能的方式完成人流和物流的移动。"在这一政策说明中可以看到,ISTEA对交通问题的理解要比以前那些政策开阔得多,除了增加机动性以外还包括了能源消费、空气污染和经济竞争力这些政策目标。1998年国会通过了《21世纪交通运输公平法》(TEA-21),这一立法延续了ISTEA中所体现的在交通规划和基金划拨方面的哲学。

ISTEA和TEA-21增加了区域机构在解决交通问题时的灵活性,这些负责交通规划的机构以大都市区规划机构(Metropolitan Planning Organizations,MPOs)最为著名。以前用于高速路项目的资金如今被用于各种地面交通模式,包括步行、自行车和公共交通,这些在以前的规划过程中是被忽视的。ISTEA非常鼓励修建为自行车和行人服务的设施,并优先考虑更有效地管理现有的交通系统,而不是增加供给(比如修建更多的道路)。在ISTEA和TEA-21的作用下,区域规划机构在交通规划中的权力增大了,公众参与(交通系统使用者的参与)成为规划过程的有机组成部分。ISTEA 和 TEA-21 的其他目标包括保留社区的完整性和为老人、残疾人和经济弱势群体提供更多的机动性。

所有这些都与之前不久的交通规划相去甚远,那时的交通规划就意味着修建高速路。在本书后面的章节中,你将看到 CAAA、ISTEA 及其后继者 TEA-21 如何显著地影响规划者将交通规划概念化的方式和途径,并尽力解决城市交通规划中出现的问题。

那么,交通分析试图理解和治愈的城市交通病是什么?前面已经讨论了出行和当前城市背景方面最新的趋势,正是在这些背景下发生了交通出行和交通规划,因此一些答案已经十分明显。居住和就业以及其他活动场所之间的不断分离——伴随着人口、家庭、市民劳动力和消费的增长——不但意味着每个人为了完成他或她的日常活动会要求更多的出行,而且意味着越来越多的人出行距离越来越长。交通拥挤一直被视为需要"解决"的交通问题,而方法就是修建越来越多的高速路来提供不断增长的通行能力。但在 1950 年之后,我们从具有讽刺意味的教训中明白了高速路运力的增加总是跟不上出行需求的增长,而后者却是由更快速度和更低成本的出行所引致的;结果,即使有了更高的高速路通行能力,道路却依然拥挤。

CAAA、ISTEA 与 TEA-21 明确地表达了一系列与交通相关的政策关注——而不是只有交通拥挤——其中许多问题将在本书的第三部分展开考察。并非每个与交通相关的主要问题都会在第三部分单独设置为一章。一个例子就是健康问题。活动场所之间距离的不断增加,加上美国社会压倒性的汽车导向,使得步行和自行车出行变得十分困难,而且一般是比较危险的。1995 年,步行和自行车出行分别仅占了 6.3% 和不到 0.05% 的人英里数,但却足足占了交通死亡事故总数的 14%(USDOT,FHWA,2001)。因此,有人认为城市交通问题部分是城市出行中机动车近乎垄断的状态给健康和安全带来的威胁。空气污染、水污染和交通事故(美国每年约有 40 000 多起交通死亡事故)都是与当前城市交通布局有关的健康领域问题。还有一个问题是关于当前美国交通系统是否阻碍了体育运动而鼓励了常坐而不运动的生活方式;你将怎样去调查和研究这个问题呢?

第三部分的政策关注反映了交通地理学者和规划者努力解决的一系列问题:公共交通、土地利用变化、能源消费、交通融资、公平问题和环境影响。正如数个章节的作者将会论述的那样,所有政策竞技场上的决策都被政治所围绕。交通规划师仔细地分析可能推断出某个规划或政策最好地服务了某个社区的交通需求。但这个规划或政策是否得以实施却是政治进程的结果。因为每个与交通相关的决策都会使一些人的受益多于其他人——而由于谁是"胜利者"和谁是"失败者"经常由他们所在的区位来界定——城市交通政治经常有明显的地理特征。

目前一个主要的交通问题是美国城市公共交通的角色定位。在1960年代和1970年代初,规划者(和公众)指望大运量公共交通来减少空气污染、能源消耗和交通拥挤,同时复兴中心城区并提高无车人群的机动性。如今情况很清楚,尽管公共交通不是所有城市问题的万灵药方,但大运量公共交通即使不是在所有美国城市、至少也在许多城市实现了重要的服务功能。以前美国城市公共交通公司财政状况背后的原因是什么?像美国这样以私家车为主的国家中公共交通应扮演什么样的角色?

本章开始就提及了交通与土地利用之间密切的关系,但这一紧密联系的政策启示是什么呢?城市土地增值和城市开发多大程度上是因为交通项目呢?城市蔓延可以被归因于大规模的交通改进吗?像轻轨快速交通线这样的交通投资是改变城市土地利用模式(比如增强城市土地利用强度或复兴城市的某些部分)的有效方法吗?

交通是主要能源消费源,尤其是石油类能源。1999年所有类型的交通消费占美国能源总消费的1/4以上,约占石油消费总量的2/3(USDOT,BOTS,2001,pp.171、173)。尽管美国人口不到世界人口的5%,却消费了世界42%的汽油(United Nations,1994)。在1970年代能源价格有相当大幅度的上涨,汽油短缺的现实迫使美国开始警觉。这些早期的能源价格及其可获得性的变化对美国能源消费有何影响?交通政策对减少化石燃料消费的效果又如何呢?

交通投资涉及巨额的资金;超过11%的美国经济与交通有关(USDOT,BOTS,2003)。投资交通系统中的公共交通有什么经济学原理呢?如何筹集用于交通的公共资金,又如何分配这些资金呢?什么因素决定着如何和在哪里使用这些公共资金?我们如何评估交通资金是否平等地分配到了各个地区和不同的社会群体呢?交通金融史,尤其是高速路和公共交通的金融史,是如何清楚地反映当前的交通系统呢?

正如本章在马萨诸塞州伍斯特市地图上展示的那样，美国城市中的社会地位与区位密切相关，因此不同交通项目的布局将对不同的社会群体产生不同的影响。因而，城市交通问题的一个方面就是，谁为给定的交通投资买单和谁从给定的交通投资中受益。特别地，公共交通的成本和收益是否公平地分配到了公共交通乘客之中？如何才能公平地提供交通服务？类似地，各类社会群体是否公平地或差异性地为相应的城市机动性负担了环境成本（如噪音、空气污染和交通事故）？

由于美国多数的出行需要依靠机动车，因此，城市交通问题的另一个方面是设施建设和机动车使用带来的环境影响。尽管每辆车产生的空气污染量在过去20年显著地下降了，但VMT的增加意味着交通仍然是空气质量问题的主要污染源。例如，在大气污染物排放中，交通占了二氧化碳的77%，占了挥发性有机化合物的47%，占了二氧化氮的47%，前面二者促进了地面臭氧的形成（U. S. Environmental Protection Agency, USEPA, 2001）。联邦法令要求现有交通分析在维持空气质量标准上扮演一个关键性的角色。怎样做出交通投资决策，同时最小化其他有害的环境影响呢，比如噪音和水污染、野生动物栖息地的破碎化？

第三部分每章都侧重一个与可持续性密切相关的问题。由于交通与城市生活的各个方面密不可分，可持续交通应当成为促进可持续发展各种努力的核心。虽然很难下定义，但可持续发展应该既满足当前改善经济、环境和社会条件的各种需要，又不对后代满足其需要的能力构成危害（Brundtland Commission, 1987）。可持续交通战略包括减少私车出行次数和出行距离的战略及方便步行、骑自行车以及乘坐公共交通出行的措施（Deakin, 2002）。正如迪肯所指出的那样，"使可持续交通规划有别于过去实践的是，社会和环境的目标被整合到了可持续交通规划之中，而不是限制条件或缓解的焦点"（Deakin, 2002, p. 9）。美国交通运输部门被估计为"世界温室气体释放最大的单一来源"（USDOT, 1998, 引自 Deakin, 2002, p. 3），目前美国的运输实践远远达不到可持续要求。出行的减少，或进一步的技术进步，或一些其他方法，可能使交通变得更加可持续吗？请读者仔细想想一般市民和交通学教授怎样才能改变城市交通的可持续性。

政策部分的每一章都在可持续发展理念的基础上考察了相关的论据。这些章节中出现的一个有趣的主题是，由细致的经验分析得到的结果经常会挑战根深蒂固的观点。这些已经建立并被认可的观点一部分来源于微观经济学理论；其他的则来源于更早时期、仔细检验更少的经验研究。在第三部分反复出现的这一启示告诉我们：不能简单地因为某个断言已经被承认和很长时间内未被质疑，就假设这个断言是正确的。因此，请你批判性地阅读，并仔细思考你怎样才能改善城市交通。

注释

1. 根据 2000 年美国家庭出行调查(NHTS)计算得到。
2. 1960 年伍斯特大都市统计区(MSA)67.2%的劳动力都在伍斯特市工作，而到 2000 年这一比例下降到了 32.2%。MSA 的边界在这一时期也发生了变化：1960 年，MSA 有 20 个城镇，而到 2000 年为 35 个城镇。尽管在这 40 年里，城市就业数量只是略有增加（从 81 500 增加到 82 800 个），而郊区就业增长速度很快。
3. 美国的临时工作有着快速的增长。1972-1995 年非农就业总数年均增长仅为 2%，而同期临时性就业每年增长了 11.8%(Segal & Sullivan, 1997)。1984 年以来，1/5 的新增就业岗位都是通过临时工作代理找到的(Capelli 等，1997)。
4. 1990-2000 年，人口和劳动力都以 11.6%的速度在增长。

致谢

作者感谢克拉克大学的吉多·施瓦茨(Guido Schwarz)、卓孟龙(Mang Lung Cheuk)和南加利福尼亚大学的宋昊亨(Sung Ho Ryo)给予的研究帮助。

参考文献

[1] Ausabel, J. (1992). Industrial ecology: Reflections on a colloquium. *Proceedings of the National Academy of Sciences USA*, 89, 879-884.
[2] Bruntland Commission(World Commission on Environment and Development). (1987). *Our common future*. New York: Oxford University Press.
[3] Cappelli, P., Bassi, L., Katz, H., Knoke, D., Osterman, P., & Useem, M. (1997). *Change at work: How American industry and workers are coping with corporate restructuring and what workers must do to take change of their own careers*. Oxford, UK: Oxford University Press.
[4] Chapin, F. S., Jr. (1974). *Human activity patterns in the city: Things people do in time*

and in space. New York: Wiley.
[5] Deakin, E. (2002). Sustainable transportation: U. S. dilemmas and European experiences. *Transportation Research Record*, No. 1792, 1-11.
[6] Garrow, D. (1988). *Bearing the cross: Martin Luther King Jr. and the Southern Christian Leadership Confererce*. New York: Vintage Books.
[7] Hagerstrand, T. (1970). What about people in regional science? *Papers, Regional Science Association*, 24, 7-21.
[8] Holzer, H. (1991). The spatial mismatch hypothesis: What has the evidence shown? *Urban Studies*, 28, 105-122.
[9] Howe, L. (1994). Winging it with ISTEA. *Planning*, 60(1), 11-14.
[10] Hughers, M. (1991). Employment decentralization and accessibility: A strategy for stimulating regional mobility. *Journal of the American Planning Association*, 57, 288-298.
[11] Miller, P. , & Moffet, J. (1993). *The price of mobility: Uncovering the hidden costs of transportation*. Washington, DC: Natural Resources Defense Council.
[12] Mokhtarian, P. , Solomon, I. , & Redmond, L. (2001). Understanding the demand for travel: It's not purely "derived." *Innovation*, 14(4), 355-380.
[13] Mouw, T. (2000). Are black workers missing the connection?: The effect of spatial distance and employee referrals on interfirm racial segregation. *Demography*, 39, 507-528.
[14] Pisarski, A. E. (1992). *Travel behavior issues in the 90s*. Washington, DC: U. S. Department of Transportation.
[15] Plane, D. A. (1981). The geography of urban commuting fields: Some empirical evidence from New England. *Professional Geographer*, 33, 182-188.
[16] Powledge, F. (1992). *Free at last?: The civil rights movement and the people who made it*. New York: Harper Perennial.
[17] Pucker, J. , & Lefevre, C. (1996). *Urban transport crisis in Europe and North America*. London: MacMillan Press.
[18] Scott, L. M. (2000). Evaluating intra-metropolitan accessibility in the information age: Operational issues, objectives, and implementation. In D. G. Janelle & D. C. Hodge(Eds.), *Information, place, and cyberspace: Issues in accessibility* (pp. 21-45). Heidelberg. Germany: Springer.
[19] Segal, L. M. , & Sullivan, D. G. (1997). The temporary labor force. *Economic Perspectives, Review from the Federal Reserve Bank of Chicago*, 19(2), 2-19.
[20] Shen, Q. (2001). A spatial analysis of job openings and access in a U. S. metropolitan area. *Journal of the American Planning Association*, 67, 53-68.
[21] United Nations. (1961). *Statistical yearbook*. New York: Author.
[22] United Nations. (1994). *1992 energy statistical yearbook*. New York: Author.
[23] United Nations. (2001). *Statistical yearbook* (46th ed.). New York: Author.

[24] U. S. Bureau of the Census. (1960). *1960 Census of population and housing*. Washington,DC: U. S. Department of Commerce.

[25] U. S. Bureau of the Census. (1962). *Statistical abstract of the United States 1962*. Washington,DC: U. S. Government Printing Office.

[26] U. S. Bureau of the Census. (1970). *1970 Census of population and housing*. Washington,DC: U. S. Department of Commerce.

[27] U. S. Bureau of the Census. (1979). *The Journey to work in the United States; 1975*. Washington,DC: U. S. Government Printing Office.

[28] U. S. Bureau of the Census. (1980). *1980 census of the population. General social and economic characteristics; United States summary*. Washington, DC: U. S. Government Printing Office.

[29] U. S. Bureau of the Census. (1990). *1990 Census of the population and housing*. Washington,DC: U. S. Department of Commerce.

[30] U. S. Bureau of the Census. (2000). *2000 Census of the population and housing*. Washington,DC: U. S. Department of Commerce.

[31] U. S. Department of Energy. (2001). *Transportation energy databook*. Washington,DC: U. S. Government Printing Office.

[32] U. S. Department of Horsing and Urban Development. (1985,1993,1997,1999,2001). *Amercan Housing Survey*. Washington,DC: U. S. Government Printing Office.

[33] U. S. Department of Transportation. (1998). *Transportation and global climate change—A review and analysis of the literature*. Washington,DC: U. S. Department of Transportation,Research and Special Programs Administration.

[34] U. S. Department of Transportation. (2003a). *NHTS 2001 highlights report* (BTS03-05). Washington,DC: U. S. Government Printing Office.

[35] U. S. Department of Transportation. (2003b). *Summary statistics on demographic characteristics and total travel, 2001 National Household Travel Survey*. Available online at http://nhts. ornl. Gov/2001/html_files/trends_ver6. shtml.

[36] U. S. Department of Transportation,Bureau of Transportation Statistics. (1994). *Transportation statistics annual report 1994*. Washington,DC: U. S. Government Printing Office.

[37] U. S. Department of Transportation,Bureau of Transportation Statistics. (1999). *Transportation statistics annual report 1999*. Washington,DC: U. S. Government Printing Office.

[38] U. S. Department of Transportation,Bureau of Transportation Statistics. (2001). *Transportation statistics annual report 2000*. Washington,DC: U. S. Government Printing Office.

[39] U. S. Department of Transportation,Bureau of Transportation Statistics. (2003). *Pocket*

Guide to transportation 2003 (BTS03-01). Washington, DC: Author. Also available online at http://www.bts.gov/publications/pocket_guide_to_transportation/2003/index.html.

[40] U. S. Department of Transportation, Federal Highway Administration. (1994). *1990 NPTS Databook* (Vol. 1). Washington, DC: U. S. Government Printing Office.

[41] U. S. Department of Transportation, Federal Highway Administration. (2001). *1995 NPTS Databook*. Washington, DC: U. S. Government Printing Office.

[42] U. S. Environmental Protection Agency. (2001). *National air quality and emissions trend report, 1999*. Washington, DC: Author.

[43] Wachs, M., & Kumagi, T. G. (1973). Physical accessibility as a social indicator. *Socioeconomic Planning Sciences*, 7, 437-456.

[44] Whitelegg. J. (1993). *Transport for a sustainable future: The case for Europe*. New York: Belhaven Press.

[45] Wilson, W. J. (1987). *The truly disadvantaged: The inner city, the underclass, and public policy*. Chicago: University of Chicago Press.

（戴特奇、周彬学译，王姣娥校）

第二章 城市间相互作用:客流和货流的变化

托马斯·莱茵巴克(Thomas R. Leinbach)

与上一章相比,本章将从一个更宏观的视角来探讨城市交通问题,考察城际尺度(interurban scale),即城市之间的客流和货流。城市间的空间相互作用反映了这些城市作为交通节点的连通性(connectivity)。这种城际流动是非常重要的,因为它影响着城市的空间格局、结构和发展。例如,港口和机场虽然是区域增长极,但也可能成为拥堵和滞留的场所。事实上,如何发挥这些节点的集散作用是一个重要的城市交通问题。另外,节点交通还会给当地带来噪音、拥堵以及空气污染等问题。鉴于此,本章的目的是首先概述城市间客流和货流的性质,然后对近几十年来城际间客流和物流的格局和作用的成因进行解释,最后探讨城市间客流和货流的增长带来的影响和问题。

关注城际交通就必然要探讨所有基本的交通方式。考虑到道路交通的重要性,讨论以小汽车、公共汽车为载体的客流和以货车为载体的货流就显得尤为重要。其中,我们对重大基础设施尤其是州际公路系统给予格外关注。当然,铁路和航空系统也是非常重要的,它们在过去数十年来一直是美国讨论的热点问题。我们要探讨铁路客运服务的效率和生存力问题。另外,发生在2001年的"9·11事件"及其影响下的整个航空工业的结构及安全性问题也是我们将要讨论的重要主题。在我们讨论这些城际交通方式时,需要记住重要的一点:铁路交通是唯一一种完全私有的交通方式,即铁路公司对机车车辆、路权以及铁路站点全权负责。而公路和机场的资金来源部分是通过向较广泛的用户收费而筹集的,且由公共部门来运营和维护。这些不同之处有助于我们解释为什么不同运输部门的交通使用格局有所不同。此外,人均收入水平的提高、与燃料价格相关的实际运输成本的降低、放松管制驱动下的航空客货运价格以及生产效益等因素(例如使用大型运输工具以及无缝式的综合运输方式)也很重要。最后,随着技术、制造业的轻型化和服务业的发展驱动下"新"经济的出现,美国发生了重要的经济结构调整,这也是我们需要考虑的内容。

尽管全章着眼于美国,但全球化的影响却触及了全社会的方方面面。同时,其他国家的客流和货流状况也提供了关于交通流动性问题的许多有意思的经验和教训。通过互联网在线购买机票大大方便了航空运输方式的使用,也发展了国际旅游。跨国公司和新的国际劳动分工产生了广泛的生产和分配联系,也要求原料和产品在大空间尺度范围内进行流动。仅就以上这些原因而言,国际化视角也是本章必不可少的关键部分。

对国内客流和货流运输进行概述后,本章将按照不同交通运输方式逐个展开探讨。首先,我们要讨论客货流的公路运输方式。接着,我们同样也从客流和货流两方面来探讨铁路的联系和相互作用,包括 Amtrak[①] 的作用和高速铁路问题。然后,我们要讨论城市间的航空运输联系及其对城市发展的影响。最后一部分探讨海运相互作用以及港口在国内运输体系中所起的作用。

一、客流和货流的性质

在美国,旅客出行方式与社区居民对各种运输方式的可达程度有一定的相关性。城市间交通可达性地图毫无疑问地能够反映其背后的公路和铁路的运输网络以及机场的分布格局(图 2.1)。很显然,人口分布越密集的区域,其获得交通运输方式的类型就越多。但是,地图上运输方式可达性有限的一些"空白"区域可能更令人关注。这一方面反映出这些"空白"区域人口稀缺,但也表明其农村人口对小汽车的依赖度较高。

最近两个时段的数据进一步证实,在美国,个人交通工具的使用尤其是小汽车的使用已经成为个人出行的主要方式(图 2.2)。加上上班出行和市域范围内的出行,个人交通工具占到了近 86% 的客运周转量,其中绝大部分是小汽车(公交车仅占 3%)。各种资料曾对美国的恋车癖问题进行了大量的叙述和讨论,并指出这种

[①] 译者注:国家铁路客运公司,是美国唯一以旅客运输为主的铁路公司。

第二章 城市间相互作用：客流和货流的变化

○ 大中型航空枢纽75英里辐射半径
○ 小型航空枢纽25英里辐射半径

○ Amtrak火车站25英里辐射半径

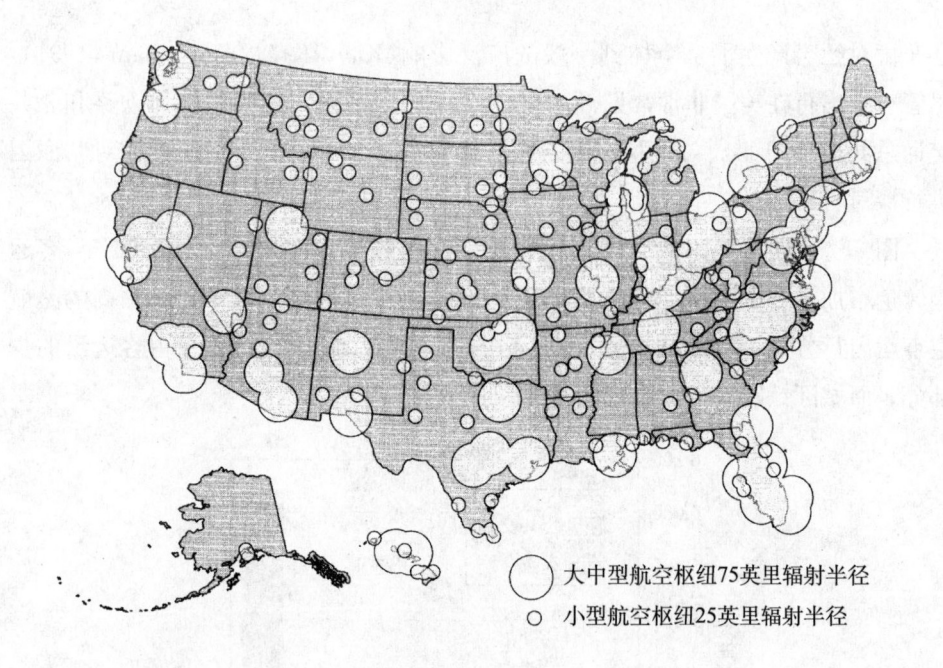

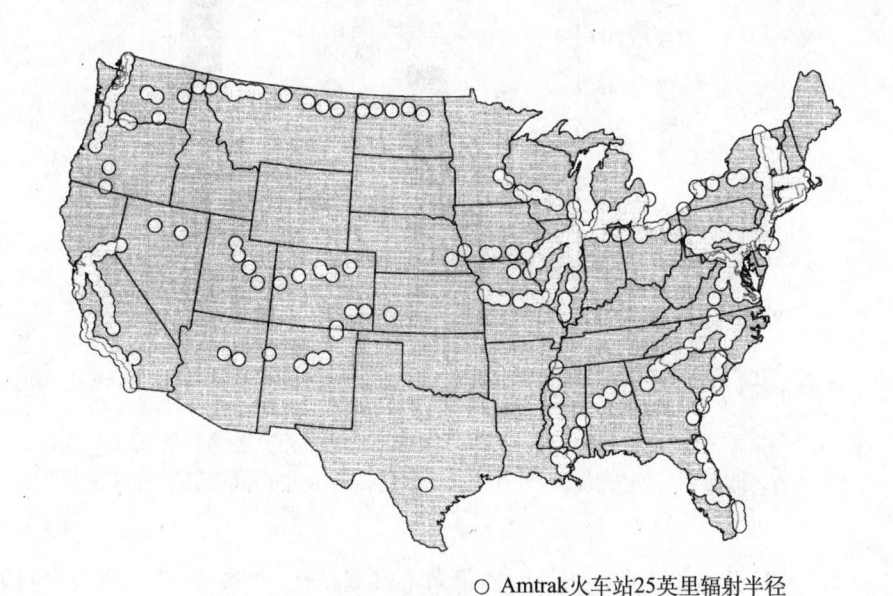

图2.1 1999年美国交通服务的可达性

资料来源：Spear and Weil(1999).网址：http://www.bts.gov/publications/tsar/2000/chapter4/access_to_intercity_public_transportation_services_map.html。

恋车癖对社会产生了从个体到一般的广泛影响(Kay,1997;Zuck-ermann,1991)。尽管航空出行在美国非常常见,但它仅占到约 11% 的客运周转量,而铁路和公共交通总共也小于 1%。很明显,铁路作为客运方式并不重要。下面我们对其原因进行探讨。

图 2.2 表明了美国的交通流动性及出行趋势日益增强。1990-1996 年,客运周转量增加了 20%,同时,个人交通工具也增加了近 20%。其中增幅最高的是航空客运出行方式,其客运周转量增加了 24%。但是,航空旅行仅仅占客运量的少部分。而城际铁路出行比重更低,且同期减少了 20%。

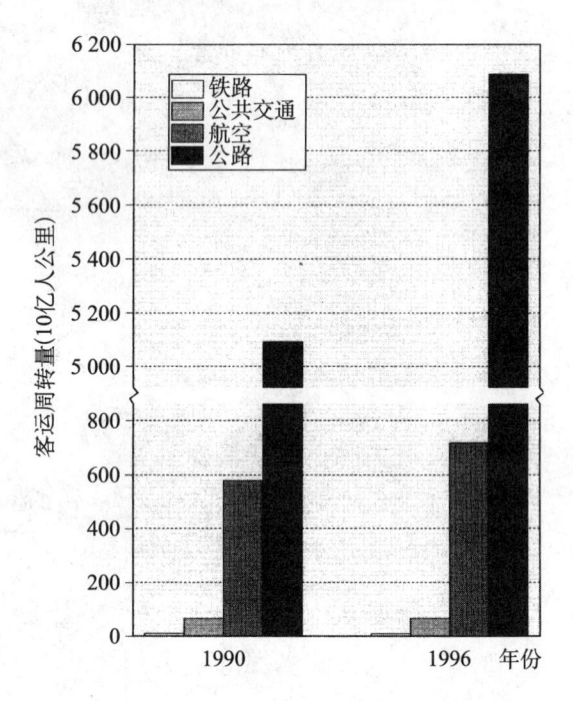

图 2.2 1990 年和 2000 年美国不同交通方式的客运情况

资料来源:美国运输部(USDOT, Bureau of Transportation Statistics, 2000b, p. 121)。

此外,我们还可以从另外一个视角来考察流动性,即参考《全国家庭出行调查》(NHTS)(更名为 NHTS 之前称为 NPTS 即《全国个人出行调查》(*Nationwide Personal Travel Survey*)),该调查提供了关于日常出行和远距离出行的详细数据(Hu & Young, 1999; USDOT, National Household Travel Survey, 2001)。此调查包括了按照人口属性特点划分的家庭、人群所采用的运输工具数据,同时还提供了按照各种运输方式及出行目的划分的日常和远距离出行的更详细的信息。NHTS 的统计数据可以用来考察交通安全、交通拥堵、各种人口群体的流动性,个人出行与经济产出率的关系,交通出行对自然与人文环境的影响以及其他重要的问题(Mehndiratta & Hansen,1998)。这些数据为规划者和决策者提供了最新的信息,有助于他们有效改善国家交通体系的流动性、保障美国交通运输体系内部和外部的安全性。这些数据包含了有关日常出行 30 多年的数据系列,通过分析这些数据,我们可以识别和理解出行行为的趋势及其变化。

1995 年实施的全国个人交通调查(NPTS)包括城市和农村共 42 000 户家庭样本数据。这些数据收集了所有家庭拥有的交通工具进行个人出行的全部数据。调查结果显示,虽然从 1990 年至 1995 年间平均家庭规模相对保持稳定(约 2.6 人),但是在 1995 年一个典型家庭的出行里程达到了 4 000 多英里,家庭的平均出行里程约为 34 459 英里。对于绝大多数的出行目的,出行的增加主要是由于选择了较短出行距离和更多样的交通出行方式。上班和购物出行的里程都有所增加,1995 年平均分别达到 11.6 英里和 6.08 英里。有趣的是,出差旅行这一类的里程从 1990 年至 1995 年间有所缩短,从 28.2 英里减少到 20.3 英里(Hu & Young,1999,p.12)。这一结果引出了一个有意思的问题,那就是电子通信方式对实际出行(physical travel)方式可能会造成哪些影响(见 Janelle,本卷第四章;Cairncross,1997;Janelle & Hodge,2000)。在这 5 年间,单位家庭平均通勤出行数量增加了(可能是由于单位家庭上班人数的增加),平均里程数也同样增加了。1995 年,家庭的平均通勤出行里程达到 11.8 英里,超过了社交活动和休闲娱乐出行,成为最长距离的出行类型。

2001 年 NHTS 从全国市民样本中收集了出行数据,样本不包括美国公共事业机构的人口,如居住在大学宿舍、养老院、其他医疗机构、监狱以及军事基地。2001 年的 NHTS 数据包括约 66 000 个家庭——其中 26 000 个为全国性样本,40 000 个来自追加的 9 个地区的样本。

针对 2003 年 1 月发布的初始数据,研究者进行了一些初步分析,形成了关于城际(超过 50 英里)客运的初步认识。首先,行程达到或超过 50 英里的出行在所调查样本中占了相对较小的比例。在达到这个距离水平的出行中,按照不同出行目的划分出行类别，出行距离由长到短依次是：与看病和看牙相关的出行，上学和宗教礼拜活动出行，工作相关的出行，学生出行活动以及购物出行。收入规模与超过50英里的出行仅有微弱的相关性。除了航空出行外，最长距离的出行与休闲娱乐汽车相关。当然，我们终将会得到一个供公众使用的更加完善的数据库。

（一）1990-1996年货运方式

货运在美国经济中起着至关重要的作用。同样在1990-1996年，货运与客运的分布形成鲜明对比（图2.3）。尽管铁路客运在美国并没有占有重要地位，但是1996年铁路货运占到了全美轨道交通货运周转量的1/3。在重型货物的运输上，铁路尤为重要，例如将煤从怀俄明州和西弗吉尼亚州分别运送到中西部的各个需求站点以及东部沿海的港口。通过州际公路进行卡车运输的货运周转量占全国货运周转量的近25%。其中，货运量最大的路段包括由印第安纳州到伊利诺伊州，由宾夕法尼亚州到新泽西州和由密歇根州到俄亥俄州。因为，这些州人口高度密集，其工业所需原材料以及对制成品的需求都非常大。水路和管道运输各占到全部货运量的20%左右。前者货运量最突出的河段是密苏里河、密西西比河、俄亥俄河以及路易斯安那州和得克萨斯州之间的墨西哥湾海岸。美国境内航空货运在总货运量中占有比例很小，不足1%。很显然，主要原因在于只有单位重量具有较高价值的货物才能承担航空运输高昂的费用。

总体上看，六年间货运量增长了17%左右。值得注意的是航空货运的收益率最高，达47%。这从一个方面反映了美国经济结构调整即"新经济"的出现得益于科技在制造业轻型化作业中的应用（Leinbach，2001）；也从另一个方面反映了快递以及配送行业的兴起，例如联邦快递公司（FedEx）、联合包裹公司（UPS），他们提供了门对门、准时送达的快递服务。所有这些运送商，都拥有自己的飞机，他们参与着国内和国际的货运活动。国内航空货运的增长在一定程度上反映了航空站点分别作为进行工业原材料和制成品的前向和后向运输的国际集散中心的作用大大增强。公路和铁路货运也得到了加强，收益率分别达到34%和31%。原油和天然气的管道运输只有适度的增加，而相比之下，水路运输的利润率实际上已经开始降低。内河水运增长甚微，沿海地区下降尤为明显，而五大湖下降幅度相对较低，这些都是造成水路货运份额下降的原因。众所周知，铁路和公路货运带来的竞争已经逐渐吞噬了沿海航运在货运量的份额。州际高速公路系统和铁路同样也影响了五大湖区的货运量。

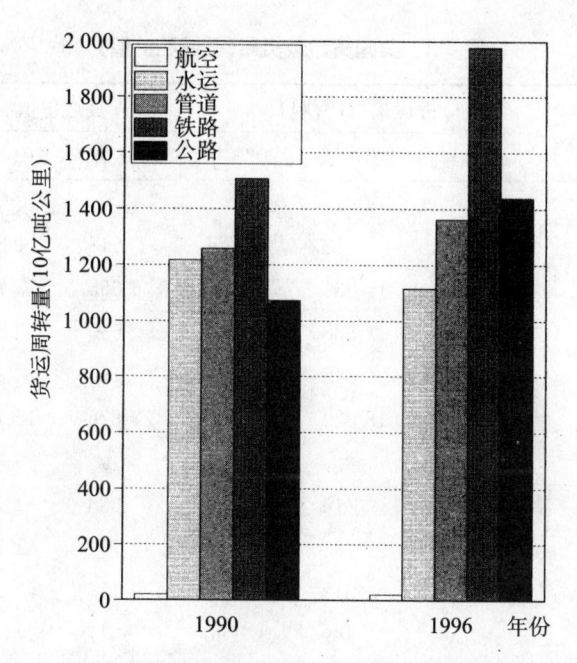

图 2.3　1990 年和 1996 年美国国内不同交通方式的货运情况

资料来源：USDOT，BOTS，2000b，p.59.

（二）国内和国际货运趋势

上述反映近期货运趋势的数据具有重要的意义，但货运包括货运量和货运价值的趋势预测也同样重要。1998 年美国交通体系承载着 150 亿吨的货物，价值超过 9 万亿美元。国内货运价值在总货运量价值中占据了近 8 万亿美元。到 2020 年，美国交通运输系统预计将达到价值近 30 万亿货物的运载能力（表 2.1）。1998 年，国家公路系统及其庞大的货运运输车队，已经运送了 71% 总吨数、80% 总货运价值的货物。地方的货物配送大部分都是由公路货车承担的，但它们进行了大量的区域间和全国性市场之间的货物配送。水运和铁路的货运量占总货运量的比重也较大，但从价值上来衡量比运量数字要小得多。正如所预期到的，1998 年航空货运吨数占总吨数的比重不及1%,但是货运价值量却占到了12%。这同样反映了美国的经济结构调整效果(USDOT,FHWA,2002)。

表2.1 美国货运载货量(重量和价值)

运输方式	货运量(百万吨)			货运价值(10亿美元)		
	1998年	2010年	2020年	1998年	2010年	2020年
国内运输						
航空运输	9	18	26	545	1 308	2 246
高速公路	10 439	14 930	18 130	6 656	12 746	20 241
铁路	1 954	2 528	2 894	530	848	1 230
水运	1 082	1 345	1 487	146	250	358
国内合计	13 484	18 820	22 537	7 876	15 152	24 075
国际运输						
航空运输	9	16	24	538	1 198	2 284
高速公路	419	733	1 069	772	1 724	3 131
铁路	358	518	699	116	248	432
水运	136	199	260	17	34	57
其他[a]	864	1 060	1 259	NA	NA	NA
国际合计	1 787	2 556	3 311	1 444	3 203	5 904
全部合计	15 271	21 376	25 848	9 320	18 355	29 980

a:包括通过管道和未指明的交通方式进行的国际载货量。

备注:NA表示数据不可得。

资料来源:FHWA,2002。网上数据:http://ops.fhwa.dot.gov/feight/publications/faf.html。

从1998年的135亿吨增长到2020年的225亿吨,国内货运量预期增长65%以上。预测结果显示,航空和公路货运方式将以最快的速度增长。国内航空货运吨数在这一时期预计增长两倍,尽管在吨数上仍维持较小的比重。所有这些发展将会给航空枢纽和重要的公路带来更多的压力。铁路和水运货运量预计在同一时期实现增长,但是并不会像航空和公路货运量一样增长迅猛,主要原因在于通过这些方式运输的主要商品的需求量预计会增长较慢。

1998年国际贸易量占全美货运吨数的12%,预测将比国内商品交易的货运量增长速度较快。国际贸易预测在 1998-2020 年将以每年 2.8% 的速度增长，货运量将增至近两倍。这些增长将会给港口和边境口岸带来挑战(USDOT,FHWA,2002)。

（三）国际视角的考察

各国货运虽然在变化的速度上和程度上都有所不同，但这些变化趋势越来越呈现出世界范围内趋同的特征。在机动车运输中，客运和货运的收益比重继续保持着不断增长的势头。同时，许多国家的航空客运和货运也增长迅猛，但是在各种运输方式中比重却较小。一方面，总体上看，与已完成工业化的国家相比，一些快速崛起的发展中国家客货流增长速度较快。我们将美国、欧盟和日本的不同客运方式占比情况进行比较（图 2.4），可以明显地看出小汽车出行已经是这些国家的主要交通方式。机动车尤其是私人小汽车在大多数 OECD（经济合作与发展组织）国家已成为主要交通工具。在 20 世纪 90 年代中期，美国小汽车的客运周转量占总量的 86%，西欧占 80%。日本这个数值仅为 52%，而在中国，公路客运尤其是公交车客运占到总客运周转量的 46%。在 20 世纪 90 年代早期，印度公路客运周转量占全部客运周转量的 85%。另一方面，从图 2.4 中可以看出，铁路客运在日本的重要地位，同样欧洲的铁路客运周转量比重较美国高，反映了欧洲铁路客运的重要性。以上欧洲和日本与其他国家客流运输方式的不同，都与这些国家具有高度发达的铁路系统、高密度人口以及铁路运输具有较长的历史等原因相关。

与客运一样，世界范围内的货运活动也在不断增长。OECD 国家在过去 25 年间每年货运增长率都在 1%（法国、英国和荷兰）到 4%（意大利、日本和西班牙）之间。而一些发展中国家的增长速度更快，例如中国的年增长率为 7.5%。英国这一时期的同比数据大致为年均增长 2%。

比较欧洲和北美的客运情况，我们可以归纳出一些特点。首先，欧盟的形成使欧洲国家经济一体化程度加深，进而让这些国家货运和国际间客运交通普遍大幅度提升。其次，管制因素、投资政策、平均出行距离的缩短，使得欧洲相对北美的铁路客运量比重上升，而航空客运比重降低。在最近放松管制趋势的推动下，欧洲和美国出现了新兴的低成本航空运输公司，他们使航空运输方式的竞争力大大增强，促进了航空运输业的发展。由于欧洲交通距离较短，而不断增长的货物运输大多是由卡车运输，因此就产生了许多交通拥堵问题，从而对基础设施建设提出了新的要求。

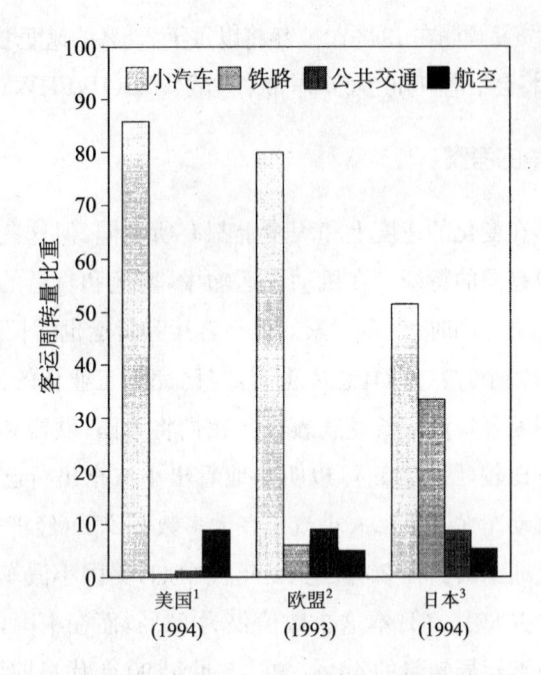

图 2.4　1994 年美国、欧盟和日本不同交通方式的客运周转量对比(%)

1：小汽车包括个人小汽车、出租车以及轻型卡车；铁路包括轻轨、重轨、通勤铁路和城际铁路；公共交通包括公共客车、城际公交车；航空运输包括商用航空公司、国内运营商以及通用航空公司。

2：小汽车包括私人小汽车；铁路包括城际铁路、通勤铁路和轻轨（在有轻轨的地方）；公共交通包括地方公交车、城际长途客运汽车；航空运输包括国内运营商。

3：小汽车包括私人小汽车和商用客运小汽车；铁路包括日本国家铁路和私有铁路；公共交通包括私人和商用公交车；航空运输包括通用航空公司和国内运营商。

资料来源：美国运输部、交通统计局(USDOT, BOTS, 1997, p. 230)。

在全球范围内，货运活动的性质同样发生着改变。在大多数国家，公路运输的增长速度要比其他交通方式快。公路运输的灵活性以及与公路相关的重要的基础设施，已经在逐渐吞蚀着铁路货运量的份额。在一些发展中国家，向公路运输方式的转变已经非常明显了。尽管存在这种主流趋势，但在全球生产体系中高价值商品的运输对高效性和安全性要求不断提高的情况下，航空货运也快速增长起来。据预测，从全球来看，1990-2010 年美国国内和国际航空货运年增速预计达 6%(International Civil Aviation Organization, 2001)。

影响客运和货运的各个因素之间存在较为复杂的相互作用（Bowen & Leinbach,1995;Debbage,1994）。在大多数发达国家，如马勒（Muller）所述（本书第三章），人口和工作地都从城市中心转移到更加分散的城市郊区。这就迫使人们更多地使用小汽车上班和进行其他社交活动。假如这种转变发生在人口较稀疏的地区，那么大容量公共交通就不是最经济的运输方式。相比之下，在发展中国家，农村人口迁至城市地区或城市周边地区就业，给城市带来了严重的交通压力。此外，非永久性迁移现象非常普遍，即人们在农村和城市地区之间进行临时或短时间的流动，这些也给城际交通设施造成了压力。

二、公路相互作用

随着近十年来美国经济的快速发展，客运增长比前几十年更加迅猛。美国公路网由400万英里的城际和城内道路构成。州际公路系统（Interstate Highway System,IHS）虽然仅占到了公路总里程的1%，但承担着25%的车辆行驶里程（Gifford,1994;Lewis,1997;Moon,1994;Rose,1990）。1956年的联邦公路法成为历史上对最大规模的公共工程项目授权的法律，它不仅对工程项目的建设给予授权，还拨出必要的实施经费（见本书第十一章）。大部分的IHS都建于1960-1980年，不过具体的道路连接工程要更晚一些（Moon,1994）。

该系统对城际货流和客流运输的影响是惊人的（Lewis,1997），它甚至可能是过去50年中唯一对美国城市形成和发展产生重要影响的运输系统。IHS以各种方式改变着城市形态，这是规划者们都难以预见到的。这个系统原本是用来把各中心城市从小汽车拥堵中拯救出来，并提供城市间长距离而高速的运输服务。然而，那些原本用来快速疏通出入城市中心的车辆的大规模新建的城市高速公路，在日益加剧的交通拥堵中很快变得混乱不堪，而且公路建设还破坏了许多城市街区。与此同时，新建设的周边环城公路（beltways），最初设计的目的是为了使长途旅客绕过拥挤的中心城市，然而这些环城公路却变成了类似战后时期的城郊闹区。环城公路沿线的农村土地由于价格低廉成为了新的郊区住房、购物街、工业区以及办公园区建设的有利地区，使居民和商业活动迁出了城市中心区。最后，IHS的经费是由公路信托基金资助的，该基金来源于联邦汽油税的丰厚收入。这些基金的资助只针对公路,即新建公路的费用由联邦政府承担90%。相比之下,地方政府支付了较高份额的大容量公共交通的投资费用。这就有力地激励着地区交通运输投资不注重大容量公共交通而将更多投资投向公路建设。1956年州际高速公路法创造了正如我们现在所知道的一个个分散的、依赖于小汽车的大都市(Fishman,1999)。

许多研究都考察了IHS干扰城市街区的各种方式。城市高速公路的可达性不断加强,促进了城市的分散化,因此工业不再与城市中心区紧密相连,但仍然能够保留丰富而多元化的劳动力。IHS分割了城市街区。一些评论家声称,一些线路的选址存在种族偏见,从而割裂了许多地方社区。美国州际公路I-40纳什维尔①路段的交通扭结(The"kink")就是这样一个例子(见Bae,本书第十三章)。

IHS在经济结构调整中起着举足轻重的作用。一个最突出的案例是美国州际公路I-75,这条交通走廊经过苏圣玛丽②、安大略、迈阿密、横跨密西根、俄亥俄、肯塔基、田纳西以及佛罗里达州(Moon,1994,pp.79-80)。为了充分利用其便利的交通优势,在这条交通走廊上投放了巨额的资金。投资额可能多达全美投资资本的15%,包括日本在美国的外商直接投资的25%。特别突出的是,I-75公路沿线集中分布了大量汽车装配厂、汽车供应商以及国防合约承包商。该公路沿线的发展,其原因可能是由于子生产厂的发展、工业分散化、即时生产方式(just-in-time manufacturing)的发展(Rubenstein,1992)、土地成本低廉以及地方州政府给予了丰厚的补贴。此外,通勤范围的扩展(如Mitchelson & Fisher,1987)以及IHS公路交会处周边土地利用变化(如Norris,1987)也是IHS对经济产生影响的另一个方面。

国家级的州际高速公路交通量估算可从1992年联邦公路管理局发布的车辆行驶里程数据(www.fhwa.dot.gov/ohim/tvtw)中得到,该数据分别描述了各个月份农村和城市路段的公路交通量。2001年农村和城市这一数字分别为2 738亿和3 985亿英里。1992-2001年,农村和城市的车辆行驶里程分别增长了32%和31%。大多数IHS路段所在州的公路部门都能够提供本路段的交通量。这些数据反映了一个如果我们在该路段上有过驾驶经历也很容易感受到的问题,那就是

---

① 译者注:美国田纳西州的一个城市。
② 译者注:美国密歇根州的一个城市。

许多地区交通拥堵问题都普遍存在,而且由于交通繁忙,使用年份较长,该公路系统急需维护和更新。六年前60%的IHS状况良好,而40%状态一般或较差。当时估算的维修成本为3 150亿美元(Field,1996)。

有证据表明,对小汽车的狂热与经济条件以及继续扩大的交通流动并无紧密联系。目前尚不清楚信息技术在何种程度上将取代实际的出行(见Janelle,本书第四章)。能够发送和接收传真及电子邮件的上网手机和个人数码助手的用户数量已经从1998年的7 700万跃升至2001年的3亿多。虽然远程办公(telework)仅被一小部分人采用,但已经越来越普及并在继续增加。虽然需要必要的通信工具来发展远程办公(telecommuting),但还有很多阻碍远程办公服务市场扩大的众多因素(如Gillespie & Richardson,2000)。工作团队发展和复杂系统的开发都是有必要的,这意味着商业中的面对面接触仍极为重要。

三、铁路相互作用

(一) Amtrak铁路公司的产生和发展

美国在经历了长达一个多世纪之久的运用私有化货运铁路进行城际客运之后,1970年铁路客运服务法案颁布创立了国家铁路客运公司(National Railroad Passenger Corporation),俗称Amtrack(www.amtrak.com)。国会创立该公司的目的是为了缓解货运铁路提供客运服务无利可图的压力,并通过一个国会指定线路的全国性铁路系统来维持铁路客运服务。价格相对低廉的航空旅行以及私人小汽车的广泛使用,继续对铁路客运服务的生存造成威胁。正如第一节所述,1996年城际铁路客运周转量占国内客运总周转量的比例不足1%。

Amtrak创立之后,该公司开始共同努力重建铁路设备和基础设施。2000年10月,Amtrak网络由国家基础网所构成(图2.5)。北起波士顿南至里士满市,弗吉尼亚州的东北铁路走廊,以芝加哥、洛杉矶和旧金山的各个铁路枢纽为中心的众多路段提供了高频率铁路服务。有四条独立的交通走廊每天能够提供跨州运输服务。1975年,载客量水平仅超过1 700万;到1999年,载客量达到近2 200万(图2.6)。24年间载客量增长速度年均仅略大于1%。

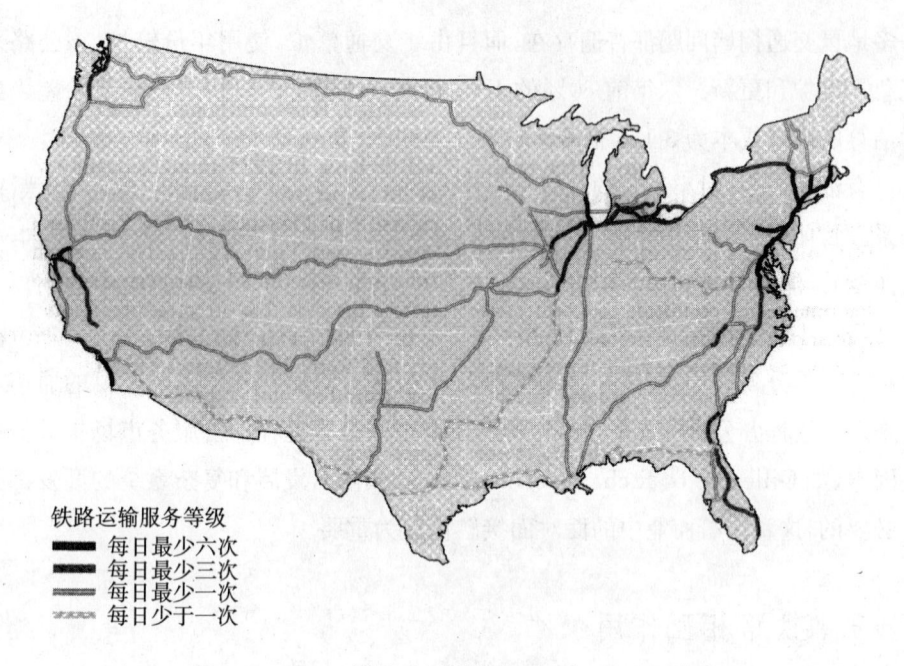

铁路运输服务等级
▬▬ 每日最少六次
▬▬ 每日最少三次
▬▬ 每日最少一次
▬▬ 每日少于一次

图 2.5　Amtrak 铁路公司乘客流量图(1975-1999 年)

资料来源：美国运输部、交通统计局(USDOT, BOTS, 2000a, pp. 2-6)。

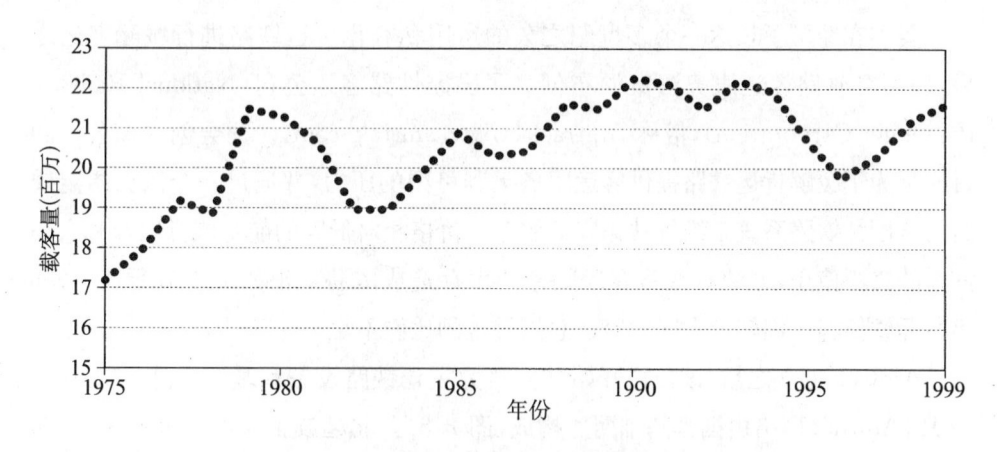

图 2.6　Amtrak 客运铁路系统载客量变化

资料来源：美国运输部、交通统计局(USDOT, BOTS, 2000a, pp. 2-16)。

Amtrak 成立后的 26 年间，联邦政府给予了约 220 亿美元的运营补贴和基本建设投资，但载客量变化甚微，1997 年，国会开始就继续给予 Amtrak 资金支持的可行性进行争论。在争论中,产生了 Amtrak 改革和经营法(Amtrak Reform and Accountability Act)。该法提出,Amtrak 不再是政府机构,不再持有客运垄断权,但允许增加新的铁路线路,关闭亏损的线路,并将获得 22 亿元的税款救济援助,在立法 5 年后必须在经营上实现自给自足。同样重要的还有 Amtrak 改革理事会(Amtrak Reform Council)的建立,它被授权来协助 Amtrak 公司实现自给自足,并定期向国会提供以盈利为目的的活动进展情况等相关信息。

(二)高速铁路

自此次立法以后,铁路运输有了几个显著的发展。一是,更加认识到了高速铁路(HSR)的重要性。高速铁路系统将各大都市区连接起来,长度 100-500 英里不等,运行速度超过 200 公里/小时。虽然最初的基础设施建设费用高昂,但铁路的运行能力越来越多地依赖磁悬浮系统的使用,它利用磁场力来抬举、推动和牵引列车的车厢。世界上第一条 HSR 是 1964 年日本开始运行的子弹头列车或称"新干线"(Shinkansen),它往返于东京和大阪之间。随后是 1983 年法国的高速铁路(Train à Grande Vitesse),往返于巴黎和里昂之间。德国和西班牙分别在 1991 年和 1992 年启动了高速铁路服务。在亚洲包括中国台湾和韩国在内众多地区的高速铁路系统也在发展或者已经运营。1994 年,法国和英国利用私人建造和经营的英吉利海峡隧道(或称为峡道("Chunnel"))也启动了 HSR。1986 年 Amtrak 列车线(Amtrak's Metroliner)在纽约和华盛顿特区之间也开始了 HRS 服务。

出于对发展高速铁路服务重要性的认识,2001 年美国出台了高速铁路投资法。该法提出,要在未来十多年时间内,以 Amtrak 公司为载体,对经过运输部长审核通过的 HSR 项目提供 120 亿美元的债券。债券收益可用于 HSR 开路权(rights-of-way)、轨道结构,机车车辆的收购、融资和再融资,还可用于在 12 个指定交通走廊上发展联运设施(图 2.7)。HSR 项目的选定是在国家配套资金基础上,并以这些项目可能产生的贡献为出发点,包括是否能缓解公路和机场的交通拥堵问题,改善通勤铁路的运营,以及提高经济绩效,包括在中心城市发展作为经济发展节点的"市内铁路枢纽",以应对市郊机场的扩张。该项目还计划要促进区域间基础设施投资的平衡。国家将为单个具体项目提供至少 20% 的配套资金。

第一部分 场景设置

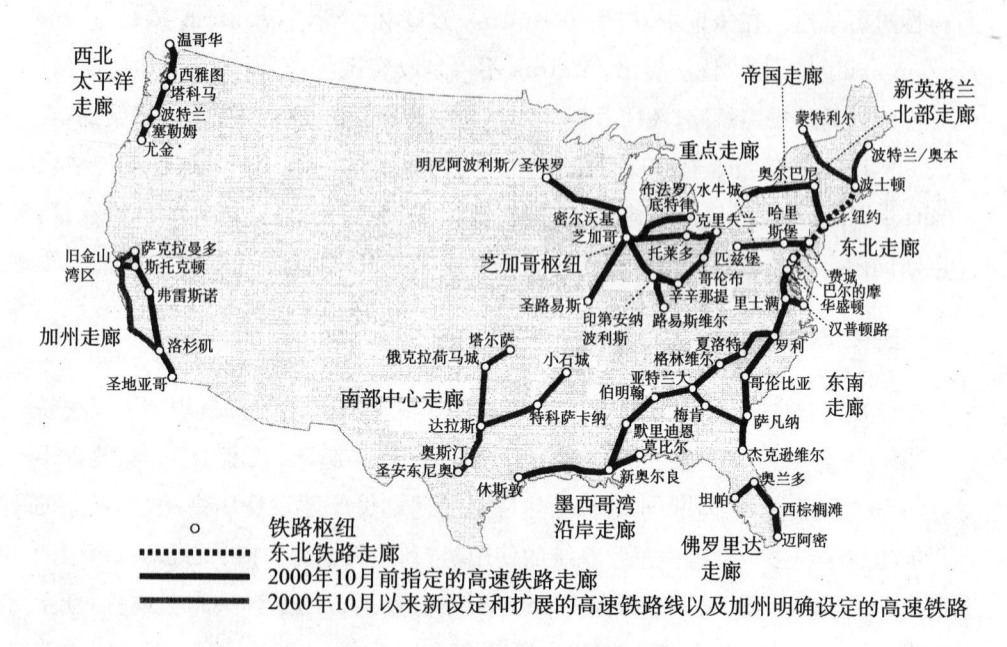

图 2.7 美国指定的高速铁路走廊

资料来源：美国运输部、联邦铁路管理局（USDOT, Federal Railway Administration, 2000）。

由此看来，在东北铁路走廊上增加新的 Acela 高速列车，对其进行结构调整便是一项重要的举措。此外，在东北地区外的 HSR 交通走廊上也一直在"积极推进"该计划。2002 年 1 月，在美国东南部密西根州长达 45 英里的轨道上，Amtrak 公司宣布以每小时 90 英里的速度运行。这次提速是五年来通过数以百万美元努力把 HSR 引入芝加哥—底特律铁路走廊的结果。这些资金改善了铁道交叉口的安全性，并安装了一个达到最新技术发展水平的列车信号系统。随着新技术评估工作的不断推进，45 英里的轨道将延长至 65 英里，速度也将从每小时 90 英里提高至 110 英里。迄今为止，279 英里的交通走廊中有 77 英里已经升级，每英里耗资仅 100 万美元，不足公路建设费用的 1/10 到 1/20。

建设 HSR 交通走廊是非常重要的，原因有很多。其中最重要的原因是，这些建设项目可以"腾出"机场。HSR 网络可以使短途运输从交通系统中分流出来，腾出机场使其发挥它们的强项：应对长途运输（Sharkey, 2002）。显然，考虑到航空服务对较小社区产生的可能影响，这种发展可能具有争议。Amtrak 公司的收益自

1997年以来提高了38%,部分原因也是对使用HSR的日益关注。

虽然Amtrak公司也取得了一些进展,但在2002年它还是再次受到现金流不足的困扰,使其不能维持齐全的服务功能。即使2001年Amtrak公司削减了2.85亿美元的费用支出,但仍然亏损了11亿美元,这是自1971年以来最大的一次亏损。2002年,Amtrak公司改革理事会(Amtrak Reform Council)提出了整改计划,该计划提议,由一个小的联邦机构来负责管理全国的客运铁路,并与两个子公司相连,一个负责列车的运营,另一个则享有Amtrak东北部交通走廊的所有权,并对其进行维护和完善。Amtrak公司基本上拒绝了这一提议,提出必须有一个强大的联邦政府委托机构,来进行客运铁路系统的界定、开发和投资。

在经历了又一次资金危机后,我们被再次提醒,"铁路建设了现代化的美国,但美国的现代化建设似乎不是为了铁路。"未能获得这一明智改革计划的一个主要问题,还是政治因素,如铁路网络自身一样,它就是一个局部利益东拼西凑的结果。政治家对Amtrak持赞成还是反对态度,实际上是与列车在他们所在地区是否有停靠站点有关。Amtrak需要的是,在介于布什政府提出的分散化兼私有化的解决方案与以较繁重的联邦补贴维持Amtrak基本运输方式之间,找到一个中间对策。事实上,政府也许应该用长远的眼光来看待铁路问题,将它看做是与公路和航空并行的一种长期性的交通运输方式("出轨的Amtrak",2002)。从这一角度上来讲,需要考察欧洲和亚洲铁路在更新改造中实现的技术和组织管理方面的突破及其采取的创新性政策,以此为美国铁路发展提供参考。

(三) 铁路货运

铁路货运的情况与客运呈现出强烈的反差。铁路货运在州际贸易委员会(Interstate Commerce Commission)管理下失败之后,1976年,国家出台了"铁路重整及管制法案"(The Railroad Revitalization and Regulation Reform Act of 1976),对铁轨运价进行了放松管制,加快了联运过程,使铁路货运恢复了活力。联合铁路公司(Conrail)的建立就是放松管制的表现之一。该公司是根据1973年区域性铁路重组法案由联邦政府建立的一家公有铁路公司,它取代了七条东北部已经破产的铁路线公司,并自1976年4月1日开始展开投入运营。四年后,交错运输法案(Stagger Act)给予了各铁路设定运价的自由,并允许终止那些无利可图的铁路线。在接下来的八年间(1980-1988年)货物运价每吨降低了38%,但是货运流量却迅猛增加,并取得了7.5%的净投资回报率(图2.8)。

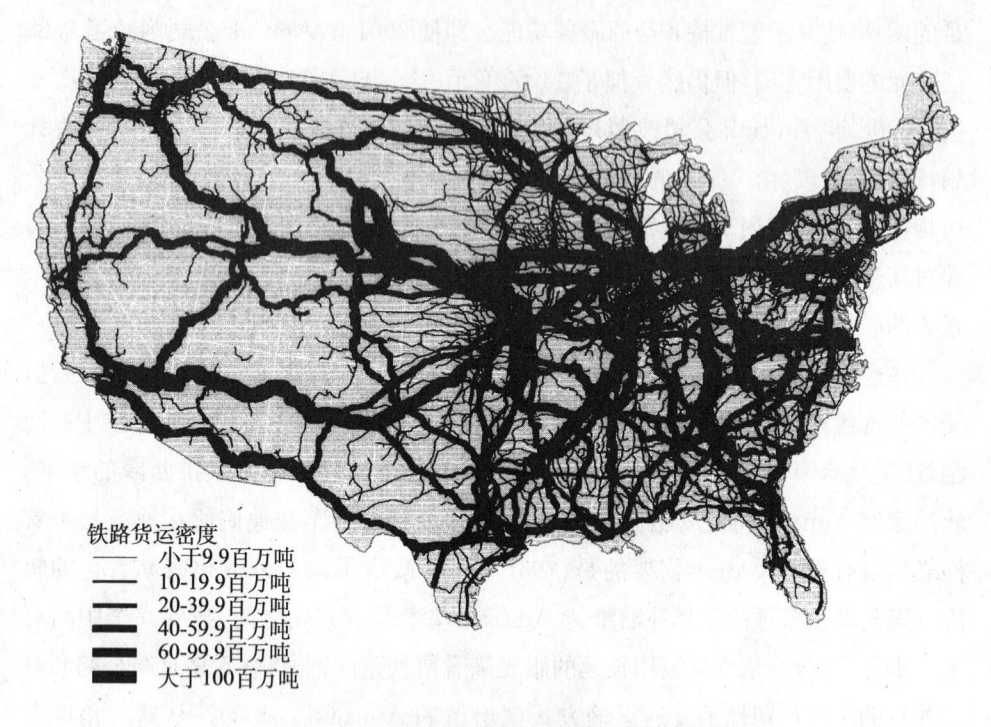

铁路货运密度
—— 小于9.9百万吨
—— 10-19.9百万吨
—— 20-39.9百万吨
—— 40-59.9百万吨
—— 60-99.9百万吨
—— 大于100百万吨

图2.8 1998年美国铁路网络系统及货运量

资料来源:美国运输部、交通统计局(USDOT, BOTS, 2000a, pp. 2-44)。

铁路业得到了极大的巩固,从1980年的42家大型铁路运营商转变为20世纪90年代末的四家超大型铁路运营商。铁路业的劳动生产率也有较大幅度的提高(Burns, 1998)。在众多的铁路合并中一个值得关注的案例就是伯灵顿北方公司(Burlington Northern Corporation)和圣太菲太平洋公司(Santa Fe Pacific Corporation),两家公司的合并缔造了1994年以来全美最大的铁路公司。它们结合起来形成了长达33 000英里的西部铁路运输系统,该系统在商品的装运能力以及卡车拖车和集装箱的运输能力方面都非常强大。各种例证不断表明铁路公司的合并带来的影响仍在延续(如Park, Babcock & Lemke, 1999)。此外,随着放松管制的实施,9万多英里的亏损铁路已经停运或出售。可能最重要的是,铁路运输业的放松管制加速了向多式联运方式(intermodalism)的转变。使用集装箱可以很容易将货物从货船装载到铁路,再到卡车。一些铁路公司与航海运营商合作,使用了双层集装箱列车,它将集装箱成套进行双层堆放,来完成从海港到美国内陆的货物装运。

与美国的铁路运输改革相比,加拿大的铁路自由化是一个更加突出的例子(Fossey,1996)。1995年11月,加拿大政府将加拿大国家铁路(CNR)进行了私有化改革,使其在自由市场中自力更生。这一转型改变了铁路员工的心态,使得CNR在运营和成本削减方面都具有更大的灵活性。

这里有一点很重要,值得特别强调,那就是美国和加拿大的铁路货运系统对农村地区产生了重要的影响。尤其是在致力于提高铁路货运系统的成本效益所进行的创新中,更加体现出这一点。最近的一个发展是利用高速粮食装卸站点(high-speed grain terminal)取代传统的粮食升降装载运输(Machalaba,2001)。这种高速粮食码头能够在约15小时内装载110辆小汽车组成的长达一英里的汽车链,而传统的粮食升降装载运输需要更长的时间且只能完成上述小汽车数量的一半。这些"装载列车班车"(shuttle train loaders)正在迅速地改变着粮食运输行业。在过去六年间,73列装载列车已经建成,还有18列规划设在伯灵顿北方圣太菲公司的铁道上。此外,73列装载列车已经安放在联合太平洋(Union Pacific)公司的铁路沿线。当然,铁路运输方式的变化在各地区影响的程度往往是不相同的。传统粮食升降装载运输的运营商们担心,农民将开始忽视他们提供的运输服务而偏向使用装载列车班车,这样一来会对那些人口已大量外流的小城镇的生存能力产生严重的后果。但是装载列车班车带来的费用的节省和其他积极影响还是很明显的。在希尔兹巴勒、北达科他州的阿尔顿粮食装卸站点的建造花费了960万美元。运营商将小麦运至太平洋西北部所收取的费用是每辆车2 100美元。该收费低于传统装运费用约400美元,折算成农民运送小麦至阿尔顿的费用,每蒲式耳[①]要节省12%。

小型铁路是美国铁路系统的重要组成部分,尤其对农业和农村货运者更是如此。在废弃了交通流量低的线路之后,农村铁路支线为农村提供了新的交通选择,维持了各小社区的铁路运输服务。为了维持生存和发展,地方和区域性的铁路不

---

① 译者注:计量谷物及水果的单位,等于8加仑或大约36.4升。

能仅仅是维护,更重要的是要扩大铁路运输市场。交通量稀少往往导致了市场退出过程,这种退出最初是伴随着服务质量的下降。但是,通过对地方状况的把握和面向消费群体的服务导向,小型铁路却可以成功。尤其重要的是创新服务,可能包括诸多加值性的功能,如仓储、转运、即时递送,这些功能都需要将小型铁路与物流系统紧密地结合起来。在区域和国家经济转型之下,小型铁路也面临诸多挑战。过去曾经产生过大交通运量的制造业和许多资源消耗型工业,已经让位于立足全球市场的服务导向型经济。许多服务业的公司不再是传统铁路货运的消费者。

最重要的是,21世纪将要重新关注多式联运的货运方式(Leinbach & Bowe,即将出版)。20世纪90年代中期集装箱运输的发展,20世纪末期放松管制的趋势以及对物流和全球供应链需求的关注,为多式联运交通提供了持续增长的平台。多式联运,指运用多种运输方式进行同一货物的运输,灵活地应对了全球市场供应链管理方式不断变化的需求。尽管拖车和集装箱运输是最容易想到的运输方式,但是许多其他的货物运输可以采用多式联运的方式。例如,所有的谷物运输首先要经过卡车运输或水运再连接到铁路。煤炭、化肥以及建材产品也采用了多种运输方式。事实上,所有的航空快递业本身也具有多式联运的属性,它通过卡车再连接到航空公司运输的起始点和目的地。支持多式联运重要的一点是,铁路交通的增加将减少国内高速公路的卡车运输,这有利于增强高速公路系统的安全性。1999年和2000年,铁路货运业在多式联运的基础设施上投资140多亿美元,这相当于同期收益的1/5。利用这些资金更新了信息系统,增加了铁路站点,购买了具备最新技术水平的火车头和多式联运小汽车。

当然,铁路货运的未来是变幻莫测的。预计到2025年前,铁路货运量每年以高于2%的速度递增。但是,铁路公司的合并可能还要继续,进一步的重组还将发生。还有可能发生的是,非铁路公司为实施多元化战略或现行的运营模式去获取铁路的所有权——正如美国联合包裹快递公司(UPS)的做法。最后,竞争中的铁路线路准入问题将可能引起争论。如果准入权由政府授权来保证铁路公司的竞争力,那么该行为将可能导致负面的财政影响。为了不降低拥有准入权的铁路公司投资公路的积极性,准入权的定价是非常关键的。正如一直以来面临着不断增长的财政压力,铁路如何能够降低成本、改善服务将是令人感兴趣的问题(USDOT,2000a,pp. 2-45)。

四、航空相互作用

正如前面所述,航空是美国发展速度最快的运输方式。自 1975 年来(图 2.9)航空客运增长了近 2 倍,并预计在下个 10 年达到 10 亿乘机量(USDOT,2000)。乘机旅客与航空公司员工之比同期增长了 25%。这一数据反映了人均收入增加、大型快速航空飞机使用的扩大、工作规则和工作方式的变化以及航空公司采用了多元化的市场战略。几个主要市场的旅客登机量分布格局令人叹为观止(图 2.10)。此时期尤其明显的是阳光地带城市的旅客增长,这与"新南方"(the "New South")的经济转型密切相关。值得注意的是亚特兰大机场乘客登机量的增长,还有迈阿密、奥兰多、达拉斯—沃斯堡、凤凰城、拉斯维加斯以及洛杉矶。此次增长的一个很重要的部分同样是与世界最大的行业——出行和旅游业有关。航空交通的主要始发地—目的地组合基本反映了城市等级体系,其中波士顿—纽约—华盛顿特区、洛杉矶—圣弗朗西斯科、纽约—迈阿密以及纽约—芝加哥市是主要的交通廊道。

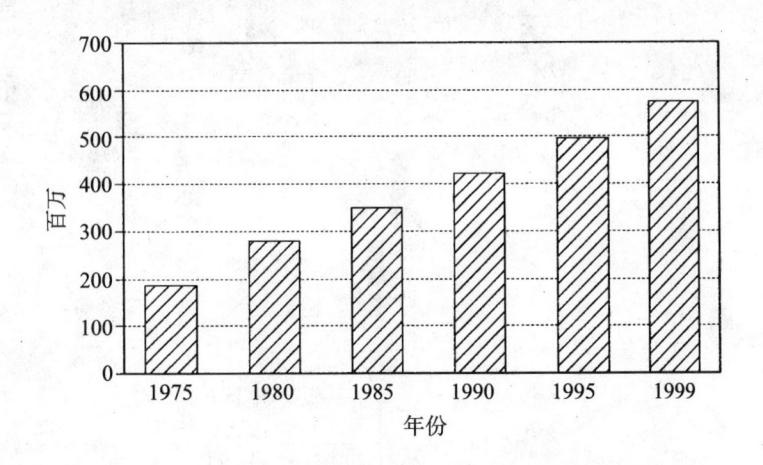

图 2.9 1975-1999 年美国国内商用航空公司旅客登机量

资料来源:美国运输部、交通统计局(USDOT,BOTS,2000a,pp.2-19)。

是什么导致了航空客运的高增长呢? 事实上,原因很多。其中包括,与航空出行密切相关的"诱因",如可支配收入的增加使人们出行更加频繁并出行到更远的目的地,还有商务出行的增加,以及航空公司之间激烈的价格竞争等因素。"零利润"航空公司("no-frill" airlines)的增长,如美国西南航空公司(Southwest),以及最新的捷蓝航空公司(Jet Blue)和穿越航空公司(Air Trans),他们选择细分市场(niche market)进行运营,也为航空客运的增长作出了贡献(Leibach & Bowen, 2004)。随着1995年互联网的引入和电子商务的增加,航空公司转变了市场战略。电子或非纸质机票成为了现在的标准化机票,而纸质机票需要征收额外的费用。但是更重要的是推动了廉价旅行,里程积分计划(mileage programs)以及大量网络折扣旅行代理商的出现。Expedia、Orbitz、Cheaptickets等都是目前在普通家庭旅行词典中最常见的代理商名字。

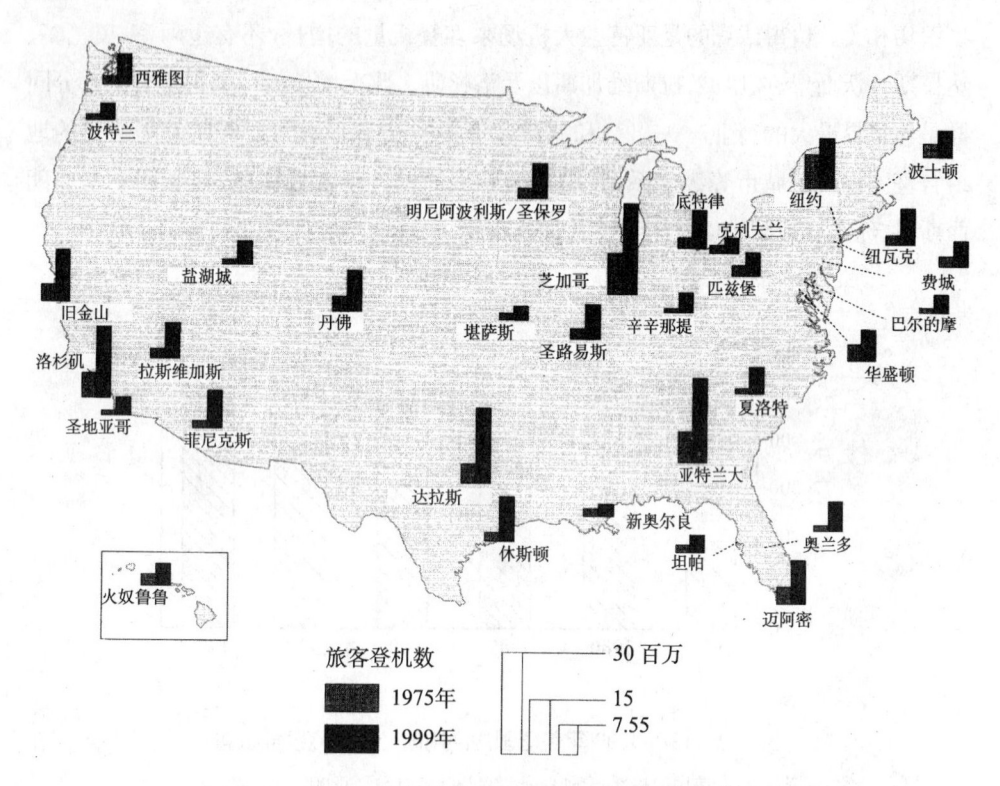

图 2.10 1975 年和 1999 年主要航空业市场的旅客登机数
资料来源:美国运输部、交通统计局(USDOT, BOTS, 2000a, pp. 2-19)。

当我们思考这些新航空公司的兴起时,我们再次想到了自由化浪潮正席卷着美国运输部门。的确，航空业已经成为放松管制领域的一个重要部分。1975年，民用航空委员会控制了新航空公司的市场准入，调控着货运率和客运票价，为航空公司提供政府补贴，并监督航空公司之间的关系。1978年颁布的航空放松管制法为创造竞争环境、消除对国内航空服务的限制、建立基于市场的准许票价创造了条件，该法案还认识到继续为小社区提供服务的需要，并废除了民用航空委员会(Civil Aeronautics Board,CAB)。放松管制以各种方式正在极大地改变着航空业。除票价竞争之外最明显的可能是从点对点式的线性航线网络转向轴—辐网络结构。这种航线空间结构使航空公司能够将多个起始点连接到多个目的地，而不用把所有起讫点直接联系起来(USDOT,BOTS,2000a,pp. 2-45)。

（一）航空枢纽

"枢纽"(hubbing)概念的提出促使航空公司在不需要扩大机队规模和座位容量的情况下能够向更多的市场提供服务，并使航空公司降低运营成本，能够更高效地服务各个来往于不同城市间的航班(Leinbach & Bowen,2004)。在运营网络结构改革的过程中，航空枢纽承担了重要的作用，使航空公司在其被指定的航空枢纽中的地位更加牢固，更具主导性。案例之一就是联合航空公司，它主导着芝加哥、丹佛的航空枢纽运营，也较大程度上支配着旧金山的航空枢纽的运营。相类似的还有亚特兰大和辛辛那提的航空服务主要供应商——达美航空公司以及西北航空公司，它主导着底特律和明尼阿波利斯的航空服务。

航空枢纽尤其是大型航空枢纽的增长为经济发展提供了重要的作用。最好的例子就是亚特兰大的哈斯菲尔德国际机场。该机场不仅成为了乔治亚州的经济引擎，并且可以认为是美国东南部的主要经济引擎。约43 000人通过这个机场实现就业（包括航空公司、地面运输、场地租让、保安、联邦政府相关机构、亚特兰大市相关机构以及雇佣的机场承租人），使该机场每年要支付超过19亿美元的工资。2000年，机场对经济产生的直接和间接影响估计达到168亿美元，或者说每天4 600万美元！区域经济的成功与哈斯菲尔德国际机场直接相关，在过去五年中，该机场服务的区域成为美国发展最快的区域。同时，该机场也是美国受飞机延误影响严重的基础设施之一。在一个大的发展计划框架下，机场又将扩建第五条跑道，耗资10亿美元，这是下一个10年注资54亿美元加强机场建设计划中迈出的第一步。

航空客运以及商品和服务的运输现在已经非常重要了。事实上，机场可能会在新的世纪中重塑商业区位分布和城市发展，正如18世纪的海港、19世纪的铁路以及20世纪高速公路的塑造作用一样。有研究者认为，一些主要的国际性门户机场正在促发一种新的城市形式出现，称为"空港都市区(aerotropolis)"(Armbruster, 2001; Kasarda, 2001)。空港都市区可以自各个机场沿着交通廊道向外辐射延伸15英里。机场能够吸引和发展多种形式的商业活动，包括发展高时效的制造业、实行电子商务、电信服务、第三方物流公司(third-party logistics firms)；娱乐业、旅馆、零售业以及各种展会；建设办公楼，可以包含各种区域性公司总部、开办航空旅行业的专业服务例如咨询、审计等以及高科技产业的行政部门。位于弗吉尼亚北部的华盛顿达拉斯国际机场就是航空设施吸引高科技产业的一个非常好的例子。

一些机场甚至承担了类似大都市中心商业区的作用，成为主要的就业、购物、会议和娱乐的场所。例如阿姆斯特丹的斯希波尔机场，它每天要雇用52 000名员工。两条主要的高速公路连接着机场和阿姆斯特丹市中心，机场下面直接连接着一条现代化的火车站，而且机场本身包含了购物、娱乐，吸引着旅游者和当地老百姓。斯希波尔机场的高速公路沿线也聚集着各种商业带，而且所有这些商业人员都是机场依赖型(airport-intensive)的用户。此外，新加坡的樟宜国际机场也是一个最好的例子，它向我们展示了一个机场如何能够成为影响区域发展的主要因素(Raguraman, 1997)。

这种新的城市形态的出现可能是简单地沿着机场主要交通廊道向外蔓延。然而，航空都市区却是一个高度网络化的系统。可达性将会取代区位因素，成为最重要的商业区位和商业——房地产选址原则。了解这一点的公司和房地产从业人士可以进行战略性选址，将其设在靠近主要门户机场的地方，还可进行航空业投资使之通过航空商业产生资本的杠杆作用。随着越来越多的公司依赖高时效的交通运输和快速响应，谁选择靠近机场，谁将在同行业的竞争中领先一步(Kasarda, 2001)。

但是机场的发展也会加剧目前已有的噪声、污染以及不断增加的机场交通拥堵等外部性问题。在其影响范围内的居民必须承担这些代价。例如洛杉矶国际机场造成了严重的外部性问题，包括噪声、交通拥堵的加剧，周围房地产价格迅速下跌。不过一些低收入阶层可能因为能够得到较低的房租作为补偿而愿意接受这种高噪声污染。用钱来补偿受影响居民的生活质量的下降，这种做法是很困难的，而且仍受争议。

（二）航空业的健康发展

自放松管制以来，航空公司已经获得了超过 380 亿美元的运营收入，65 亿美元的净收入。但是航空业的成长却经历了一个过山车似的过程。1984-1988 年，由于美国经济的强盛以及燃油成本低廉，航空业呈现一片繁荣景象。之后，由于国内和全球经济的萧条以及飞机燃油价格的上升，1989-1993 年航空业出现了严重衰退。海湾战争期间的不确定因素和恐怖主义威胁也是原因之一。在克林顿政府领导下，国家加大力量来研究和促进航空业的发展。经过当时一系列恢复措施，航空业复苏了。

然而在经历过繁荣和萧条的交替循环之后，当前可能是航空业历史上最黑暗的时期。例如现代飞机转型的高昂成本、过剩的载客能力、激烈的竞争以及工会提出的工薪要求，使航空业进入了前所未有的萧条状态。将这一萧条状态推向极点的是 2001 年的"9·11"事件，它造成了人们对坐飞机的恐惧以及登机数的骤然下降，当然休闲旅行和商务旅行也是如此。即便联邦政府给予了短期的财政扶持，"9·11"事件给航空带来的损失仍成为了历史上最严重的一次。结果，美国公司纷纷陷入困境，并开始实行第十一章破产保护法的相关条款。2002 年 12 月，在每天 100 万美元损失的创伤之下，美国最大的航空公司——美国联合航空公司，也求助第十一章保护条款。其他大多数航空公司的财政局面也都类似。虽然，放松管制取得了显著的成功，但是竞争尚未造就一个具有自生能力的航空公司体系。航空公司的未来是不确定的，尤其是国内经济也处于困境中。答案无疑在于缩小规模，向无缝式运输模式的有效转变例如西南航空公司所采用的模式，而且可能这种模式还需要进一步加强和巩固。未来联邦政府在补贴航空公司上能起多大的作用还是个未知数(Leinbach & Bowen, 2004)。

航空运输业的健康对城市地区有着重要的影响。也许最明显的就是随着航空公司的裁员、关闭或合并，航空服务不断减少。航空服务对大城市、小城市和中等城市地区的活力起着绝对关键的作用。许多公司在选址决策中越来越多地将航空服务作为未来可能的规模扩张或重新选址的最优先考虑的因素。例如,在肯塔基州莱克星顿市的蓝草机场就是日本丰田汽车选址于肯塔基州的乔治敦的主要因素。甚至是较小的机场,它对就业的影响也是非常重要的。此外,飞机制造和飞机供应问题也是非常重要的。值得注意的就是对于波音飞机及其在西雅图城市地区及其以外的当地和区域性的供应商,飞机需求的减小会产生重要的影响。

(三) 区域和通勤航空业

放松管制带来的另外一个影响就是区域和通勤航空业的增长。从 1975 年至 1999 年区域和通勤航空公司的乘机收益增加了七倍(图 2.11)。大航空公司开始购买区域合作者作为确保其重要航班交通流量的一种方式。例如,联合快递,它是联合航空公司的快递服务商,其子业务由中西部偏北的威斯康星航空公司和东南部的大西洋海岸航空公司来执行。还有一个模式,ComAir 航空公司是一家拥有自主产权的航空服务商,基地设在辛辛那提,并与三角洲航空公司相联系,业务运营在东南部。利用由各式多样的飞机组成的机队向更广泛的市场提供服务,带动了通勤/区域航空业的发展。

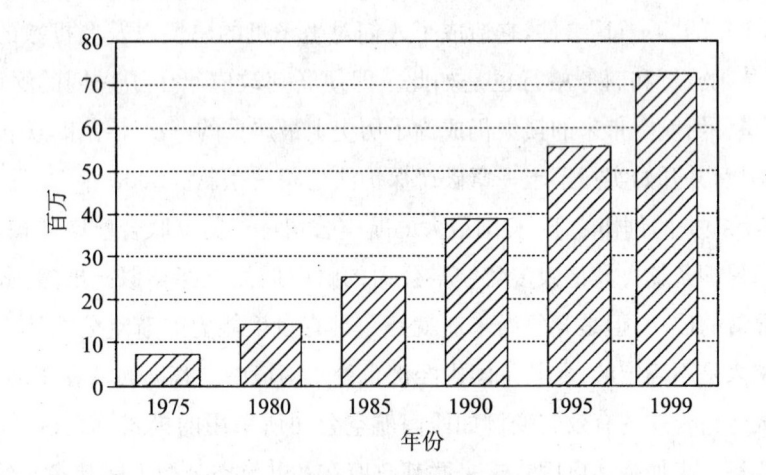

图 2.11　1975-1999 年区域/通勤航空业乘机收益

资料来源:美国运输部、交通统计局(USDOT, BOTS, 2000a, pp. 2-23)。

区域和通勤航空业的另外一个相关的效应是区域喷气式客机(regional jets)的增长(Taylor,2000;Yung,2000)。本质上讲,这种小型喷气式客机(50 或 70 个座位)已经开始逐渐代替传统的涡轮螺旋桨飞机,并且在一些需求比较低的航空网络节点中开始取代大的喷气机(图 2.12),这种替代的步伐在未来 25 年中还将加快(图 2.13)。平均出行里程数的逐渐增加(图 2.14),反映出区域航空业市场在逐步扩大。这种创新可以使更小的社区能够得到直接的航空服务,为大型社区服务的航班排程也可以得到改善。50 个座位的飞机(如由多伦多的庞巴迪飞机制造商生产的加拿大区域喷气机)相对传统飞机具有更多的优点。由于飞机购买价格相对便宜,耗燃油量少,雇佣的员工需要的工薪成本较低,这种飞机的飞行成本低。在某些情况下,对于要去拥堵的航空枢纽和拥挤的机场的那些商务出行者,这种飞机给他们提供了新的选择。更重要的是这种飞机使航空公司更轻松地应对动荡起伏的市场需求。例如,"9·11"事件之后,联合航空公司在列克星敦、肯塔基和芝加哥之间利用区域喷气式客机开发了一种更加频繁紧凑的航班排程,适应了市场需求。英国宇航飞机 146 这种更大的喷气式飞机,过去也在相同市场中使用,已经被用到美国西部的市场上,以便让这种更大容量的飞机能够更好地被利用起来(Leinbach & Bowen,2004)。

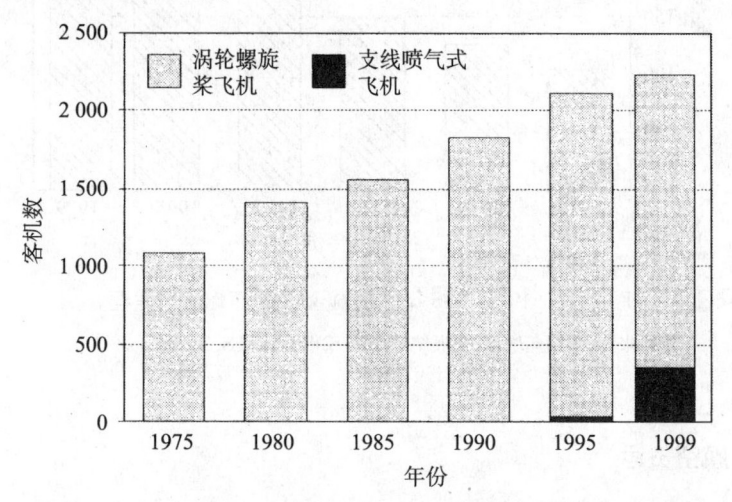

图 2.12 1975-1999 年区域/通勤航空业客机数

资料来源:美国运输部、交通统计局(USDOT,BOTS,2000a,pp. 2-24)。

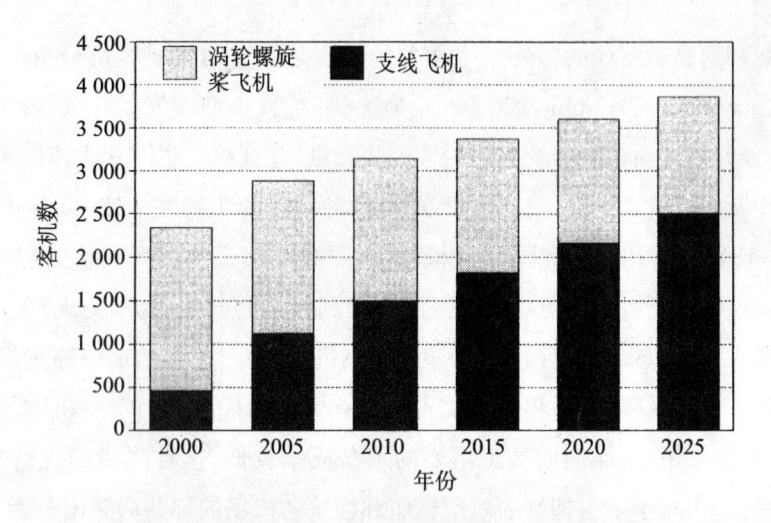

图2.13　2000-2025年计划区域/通勤航空业商用客机数

资料来源：美国运输部、交通统计局（USDOT, BOTS, 2000a, pp. 2-29）。

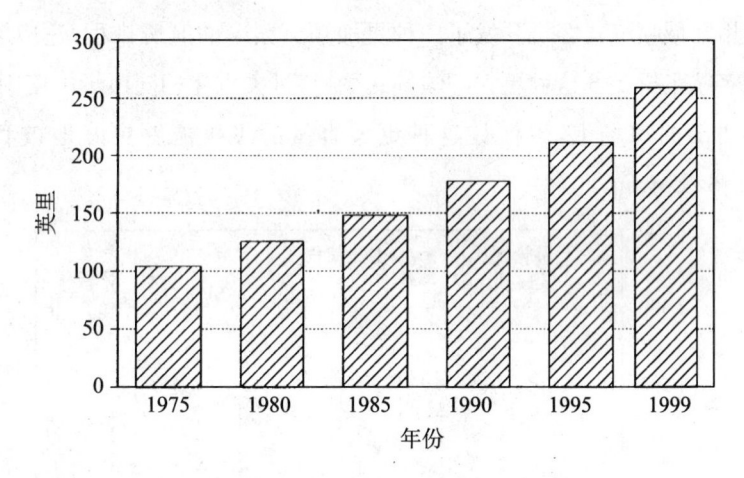

图2.14　1975-1995年区域/通勤飞机平均旅行里程

资料来源：美国运输部、交通统计局（USDOT, BOTS, 2000a, pp. 2-24）。

（四）航空货运

尽管航空货运在货运总量中占据的比例非常低，但仍一直处于增长之中。实际上，正如前文所述，自1990年至1996年，航空货运是增长最快的货运交通方式。

航空货运也比客运增长快,运量从 1975 年的 50 亿吨英里(revenue ton-miles—RTMs)增至 1999 年的 250 亿吨英里,增至五倍。这种扩大主要归功于转型经济带来新的市场需求,全货机(All Cargo Carrier)例如 UPS,FedEx 和 Airborne 的出现,以及客机具备了能够满足需求的载客能力。货物可以用货运专用的全货机来运输,也可以运载在客机的机身腹部。例如,波音 747-400 货机能够装载 124 吨的货物,最远飞行距离为 8 240 千米,而设在菲律宾苏碧湾的 FedEx 公司使用的麦道飞机(McDonald-Douglas)MD11,载货量为 85 吨。747 客货混合型飞机的机身载货量也不少,为 16 吨。新型空中客车(Airbus)380 其机身设定的载货部分容纳货物量将达到 150 吨。目前,约 225 架 747 货机承担了全世界一半的航空货运量。

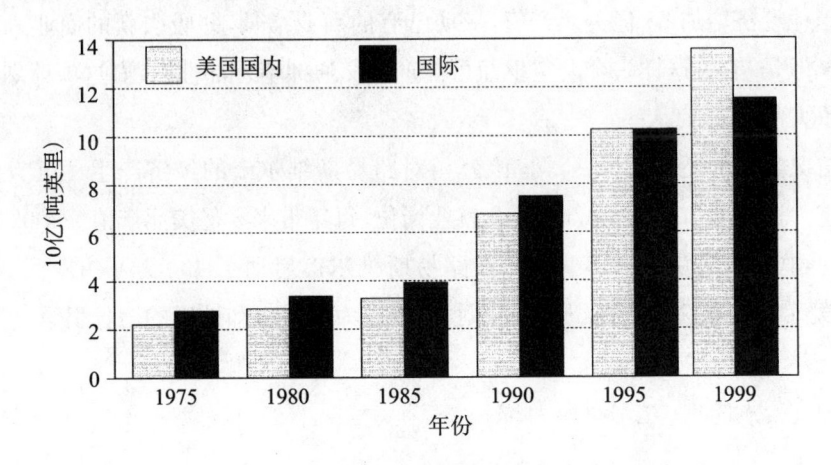

图 2.15　1975-1999 年美国国内和国际货运量

资料来源:美国运输部、交通统计局(USDOT,BOTS,2000a,pp. 2-20)。

1999 年,国内航空货运量自 1975 年以来第一次超过了国际货运量,尽管如此,国际货运需求的潜力仍然巨大(图 2.15)。尤其是跨太平洋的交通运输是全球最激烈的运输市场之一(Bowen,2004)。面对跨太平洋的运输需求,全货机航空公司已经在太平洋沿线建立了航空枢纽,用以获得利润丰厚的商机。国内基地设在孟菲斯的 FedEx 公司,1995 年成功地在菲律宾的苏碧海湾建立了航空基地(Bowen,Leibach & Mabazza,2002)。联合包裹快递公司(UPS)最近也在菲律宾的原克拉克空军基地建立了太平洋航空枢纽。

航空货运对一些城市产生了重要影响。例如，由于FedEx公司进驻孟菲斯市，使这个城市成为了世界最大的航空货运枢纽。FedEx是吸纳城市就业人口最多的公司，其在孟菲斯市就业人口达3万。孟菲斯国际机场对区域经济的全部财政包括直接和间接的影响每年达到近100亿美元。研究表明，孟菲斯地区1/5居民的就业都来源于这个机场及其相关领域。最近该公司与美国邮政总局签订合同，到2008年将创造共1 500个就业岗位。孟菲斯商会罗列了近5年来FedEx的40个客户，他们因FedEx而入驻或扩展到孟菲斯市，这意味着71亿美元的投资和9 813个就业机会的增加。FedEx公司决定在格林斯巴勒市的皮埃蒙特三角地区设立新的航空枢纽，这将在接下来的16年间创造16 000多个就业岗位，枢纽本身将为当地经济增加75亿美元产值，带动已有的商业增长，并吸引新的商业入驻该地区。但是，有关这样一个航空枢纽可能产生交通拥堵外部性问题，这项计划也引发了重大的争论。

情况类似的还有UPS公司，该公司对路易斯维尔市的经济产生了巨大的影响。它为这座城市创造了23 000个就业岗位，每年带来5亿美元产值。2002年九月下旬，联合包裹快递公司（UPS）在路易斯维尔市启动了400万平方英尺、耗资11亿美元的全球性航空枢纽建设计划，这将成为该城市和地区的增长引擎。

五、海运相互作用

美国除了通过航空、铁路、公路运输方式进行城际运输外，还建立了一个重要的海运交通系统，包括水运、港口，最重要的是多式联运系统（intermodal connections）。当然，这些几乎都是为货运服务。1975年，得益于原油贸易，航运业得到了快速发展。然而23年后，航运业增长步伐停滞，主要是由于原油运输越来越依赖于管道（图2.16）。美国国内的水上贸易包括内陆五大湖以及沿海河道的大宗产品贸易，遭受了20世纪70年代的石油短缺，80年代的财政危机，1993年又经历了密西西比河的洪灾。在过去的10年间，这种航运方式运输的主要商品是石油产品、原材料和煤炭。

相比之下，国际水上贸易货物重量增长了65%（图2.17；USDOT, BOTS, 2000a）。总体上，国际水上贸易的增长反映了随着生产和销售链与国外联系的确立，全球生产体系正在不断扩张。

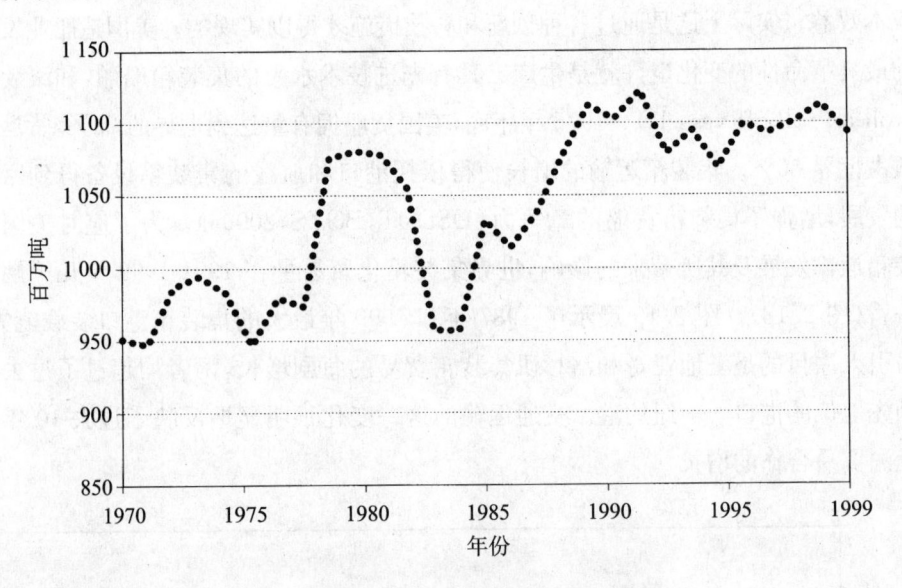

图 2.16　1970-1998 年美国国内水上贸易

资料来源：美国运输部、交通统计局（USDOT, BOTS, 2000a, pp. 2-31）。

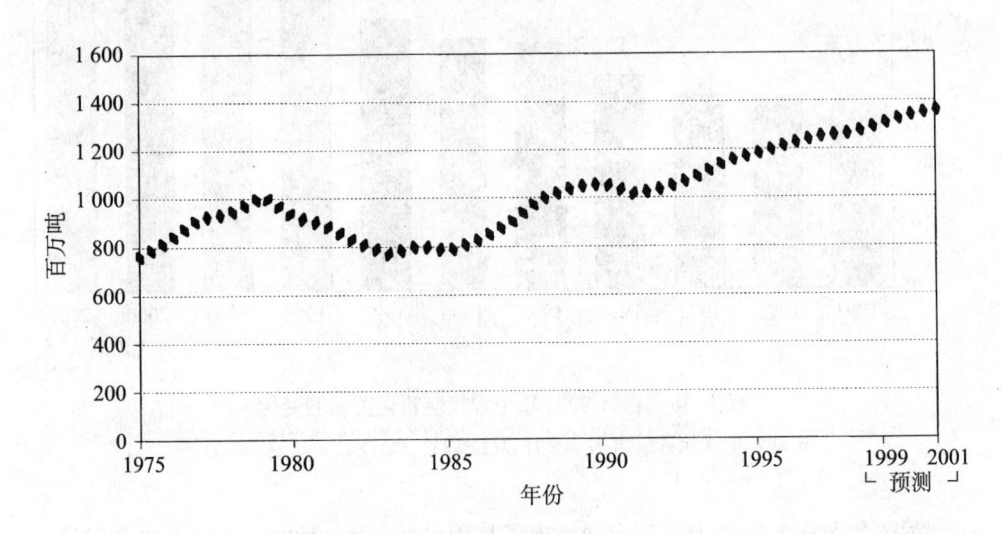

图 2.17　1975-2001 年美国国际水上贸易

资料来源：美国运输部、交通统计局（USDOT, BOTS, 2000a, pp. 2-32）。

过去 25 年间,如同其他运输方式一样,航运业经历了重重困难,才取得较高的成本效益。实际上这是通过各种创新和科技措施才得以实现的。美国造船业发生的最具革命性的变化也许就是生产出具有先进技术水平的集装箱船舶,和滚装船(roll-on roll-off vessels)。1975 年年底,美国货船拥有量达到世界的 25%,货运吨数占世界 30%。集装箱运输的增长使得依托港口和航线的集装箱设备得到巨大的发展,增强了集装箱货船的竞争力(USDOT,BOTS,2000a)。为了应对美国集装箱运输发展及其所带来的影响,世界集装箱化贸易量在 1991-1999 年几乎翻了一番(图 2.18)。图 2.19 展示了 1987 年和 1999 年最大的集装箱港口装载能力。最引人注目的是圣地亚哥和洛杉矶集装箱贸易的急剧增长,两者均超过了过去占领先地位的港口——纽约港。交通运输的这一变化很明显地反映了过去 10 年与亚洲贸易合作的增长。

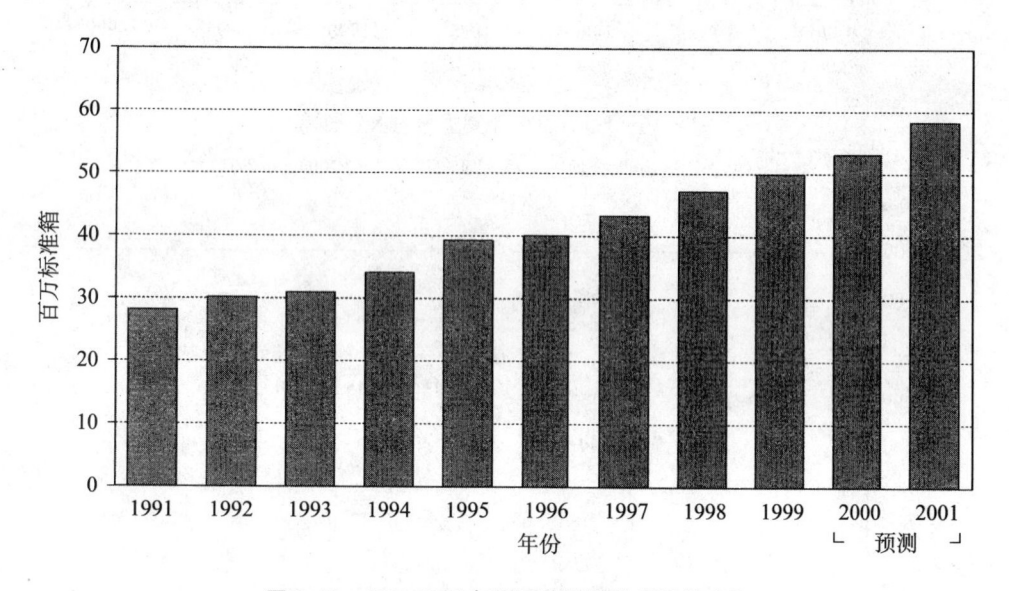

图 2.18　1991-2001 年世界集装箱化贸易的变化

资料来源:美国运输部、交通统计局(USDOT,BOTS,2000a,pp. 2-35)。

尽管集装箱运输的出现和发展呈现了其积极的一面,但也使美国港口和航道面临基础设施匮乏的问题。航道和港口的深水建设尚未实施,但势在必行。此外,货运的集装箱化和成本效益化要求也强调了无缝多式联运的重要性(Slack,1990)。

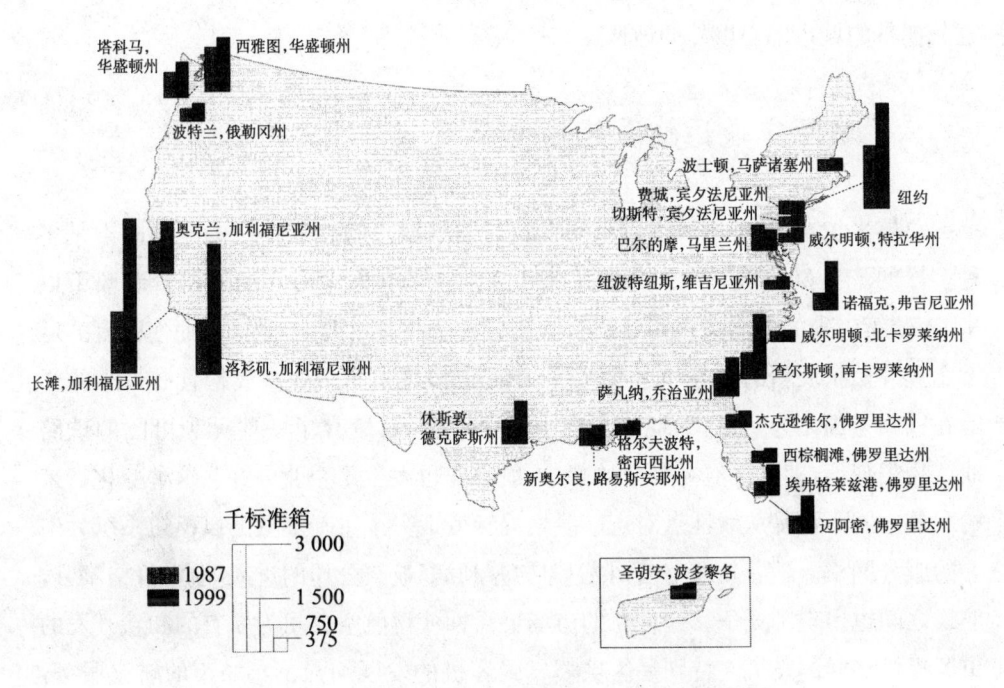

第二章　城市间相互作用：客流和货流的变化　　69

图2.19　1987年和1999年美国前25位集装箱码头

资料来源：美国运输部、交通统计局（USDOT, BOTS, 2000a, pp. 2-36）。

　　还有一点应提到的是，虽然纽约、长滩、加利福尼亚和洛杉矶在货物总运量上是美国最大的集装箱码头，且保持了非集装箱货物量如石油运输量的历史记录，但是休斯敦、新奥尔良（及南部的路易斯安那）、科珀斯克里斯蒂、德克萨斯以及博蒙特在总货物量上也位居前列。虽然以上这些包括其他的港口对相关城市和区域的经济产生了重要的影响，但是如同大型机场一样，港口也存在严重的负面效应。港口建设与城市对于沿海稀缺资源的需求相冲突，同时它也是大气和水污染的主要来源。此外，几乎所有的港口都需要大量的卡车运输，因而成为了交通拥堵和机动车导致的大气污染的重要来源。港口和其他码头建设的扩大常常带来两难的局面，尤其是与那些涉及码头运营商与其所在的社区之间的关系问题（Hoyle & Pinder, 1992）。沿海地区日益频繁的交通，交通拥堵、大气和噪声污染以及环境退化问题将迫使社区和交通设施运营者寻求新的创新性选择，包括卫星枢纽（satellite hub）、内陆载荷中心（inland load center），它们能够有助于将货物装卸功能转移到过分拥挤的城市中心以外的地区。

六、城际交通运输系统的变化

总体来说，影响美国国内城市间以及与国外城市间相互作用的驱动因素是多种多样的。自20世纪70年代实行以自由化和私有化为形式的放松管制政策以来，该政策带来的影响一直在延续。汽车运输企业有权设定运费，从而使已有的运输企业开始扩展新的业务和运输线路，并且也出现了新企业。放松管制带来的影响在铁路方面尤为明显，出现了强有力的企业合并，废弃了一些无利可图的铁路线。相类似地，随着民航委员会的解散，航空业也发生了企业合并。这种变化带来的主要空间影响是从线性点对点航线格局转变成一个重新配置的以枢纽系统为中心的服务网络。随着新航空公司尤其是"零利润"航空公司的进入，航空价格攀升，航线之间也出现了竞争。这种新的市场灵活性使得航空公司为原有的和新开发的市场提供多样的飞机。特别是区域喷气式客机的发展加强了小城市的航空服务，并增强了这些城市的发展潜力。

全球化同样塑造了交通系统。美国跨国公司从国外进口原材料，而且由于能够获得更廉价的原材料和占领更大的市场，或者更容易获得廉价的劳动力来源，很多公司都建有海外基地。这种国际化生产环境影响了加拿大和墨西哥进出口商品的运输，还有日本和中国这四个美国重要的贸易伙伴。尽管所有运输方式都受到影响，然而航空运输是促进美国与海外相互联系最显著的驱动力。

货运系统的商品类型直接关系到我们的经济结构。20世纪70年代，美国经济正处在由制造业向服务业转变的时期。现在服务业部门在产出和增长潜力上都是所有部门中最大的部门。这种新经济正在将规模化生产和分配转向定制生产（custom manufacturing）和零售。这些变化已经改变了货运的性质，远距离货运和国际运输越来越多，这些货物普遍是轻型和高价值货物。

与此同时，生产者与消费者的关系也发生了重要的变化。物流决策的制定需要使绩效、消费者服务和利润均得到最优化。当前的市场需要高价而优质的运输服务，以确保送货及时且损失最小。随着经济的转型，这种变化特征可以概括为，从包罗生产、分配和销售环节的物流"推进"系统转变成与相关仓储和销售相联系的规模化生产。在这种新的系统下,产品设计、生产和营销实行集中化以达到最佳的经济规模。立足于长远需求,企业将生产的产品进行库存并预测消费者需求,制定庞大的存货清单(USDOT,BOTS,2000a,pp. 2-55)。

目前物流系统越来越多地被定义为"拉动"系统。在这种环境下,零售商、分配商、制造商和供应商每天甚至每小时都紧密地追踪消费者需求。订单和购买方式拉动着产品在供应链上的各个环节。有了订单企业才生产产品零部件和终端产品,在现在已经是很平常的事了。这样就产生了"即时"生产的概念。由于"全物流方案"一词现在已经被用来描述供求的无缝化过程,这种即时生产的概念甚至已经成为了一个过时的概念(USDOT,BOTS,2000a,pp. 2-56)。

计算机化水平的提高和新技术的应用带来的信息革命,使得物流系统实现了这种从"推进"到"拉动"的转变(Leinbach & Bowen,2004)。考虑到时间的重要性和较高的航运代价,准时送达服务就变得更加重要了。这迫使运输企业提供多式联运的综合服务,使之更加可靠并实现较好的成本效益。这种新的环境促进了如第三方物流这种新型物流关系的增长,即存在一个中介公司来代理客户的存放、包装和向需求方的消费者运货这些业务。甚至第四方物流也是一个新兴的趋势,即存在两个中介作为物流代理商,帮助生产者和消费者处理实际操作过程中各种需要解决的问题(USDOT,BOTS,2000a,pp. 2-56)。

与此同时,其他各种经济社会因素也对空间相互作用产生了影响。比如,长期以来未能实现的迁移民主化。迁移的均衡调整对于需求就业机会,可支配收入的更充分利用和闲暇时间的获得具有非常重要的意义。美国人口的老龄化、迁移方式的改变及财富的增加都对交通产生了影响。老龄人口选择非高峰期出行,移民选择在郊区而非城区居住,这些也是重要的因素。收入的增加往往意味着小汽车购买数量的增加,单位家庭的出行次数和总里程也将增加。显然,交通将继续推动人口的分散化。机场拥堵问题可能促使那些具备能够满足载客需求能力且没有拥堵和污染等外部负效应问题的区域得到发展。技术的应用而出现交通替代方式也是一个主要的趋势。互联网、电子商务以及远程办公方式的增长都将得到进一步扩大,并对经济和社会产生各种新的影响。

七、未来展望

交通方式和交通联系的改变将对城市产生各种影响。在美国，许多与城市紧密相连地区之间的交通廊道上出现了高速铁路(HSR)服务(图2.7)。这种服务的扩散可能会给其他交通方式带来重要的好处，即减少高速公路和机场的拥堵。有预测指出，在东北部的HSR廊道上截至2025年每年将产生35亿旅客量。如果在现有指定运行的廊道实行这种运输服务，将意味着1.5亿多城市人口——占全国城市人口近70%，将可以乘坐到高速铁路(USDOT, BOTS, 2000a, pp. 2-17)。

航空运输业同样也将发生重大变化。通过多种降低成本的措施，航空运输将会更加高效。尽管放松管制显然还会产生一些重要的积极影响，但是一些地区仍然没有感觉到运费的降低和更合理的航班排程。低廉而方便的航空服务对于所有社区的发展，不管这个社区规模是大是小，都是一个重要的影响因素。社区对于这些服务的争夺也将变得越来越激烈。此外，价格低廉的航空公司将越来越多地利用那些交通拥堵较少的新的航空枢纽，这对相关城市也将产生重要的影响。尽管受到经济衰退的影响，随着休闲和商务出行需求的增加，航空出行无疑还将继续扩大。

最重要的变化可能是货物交通运输领域已经发生和正在发生的变化。由于公司追逐利润，面临着竞争压力以及应对技术进步带来的影响，货运业已经与10年前完全不一样了。这时期一个更具包罗性的概念就是多式联运(intermodalism)，该术语用来描述以两种或两种以上相互连接和转换的运输方式进行货物运输，从而达到成本效益较好的送货目的。一个最重要的仍在继续的发展就是，人们开始意识到通过集装箱化来实现效益(Slack, 1990)。在过去25年间，城市汽车运输公司、铁路和港口运营商在交通枢纽的集装箱设备上进行了大量的投资。汽车运输公司是多式联运供应链趋势转变的一个重要方面。建立和管理这些供应链的物流供应商们可能拥有他们自己的卡车队，并利用这些卡车队与他们的航空飞机和航海船队联系起来，在真实的全球市场中实现准时送达服务。这些投资改变了城市景观和城市文化。航空枢纽体系以及私人和公共航空部门的相关运营活动也越来越重要了。事实上，货流变得越来越通过"交通方式隐形化"来实现绩效(包括时效性,低成本以及可靠度),这些都决定了运输方式的选择(USDOT,BOTS,2000a, pp. 2-50—2-51)。这种多式联运方式和综合运输方式的选择其重要性在于,它能够在全球市场中灵活应对不断变化的供应链需求。从这一角度来说,在全球背景下,通过交通运输进行供应链的管理,对于公司及其所在城市的生存和成功发展,都变得越来越重要。

参考文献

[1] Amtrak derailed. (2002, June 26). *Financial Times*, p. 14.
[2] Armbruster, W. (2001, July 9-15). Aerotropolis. *Journal of Commerce Weekly*, p. 10.
[3] Bowen, J. T. (2004, March). The geography of freighter aircraft operations in the Pacific Basin. *Journal of Transportation Geography*, 12, 1-11.
[4] Bowen, J. T., & Leinbach, T. R. (1995). The state and liberalization: The airline industry in the East Asian NICs. *Annals, Association of American Geographers*, 85, 468-493.
[5] Bowen, J. T, Leinbach, T. R., & Mabazza, D. (2002). Air cargo services, the state and industrialization strategies in the Philippines: The redevelopment of Subic Bay. *Regional Studies*, 36. 451-467.
[6] Bruns, J. B. (1998). *Railroad mergres and the language of unification*. Westport, CT: Quorum.
[7] Cairncross, F. (1997). *The death of distance: How the communications revolution will change our lives*. Boston: Harvard Business School Press.
[8] Debbage, K. (1994). The international airline industry: Globalization, regulation, and strategic alliances. *Journal of Transport Geography*, 2, 190-203.
[9] Field, D. (1996). On 40th birthday, interstates face expensive midlife crisis. *Insight on the News*, 12, 40-42.
[10] Fishman, R. (2000, Winter). The American metropolis at century's end: Past and future influences. *Housing Policy Debate*, 11(1), 199-213.
[11] Fossey, J. (1996, October). Full steam ahead—Privatiation has put new life into Canadian National Railway. *Containerisation International*, pp. 72-75.
[12] Gifford, J. (1994). *Planning the Interstate Highway System*. Boulder, CO: Westview Press.
[13] Gillespie, A., & Richardson, R. (2000). Teleworking and the city: Myths of workplace transcedence and travel reduction. In J. O. Wheeler, Y. Aoyama, & B. Warf(Eds.), *Cities in the telecommunications age* (pp. 228-245). New York: Routledge.
[14] Goetz, A. R., & Rodrigue, J. P. (1999). Transport terminals: New perspectives. *Journal

of Transport Geography, 7, 255-261.

[15] Hoyle, B. , & Pinder, D. A. (Eds.). (1992). *European port cities in transition*. London: Belhaven Press.

[16] Hu, P. S. , & Young, J. R. (1999). *Summary of travel trends: 1995 Nationwide Personal Transportation Survey*. Washington, DC: U. S. Department of Transportation, Federal Highway Administration.

[17] International Civil Aviation Organization. (2001, June 13). *Growth in air traffic projected to continue: Long term forecasts*. Montreal: Auther.

[18] Janelle, D. G. , & Hodge, D. C. (Eds.)(2000). *Information, place and cyberspace: Issues in accessibility*. Berlin: Springer.

[19] Kasarad, J. D. (2001, August-September). From airport city to aerotropolis. *Airport World*, 6, 42-47.

[20] Kay, J. H. (1997). *Asphalt nation: How the automobile took over America and how we can take it back*, New York: Crown.

[21] Leinbach, T. R. , & Bowen, J. (2004). Airspaces: Air travel, technology and society. In S. Brunn, S. Cutter, & J. W. Harrington(Eds.), *Geography and technology*(pp. 285-313). Amsterdam: Kluwer.

[22] Leinbach, T. R. , & Bowen, J. (in press). Transport services and the global economy: Toward a seamless market. In J. Bryson & P. Daniels(Eds.), *The handbook of service industries*. Cheltenham, UK: Edward Elgar.

[23] Leinbach, T. R. (2001). Emergence of the digital economy and E-commerce. In T. R. Leinbach & S. D. Brunn (Eds.), *Worlds of E-commerce: Economic, geographical and social dimensions*(pp. 3-26). Chichester, UK: Wiley International.

[24] Lewis, T. (1997). *Divided highways: Building the interstate highways, transforming American life*. New York: Viking Press.

[25] Machalaba, D. (2001, December 26). High speed grain terminals bode change for rural U. S. *Wall Street Journal*, p. 5.

[26] Mehndiratta, S. R. , & Hansen, M. (1998). *Because people sleep at night: Time-of-day effects in inter-city business travel*. Washington, DC: Transportation Research Board.

[27] Mitchelson, R. L. , & Fisher, J. S. (1987). Long distance commuting and population change in Georaia, 1960 to 1980. *Growth and Change*, 18, 44-65.

[28] Moon, H. (1994). *The Interstate Highway System*. Washington, DC: Association of American Geographers.

[29] *National Household Travel Survey*. (2001). Washington, DC: U. S. Department of Transportation and Federal Highway Administration. Available online at http://www.bts.gov/nhts/

[30] Norris, D. A. (1987). Interstate highway exit morphology: Nonmetropolitan exit commerce on I-75. *Professional Geographer*, 39, 23-32.

[31] Park, J. J. , Babcock, M. W. , & Lemke, K. (1999). The impact of railway mergers on grain transportation markets: A Kansas case study. *Transportation Research*, *Part E*, *Logistics and Transportation Review*, 35, 269-290.

[32] Perl, A. (2002). *New departures: Rethinking rail passenger travel in the 21st century*. Lexington: University of Kentucky Press.

[33] Raguraman, K. (1997) International air cargo hubbing: The case of Singapore. *Asia Pacific Viewpoint*, 38, 55-74.

[34] Rose, M. H. (1990). *Interstate express highway politics*, *1939-1989* (Rev. ed.). Knoxville: University of Tennessee Press.

[35] Rubenstein, J. M. (1992). America's "just-in-time" highways: I-65 and I-75, In D. G. Janelle (Ed.), *Geographical snapshots of North America* (pp. 432-435). New York: Guilford Press.

[36] Sharkey, J. (2002, June 14). Rail projects are a sign of a quiet revolution. *International Herald Tribune*, p. 3.

[37] Slack, B. (1990). Intermodal transportation in North America and the development of inland load centers. *Professional Geographer*, 42, 72-83.

[38] Slack, B. (1990). Satellite terminals: A local solution to hub congestion? *Journal of Transport Geography*, 7, 241-246.

[39] Spear, B. D. , & Weil, R. W. (1999). Accessbility to intercity transportation services from small communities: A geospatial analysis. In *Transportation Research Record 1666* (pp. 65-73). Washington. DC: Transportation Research Board.

[40] Taylor, A. Ⅲ. (2000, September 4). Little jets are huge! *Fortune*, pp, 274-278.

[41] U. S. Department of Transportation. (2001). *National household travel survey*. Washington, DC: Author. Available online at http://nhts.ornl.gov/2001/index.shtml.

[42] U. S. Department of Transportation. Bureau of Transportation Statistics. (1997). *Transportation statistics annual report* (BTS97-S-01). Washington, DC: Author.

[43] U. S. Department of Transportation. Bureau of Transportation Statistics. (2000a). *The changing face of transportation* (BTS00-007). Washington, DC: Author.

[44] U. S. Department of Transportation. Bureau of Transportation Statistics. (2000b). *North American transportation in figures* (BTS00-05). Washington, DC: Author.

[45] U. S. Department of Transportation, Bureau of Transportation Statistics. (2000c). *Transportation statistics annual report* (BTS01-02). Washington, DC: Author.

[46] U. S. Department of Transportation, Bureau of Transportation Statistics. (2001). *Airport activity statistics of certificated air carriers: Summary table twelve months ending December 31. 2000*. Washington, DC: Author.

[47] U. S. Department of Transportation, Bureau of Transportation Statistics. (2002). *U. S. international travel and transportation trends* (BTS02-03). Washington, DC: Author.

[48] U. S. Department of Transportation, Federal Aviation Administration. (2000). *Strategic plan*. Washington, DC: Author.
[49] U. S. Department of Transportation, Federal Highway Administration. (2002, October). *Freight analysis framework* (FHWA-OP-03-006, DL 13694). Available online at http://ops.fhwa.dot.Gov/freight/publications/faf.html.
[50] Yung, K. (2000, June 11). Regional jets are airlines' new competitive arena. *Dallas Morning News*, p. 1H.
[51] Zuckermann, W. (1991)., *End of the road: The world car crisis and how we can solve it*. Post Mills, VT: Chelsea Green.

（李莉译，王姣娥校）

第三章 交通与城市形态
——美国都市区的空间演化阶段

彼得·马勒(Peter O. Muller)

如同开篇所述,都市区内部的旅客、货物和信息的流动对城市的功能非常关键。在本章,作者首先回顾了过去两个世纪美国都市的发展经历,并追溯城市交通系统和大都市空间形态及组织之间一直存在的较强关系。在阐述美国城市主义的文化背景后,作者介绍了都市区交通和城市增长的四阶段模型;基于这种框架,城市交通发展的每个阶段都有明显且各具特色的空间结构,随着每一项交通技术的重大突破,形成了都市空间拓展的下一个阶段和地理重组(注释1)。最后,作者简要思考了当代情景,既是过去演化的综合,又是新力量塑造未来的舞台。

一、美国城市发展的文化基础

总体而言,美国人不是因为规划而变为城市居民的。美国内战和"一战"期间所出现的大城市是国家快速工业化的意外产物。贝里(Berry,1975)根据18世纪法国旅行家赫克托·圣让·德·克雷弗克(Hector St. Jean de Crèvecoeur)的观察资料,将过去两个世纪影响美国城市居住观念的文化价值观简洁地总结为:
"首先,……是对新事物的喜爱。其次,是接近自然的欲望。如果目标明确,个人主义是自我奋斗并实现其目标的基础,那么行动自由就是核心;然而,如果成功的条件是鼓励竞争甚至斗争,那么伴随而来的是暴力;最后形成多民族和高密度生活的大熔炉。"

当新兴国家的本土文化扎根生长,流行的托马斯·杰斐逊(Jefferson)政治民主思想培育了强有力的田园思想,认为城市是腐败、社会不平等、混乱无序的中心。

60　1850年后，由于蓬勃发展的工业革命而引起大规模的城市化趋势不可避免，美国人带着他们的农耕思想去寻找城市外新的制造业中心。19世纪30年代，铁路延伸到此，该过程就迅速开始了；19世纪中期，无数的居民点在铁路沿线集聚，布局在高楼林立的都市区之外。但是，由于需要额外的时间和交通成本，中等收入阶层的城市居民不能享受这种生活模式。1850年后，由于工业化加强导致城市的居住适宜性日益降低，为满足不断壮大的中产阶级能够居住在更为宜居的城市边缘区的需求，改进城市交通系统的压力剧增。

　　19世纪80年代末期，牵引电动车关键技术获得突破。19世纪的最后10年，城市开始蔓延到周边的乡村地区。到1900年，中等收入阶层的扩散不再是零零散散，而是形成不断扩大的迁移潮流（目前仍未停止这种迁移），这促使功能齐全的大都市快速形成。在这里，城市居民的稳定持续增长避开了工业城市职住一体的生活方式。20世纪20年代，汽车成为规模化的私人交通工具并普及到除贫民之外的所有居民。若非如此，美国城市的初始转型几乎不可能结束。在两次战争之间，随着都市区内高速公路网络的拓展，城市外围居住区开始连接成环，城市半径不断从市中心向外推移。1930年后，由于经济大萧条与第二次世界大战连续15年的影响，这种离心化的趋势虽有所放慢，但仍旧以一定的速度在推进。

　　由于"二战"带来的结果是所有的约束条件都已消除，大规模的离心化浪潮再度触发形成。受经济复苏的刺激，不断增长的房地产需求和出台的金融贷款政策促进了新的城市发展，大量的高速公路开始修建，更有效率的汽车投入生产，1945-1970年各州城市的迁出居民达到空前的比例。高速公路（20世纪30年代首先在南加利福尼亚州建设）的快速增长加快了城市离心化的趋势。20世纪60-70年代，随着这些出入口有限的高速公路网络建成，城市CBD的区域性中心优势开始减弱，而靠近高速公路出入口的地区由于具有较好的可达性，而形成普遍化的空间优势。企业家随即就意识到这种都市空间重组的结果，各种类型的非居住活动开始大规模地从城市内部迁移出来，以制造业和零售业为代表。

　　到1980年，以往围绕中心城市布局的居住环带早已多元化，不断拓展的城市外围地区从居住区成长为都市区产业、服务、商务办公的关键性区域。此外，在过去的30多年里，主要的、多功能的新活动中心在城市外围不断产生，吸引了大量高等级的城市职能,周边地区的居民也已重新调整他们的生活。因此,过去紧凑的工业城市今天已经发生了翻天覆地的变化。在独立的城市外围地区,类似市中心CBD的崛起塑造了多中心的都市区,这是上述的空间累积过程和后工业社会共同驱动的产物。后工业社会塑造了新的城市模式,并形成与过去明显的界线。

过去两个多世纪的城市交通变革和对美国城市发展模式的影响是郊区化,即城市边缘区快速增长且其速度超过了早已发展的城市内部区。从历史来看,城市的建成区范围虽然不断扩展,但出行的时间半径——即离市中心的时间距离一直保持在45分钟左右,每次更高速度的交通技术进步都将城市半径拓展到新的外围地区,为居住郊区化提供机遇。19世纪,通勤铁路、马车和电车营造了各自的郊区,由此形成了更大的工业城市。如果不能将新形成的郊区融入已有的紧凑的城市中心,大的工业城市就不可能形成。但是,20世纪早期形成的郊区开始就一直保持其与不断扩大、不受欢迎的中心城市的独立性。20世纪20年代以后,除了战后的德克萨斯州和其他一些阳光地带(该趋势在20世纪80年代就已结束),几乎没有发生重要的城市整合。当机动化再次加强市内人口的扩散时,中心城市和郊区地带的区别也更为明显。20世纪70年代中期,高速公路极大地减弱了多数城市功能的距离摩擦影响,非居住性活动扩散到城市外围,并促使郊区与邻近的市区享有至少同等重要的地位,这促使郊区本身成为矛盾术语。

过去两个世纪美国城市的发展历程是美国特殊文化价值观的产物,并同欧洲现代城市化趋势明显对立。尽管欧洲大城市目前也在经历扩散化过程,但仍保持着较高集聚水平的空间结构,传统的市区继续主导着整个城市。萨默斯(Sommers,1983)将战后塑造欧洲城市的力量概括为:

"时代是主要因素,但种族和环境的差异在欧洲城市的发展中扮有重要作用。政治、战争、火灾、宗教、文化和经济也有一定的影响。土地资源因稀缺而昂贵,私有经济发展的资本充分,因此政府建设住房相当普遍。由于继承体系往往促使土地被不同的子女继承,土地所有权被分割。在很多国家,地产和租赁价格往往由政府控制;土地的利用和区划及设施的发展也同样由政府政策决定。在历史悠久、高密度人口和土地资源稀缺、政府严格控制城市土地发展的地区,以上是普遍特征。"(第97页)

图3.1进一步证明了欧洲市区的持续优势。密度斜率模式表明北美城市(图

3.1a)的主要特征是逐步离心化,而欧洲城市则恰好相反(图 3.1b),表现出持续的向心化。过去十年中,欧洲城市发展趋势是不断加快的郊区化,但中心区仍是城市的社会和经济核心。

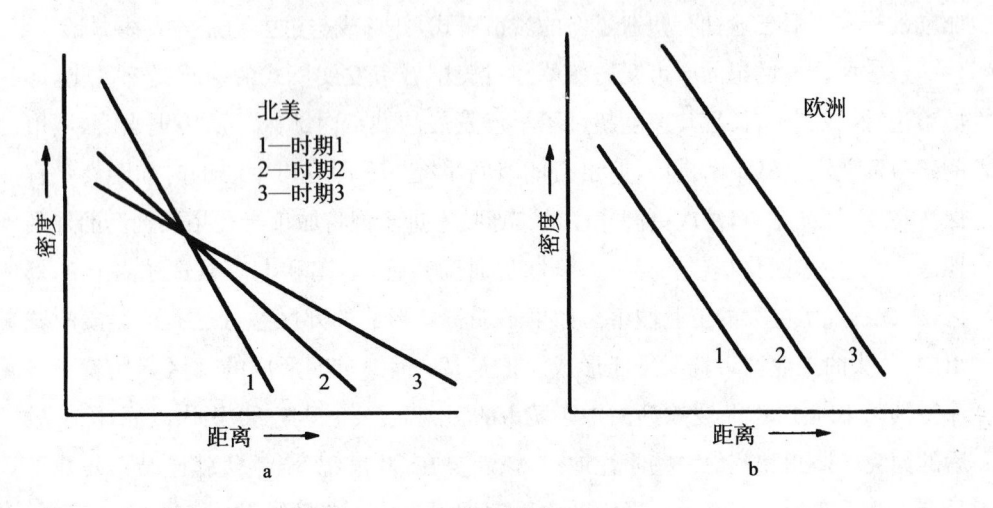

图 3.1 北美和欧洲的城市密度变化

资料来源:哈茨霍恩(Hartshorn,1992,p.230),1992,John Wiley & Son,再版。

二、都市成长与交通发展的四个阶段

前面简单阐述了美国大都市的演变形态和结构,这在亚当斯(Adams,1970)提出的四个与交通有关的发展阶段中得到反映。每个发展阶段都有一种主导的交通技术和网络拓展过程,并形成了各具特色的都市空间组织模式:

Ⅰ:步行—马车时代(1800-1890 年)

Ⅱ:电车时代(1890-1920 年)

Ⅲ:汽车时代(1920-1945 年)

Ⅳ:高速公路时代(1945 年至今)

如图 3.2 所示,该模式揭示了随时间而完全不同的形态特征。阶段 1 和阶段 3 有着均衡的交通覆盖空间(城市不同区域有着近似的可达性),形成各个方向的交通出行自由、整体紧凑的发展模式。在阶段 2 和阶段 4 中,路网是主要的主导因素,形成了不规则的城市形态,沿着放射状交通线轴向发展,并超越了可达性水平较低的区域。

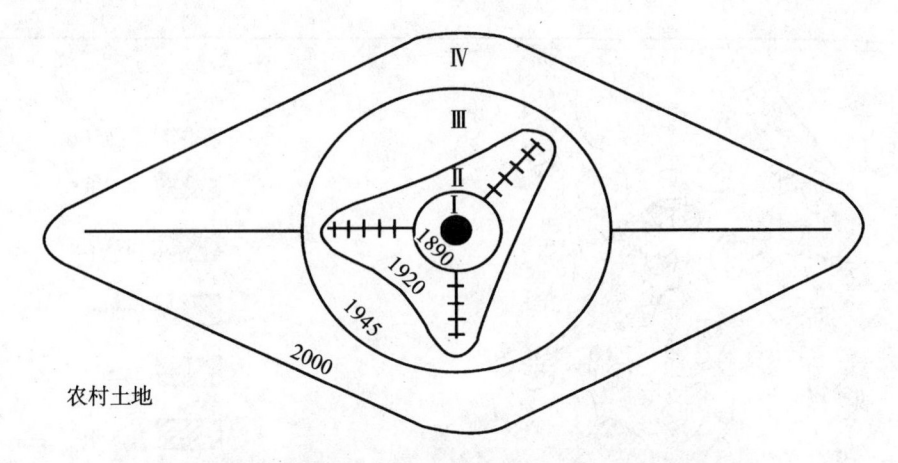

图 3.2 市内主导交通与城市发展模式:(Ⅰ)步行—马车时代;(Ⅱ)电车时代;(Ⅲ)汽车时代;(Ⅳ)高速公路时代。

资料来源:亚当斯(Adams,1970,p.56),Association of American Geographers。

由于一些同时处于发展中的城市的建设过程不符合预期的阶段,因此,这种一般化的模式虽然组织便利,但过于简单(Tarr,1984,pp.5-6)。例如,图3.3刻画的是过去150年芝加哥的发展,揭示了大量的不规则特征,这说明城市总体发展模式比简单的、持续的、离心式的发展要复杂得多。然而,如果考虑衰退和繁荣的波动、交替、回落及其他非正常特征,该模式和历史地理现实之间仍形成了合理的耦合性。基于这种思维,这四个阶段需要深入考察。

(一)步行—马车时代(1800-1890年)

19世纪中期之前,美国城市是高度集聚的城市居住区,其主要的交通方式是步行(图3.2,第Ⅰ阶段)。因此,人们和活动要求相互临近而聚集。最初从市中心出发的平均步行时间低于30分钟,1830年后由于工业发展加强而产生压力,交通时间延长到45分钟。任何试图超越这个临界的交通时间都会导致城市发展的失败:如华盛顿。基于1791年朗方(L'Enfant)的规划,华盛顿在建城后第一个世纪的绝大部分时间内一直努力推进街道和设施的分散化,并超过步行城市的范围,查

82　　第一部分　场景设置

尔斯·迪肯斯(Charles Dickens)在1842年的观察中记载:"建筑随处都是,但离人们越远的地方越好"(Schaeffer & Sclar,1975,p.12)。

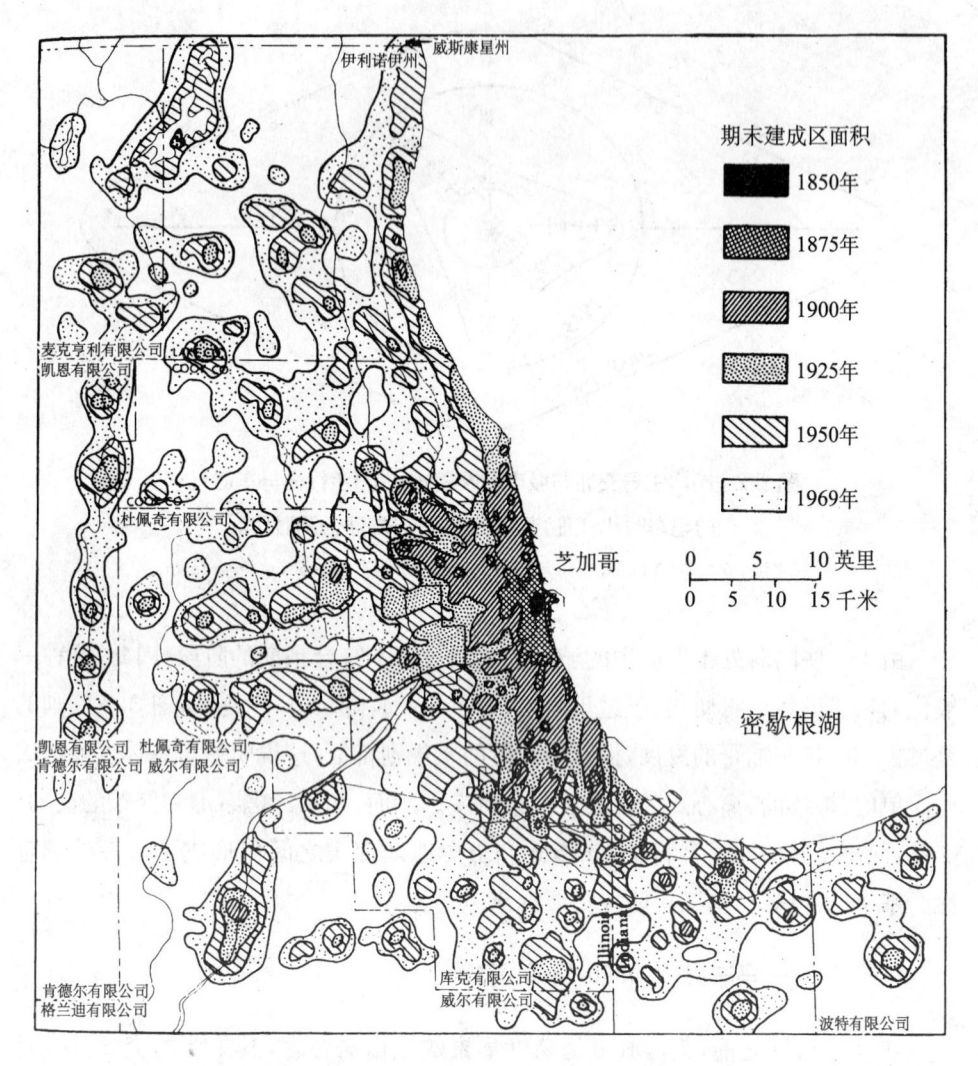

图3.3　19世纪中期至1970年芝加哥的郊区拓展

资料来源:贝里等(Berry et al.,1976,p.9),再版。

在这种步行城市中,社会经济活动有着很高的集中水平,如同最初的普通收入阶层的集聚。随后,这种特征由富人阶层所证实,富人阶层拥有并居住在接近城市中心的大房子,他们也青睐于用私人马车交通,毫无疑问这是美国最早期由于使用马车而产生的城市模式。其他居民则居住在狭窄、拥挤地区,如现在已恢复的费城艾尔弗兰斯大街就是典型(图 3.4)。

图 3.4 费城中心区的艾尔弗兰斯大街;这条大街的修复弥补了该城市没有工业革命时代城市空间的缺陷

这种工业化前的紧凑城市的粗劣环境促使人们逃离因肮脏条件而产生的各种噪音、流行疾病。在疾病易发的夏季,马车让富人阶层可以居住在邻近的乡村。19世纪 30 年代,铁路的建设很快就提供了全年到达沿线幽雅郊区及返回的机会。到 1840 年,波士顿、纽约和费城的成千上万的富裕商人在每个周末都采用这种来回交通;当旅行费用较低且以月计购买火车票时,新的术语"通勤"(commutation)便得以刻画这种工作出行交通。几年后,这种特殊现象开始拓展至新白领阶层(1850年在波士顿和郊区每天大约有 100 列火车运营),形成郊区铁路的规划潮,并很快得到建设,如邻近芝加哥的里弗赛德便很快得以通车。

19 世纪中期,当工业化和工人阶层居住区不断吞噬城市时,不断恶化的物质和社会环境进一步促使中产阶级到郊区居住。当这种步行城市扩展并超越了空间形态的局限时,那些难以支付通勤时间和成本的中产阶层加大了对交通技术改善的压力。

早在 19 世纪 20 年代,纽约、费城、巴尔的摩等已建设了公共马车路线。这些改变的市内马车最终形成了密集的进出和环绕市区的网络(图 3.5);其他的城市试验了电缆车系统,甚至蒸汽火车,但这些努力都被证明是不现实的。由于这些公共马车不能承运超过12位左右的乘客并达到人们步行的速度,因此在城市内建立大容量公共交通的梦想在1852年得以突破——纽约市以马拉轨道车的形式(图3.6)。轻轨容易建设,并克服了地面泥泞的问题,马以高于步行的速度沿着轻轨拖着轨道车前进(每小时5英里)。交通改善促使条带状土地在城市边缘被用于新的住房建设。中等收入的市民聚集在这些马车轨道可达的郊区,这种现象在1860年后迅速发展。放射状路线一般首先在边缘地区得到发展,但稳定的居住需求要求建设横贯整个城市的马车路线,由此填充城市的空隙和保留城市的环状形态。

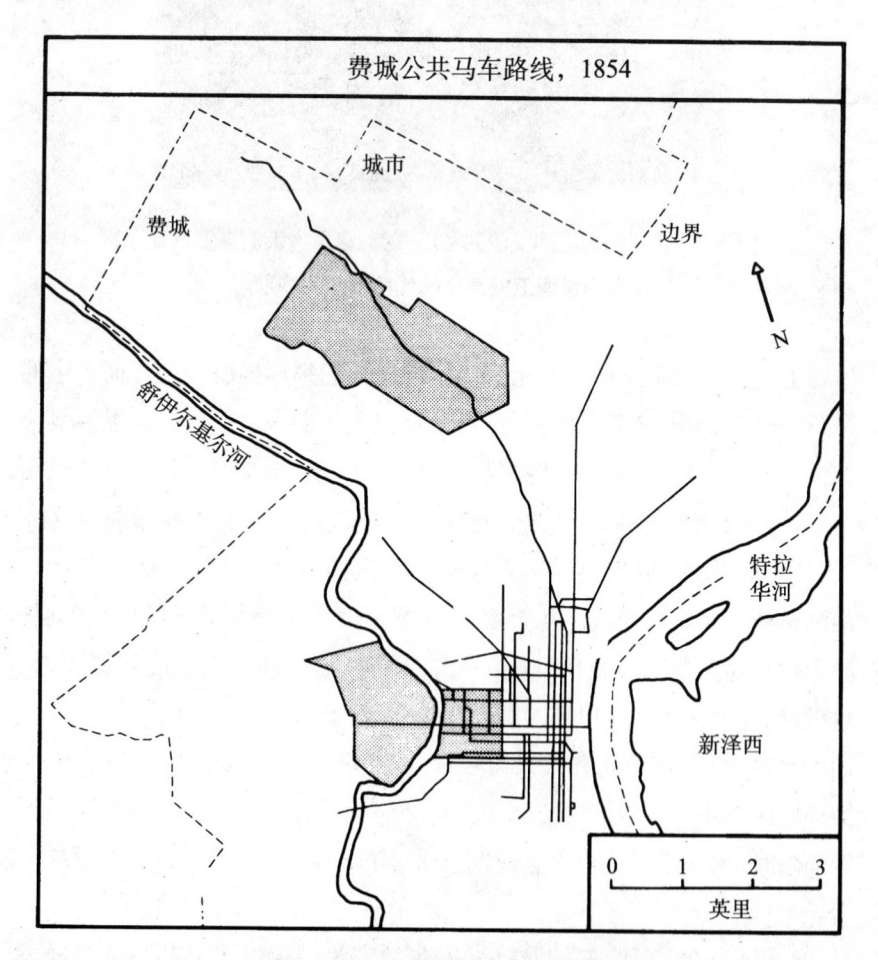

图3.5　1854年费城公共马车路线

资料来源:米勒(Miller,1982,p.364)。The Association of American Geographers 提供。

图3.6 马车将大容量公共交通引入了美国的许多城市,该照片摄于19世纪80年代末的明尼阿波利斯市区。

资料来源:Minnesota Historical Society。

贫困人口以及阴暗、高密度和工业建筑物被限制在破旧的步行城市。南北战争结束后,随着欧洲无技能劳动力的大规模流入,大量的蓝领阶层居住在工厂附近,通常由工厂主提供。由于工厂一周运转六天,每天运转10个小时甚至更多,工人工资难以承担通勤费用,被迫居住在工厂步行距离内。城市的新来者按抵达的时间顺序自由邻近居住,因此抹杀了移民工人的色彩甚至不能在其他种族周围拥有稍显奢华的居住区。毫无疑问,不同类型的居住模式几乎直接造成了社会压力和不断的冲突,并维持到19世纪末,这时电车最终促使现代种族邻里社区的形成。

在马车时代的末期,城市规模增长变得缓慢,但仍无情地在扩张。伴随而来的是市中心中央商务区(CBD)的产生。当专业化商业、零售和其他服务的需求强化时,城市很快意识到这些服务应由城市中唯一的、可达性最好的中心提供。19世纪末,移民继续涌向功能齐全但快要爆炸的工业城市,改善城市交通、通向更多邻近郊区的压力倍增。

回顾历史,马车只能作为一种暂时的交通方式,仅能临时缓解过度的拥挤,但不能为中产阶层在有效的通勤范围内提供充分的新居住空间。因此,依赖于马车交通来激活城市活力并不现实。除了高成本和卫生问题,疾病也是常见的威胁,比如 1872 年呼吸道疾病席卷了纽约和费城的所有马厩,成千上万的马死去(Schaeffer,1975,p.22)。19 世纪 80 年代末期,交通革命需求最终酝酿形成。当交通革命到来时,它将城市和郊区边缘地带迅速转变为现代都市区。

(二) 电车时代(1890-1920 年)

第一个重要的城市交通技术革命就是由汤姆森·爱迪生的机械师富兰克林·史普拉格的发明——电动牵引机。在美国历史上的最重要事件中,该技术革新位居榜首。1888 年,第一条电车交通线在弗吉尼亚的里士满(Richomond)建设,随后一年内,相继有 24 个主要城市也采用这种方式,19 世纪 90 年代初电车已成为主流的城市交通方式。随后这种交通技术能力的提升进一步加快了其扩散的速度,以缓解当时的城市交通问题:用电动牵引机替代原有的马车,将他们转变为机动式的交通工具,通过简单建设高架电线提供动力。相应地,交通平均速度增长了三倍(每小时超过 15 英里),并带来了更多的开发土地,将城市半径拓展至电车通勤范围。

电车时代的最大影响是城市边缘的居住区快速发展,这促使都市区成为星型空间结构(图 3.2 第 Ⅱ 阶段)。这种形态模式是因放射状电车走廊向外拓展了几英里而超越紧凑型城市的界限;这么多的新空间可用于住房建设,并在步行的距离内方便地抵达电车交通线,没有必要向两侧延伸建设电车轨道。因此,那些空隙地区仍没有得到开发。

20 世纪之交的典型"电车郊区"(Electric Streetcar Era)是连续的走廊,其主轴是载运电车轨道的公路(沿线往往布局仓储和其他商业设施),轨道两侧街区交错形成网格状街道。图 3.7 刻画了电车时代的马萨诸塞州波士顿外部剑桥市的部分街道,证实了这种空间结构。1900 年,这些街道间的多数空地进一步被分解为三角形的小地块,并容纳着一定数量的独栋房屋。

一般而言,住房的质量和电车郊区的繁荣程度随着离城市中心的距离延伸而增加。如同沃纳(Warner,1962)在其经典研究中所指出，这些连续性的发展适合于高移动性的中产阶级，并同其他中产阶级在收入和地位方面明显对比。随着高频率、日益提高的移动性逐渐规范化，社区成为一种难以捉摸的目标和过程，因为这受到网格状居住区形态的约束，且就业和多数购物活动严重依赖于远距离的市区。如同沃纳所言，这种社会产生了"并非围绕同一个中心形成的综合性社区，而是一种历史性、偶然性的交通模式"(Warner,1962,p.158)。

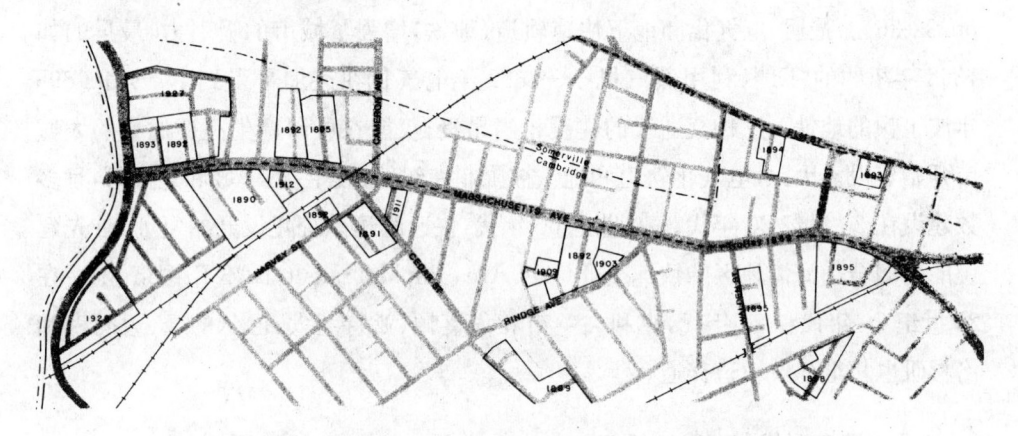

图3.7 1890-1930年马萨诸塞州的北剑桥波士顿外部的电车分系统
资料来源：克里姆等(Krim et al.,1977,p.44),Cambridge Historical Commission。

排斥工人阶级的意愿使得郊区电车走廊周围塑造成社会性的交通地理。沙龙门口往往是冲突的核心，中产阶级地区投票实行"戒酒"，而居住在电车和城际轨道交通走廊附近、地位较低的蓝领工人则选择继续"酗酒"(Schwartz,1976,pp.13-18)。在城市内部，电车也激发了空间转型；普遍而廉价的电车为每个居民提供了通达市内的能力，由此19世纪末期美国城市出现了大容量交通。对于非居住性的活动，城市不同地区间的便捷性很快激发了专业化土地利用区域的产生，如商业、工业、交通和不断增多的多功能CBD，且CBD的建筑物由于电梯的使用而建设得越来越高。电车最广泛的作用在于对市区社会差异方面的影响，因为电车促使相同种族人群的集聚成为可能。中等收入者不再被迫居住在工厂附近且种族混杂的低等住房中。电车为这些人带来了同种族人群居的机会，促使原本分散的群体在离工厂便捷而便宜的出行距离内，形成各自的城市内部社会区域。

在电车时代的末期,也见证了城市公共轨道交通的其他突破。在郊区走廊地带,快速的铁路通勤取代了蒸汽火车,由于富人阶层一直力图与低收入人群保持一定距离,这些地区力图排斥居住在电车区域的中产阶层进入。在部分较新的城市建设区中,沉重的电车轨道是交通系统的标志,目前这些铁路已无遗迹;洛杉矶是典型的案例,其城市交通网络——太平洋电车网络就促使了汽车时代之前的分散居住;许多可通行的线路目前被改造成为林荫大道甚至高速公路(Banham, 1971, pp. 32-36)。最后,电气化和地下快速轨道(地铁)增强了城市的吸引力,最早的如1868年纽约的"E1"(利用蒸汽机——1892年电气化在芝加哥得到生产)和1898年波士顿的地铁。这种交通线的建设相当昂贵,仅能在可以产生高交通量的大城市开始建设。因此,电气化轨道和地铁被限制在纽约、波士顿、费城和芝加哥,且多数建设在20世纪20年代。20世纪60年代,快速载运系统建设开始复苏,首先建设的是旧金山海湾地区的快速交通(Bay Area Rapid Transit, BART)网络,随后在20世纪70年代和80年代,克利夫兰市和华盛顿、亚特兰大、巴尔的摩、迈阿密和洛杉矶也相继建设轨道交通。

(三) 汽车时代(1920-1945年)

到1920年,电车、火车、城际铁路、地铁早已将轨道城市转变为成熟的都市区,在典型地区,电车郊区、工业城镇、城际铁路走廊促使城市拓展成为直径超过20英里的都市区。就在这个时候,许多地理学家和规划师开始认为都市圈交通已取得了很高的效率,标志着繁荣城市真正的开始。对成千上万的市民而言,接近都市区意味着获得更多的就业选择;但这永远是未知数,因为不断增长的汽车意味着第二次城市交通革命已经开始。

然而,很多学者曾将汽车丑化为城市的破坏者,就像美国文化历史长河中其他事情一样,美国人彻底地、完全地沉迷于汽车。对汽车更为均衡的评价是认为汽车的魅力在于是:能够让使用者在任何时候完全自由出行到任何地点,这是私人交通长期以来的愿望。在两次世界大战之间,大量的汽车出现在都市区,填充电车时代的空隙地区,并导致郊区前沿进一步向乡村拓展,这促使城市进一步的扩散,并再度产生了紧凑、规则的城市实体(图3.2,第Ⅲ阶段)。

早在20世纪20年代和30年代,汽车开始进入美国的城市中,但直到"二战"

第三章 交通与城市形态——美国都市区的空间演化阶段　　89

前夕,汽车才开始对城市组织产生巨大影响。19世纪90年代,西欧和美国都生产了汽车,大西洋两岸的富裕地区很快接纳了这种交通变革,因为汽车是较好的私人交通工具。然而,亨利·福特发明的汽车流水线生产技术并规模化地生产汽车,从而降低汽车的销售价格,这促使汽车从少数富人的玩具发展为美国多数人的交通工具。1916年,美国已有200多万辆汽车行驶在公路上,尽管受战争影响,1920年其总数仍翻了四倍。20世纪20年代,总量又翻了三倍,达到2 300万辆。20世纪30年代末,在经济大萧条期间,汽车总量仍增加了450万辆,乘用车登记数量呈现类似的增长趋势(图3.9)。早期,汽车的使用浪潮也波及到了乡村地区,农民急切需要更好的交通条件以便到达当地的服务中心;相应地,早期铺砌的公路也主要集中在美国的乡村地区。在城市中,汽车最初往往用于周末游玩,因此形成了休闲汽车时代,最

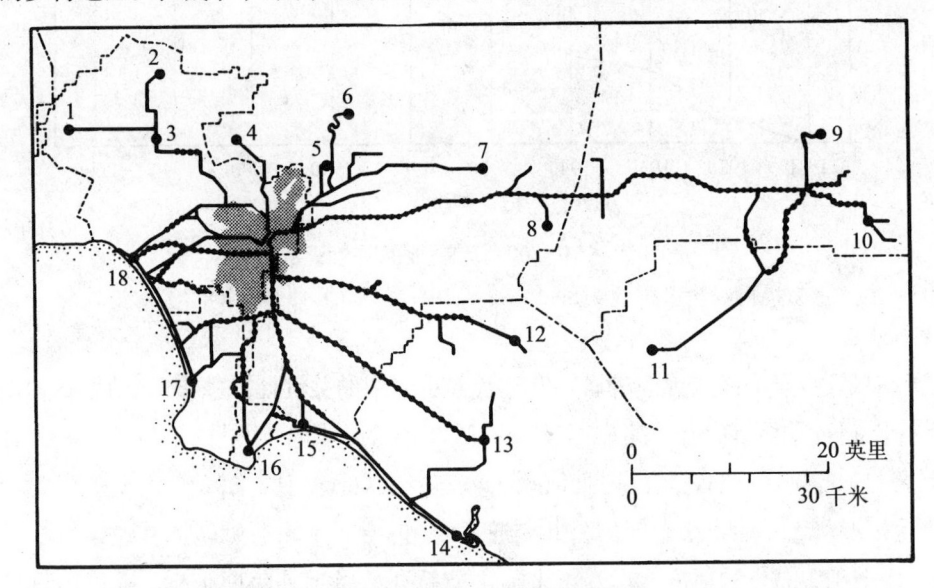

图3.8　20世纪20年代中期太平洋电车系统城市内部铁路线最远可达范围

阴影为洛杉矶中心区,位于20世纪20年代狭窄电车交通线的半英里范围内;城市间目的地顺时针方向依次为:(1)卡诺加公园(Canoga Park);(2)圣费尔兰度(San Fernando);(3)范-纳依斯(Van Nuys);(4)布尔班克(Burbank);(5)帕萨迪纳(Pasadena);(6)罗威山(Mount Lowe);(7)格伦多拉(Glendora);(8)波莫纳(Pomona);(9)箭头泉(Arrowhead Springs);(10)雷德兰兹(Red Lands);(11)科罗纳(Corona);(12)约巴林达(Yorba Linda);(13)圣安娜(Santa Ana);(14)新港湾(Newport Beach);(15)长滩(Long Beach);(16)圣佩德罗(San Pedro);(17)雷东多海滩(Redondo Beach);(18)圣莫尼卡(Santa Monica)。

资料来源:斯坦纳(Steiner,1981,95页)。Kendall/Hunt 1981年印刷,再版。

早修建的一些公路主要是景观路(如纽约的布朗克斯河流公园道路、芝加哥的湖岸快车道、费城弗拉蒙特公园沿斯库基尔河的沿河东西向快车道)。

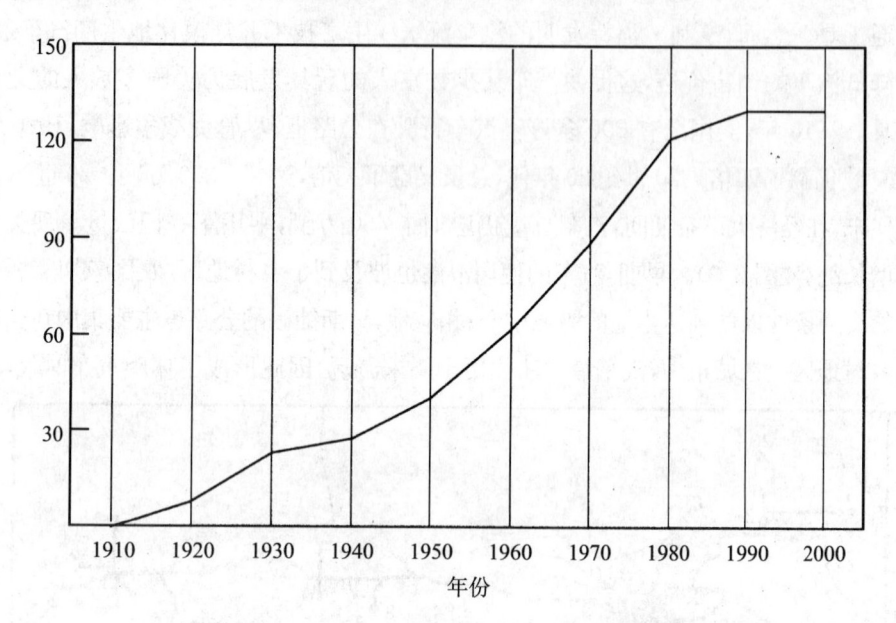

图 3.9　1910-2000 年美国乘用车登记数量

资料来源:美国统计摘要(Statistical Abstract of the United States,各年份)。

但是,汽车最终成为 20 世纪 20 年代经济繁荣的关键性突破,郊区的增长速度第一次超过了城市中心。弗林克(Flink,1975,p.14)曾记载,早在 1922 年,60 个都市区的 135 000 个郊区居民完全依赖于汽车。实际上,到 1930 年,汽车郊区化的快速扩展严重影响了都市区的公共交通系统,包括电车和通勤轨道交通乘客的减少,以至于大城市在适应汽车真正来临之前就开始感到其负面影响。通过鼓励郊区铁路轴线之间未建设用地的开发,汽车有效地引导居住建设从人口高密度的交通走廊发展到汽车可达的空隙地区。于是,郊区的家庭工厂发现没有必要再因为电车居住区提供廉价的通达能力而资助私人电车公司。

缺少了这种资金支持,现代城市交通危机很快浮于水面。公交公司基于契约被迫提供高质量的服务,但在高度竞争的资本市场中,却不能提高价格而获取高利润以吸引新的资金。当这种经济剥削强化时,尤其在 20 世纪 30 年代的大萧条时期,本地政府被迫干预公共资金的补贴;战后,乘客仍持续减少,政府不能做到既保障社会利益又关闭交通线,最终只能接管了公交公司的所有权。几个其他因素的综合影响加速了电车时代都市交通网络在两次战争之间的恶化:城市人口不断扩散导致难以产生足够的旅客来支撑固定化的公共交通设施;市区就业区位的扩散化分散了通勤交通的出发地和目的地;工作时间从每周六天缩短到每周五天;街道由于电车和汽车的混行而日益拥挤;公交车成为一种新的、更快的传播传染性疾病的工具,而这在郊区从未发生过。

相反,休闲性汽车公路有助于强化城市人口的扩散。深入到城市郊区的多数是放射状的公路,那些联结主要新桥梁和隧道的公路往往服务于开放城市外部地区,如旧金山的金门和海湾大桥、乔治·华盛顿大桥和纽约的荷兰、林肯隧道。因此,周末人们能方便到达乡村,并被他们所看到的景色而吸引。随着更多的城市居民选择居住在郊区并使用汽车,到两次战争间隔的末期,许多休闲性汽车专用路已经转变为负荷很重的通勤大道,尤其是纽约市邻近地区,规划师罗伯特·摩西设计了郊区汽车专用公路网络,最远联结道威切斯特县和长岛,洛杉矶湾的高速公路(亚罗优斯高(Arroyo Seco),现称为巴沙迪那(Pasadena))到1940年才开放。

汽车郊区的居住发展遵循了一种战前就提出的简单规则,1945年后持续10年的规模发展更是有力地验证了这种规则。其主要的驱动源于土地营业额的快速增长,包括大面积的需求、拍卖等。相应地,建设者青睐于都市边缘区,这里有集中连片的大面积廉价土地。20世纪40年代,当这种过程越来越复杂的时候,开发商来到城市边缘地区,开发出大量廉价的住房,如威廉姆·莱维特(William J. Levitt)和他开发的利瓦伊城郊区。郊区无限制的拓展是政府在公共政策方面的默许导致的,包括公路建设的资金资助、无偿借贷机构对新房产的投资、个人保险抵押、给联邦房产局和美国退役军人管理局客户提供低息贷款。

虽然通常观念认为美国郊区化的出现在"二战"之后,但长期的人口数据显示都市区人口的扩散在两次战争之间就已达到了相当大的比例。表3.1显示,20世纪20年代郊区增长就开始超过了城市中心,1930年后城市外围地区呈现出绝对的主导地位(直到今天仍没有停止)。由于大量的人口居住在郊区,郊区早已构成了当时都市区社会的框架。由于汽车克服了以前存在的交通约束,相同收入的阶层在郊区群居并同其他不同群体相隔离,这种社会差异已成为主导。

电车郊区形成的本地化阶层分化已消失,这些地方形成了更为分散、不断增长的居民马赛克,建设者非常乐意迎合,通过建设当地销售最昂贵的房子,帮助塑造各式各样的居住类型。

表 3.1　1910-1960 年都市区人口增长

时期	市区增长率(%)	郊区增长率(%)	郊区在 SMSA 的增长比重(%)	郊区与中心区的增长比例(%)
1910-1920	27.7	20.0	28.4	39.6
1920-1930	24.3	32.3	40.7	68.5
1930-1940	5.6	14.6	59.0	144.0
1940-1950	14.7	35.9	59.3	145.9
1950-1960	10.7	48.5	76.2	320.3

注:SMSA,标准大都市统计区,由市区和周边郊区的县级政区单元组成。
资料来源:美国人口普查局。

郊区社会空间的长期分隔通过采用广泛存在的区划(1916 年颁布)而进一步合法化。这种法律规定加强了政府对地块和建设标准的控制,由此保证了住房价格,以吸引收入水平至少与既有居民相同的新来者。中产阶级尤其是那些排外的经济实践者则狂热支持,因为高收入阶层热衷于维持他们同其他底层居民的社会和空间距离,现在这一政策也可以延伸至他们。

在休闲汽车时代,非居住性活动也以稳定的增长速度而日益郊区化。事实上,许多大型制造业在电车时代之前就已开始扩散转而选择郊区通轻轨的区位,并围绕这迅速形成了工人阶层城镇。在都市区中,这些产业郊区成为城市的重要卫星城(Taylor,1915/1970)。两次世界大战之间的经济差异反映了这种趋势的强化,如图 3.10 倾斜曲线所示。该时期,更具效率的水平制造工序替代了传统技术,要求建设更多的工厂从而需要更多的土地,而高密度的市区无法满足这种需求,产业工人也加速从市中心向外扩散。然而,直到 20 世纪 50 年代,卡车仍不能以今天的效率运行,城市外环的公路网仍然较少,新的郊区化制造业同城际铁路走廊仍维持着空间联系。

两次战争期间,郊区的其他非居住性活动主要就是零售业。"一战"之前,基于

第三章 交通与城市形态——美国都市区的空间演化阶段

汽车导向的仓储就集中出现在城市外环地带。20世纪20年代初期,在南加利福尼亚的许多郊区,公路沿线商业带已成为常见的景观;20年代拓展形成的许多汽车郊区也都发展了零售业活动,最为著名的是堪萨斯州的乡村俱乐部地区,建设者杰斯·克莱德·尼科尔斯(Jesse Clyde Nichols)在1922年开发了第一个购物中心。但在20世纪50年代之前,这种多元化零售业中心的扩展仍然相当缓慢,虽然如此,供应商如西尔·罗巴克(Sear&Roebuck)和蒙哥马利·沃德(Montgeomery Ward)很快发现将仓储地点布局在主要郊区高速公路沿线非常成功,这是"二战"后美国都市区产生的一种现象。

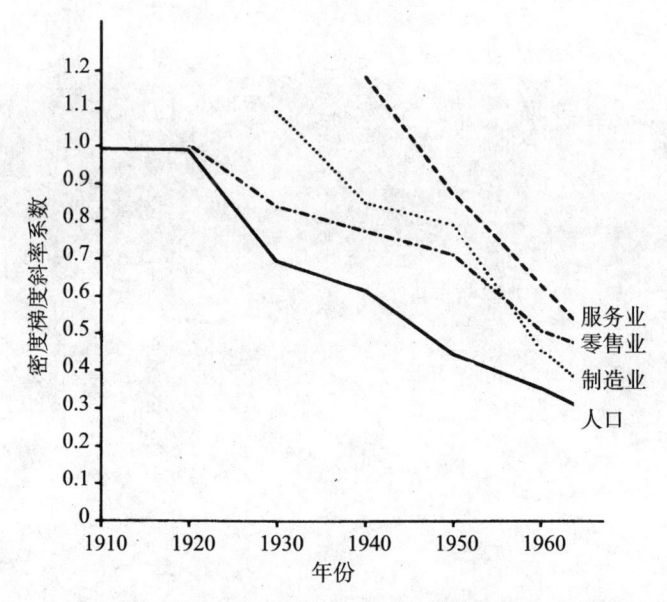

图3.10 1910-1963年都市区人口和活动密度变化曲线,倾斜系数越低,某种活动的空间分布就更分散。

资料来源:米尔斯(Mills,1970,p.14),*Urban Studies*。

市区的增长在两次世界大战中间达到顶峰,随后保持平稳(表3.1);1925年后的都市区增长主要集中在都市边缘地带,目前这些地区仍抵制同城市的联合统一。然而在工业城市中,电车时代的交通基础设施仍占主流,后来的汽车被尽可能地适用于高密度人口的城市环境,但没有缓解既有道路的交通拥挤。

20世纪40-50年代,同心圆环、扇形和多核心模型很好地总结了美国城市的空间结构(见哈瑞斯和乌曼的评述,1945年),这些模型集中刻画了城市土地利用的一般空间模式。大批中产阶级离开郊区,转而大量的南部黑人涌入,此时城市核心区的社会差异也开始发生明显的变化。"二战"后,这些平行的移民潮流达到很高比例。南部乡村地区就业机会的减少和北部工业城市提供了大量的就业机会,导致很多南方人被吸引到北方城市,以替代欧洲移民而成为新的廉价劳动力,欧洲移民数量在20世纪20年代中期因法律限制而锐减。但白人居民拒绝与黑人移民居住在一起,全市的两种地产市场促使非白人在自己的种族区域形成强制性居住区,都市人口的种族隔离迅速强化。

图3.11　直到"二战"后期,汽车才成为市区的重要驱动力,尽管20世纪30年代就已观察到这种现象。照片摄于1932年的圣保罗,明尼苏达州。

资料来源:《明尼苏达州社会历史》。

(四) 高速公路时代(1945年至今)

不同于前两个时期,战后的高速公路时期不是由于城市交通革命而引发的。

更确切地说,高速公路时期代表了汽车文化的到来,并同 15 年的战争、经济衰退和战后国家复兴的历史分水岭相吻合。突然间,汽车不再是奢侈品或娱乐工具,而很快成为人们通勤、购物和社交的必要交通工具,相对于迅速扩张的城市人口,这对成功提高个人机会至关重要。人们抢购汽车和和平时期汽车流水生产线的生产速度一样快。同时,也启动了巨大的公路建设工程,其中速度快、出入口有限的高速公路成为先锋。

1956 年,受州立公路法的驱动,高速公路建设很快重塑了美国城市的每个角落,所产生的新郊区完全是大都市的翻版。回顾过去,离心化的规模加速过程推进"不能视为长期以来趋势的突变,而是转型时期更为动态的变革阶段,这种转型是基于大量的小规模变革和潜在的社会需求"(Sternlieb & Hughes,1975,p.12)。

战后,这些变化的滚雪球效应在不断膨胀的都市空间上表现明显(图 3.2,第 Ⅳ 阶段),其主导基础设施——高速公路再度产生了网络化的发展模式,重现了电车时代景象(图 3.2,第 Ⅱ 阶段)。更为详细的城市形态如图 3.12 所示,显示了汽车郊区化 80 多年的累积效应。最为震撼的是 1950-2000 年的环形高速公路,将城市边缘推进到郊区住宅区周边。围绕市区形成环形高速公路成为一般特征,原设计目的是避免长距离的城际交通穿越拥挤的城市核心区,但却使得新的郊区围绕高速公路在城市外围地区成环状曲线分布。目前,100 多条的高速公路形成了完全的环路,成为各地区主要的交通道路。20 世纪 50 年代早期,最早完成的高速公路环线是波士顿郊区的 128 号公路,80 年代完成的休斯敦环线、亚特兰大周界(Perimeter)公路、芝加哥洲际收费公路、纽约—新泽西的加登州内汽车专用路、迈阿密的棕榈(Palmetto)高速公路、华盛顿和巴尔的摩的环形公路,成为美国最为著名的城市交通要道。

20 世纪 70 年代,成熟的高速公路体系是都市区变化的主要动力,因为它削弱了城市 CBD 的区域中心性优势。汽车可以容易地到达高速公路网络的任何区位,通达市区迅速成为普遍化的空间优势。相反地,20 世纪 50-60 年代,大的市区鼓励建设放射状高速公路,以保持市区和郊区分散人口之间便捷的通达性。随后发现,经济活动可自由选择他们在都市高速公路中的新区位被相继发现,因此,非居住性活动扩散的趋势大大加强了。这种郊区增长已倾向于集聚成带状走廊,图 3.13 显示了明尼阿波利斯南部 494 洲际高速公路沿线一段的土地利用结构的经典结果。

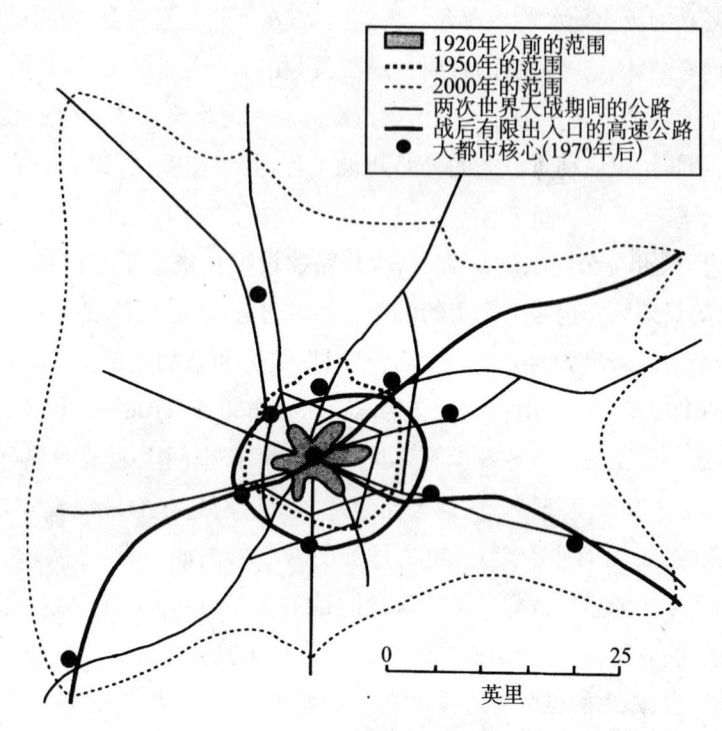

图例：
- 1920年以前的范围
- 1950年的范围
- 2000年的范围
- 两次世界大战期间的公路
- 战后有限出入口的高速公路
- ● 大都市核心(1970年后)

0　　　　25
英里

图3.12　20世纪20年代以来汽车郊区增长的空间模式

资料来源：马勒(Muller, 1981, p. 257)。1982年，Charles E. Merrill 版权。

因高速公路拓展了通勤半径以服务分散的整个城市，居住区位的约束条件也得到缓和。大多数居民不再要求居住在离工作地点较近的区域内。相反，工厂变为要求提供道路通往城市内最好的居住区，在这些地方一个家庭能够到达市内任何地点。因此，战前汽车郊区时代产生的社会空间集聚在高速公路时代变得更大，形成了镶嵌式文化，其组成地块不仅区分种族，还包括年龄、职业地位乃至细微的生活方式差异(Berry, 1981, pp. 64-66)。

这些发展导致了大量的空间隔离，并强化了都市社会作为整体的分割性：

随着大规模私人汽车交通的兴起，人们发现相互隔离的途径；……一种在他们种族群体中保持隐私的途径……他们将城市景观分割成棋盘，这一块为新婚年轻人，那一块为健康保健；这一块用于购物，那一块用于多彩的喷气设施；这一块用于

第三章 交通与城市形态——美国都市区的空间演化阶段　　97

I-494走廊土地利用，1953-1976

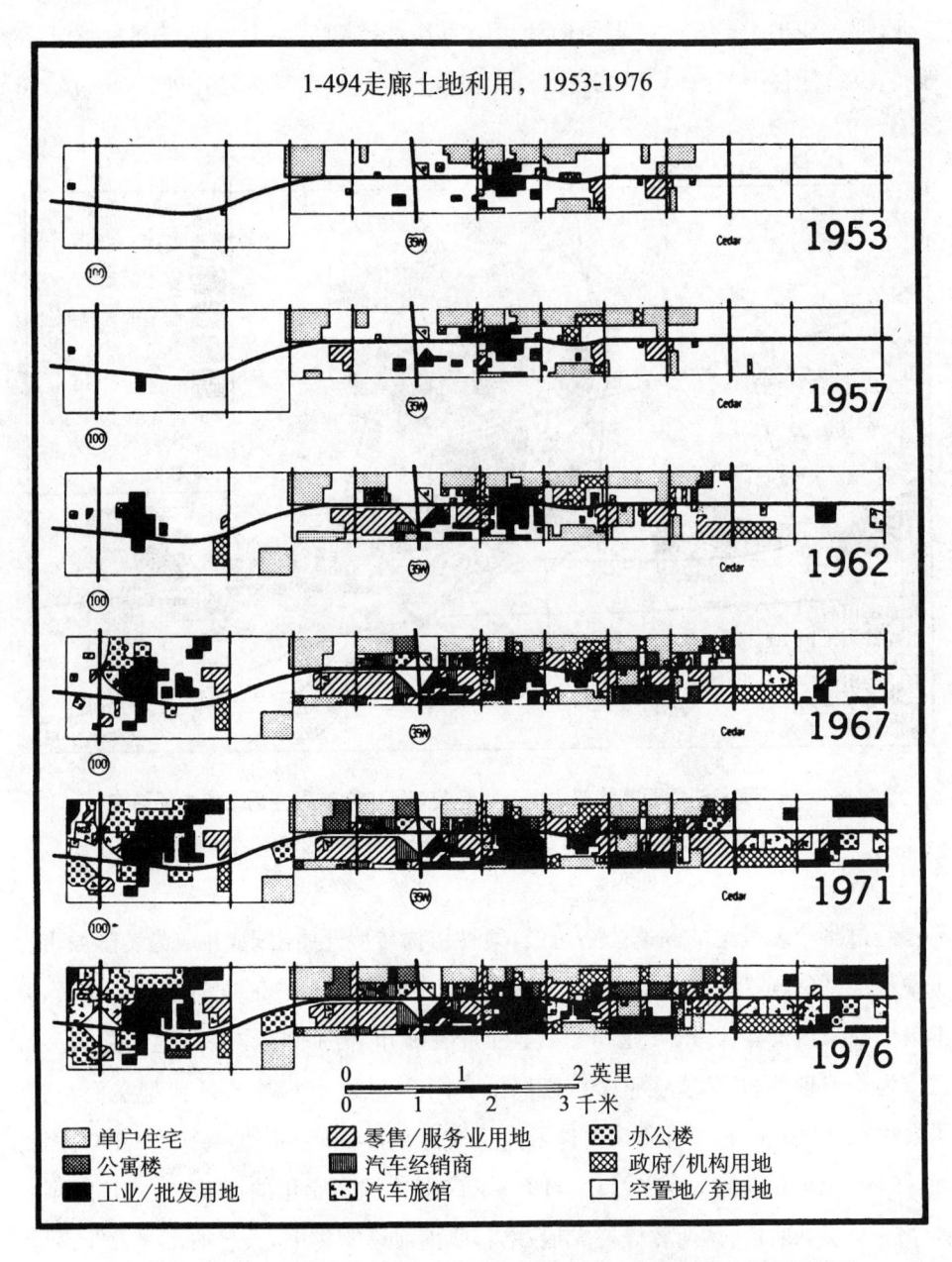

1953
1957
1962
1967
1971
1976

单户住宅	零售/服务业用地	办公楼
公寓楼	汽车经销商	政府/机构用地
工业/批发用地	汽车旅馆	空置地/弃用地

图 3.13　1953-1976 年明尼阿波利斯 494 州际高速公路走廊的土地利用变化

资料来源：贝尔沃德（Baerwald,1978,p.312），美国地理学会 1978 年版权。

工业,那一块用于老人……当他们从一个方块迁移到另一个方块,他们是有目的地、坚决地迁移……他们只看到想要看到的,其他什么都被排除在外(Schaeffer & Sclar,1975,p. 119)。

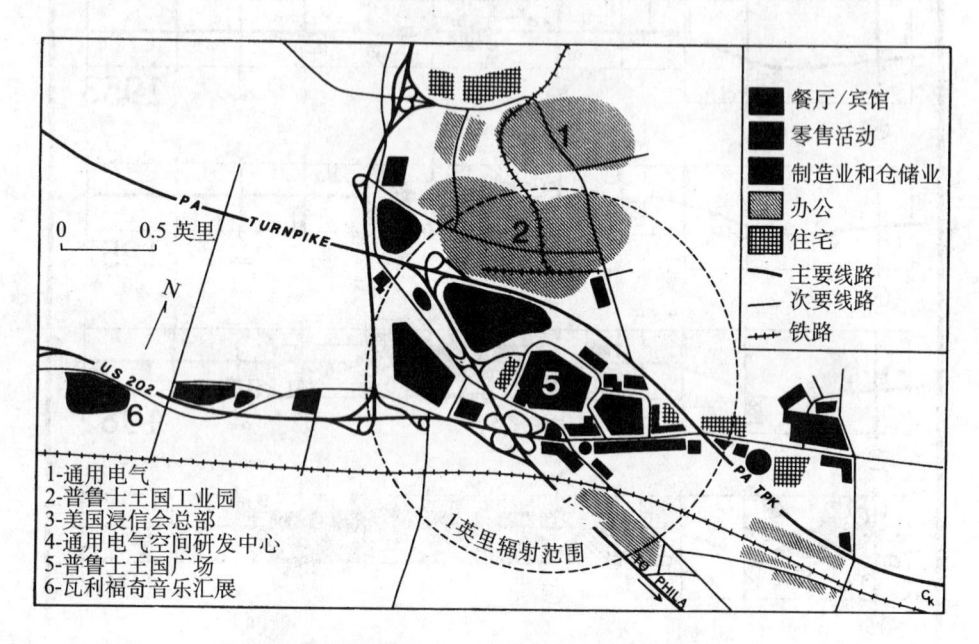

图3.14 宾夕法尼亚州的普鲁士——经典郊区中心非居住活动的内部结构
资料来源:马勒(Muller,1976,p.41)。美国地理学会1976年版权。

经过半个多世纪的高速公路建设,某种结构转型开始出现,并成为美国城市历史中最混乱的剧变。图3.12揭示了多个城市层面的郊区中心同时存在。今天,原本集中在市区的零售业、商业和轻工业布局在城市外围地区主要高速公路交叉口已成为普遍现象,并环绕在整个市区周围。图3.14是郊区中心的典型案例,刻画了聚集在费城北部和西部郊区高速公路交叉区普鲁士王国广场购物中心的有序排列(注释2)。20世纪70年代以来,形成了许多这种多元化的活动中心,郊区中心如华盛顿泰森斯角、休斯敦橡树大道、洛杉矶南海岸购物中心、芝加哥绍姆堡,目前已闻名全美(图3.15)。

在郊区中心的长篇概述中,加罗(Garreau,1991)将其称之为边缘城市,并提出了一个活动中心被视为边缘城市必须满足的条件:

第三章 交通与城市形态——美国都市区的空间演化阶段

图 3.15 华盛顿外部弗吉尼亚州 Fairfax 县的 Tyson's Corner 俯视概貌，这是美国最大的郊区中心之一

资料来源：弗吉尼亚州 Fairfax 县综合规划办公室。

(1) 至少提供 24 000 个工作岗位；
(2) 至少拥有 500 万平方英尺的商务办公室；
(3) 至少拥有 600 万平方英尺的出租零售空间；
(4) 工作岗位数高于居住房间数；
(5) 作为单一场所的一种特性；
(6) 重要的建筑物不超过 30 年。到 20 世纪 90 年代中期，全美已形成了近 200 个这种区域，"多数至少拥有奥兰多市区的面积（相反，其中市区相当于奥兰多市区规模的城市少于 40 个）"（Garreau，1994，p. 26）。

城市外围的郊区中心相互间形成经济—地理上的互补，如邻近市区的 CBD，他们向附近的居民提供城市商品和服务，由此促使市区的每个区域成为日益自给自足的功能实体。1964年,多中心城市概念由Vance提出,并用于刻画由多个类似市中心的活动中心服务的更独立区域,多中心城市模型的使用较经典的同心圆模型、扇形模型、多核心模型城市形态更为普遍。两次世界大战之间出现的多中心城市模型替代了以往的核心—边缘城市模型,如图3.16所示。

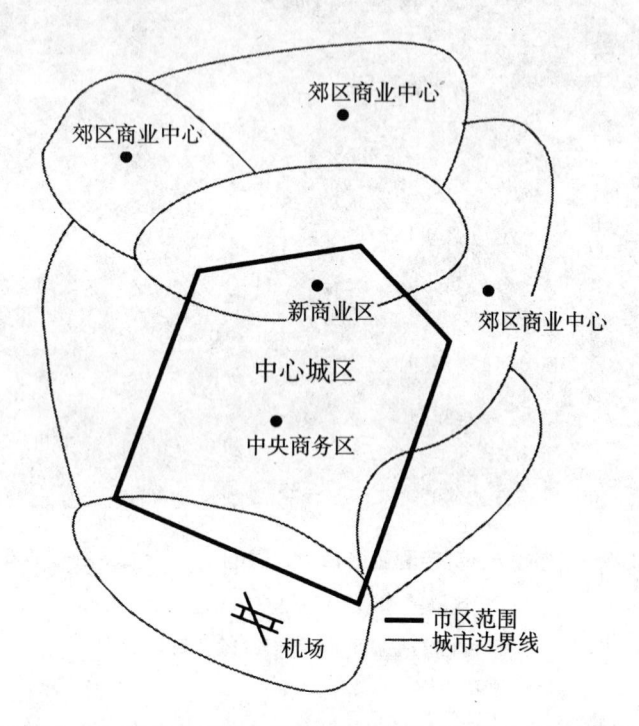

图3.16 多中心城市中含市区和郊区中心的城市总体布局

资料来源:哈茨霍恩和马勒(Hartshorn & Muller,1989,p.378);V. H. Winston&Son,1989年版权。

另一个有意义的模型是由哈茨霍恩和马勒所提出的[该模型建立在贝尔沃德(Baerwald,1978)和埃里克森(Erickson,1983)等人的工作基础上],用于解释郊区社会经济的演化。相应地,高速公路的发展被总结为五个发展阶段。第一阶段是居住社区阶段(1945-1955年),战后,郊区大规模的居住占主流,少量商业活动扩张至郊区。第二阶段是独立阶段(1955-1965年),郊区经济增长加速,工业和写字楼引领潮流,1960年后,区域性购物扩散占主流。第三阶段是"接触性增长阶段",商业街开始形成,围绕商业街吸引了大量写字楼、旅馆和酒店设施,不断拓展的核心区及相互连接的高速公路促使郊区经济的迅速成熟。第四阶段是高层/高技术阶段,该阶段跨越了整个80年代,见证了郊区中心的繁荣,高层建筑不断增多并占主流;同时,这些崛起的活动中心吸引了R&D高科技设施,1990年郊区已成为后工业化服务型经济布局的主要空间。20世纪90年代后期的第五阶段继续着80年代的发展趋势,郊区中心已演变为成熟的都市中心,其土地利用不断多元化、复杂化,并承担着更重要的经济、社会、文化功能。

三、后工业化时代的城市交通

21世纪初,美国完成了向后工业化社会经济的转变,城市出行模式也将继续调整以适应新的地理环境。第四类(信息产业)和第五类(管理产业、基于决策的产业)经济活动越来越支配着美国的劳动力市场,并显示出区位偏好,它假设未来城市外围地区仍是美国城市长期发展的核心。首先,这些活动寻求最有利的城市区位。电子和计算机产业的主要集聚区提供了一个经典案例,其青睐的郊区从加利福尼亚的硅谷迁移到北加利福尼亚的三角研究园及波士顿外部的128号公路走廊。

目前,更多的事实证明由数字革命引发的"实验—研发—生产"产业链已成为重塑郊区景观的基础。硅谷是原型,并在全国引发了大量的模仿,其功能是作为科技园区,规划科技产业集聚,生产信息产业的硬件和软件产品(Castells and Hall, 1994)。科技园区一直被认为是塑造未来城市和社区最重要的地方,最大的赢家一直是"设备齐全、先进的郊区……服务于繁荣的高科技产业和其职工(超级熟练)的各种需求"(Kotkin, 2000, pp.6-7,9)。

除了科技是主要驱动力外,郊区活动的有序扩展和发展也受美国经济变化的驱动。全球化是促使经济和社会网络演化的一个重要力量,全球化拓展了国际联系,并触发了新的投资流和产业发展机遇,并促使许多衰退的市区CBD再萌生机(Wilson, 1997)。然而,很少有人意识到全球化也强化和加快了美国城市郊区转变,并表现为几个方面:①都市区域成为"世界城市",甚至部分城市建立了直接的国际联系,郊区中心在参与中有力地促进了该过程;②区域性电信网络的改善创造了本地网络节点,郊区中心像CBD一样同世界网络相连接;③控制全球主要经济的跨国公司慢慢将企业总部布局在郊区,尤其是大纽约地区;④北美郊区的外来特征不断增强,从或大或小的商业拥有权到富裕的专业人士主导的新种族社区的繁荣和兴起(Muller,1997)。

重塑美国经济景观的另一重要动力是商业界的不断拓展,包括前文提到的第四类和第五类产业。20世纪中期以来,这种产业的增长已成为就业郊区化的前沿(如图3.10所示)。20世纪60年代,这种趋势更为明显,1973年全美的郊区就业总量已超过了市区。这种差距持续拉大,作者的计算也表明近25年来35个都市区中28%的就业分布在市区,72%的就业分布在郊区。

这种服务导向转变的详细图解如表3.2所示,表中考察了1970-1998年城市主要就业行业中郊区的比例。在获得数据的8个城市中,费城最具代表性,因为它是美国都市经济的缩影,反映了由35个都市所显示的28:72的比例分割。20世纪的最后30年中,费城郊区的就业总量从低于市区总量的50%提高到70年代的一半以上,再提高到80年代的主导地位(超过2/3)。从部门的角度看,这种模式在制造业、批发业和零售业中都得到了体现,目前这三种产业有80%已郊区化。表3.2中显示其中两类服务业向郊区的扩散程度降低,但到世纪末郊区也都已占到主导地位。金融、保险、房地产业是反映服务业空间变化的较好标志,因为这些产业同CBD有很强联系,而同市区人口转移的联系相对较少。然而,在1970-1990年,这些服务业已明显从费城市中心分离出来,如果继续目前的趋势,十年后75%的服务业就业将分布在郊区。而且,这种趋势伴随着另一快速发展的子服务业:专业/科学/技术服务业。1998年(公布该类数据的第一年),在这三类专业服务业的就业比重中,市区占34.5%,郊区占65.5%。

就业比重的变化刻画了城市就业中心继续朝着城市外围迁移,甚至郊区就业占有主导性地位。因此,21世纪初期的城市交通挑战为如何有效组织分散的、多中心城市人口的流动上。尽管高速公路促生了新的多个发展节点,但在可预见的未来,建设更多的高速公路是不太可能的。地方的反对不断加强,且各个层面的政府也不可能提供巨额的建设经费,来满足因各种环境条例而增加的建设成本[见贝(Bae),本书第十三章]。此外,事实证明建设新的高速公路并不能改善交通流。例如,洛杉矶和休斯敦都市都拥有大范围的高速公路网络,但任何新增路线都导致了更严重的交通拥挤,因为其他路线的交通流量很快被吸引到新路线并使其容量达到饱和(本书第九章列举了部分其他原因)。

第三章 交通与城市形态——美国都市区的空间演化阶段

表 3.2　1970-1998 年费城主要行业在郊区的就业比重(%)

就业部门	1970 年	1978 年	1988 年	1998 年
制造业	54.5	66.0	**75.0**	**81.5**
批发贸易业	39.7	60.5	**73.6**	**82.0**
零售贸易业	55.9	<u>68.0</u>	**73.0**	**80.3**
金融/保险/房地产[a]	31.0	45.9	59.2	66.5
公共医疗卫生服务[b]	46.1	51.8	57.4	62.5
就业总量	48.8	60.2	<u>68.3</u>	<u>72.2</u>

a：1998 年之前，金融、保险业的就业统计包括房地产业；
b：1998 年之前，公共医疗卫生服务业统计不包括社会救助行业；
注释：黑体标注的是超过了大众比例 50%；下划线标注的是超过了郊区主导水平比例 66.7%。
资料来源：U. S. Bureau of the Census(County Business Patterns，各年份)。

除公路外，新的大容量公共交通系统的建设仍被认为是解决城市交通问题可能的途径[本书第八章普克尔(Pucher)论述的主题]。20 世纪 60 年代以来，重轨、电动火车系统已在旧金山、华盛顿、克利夫兰市、亚特兰大、迈阿密、巴尔的摩、洛杉矶等都市建设；而廉价的轻轨电车线路也在圣地亚哥、布法罗、波特兰(俄勒冈州)、达拉斯等许多城市得到建设，底特律、印第安纳波利斯、达拉斯等城市也改善了公共交通系统。20 世纪 90 年代，尽管公共交通乘客总量在增长，但过去 20 年中公共交通的市场份额在这些城市仍一直处于下降趋势。重要原因是交通线难以满足低密度、汽车导向的郊区城市中不断分散化的交通需求。

郊区中心和专业化活动中心的不断增长放大了另外两个交通问题。在地方层面，基础设施建设往往滞后于迅速成长中心的发展，由此在交通高峰时间产生交通拥堵，这促使人们呼吁对这些地区的密度进行控制(在某种程度上，这些新郊区中心与原来的 CBD 相似，但其空间组织不同，因此要求新的交通需求管理战略)。规划师们对此的回应是许多短期的策略和长期总体规划，以应对"郊区堵车"的局面(Cervero，1986，1989)，但严厉的政策在执行过程中往往受到地方官员的抵制。

因都市空间和经济重组产生的另一个交通问题是就业和居住两者之间的空间不协调日益恶化。通常，郊区中心被高收入阶层的居住区所包围，因此多数在郊区中心工作的人们居住在一定距离之外且他们能够支付得起的社区。这不但增加了郊区—郊区的中产阶级通勤交通,并对早已超负荷的公路施加了更多的压力;而且它也增加了远距离的低技术工人的通勤,即从市区到边远郊区的钟摆式通勤。

随着美国城市面貌的完全改变及多数增长出现在城市边缘地区,尽管成本越来越高,但愈加依赖汽车的趋势已不可避免。今天,在美国的许多地区,人们的交通成本超过了服装、娱乐和健康治疗等的总和;并且在越来越多的地区,人们的交通成本超过了住房成本(Mencimer,2002)。由于有如此之多的城市居民愿意支付高成本去获取郊区的各种机会,汽车的增长已经超过了政策制定者、规划者和官员们对城市循环系统的管理能力,他们只能被迫继续坚持这种城市交通模式。

致谢

在本章节的三次出版准备工作中,作者感谢以下评论、建议及帮助:佛罗里达大西洋大学的雷蒙德·莫尔(Raymond A. Mohl,现为阿拉巴马州立大学(伯明翰)的教授),明尼苏达州科学博物馆的托马斯·贝尔沃德(Thomas J. Baerwald)、迈阿密大学的艾拉·赛布里乌斯基(Ira M. Cybriwsky)、美国商务局经济发展部的约翰·菲泽(John B. Fieser)、费尔法克斯县综合规划局的斯特林·惠勒(Sterling R. Wheeler)、休斯敦住房规划和发展局的夏林·卡普瑞斯·古德帕斯特(Sharyn Caprice Goodpaste)。尤其感谢佐治亚州立大学的杜鲁门·哈茨霍恩(Truman A. Hartshorn),我20年来的合作伙伴,允许我利用在郊区商业中心合作研究中的材料。

注释

1. 这种方法虽然强调交通的重要性,但并不意味着交通过程是塑造城市增长和空间组织的唯一力量。如同本章节所论述的,城市地理模型也是社会价值、土地资源、投资资本、私营市场行为和其他基础设施共同作用的产物。
2. 该图绘制以来,巨大的郊区联合体继续增长,尤其是区域性购物中心成倍增长(图3.14所示)。

参考文献

[1] Adams, J. S. (1970). Residential structure of midwestern cities. *Annals of the Association of American Geography*, 60, 37-62.
[2] Baerwald T. J. (1978). The emergence of a new "downtown." *Geographical Review*, 68, 308-318.

[3] Banham R. (1971). *Los Angeles: The architecture of four ecologies*. New York: Penguin Books.

[4] Berry B. J. L. (1975). The decline of the aging metropolis: Cultural bases and social process. In G. Sternlieb & J. W. Hughes(Eds.), *Postindustrial America: Metropolitan decline and interregional job shifts*(pp. 175-185). New Brunswick, NJ: Rutgers University, Center for Urban Policy Research.

[5] Berry B. J. L. (1981). *Comparative urbanization: Divergent paths in the 20th century*(2nd ed.). New York: St. Martin's Press.

[6] Berry B. J. L, Cutler I., Draine E. H., Kiang Y. C., Tocalis T. R., & de Vise P. (1976). *Chicago: Transformations of an urban system*. Cambridge, MA: Ballinger.

[7] Bruce-Briggs B. (1977). *The war against the automobile*. New York: Dutton.

[8] Castells M., & Hall P. (1977). *Technopoles of the world: The making of twenty-first century industrial complexes*. London and New York: Routledge.

[9] Cervero R. (1986). *Suburban gridlocke*. New Brunswick, NJ: Rutges University, Centre for Urban Policy Research.

[10] Cervero R. (1989). *America's suburban centers: The land use-transportation link*. Winchester, MA: Unwin Hyman.

[11] Erickson R. A. (1983). The evolution of the suburban space-economy. *Urban Geography*, 4, 95-121.

[12] Flink J. J. (1975). *The car culture*. Cambridge, MA: MIT Press.

[13] Garreau J. (1991). *Edge city: Life on the new frontier*. Garden City, NY: Doubleday.

[14] Garreau J. (1994, February). Edge cities in profile. *American Demographic*, pp. 24-33.

[15] Harris C. D., & Ullman E. L. (1945). The nature of cities. *Annals of the American Academy of Political and Social Science*, 242, 7-17.

[16] Hartshorn T. A. (1992). *Interpreting the city: An urban geography*(2nd ed.). New York: Wiley.

[17] Hartshorn T. A., & Muller P. O. (1989). Suburban downtowns and the transformation of metropolitan Atlanta's business landscape. *Urban Geography*, 10, 375-395.

[18] Hartshorn T. A., & Muller P. O. (1992). The suburban downtowns and urban economic development today. In E. S. Mills & J. F. McDonald(Eds.), *Sources of metropolitan growth*(pp. 147-158). New Brunswick, NJ: Rutgers University, Center for Urban Policy Research.

[19] Jachson K. T. (1985). *Crabgrass frontier: The suburbanization of the United States*. New York: Oxford University Press.

[20] Kotkin J. (2000). *The new geography: How the digital revolution is reshaping the American landscape*. New York: Random House.

[21] Krim, A. J. (1977). *Northwest Cambridge*(Survey of architectural history in Cambridge,

Report 5). Cambridge, MA: Cambridge Historical Commission and MIT Press.

[22] Lang, R. E. (2002). *Edgeless cities: Exploring the elusive metropolis.* Washington, DC: Brookings Institution Press.

[23] Leinberger, C. B. , & Lockwood, C. (1986, October). How business is reshaping America. *Atlantic Monthly*, 258, 43-52.

[24] Mencimer, S. (2002, April 28). Economics of transportation: The price of going the distance. *New York Times Magazine*, p. 34.

[25] Miller, R. (1982). Household activity patterns in nineteenth-century suburbs: A time-geographic exploration. *Annals of the Association of American Geographers*, 72, 355-371

[26] Mills, E. S. (1970). Urban density functions. *Urban Studies*, 7, 5-20.

[27] Muller, P. O. (1976). *The outer city: Geographical consequences of the urbanization of the suburbs* (Resource Paper No. 75-2). Washington, DC: Association of American Geographers, Commission on College Geography.

[28] Muller, P. O. (1981). *Contemporary suburban America.* Englewood Cliffs, NJ: Prentice-Hall.

[29] Muller, P. O. (1997). The suburban transformation of the globalizing American city. *Annals of the American Academy of Political and Social Science*, 551, 44-58.

[30] Pacione, M. (2001). *Urban geography: A global perspective.* London and New York: Routledge.

[31] Schaeffer, K. H. , & Sclar, E. (1975). *Access for all: Transportation and urban growth.* Baltimore: Penguin Books.

[32] Schwartz, J. (1976). The evolution of the suburbs. In P. Dolce (Ed.), *Suburbia: The American dream and dilemma* (pp. 1-36). Garden City, NY: Anchor Press/Doubleday.

[33] Sommers, L. M. (1983). Cities of Western Europe. In S. D. Brunn & J. F. Williams (Eds.), *Cities of the world: World regional urban develop-ment* (pp. 84-121). New York: Harper & Row.

[34] Stanback, T. M. Jr. (1991). *The new suburbanization: Challenge to the central city.* Boulder, CO: Westview Press.

[35] *Statistical Abstract of the United States.* (various years). Washington, DC: U. S. Government Printing Office.

[36] Steiner, R. (1981). *Los Angeles: The centrifugal city.* Dubuque, IA: Kendall/Hunt.

[37] Sternlieb, G. , & Hughes, J. W. (Eds.). (1975). *Postindustrial America: Metropolitan decline and inter-regional job shifts.* New Brunswick, NJ: Rutgers University, Center for Urban Policy Research.

[38] Tarr, J. A. (1984). The evolution of the urban infrastructure in the nineteenth and twentieth centuries. In R. Hanson (Ed.), *Perspectives on urban infrastructure* (pp. 4-66). Washington, DC: National Academy Press.

第三章 交通与城市形态——美国都市区的空间演化阶段

[39] Taylor, G. R. (1970). *Satellite cities: A study of industrial suburbs*. New York: Arno Press. (Original work published 1915)
[40] U. S. Congress. Office of Technology Assessment. (1995). *The technological reshaping of metropolitan America* (OTA-ETI-643). Washington, DC: U. S. Government Printing Office.
[41] Vance, J. E., Jr. (1964). *Geography and urban evolution in the San Francisco Bay Area*. Berkeley: University of California, Berkeley, Institute of Governmental Studies.
[42] Vance, J. E., Jr. (1990). *The continuing city: Urban morphology, in Western civilization*. Baltimore: Johns Hopkins University Press.
[43] Ward, D. (1971). *Cities and immigrants: A geography of change in nineteenth-century America*. New York: Oxford University Press.
[44] Warner, S. B., Jr. (1962). *Streetcar suburbs: The process of growth in Boston, 1870-1900*. Cambridge, MA: Harvard University Press and MIT Press.
[45] Wilson, D. (Special Ed.). (1997). Globalization and the changing U. S. city. *Annals of the American Academy of Political and Social Science*, 551, 8-247.

（王成金译，金凤君校）

第四章 信息技术的影响

唐纳德·贾内尔(Donald G. Janelle)

信息技术包括计算机硬件、软件和信息管理系统。在交通运输领域,信息技术得到了越来越广泛的应用。其中,有些隐性技术(例如内置于引擎中的微处理器和各种传感器)被用来提高机车操作性能,以及向操作人员提供机车运行水平和保养状态等信息。此外,通过计算机间的互联,实现大型数据库、通信系统和互联网在线功能的联网,使交通运输机构和出行者收集、存储和传递信息的方式发生了革命性变革,货物和人员的流动因此变得更加便利。具体应用包括系统自动记账功能,以及旨在提高活动的安全性、速度和协同性的系统设计功能等。在所有这些领域中,信息技术都或多或少地被用于改善大城市地区的交通运输服务。然而,完全自动化的智能交通系统仍难以实现,即使世界上技术最发达的地区距离此目标也尚有很大差距。这些系统应用前景广阔,然而对于他们最终如何影响行为的时空模式,进而重塑城市区域的结构和功能,我们还缺乏认识,有待于更进一步的研究。

信息技术和交通运输技术的另外一个重要联系是关于虚拟移动的实践和应用。虚拟移动是指用电子转移交换来代替实物的运输,它包括电子商贸(例如,下载最新的音乐替代去商店购买的行为)、电子通勤(例如,通过计算机和电子通信设备在家办公)、坐在自己的车里通过手机指挥商业运作;还有一些其他形式的虚拟交换:如远程电子医疗、远程电子教育、电子商务、电子休闲等等。尽管凯恩·克罗斯(Cairncross,1997)关于"距离消亡"的论述还有待商榷,但是个人和社会网络的高度连通性将从根本上改变未来的交通模式,这一前景需要我们仔细考量。

当谈到这些新的通信信息技术在交通运输领域发挥的作用,以及它们对城市化地区发展的潜在影响时,很多问题就浮现出来。这些被广泛应用的新技术将如

第四章　信息技术的影响　　　　　　　　　　　　　　　　　109

何影响大城市地区及其腹地—远郊区的土地利用模式？它们是否会促使家庭与工作场所之间产生新的功能和空间联系，进而改变工作通勤路线、出行频率或通勤方式？目前，我们对这些变化以及对其所做出的反应知之甚少，以致利用城市和区域规划中常用的标准模型技术进行最简单的模拟都难以实现。问题的答案可能在于需要充分理解这些复杂且具有革命性的变革，这些改变从本质上影响了人类与社会经济和技术结构之间的相互依赖性，进而阻碍或者改进人类的行为。

以北美为例，本章阐述了信息通信技术对交通运输发展的意义。主要内容包括：①大都市经济结构和功能改变，如何日益依赖于信息的质量及可获得性，而这些信息是个人和公共机构决策时所必需的；②技术变革如何改变满足信息需求的方式；③企业如何改变它们的组织结构和区位模式；④家庭和工作场所之间的区位和功能关系如何发展变化；⑤工作任务的性质如何决定通讯代替交通的程度；⑥交通通讯关系的变化，如何为城市及大都市区提出总体规划和政策方面的新命题。在探讨这些问题之前，有必要给定一个概念性框架，把信息技术和社会创新所带来的距离意义的改变，与城市化地区的结构和功能联系起来。

一、城市结构与距离

通过将大批富有创造力的专业人才聚集到高度通达的有限空间内，城市将人员和货物的流动需求降低到最小。这种效益在大城市的中央商务区尤其明显，在那里大公司和公共事务机构的主管人员可以获得非常难得的面对面交流的机会。但是，获得城市化带来的这些效益，需要付出拥挤、堵塞、对自然环境的过度需求以及其他社会经济成本，这使得人口和活动不断向城市周边地区扩散。在某种程度上讲，这种进退两难局面（例如，对专业化联系与信息的需求和对休闲与更大空间的渴望）的根源在于人类活动受到时空的限制。

从所受限制的基本形式来看，这种限制是内在的，是被生物钟（例如，人需要睡眠、食物等）、人的寿命以及分身乏术所限定的。然而，更重要的是这些限制不仅取决于生物特性，还受到社会和技术因素的影响。生物特性虽然已被基因代码设定好了，社会和技术因素却可以通过人类的创新不断得到改善。

(一) 社会和技术的距离限制

社会实践活动所明确的事件发生的具体时间和地点(比如工作场所和学校),使人类活动具有一定的规律性,并产生了活动场所之间(例如,家与工作场所)的最大通勤距离限制。技术可以改变给定任务需要的时间,缩短在不同场所之间通勤的时间,从而降低距离限制。这些被节省下来的时间可以用于其他活动,或者延长场所间的通勤距离,它们的相关关系如表4.1所示。任何关于交通运输与通信之间平衡和远程通讯选择的讨论,都必须考虑时空限制及其与生物、社会和技术因素之间的关系。

地理学者斯潘塞和托马斯(Spencer & Thomas,1969)将交通运输和通信技术的创新视为"空间调节技术",这种技术显著地改变了距离,进而提高了特定地点的可达性。这种技术也可以被称为"时间调节技术",通过技术进步节省下来的时间可用于很多活动,而不仅仅是简单地增加每天的通勤里程。

表4.1 个体行为限制

	时间限制	空间限制
生物学限制	生物钟控制下,维系生命的重要事件(吃饭、睡觉、保健)	为活动的空间尺度设限
社会限制	准时(events in time)(去教堂、工作时间、上学、度假)	确定行为发生场所,以及场所之间的距离
技术限制(交通运输、通讯、生产)	为其他活动提供更多自由时间,使见面更加便捷,储存信息方便随时使用	改变单位时间的可达距离,使相距较远的地方建立联系,允许生产环节不同水平的分离。

(二) 空间标准的提高和距离的增加

随着工作之余的空闲时间不断增多以及旅游活动变得更富有创造性和休闲性,人们已经习惯于获取更大的空间,或者更高的空间标准(例如更大的家庭车库、工厂扩建和商店扩展需要额外的空间、停放更多的汽车需要空间等)。此外,新技术(如单层工厂)增加了城市区域不同活动之间的平均距离。没有人系统测算过距离增加的幅度,但据一位著名的希腊规划师康斯坦丁诺斯·道萨迪亚斯(Constantinos Doxiadis,1968)推测,1968 年之前的 40 年中,主要大城市的平均密度下降了 2/3,这意味着 1968 年人均使用空间是 1920 年的三倍。近代社会评论家伊万·伊利赫(Ivan Illich,1974)认为,通过允许相关活动间更大的空间分离,速度的增加创造了距离。这种空间扩散趋势,使人们对于汽车的依赖性与日俱增,同时也使依靠城市高密度产生交通需求的交通运输体系越来越难以维持。

(三)家庭与工作场所之间的距离

家庭和工作场所之间的空间分离,是制约人类活动的最基本的空间限制之一,它在解释城市交通模式以及测度相关工作活动在现代通信技术的支持下向家庭转移的可能性方面是至关重要的。家庭是一个人满足日常生活需求和履行大部分社会职责的重要场所。增加家庭与工作场所之间的距离,会延长通勤时间,而这些时间本可以花在别的活动上。美国全国个人出行调查(NPTS; Hu& Young,1999; USDOT,1992)描述了家庭与工作场所之间距离的变化轨迹。从 1969 年到 1983 年,这一距离从 15.2 公里下降到 13.7 公里。从 1990 年到 1995 年,这一距离又从 17.7 公里上升到 18.7 公里。另外,1995 年 NPTS 的数据显示,从 1983 年到 1995 年,平均工作出行速度从 45 公里/小时提高到 55 公里/小时。从中明显可以看出,伴随着出行速度的提升,平均通勤距离和通勤时间(从 18.2 分钟到 20.7 分钟)在增加。此外,2001 年美国全国家庭出行调查(NHTS)和 2000 年的普查结果的分析显示,长距离通勤呈现不断增长的趋势。例如,1980 年单程通勤时间在 30 分钟以上的工作者所占比例为 33.9%,而 1990 年该比例上升至 36.4%,2000 年则达到 40.5%。

类似的证据提出了许多关于人类行为和动机的有趣问题。哪些社会和技术因素使工作和居住的空间分离变大或变小?为什么人们把速度增加用在选择距离工作地点更远的居所?人们在设定居所距工作的最远距离时,受到哪些主要限制因素?如何利用交通技术改变这些限制?雇佣状况的改变和"时空收敛"可以从一定程度上解释这些趋势。

(四)雇佣状况

前文曾经提到过,在决定人类活动的时空限制方面,克服距离的社会和技术因素起到重要作用。首次使用"大都市区"描述美国东海岸密集分布的城市群的地理学者戈特曼（Gottmann,1997a）认为,雇佣状况可能是决定城市空间模式最重要的社会因素。雇佣状况体现雇员和雇主之间关于薪水、工作时间、假期和工作场所等问题的约定。工作周的日渐缩短、带薪休假的逐年延长、轮班工作制度以及提前退休等,提高了员工自由支配时间的能力。工业革命时期,每周6天、每天14小时的工作强度,使得职工及其家属只能居住在距离工厂不远的地方（见马勒,本书第三章）。到20世纪初期,政府对劳动强度的让步一定程度上减少了时间限制,使得雇员们能够利用部分自由时间通勤更远的距离。戈特曼认为,这将促使人们在更大范围内拓展生活空间,并引发更大程度的郊区化。部分自由时间将被用于富有创造性和休闲性的活动,比如运动、郊游和艺术,这些活动都产生了空间需求——修建公园、体育馆、博物馆和其他文化娱乐设施。每周两天的休息时间使得郊区和周末别墅（例如,第二住所）一日游成为可能。带薪休假推动了季节旅游的发生、专业化旅游中心的增长,以及环境宜人的海岸与山麓地区的城市化进程。

伴随着这些社会变化,小汽车的出现和道路的日渐平坦,为城市通勤空间、居住场所和娱乐活动空间范围的拓展带来了新的可能。这些交通运输创新带来的空间调整结果,或许可以直接用时空收敛的概念（Janelle,1968）加以解释。

（五）时空收敛

假如1800年乘坐马车从波士顿到纽约需要花费74小时,而2000年开车穿越同样的距离只需要5个小时,那么这两个地方在时空上以每年20.7分钟的速度相互靠近。这种方法为描述两地交通改善程度以及度量城市体系中某城市与其他城市之间总通达性的变化提供了一种很便捷的方式。毋庸细说,时空发散则可以用来反映两地交通服务的恶化情况。这种对时空收敛和发展的测量方式,客观上表达了人们常说的"正在收缩的地球"（区域和全球尺度）和城市拥堵（地方尺度）的概念。

收敛度既取决于交通创新的程度和速度,也取决于线路状况恶化和交通拥堵的程度。但是,即使交通质量发生同等变化,距离较远的两地间时空收敛度也通常会高于距离较近地区。下面的例子说明了这一观点。

在图4.1中,假设某城市只具有简单的交通网络。表4.2显示了1960年和2005年图上9个地点到都市区中心的通勤时间和距离,以及由此产生的时空收敛

第四章　信息技术的影响　　　　　　　　　　　　　　　　113

度。1960年的交通模式只是简单的十字交叉路,而2000年的交通模式在此基础上,增加了时速80公里且具有出口限制的城市环形封闭道路。交通网络外围线路的车速提高到时速90公里,由于外城的交通疏散作用,内城的通勤时速从35公里提高到40公里。表4.2显示了每个地点到其他地点的平均通勤距离和平均收敛度。从表中可以看出,具有最远通勤距离的地点获得了最大的通达性改善,这暗示了外围地区的通达性是逐渐增加的。

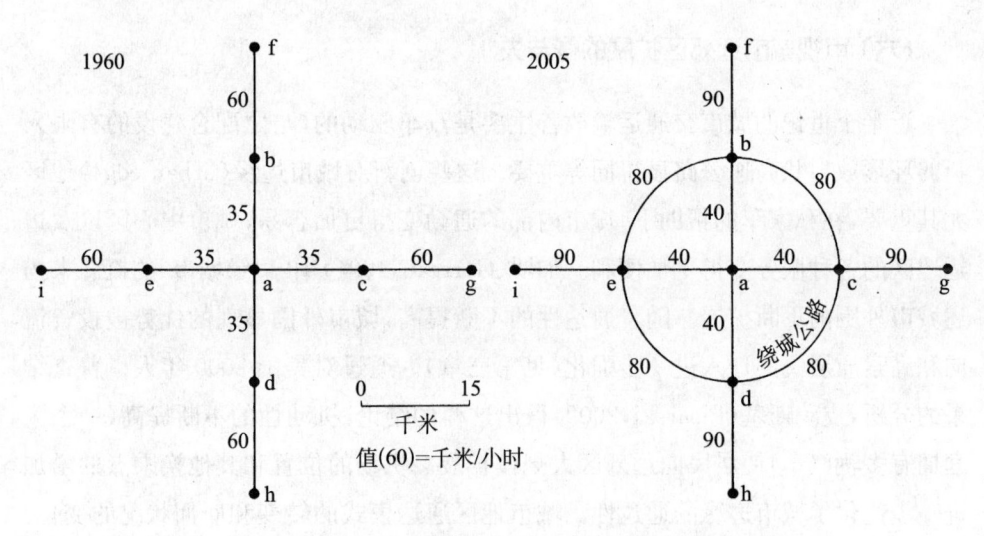

图4.1　用于计算时空收敛度的城市高速网络和行驶速度模型

表4.2　基于假想大都市背景下的时空收敛度和距离

地点[a]	每个地点到其他8个地点的距离(单位:公里)			每个地点到其他8个地点的通勤时间(单位:分钟)			1960-2005年每个地点到其他8个地点的时空收敛度(单位:分钟/年)	
	1960网络	2005环形通勤带	直线距离	1960	2005(基于最短路径)	2005(基于最短时间)	基于最短路径	基于最短时间
a(市中心)	22.50	22.50	22.50	33.24	27.54	27.54	0.127	0.127
b,c,d,e	31.80	32.98	28.68	49.26	27.90	25.50	0.475	0.528
f,g,h,i	45.00	46.10	41.80	62.40	36.66	34.26	0.572	0.625

a:字母代表图4.1中所示的地点。

从上述简单的例子当中，我们可以得到两个重要的结论：第一，城市中心到其他各点的距离是最短的，因此它注定从城市交通条件改善中获利最小；第二，任何交通条件的改善和通勤速度的提高（比如汽车带来的便利）都意味着，与市中心和介于市中心与城市边缘地带的地区相比，城市边缘地带与其他地点的时空收敛都是最快的。由于城市外围地区的空间限制低于中心区域，汽车的广泛应用极大地推动了城市外围的拓展。

（六）审视城市远郊区扩展的得与失

近半个世纪的城市交通运输改善主要是汽车驱动的，与之配合建设的有限人口的环形放射状高速公路显得同等重要。这些创新对城市边缘（urban edge）地区尤其重要，在私家车的帮助下，城市内部的通勤变得更加容易，城市中心区以及边远地区的各种服务变得更加便利。加罗（Garreau,1991）用"边缘城市"的概念来描述城市外围的不断扩展。随着通达性的不断提高，城市外围显现的优势被投资流向和高素质居民的迁入进一步强化（见第三章）。通过对美国 2000 年人口普查结果的分析，皮萨斯基（Pisarski,2002）得出这样的结论：机动性的不断提高（一个家庭拥有多辆汽车）使居民向远郊区大规模扩展。机场的位置和其他换乘点的增加进一步优化了城市边缘的通达性。城市地区通达模式的转变和雇佣状况的变化，被视为促使家庭和工作场所在空间上更加分离以及促进在距离更远的地方建立功能联系的主要因素。除此之外，其他因素对这一趋势也有促进作用。商店和购物中心营业时间的延长使人们能够到更远的地方购物，因为行程安排的限制变小，他们可以更加容易地根据个人需求以及可用时间安排自己的出行。此外，收入的增加以及每个家庭不只一份收入的趋势，减少了家庭收入使用时的财政限制。

出行次数、人均车辆数目和车辆出行里程的增加，反映了自由收入的增加以及劳动力人口比例的提高。尽管这些因素被认为会导致更高程度的拥堵，但是一项对美国 20 个大城市在 1980 年到 1985 年间平均汽车出行时间的研究（Gordon, Richardson & Jun,1991）显示，部分城市的平均出行持续时间降低了，部分城市没有发生明显变化。作者称这一现象为"通勤悖论"。该悖论被解释为通勤者选择离工作场所更近的居所来减少通勤时间，或者选择不太拥堵的行车路线。同时，他们还列举了支持通勤距离缩短的城市空间形态的结构性调整，主要包括居住郊区化、企业分散布局和多中心城市的出现。此外，他们视这些变化为无需公共干预的市场机制有效运行的结果。关于通勤出行的持续时间，戈顿(Gordon)和他同事另外的研究则认为：在美国，出行速度的增加在一定程度上使出行距离延长成为可能。

伯恩(Bourne,1992)对戈顿和他同事们(1991)的观点表示怀疑，他提出了制度管制的重要性，并质疑关于城市空间形态的假设和价值。它是在空间上低密度蔓延扩展模式（像美国大多数城市那样），还是经过规划的高密度内城郊区发展模式（像范库弗峰、多伦多和加拿大其他城市那样）？作为回应，戈顿和理查森(Gordon & Richardson,1997)对控制下的紧缩增长、保护农用地、作为规划目标的交通改善表示质疑，从而质疑城市政策干预的大部分内容，并对"精明增长"的若干观点提出挑战。

（七）交通运输扩展和出行时间不变法则

在荷兰，一项基于多目的（不只是通勤）、多出行方式的个人交通行为的研究分析显示：从总体上看，几个世纪以来人们的出行时间和次数几乎没有发生改变。作者赫普凯斯(Hupkes,1982)认为这是一个基本规律，并把它称为"出行时间不变法则"。这一观测结果与城市区域扩展问题以及交通运输、电子通讯和大都市区的空间形态有很大的相关性。

在人们的生活中，时间是一种有限的资源，作为一种稀缺资源，人们往往依据对效用的主观判断来分配时间，而衡量标准包括每小时赚多少美元或者收获多少快乐。赫普凯斯的调查显示，随着时间的推移，人们每天出行的次数以及花费在出行上的时间基本保持不变。他列举了很多具有这样趋向的国家，并给出了荷兰时间预算问卷调查的结果。尽管时代不同，交通方式会发生变化（自行车、步行、公交车、自驾车等），但出行总次数和总时间被证明呈现非常明显的稳定性。总体而言，人们将速度提升这一优势用在了拓展活动地域范围，而不是增加出行次数，同时也没有感到每天花在出行上的时间有明显的增加。

当然，在任何一个社会，对可接受的每天最长出行时间都存在个体差异。赫普凯斯认为，超出一定限度，额外的出行会产生生理和心理压力，这种现象能够给主观判读的可接受时长一个界定。

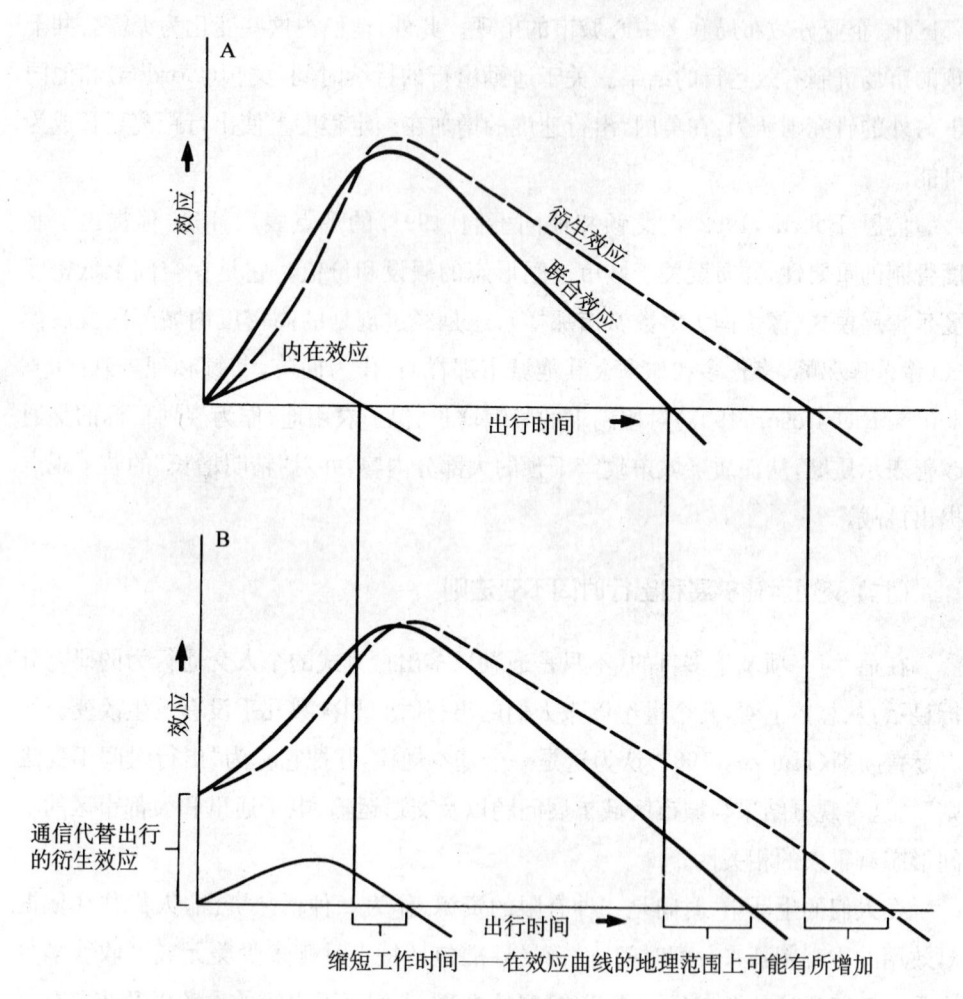

图 4.2 (A)出行时间效用,(B)采用远程办公系统和减少工作时间带来的出行时间效用变化

资料来源:赫普凯斯(Hupkes,1982,pp.42,45),版权(1982)归 Elsevier,经授权修改。

基于效用最优化模式,赫普凯斯对可接受出行时间的上限给出了有趣的解释。图 4.2A 阐述了出行者从出行本身获得的内在效用(例如享受速度、呼吸新鲜空气、锻炼身体和其他好处)。但是,随着出行的继续,疲劳和无聊开始占据主导地位,内在效用将会降低,距离的继续增加甚至会产生负效用。派生效用是指从只有通过出行才能满足的活动中获取的效用,但是这种效用也会在某点达到最大值而后逐渐降低,因为额外的行程会扰乱为这些活动提供的时间,或者被认为成本太高而不愿去做。固有效用和派生效用会因人而异，并且同一人不同年龄阶段也会有变化。此外，科技的进步也会带来很大的改变。

在图4.2B中，赫普凯斯的模型被作了细微的变动，用来显示在选择远程办公的背景下，先进的电子通讯（例如，视频电话、交互式电视、具有调制解调器和无线网络的电脑等）是如何影响出行效用的。我们假定这些技术价格便宜、简单易用且被广泛应用于商务和家庭，并能够替代部分工作、娱乐和个人商务出行。在这种情况下，效用轴上的截距反映的是无需出行即可获得的派生效用。图4.2B阐明了减少工作时间带来的效应。从赫普凯斯的假设可以推知，如果外出工作时间等价于娱乐时间的20%，那么每天工作时间由8小时降为7小时，就可以带来12分钟的额外出行时间，这些时间部分被用来扩展个人活动空间，部分被用来增加休闲、节奏较慢的运动（如散步）。

赫普凯斯方法的优点在于可以获得最佳出行时间的经验主义估计。没有绝对的证据证实存在最理想的出行时间。尽管平均值基本固定，但是它很容易受社会和技术影响而改变。此外，它还易受以下因素影响：关于速度限制等问题的政策、不同交通方式的投资情况、石油的可获得性，以及替代交通运输的技术支持。技术变革和雇佣状况的改变将释放一些空闲时间，如何利用这些时间，一定程度上取决于人们对其居所位置的选择（相对于工作场所以及其他活动地点）。这种决定的结果之一通常是城市的整体外迁（通过图4.2B可以推知这一前景）。如果平均通勤速度从每小时60公里提高到70公里，那么从某个中心（例如，工作场所）出发30分钟能够到达的距离将增加5公里——可以额外获得17%的距离。但是从可达区域来看，这一距离的获得将使可达区域从2 827平方公里增加到3 848平方公里——额外获得36%！因此，出行速度的较小增加，将产生可达区域的较大扩展，并可能改变通勤者的生活环境。因此，有必要审视通讯对交通运输的替代，是否推动了人口的低密度蔓延模式。

（八）远郊区生活方式的动机和机会

在北美的许多城市，很多因素正驱动着人口不断向城市郊区迁移。象征"崭新"的郊区赋予人们开始新生活的机会，那里的土地上没有堆积任何建筑物，这也许会为这个难以界定的过程增加一个明确存在的特征。相对便宜的土地（单位资本可获得更多的土地)和较低的赋税是使城市人口离心蔓延的主要诱导因素。金兹伯格和沃伊塔(Ginzberg & Vojta,1981)指出,随着家庭收入的增加,其中用于实现自我价值与生活方式的产品与活动的支出比例将会增加,而用于生活必需品、安全和舒适的支出比例将会减少。这种变化的表现形式之一是住在城市远郊的居民向城市外围区域的扩散——在某种程度上,这是一种与传统区位理论的预期相矛盾的追求舒适生活的趋势。尽管如此,在这个过程中存在一些不容忽视的基本规律。

"出行次数和时间不变法则"就是这种规律之一,它暗示了人们用于出行的时间和资源的最大限度。但是,传统经济学关于更多住房与土地需求和更少的交通成本之间的均衡的论点,越来越逊色于对"适合生活的场所"的偏爱。泽林斯基(Zelinsky,1975)将这些地方称为"自愿区域"。在这些地方,人们喜欢关注属于自己的领地,并根据自己的喜好创造这样的领地。在大城市通勤可达边缘,环绕高尔夫球场或者赛马场兴建的居民社区,是这种地方的典型代表。1950年以后的"分散的城市"、"逆城市化"(Berry,1980)和"边缘城市"(Garreau,1991)等理论的发展,导致一大批各式各样的特殊社区产生,这一趋势也反映了选择居住在那里的人们较少考虑社会和技术限制。

人口密度和出行速度也是决定可用于城市增长的土地供给的重要因素。根据经济学家威尔伯·汤普森(Wilbur Thompson,p.356,1968)的观点,如果城市人口增加一倍而密度保持不变,那么从城市中心到边缘的距离仅增加40%。但是,如果人口平均密度下降一半,城市区域的规模将扩大到四倍,要保持从城市中心到边缘的通勤时间不变,必须使交通速度提高一倍。他认为,在过去的半个世纪里,北美洲的交通改善基本上维持了这种持续关系。然而,即使在这种情况下,城市区域范围的扩展也要比平均出行距离的增加更快一些。因此,随着城市用地供给在可容许的通勤距离范围内的不断增加,居所的选择更接近于个人的目标生活方式。这样一来,人们在选择居所时就不会受限于他人的选择,从而可以更加关注特殊的环境和文化氛围带来的舒适感。

(九) 舒适感和城市扩展

可自由支配时间和金钱的增加使很多区位选择具有很强的休闲倾向。乌尔曼(1954)将这些趋势等同为舒适感在塑造城市体系中发挥着越来越重要的作用。他从区域和全国尺度上评论了阳光地带城市和山麓海岸娱乐中心的快速发展。他同时还看到,舒适感是以下现象的主要推动力量:城市郊区化、乡村地区非农居民的增加、主要大都市区腹地范围内城镇和小城市的增多。

库帕克(Coppack,1985)给出了一个重要证据,在北美洲城市化水平最高的地区之一——多伦多两小时车程内的区域,舒适感的重要性在逐渐增加。库帕克将舒适感定义为能够满足人们心理需求的地方,该舒适感概念还包括更加明确(但是仍难以定义)的界定——一个养育后代的好地方,以及逃离城市生活中让人不愉快特征(拥堵、污染、犯罪等等)的机会。但是,就像风景秀丽和乡村氛围等模糊概念,库帕克将舒适感描述为人们愿意支付且愿意跋山涉水去获得的高档商品。

库帕克将城市区域的交通运输和外向扩展视为寻找舒适感行为的直接结果。追求舒适感的永久性非农居民、农庄人口和城市外围地区的临时使用者(周末农舍别墅居住者、郊区一日游游客、周末购物族等),有助于满足很多低水平的商业和服务功能的商业门槛。通过这种方式,舒适感(动机)被视为一种概念性联系,将扩展的城市区域和中心地带逐渐改变的功能供给关联起来,使在城市化早期一度衰败和流失人口的乡村地区实现复苏。

总体而言,舒适感连同土地资源的供给并没有随着城市间距离的增加而改变。但是,使用这些土地的交通成本和竞标租金,却意味着舒适感资源发展成为围绕城市的独特同心模式。库帕克将该同心模式分为四个圈层:高文化舒适感城市中心圈层;低舒适感供给能力的内城圈层,原因是其他土地用途竞争的不可替代性;高舒适感供给能力的中间圈层,原因是具有可以接受的土地租金和交通成本;低舒适感供给能力的外城圈层,原因是虽然土地租金很低,但是交通成本很高。

图 4.3 拓展了库帕克的模型,从图中可以看出,随着时间的推移,舒适感资源的可达范围将向外转移。这种现象部分归因于交通运输和通讯的发展所带来的新机会。此外,城市中心地区基础设施的超负荷使用和人口的过度增长,可能会使起初的高舒适感地区转变为新一轮外移的起点,进而是尝试重新获得曾经一度被认为失去了的舒适感。因此,通过舒适感增长与衰落的轮回,具有最高舒适感吸引力的焦点地区和城市化影响向外扩展的中心地区,与中心城区的距离越来越远。这一模型提出了两种可能出现的情况:一种是通过感知乡村和自然环境的美感而获得的舒适感;另一种是基于城市特性的文化舒适感。

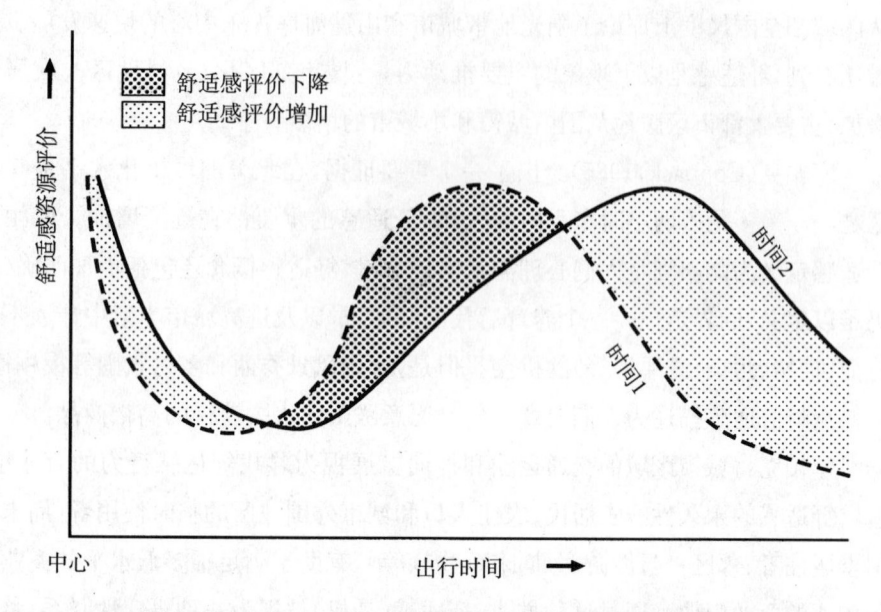

图 4.3　舒适感资源的感知价值随与大都市区域中心的通勤时间增长的变化曲线

在第一种情况中，如果舒适感是城市远郊区拓展模式的主要驱动力，那么高舒适感区域的外移将会导致如下效应：①需要加大交通运输投资力度，提高空间可达性，使人们利用同样的时间可以通勤更远的距离，从而增加舒适感资源的供给；②采用电子通讯和电子购物等通讯科技替代出行；③工作地点向远郊区转移。

在另一种情况下，人们更加关注生活在高质量和高人口密度的城市以及近郊区所获得的文化舒适感。在这种情况下，主要会出现如下效应：①需要成本低、效率高、可达性好的高效公共交通体系来应对不断恶化的城市拥堵；②有机会在安全舒适的环境中，通过步行和骑自行车来获得低层次商品和服务，或者娱乐；③将利用电子通讯节省下来的通勤时间，用于提高全员劳动生产率上，使人们能够参与更多的城市社会文化活动，以及更大程度地实现娱乐设施家庭化，从而使更多的舒适感实现家庭化。

对上述两种情况的评价，不仅需要充分了解个人和家庭的反应，还需关注就业结构和公司与公共代理之间相互要求的改变。其中，必须认真考虑电子通讯如何影响个人和公共组织实现目标的能力，以及这些组织机构与其员工家庭的空间关系。

二、大都市经济的结构和功能转变

就业人口高度集中在第一产业(渔业、农业和金属冶炼业)和第二产业(生产制造业和建筑业),是美国城市形成及增长时期的主要特征。与之相反,目前就业人口高度集中在服务业或者第三产业上,2001年第三产业从业人员约占劳动力总量的76%。社会信息流的日益重要,充分证实了就业人口向第三产业转移的趋势明显。1990年到2000年,IT产业(例如,计算机生产和服务、通讯等)的从业人员增长了50%(美国经济统计管理中心,U. S. Economics and Statistics Administration,2002),同时,利用信息技术作为其核心工作内容的其他相关部门的从业人员也增长了近30%。

信息流对服务部门中增长最迅速的生产性服务业尤为重要。生产性服务业主要是为遍布全球的第二产业部门提供基于重要信息加工、分析和发布的管理、科研和专业性工作,占全美GNP 1/4的生产性服务业,包括市场营销、广告、法律咨询、会计和专业咨询,它们及时获取高度可靠信息的能力对很多私人和公共组织的成功至关重要(Beyers,2000)。这些领域的就业人口在1990-2000年增长了50%(美国经济统计管理中心,1999,2002)。很多大企业在信息和具有处理解释信息能力的高级人才方面展开了激烈的争夺,它们投资购买复杂设备用于存储、恢复、处理和交流信息,同时花费大量资金将其总部布局在主要大城市的信息富集区域。例如,在加拿大,这些高增长部门集中分布的三大城市(蒙特利尔、多伦多和范库弗峰)拥有全国生产性服务业半数左右的从业人员(Coffey,1994)。通信联系的重要性随着城市就业结构和信息密集部门的多少而发生变化,这不足为奇。此外,计算机、互联网和其他信息通信工具使用的快速增长正在改变工作和商业的基本特征。凯勒曼(Kellerman,2002)察觉到,1990年到2000年,信息社会的出现引领着经济结构发生重大改变,城市中心的竞争位置也发生相应改变。

在很大程度上,信息可用性和信息使用对城市体系发展的空间影响,取决于公共和私人机构如何组织与操作,以有效利用信息、劳动力和其他资源。随着商业活动空间范围的扩展和复杂性的提升,上层管理部门的决策功能越来越倾向于集中在咨询和信息的获取上,而基于常规操作的生产和管理活动,在空间上越来越分散——在国家和全球尺度上向外围区域扩展(例如,全球化)。

在新成立机构的区位方面,尽管美国大城市中心商务区在20世纪80年代仍维持较高份额,但现在有足够的证据证实其呈现离散分布趋势。"边缘城市"(Garreau,1991)和"新郊区化"(Stanback,1991)已将大部分美国员工50名以下的公司吸引到城乡结合部,有证据表明信息密集部门也开始向这些地方迁移。与城市蔓延不同,边缘城市和郊区中心抓住了区位和集聚优势,使它们能够享受到中心商务区特有的信息和交际优势。大企业的最新迁移动向表明,城市边缘与大公司的信息获取需求不再互不相容。

信息需求、通讯联系和交际要求

信息的获取与传递、寻求建议、评价、交流意见等都需要通讯联系。由于这些任务的性质不同,对信息需求的强度和利用方式也不一样。索恩格兰(Thorngren)在分析瑞士企业的通讯需求时,对与工作相关的任务进行了分类,将其分为"方向性"、"规划性"和"程序性"三类任务,每类任务都指向不同的目的,而顺利完成任务需要不同的交际方式。

"方向性"任务是指开始一个新的项目,它需要复杂的讨论、艰难的谈判和对项目前景的评估。新事物固有的不确定性,使面对面的交流显得格外重要,以便及时反馈信息、当场解释说明以及使用辅助交流的工具(演示、展览、讨论等等)。很多方向性任务非常复杂,需要请教大批相关专家。因此,需要提前安排会议,针对同一任务通常有很多会议地点,并持续很长时间,这使出行成为众多管理性、专业性和技术性职业人员日常工作的重要组成。

"规划性"任务指努力实施已决定的决议,例如组织生产程序、市场营销、财政预算等。尽管有待解决的问题各有特色,但是通过各种通讯渠道可以将其一并解决。与大多数"方向性"任务相比,"规划性"任务的交际在空间上更加集中,时间上也要相对短一些。通常,通过电话、电子邮件等非直接交流就足以完成规划性活动。

"程序性"任务是指常规的(有时候是重复的)信息交换,以及基于结构化和标准化程序("根据书本介绍")所作出的决定。很多生产、销售和日常办公任务属于这一分类。在这一水平上,电话、电子邮件等非直接交流就足以满足公司内部和公司之间的联系。

总体来说，从方向性任务到程序性任务，需要的时间和出行越来越少。奥兰德（Olander,1979）使用哈格斯特朗（Hagerstrand）的时间地理学方法来描述这些不同种类任务之间的相互关系，将它们视为把企业内部和企业之间的不同人员和地点联系起来，产生不同的时空运动模式（路径）的整体行为系统（图4.4）。随着对公司员工日常行为模式关注的增加，学者们越来越重视研究公司在选择总部和辅助机构时必须考虑的时空限制以及利用合适的交际方式来匹配通讯需求。因而，关于整个公司或其部门职能的空间迁移（可能迁往城市外围的舒适感区域）、不同员工家庭与工作场所之间的空间分离、电子通讯的可能性和交换信息的可能替代方式等问题，与信息需求强度及个人日常行为体系具有很大的关联。

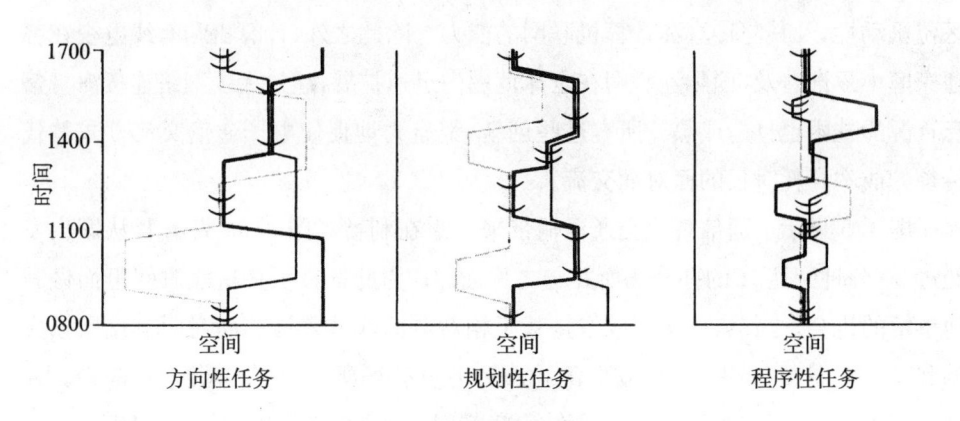

图 4.4 公司员工的活动路径

资料来源：奥兰德(Olander,1979,p.16)，John Wiley & Sons,1979,授权修改。

某些工作要求更高的信息强度。托恩奎斯特（Törnqvist,1970）提出，下列活动对面对面交流的依赖程度较高：决策制定、规划与谈判、信息发布、推销与销售、控制与智力活动、研究、分析与教育工作及产品开发与设计。有趣的是，在职业构成上，这些非常规工作迅速增长，并超过了常规工作。面对面交流的重要性，暗示了这种职业转变趋势将使公司职能进一步向城市中心商务区和郊区商务中心集中。如果电子通信技术的进步能够替代很多直接交流，那么将提出两个相关命题。首先，电子通信能够代替交通运输；其次，这些技术能够使基于信息的公司业务，从城市中心商务区甚至建成区分散到外围高舒适感地区。研究这些命题时必须注意两个问题。第一，电子转接通信在多大程度上可以替代面对面的交流？第二，电子通信联系如何改变公司空间组织与员工居住分布之间的关系？

三、电子通信和交通运输

根据戈特曼的观点(1997b)，电话的广泛使用对美国大城市系统的空间形态、企业与公共机构的组织方式以及人们的生活方式产生了复杂而深远的影响。如果在20世纪70年代中期就已经如此，试想在过去30年中电话和电脑使用方面的创新的巨大影响：低费率、广覆盖服务，利用光纤传播声音、图像和数据的能力，经过改良的高质量廉价文件仿真传输工具（如传真），快速发展的移动电话网络带来的区位机动性，及其与传真和计算机联网的能力。除此之外，计算机和有线电视在普通家庭中逐渐普及，国际互联网在全球范围内迅速扩展，通过无线网络连接海量信息资源的技术也日趋成熟。所有这些创新，都有力地促使电子通信交流方式替代传统的成本高耗时长的面对面交流。

图4.5显示了通信替代交通运输带来的潜在利益。图4.5a表示B从家出发经过30分钟到达A的办公场所并与之见面。B为此牺牲了在这段时间里面做其他事情的机会。当然，该机会成本是基于相对电话联系来计算面对面交流所损失的利益。在图4.5b中，水平虚线表示A和B办公场所间30分钟的电话联系。在这个例子中，尽管在两种情况下或许不能获得同等的交流质量，但是足以表示存在多少机会成本。图4.5c用时空棱柱(Hagerstrand, 1970)表示了B的机会成本。时空棱柱(见本书第一章)定义为一个人从特定地点出发，在给定的时间里所能到达的一组地方。在这个案例中，内棱柱（黑色钻石）表示电话交流的时空机会成本（例如，如果B没有打电话，他可以去的一组地方），外棱柱（灰色钻石）包括面对面交流损失的机会成本和所必需的出行里程。很明显，与电话交流相比，B亲自去见A需要提前支开很多其他活动。然而，由此损失的机会成本的大小，取决于B对这段时间的估价、经济成本的不同以及B对先前选择的估价。如果B待在家里远程办公，而不是去公司办公，那么所节省的时空机会成本会更大——将会获得56分钟的额外时间以用于其他活动的通勤；在每小时30公里的速度下，这一额外时间可以完成28公里的路程。

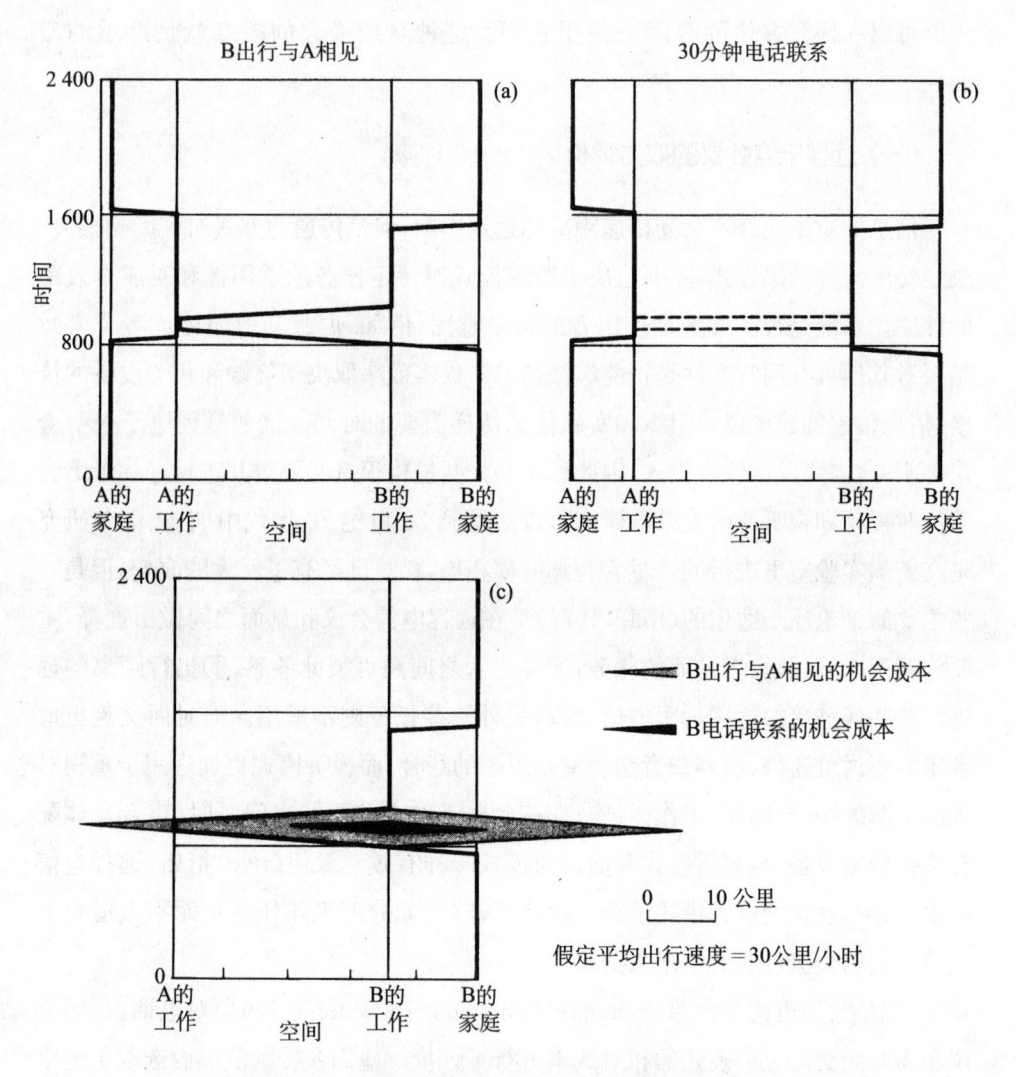

图 4.5　电话交流与商业会议时空机会成本的比较

通信系统对交通运输的替代性,与使用过程中的时空限制高度相关。表 4.3 通过分析交流双方是否需要同时、同地出现,对该问题进行了总结。面对面交流需要所有参与者在同一个地方同时出现。此外,正如前文所述,这样的交流方式需要支出交通费用,还要转移或支出在通勤时间里面本来可以进行的其他活动。比较而言,永久储存信息的系统(如磁带、书和电子邮件)对时空的限制水平最低,因为人们可以在任意方便的时间去使用它们。这种系统最大的缺点就是严重的滞后性。

(一) 远程电信会议的效力评价

信息的质量或许不会受传递距离的远近影响,但是传递的方式对其影响很大。决定使用何种传递方式,主要取决于给定模式对特定任务的适用性和对成本效率的评估。系统是否能够满足使用者的特定意图(例如,说服其他团体或者个人)?是否对其他人有用?文件是否能够被传输?成本效率取决于终端和相关设备的价格、信息传递的成本以及组织和实施信息传递需要的时间。诸如远程电子视听会议等服务,需要巨额资金投入,因此私企和公共机构很有必要对其进行仔细考虑。

对视频和视听通信效率的研究可以追溯到20世纪70年代中期,大部分研究是在英国实验室里进行的。尽管与那时候相比,科技已经有了巨大的改变,但是一些主要的结论还是适用的(Reid,1977)。在远程电信会议和见面之间做出选择,主要依赖于以下因素:①见面的任务;②参与者之间是否彼此熟悉;③出行距离的远近。某些任务更加适用远程电信会议,另外一些任务则不适用。面对面交流更适合于需要讨价还价、谈判或者交换复杂思想的场合;而视听模式更加适用于重视对人的了解的场合(例如,工作面试);在彼此熟悉的人共同解决问题时,声音媒体配合文件传输设备,与视听模式和面对面模式一样有效。派伊(Pye)指出,远程电信会议的参与者认为这种模式适合于简单工作(比如分配工作任务),而不太适合于人员之间的交流(例如,学术采访)。

萨罗蒙、施迈德和舍弗(Salomon, Schmeider & Schofer, 1991)对电话、视频会议和面对面交流三种模式的相对成本进行了评价。他们在美国范围内选取了七个城市,并模拟分析了芝加哥与这七个城市之间相互作用的成本。利用商务出行和通信成本数据,他们综合考虑了航空里程、驾车时间、机票与电子通信成本、时间价值、与会者的数量及其分散程度、会议持续时间以及组织会议耗费的时间。他们得出如下结论:距离较短时,出行成本要低于电子通信,成本的高低取决于与会者的数量和分散程度以及会议持续时间;而距离较长时,电子通信远比短暂会面要经济得多。

关于网络会议(在线会议)技术,类似的评价也在进行(Guly,2003)。目前,网络会议和网络协作所需要的软硬件设备价格过于昂贵,只有少数人能够用它来同步共享和交换数据与文件。但是,据预测,在不远的将来,这种技术将得到巨大的改良。古利(Guly)声称,美国旅游协会的最新调查显示,出于安全和成本的考虑,商务旅行者越来越多的选择通过电话、视频或者网络会议开会。但是,尽管 2/3 的被访商务人员认为电子媒介会议更加省钱,但仅有 20% 的被访者认为它比面对面会议更加有效。

表 4.3 通讯系统的时空限制

	交流者是否需要在同一个地方出现	
	是	否
交流者需要在同一个时间出现	面对面交流	视频电话 固定电话 移动电话 远程会议(声频或视频) 网络会议或者协作系统 远程信息传递 民用波段电台
交流者不需要在同一个时间出现	冰箱留贴条[a] 医院工作报表[a]	自动答复和录音机 计算机会议和电子公告牌 电子邮件 语音邮件 邮件 电报、传真 印刷品

a:由哈维和麦克纳布(Harvey & Macnab,2000,p.150)建议。

(二)扩宽远程办公的科技基础

从长远来看,通讯技术的影响主要依赖于潜在客户的可达性。收音机、电视和有线电话可能是使用最广泛的家用通讯技术,但是个人电脑、手机、光纤连接的快速网络以及无线网络才是表征信息社会的最好工具。来自(http://cyberatlas.internet.com)的报道显示(一个在线的新闻和信息商业网络向导),接近60%的美国成年人(13 700万)在使用互联网(2002年3月);在这些人群中,55%的人在家里使用互联网,28%在工作场所。大约34%的家庭互联网用户连有高速宽带,这极大提高了他们的通讯能力。根据凯勒曼(Kellerman,2002)的观察,在不同的聚落体系,这些技术的扩散传播存在明显差异,与乡村地区相比,新技术在大城市地区传播相对容易。为了判断这些技术的应用是会给城市建城区带来好处,还是更利于基于信息的工作向远处宜居区的分散,我们还需要更多关于家用电脑和相关技术在市场渗透方面空间差异的数据。尽管如此,迅速升级的技术为家庭办公模式的强化奠定基础,这种家庭办公模式被许多人认为是在大城市里减少交通需求的有效方法。远程办公是否能够获得成功,主要取决于各种通讯工具保障事务处理工作高效运行的技术能力,但是很多社会因素也同样值得关注,包括嵌入式有偿家庭工作和工人与传统车间的空间分离。

(三)家庭办公:评估交通运输替代潜能

远程办公既包括托夫勒(1980)的"电子别墅"(服务于精英人士的世外桃源,分布在能提供高舒适感的地方),也包括为低收入穿孔机操作人员提供在家办公机会的"电子血汗工厂"。在这两个极端结果之间的,则是遍布各地的远程办公中心。这些中心使人们通过各种通讯工具和计算机资源,只需通勤较短距离便能与主要部门建立联系。托夫勒(Toffler)认为,电子别墅可能更适合开展某些工作,例如:①销售工作,通过电话为访问者安排预约的工作;②有着广泛客户关系的咨询顾问工作;③需要长时间思考的工作,例如学术研究者、电脑程序员、作家、艺术家、建筑学家和设计师。此外,还包括一些管理型和专业性工作,这种工作既需要与其他人保持密切联系,也需要独处。例如抽出一大段不被打扰的时间专注于某个任务(例如写报告),又例如从工作和"信息超载"的压力中暂时退出。通过家庭远程办公系统选择性接入公共和私人数字银行,或许能够使这些活动以及很多其他活动在城市远郊区同样可以进行。但是事实上,对大多数远程办公者而言,无论在城市还是郊区,远程工作都只在居住场所中进行的。

"远程工作"是指利用通信技术替代常规工作,而远程办公是指利用通讯技术来替代通勤。虽然存在细微差别,但这两个术语在各种文献中常被混淆使用。对那些由于家庭责任感或者身体残疾不能外出工作而被限制在家里的工作者来说,远程办公意味着生活上更独立且经济状况能得到改善,但随之而来的社会问题越来越引起人们的关注。霍尔库姆(Holcomb,1991)认为,传统的工作场所更有利于工作者获得自尊、建立合作伙伴关系以及直接反馈与互动。此外,他们还认为在家办公可能会改变家庭和工作场所的社会意义,从而给家庭带来新的负担。有人甚至认为,上班的行程为工作者从家庭到工作角色的心理转换提供了绝好机会。霍尔库姆还认为逐渐增加的社会压力可能来自于家庭和工作的混合。她还提到家庭办公模式是如何使富有事业激情的女性丧失了那些在正常工作环境中与同事保持密切人际关系的人们享有的机会。更为重要的是,她观察到大部分在家工作的女性都主要参与低收入的活动,诸如数据录入、目录册销售、售票、处理保险索赔以及其他一些日常简单工作。对于较低的工作安全性、很少的工人利益和渺茫的工作进步前景的关注,这都是工会组织反对大规模采用远程办公的根本原因。这些问题表明,对于呈现明显上升态势的家庭办公模式所带来的社会负面影响,我们知之甚少。

无论这些问题多么重要,显而易见的是,远程办公为改变城市区域交通需求提供了可能性。各种实验既阐明了远程办公的优点和缺陷,也向我们展示了广泛采用远程办公的光辉前景:大城市的交通问题得到减轻,人口加速向郊外住宅区转移。

(四) 远程办公和交通问题缓解

远程办公对交通水平和交通模式的影响,明显受制于远程办公者的数量、预期增长,以及他们对居住场所的选择以及参加什么活动。美国对于远程办公者数量的估测及对远程办公内涵的界定不同,加之研究方法和调查方式的不同,预测的结果差异很大。国际远程办公协会和参议会(International Telework Association and Council,ITAC;Davis & Polonko,2001)的调查显示,2001年美国有2 800万远程办公者,而其他一些调查(例如,Langhoff,2004)则得出不同的结果。例如,其中一项调查显示,2000年美国远程办公者为1 900万(该估测值包括那些偶然在家工作的以及一些半独立经营的个体),到2001年达到3 200万之多,增长迅速。而据ITAC估算,2000年美国拥有1 650万有固定工作的远程工作者。远程办公的增长速度越来越快,部分原因在于家用计算机的普及和快速发展的互联网。但值得强调的是,电话在广大远程办公者的工作中扮演着重要角色。

据美国远程工作和远程办公运动的发起人之一杰克·尼勒斯(Jack Nilles, 1991,1998)预测,到2010年美国远程办公人员的数目会达到5 000万甚至更多,这将显著减少乘客英里数以及由此带来的污染。尼勒斯将为政府提供咨询服务与咨询信息的企业和私营部门雇主联合起来,共同搭建远程办公网络。这些企业为政府机构和私营部门雇主提供建议;如何采用远程办公模式使雇员在家或者在分散的远程办公中心进行远程办公,如何将远程办公整合到既有机构的管理框架和企业文化中。

1993年10月,美国第一个社区远程办公中心在加利福尼亚州的科罗纳多对外开放。该中心由州交通代理处Caltrans资助成立,加利福尼亚大学的戴维斯(Davis)负责管理,社区内的居民通过步行或者骑车就可以到达中心。由于在设备所有权问题上与州政府发生冲突,该中心于1996年6月关闭。远程中心普遍装备有满足现代办公职能所必需的设施,通常开车、乘坐公交车或者步行就可以到达,以此为潜在客户提供更短距离的工作行程。例如,许多远程办公中心(诸如马里兰南部的中心)特别关注工作通勤时间在30分钟以上的人群和希望灵活安排工作时间的人群。与在家远程办公模式相比,远程办公中心(Mokhtarian,1991)的优势在于它们为工作者提供与雇佣关系相关的社会联系,同时它们通过专业化设备的共享,使雇主们对它们提供的信息和资源更加放心,也更加相信其雇员能够获得较高的生产力。成立远程办公中心的一个障碍,是企业和相关机构必须改变组织构架,即由单区位集中布局模式和分支机构模式向分散化布局模式转变。员工到最近的工作地点,通过电话、视听会议设备和电脑终端与总公司沟通业务。由于私人企业缺乏足够的经济动机去购置这些设备,司法部门可以为想要使用电子通讯的企业主提供税收优惠政策,或者为他们购置这些设备提供部分资助。

电子通信计划中的相关私人机构包括诸如安泰人寿保险股份有限公司(Aetna Life and Casualty Company)、IBM、波音(Boeing)、美国电信运营商(AT&T)、美国运通公司(American Express)、蓝十字/莎盾(Blue Cross/Blue Shield)、苹果电脑公司(Apple Computer Company)、李维斯(Levi Strauss)和控制数据公司(Control Data Corporation)等。AT&T的案例或许不够典型,但它说明了电子通信具有一定的吸引力和发展潜力。

第四章 信息技术的影响

基于对 1 200 名管理人员的分层随机抽样，AT&T 制定的远程办公白皮书（Roitz, Allenby, Atkyns & Nanavati, 2003）提到，1/3 的公司管理人员每周至少有一天会使用远程办公，这比 1992 年提高了四倍，且 17% 的人员选择在家或在客户所在地进行全天候工作。远程办公人员把提高生产率和协调工作与家庭的关系作为远程办公的第一大好处，但是 63% 的人提到了节约时间和金钱，另外有 59% 人认为远程办公有利于环保。白皮书提到，远程办公主要依靠知识工作者网络，而不是办公大楼，从而提高生产率，降低企业管理成本，以提高员工的聘用与留任率，由此给公司带来的年效益在 2003 年超过了 1.5 亿（2003, p. 1）。远程办公人员平均每月在家工作时间由 2002 年的 6.7 天提高到 2003 年 9 天。此外，白皮书还提到，2002 年 AT&T 远程办公人员，因为不必通勤去工作场所而节省了 1.5 亿英里以及相应的能源消耗。报告的结论部分非常有趣：

> 总体上讲，随着整个社会对定点工作的依赖度逐渐降低，年龄、残疾、身体状况、工作地点所造成的低效率和不平等的传统观念以及身体障碍逐渐淡化。远程办公为那些长期以来被经济和社会主流忽视的人群（比如伤残人员或者居住在乡村地区的人）提供了一个强大的平台，使他们在知识经济时代有了用武之地。

现在，美国的很多州（例如，亚利桑那州、佛罗里达州、俄勒冈州和华盛顿州）都把推动远程办公计划作为其交通政策的重要组成部分。目前，如何将电子通信技术与控制交通需求战略（减少新建基础设施需求、降低城市拥堵、减少交通运输产生的空气和噪音污染）结合起来备受关注。加利福尼亚州走在这个领域的前面，它对电子通信和远程办公中心在节省市政府机构的办公空间以及解决城市拥堵和空气质量问题方面发挥的作用进行了初期预研究。截止到 2002 年，加利福尼亚州已有 60 家政府机构积极参与到正式远程办公政策和计划的创建与管理活动中（California Department of Personnel Administration, 2003）。在 1987 年的试验阶段，仅有 200 名远程工作者，到了 2002 年，参与到这些计划中的政府工作人员超过 7 000 人。

1992 年，加州大学交通运输研究学院的戴维斯签约负责评价加利福尼亚州在远程办公中心方面的经验，以估算将其作为需求管理模型的潜力。基于对所有操作进行的详细检测，报告描述了加利福尼亚州远程办公中心的命运（Buckinger,

Mar, Mokhtarian & Wright, 1997)。在1991年年初到1997年年中开张的45家店中，到1997年7月仅剩下23家仍在运营。平均生命周期还不到两年，大多数中心由于资金不足或者顾客不多而最终倒闭。那些依赖公共资助的中心，承担着演示新项目的使命，这使中心的目标自相矛盾，减少了使中心能够长期自食其力的业务。那些成功的中心，则更多地倾向于参与当地的商业活动，与之建立更广泛的经济联系，从而给客户提供更大范围的商业服务。

大多数关于远程办公是交通运输政策的重要组成部分的研究，都是采用对工作人员的非随机型小样本抽样，或者关注少数几个区域（偏向加利福尼亚州的大都市区）的单个企业或仲裁机关的反应。尽管它们提供了有用的评估，但大多数研究都是基于特定环境下（比如单个公司或机构）的员工进行的，同时，他们对远程办公人员出行行为的观察时间也相对较短，通常不会超过两年。除此之外，有必要在更大范围内探索这种相互依赖性。例如，莫科塔里安(Mokhtarian,1991)提出有必要去了解远程办公相对于其他交通减少方法（例如，合乘车和公共交通）有多大的竞争力。她同时认为有必要进行成本—效益分析，有必要优化相关程序，以整合远程办公模式与标准预测规划模型。其他形式的远程办公也常常被忽略，例如，利用电子远程调解器监测楼宇电梯或者楼宇热力和空气质量系统的远程诊断体系。此外，还有一种使工作安排便利化的通信技术需要系统的研究：既不是基于家庭也不是基于工作场所的移动电话工作方式(Vilhelmson & Thulin, 2001)。这种最新的掌上通信工具，为在路上、机场或者餐馆就餐时开展工作带来了很大的便利。

尽管美国远程办公人员每年节省的通勤里程或许能达到5 000英里甚至更多，但是有人担心这些节省下来的时间会被用到其他活动上，从而需要同样的甚至更多的通勤里程。总体来看，由于过度重视研究汽车出行方式，人们往往忽视了对徒步出行及其在远程办公人员和通勤人员之间如何发生变化方面的研究。由于远程办公已经成为需求管理的重要工具，且其重要性在不断增加，所以交通运输研究必须把阐明采用这种新技术带来的行为方面的反应作为其首要任务。

尽管这一领域仍需实质性扩展，但是对已有研究成果展开综述还是很有用处的。莫科塔里安(Mokhtarian, 1991, pp. 329-330)总结了关于远程办公人员出行行为的早期研究成果，她提到，从总体上看，通勤出行减少了，非通勤出行并没有增加，远程办公人员倾向于在家附近活动，出于多种相关目的，他们出行的次数较非远程办公者少。荷兰的一项研究得出了类似的结论,在该项研究中,30个远程办公人员被分成五组,每隔三个月进行一组试验,每次试验都详细记录每个人一周的行为。研究显示,通勤出行共减少了15%,在高峰时段的汽车使用更是实质性下降了26%(Hamer,Kroes & Ooststroom,1992)。新近的研究增加了已有研究成果,同时扩展了探索问题的范围(Handy & Mokhtarian,1996;Mokhtarian,1997,1998;Salomon,1998)。

研究成果基本上支持远程办公是减少出行次数和里程的有效工具这一观点,但是仍有人担心选择远程办公会加剧城市蔓延,从而恶化交通运输而产生污染问题。例如,Hamer和他的同事们警告,"引入更加弹性的工作时间和工作地点(例如,通过网络办公),将导致工作者接受更远距离的通勤"(1992,p.98)。他们提出了这样的忧虑,从长远来看,远程办公会产生和大规模机动化一样的后果。然而,艾伦和亨普斯特德(Ellen & Hempstead,2002)的最新实证调查显示,这种忧虑或许是杞人忧天。通过分析1997年美国人口普查局流动人口研究的工作表附录,他们判定远程办公人员多大程度上会在远郊区和分散小区域选择居所。这个调查涉及50 000户家庭,其中18%在家里进行某种形式的远程办公。与分散化假设相反,他们的研究结果显示,远程办公对家庭居所选择的影响很小。事实上,总体而言,远程办公人员比工作场所更加集中分布在大城市中心。

四、结论

与信息和交流需求的中心化趋势明显相悖,近期北美洲居所和工作场所的区位选择上所呈现的远郊区化趋势显示,追求舒适感变得越来越重要。虽然信息时代的交流需求对这一过程产生了诸多限制,但是时空收敛却从某种程度上缓解了这种限制。韦伯的"非接近性社区"和"居无定所的城市王国",是对现代科技替代直接交际的最好地理表述。虽然技术进步所带来的巨大效用是19世纪60年代早期的人们始料未及的,然而20世纪90年代中期就出现了"信息高速公路"的概念,但直到最近,机动性和通信技术进步才达到可应用水平,并引发了工作和商务模式的重大基础性变革。本章主要研究了人类出行行为、家庭与工作场所之间的关系以及人类居住模式的结构性变化。与人类居住模式和生活方式出现的新变化同等重要的还有货流的移动,表现为电子商务的货流移动也同样受到信息技术的影响,这一主题在戈洛布和里根(Golob & Regan, 2001)的综述文章中得到精辟论述。

　　本章强调了行为限制的重要性。人们的居所往往与大城市中心及其文化舒适感存在空间分离,而人们在确定其可接受的分离程度时,行为限制发挥重要作用。其中,面对面交际的需要和出行时间与频率不变法则是最明显的两条。此外,相关的身体和社会限制(例如,需要休息、规定好的工作时间和工作天数)制约了日常活动所能到达的最远距离。对化石燃料消耗和城市蔓延所带来的环境问题的关注,制约了住宅区向都市周围郊外的迁移。在这些限制的作用下,我认为在信息技术的支撑下,交通运输技术仍将是影响城市区域空间结构的基础因素。交通运输在为人类生存提供物质基础方面的作用几乎是不言而喻的,交通运输不仅为人类日常生活联系提供了重要支撑,而且交通可以到达的最远边界决定了人类社会、经济和其他活动的范围。这样的事实预示着缓慢改变,而不是革命性的剧变。

　　下面用一个简单的例子来说明电子通信技术的广泛使用对大城市区域的空间结构和组织结构的影响以及是如何取决于人类行为的反应的。一直以来,"天"被认为是家庭日常生活中规划选择、安排时序和配置时间的最基本时间单元。但是在将来,"星期"或许会成为越来越重要的家庭计划时间单位。在众多可能的替代性中(如果就业模式允许),人们或许会决定每星期只在公司待三天,以便于进行重要的面对面交流,而其他工作时间将在家中度过,这使人们从更大的空间分离中得到好处。

　　在这个例子中,对于一个双工作家庭来说,如果他们的日/周工作计划允许他们自由选择居住位置,那么他们可以考虑搬到距离办公场所较远且舒适感高的区域居住,而不会增加每周去工作场所的通勤时间。这种行为的变化为远郊区居住提供了越来越多的机会,但它或许并不能支持一种有利于环境可持续发展的居住模式。例如,每天花费30分钟的通勤时间(一周工作五天,共花费150分钟),在每小时80公里的速度下,允许居所与工作单位的最远距离为40公里。如果一个人每周有两天在家远程办公,且仍旧保持每周150分钟的工作通勤时间,那么50分钟下的工作出行里程将增加到67公里。因此,在不增加总工作通勤时间和不改变与城市联系的前提下,远郊区的潜在扩展区域增加了180%,而从5 027平方公里增加到 14 103 平方公里。

尽管科技进步允许工作区域的空间离散模式在未来有更大的扩展,但是仍有很多办公活动需要布局在城市中心区位,而且对信息要求最高的活动仍会分布在大都市区。离散化发展必须满足人员与场所的信息和交际需求。

尽管如此,即便是基于目前的信息技术水平和保守出行速度,远郊区居住扩展所需要的土地供给也将会明显增加。信息技术在交通运输服务中的广泛应用(例如智能车辆高速系统,IVHS),加速了北美、西欧和日本这些经济高度发达区域的城市远郊区扩展的趋势。"道路交通信息学"(RTI)(Hepworth & Ducatel, 1992)是这种创新的版本之一。基于这些技术,斯维登(Sviden, 1993, pp. 182-183)对2100 年的欧洲进行了展望。例如,他预测 2050 年高度稳定和广泛应用的 RTI 技术使以下理想变成现实:整合的欧洲路线导航,自动记账,速度导航,动态速度自适应,狭窄道路自适应以及基本碰撞预警。导航功能可以弥补大多数驾驶障碍,道路报价方案能够非常便利的提供投资兴建基础设施所需成本,高度信息自动化的智能道路能够清晰的识别错综复杂的过境道路结构。

如果这些理想能够如期实现,那么这些为了公共客运交通运输和货物运输发展起来的 RTI 等相关技术,将在很大程度上减轻驾驶者的压力,并且会带来更为广泛的工作—居住关系的区位选择变革。

高度"信息自动化社会"是一个富有诱惑力的期望,但它仍具有很多不确定性。交通运输导致的环境问题是否会进一步恶化?化石能源的枯竭是否会使自动化进程戛然而止?持续扩展的空间是否会导致管理上的低效率?新技术是否允许在更大空间上参与政治进程?埃布勒(Abler, 1975)关于更多可选择的通讯模式和技术将会促使社会网络在更大程度上分散的担忧是否会变为现实?为了适应即将发生的变化,我们需要合适的社会制度创新,机构组织结构的变革,甚至为必需的设备和教育提供广泛的公共资助。无论社会对这些以及其他问题作出何种反应,未来都将是在政治决策与科技可能性双重作用下的产物。对于 21 世纪的前 15 年,我最高的估计是机动性和电子通信将会互相促进共同发展,离散化发展模式和集中化发展模式也将齐头并进,这使得交际需求对后工业社会显得尤其重要。同时,交通运输规划必须能够同时支撑这两种发展模式。

参考文献

[1] Abler,R. (1975). Effects of space-adjusting technologies on the human geography of the future. In R. Alber, D. Janelle, A. Phibrick, & J. Sommer(Eds.), *Human geography in a shrinking world*(pp. 35-36). North Scituate,MA:Duxbury Press.

[2] Berry,B. J. L. (1980). Urbanization and counter-urbanization in the United States. *Annals, American Academy of Political and Social Science*,451,13-20.

[3] Beyers,W. (2000). Cyberspace or human space: Wither cities in the age of telecommunications? In Y. Aaoyama,J. O. Wheeler, & W. Barney(Eds.),*Cities in the telecommunications age: The fracturing of geographies*(pp. 161-180). New York:Routledge.

[4] Bourne,L. S. (1992). Self-fulfilling prophecies?: Decentralization, inner city decline, and the quality of urban life. *Journal of the American Planning Association*,58,509-513.

[5] Buckinger,C. ,Mar,F. ,Mokhtarian,P. ,& Wright,J. (2001). *Telecommunication centers in California: 1991-1997*. Davis: University of California, Davis, Institute of Transportation Studies,Available online at www. its. ucdavis. edu/tcenters/repts/status/disc. html.

[6] Burton,I. (1963). A restatement of the dispersed city hypothesis. *Annals of the Association of American Geographers*,53,285-289.

[7] Cairncross, F. (1997). *The death of distance: How the communications revolution will change our lives*. Boston: Harvard Business School Press.

[8] California Department of Personnel Administration. (2003). *The State of California Telework-Telecommuting Program*, 1983-21st Century. Sacramento: California Department of Personnel Administration. Available online at http://www. dpa. ca. gov/telework/teleworkmain. shtm.

[9] Coffey,W. J. (1994). *The evolution of Canada's metropolitan economies*. Montreal: Institute for Research on Public Policy.

[10] Coppack,P. M. (1985). *An exploration of amenity and its role in the development of the urban field*. Unpublished doctoral thesis, University of Waterloo, Waterloo, Ontario, Canada.

[11] Davis, D. D. , & Polonko, K. A. (2001). *Telework America 2001 Summary*. Rockville, MD: International Telework Association and Council. Available online at http://www. workingformanywhere. org/telework/twa2001. htm

[12] Doxiadis,C. A. (1968). Man's movement and his city. *Science*,62,326-334.

[13] Economics and Statistics Administration(1999). *The emerging digital economy II*, appendices. Washington,DC:U. S. Department of Commerce.

[14] Economics and Statistics Administration(2002). *Digital economy 2002*. Washington,DC:

U. S. Department of Commerce. Available online at http://www.esa.doc.gov/pdf/DE2002r1.pdf.
[15] Ellen,I. G. ,& Hempstead,H. (2002). Telecomuting and the demand for urban living. A preliminary look at white-collar workers. *Urban Studies*,39,749-766.
[16] Garreau,J. (1991). *Edge city*. New York:Doubleday.
[17] Ginzberg,E. ,& Vojta,G. J. (1981). The service sector of the U. S. economy. *Scientific American*,244,48-55.
[18] Golob,T. F. ,& Regan,A. C. (2001). Impacts of information technology on personal travel and commercial vehicle operations:Research challenges and opportunities. *Transportation Research*,Part C,9,87-121.
[19] Gordon,P. ,& Richardson,H. W. (1997). Are compact cities a desirable planning goal? *Journal of the American Planning Association*,63(1),95-106.
[20] Gordon,P. ,Richardson,H. W. ,& Jun,M. -J. (1991). The commuting paradox:Evidence from the top twenty. *Journal of the American Planning Association*, 57,416-420.
[21] Gottmann,J. (1977a). Megalopolis and antipolis:The telephone and the structure of the city. In I. de Sola Pool(Ed.),*The social impact of the telephone*(pp. 303-317). Cambridge,MA:MIT Press.
[22] Gottmann,J. (1977b,December 8). *Urbanisation and employment:Towards a general theory*. Paper presented as the Walter Edge Public Lecture at Princeton University,Princeton,NJ.
[23] Guly,C. (2003,March 20). Meetings via mouse clicks. *The Globe and Mail*(Toronto,Canada),p. B11.
[24] Hägerstrand,T. (1970). What about people in regional science? *Papers of the Regional Science Association*,24,1-21.
[25] Hamer,R. ,Kroes,E. ,&van Ooststroom,H. (1992). Teleworking in the Netherlands:An evaluation of changes in travel behavior—Future results. *Transportation Research Record*, 1357,82-89.
[26] Handy,S. L. ,& Mokhtarian,P. L. (1996). The future of telecommuting. *Futures*,28,227-240.
[27] Harvey,A. S. ,& Macnab,P. A. (2000). Who's up?:Global interpersonal temporal accessibility. In D. G. Janelle & D. C. Hodge(Eds.),*Information,place,and cyberspace:Issues in accessibility*(pp. 147-170). Berlin:Springer.
[28] Hepworth,M. , & Ducatel,K. (1992). *Transport in the information age:Wheels and wires*. London:Belhaven Press.
[29] Holcomb,B. (1991). Socio-spatial implications of electronic cottages. In S. D. Brunn & T. R. Leinbach(Eds.),*Collapsing space and time:Geographic aspects of communications and information*(pp. 342-353). London:HarperCollins Academic.
[30] Hu,P. S. ,& Young,J. R. (1999). *Summary of travel trends. 1995 nationwide personal*

transportation. Washington, DC: U. S. Department of Transportation, Federal Highway Administration.

[31] Hupkes, G. (1982). The law of constant travel time and trip rates. *Futures*, 14, 38-46.

[32] Illich, I. D. (1974). *Energy and equity*. London: Calder & Boyars.

[33] Janelle, D. G. (1968). Center place development in a time-space framework. *Professional Geographer*, 20, 5-10.

[34] Kellerman, A. (2002). *The Internet on earth: A geography of information*. Chichester, UK: Wiley.

[35] Langhoff, J. (2004). *FAQs about telecommuting*. June Langhoff's Telecommuting Research Center. Available online at http://www.langhoff.com.

[36] McGuckin, N., & Scrinivasan, N. 2003. A walk through time: Changes in the American commute. Available online at http://nhts.ornl.gov/2001/index.shtml.

[37] Mokhtarian, P. L. (1991). Telecommuting and travel: State of the practice, state of the art. *Transportation*, 18, 319-342.

[38] Mokhtarian, P. L. (1997). The Transportation impacts of telecommuting: Recent empirical findings. In S. P. Stopher & M. Lee-Gosselin(Eds.), *Understanding travel behavior in an era of change*(pp. 91-106). Oxford, UK: Elsevier.

[39] Mokhtarian, P. L. (1998). A synthetic approach to estimating the impacts of telecommuting on travel. *Urban Studies*, 35, 215-241.

[40] Nilles, J. M. (1991). Telecommuting and urban sprawl: Mitigator or inciter? *Transportation*, 18, 411-432.

[41] Nilles, J. M. (1998). *Managing telework: Strategies for managing the virtual workplace*. New York: Wiley.

[42] Olander, L. (1979). Office activities as activity systems. In P. W. Daniels(Ed.), *Spatial patterns of office growth and location*(pp. 159-174). Chichester, UK: Wiley.

[43] Pisarski, A. (2002, March). *Mobility congestion and intermodalism*. Testimony before the U. S. Senate, Committee on Environment and Public Works, Washington, DC. Available online at http://www.senate.gov/~epw/Pisarksi_031902.htm.

[44] Pye, R. (1979). Office location: The role of communications technology. In P. W. Daniels (Ed.), *Spatial patterns of office growth and location* (pp. 239-275). Chichester, UK: Wiley.

[45] Reid, A. A. L. (1977). Comparing telephone with face-to-face contact. In I. de Sola Pool (Ed.), *The social impact of the telephone*(pp. 386-414). Cambridge, MA: MIT Press.

[46] Roitz, J., Allenby, B., Atkyns, R., & Nanavati, B. (2003, April 11). *AT&T telework white paper. Organizing around networks, not buildings: 2002/2003 AT&T employee telework research results*. Available online at http://www.att.com/telework/article_library/survey_results_2003.html.

[47] Salomon, I. (1998). Technological change and social forecasting: The case of telecommuting as a travel substitute. *Transportation Research*, Part C, 5, 17-45.

[48] Salomon, I., Schneider, H. N., & Schofer, J. (1991). Is telecommuting cheaper than travel?: An examination of interaction costs in a business setting. *Transportation*, 18, 291-317.

[49] Spencer, J. E., & Thomas, W. L. Jr. (1969). *Cultural geography: An evolutionary introduction to our humanized earth*. New York: Wiley.

[50] Stanback, T. M. (1991). *The new suburbanization*. Boulder, CO: Westview Press.

[51] Svidén, O. (1993). A scenario on the evolving possibilities for intelligent, safe and clean road transport. In G. Giannopoulos & A. Gillespie (Eds.), *Transport and communications innovation in Europe* (pp. 175-185). London: Belhaven Press.

[52] Thompson, W. R. (1968). *A preface to urban economics*. Baltimore: Johns Hopkins University Press.

[53] Thorgren, B. (1970). How do contact systems affect regional development? *Environment and Planning*, 2, 409-477.

[54] Toffler, A. (1980). *The third wave*. New York: William Morrow.

[55] Törnqvist, G. (1970). *Contact systems and regional development* (Lund Studies in Geography, Series B, Human Geography, No. 35). Lund, Sweden: Royal University of Lund, Department of Geography.

[56] Ullman, E. (1954). Amenities as a factor in regional growth. *Geographical Review*, 44, 119-132.

[57] U. S. Department of Transportation. (1992). *1990 Nationwide Personal Transportation Survey: Summary of travel trends*. Washington, DC: Federal Highway Administration.

[58] Vilhelmson, B., & Thulin, E. (2001). Is regular work at fixed places fading away?: The development of ICT-based and travel-based modes of work in Sweden. *Environment and Planning A*, 33, 1015-1029.

[59] Webber, M. M. (1963). Order in diversity: Community without propinquity. In L. Wingo, Jr. (Ed.), *Cities and space: The future use of urban land* (pp. 23-54). Baltimore: Johns Hopkins University Press.

[60] Webber, M. M. (1964). The urban place and nonplace urban realm. In M. M. Webber, J. W. Dyckman, D. L. Foley, A. Z. Guttenberg., W. L. C. Wheaton, & C. B. Wurster (Eds.), *Exploration into urban structure* (pp. 79-153). Philadelphia: University of Pennsylvania Press.

[61] Zelinsky, W. (1975). Personality and self-discovery: The future social geography of the United States. In R. Abler, D. Janelle, A. PHILBRICK, & J. Sommer (Eds.), *Human geography in a shrinking world* (pp. 108-121). North Scituate, MA: Duxbury Press.

（刘鹤、金凤君译，王姣娥校）

第二部分　城市交通规划

第五章 城市交通规划过程

罗伯特·约翰斯顿(Robert A. Johnston)

人和货物的快速移动是美国及其各个城市经济增长的关键因素。建设及运营公路与公共交通系统的资金是联邦政府、州政府乃至地方政府的一笔主要支出。交通拥堵是地方当选官员面临的最重要问题之一。郊区希望申请到更多的资金用于公路建设,而城市中心区则致力于改善城市公共交通。在所有的大都市地区,城市、郊区及所管辖的农村必须每三年联合进行一次区域综合交通规划实践。

美国城市交通规划始于20世纪50年代交通出行模型(travel model)的提出。20世纪60年代,美国运输部批准进行实践并开发了相应的软件,城市交通规划变得流程化。首先利用出行模型预测20年内各小区的土地利用变化,再根据土地利用(居住、商业、工业)性质来预测每个小区的家庭数和工作岗位,前者产生出行,而后者则吸引出行。其次,利用计算机软件,将出行分配到连接各小区的路网上。随着分配到某一道路上的出行量越来越多,出行速度会逐渐下降,一些出行会被分配到其他速度更快的道路上。经过多次迭代分析,全部的出行尝试所有可能的路径,最终实现总的出行时间最少。最后,分析出行速度可以发现哪些路段是最为拥挤的,这些拥挤的地方需要额外的投资来增加道路或公共交通的能力。

本章首先回顾美国区域交通规划的历史,明确近期对交通模型和规划提出额外要求的联邦法律。然后,回顾出行建模步骤,阐述大都市机构取得的进步及政策分析能力的多样化,如区域交通规划局现在开始强调公众和地方政府的需要,包括来自各个群体"自下而上"的需要,以及联邦法律规定"自上而下"的要求。随后,本章引入一个改进的模型,它涵盖了上面提到的所有部分。最后,本章描述了在未来可能对模型的改进以及今后10年规划实践的特征。

一、区域交通规划历史

为了合理使用联邦公路和公共交通的资金,联邦法律要求中等城市和大城市地区必须进行区域交通规划。许多州对获得政府资助也有类似的要求。交通是国会规定的基础设施资助中唯一需要进行区域规划的项目。区域规划对利用联邦资金建设医院、污水处理厂和供水系统都是必需的,但这些规章制度在20世纪70年代就已经被废除了。理解区域交通规划至关重要,因为它是绝大多数区域定期采用的唯一区域规划过程。同时,交通系统的改变会影响城市生活的方方面面,如交通拥堵、空气质量、低收入家庭关心的公交便捷性以及土地开发模式。

第二次世界大战前,交通规划中不包括出行建模。战后,迅速增长的机动车拥有量、普遍出现的郊区化以及联邦政府对交通投资的增加都导致了对区域出行行为建模的需求。作者早期对底特律和芝加哥两市进行过研究,随后又对东部其他城市进行了研究。许多早期的方法都源于"芝加哥地区交通研究"[1](Chicago Area Transportation Study,CATS)。1963年,《联邦公路法》(The Federal Highway Act)规定:若要得到联邦公路基金的资助,必须先有"连续、综合和协调"的区域交通规划(简称"3C"规划)。城市也被定义是一个区域,因此区域建模分析成为一个标准程序。公路局(The Bureau of Public Roads)(后更名为联邦公路管理局,FHWA)出资赞助研究标准方法,并出版了介绍交通建模方法的手册,因此交通模型和规划实践在全美地区变得标准化。具体而言,这些方法都嵌入了城市交通建模系统(Urban Transportation Modeling System,UTMS)或城市交通规划系统(Urban Transportation Planning System,UTPS),这是四阶段出行模型(four-step travel modeling)里的一套标准化方法。四阶段模型包括[2]:①出行生成(trip generation),预测日常家庭出行总量;②出行分布(trip distribution),预测每次出行的目的地;③方式选择(mode choice),预测出行交通方式的选择;④路径分配(route assign-

---

[1] 译者注:20世纪50年代末美国芝加哥市开始发表的 Chicago Area Transportation Study。以此为标志,基于出行需求分析的现代交通规划理论得以诞生。该规划中提出了三阶段法,后来发展为四阶段法。20世纪60年代日本广岛规划在三阶段法的基础上建立了包括交通方式选择的四阶段法。

[2] 译者注:国内部分学者也将四阶段法译为:交通发生、交通分布、方式划分和交通分配等。

ment),预测出行者选择公路、铁路或公交线路等方式的路径。许多地区采用美国运输部发布的运行于大型计算机上的软件。

出行模型是交通规划中的核心部分,它们是如何设计的呢？首先,大都市区规划机构(Metropolitan Planning Organization,MPO)将城市区域划分为100-2 000个交通分析区,并通常由人口普查街区或地域组成。大都市区规划机构为出行模型软件设计了一套网络——代表所有主要的道路网和公交线路。然后,大都市区规划机构开展一次家庭出行调查,在工作日中随机抽取几千户家庭展开调查,确认所有出行的时间、方式、路径、目的地以及出行的目的。然后用这些数据来评价几个子模型,这就是广为熟知的"出行模型步骤(travel model steps)"。

一个理想的出行模型应该代表由于交通系统改变影响到的所有出行。模型应当通过大量的数据来进行检测,各个子模型的关系方程应具有较高的可解释性,并具有统计显著性。进一步来说,模型应当拥有与所有主要政策问题有关的解释变量,如过路费、新路通行能力或紧凑型增长。

大都市区规划机构首先从四阶段法的第一个子模型开始,即出行生成模型,其中的家庭特征(如收入与规模)决定了家庭每周总的出行量。第二个是出行分布模型,其中家为出行发生地,工作岗位为出行吸引地。出行量随机地从一个交通分析区到另外一个交通分析区,然后按比例在出行地和目的地之间进行迭代匹配,最终使得出行时间的分布与调查数据基本一致。不同出行目的必须分开完成(基于家的工作出行,基于家的其他出行,及不基于家的出行,虽然这是少数)。第三,交通机构评估方式选择模型。该模型是一个与家庭、家庭收入、交通方式成本(时间成本加上机动车每公里的费用或公交费用)相关的函数。最后,在交通分配中,出行被分配到从出发地到目的地的路网上。随着某一线路上出行数量的增加,机动车速度逐渐下降,从而导致一些出行被分配到其他线路上,最终直到所有的出行都不能找到更快的路径。

整套模型利用基年的数据和交通量来进行校准,使之更符合实际。不断调整子模型的参数直到模型的交通流量与实际观测到的流量相符。所有公交线路的公共交通搭乘率以及不同交通方式的分担率和交通量也都同样需要进行校准。在模型校准之后,基于人口、就业数量与分布的预测,可以测算未来一段时期内的交通量。总之,模型可以预测20年后的设施规划,也可以预测中间某一年份,如机动尾气排放减少的最终期限年。图 5.1 描绘了整个模型处理的步骤。

```
┌─────────────────────────────────────┐
│              输入                    │
│         交通系统特征                  │
│     土地利用—活动系统特征              │
└─────────────────────────────────────┘
┌─────────────────────────────────────┐
│       城市交通模型系统（UTMS）        │
│       ┌───────────────────┐         │
│       │     出行生成       │         │
│       │   (多少出行量？)    │         │
│       └───────────────────┘         │
│       ┌───────────────────┐         │
│       │     出行分布       │         │
│       │   (去往何地？)     │         │
│       └───────────────────┘         │
│       ┌───────────────────┐         │
│       │     方式选择       │         │
│       │   (何种方式？)     │         │
│       └───────────────────┘         │
│       ┌───────────────────┐         │
│       │     交通分配       │         │
│       │   (通过哪条路？)    │         │
│       └───────────────────┘         │
└─────────────────────────────────────┘
┌─────────────────────────────────────┐
│              输出                    │
│       交通流在路网上的分配            │
│           数量（容量）                │
│           质量（速度）                │
└─────────────────────────────────────┘
```

图 5.1　城市交通建模系统

资料来源：帕斯(Pas,1995,p.65)。

20 世纪 60 年代，由于反对在城市市区修建高速公路，导致所有市县签署了地方高速公路协议，从而获取路权。1969 年，对环境的日益关注导致国家环境政策法案(National Environmental Policy Act, NEPA)的出台，其中规定联邦政府资助的所有项目必须有详细的环境评估。1975 年，美国运输部制定规章要求长期（20 年）和短期规划都需要关注低成本运输系统管理政策（Transportation Systems Management, TSM），如合乘车(Carpool)专用道、匝道交通调节、限制停车等。这些措施可以减少高峰时期的交通需求，从而更好地管理高峰流量。它们代表了联邦政府需求管理的首要目标，而不仅仅是提供更多的道路能力和公交线路。同样，强调公众参与，关注老年人和穷人的交通需求。

20 世纪 80 年代早期，联邦政府竭力减少他们在区域规划方面的疏忽，但是仍然缺乏基本的规划要求。联邦政府对建设新的高速公路和主干道的资助开始逐步减少；与此同时，州际公路系统建设也基本接近尾声。越来越多的郊区出行和越来越高的小汽车拥有率导致车辆行驶里程迅速增长，城市地区开始对交通需求采取广泛的措施。虽然汽车尾气排放技术得到了不断改善，大部分城市地区仍不能满足联邦政府规定的空气质量标准。因此，许多城市采取措施，大力发展和改善公共交通系统，如兴建轻轨系统，其中有些直接导致了城市中心区的复兴。

20世纪50-60年代，出行模型主要关注解决在哪修建高速公路这一简单问题。解决这类问题仅需要决定现有道路系统中哪里是最拥挤的路段。其中，出行分布模型（出发点和目的地）和路径分配模型必须粗略地测算道路的相对拥挤水平。出行生成和方式选择没有必要非常精确。模型通常是基于日常出行的交通模型（daily model），因为它们记录当天所有的交通。机动车速度很少被模拟。尽管如此，出行模型通常足够精确，可以按拥挤情况为路网中的路段排序。

20世纪70年代初期，在美国运输部举办的威廉斯堡城市交通建模会议上，倡导使用重点针对方式选择的非集计离散选择模型（disaggregate discrete choice model），从而使20世纪70-80年代实践中的出行模型从统计意义上得到了很大的提高。从那时开始，每几年都会举行一次国际交通建模会议，主要关注如何使出行模型变得更行为化以及更精确。许多咨询公司致力于发展离散选择模型。在一些人口少于20万的小城市，仍不太使用方式选择模型（mode choice model）；但在人口高于20万的城市，则一般使用方式选择模型，因为它们有相当数量的公交和地铁系统，或者正处于规划阶段。

现在让我们来回顾一下近期要求增加出行建模和交通规划的联邦法律。政府仍然试图调整这些新的法令。问题的关键在于，20世纪60年代、70年代和80年代的联邦政府主要关注通过交通投资来减少交通拥堵，而20世纪90年代对空气质量的关注也变得同样重要。

二、近期联邦政府的规划要求

1970年联邦政府颁布的《清洁空气法》(*The Clean Air Act*, CAA)要求所有的州都采用州实施计划（State Implementation Plan, SIP），该计划包括各州所有地区的(废气)排放情况和一项确保所有周边地区空气质量达标的计划。1977年颁布的《清洁空气法修正案》(CAAA)及随后的《公路法》(*Highway Act*)均规定：所有的区域交通规划都必须模拟出行和公路在途汽车的尾气排放情况，以达到州实施计划(SIP)中规定的机动车尾气减少标准。尾气排放模型由美国环境保护署(USEPA)来决定，多数州都采用环境保护署编制的尾气排放模型软件。该软件采用各地区的日均车辆行驶里程(VMT，按机动车速度等级)数据(从交通模型中获取)及出行次数等其他数据，最终生成尾气预测数据。这也取决于美国环境保护署规定的预测年的机动车数量(按年份及方式划分的机动车数)。1977年的《清洁空气法修正案》表明，没有进行交通规划的州不可能从联邦资金中获得改善交通的资助("资助制裁")。

在近几十年中，1990年的《清洁空气法》是交通规划中最重要的政策改进，它极力强调先前对于空气质量达标的要求。对于采取了交通规划，但没有在截止日期前实现各种污染物排放标准的区域(通过模拟尾气排放减少量)，联邦政府会终止对该地区的交通资助。这是第一次将批准的资助与实施情况挂钩，因此对各区域减少尾气排放有很大的激励。1990年的《清洁空气法》也加强了政策中需求方的角色，要求没有达标的区域学习《交通控制措施》(*Transportation Control Measures*,TCMs)，并要求没有达标的各类区域(中等、严重、恶劣以及极端)都必须仔细学习TCMs的条例。TCM中包含了比早期TSM中规定的更为严厉的减少交通需求政策。例如，TCM中包括了高峰时段的道路收费。

1991年颁布的《地面运输法》(*The Surface Transportation Act*)强化了1990年颁布的《清洁空气法》中的相关政策，并强调多方式规划(考虑所有交通方式建构的一个联结系统)。《地面运输法》也强调了公众参与和政府各部门间的咨询需求，并要求超过20万人口的都市区规划机构拥有自己的规划程序，该程序必须每三年通过美国运输部的认证。总之，随着从简单地增加道路与运输能力向交通需求管理、方式衔接以及尾气排放减少方向的转变，交通规划的目标得到不断完善。

按照法案规定，《清洁空气法》中空气质量必须符合标准[40 CFR 93.122(B)(1)]，要求所有空气污染严重的区域，或更为严重的臭氧或一氧化碳没有达标的区域应该采用一定的模型，该模型必须通过所有的模型步骤来完全反映可达性变化对出行需求带来的影响。这项规则最终被采用，因为学术界和环保组织一致认为增加道路能力会提高出行速度，从而导致更长距离的出行。这有力地证明了增加道路可达性会导致出行增加(Covero & Hasnsen, 2000, 2002; Transportation Research Board, TRB, 1995)。现在绝大多数大都市区规划机构也开始采用出行模型。"平衡"或者"全反馈"建模意味着分配模型中的速度会被反馈到其他子模型中。

一致原则[40 CFR 93.122(b)(1)]要求区域交通规划对土地开发的影响在模型中也要得到解释，尤其在空气质量严重或更差(恶劣或极端)的地区。在每个备选方案中[1]，土地利用模式和设施规划必须相互协调。这条规定更具有争议性，因为它要求大都市区规划机构必须采用一些土地利用预测条例或模型。20世纪90年代中期，由于在芝加哥地区的一项诉讼涉及这项规定，现在绝大多数大都市区规划机构都会开发土地利用模型来与交通模型相匹配。空气质量严重或更差的中等都市区规划机构也开始采取同样的措施。因为都市区规划机构并不掌控土地利用，所以他们必须与下属市县合作，即允许有可供选择的土地利用预测，从而与各区域的交通(设施)规划相协调。

从本质上分析，基于1990年颁布的《清洁空气法》，都市区规划机构要求这些区域的建模比以往更精确；因此在不同的规划中，不仅仅只对废气排放进行正确地排名，而且也必须获得准确的预测绝对值，这样有助于对每个未达标地区规划的尾气排放减少预算的效果进行评价。这意味着交通必须分时间段来预测(高峰和非高峰时段)及预测交通拥堵、机动车速度、尾气排放等详细数据。交通速度也必须比以往更精确。现在，绝大多数大都市区规划机构和中等都市区规划机构利用速度后置处理程序(附加模型)来更精确地预测机动车速度。这些模型通过观测到的基年机动车速度来进行调整。都市区规划机构必须每三年公布一次空气质量标准，但仍很难达到这种新的建模精度。

此外，1990年的《清洁空气法》要求所有的大都市区规划机构能够模拟《交通控制措施》(TCM)的效果，如高峰时段收费、停车收费、燃油税、弹性上班制、辅助客运系统、公共交通、铁路站点附近的土地高强度开发、自行车和步行设施、停车换

---

[1] 译者注：可供选择的交通方式，叫做选择枝。

乘公交车和合乘车地点、匝道信号控制(ramp metering)①和共乘车道等。这些要求意味着交通模型必须比以往对政策和出行行为的反应更为灵敏。模型必须函括所有的交通方式,如公共交通、步行和自行车。在模型的所有步骤中也必须包括所有交通方式的成本(时间成本、距离成本、车费、道路收费以及停车收费)。在改进的大都市区规划机构建物模型中必须包括所有这些变量,使得它们对政策的反应更加灵敏,但是中等都市区规划机构需要采用实质性的模型改进程序来跟进。

1964年,《民权法》(The Civil Right Act)的颁布导致了一系列的交通歧视事件,这使得都市区规划机构在规划中认真考虑公平问题。例如,20世纪90年代在洛杉矶县产生了一项重要决定,要求更多的投资用于改进公共汽车系统,因为穷人更多地乘坐公共汽车而非铁路(见Deka,本书第十二章)。现在,大都市区规划机构在制定该地的区域规划中也包括简单的公平措施。1998年,美国环境保护署关于环境公平性的指导建议正在被所有的联邦交通机构执行(USEPA,1998)。部分州也采用它们自己的法令来要求分析一些公平问题。值得注意的是,为了在理论上获得完全经济而又公平的措施,你不得不在出行模型或土地利用模型中运用经济模型。即使这些模型在其他一些发达国家中已经被广泛采用,但这在当时都市区规划机构的实践中仍很难被理解和应用。

在一些地区,由于公路的影响越来越大,国家环境政策法案(NEPA)(通过诉讼)被广泛执行。针对道路主干线和铁路客运线的改进,大都市区规划机构需要模拟诱发的出行(VMT)和派生的土地开发(类型和区位)。自从各市县控制了土地利用规划后,大都市区规划机构经常将土地开发的预测视为"影响评估",而并非土地利用规划。

考虑到所有这些建模要求,一种有效的方法是列出我们希望模拟的所有行为。在传统的交通模型中,只是粗略地对这些行为进行了表述:

(1)出行生成的表述不准确。非机动化模式被忽视,仅有少部分出行目的是明确的,没有土地利用和可达性这两个解释变量。这意味着,土地利用强度对出行生成的影响没有得到模拟;同样,土地利用政策对步行和自行车出行的影响也被忽略掉了。

---

① 译者注:指利用车辆侦测器、交通信号与标志以管制进入快速道路主线的车流量。

第五章 城市交通规划过程

(2) 出行分布(确定从各居住区到工作区的出行数量)尚处于初步发展阶段。出行行程没有按(方式)顺次连接,且所有的模拟都是单独进行的。基于家的工作出行与基于收入分类的工作不匹配。出行的货币化费用也没有表示出来。整个模型设计不能导向均衡,因此机动车速度对出行距离的影响也被忽视了。均衡模型(equilibrium modeling)从分配步骤获得路段速度并反馈到出行分布和方式选择步骤中,因此整个模型的设计运行(迭代)直到速度不再变化。最后所有的模型步骤拥有同样的路段速度。

(3) 至少在大都市区规划机构中,方式选择通常采用非集计模型计算。然而,非机动车模式在绝大多数模型中都被忽视。小都市区规划机构则省略了该步骤。

(4) 在道路能力不准确的前提下,机动车流量(道路流量)和速度的关系没有得到体现,出行分配非常不准确。这样通常会导致获取的速度不准确,尤其在日交通模型中。因此,预测的交通拥堵水平是不可信的。由此尾气排放预测也就不准确了。

通常会被完全忽略的行为(在新的子模型中必须建立)包括：

(1) 小汽车拥有量(户均拥有量)强烈影响出行生成和方式选择。

(2) 由于交通拥堵而增加的出行链会变得更差(驾车人总体上需要连接更多的出行)。出行链也会减少汽车发动机冷启动次数,这是尾气排放模型中的一个关键输入指标。

(3) 出行时间会受到交通拥堵的影响。当交通拥堵恶化时,高峰时段会延长,这会影响速度和尾气排放(更多的人在繁忙时间和非高峰时间出行)。

(4) 在城市的次中心地区,土地开发的区位会受到交通拥堵的影响。

(5) 企业区位。当交通拥堵发生变化时,企业会在已有的建筑物街区周围迁移,以便接近它们的工人、供应商和客户。

(6) 居住区位。当交通拥堵发生变化时,居民会在可能的住处之间迁移,以方便到达工作地、购物地和学校。

总之,大都市区规划机构现在被要求尽可能改进他们的出行和土地开发建模水平,以及伴随的出行和土地利用模式变化对经济、环境和社会公平的影响。专栏5.1总结了许多联邦方面的要求,这些要求对建模会产生影响。

我们可以看到大都市区规划机构顶着极大的压力来改进他们的出行模型。我们将确定这些改进能在下面所有的子模型中得到实现。为此,我们全面回顾了交通规划过程中的所有步骤。我们将对这个过程和规划过程中的重要部分——出行模型进行改进。

专栏 5.1 影响交通建模的联邦法定要求小结

《清洁空气法》(1990 年)

严重或更为恶劣的空气质量地区：
- 大都市区规划机构必须规定目标实现的截止日期；
- 运行基于网络的区域出行需求模型；
- 运行模型以达到均衡（显示诱发出行）；
- 土地开发模式必须与设施规划相协调；
- 高峰和非高峰时段；
- 在所有的模型步骤中必须包括出行成本。

其他地区：
- 如果大都市区规划机构有可利用的条例，上面的方法绝大多数都可以采用。

《地面运输法》(1991 年)

- 政府必须规划所有的出行方式；
- 在情景设定、建模、方法以及指标方面，大都市区规划机构必须咨询其他政府部门和利益团体；
- 规划过程必须每三年重新进行核准。

《民权法案》(1964 年)

- 在公共交通服务方面，政府不能歧视少数族裔群体；
- 政府必须考虑到所有项目和规划对少数族裔及低收入家庭的影响（环境公平法中的行政命令）。

《国家环境政策法》

- 大都市区规划机构必须考虑项目带来的影响（包括主要项目的土地开发影响）。

三、出行模型和土地利用模型介绍

根据帕斯(Pas,1995)的思想,我们将规划过程分为三个阶段,并介绍过去的应用。根据贝姆博恩、肯尼迪和舍弗(Beimborn,Kennedy & Schaefer,1996),迪金、哈维和斯卡巴多尼斯(Deakin,Harvey & Skabardonis,1993)的研究及近期模型在俄勒冈和萨克拉门托地区的应用,我们在每部分的结尾总结了中等都市区规划机构和大都市区规划机构对改进部分达成的一致意见。鉴于篇幅有限,我们不讨论模型的改进部分。其他一些经典的文献包括美国运输部(1994c)和约翰斯顿与罗迪耶(Johnston & Rodier,1994)的研究。近期关于出行模型和土地利用模型的最好建议来自米勒、克里格和亨特(Miller,Kriger & Hunt,1999)。

(一) 预分析阶段

预分析阶段包括:①甄别问题;②目标阐述;③数据收集;④替代方案设计;⑤确立评估措施。这个阶段最重要的方面是广泛征集问题,然后确定广泛的目标。通过这种方法,能找到许多解决方法,而不仅仅是增加道路能力。因此,相对于简单的"拓宽拥挤道路"的目标,大都市区规划机构应该将减少拥挤的目标定义为"使本区域的可达性最大化,尤其对于低收入家庭"。该定义关注那些几乎没有替代选择的出行者,从而实现公平性。这种方法更好地定义了公平的第二个目标,这在以往的分析中没有得到重视。本人认为对这个问题的解决也应采取提高可达性的措施,而不是仅仅提高道路的服务水平(速度),因为速度快会导致较高的车辆行驶里程(VMT)(而这会增加尾气排放和交通拥堵)。如第一章所述,可达性是实现某种行为的难易程度,这是出行者追寻的目标。出行是为了实现某种行为的主要手段,比如工作、购物或访友,其本身并非一种商品。因此,我们可以通过政策来提高中心区的土地混合利用强度或采取更好的公共交通,从而增加可达性。由于增加公路通行能力也能增加可达性,因此这种定义对不同交通模式而言是公正的。考虑到近期绝大多数运输立法中广泛采用的收费政策以及检测《交通控制措施》(TCMs)在空气质量法律中的需要,我们需要从整体上来定义交通规划的目标。

替代方案设计(generation of alternatives)是交通规划中又一个特别薄弱的环

节。绝大多数大都市区规划机构首先分析几条道路和公共交通的投资计划，但是仅在办公室内讨论，而没有印成文件。在办公室完成的规划中，大都市区规划机构通常仅仅分析《国家环境政策法》(NEPA)规定的"较好的规划"和"没有替代的行为"。在许多案例中，好的规划表现出能在恰好满足未来尾气排放需求的条件下，实现对道路的最大投资（效益）。如有必要，公共交通的增加可以减少尾气排放，并在一定程度上满足倡导公共交通及照顾低收入家庭的利益群体。大都市区规划机构几乎从不确认和评估公共交通方式的选择（作者查看了 15 个最大的大都市区规划机构的绝大多数规划）。这样做的主要原因是公共交通的投资一般集中在城市中心区，因此不能满足大都市区规划机构决策制定的主要政治考核——地理均衡性（比如在城市的所有地区平均分配投资）。所有大都市区规划机构委员都是从各地方政府官员中选出来的，因此他（她）会尽力将投资引向他（她）所在的选区。如加利福尼亚州的法律规定交通资助比例按人口来分配，因此一些边远的县郡也能获得一些资助份额。这些资助规则使得交通规划不是在尽力实现区域的目标，如经济效益和公平，更别提减少交通拥堵了，反而更像是交通项目的瓜分。这便是"规划即政治"的典型案例。然而从结果分析，无论是集中在市区的公共交通和土地利用规划，还是典型的拓宽道路的规划，检查多个替代方案对于大都市区规划机构而言都十分重要。在过去的 20 年中，一些大都市区规划机构热衷于从事模拟过程，从而广泛地检测不同的方案，并预测未来 40 年或 50 年的情景。这些都是交通规划中的重要部分，除了常规的规划周期，对此大都市区规划机构必须每十年左右进行一次。这些广泛的分析可能会影响资助方式，从而使整个地区受益。

　　该阶段的第三个弱点是规划评估标准不足。出行模型输出的结果是评价拥堵的方法，如每个网络路段的服务水平(A-F)和个人出行延迟小时数。他们也将不同速度的车辆行驶里程预测值输入尾气排放模型，以此来评估工作日排放的各种污染物重量。然而，大都市区规划机构很少充分评估净产生值，也很少评估总的经济福利。尽管在 1991 年的《地面运输法》中没有要求，但这些方法都是迫切需要的，也是通用的和可靠的规划程序中必要的部分。对于相对的经济福利总数（出行者获得的净效益）而言，其简单的测量方法也已唾手可得。这些测量参数能直接从方式选择模型中获得，对于没有这类模型的小都市区规划机构，则可以从出行模型中获得出行时间和距离，再计算出行成本。这些测量参数也能够通过出行者的收

第五章　城市交通规划过程

入来计算,从而给出一个考虑到各个阶层的公平措施(如根据家庭收入阶层划分的经济福利)。由于美国几乎没有大都市区规划机构采用这些方法,经济福利和社会公平在规划评估中没有给予足够的权重。这些方法在绝大多数发达国家中和许多发展中国家被采用,跨国银行要求在主要的交通投资中予以考虑。

最后,持续进行的数据收集对于准确的出行建模至关重要。都市区规划机构必须每十年进行一次家庭出行调查,同时完成的有全国的人口普查。除了对整个区域人口的随机抽查样本进行出行调查外,也可以对同一家庭进行跟踪调查(即同样本调查)。也可以通过调查家庭和企业的区位选址行为来支撑土地利用建模。同时,也可以调查企业来确定不同种类的商品运输。大都市区规划机构需要完成就业调查来补充国家的资料如 InfoUSA。如果大都市区规划机构想要设计一个土地利用模型,它必须同时收集土地利用数据。绝大多数大都市区规划机构现在已经拥有应用地理信息系统的能力,如果它所管辖的下级市县也拥有这些数据(见 Nyerges,本书第七章),那么就能够利用数据包。补充有航拍图片及卫星数据的数据包是获得准确土地利用图的唯一途径,但搜集这些数据既昂贵、又费时。因此,每个都市区规划机构需要有一套模型开发程序,数据收集和数据清理是其中的一部分。

总之,限制性的目标、有限的替代(方案)选择、评估标准的不足以及数据收集不充分都是造成大都市区规划机构对交通规划预算不足的原因。大都市区规划机构每年在交通项目上花费 10 亿美元,但在交通规划上仅花费几百万美元,这仅仅是预算的千分之几。而私企的规划经费占总预算的比例一般要高一些。联邦资助中有几类资金可以用于大都市区规划机构的规划编制上,但是绝大多数大都市区规划机构更倾向于将这些经费用于设施建设上。因此,大都市区规划机构在预分析阶段中的规划不足,在其他两个阶段中的规划也如此。图 5.2 概括了交通规划的三个阶段。

(二) 技术分析阶段

交通规划的第二个阶段是技术分析,主要是出行建模,但也包括土地利用模型。我注意到早期一套完整的模型代表了城市系统中的所有行为,并会随着交通系统的改变而受影响。本文从城市建模的更多细节方面来定义一个理想的模型,这里所有的城市系统都得到了表述。根据韦格纳(Wegener,1994)的思想,城市模型应当表达所有的子系统。他通过速度及其变化来定义这些系统。慢变化系统包括交通网络和土地利用(许可的经济活动)。中等变化系统包括工作和居住地点,这里表示建筑物的建设。快速变化系统包括就业和人口,这意味着就业人口和家庭在现有建筑物间的移动。即时变化系统包括货物运输和个人出行。我们已经认识到,运输网络的变化会影响个人出行和货物运输,随后就业和人口区位也会发生变化;最终,工作地点和居住地点也会发生相应变动。现在这种更宽泛的城市建模视角在交通规划和建模中已得到采用。20世纪90年代早期,美国运输部有四个咨询组开发了改进后的出行预测模型框架,包括土地利用模型作为其中的一部分在内的三条建议以确保交通预测的精确度(USDOT,1994a)。

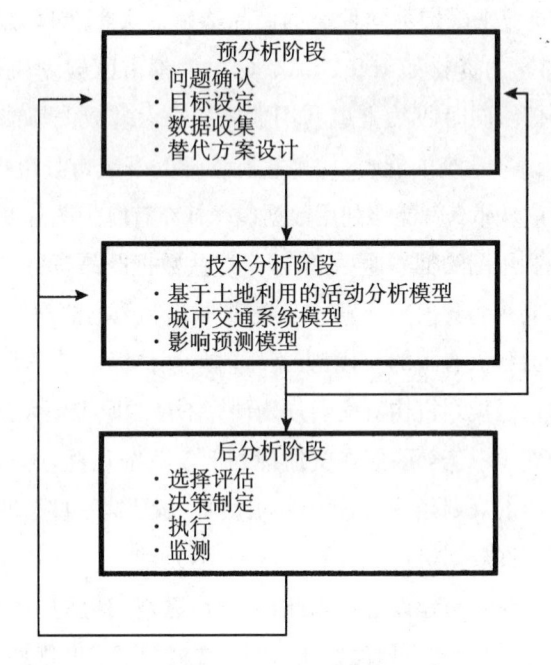

```
┌─────────────────────┐
│     预分析阶段       │
│   · 问题确认         │
│   · 目标设定         │
│   · 数据收集         │
│   · 替代方案设计     │
└─────────────────────┘
           ↓
┌─────────────────────────────┐
│       技术分析阶段           │
│  · 基于土地利用的活动分析模型 │
│  · 城市交通系统模型          │
│  · 影响预测模型              │
└─────────────────────────────┘
           ↓
┌─────────────────────┐
│     后分析阶段       │
│   · 选择评估         │
│   · 决策制定         │
│   · 执行             │
│   · 监测             │
└─────────────────────┘
```

图 5.2　城市交通规划过程中的一般流程

资料来源:帕斯(Pas,1995,p.60)。

借助这种更广的视角,我们现在回顾典型的大都市区规划机构出行建模过程——"四阶段"法。"四阶段"建模步骤起源于20世纪60年代,直到今天仍在使用。但这个典型的建模过程中没有包括土地利用模型。

近年来,一些会议和出版物提倡在大都市区规划机构实践中改进交通模型,并增加土地利用模型。在大都市区规划机构换发新证的过程中,同行们对出行模型建议进行回顾和汇总,并于1994年整理出版(Peer Review Panel Functions and Organization,1994)。这份报告为观测值、人口统计、经济预测、模型系统设计、一般预测问题、出行发生、出行分布、方式选择、交通分配以及其他一些细节列出了理想的建模特点。1994年,美国运输部出版了《短期出行模型改进》(USDOT,1994b)。这段时期撰写的好文章有斯托弗(Stopher,1993a,1993b)以及迪金、哈维和斯卡巴多尼斯(Deakin, Harvey & Skabardonis et al. ,1993)。在过去的20年中,数百篇关于如何改进出行模型的论文在美国交通研究委员会年会上宣读及出版。

1. 行为预测

行为预测在四阶段模型运行前就已经完成。大都市区规划机构需要基年和预测年不同类型住宅的区位及就业数据。基年的数据可以从十年一次的人口普查数据、大都市区规划机构家庭出行调查数据、其他地方调查数据以及GIS数据中获得(从人口普查中获得家庭数、家庭就业人数、家庭人口数、家庭收入、家庭汽车拥有量,并按区域划分;从其他数据中获得各区域分行业的就业人数),并从政府机构获得本区各县的人口和就业预测数据。这些通常从国家和州的投入—产出表及经济模型中获得。由于这些数据都是外生变量,因此我们不在意这些预测数据的精度,只关注平均误差——年均至少1%,一般20年后的预测数据误差在20%左右。此外,大都市区规划机构必须得到出行模型中另外两个最重要的变量——家庭收入和规模的预测数据。许多州提供其下属县的这些预测数据。出行模型中的人口统计输入误差是不可避免的,这也是要求大都市区规划机构每3年更新一次他们交通规划的原因之一。

大都市区规划机构必须将企业和家庭分配到各个区。通常将全区分为几百个到2 000个交通分析区(travel analysis zones,TAZs),这些分析区通常是基年的街区或人口普查中的统计单元。仅有一些大都市区规划机构采用土地利用模型来按区划分未来的家庭和企业数量。大部分大都市区规划机构仍采用程序来计算,并依靠工作人员检查各县的空地及未来土地利用规划中该地的用途。大都市区规划机构员工手动或利用简单的GIS系统,通过土地开发密度和收入(未来的收入、密度和现有的收入相关联)来分配未来的家庭数量。未来的家庭机动车拥有水平也通常与已有的机动车拥有量相关,后者可以从人口普查数据中获得。企业类型(一些小都市区规划机构通常将其分为制造业、零售业及其他,大都市区规划机构则将其划分为更多的类型)的分配根据地方规划的土地利用性质来获得。

然而,大多数地方土地利用规划的周期为20年,并且每12年才更新一次。这意味着规划中的数据平均落后于实际6年,并导致城市土地可能预留为14年后的土地利用性质。因此,在进行20年后的预测时,对于一些土地利用类型,都市区规划机构员工将用尽该区域县市的所有土地。因此,大都市区规划机构员工必须通过访问当地的规划者来获得土地未来被指定的用途。由于地方规划者通常不能确认所有特定区域的土地用途,因此,大都市区规划机构员工不得不亲自完成。

职住均衡也给大都市区规划机构员工提出了难题。绝大多数地区想拥有更多的就业而不是居住,因为居住用地仅上缴财产税,而零售商除此之外还上缴销售税。因此,如果大都市区规划机构员工直接采纳地方土地利用规划中的预测值,或完全按照地方土地利用规划图,则他们的就业预测值会比实际偏高。这意味着,地方政府预测和规划了过多的就业岗位,这类土地供应过剩,他们将不得不降低土地价格以吸引企业。然而,大都市区规划机构不能运行一个就业过剩的出行模型,因为模型中要求居住与就业均衡。因此,大都市区规划机构员工必须与当地规划者进行协商,降低许多管辖区的就业预测值。整个过程不是很精确,因为在某些区域虽然预测有就业,但考虑到邻近市场、工人或相关的企业,最终可能没有企业落户。

大都市区规划机构应当将预测的土地利用类型与设施的规划进行正确的匹配,因为土地开发会受到可达性变化的影响。这可以通过土地利用模型或专家组来完成。这些预测必须得到所有参与城市和县的同意,因为他们控制着当地的土地利用规划。当预测值不符合地方土地利用规划时,这个过程实质上仅仅完成当前糟糕的文件整理过程而已。不同之处在于,大都市区规划机构可以针对每一种交通替代方案而采取不同的土地利用模式。

人口统计趋势也必须得到准确的预测。不同收入阶层的家庭平均收入不能简单地用美元来进行预测。这会掩盖过去20年发生的变化,期间美国大部分地区低收入群体的真实收入在大幅度下降。在一些地区,中收入阶层也损失了部分收入。因此,为了准确获得收入对机动车拥有率、出行发生和方式选择的重要影响,大都市区规划机构必须对收入进行预测。

在下面的四阶段模型步骤中,不难发现,前三个子模型是基于对个人和家庭数据的预测。由于数据中所有的变量都是可获得的,这给予了模型最大的统计功效。

如果按照家庭（类型）和就业（类型）来进行（交通出行）平衡估计，那么无论采用何种方法，都是通过对每个小区的家庭和就业进行分类，并采用集计的分析模型。由于应用中采用区域平均值，四阶段模型有时也被称为"集计交通模型"①，但是子模型的评估采用非集计方式。

2. 出行生成

这是四阶段交通建模过程中的第一步。基于家庭收入、机动车拥有量、工作人数以及家庭人口规模数据，利用简单的统计模型（交叉分类表或回归模型）可以预测平均每个家庭在工作日会生成的出行次数。它与本区道路的拥挤度和公共交通可达性基本无关。这在理论上是不正确的，因为拥有良好的公共交通和交通拥堵的地区会尽量提高不同家庭类型的公共交通出行比例，并试图降低机动车出行比例。同样，该模型对居住区的土地利用密度也不敏感，我们知道，土地利用密度与交通生成有关。该模型也能预测出行吸引，即出行目的地。再利用简单的模型分析可知，吸引量由各区就业的数量和类型决定。对于不同就业类型的出行吸引数据，已有标准出版。总的出行生成量（从家庭）和吸引量（到就业）必须相等，为了实现这个目标，交通模型需迭代计算直至表中出发地和目的地所有的出行收敛。通常，模型的设置是使得吸引量与发生量进行匹配，因为政府机构认为其地方的交通生成数据是合理的。

由于在模型设置中要增加机动车拥有量数据，所以家庭拥有机动车数依赖于机动车出行的便利性以及居住区的土地利用性质，如土地利用密度和混合程度。交通生成应该对机动车拥有量、出发地（家）区的土地利用密度和混合程度及居住区和工作区的停车费用非常敏感。同时，还需要增加行人和自行车模式，因为他们是许多政策制定的主题。出行目的需要得到详细解释，至少包括基于家的购物出行、基于家的上学出行及与工作相关的出行。由于表现方式不同，多种出行目的分类使得对交通生成、交通吸引和模式选择的评估更精确。

3. 出行分布

第二步是对交通发生地——家庭（分区）与出行目的地——企业（分区）之间进行匹配。所有的出行都单独考虑，即使现实中的出行是相互关联的（例如，家——

---

① 现在的模型由于加入了非集计分析，特别是方式选择及运量分配，因此算是一种混合模型。

工作——购物——家的出行链)。利用最简单的模型包含基于家的工作出行、基于家的其他出行以及不基于家的出行进行出行目的分类,并据此对交通分布进行划分。根据重力模型,对交通生成/吸引对(PA,现在指出发地和目的地,OD)进行估算。其中出行量是出行时间成本的函数,且距离(时间)衰减参数大于1。从重力模型得知,为完成同一出行目的,人们更愿意选择较短的路径而非长的路径。在各区的交通分布表中,表中出行数量的另一个决定因素是各区产生的出行数量和吸引的出行数量,这从前面的模型步骤中可以获得。总之,所有的出行单独考虑,根据出行时间,在表中按对分配到出行地和目的地,并利用迭代算法来获得所有的交通分布。

在该模型步骤中,主要的问题是出行距离在模型中是否固定?如果都市区规划机构仅运行一次四阶段模型,则在交通分布方式选择和网络分配步骤中,会得到不同的机动车速度和道路容量。当然,这是不合逻辑的,也是不精确的。美国运输部在最早发布的城市交通规划系统(UTPS)手册中便公开反对,但它已成为都市区规划机构的惯例程序,表面上解释为(主机)计算机的运行时间和运行成本。如果所有的模型步骤经过反复迭代计算,直到同一条道路在所有步骤中都是同样的出行速度和容量,或出行分布表不再有明显的变化,则获得了最终的均衡模型。这是唯一符合逻辑并在法律上可行的方法,也是所有学术文章和教材中推荐的方法,被称为全反馈模型(full-feed-back modeling)。一些学术文章曾讨论能解决这个过程方法,美国运输部授权的报告中也有关于均衡模型的方法(COMSIS,Inc.,1996)。

如果对整个模型不进行反复迭代计算,其结果不仅不准确,而且在增加道路容量方面存在偏差。在正确的均衡模型中,当道路被拓宽时,出行速度会增加,使得人们在同样的时间内出行距离更远。这是基于家庭出行时间预算(每日总出行时间)固定所获得的,所以在模型中任何一个给定的年份,也可以认为是固定不变的。由于出行时间预算基本不变,如果道路交通速度变快,则人们平均可出行的距离变长;反之,如果道路交通速度变慢,则人们的出行距离会变短。因此,在一个函数正确并完全反馈的模型中,不可替代的出行在将来会表现为高度拥挤,而且这种拥挤会导致出行距离变短;同时,由于拥挤会导致部分出行行为的改变,因而在一定程度上会降低拥挤水平。在模型设置中有一个固定的出行表(模型步骤仅运行一次),这里没有通过反馈来减少出行距离、车辆行驶里程(VMT)和拥堵水平,因此预测到的交通拥堵水平被夸大了。夸大的拥堵水平使得道路扩建项目变得比实际中更为迫切，一些诉讼就是针对该类事情的。

同样的偏见也会出现在对推荐计划的选择上，正确的均衡模型表明增加道路容量会提高交通速度，从而导致更长距离的出行，并增加车辆行驶里程（VMT），这反过来又会导致交通更加拥挤。因此，增加道路容量对于减少出行时间的效应在模型中会得到一定程度的削减，因为额外的出行增加了拥挤。然而，在一个固定的出行表中，模型的运行并不能表达这种重要的行为，它显示的拥挤减少程度远比实际中的大。这会使得预想中的替代规划比未来实际中的好。

在过去几年中，"诱发出行"（induced travel）问题成为研究的主题，现在多数人达成一致意见：增加道路容量会提高交通速度，从而引导更长距离的出行（Cervero & Hansen，2000，2002；Noland & Lem，2000）。都市区规划机构对他们的交通模型进行的一个重要改进便是使模型运行至完全均衡，空气质量合格原则要求空气质量恶劣或更差的地区必须这样。然而，在任何质疑都市区规划机构模型的诉讼中，即使是对基本的科学方法的门槛测验，这种方法的通过也是必要的。事实上，所有都市区规划机构在微机式工作站中运行他们的模型，计算机运行时间成本是无关紧要的。最大的都市区规划机构拥有复杂的模型外，绝大多数交通模型系统软件（管理命令解释程序依次运行所有的子模型〈模型步骤〉）有能力对模型中的步骤进行均衡，这只需要一些小小的量力。然而，这些大都市区规划机构有资源来编写代码并对所有的模型步骤进行迭代计算，以达到均衡。

大都市区规划机构正在努力让模型运行均衡。最近，他们也实现了一个更准确的出行分布模型，至少在针对基于家的工作出行方面，并与最拥堵的高峰时段联系在一起。目的地选择模型采用离散选择模型，目的地区作为选择集。一些大都市区规划机构对工作出行目的地选择模型有联合交通方式，即同时选择两种交通方式。从理论上来讲，这是最好的模型类型，但是它很难评估。原则上，所有的出行应当利用目的地选择模型来进行分布，因为它们都是基于微观经济学的（出行者效用）。当然，目前通过迭代法计算来调整出行表的交通分布求解方法仍是一个好办法。

4. 方式选择

在该模型步骤中，利用包括出行成本（距离、时间、费用、收费以及停车费用）、家庭收入、家庭机动车拥有量（小汽车数量）和可达性的统计模型将出行分布表中的出行分配到各种方式。运行整个模型以获得出行时间，然后再返回到方式选择步骤中。小都市区规划机构通常没有方式选择步骤，而是直接运行"交通模型"（仅表现机动车出行）。一些中等都市区规划机构利用转移曲线（或模式划分曲线）或运行简单的方式划分模型，后者仅对机动车出行次数敏感，延迟的次数造成对公共交通更多的需求。通常，他们进行人工操纵，也就是说，各种方式的比例根据评审进行调整。绝大多数中等都市区规划机构和所有的大都市区规划机构利用离散选择模型，这比方式划分模型更准确，更为重要的是，它是基于行为学的，对政策也更敏感。换句话说，它们能够预测由于新的客运地铁线的建设或高速公路的拓宽而导致方式选择的变化。

129　　按基于微观经济学理论的行为学来判断，方式选择模型是最强的子模型。然而，许多方式选择模型的主要缺点是他们不包括非机动化方式，如步行和自行车。在绝大多数中等城市地区，步行出行比例比公共交通出行比例大得多，因此为了准确预测其他方式的比例，必须对非机动化方式进行预测。同样，公共交通的改进通常会导致一些出行者从步行和自行车转向公共交通出行，这也必须在模型中得到体现。最近，绝大多数大都市区规划机构在他们的模型中已经纳入步行和自行车模式。方式选择模型的另一个缺点是对土地利用政策不敏感，如增加土地利用密度和混合利用程度，机动车出行模式的比例应该下降。因此，许多大都市区规划机构最近在他们的方式选择模型中经常为公共交通、步行和自行车方式增加土地利用变量。为了能评估公共交通选择，中等都市区规划机构也需要对这两类模型进行改进。

5. 交通分配或路径选择

第四步是将交通量分配到道路网上及公交乘客分配到地铁和公共汽车线路上。绝大多数大都市区规划机构利用容量限制分配，计算机程序按各区的每对出发地—目的地将交通量分配到距离最短路径上。出行量加载到路网上，然后根据交通量及道路的实际容量计算出行速度。对于每一个运量与能力之比，在表中都有一个相应的速度。这样可以制定一个出行时间表（出行的时间长度）。当道路上的机动车速度下降时，模型会分配一些机动车到其他速度更快的道路上以连接出发地和目的地，直到所有新的分配都不能减少整个系统的出行时间。

对于绝大多数大都市区规划机构而言，道路和公交网络的数据文件必须确保是十分准确的(如核对误差),以便减少路段(通过)能力的误差,并适于在空间图形中调整无连接的路段和节点。路段(通过)能力应当利用道路几何学中额外的数据(如宽度、坡度和视向)重新仔细计算。合乘车道必须是独立的连接类型,因为他们的速度会更快。公共交通连接点(停车地和街道)也应该进行单独编码,尤其是轨道交通站点。

交叉口延误需要在网络中有一定表现,路段和交叉口延误必须与当地数据进行校对。速度的后处理也是一种常用的手段。在这个过程中,机动车速度模拟逐渐与观测速度进行匹配。一天中的不同时段必须有表现,至少在出行高峰和非高峰时段。甚至更多的时段(高峰时段、繁忙时段、非高峰时段、夜间)将使得模型在预测速度和尾气排放方面更加精确。

大都市区规划机构进行的一项改进是发展基于行程的模型,该模型将一天中的某个时间明确地合并到交通发生中。波特兰、俄勒冈州和旧金山在2001年采用了该模型。行程中的出行链也可能提供关于冷启动、温启动和热启动方面更精确的预测,这对尾气排放分析非常重要。改进大的模型也会将家庭"行为分配"表现出来,如在家工作或在外行为的延迟。家庭出行调查也必须进行改进,使之与这些新模型的要求相匹配,因此多天的行为和出行日记调查逐渐得到应用。

6. 排放模型

在运行四阶段模型后,大都市区规划机构计算道路上机动车的尾气排放。如上面所述,除加利福尼亚有自己的模型外,其他州均利用标准的尾气排放模型。这里我们不会涉及模型的细节,但必须说明的是,不同类型和使用年限的各类机动车的尾气排放值比实际观测值要低很多。因此,近来大多数修正的尾气排放模型比任何给定的汽车和VMT都要高。这种变化使得许多大都市区规划机构在2002年后完成的区域交通规划中实现空气质量达标更加困难。新的尾气排放模型在速度快的时候(每小时超过55英里)会排放更多的尾气,在模型中表示为:建设更多的高速公路代表会产生更多的尾气。最终,我们注意到对于建立新的环境空气质量标准——微小颗粒和臭氧最近已经被美国环境保护署(EPA)所采纳,但许多地区努力阻止这些新标准的实行。

在空气质量合格规则中,一项非常重要的变化是模型中基年的出行速度必须与实际测量到的基年速度进行校对(匹配)。这意味着都市区规划机构不能直接用过去认定的模型中的道路速度——55英里/小时,因为该速度会导致高速公路的尾气排放被大大低估。模型应包括最高75英里/小时的不同速度分类,因为在绝大多数地区相当多的机动车的实际出行速度超过65英里/小时。

(三) 后分析阶段

该阶段包括规划评估、规划执行和结果监测。鉴于篇幅有限,这里仅讨论规划评估。

规划评估是非常全面的,也就是说,它函括所有主要的影响类型。许多测量方法可以归结为经济、公平和环境方面。考虑到经济方面,大都市区规划机构通常评估连接的服务水平及道路上的拥挤程度、所有出行者的延迟时间。这些都是一些狭义的方法,因为他们仅仅涉及道路拥挤,而没有考虑到出行者整体的经济效用。效用的测量可以从多数方式选择模型中获得,因此,对于大都市区规划机构和拥有方式选择模型的中等都市区规划机构而言,完整的测量方法是可行的。小都市区规划机构可以从运行的模型中获得出行成本,基于此可以得到类似的测量方法。社会公平有多种测量方法,但最完整的是按家庭收入划分的出行者效用,这是利用logit方式选择模型中的复合效用(logsums)测量获得。所有的方式选择模型要求家庭收入至少按三个等级进行分类,以便能进行公平性分析(Rodier & Johnston,1998)。

在环境测量方面,大都市区规划机构给出了道路上汽车尾气排放的几种污染物,并能预测机动车的能源消耗。利用公开发表的关于燃料使用和温室气体排放的研究方法,预测温室气体的排放也相当简单。国家环境政策法案(NEPA)也要求都市区规划机构评估规划中所有道路的废气排放,但是多数大都市区规划机构并没有完全执行。最近美国环境保护署(EPA)制定的立法案例和变化中要求当地政府评估和讨论非点源的废物排放(水污染),也就是说,禁止排放能渗透陆地表层的废物。例如,最近加利福尼亚南部的清洁水环境法(Clean Water Act)要求加利福尼亚交通局和美国运输部商议联邦政府和州政府资助的所有道路上的废物排放。大都市区规划机构需要改进该领域的分析能力。有许多废物排放模型可以利用。

此外,美国东南、西南和太平洋沿岸生存环境破坏是一个大问题,这里生存着美国所有湿地和岸边陆地上的大量濒危物种。最近,随着在生境类型制图和GIS

方法上取得的进步,物种生存对交通规划的影响分析比十年以前容易得多。许多都市区规划机构开始采用现有生物学文献中许多方法中的一种或多种(Bae,本书第13章,详细论述环境影响)。然而,评估生存环境破坏的一个重要方面是:都市区规划机构必须预测交通技术进步对土地利用的影响。高速公路的修建可能会导致一些地区的城市或郊区蔓延速度加快。国家环境政策法案(NEPA)明确要求所有大型的交通项目必须考虑可能存在的潜在影响。为了加速后续的项目分析,联邦交通法规上也要求国家环境政策法案(NEPA)对区域交通规划进行评估。事实上,以前没有一个都市区规划机构模拟评价了交通规划对土地利用的影响;今天,一些大都市区规划机构和中等都市区规划机构开始重视土地利用模型的开发。下面我们再回到这个主题。一些州交通局正在利用全州的投入产出模型来模拟高速公路建设带来的土地开发影响。这些模型预测各县(或镇)的经济增长,其中部分基于交通成本。他们在所有的州都具有适用性。专栏5.2总结了目前为止我们所讨论的技术分析阶段。

因为土地利用模型是一个新的并存在争议的要求,我们现在对其进行简要回顾。

专栏5.2　适应于中等和大都市区规划机构的建模实践总结

时段表现
- 高峰和非高峰时段;

数据收集
- 每十年进行一次的家庭出行调查数据;
- 机动车速度调查;
- 城市模型数据;

行为预测
- GIS土地利用模型或城市经济学模型;

机动车拥有量
- 依赖于土地利用、停车成本和各种出行方式可达性的离散选择模型;

交通发生
- 步行和自行车方式；
- 更多的出行目的；
- 依赖于机动车拥有量；
- 三个或三个以上的时段；

交通分布
- 完全均衡模型；
- 使用的所有成本(所有模式,所有成本)；
- 表达全天的出行日程；

方式选择
- 利用离散选择模型；
- 公共交通、步行和自行车模型中的土地利用变量；

货物运输
- 固定出行表；

分配
- 限制容量；
- 整理后的路段通行能力数据(cleaned-uplink capacities)；
- 速度校正；
- 三个或三个以上的时段。

四、土地利用模型

土地利用建模在美国已有很长的历史。早期学术上的模型研究可追溯到20世纪50年代和60年代,典型代表有劳瑞和阿朗索。由于这些模型既能用于交通规划,又能用于城市规划,联邦政府也表示支持。1971年,美国运输部提出了以下几条建议:

下面的建议值得交通规划机构注意:

(1) 在城市地区,达到满足机动性需求和环境质量保护、社会稳定的均衡是必需的。在规划阶段,这个过程如何结合到交通/土地利用规划中?

(2) 交通系统规划和设施能力规划在多大程度上会影响到土地利用? 为实现这些,有哪些可用的控制措施,并如何使得这些措施的实施生效?

(3) 在城市地区修建过多的公路可能会导致出行需求超过实际的供给能力。用什么来衡量最低和最高服务水平(速度),在城市地区的一些特殊地方,哪些可以用来作为交通设施规划的标准?

(4) 作为指导土地利用开发的方法,控制交通设施能力的结果意味着什么? 而且,这样的控制可能意味着拥堵、更多的空气污染和更高的出行成本。

这项研究应该决定土地利用和交通设施均衡发展的可行性,及土地开发和出行能否达到一个满意的均衡,并使得交通技术的进步能一直提供高水平的交通服务(Putman,1983,pp. 39-40)。

美国运输部签署的协议导致开发了最早的综合城市模型——交通与土地利用整合规划(ITLUP),这是由帕特曼(Putman)在20世纪70年代早期提出的,随后被美国都市区规划机构应用了约20年。这是一个劳瑞模型(Lowry-type model),该模型结合依赖于可达性的土地利用类型和以往对土地利用的需求,但是没有反馈土地利用(或建筑面积)价格。该类型的模型要求都市区规划机构仅收集各交通分析区的企业和家庭的土地消费(各土地利用类型的英亩数)数据,其他数据是各区交通模型中已经使用的数据。

20世纪60年代和70年代,埃切尼克(Echenique)开发了一个更为完整的土地利用模型系统,它包括建筑面积的供给与需求,并通过价格来调节供需关系(Hunt & Simmonds,1993)。此外,美国运输部支持该模型通用软件包的开发(Echenique, M. H. &Partners,and Voorhees, A. M. & Associates, 1980, in Echenique et al., 1990)。该软件包后来发展为MEPLAN(Marcial Echenique and Partners Planning Model,MEPLAN),并在全球50个以上的城市地区得到应用,然而美国运输部的软件没有在全美任何一个地区得到使用。这类模型要求建筑面积出租价格数据和建筑面积(floor space)消费数据,它的应用比简单的土地利用模型更费劲。城市模型的校准非常困难,但是现在可用的新模型使该步骤完全自动化(Abraham & Hunt,2000)。

在美国及其他国家,改进交通模型和土地利用模型是一个长期建立的过程。联邦公路管理局(FHWA)有一个网站回顾了各类城市模型(fhwa.dot.gov/planning/toolbox/land_develop_forecasting.htm),这些方法从传播到实践应用要经过很长的时间。然而,新的立法条例给都市区规划机构施加了一些压力,以便改进他们的模型。此外,这些机构期望评估大量的土地利用和交通政策,这些政策需要土地利用模型和更好的交通模型。

考虑交通改善诱导土地开发影响的建模能够完全改变车辆行驶里程(VMT)预测数(Rodier,Abraham,Johnston & Hunt,in press)。我们利用交通模型和城市模型对未来没有建设高速公路的情景和高速公路全速扩张的情景进行对比,发现不同土地利用影响下的 VMT 相差约 15%。另外一篇论文研究表明,与仅利用交通模型比较而言,结合交通模型和土地利用模型可以改变(未来建设案例减去没有建设案例)高速公路上的尾气排放和交通速度(Rodier,Johnston & Abraham,2002)。

俄勒冈州波特兰市大都市区规划机构的规划部门利用新的综合城市模型(出行与土地利用模型,依次运行)进行 20 年的交通规划分析与以前仅利用交通模型进行的典型性分析比较发现:①根据经济理论和通常的理解,采用土地利用模型使交通模型的结果更合理;②当两个模型都采用时,一些路段的拥堵水平会非常低,因为企业外移,可以反向利用一些不太拥堵的路段(Conder & Lawton,2002)。换句话说,忽视土地利用模型会导致对交通拥堵预测的夸大,因为拥堵对土地开发的影响没有得到体现。

美国科学院复检委员会(review panel)指出出行诱导(induced travel)和土地开发诱导二者都有实际行为效果(Transportation Research Board,1995)。这项工作部分基于英国国家委员会前期进行的更多详细研究。许多发表的文章采用历史数据表明了出行诱导的影响。诺兰和莱姆提供了一个综述(No Land & Lem,2000),详细的实践研究见塞维洛和汉森(Cervero & Hansen,2000,2002)。教科书部分对模型均衡的回顾见珀维斯(Purvis,1991)。考虑到近期利用大量统计资料发表的文章,该领域的研究现在相当稳定。最近的研究关注了土地开发的影响(Boarnet & Haughwout,2000;Cervero,2003;Nelson & Moody,2000)。美国联邦公路管理局(FHWA)发布一些交通模型和影响模型,包括提供输入出行诱导因素。

州政府也意识到增加道路容量会影响出行和土地利用。全美州长协会(National Governors Association, NGA)的政策定位中 NR-13 规定:"公路修建对增长方式的影响及其反馈作用,对公众环境健康的影响也必须提前进行合理的分析"(2001, p.1)。全美州长协会(NGA)发布的报告也表明:"快速郊区化和城市衰退是同一现象的写照(National Governors Association, 2000)。"最近的声明认识到城市蔓延导致的"空心化",即增长向城市外围移动时,城市中心区的商业和居住逐渐衰败。

联邦政府通过支持相关研究以鼓励土地利用模型的应用。美国环境保护署出版了关于土地利用模型的参考书(U.S. EPA, 2000)。国家地理信息与分析中心(National Center for Geographic Information and Analysis)在他们的网站上(ncgia.ucsb.edu/conf/landuse97/summary.html)有基于 GIS 的土地开发模型总结。美国联邦公路管理局(FHWA)完成了各种土地利用预测方法的总结,简单的和复杂的模型都包括在内(Parsons Brinckerhoff Quade & Douglas, Inc, 1999)。综合城市模型的详细回顾在公共交通合作研究项目(Transit Cooperative Research Program, TCRP)中有涉及(Miller, Kriger & Hunt, 1998)。美国运输部出版了改进城市模型的相关建议(U.S. Department for Transportation, 1995)。

许多大都市区规划机构已经使用各种土地利用模型多年,但没有与交通模型相结合。也就是说,他们利用模型对人口进行基本的预测,然后用于所有的交通情景之中(Porter, Melendy & Deakin, 1995; SAI International, 1997)。最近的一份调查表明一些大都市区规划机构采用土地利用模型来进行不同情景的预测(MAG, 2000)。最近,火奴鲁鲁[①]、盐湖城、尤金(俄勒冈州)、萨克拉门托[②]、纽约以及俄勒冈州开发了完整的微观经济城市模型。卡尔加里[③]、埃德蒙顿[④]、俄亥俄州、西雅图及芝加哥地区,也开发了类似的模型。圣地亚哥、亚特兰大和旧金山地区多年拥有地区性的集计城市模型。

---

① 译者注:即"檀香山",美国夏威夷州的首府和港市。
② 译者注:美国加州首府。
③ 加拿大西南部城市。
④ 加拿大西南部城市(艾伯塔省省会)。

上文所回顾的"自上而下"的联邦法律，要求更好的建模方法和在建模中通过所有步骤，并为每个步骤选定最好的实践。现在，我们回顾"自下而上"的政策分析能力，这受到公众群体和当地政府的拥护。都市区规划机构也需回应这些需求。

五、新政策分析需求

值得强调的是，不考虑更精确建模所要求的联邦法律、诉讼以及政治压力，下属地方政府和公众群体对大都市区规划机构增加的政策分析需求也要求更好的建模。在近期的换发新证审查中，现任大都市区规划机构感到强大的咨询要求，在模型设计项目中，机构调查揭示出本地司法人员和公众群体对政策的关注表现得越来越强。

例如，2001年萨克拉门托地区的大都市区规划机构调查地方机构的职员，并举行几次公众活动以获得对政策关注度的反馈。调查揭示了以下一些热点问题（按受欢迎程度排序）：①土地利用和精明增长；②停车和道路收费；③出行者智能信息系统；④辅助客运系统，快速公共交通（BRT）；⑤环境公正，社会公平；⑥诱导土地开发；⑦诱导和抑制出行；⑧高峰蔓延，出发时间选择；⑨土地利用影响和出行设计；⑩人行道，自行车道；⑪空气质量达标，国家环境政策法案（NEPA）文件，交通影响研究，土地利用规划；⑫适用于次一级区域研究的模型（详细的空间细节）；⑬其他机构可用的模型，标准的模块，GIS；⑭使所有的假设明确化；⑮跨区域出行；⑯开放空间规划和栖息地保护；⑰适用于政策敏感性分析；⑱包括许多可理解的执行措施；⑲代表所有的出行行为；⑳代表非机动化方式和远程办公；㉑代表土地市场，不仅仅是地方土地利用规划；㉒代表行程中的多模式出行，分时间段；㉓具有普适性。这是一份冗长而苛求的列表。绝大部分要求来源于地方交通和土地利用规划职员。因此，我们可以看到大都市区规划机构建模的更高标准既来源于外部法定的条例，也来源于内部市县的需求。

这是大都市区规划机构建模实践中的一个大变化，即使在大都市区规划机构也如此。然而，许多大都市区规划机构仍使用20世纪60年代的模型，虽然它们不具有科学性，许多其他的大都市区规划机构定期对它们进行改进并应用于好的实践中，即使在期望值继续增加的时候。一些大型和中等大都市区规划机构近期在它们的交通模型中得到完全反馈,这是一个小的进步。许多大都市区规划机构增加方式选择模型,包括步行和自行车出行。许多大都市区规划机构在交通模型中设置了高峰和非高峰时段。最近,一些大都市区规划机构设计了各种各样的土地开发模型。即使在大都市区规划机构,建模质量中最大的变化是反映了联邦机构和专业组织对细节指导的匮乏。

这个问题另一个有趣的方面是一些大都市区规划机构,甚至一些小型大都市区规划机构,开发了实用且并不昂贵的方法。例如,安克雷奇[①]都市区规划机构模型中有步行和自行车方式,并均衡模型设置,且有表格化的土地利用分配模型,包括从基年路网中获得的吸引地的可达性。然而,都市区规划机构现在使用土地利用模型仅预测一种土地利用类型,然后利用这种类型作为交通规划的输入变量,采用这种模型适合用于预测未来每个地方的土地利用,仅依靠未来的路网来获得可达性。

另外一个例子便是加利福尼亚的默塞德县政府协会(人口 21.1 万,2000 年)。该县利用一个简单的基于 GIS 的土地利用分配模型来设计土地利用方案,然后将这些土地利用类型输入交通模型中。许多大都市区规划机构开发了类似的基于 GIS 的土地利用分配模型。

为了表达机构如何试图对"自上而下"的法律条例以及在该区域内表达的"自下而上"的需求作出反应,我们将回顾其中一个机构的模型改进项目。

六、模型改进案例分析

萨克拉门托[②]地区(2000 年,人口 190 万)的增长率较高,许多重要的资源需要保护,包括优质农业用地,河谷和丘陵地区的河岸地带,天然草地,橡树林地。对于交通模型开发,这是一个有趣的区域,因为它包括地铁、轻轨和几条公交系统。该区的低收入家庭在过去 30 年的实际收入水平下降,因此对公共交通服务的需求增加。

---

① 译者注:美国阿拉斯加州南部的港口城市。
② 译者注:美国加州首府。

该地区的臭氧含量不达标，区域交通规划很难达到规划期州实施计划（SIP）的标准。加利福尼亚最近采用了一个新的尾气排放模型，这将使得该区域在2002年后更难达到要求。因为关注空气质量、城市蔓延、农业用地和动物栖息地的减少，交通拥堵增加，城市中心区服务于低收入家庭的公交服务缺失，同类的（单一的）且被隔离的土地利用模式，近期都市区规划机构决定改进其建模能力，设计和评价普遍的区域方案。

由于过去对模型进行了升级，该地区现有的模型改进项目拥有较好的基础。20世纪90年代早期，俄勒冈州波特兰的都市区规划机构改进了交通模型，在90年代中期萨克拉门托机构采用同样的改进方法。在萨克拉门托地区，结合1991—家庭出行调查管理，1994—模型得到发展。因此，萨克拉门托城市交通模型（SACMET）基于四阶段模型框架，在以下几方面得到了改进：

（1）完全的模型反馈（出行距离得到体现）；

（2）机动车拥有率，交通发生步骤和可达性变量（更多的道路容量导致更多的机动车和机动车出行）；

（3）工作出行中的多目的地方式选择模型（更准确的工作出行方式选择和分布）；

（4）拥有独立的步行和自行车的方式选择模型，步行和公共交通方式及合乘车辆方式（出行方式比例得到更精确的预测且对土地利用政策更加敏感）；

（5）方式选择模型中包含土地利用，出行时间和费用，家庭特点（能够评估土地利用政策，道路收费，燃料税以及停车费用）；

（6）所有的方式选择方程均在非集计表格中；

（7）出行分配阶段包括独立的上午高峰时段、下午高峰时段及非高峰时段（更精确的道路容量、速度以及尾气排放）。

萨克拉门托城市交通模型（SACMET）在条件描述中考虑了相当多的细节，包括11 159条路段和8 403英里车道。分区系统也被很好地刻画，有1 077个交通分析区。在模型中，卡车的运输有明确的表述，对于重型卡车采用固定的出行表格。虽然重型卡车只占城市出行的比例很小，但是它们的尺寸和较慢的加速度给交通拥堵造成了很大的影响。土地利用在萨克拉门托城市交通模型（SACMET）中是一个固定的外生输入量。

除了要求与土地利用以及设施规划一致外,交通模型满足空气质量符合规定中的所有条件。模型设置并不能将公路扩展带来的对土地利用的潜在影响评估出来,而这恰恰是国家环境政策法案(NEPA)所要求的。然而,由于速度在基年模型中被核准过,该交通模型可以生成各时段准确的机动车速度以及尾气排放量。模型也对土地利用强度政策敏感,而这恰好是该地区的一个主要问题。

最近,在模拟交通规划对土地利用影响方面,都市区规划机构压力逐渐增大。该机构曾经被起诉过一次,如上面所述,土地利用影响是政府成员和公众群体关注的焦点。在20世纪90年代中期,作者利用三个土地利用模型对该地区的预测进行了比较(Hunt et al.,2001)。我们在该地区继续运行改进后的MEPLAN土地利用模型,该模型的开发由美国运输部、加利福尼亚交通局、美国环境保护署及加利福尼亚能源委员会共同资助。到目前,该模型一直是最容易应用的完整的城市模型,且模型中含有土地市场。我们和卡尔加里[1]大学的研究小组研究出了明确含有建筑面积、数量以及价格的模型。其中也包含一些政策分析,并且结果在很大范围内是合理的(Rodier et al.,2001;Rodier,Johnston & Abraham,2002)。都市区规划机构发展和应用60分区模型的成本是支付咨询费10万到20万美元,10万元用于支付内部员工费用。这些估价也可用于其他一些大都市区规划机构,前提是它们拥有相当完整的土地利用数据。

为了获得更精确的交通模型和更好的政策分析能力,2001年大都市区规划机构设计了分阶段的模型改进项目。2002年,它采用了我们MEPLAN中60分区的版本,并更新了1990-2000年已有的数据设置。以5年为间隔运行一次。2004年,大都市区规划机构将执行俄勒冈州运输部最近开发的PECAS(生产,交换和消费分配模型)。该模型类似于MEPLAN,但是它包括更详细的商品交换描述,是刻画经济福利更有效的方法,企业和家庭称之为"生产者剩余"。这是对城市经济福利最为全面的测量方法,因为租金、出行以及货物运输成本构成了约40%的城市经济总量。现在的实践模型将在600个分区中每隔一年运行一次。

2003年,大都市区规划机构与市民及感兴趣的群体参加一次情景测试过程。

---

[1] 译者注:加拿大西南部城市。

基于一个公共授权的(免费)GIS 软件包 PLACES，按照兴趣小组和市民群体的愿景，大都市区规划机构工作小组可以实时生成 50 年土地利用图。这将在整个区域及下属各市县中执行。职员将在这些地区总结出几条以便用于进一步分析。他们也将增加相应的交通设施。当地方土地利用目标改变时，由于会影响到潜在的土地利用类型和密度，那么这些总结的土地利用方案就会用于 PECAS。运行 PECAS，获得基于市场 600 个分区的预测数据。然后，PLACES 将用于分解各区的土地利用预测。基于这些数据，运行萨克拉门托城市交通模型(SACMET)可以获得出行、尾气排放、拥堵及其他交通测量值。此外，输入土地利用数据，运行一些基于 GIS 的影响模型，以评定对环境、洪水灾害、地方服务成本及土地侵蚀的影响。

现在，在最近这段时间，通过增加出行行程，采用 15 分钟作为一个时间段对所有出行者进行个别模拟，从而改进萨克拉门托城市交通模型(SACMET)。模拟出行可以对出行链进行更精确的表述。按照人口统计学，出行者具有许多特点，因此可以按收入、种族、喜好及区域进行平等分析。2003 年执行最初的 PECAS 模型花费约 60 万美元。其他执行 PECAS 的区域包括美国的俄亥俄州和加拿大的卡尔加里州。

2004-2005 年，通过采用俄勒冈州-2 模型的部分内容，大都市区规划机构计划进一步改进土地利用模型。俄勒冈州-2 模型采用了 PECAS 的经济结构，但是要求对所有企业和家庭进行微观模拟，并按街道地址分布。模型每隔一年运行一次。利用更多的个人教育状况及工作经历的数据，就业人员与就业岗位间的匹配会得到改进。货物运输将通过私人的商品运输来体现。通过对其中按地址分配的所有家庭和个人进行微观仿真，将交通模型整合进去。基于家庭行为分布的方法将被再次阐述，而出行行程也一样。出行时间的表示将有小的增量，出发时间选择有更多的变量来表示。运行改进的非集计模型的费用在 100-200 万美元，具体取决于企业的分散程度。时间和空间上的分解会导致对出行和尾气排放更精确的预测。这些非集计模型也允许详细的公平分析，因为每个出行者和定位者均有丰富的特点附属其上。

萨克拉门托都市区规划机构对模型的发展计划雄心勃勃，它将与现在的实践模型一同使其处于同行的领先位置。它将帮助都市区规划机构远离诉讼，同样也允许它阐释上述提出的政策问题。由于对出行者、出行行程、企业类型、家庭有更多的细节描述，模型也更加精确，且对政策更加敏感。最后，由于模型理论上包括对经济福利、社会公平、环境影响的合理指标，所有重要的评估问题均能够得到解决。复杂的模型也将允许大都市区规划机构及其居民来对未来检测的情景进行权衡。在情景分析中，为了看到土地利用政策和公共交通政策的显著效果，50年时间是必需的。事实上，大都市区规划机构进行的20年规划违反了该项原则。萨克拉曼门托域的模型改进项目与许多大都市区规划机构类似，但是更复杂。少数其他的区域进行了40年或50年的情景预测，因此也更具有解释性。

既然我们已经更细致地回顾了交通模型和土地利用模型，并且看到了一些已取得的进步，那么下面我们将展望未来，研究其未来的发展包括哪些方面。

七、出行和土地利用建模趋势

总而言之，建模正在向出行、货物运输、家庭、企业、土地、开发商、建筑面积需求等方面的微观模拟转变。企业和家庭将通过点分布来模拟。大都市区规划机构对非集计交通模型进行改进，包括最初的基于行程（tour-based）和方式目标选择模型（mode-destination choice model）和最终的基于家庭行为分布的微观经济学模型。家庭机动车拥有量也包含在内。这些模型中按地址表示的家庭及按街区或地块表示的企业在时间和空间上是离散的。GIS中基于交通模型进行数据管理和显示（见Nyerges，本书第七章）。货物运输模型表示一天中不同时段不同卡车类型的商品运输，包括最终的成本。大部分方法最近在俄勒冈州的波特兰与俄勒冈市和旧金山得到了应用。家庭出行调查中对于出行行程是必需的，一些大都市区规划机构正在调查这些。

对于未来的土地利用建模，大都市区规划机构将开发类似的非集计土地利用模型，其中家庭按地址表示，企业按街区或地块表示。建筑面积数量和价格将得到表示。开发商的决定将基于历史数据，利用离散选择模型表示。建筑物的再利用和土地的重新开发也包括其中，被看作所有商品和服务的生成和消费地。土地利用模型基于GIS进行数据管理和显示。所有的地方服务和管制也得到表示。

数据管理在数据库中完成，其中所有的子模型直接存储。出行和土地利用模型紧密相关，并从土地利用模型中地区间的客货空间流中直接获得客货运输。模型按照度量各种行为合适的时间段（分钟、小时、天、月）来运行。城市仿真模型

(Urban Simulation Model,UrbanSim)就是围绕这些概念开发出来的,并且最近应用于尤金-斯普林菲尔德(Eugene-Springfield)、俄勒冈地区、盐湖地区及火奴鲁鲁地区。城市仿真模型(UrbanSim)是一个代码开放的模型,在万维网上可供下载,并且得到国家科学基金、俄勒冈州交通局及美国运输部的资助(www.urbansim.org)。1990-2000年的人口普查电子数据是可用的,这使得城市模型的评估和校准比过去更易于操作。同样,为了其他各种目的,大都市区规划机构对数据包的利用率持续增加。大都市区规划机构确实需要搜集关于企业区位、就业人数、建筑面积租赁价格等相关数据。其中一些数据可以从国家供应商那里获得。

一般而言,大都市区规划机构计划每十年对模型进行一次改进。在新模型进行评估和校准之前,需要花费1-2年的时间来进行数据的收集、"清洁"和整理。由于司法人员对大都市区规划机构模型进行各种类型的政策分析有更多的要求,模型必须保持一致。许多大都市区规划机构使得模型对于他们的下属机构都是可用的,并且为地方职员开发更好的用户界面。模型未来如何发展,对此米勒、克里格和亨特(Miller,Kriger & Hunt,1999)已经构建了一个好的框架。理解部门间的咨询过程也非常重要,这也是《地面运输法》(The Surface Transportation Act)中要求的,其目的在于合作机构能影响大都市区规划机构所利用模型的评估和选择。地方政府和合作州及地方机构能够利用联合的决策制定过程来要求MPO,有更好的建模实践。

参考文献

[1] Abraham,J. E. ,& Hunt,J. D. (2000). Parameter estimation strategies for large-scale models. *Transportation Research Record*,1722,9-16.

[2] Beimborn,E. ,Kennedy,R. ,& Schaefer,W. (1996). *Inside the black box:Making transportation models work for livable communities*. Milwaukee,WI:Citizens for a Better Environment.

[3] Boarnet,M. G. ,& Haughwout,A. F. (2000,August). *Do highways matter?:Evidence and policy implications of highway's influence on metropolitan development* (Brookings Institution Discussion Paper). Washington,DC:Brookings Institution.

[4] Cervero,R. (2003). Road expansion, urban growth, and induced travel:A path analysis. *Journal of the American Planning Association*,69,145-163.

[5] Cervero,R. & Hansen,M. (2000). *Road supply-demand relationships:Sorting out causal linkages* (University of California Transportation Center,Working Paper No. 444). Berkeley,CA:University of California Transportation Center.

[6] Cervero,R. & Hansen,M. (2002). Induced travel demand and induced road investment:A simultaneous equation analysis. *Journal of Transport Economics and Policy*,36,469-490.

[7] COMSIS,Inc. (1996). *Incorporating feedback in travel forecasting:Methods,pitfalls,and common concerns*(DOT-T-96-14). Washington,DC:Federal Highway Administration,Office of Environmental Planning.

[8] Conder,S. ,& Lawton,K. (2002). Alternative futures for integrated transportation and land use models contrasted with trend-delphi models:Portland,Oregon,metro results. *Transportation Research Record*,1805,99-107.

[9] Deakin,Harvey,& Skabardonis,Inc. (1993). *Manual of regional transportation modeling practice for air quality analysis*(Prepared for the National Association of Regional Councils). Washington,DC:U. S. Department of Transportation.

[10] Echenique,M. H. ,Flowerdew,A. D. J. , Hunt,J. D. ,Mayo,T. R. ,Skidmore,I. J. ,& Simmonds,D. C. (1990). The MEPLAN models of Bilbao,Leeds,and Dortmund. *Transportation Reviews*,10,309-322.

[11] Echenique, M. H. , & Partners & Voorhees, A. M. , & Associates. (1980). *Functional specification for ITPM:Final report*. Washington,DC:U. S. Department of Transportation.

[12] Hunt,J. D. ,Johnston,R. A. ,Abraham,J. E. ,Rodier,C. J. ,Garry,G. ,Putman,S. H. ,& de la Barra,T. (2001). Comparison from the Sacramento model testbed. *Transportation Research Record*,1780,53-63.

[13] Johnston,R. A. ,& Rodier,C. J. (1994). Critique of Metropolitan Planning Organizations' capabilities for modeling transportation control measures. *California. Transportation Research Record*,1452,18-26.

[14] MAG(Maricopa Association of Governments). (2000). *Survey of modeling practices*. Phoenix,AZ:Rita Walton and Anubhar Bagley.

[15] Miller,E. J. ,Kriger,D. ,& Hunt,J. D. (1998). *Integrated urban models for simulation of transit and land-use policies*(TCRP Project H-12,Final Report). Washington,DC:U. S. Department of Transportation.

[16] Miller,E. J. ,Kriger,D. S. ,& Hunt,J. D. (1999). Research and development program for integrated urban models. *Transportation Research Record*,1685,161-170.

[17] Nelson,A. C. ,& Moody,M. (2000). Effect of beltways on metropolitan economic activity. *Journal of Urban Planning and Development*,126,189-196.

[18] National Governors Association. (2000). *Growing pains:Quality of life in the new economy*(Issue brief). Available online at http:// www. nga. org/center/divisions/ 1,1188,C_

ISSUE_BRIEF_D609,00. html.

[19] National Governors Association. (2001). *NG-13. Principles for Better Land Use Policy* (Policy Position Detail). Available at http:www. nga. org/nga/legislativeUpdate/1,1169,C_POLICY_POSITION_D662,00. html

[20] Noland,R. B. ,& Lem,L. (2000,January). *Induced travel:A review of recent literature and the implications for transportation and environmental policy.* Paper presented at the annual meeting of the Transportation Research Board,Washington,DC.

[21] Parsons Brinckerhoff Quade & Douglas,Inc. (1999). *Land use impacts of transportation: A guidebook* (NCHRP Report No. 423A). Washington,DC:National Academy Press.

[22] Pas,E. I. (1995). The urban transportation planning process. In S. Hanson(Ed.). *The geography of urban transportation* (2nd ed. ,pp. 53-77). New York:Guilford Press.

[23] Peer Review Panel Functions and Organization. (1994). *Travel Model Improvement Program.* Washington,DC:U. S. Department of Transportation,U. S. Department of Energy, U. S. Environmental Protection Agency.

[24] Porter,C. ,Melendy,L. ,& Deakin,E. (1995). *Land Use and Travel Survey data:A survey of the Metropolitan Planning Organizations of the 35 largest U. S. metropolitan areas.* Berkeley:University of California Transportation Center.

[25] Purvis,C. (1991,November 19). *Review of transportation planning textbooks and other material on feedback and equilibration* (Memorandum). Oakland,CA:Metropolitan Transportation Commission.

[26] Putman,S. H. (1983). *Integrated urban models:Policy analysis of transportation and land use.* London:Pion.

[27] Rodier,C. J. ,Abraham,J. E. ,Johnston,R. A. & Hunt,J. D. (in press). Anatomy of induced travel:Using an integrated land use and transportation model in the Sacramento region. *Transportation Research* Board Annual Meeting Preprint,Washington,D. C.

[28] Rodier,C. J. ,Johnston,R. A. ,& Abraham,J. E. (2002). Heuristic policy analysis of regional land use,transit,and travel pricing scenarios using two urban models. *Transportation Research*,D,7,243-254.

[29] SAI International. (1997). *MPO use of modeling tools* (Draft report). San Rafael,CA:Arlene Rosenbaum.

[30] Stopher,P. R. (1993a). Deficiencies of travel forecasting methods relative to mobile emissions. *Journal of Transportation Engineering*,119,723-741.

[31] Stopher,P. R. (1993b). Predicting TCM responses with urban travel demand models. In T. F. Wholley(Ed.), *Transportation and Air Quality II,Conference proceedings.* New York:American Society of Civil Engineers.

[32] Transportation Research Board. (1995). *Expanding metropolitan highways:Implications for air quality and energy use* (Transportation Research Board,Special Report No. 245).

Washington, DC: National Academy Press.

[33] U. S. Department of Transportation. (1971). *Request for proposal on inter-relationships of transportation system development and land development* (GS-10, RFP-26, FHWA). Washington, DC: Office of Highway Planning, Urban Planning Division.

[34] U. S. Department of Transportation. (1994a). *New approaches to travel forecasting: A synthesis of four research proposals* (DOT-T-94-15). Washington, DC: Travel Model Improvement Program.

[35] U. S. Department of Transportation. (1994b). *Short-term travel model improvements*. Washington, DC: Travel Model Improvement Program.

[36] U. S. Department of Transportation. (1994c) *Summary of comments prepared by travel forecasting peer review panels*. Washington, DC: Travel Model Improvement Program.

[37] U. S. Department of Transportation. (1995). *Land Use Modeling Conference Proceedings*. Washington DC: Travel Model Improvement Program.

[38] U. S. Environmental Protection Agency. (1998, April). *Final guidance for incorporating environmental justice concerns in EPA's NEPA Compliance Analysis*. Washington, DC: Arthur Totten, et al.

[39] U. S. Environmental Protection Agency. (2000). *Projecting land use change: A summary of models for assessing the effects of community growth and change on land-use patterns* (USEPA. EPA/600/R-00/098). Washington, DC: Systems Applications, Inc.

[40] Wegener, M. (1994). Operational urban models. State of the art. *Journal of the American Planning Association*, 60, 17-29.

（王姣娥、莫辉辉译，金凤君校）

第六章 交通规划过程反思

马丁·瓦奇(Martin Wachs)

交通运输不仅是一种最重要的社会服务,而且它本身也是城市日常环境的重要组成部分。尽管交通本身不是目的,但人们外出、工作、就医、上学,参加娱乐、社会、文化、宗教等活动都离不开交通。交通为人们去往不同地方、参加不同活动提供了丰富的选择,而这些选择构成了人类自由的本质。另外,低成本、可靠的交通运输也是制造业、服务业及其他行业必需的社会服务。但是,除出行的经济社会效益之外,我们也要面对伴随于机动性的成本;如购买汽车、卡车和公共交通等显而易见的货币成本,以及另外一些更为间接、更难以量化的重要社会成本,包括交通拥堵、环境污染、资源枯竭、交通事故的伤亡等。

交通运输一直是地理学者的中心旨趣,因为它是人类空间相互作用的一个基本的决定性因素。进入20世纪,伴随地方间可移动性的增长,社会不断发生变化。在过去的100年里,我们经历了从依靠步行和畜力,过渡到利用铁路,到时下与日俱增的大众化汽车普及,以及借助洲际喷气飞机构筑的全球社区。交通可达性变化如此迅速,并影响着经济社会价值。交通运输一方面通过克服阻隔征服空间,另一方面通过降低个人与企业的互动成本而创造经济机会,其发展使人类相互作用及创造繁荣社区的空间有序化。但交通运输的时空变化并不均衡,一些地区和群体处于落后、被忽视的不利境地。依赖于交通运输系统,人们得以居在郊区而工作在城市,资源得以低成本、快捷地从矿区和田野运往工厂和市场,公司得以在距总部10 000英里之外的地方开设分部,人们也得以一丝念想就决定去参观世界自然奇迹。然而,另外一些人仍旧依靠步行和畜力移动,终生囿于同一社区。因此,毫无疑问,交通运输不仅是人们生活所必需的,同时也是各种政治主张(political argument)的核心。

本章通过以下几个方面来研究这些复杂的交通问题。首先关注学者们用来评价、比较交通运输网络的准则，以及决策领域的技术准则（如第 5 章提到的）让位于政治斗争的原因；然后分析政府在交通运输中的作用，即美国各级政府在交通供给方面的合作与竞争，并对实体（基础设施）计划（physical plan）和公共支出计划等一些正式的交通决策进行了讨论。接下来讨论公众和社会团体如何影响决策制定。由于美国诸多交通政策争议都与交通对环境质量的影响有关，因此我们也讨论了交通的环境影响以及环境公正性和可持续性的理念。最后，对 21 世纪交通政策的争议和决策的发展趋势做了预测。

一、交通政策判断准则

虽然提高机会可获得性可以增加经济与社会福利，但由此增加的直接或间接的交通运输成本却可能非常高，因此，交通政策制定的目的就是在为社会提供交通运输服务的同时，尽可能减少其成本。成本和收益之间的平衡，需要考虑效益、效率、公平及三者之间的权衡取舍。效益是指交通运输系统对预定目标的实现程度；假定其他条件不变，交通投资的效益与运输能力（提供服务的能力）成正比。效率（在专栏 6.1 进一步讨论）是指交通投资成本与收益的比值；这里暗含一个假定条件：资源总是有限的，因此每一美元的支出能提供更多服务的社会，更具优越性。公平是指社会成员获得的收益与支付的成本之间的对等性；如果某些交通小区获得过多的福利，而其他交通小区却承受过多货币或环境成本，收益成本不对等会进一步加剧已有的社会不公。

专栏 6.1 成本收益分析法和交通政策

通过专业分析师的深入研究，以及公众、工作人员和顾问在公开会议和委员会上的辩论，可以确定解决交通问题或满足交通需求的备选方案。在备选方案确定后，需要对它们进行系统比较，通常采用"成本收益"分析法。成本收益法能确定某个项目所有的成本和收益，并对它们进行赋值，让分析家和决策者能够判断项目的总收益是否超过总成本，并判断该项目是否值得开展。成本收益法看起来简单，但事实并非如此。因为成本收益法存在很多主观价值判断，并且收益和成本如何量化也存在很大分歧。对成本收益法公认的批评如下：

- 虽然成本(建造、营运、维修等成本)在一般情况下比收益(如出行时间更短、安全性能提高、空气质量改善等)更容易量化，但成本往往被低估，尤其是从长远来看。
- 很多成本和收益都很难量化。比如，在后院休闲时，让人不愉快的噪音成本，无人看管的儿童、宠物遭受快速交通危险的成本，或社区景观改善带来的好处。这些成本和收益往往被排除在典型的成本收益分析之外。
- 进行成本收益分析时，决策者必须就如何量化收益(如出行时间的节约)和成本(如交通意外死亡)达成一致意见。
- 即使总收益超过总成本，但仍有受该项目影响的个人和(或)团体，付出的成本超过收益。
- 成本收益分析有时不考虑收益和成本的分配，但这恰好是环境公正中的一个关键问题。

即使在同一个技术框架下进行成本收益分析，但受项目评价者(政治家、工作人员或普通大众)的直接影响，它仍具有内在的政治特性。

资料来源：格雷格，克雷姆和瓦奇(Greig, Cairns and Wachs, 2003)。

二、交通政策的政治本质

兼顾效益、效率、公平并非易事，本书第五章讨论的建模方法就是打算用规范的分析方法(出现在大学教科书里以及在软件中广泛应用)来解决三者权衡问题。然而，不同个人和利益团体对效益、效率和公平有着不同的界定。尽管能对每个术语给出清晰的定义，但在做重要决策时，在三者间寻求平衡依然非常困难。这个问题(绝大多数交通决策过程固有的问题)是交通系统总是高度政治化的一个主要原因。

特定情况下应该采取什么措施，往往有很多原因导致意见不一。例如，是否应该修建一条新的道路？是否应该鼓励拓宽原有的道路？是否应该鼓励骑自行车者使用固定的线路？应该投资公共交通基础设施还是公路，还是两者兼顾？社会服务机构应该尽力减少失业，并帮助穷人购买汽车还是帮助他们更有效的使用公共交通？应该采用财产和零售税还是征收过路费、燃油税或其他交通系统使用费来支付交通运输服务？这些问题的答案，常常依赖不同利益集团对效益、效率和公平的认识。而效益、效率和公平又是产生这些问题的缘由，这就意味着，这些问题在本质上具有政治性。事实也确实如此，交通决策总是高度政治化的。

公众总是很难在区域交通问题上意见一致——例如，街区是否需要一个公交停靠站，或者是否应该安装一个减速带（Speed bump）以提高街区的安全性，因此，为是否要修建区域性地铁或机场而引发争论就不足为怪了。大型基础设施工程总是成本高昂，并会产生广泛地积极性或消极性影响，而且成本和影响很有可能在空间和群体都分布不均，因此大型基础设施工程建设很自然地成为交通政治性观察的有利时机。在一个大家熟知的案例中，政府打算建设一条穿过艾尔塞雷诺（El Sereno）社区和洛杉矶附近的南帕萨迪纳的高速公路，该计划得以完成至少要花费50年时间。反对高速公路建设的社区，组织良好且思虑周密，他们通过一系列策略（从诉讼到广泛宣传，动员不同公共机构）一再拖延项目建设（事实上很多其他社区也能从该项目受益）。因此高速公路的线路和设计细节都得重新考虑，导致建设成本上升，因而建设基金就被划拨给了其他项目。此外由于延误的累积效应，该条高速公路的修建几乎不可能了[详细讨论参见（Wachs,1995）]。

交通系统拥有一个最有趣和最重要的特点是，即它是不同个人和团体交互作用的结果。首先，交通工具如汽车和自行车是私人所有，并由个人、家庭或团体使用，而卡车则由公司所有和使用。家具商用自己的车辆发货，而一个设备制造商则可能会把货运承包给专门的货运公司。第二，虽然车辆是由私营的、国内的和国际的公司制造，许多车辆还在私营公司办理保险，并靠银行贷款供给运行，但政府却从很多方面对车辆的效能特性和使用方式进行管制。以美国为例，州政府设置了车辆速度限制，联邦政府制定了车辆大气污染物允许排放量和车辆燃料的燃烧效率标准。第三，街区和道路主要由不同级别的政府建设。地方性的街道和农村道路通常由镇、市和县承担建设、维护和管制；干道和高速公路通常由州政府建设；联邦政府为很多道路建设提供财政支持，并进行管制和约束。另外，尽管多数公交系统仍然是私人所有，但近十年间，公交服务开始由政府机构提供，这不同于街区和高速公路建设。第四,区域交通局往往由董事会监督,而董事会又是由服务辖区的民选官员代表组成。

除了对交通基础设施建设与维护拥有正式所有权和管理权的各种公司和机构之外,很多其他团体也力争对交通决策与线路选择施加影响。作为美国最大的会员制团体之一——汽车俱乐部,就设法改变交通政策以对会员有利。环境组织则致力于交通管制,以提高空气质量和减少温室气体排放。重要的会员制协会都致力于改善高速公路的安全性,工会则大力提高交通运输部门工人的福利,工业协会则代表公交服务供应者、出租车司机、卡车司机和汽车制造商的利益。尽管很多会员制协会(如美国离退休协会)是会员对交通运输需求的强势代言人,但也有协会呼吁采取交通措施,更有效地满足残疾人、小孩和退伍军人的出行需求。

由于不同的群体成员构成不同,且有不同的追求目标,因此对效益、效率与公平的度量方法及其在交通政策中的优先权看法不一,彼此反对往往多于赞成;简而言之,即不同团体对特定问题的解决方案往往意见不一致。交通运输常常是实现其他重要社会经济目标的手段,如创造就业机会和增加经济公平。成功的交通系统是公众机构、私营公司以及志愿者协会的联盟或者合伙;如同一枚硬币的另一面,交通系统的故障也是由于系统的复杂性、势力割据、领导不力和组织保守造成的。毋庸置疑,交通运输系统固有政治本质特性。因此,为理解交通系统,必须更好地理解它根植的制度的复杂性。学者的分析和研究可以帮助理清思路,但事实上,政策是由立法机关、监管机构制定的,有时还受到各利益团体之间强烈相互作用的影响。

交通系统一直在推行改革,但改革通常是渐进的,因为交通系统的复杂性对旧制度有强大的依赖性。即使只有少数有势力的利益群体反对,改革也不能施行,只有大多数同意时,改革才能推进。阿特舒勒(Altshuler,1965)注意到,只有大多数利益集团受益的时候,一项处理相互竞争利益集团关系的政治制度改革才能得到支持,而且还必须让成本和负效应最小,反对的利益集团最少。换言之,只有改革受益者数目和影响力都远远超过受损者时,交通制度或政策领域的改革才有可能推进。甚至满足这个条件还不够,例如利益受损团体常常向法院诉讼要求赔偿。利益冲突是美国政治的本质,交通运输系统也是最常见的政治交互作用的领域之一。

三、城市交通系统中的政府参与

在建设和管理交通系统的公共要素时，各级政府总是相互作用。各级政府的关系如同夹心蛋糕，地方政府在底层，联邦政府在顶端。把交通系统的政治看作大理石蛋糕或许更符合实际，地方、区域、州和联邦政府通过多种计划融合在一起，并代表特有的利益和观点，他们相互合作和竞争、管制与被管制。正如本书第十一章所指出的，国家或州政府投入的资金，总是强有力地影响地方政治领导偏好的项目类型。例如，虽然公共汽车运输系统在地方显然更为经济划算，但是如果联邦政府更愿意投资铁路，那么地方政府也常常会更倾向于铁路建设。

（一）地方政府

按通车里程或用地面积计算，城区街道和本地的县乡道路占交通系统的绝大部分。但是除了繁忙的活动中心之外，城区街道和县乡道路的交通流量经常很低；从出行比例角度来说，只占了交通系统的一小部分。但它们又非常重要，是通向家庭、商业中心和各种机构的通道，并且是居民出入的第一段和最后一段行程，也是邮政和包裹运货、警察紧急事件访问、火警和救助服务及垃圾收集等众多类似服务的支撑。本地的街道也是电话、电线以及各种管道（为家庭和商业中心提供天然气、自来水和污水处理服务）的通行线。正因为对产权和服务的可拥有性，土地才具有价值，因此绝大多数地方政府要求土地开发商修建街道，并将街道让与地方政府。市民也通过住宅、商业和工业用地的房地产税支持本地街区的维护和运营。近年来许多地方政府用类似的财政补贴，为本地提供公交服务，这可视为提供了一种与地方性街道类似、彼此互补的基本的可达性。

（二）州政府

美国宪法规定，大部分没有明确分配给联邦政府的职能，就由州政府担任。在20世纪早期，由于运输大幅增长，汽车和卡车出行增长速度远远超过了人口的增长速度，因此城际公路联通就提上了议事日程，州政府在交通运输中的作用也越来越重要了。让农民"走出泥泞"是一项庞大而昂贵的事业。在美国，大部分乘客云集的交通线路和许多其他交通服务设施，都由州政府管辖。具体而言，是归州运输部所有和运营,并由州长指定的市民委员会或立法机关监督。州政府通过征收燃油税和车辆登记费,为交通工程提供财政支持;另外,州立法机关对重大交通决策也存在很多的争议,其中包括行使州长的权力。

(三) 国家政府

虽然大部分交通基础设施在形式上是由州政府建设、拥有和经营,但20世纪以来,国家政府在交通运输中的作用也越来越重要了,而且州政府的很多行为也从侧面反映了国家的交通和环境政策。最初,联邦政府只负责联邦政府所辖土地上的道路建设,但美国宪法明确规定联邦政府有发展"州际贸易"的责任。渐渐地,国家政府支持道路建设并监管邮运铁路;最终,州与州之间的经济更加一体化,联邦政府也为连接各州之间主要人口中心和军事设施的道路建设提供财政支持。20世纪30年代开始征收的联邦汽油税,使国家有能力资助城际交通基础设施建设。第二次世界大战以后,联邦政府成为交通运输领域的一个主要参与者。国家州际和国防公路系统超过了40 000英里,这么快的增长是联邦政府大幅提高燃油税以及车辆及其零部件(如轮胎)消费税的结果。美国国会规定,当州政府建设重要的州际道路系统时,州政府能以1∶9的比例从联邦政府获得财政支持[①]。渐渐地,虽然表面上仍然是州政府做决定,但实际上州政府要达到联邦政府规定的一些必要条件,才能得到不菲的联邦基金。因此,州政府按照联邦政府的规划指导方针和环境保护的要求,制订高速公路和公共交通设施计划。由于联邦政府是为所有公民的健康和福利负责,因此也规定了交通运输的安全标准、能耗和私营公司生产私家车的污染排放量标准(pollution production)。

(四) 区域机构

与区域机构相比,大多数美国人更关注地方政府、州政府和联邦政府。尽管如此,如第五章所述,制订规划和根据出行量进行交通系统资源分配,就必定是区域一级政府的职责了。大都市区包含多个政府管辖区,交通线路常跨越行政边界,交通基础设施建设常带来棘手的环境问题和社会影响。专栏6.2论述了不同级别政府在交通决策过程中的抉择。

---

① 即州政府投入1美元,联邦政府补贴9美元。

专栏 6.2　政府和交通决策

交通政策由不同级别的政府制定：

- 州运输部(DOTs)是制定交通规划和确定建设项目的最高级别政府单位，不仅负责制定全州交通规划目标，还负责为州内市镇规划安全有效的交通系统。为完成此任务，州运输部必须协调州内所有交通组织和地方政府。

- 大都市区规划机构(MPOs)指拥有人口五万及以上的地区。MPOs又被官方称为"政府理事会"或"区域规划委员会"。MPOs各不相同，因为都市区彼此不同。虽然MPOs的政策是由地方民选官员组成的政策委员会制定，但其他群体，如非营利组织、社区组织和环保组织均可影响MPO的导向。MPOs的任务是为都市区的交通问题提供短期和长期的解决方案。

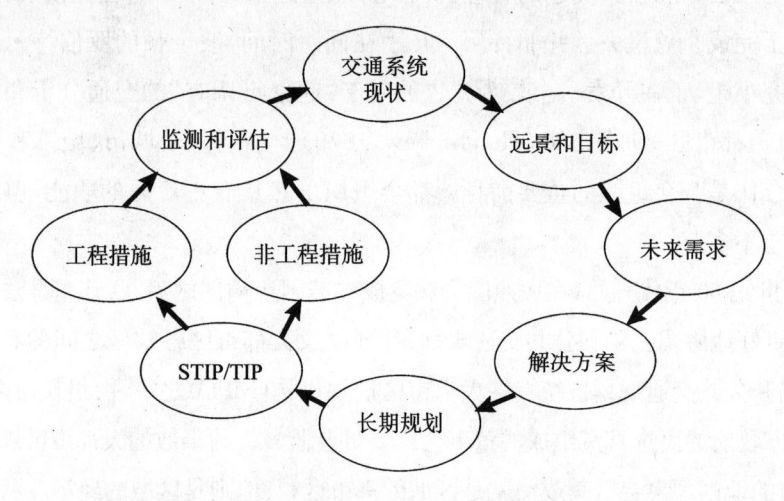

（流程图：交通系统现状 → 远景和目标 → 未来需求 → 解决方案 → 长期规划 → STIP/TIP → 工程措施、非工程措施 → 监测和评估 → 交通系统现状）

- 地方政府承担了很多交通规划的职能，例如改善交通调度，维护当地街区和道路。

- 公共交通机构(公营或私营的)为市民提供公共交通服务。公共交通包括公共汽车、地铁、轻轨、通勤铁路、单轨铁路客运、渡轮、无轨电车、缆索铁路(inclined railways)，及其他客运交通工具。

- 美国运输部(USDOT)监管MPOs和各州的交通规划和项目。联邦

> 政府也提供交通咨询和培训,包括从路面技术、设计、高速公路到公共交通系统的有效营运。联邦政府还提供交通规划和项目所需的主要资金,而且至少每两年,联邦政府就会批准一次各州运输部提交的项目计划,包括申请联邦基金的项目。
>
> 资料来源:联邦公路管理局(http://www.fhwa.dot.gov/planning/citizen/citizen4.htm)。

俄亥俄州库亚霍加县(Cuyahoga)的地方长官于1927年向联邦公路局(后更名为联邦公路管理局)提出请求,拟开展一个"公路改善科学规划",处理克里夫兰日益严重的交通拥堵问题。联邦公路表示,在不考虑行政边界的前提下他们愿意解决克里夫兰市辖区内及其周边郊区的道路问题,开展合作并提供资金进行研究。因此该地区公路和公共交通的管理机构只好联合起来,开展综合公路发展计划,并合作直至完成。克里夫兰并非特例。几乎在同一时间,波士顿的罗伯特·惠滕领导的研究小组,正在开发一个较为先进的基于"起讫点调查"的交通分析和预测模型,它覆盖都市区39个市镇(Heightchew,1979)。早期基于城市、城镇和县开展的自愿合作是都会组织的重要前身。都会组织虽然具有更广泛的职能,但执行的任务却差不多。

20世纪60年代开始,在按照国会法案成立美国运输部之后,联邦基金法律越来越强调更好地协调公路和公共交通规划、计划以及大都市区各辖区之间的利益。最终,公路和公共交通规划被统一在大都市区规划机构(MPO)之下,由州长命名,并由代表地方政府的民选官员组成的董事会或委员会监督。约半数的大都市区规划机构是"政府的地区理事会",其成员就是区域的都市区;其他则是区域的经济发展组织和交通规划机构,是根据州政府法定的目标而创建,或者是州公路或运输部门的内部细分(Yaro,2000,p.74)。这些大都市区规划机构,有的可能只包括一个县,有的囊括多个县,其人口规模相当于几个州的总和。MPOs机构拥有专业工作人员,越来越多的负责交通投资计划以及联邦和州政府的交通基金在都市区之间的分配。

尽管区域机构很少有征税或募集资金的权利,但在某些情况下,能获得州基金在其辖区开支的正式授权,这也赋予了他们相当大的权力(Wachs & Dill,1999)。几十年来,在决定如何利用联邦政府公共交通基金方面,区域的都市区规划机构一直受到联邦和州政府的严格限制，需在严格的联邦和州政府的限制下，以及非常有限的资金种类中拟定资金计划。随着1991年《综合地面运输效率法》(ISTEA)的通过，在资金安排方面，区域机构获得了相当大的权力。这项法案减少了联邦限制，增加了区域机构在不同类型项目之间拨款的灵活性。例如，无论是用于公路还是公共交通，以前的联邦基金都必须花在特定的项目上。但根据现行法律——地面交通运输计划(STP)以及缓解拥堵和空气质量(CMAQ)计划，区域机构可以自由地确定公共交通和高速路计划的支出比例。但在1998年联邦交通基金重组时，区域机构资金安排的灵活性被限制了。更为保守的国会通运输过了21世纪交通运输公平法(TEA-21)，预计在未来六年，只分配2 170亿美元作为交通开支。最近几年，为增强区域规划机构的作用，州政府也采取了行动。比如，在加利福尼亚州，按法律规定，该州的大都市区规划机构拥有来自联邦和加州3/4的公路和公共交通资金的裁量权。

四、区域交通规划和交通改善计划

按照联邦法律及州政府的要求，大都市区规划机构(MPO)最重要的一项职责是筹备、核准和更新区域交通规划。区域交通规划是指导区域未来25年交通发展的蓝图，并在区域人口、经济活动、住宅发展模式以及出行量预测的基础上，每三年更新一次。根据美国联邦法律，区域交通规划还必须是"财政约束"的，即规划中新的交通计划和项目所需的财政支持都必须低于政府各种收益的合理预测值。

区域交通规划试图引导区域交通项目支出。因此，一般而言，法律和联邦法规均要求地方和州政府只对与区域交通规划目标一致的项目进行投资。这往往通过制订交通改善计划(TIP)来实现。交通改善计划是特定时间拟实施的项目和项目负责机构的清单。美国运输部1975年采用的规划条例要求每个都市区规划机构(MPO)都要正式采用交通改善计划。交通改善计划由分阶段的(一般3-5年期)计划期组成，并根据投资期间项目的总成本和总收益的现实估计来制定。交通改善计划必须每两年更新一次，并且开展的项目必须始终与区域交通规划目标保持一致(Meyer & Miller, 2001, p.567)。

交通规划中真正的"区域主义"已被证明是难以捉摸的，区域机构往往更准确地被称作为"竞技台(forum)",在那里,县、市、交通运营商及其他各种利益集团为争夺地盘、争取更多的区域资源而博弈。例如,最近提交的一项诉讼声称,一些大都市区规划机构(MPO)在进行资源分配时,已出现了不公平的迹象。一个导致分歧产生的常见事实是,虽然郊区居民比中心城区收入更高[①],但在人口密度高、较少使用汽车、短距离出行的中心城区,公共交通常最具效益和效率。因此中心城区要求都市区规划机构(MPOs)重新分配郊区税收,以满足中心城区公共交通扩建的需要。同时,郊区也呼吁"公平",且把"公平"界定为"资源应花费在其征集的区域"。这些分歧往往会导致人均津贴较少的市中心区公共交通过度拥挤;给予大量补贴的郊区巴士和铁路运营线路人均成本高,但载客量却较低。

五、交通的公众参与:公众积极性的崛起

交通系统非常复杂且影响面广。公路和公共交通系统建构了城市的基本形态,并决定日常生活质量。因此,在区域交通政策制定过程中,社会各利益团体采取直接的、竞争性的措施加以影响就不足为奇了。因此,在区域交通决策制定过程中,除了联邦政府、州政府、地方政府及区域政府外,在确定建设项目时,企业、行业协会、环保组织、市中心和郊区的社区代表、公共交通和汽车俱乐部代言人以及其他利益团体,都希望有属于自己的声音。在交通规划过程中,各团体的利益必须相互协调。

20世纪60年代,大多数都市区交通规划呈现出了显著扩张的特征,不同的利益集团开始参与交通政策辩论。在交通规划提交给联邦政府请求援助之前,尽管要求综合考虑社会、经济和环境影响,但很多交通规划还是让少数民族团体和邻里市民代表感到愤怒。因为相对于企业和公认的政治集团,他们的意见在规划过程中总是少有影响(Weiner,1997,p.69)。在计划采用之前,市民可以在听证会(public hearings)上发表意见。但是如果听证会是在规划快结束时才举行,市民就没有足够的机会发表不同意见。早在1969年,联邦公路管理局就试图通过"两次听证过程"着手解决这一问题。这样,公民的意见可以首先在"廊道(corridor)"听证会上发表,在这里,提纲挈领地讨论规划构想,然后再举行"公路设计听证会",讨

---

① 译者注:交税也更高。

论具体的工程设计细节。虽然这项规定仅仅是朝正确方向迈出了一小步，但它却能够让社区对一些交通投资几乎没有异议。

美国的很多城市，包括新奥尔良、芝加哥、圣路易斯和纽约，都有反对交通规划的团体，反对那些会对他们的社区产生不利影响的交通规划。20世纪60年代和70年代的很多交通研究结果表明，区域公路网的大量扩张，往往会威胁社区的整体性。居民和当地企业主最初在听证会上提出正式反对，但后来则倾向于上街开展破坏性示威活动，并愚弄公职人员。波士顿地区长期交通运输规划于1969年出版发行时，反对的声音就强烈而持久。州长弗朗西斯·萨根（Francis Sargean）在1970年下令暂停新路建设，并重新审查区域交通规划，对各利益集团采取了更加开放的姿态。波士顿通过交通规划审查，重新制定了一个区域交通规划，该规划大大减少了穿越内城（inner-city）街区（neighborhoods）的公路建设，并且更加强调公共交通建设。交通审查对规划过程的影响和对规划结果的影响一样重要。审查常发生在高度被控的氛围里，各利益集团有组织地参与讨论交通规划对社会、经济以及居民出行的影响，并关注正在形成之中的交通规划对社区和区域的影响（Gakenheimer，1976；Humphrey，1974）。

20世纪70年代以来，区域交通规划局一直致力于在技术职能和联邦、各州法规对其限制（代表市民，把市民的意见和需求体现在规划中）之间寻找平衡。为向市民和不同利益集团提供清晰的说明，交通规划机构出版了市民手册，概要地列出了市民影响区域交通决策的途径，即创建多种专门咨询委员会和特别服务，有专门的顾问组织市民参与交通规划过程，利用市民调查意见，并建立连接公民和规划机构的双向电子通信设备（Meyer & Miller，2001，p.73）。尽管做了上述努力，但一个不争的事实是，交通规划决策纳入组织良好、受过良好教育、中产阶级选区代表的意见，比纳入低收入、局部范围的，或少数民族的意见要容易得多。许多市民仍然不信任区域交通规划机构，认为他们为取得共识所做的努力还远远达不到真正合作决策的目的。

六、环境公正

当今，环境公正是交通决策中一个最重要的因素，它不只是对特定的运输方式、特别的社区或某个特定的政策问题起作用，对于弱势群体和被排除在决策之外的种族及少数族裔人士来说，这也是基本的公正问题。联邦政府已把环境公正作为交通公共开支的一个重要考核指标。地方和区域政府在交通规划中必须承诺达到环境公正的要求。

环境公正问题通常在以下几种情况下出现：①一些社区获得了改善交通可达性和缓解交通拥堵的好处，而其他社区却很少从中获益；②一些社区因为交通项目遭受了过多负面影响，如空气污染和社区隔离；③与获得的服务相比，一些社区支付了更高的交通税，或更高的票价；④交通基础设施建设和运营过程中，一些社区只获得少数的不成比例的职位；⑤在交通资源的用途争议中，一些社区比其他社区的影响力更小(Forkenbrock & Schweitzer,1999；Greig,Cairns & Wachs,2003)。

20世纪90年代初发生在美国洛杉矶的一个著名纠纷，就是体现交通系统环境公正复杂性的很好的例子。大都市交通局(MTA)，作为区域交通基础设施建设和运营机构，准备在低收入的城市中心区建设一个铁路网络。随着规划和建设的进行，大都市交通局(MTA)遇到了成本上升和资金短缺的风险，因此决定减少部分巴士服务，以节约资源。最终，当该机构提出大幅增加巴士票价以筹集(raise)所需资金时，一个称为"巴士乘客联盟"的组织提出了诉讼予以反对，声称这种做法是不公正的，违背了公民权利法第六条的规定。原告声称，该机构大力推行轨道交通建设计划，减少巴士服务，提高巴士票价，还使部分巴士乘客遭受剧烈的拥挤。并进一步指出，铁路乘客总是白人和高收入者居多，并且得到了比巴士乘客更高的补贴。虽然大都市交通局(MTA)认为，铁路投资计划将会使很多少数民族受益，并且拒不承认存在任何歧视。但当事方之间达成的最终协议，还是决定在一段时间内稳定巴士票价，并且增加某些线路的巴士以缓解拥挤。尽管如此，大都市交通局(MTA)不同意原告观点，其在诉讼十年后，仍向法官的判决(购买或租赁248辆新巴士以减少某些巴士路线的过度拥挤)发起挑战，要求再审。美国华盛顿特区法院坚持法官原判，美国最高法院也拒绝审理此案。

七、区域交通规划：均衡分析和政治

区域交通规划的过程不仅极其复杂，同时还具有高度的技术性和政治性。利

第六章 交通规划过程反思

用大型数据集研究的社会科学家、工程师和规划者在区域交通规划中起到了很重要的作用；利益集团代表在听证会上所表达的关切和偏好也相当重要。专栏6.3总结了按照联邦法律规定，规划过程必需的"规划因素"。如上述章节表明，分析家通常使用区域人口、经济增长和变化、土地利用和城市形态、出行决策、交通的环境和社会影响的数据，通过复杂的数学模型，预测远期居民出行变化，并评估不同交通投资策略的潜在影响。例如，区域交通规划常常是对备选的增长预测方案的系统权衡的结果。这些增长预测，包括从扩建公共交通以提高运力，到高速公路扩建，改善现有设施的经营和管理，再到重新确定区域内集聚的城市走廊的经济增长方向。定量分析方法（如成本收益法）常常用来比较不同的规划要素的社会效率，且这些效率值要通过市民委员会和利益相关者（包括环保组织、商会、受交通影响的行业代表）的审查。交通规划也常被重新评估和修订，提出投资替代策略并进行评估。总之，经建模、审查、评论、辩论和投票表决，到交通规划的最终形成可能长达数年。

50年以前甚至更早，区域交通规划还是一项新兴事业。长期交通规划主要进行重要新路通行能力建设投资，如建设放射状和环状高速公路（radical and circumferential freeways）以及跨越主要地形屏障的桥梁或隧道。改善港口、机场和火车站的可达性也是非常重要的，尤其在居民出行增加和货运也迅速增长的情况下。在很多都市区，由于一些已建的和拟建的路网项目都颇受争议，因此近年来开展的交通规划都更强调公共交通的改善，如增加巴士线路和修建铁路新线。尽管区域交通规划（RTPs）可大力改善现有系统营运效率——例如，更好地协调公路和公共交通系统，或广泛实施自动化交通信号配时——但是，可以准确地说，区域交通规划还是经常强调交通系统物理容量的增加。

专栏6.3　交通规划因素

《21世纪交通运输公平法》（TEA-21）规定，区域交通规划必须包含七项"规划因素"。即：

1. 有利于提高都市规划区经济活力，尤其要有利于提高都市区全球竞争力、生产力及效率；

> 2. 增加交通运输系统的安全保障;
> 3. 增加客货的可达性和机动性的备选方案;
> 4. 保护和改善环境,促进能源节约,提高生活质量;
> 5. 改善交通运输系统的所有模式和提高模式之间的一体化和连通性;
> 6. 提高交通系统的管理和运营效率;
> 7. 有效保护现有交通系统。
>
> 资料来源:《21世纪交通运输公平法》。

规划者早就认识到,交通的空间分布和密度会影响城市居民的出行格局,因此建立了城市形态和交通运输之间的关系模型。最初,规划者首先预测城市发展,然后再根据城市发展导致的出行增长制定交通规划。近年来,规划者进一步认识到,区域土地利用规划和交通规划可以统筹整合,如有机会,规划者就尝试在区域交通规划中实践这种理念。因此,公交导向型开发(TOD)和"精明增长"正逐渐成为大多数区域交通规划的主要特点,联邦法律(如1991年通过的ISTEA和1998年通过的TEA-21),鼓励交通规划的这种发展导向。

多数观察者会同意,最近的联邦法律和不断修改的规划原则让区域有了更多自治权,并促进区域交通规划逐步转向——从关注增长预测的适用性,到注重区域经济增长和出行的引导和限制。然而,对于这些变化在多大程度上反映了人们的意愿及其变化的速度,存在很大争议。有人把近年来的变化趋势称为"国家交通政策激进而又富有远见的转型"(Rusk ,2000,p.78)。一些大都市区,其中包括俄勒冈州的波特兰,因为交通规划创新已获得了国家荣誉,它们自觉地强调公共交通投资而非增加公路容量,放慢郊区化的步伐,并鼓励发展高密度集约和混合用地。批评者认为,尽管做了这些努力,但这些方法终将失败,因为郊区的发展不会停止,人们对依赖汽车的生活方式的喜好不会改变(O'Toole,2001)。其他人则认为很多区域交通组织是维持"现状"的堡垒,他们只是预见性地响应州政府和为董事会服务的地方民选官员的意愿,而民选官员追求的只是地方远景目标的优先事项,在他们的远景里整个地区可能转型(Yaro,2000)。

事实上,地区间差异显著,区域交通规划毫无疑问应该反映这些差异。一些美国大都市区增长非常缓慢，而其他地区则蓬勃发展；有的地区侧重于发展服务业和旅游业，而另外的地区则是制造业中心；一些地区深受交通拥堵的困扰，而其他地区还有能力集聚增长。一些地区，特别是在东北部和中西部地区，在普遍拥有和使用汽车之前，就形成了高密度、交通导向的核心区，而许多"阳光带"城市则是在汽车普遍使用后才获得快速发展。一些地区存在区域交通规划必须解决的严重空气质量问题，而其他地区则没有这样的问题。由于上述原因，不同地区交通规划应该采用不同的编制方法，并且这些差异也应在区域交通规划内容上有所体现。

八、交通规划的环境维度

交通系统塑造和构成的城市环境，让我们能以各种各样的方式生活其中。虽然区域交通规划的目的是提供一种有效的、在美学上让人愉悦的交通系统，但该系统仍然会显著地影响自然环境质量。交通基础设施覆盖了大部分城市的陆地面积，通过改变河道而影响其分水岭，并产生许多污染物进入水系。道路及其副产品（如冬季用于融化冰雪的食盐）会浸入动植物栖息地。交通车辆是城市噪声最常见的来源，汽车尾气也是城市空气污染的重要来源。另外，交通工具的制造、操作和报废也会增加额外的环境负担。交通规划总是不断修改，以期能更好地保护自然环境。当前的交通规划与管理大多致力于最大限度的减少、减轻交通运输对环境的影响。

（一）第4(f)款条文

20世纪60年代，随着州际公路系统城市段建设的加速，环保人士开始警觉，努力避免高速公路穿过人口密集的社区，因而交通规划者设计了许多新的交通线，避免穿过公园、湿地及其他敏感的公共空间。联邦规划条例也被迫做了修改，要求努力保护敏感地、栖息地和愉悦的自然美景，防止交通基础设施建设对环境的破坏。1966年颁布的管治区域交通规划的联邦法律第4(f)款，要求"特别努力，……以保存农村、公共公园及休闲用地，野生生物和水禽庇护所，以及历史遗址的自然之美"。美国运输部承诺，敏感环境地区的交通基础设施建设，只有当"没有更可行、更审慎的替代方案"，且规划已对环境"破坏最小化"时才能获得批准。许多法律决策、政策要求：

规划者必须充分说明项目的所有环境成本,并且提出的补救措施也必须切实有效。有的项目建设已开始践行,例如,公路机构已按照第4(f)款的规定,恢复了因新路计划受影响面积的两倍或三倍之多的湿地,以减轻项目的环境影响(FHA,1989)。

(二) 国家环境政策法

联邦公路计划的第4(f)款,在很多方面可以说是广泛应用的联邦环境法规的典范(model),1969年的《国家环境政策法》(NEPA)适用于联邦政府资助的交通项目以及许多其他公共和私营项目。该法案规定,任何联邦基金资助的项目都必须有"环境影响评估过程"(专栏6.4和6.5概要地列出了环境影响评估过程)。提议项目的负责机构必须公布和广泛发布环境影响报告(EIS)草案(就大的交通项目而言,环境影响报告工作量巨大,往往需要长达数千页的详细分析),并邀请市民以书面形式或在听证会发表意见。负责机构必须书面回应市民提出意见和建议,并最终发行经修订的最后版本的环境影响报告(EIS)。最终的环境影响报告(EIS)必须通过联邦政府的多个机构(包括为该项目提供资金的机构和其他负责环境政策和计划的机构)的批准。获得批准,并不能确保该项目或计划对环境没有负面影响,但它确实对规划和建设机构施加了一定压力,即当采取的行动会影响环境时,必须足够小心且要负责任。自1970年美国制定国家环境政策法(NEPA)以来,进行了数以万计的环境复审,其中很多是处理公路和公共交通项目。国家环境政策法顶住了很多想要打败它的法律诉讼案和企图削弱它的修正案。目前,一些州采取了类似的立法,要求那些不依赖联邦基金的交通项目也要做环境影响评估(Bear,1989)。

专栏6.4 环境影响报告

"在环境保护署(EPA)的《国家环境政策法》(NEPA)中融入环境公正问题的适应性分析的最终指导(1998年4月)",是《对国家环境政策法》(NEPA)和美国环境保护署(EPA)的环境公正要求的综合讨论。根据指导,编写EIS的基本步骤为:

• 机构准备EIS时,确定范围(环境影响的范围,译者注)是第一步,这也是市民参与EIS的第一次机会。在这一阶段,牵头机构邀请可能涉及的政府

第六章　交通规划过程反思

机构代表、项目的支持者和感兴趣的公众成员参加会议，确定该项目可能会产生的所有重大影响。项目的备选方案也可以在这个阶段提出。这些会议会在当地报纸和牵头机构的网站刊登报道，并给以前的参与者或现在想要参加的个人、组织发送邮件。报名参加会议就是参加确定影响范围会议及其他公众会议的一个很好的途径。

• EIS 草案是发行的第一份文件；讨论每种备选方案对人与自然环境的影响，以及影响的程度。在项目影响显著但可以减轻的情况下，就提出缓解策略。草案分发给各方参与者、感兴趣的个人和组织，并在图书馆和其他公众事务所发放。

• 在 EIS 编写过程中，公众评论是公众参与的第二个重要机会。在这个阶段，利益相关者或公众成员，可以对技术分析、取消或加入特定的替代方案、缓解战略，或 EIS 草案中任何其他问题发表评论。评论可以以书面形式递交给牵头机构，也可在听证会上口头表达。自草案发行时起，评论期历时 180 天。

• 对评论做出回应。对 EIS 草案的所有意见，相关机构都必须做出回应——修改备选方案，或提出其他备选方案并进行评估，提高分析技能，对结果进行修正，或说明没有采取行动的原因。

• EIS 终稿，是 EIS 草案所有问题都得到解决形成的结果。

（三）清洁空气条例

任何地区其他环境问题对交通规划的影响，都不及空气质量问题对交通规划机构的要求苛刻。随着跟城市空气污染有关的健康问题日益备受关注，美国国会于 1955 年通过《清洁空气法》(Clean Air Act)，拉开了联邦政府、州政府和地方政府之间合作的序幕。自 1967 年以来，伴随城市空气质量恶化的全国性关注，《清洁空气法》先后进行了五次重大修订（Garrett & Wachs, 1996, chap. 1）。最新的《联邦清洁空气法修正案》(CAAAs)、最近颁布的《联邦交通开支法案》、ISTEA 和 TEA-21 要求空气质量政策和交通规划进行前所未有地系统集成。《清洁空气法》已设定限制汽车生产过程中几种主要污染物排放的标准。随着时间的推移，国会强化了这些标准并把它的适用范围扩展到几大类别的车辆，如以前没有管制的重型卡车。联邦法规还通过严格限制车辆燃料种类来解决空气污染问题。上述几种规范（包括交通运输技术变革）综合发挥作用，就算是在车辆数量稳步增长的情况下，也大大减少了空气污染（见第一章和第十四章）。

尽管有所改善，但很多都市区的空气质量仍然不符合法律规定的《国家环境空气质量标准》(NAAQS)。因为这些地区的机动车辆成为城市的主要污染源，所以区域交通规划也必须明确地考虑空气质量的影响。这就要求区域交通规划机构要与区域空气质量法律规定保持一致。《联邦空气质量法》要求，未达到空气质量标准的地区必须制订计划（通常称为"州政府实施计划"，或 SIPs），在 CAAAs 规定的时间内达到空气质量标准。由于运输系统是区域大气污染的主要来源，因此州政府实施的计划常采取限定交通方式的措施促使空气质量改善。州政府也采取交通管制措施(TCMs)（如专栏 6.6 所示），明确列出空气质量计划的执行情况，以表明州政府努力改善空气质量从而符合联邦要求的决心。

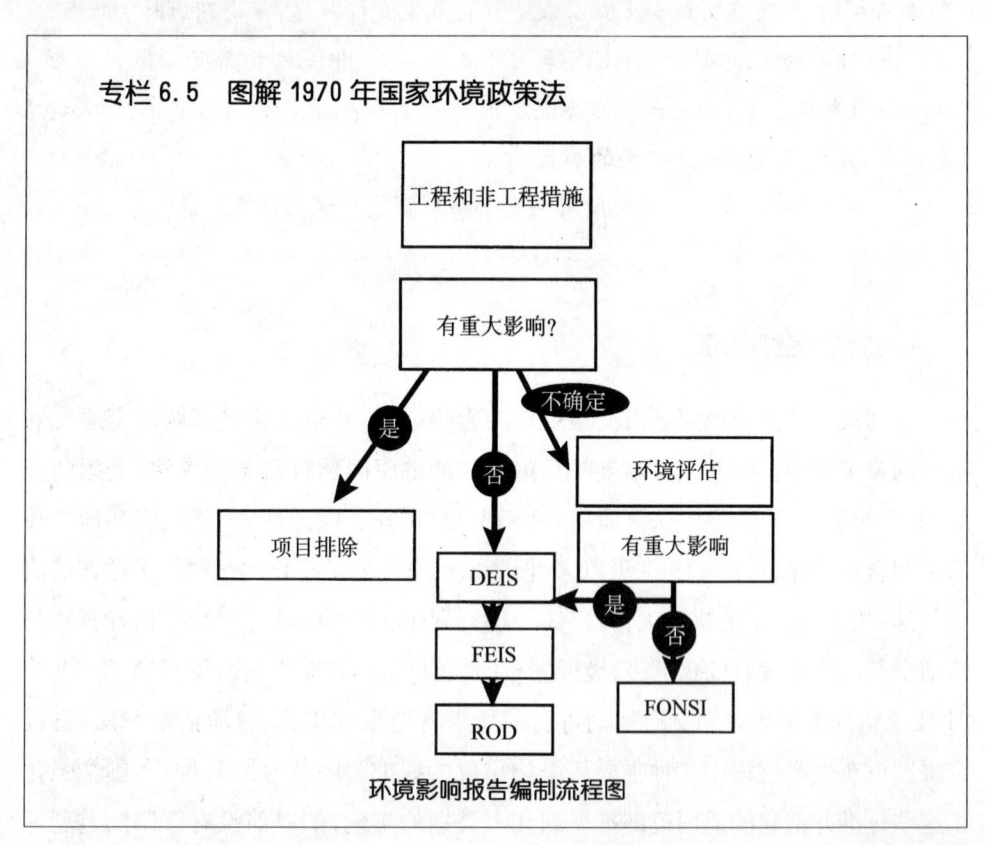

专栏 6.5　图解 1970 年国家环境政策法

工程和非工程措施

有重大影响？
- 是 → 项目排除
- 否 → DEIS → FEIS → ROD
- 不确定 → 环境评估 → 有重大影响
  - 是 → DEIS
  - 否 → FONSI

环境影响报告编制流程图

第六章　交通规划过程反思

> 编制环境影响报告,进行范畴排除(CE)或环境影响评估,主管机构必须考虑所有的社会经济和环境影响,并以公共环境为重。虽然 NEPA 三个层次文件的范围和复杂程度不同,但都是为了同一目标:即通过认识项目影响,在交通决策中引入公众参与,制订最佳方案。
>
> - 环境影响报告(EIS),是联邦政府采取的行动,对人类和自然环境有重大影响时才制定的。
> - EIS 草案(DEIS)和 EIS 终稿(FEIS),是一种信息披露文件,对所提议的项目、环境现状、所有备选方案对环境的有利和不利提供全面的说明。
> - 范畴排除(CE, categorical exclusion),是联邦政府采取的行动,在对人文和自然环境不会有重大影响时制定。
> - 环境影响评估(EA),主要评估联邦行为的环境影响程度。如果评估表明该项目影响显著,那么就需要再做环境影响报告(EIS);如果没有重大影响,记录"并无重大影响"即可。
> - 决策记录(ROD)是环境影响报告的简洁决策文件,记录各州的决策(方案或选择)、其他备选方案,或备选方案的缓解策略。
> - 如果项目对人类环境质量并无重大影响,该项目可以不做环境影响评估报告。

为确保取得空气质量改善方面的进展,联邦有关空气质量和交通的法律规定,对没有达到国家空气质量标准(NAAQS)的地区,其区域交通规划和空气质量规划必须保持一致。一个复杂的"整合过程"是实现两种规划一致性的有效机制。在"未达标"地区,区域空气质量规划机构通过编制规划以期在规定的期限内达到 NAAQS 的标准。该机构使用数学模型,量化出行和污染排放之间的关系,并使用其他模型,如基于本地的地形和大气条件对污染物扩散进行分析。如果根据州和联邦空气质量机构的要求,该计划获批并实施,达到了国家空气质量标准,那么该计划就可称为"整合"计划。为实现空气质量规划和交通规划之间的一致性,联邦法律还规定,大都市区规划机构和区域空气质量机构在估算大气污染物排放时要使用相同的数据。区域交通规划必须与区域空气质量规划保持一致,交通改善计划实施的项目必须包括前述两个规划的一部分项目，且对项目污染的估算也必须一致。要达到整合，区域交通规划和交通改善计划必须符合空气质量规划，消除或减少对国家空气质量标准的超标部分，实现尽快达标。为实现整合，任何与 SIP 空气质量目标相冲突——对新违反国家空气质量标准，或恶化已违反的，或拖延空气质量达标的法定期限——的交通工程或规划都不能获得批准（Garrett & Wachs，1996，pp. 23-24）。

保持交通规划和空气质量目标一致是高度复杂、高要求和高度政治化的。不仅需要在空气质量和交通机构之间开展技术合作、共享数据，而且要在数学模型的使用上也达成一致意见。尽管所有参与者往往都怀揣着最美好的愿望，但不精确的模型和数据库却使这个过程复杂化。交通规划者必须根据已有污染物排放量做出长期规划，但用来预测出行与排放量的模型常常产生误差，而且这种误差比排放量备选方案选择时的分歧还要大（TRB，1995）。为解决区域空气质量问题，要求规划机构和空气质量机构在制定增加流动性规划战略时必须进行谈判和协商，并且谈判必须在听证会上公开进行。在听证会上，竞争的选区可以就不同的解决方案进行激烈的辩论。

专栏 6.6　1990 年《清洁空气法》修正案的交通管制措施

- 改善公共交通计划；
- 限制某些道路或车道，让巴士、通勤车、合乘车使用；
- 实施以雇主为基础的运输管理方案，鼓励多元化出行而非仅仅驾车的方案；
- 减少出行的条例；
- 改善交通流量管理以减少污染物排放的计划；
- 道路边缘（fringe）和运输走廊的停车设施服务使用率高的车辆和公交；
- 在排放量集中的市中心和其他活动中心，管制或限制车辆使用方案；
- 提高车辆高使用率和提供车辆共用预约服务方案；
- 在特定时候限制部分路网供非机动车辆和行人使用方案；

第六章　交通规划过程反思　　　　　　　　　　　　　　201

- 在公共和私人领域提供自行车车道和自行车安全寄存设施的方案；
- 限制延长汽车引擎空转的方案；
- 减少极端冷起动的废气排放量方案；
- 以鼓励弹性工作时间为目标的雇主赞助方案；
- 减少购物中心、特别活动和其他活动中心的独驾车辆，实行便利出行的大量客运和汽车替代方案；
- 新建或重建为独立出行和非机动车出行的道路便道或区域的方案。

九、交通的环境影响在未来备受关注

NEPA 法颁布 30 多年来，对交通运输机构需要预测、阐述新项目、计划的环境影响的规定，缓慢但显著地改变了交通规划的性质。最初，交通局只是间接、被动地认识环境影响。加上 4(f) 款条文和 NEPA 的要求，和无数法律诉讼案中法院的支持，赋予了环境利益集团权力和动力，并在交通规划中经常发挥积极作用。如今，区域、州和联邦交通机构聘请了许多环境分析专家，并投入大量资源研究和记录潜在的交通投资对环境的影响。提高流动性与保护环境，两者之间有时互补，有时又互相矛盾，但客观地说，交通运输机构不再对环境问题漠不关心。

近 30 年来，区域交通机构面临的最紧迫的环境问题是地方与区域尺度的空气质量问题，重点强调降低铅、氮氧化物、活性有机气体、一氧化碳和微粒的排放。尽管取得了较大进展，但改善城市空气质量仍是交通官员最为关心的问题。由于人们逐渐认识到污染对健康的不利影响，因此空气质量的控制重点发生了转向。例如，微小颗粒物，由于它们对人体健康破坏性影响的记录而日益受到重视。

随着人们对交通运输改善城市空气质量作用的深入了解，在某种程度上，未来不断出现的环境问题必然会使交通规划的过程更加复杂化。社会各界已开始关注二氧化碳(CO_2)和其他"温室气体"增多的危害，以及全球气候变化这个重大问题（见本书第九章）。据估计，交通运输产生的二氧化碳，占全球排放总量的比重高达20%，美国机动车排放的温室气体占全球机动车排放总量的 20%-25%。这些温室气体来自于人类活动而非自然界(TRB,1997,pp.210-211)。根据地表气温监测,20世纪全球温度大约上升了0.6摄氏度。更为重要的或许是,每日最低气温上升的幅度大约是最高气温上升幅度的两倍。有关冰川和雪盖的扩展研究,强化了交通政策改革的需求,以战胜永久地不可逆转的危害(Easterling,2002)。

通过改变水流的路线和流量,交通运输明显的改变水系特性,并改变其自然流域模式。车辆、公路和公共交通线路也是大量液体、固体和气体污染物的来源,这些污染物可以附着在水体表面被径流带入河道。美国陆军工程兵团拥有通航水道管辖权,对影响航道水流性质和成分的交通项目,进行审查并发放许可证。此外,美国鱼类和野生动物保护组织的清洁水法案和条例,也常常限制交通基础设施的路线和设计(Wachs,2000,p.107)。

交通基础设施会大大影响本已脆弱的栖息地。例如,在隐蔽的栖息地、食物和水源之间设置壁垒,会干扰动物、昆虫的迁徙路线。防冰冻用盐(寒冷地区冬季用来融化路面冰雪以使道路更通畅)会污染当地的水源,危害某些植物、动物和昆虫。州公路和运输管理部门最近开展的一项调查表明,在30个响应的州中,已有21个州把生物多样性作为交通规划过程的一个研究目标(Herbstritt & Marble,1996)。

区域交通机构逐渐认识到21世纪交通规划的挑战在于,如何在提高可达性和机动性的同时,使交通系统更加"可持续"。可持续性要求不能由于能源枯竭和棘手的污染问题,让子孙后代的生活质量下降。渐渐地,交通规划和区域土地利用规划努力实现合并。从脆弱栖息地和物种存量入手,规划者逐渐能够在满足保护土地等规划要求的同时,预留交通用地。尽管人类对自然界的认识还不完善,预见未来、反思过去,管理人类当前活动的能力也还非常有限,但可以预见的是,交通运输因在经济社会发展中发挥了至关重要的作用,为个人和集体提供了必不可少的福祉,它将会成为全球政治的中心议题。

十、21世纪的交通政策

交通规划是一项技术性和专业性很强的活动,并且根植于地方、区域、州、国家和全球不断变化的政治背景之下。21世纪交通政策的主要任务仍是:提高人员与货物的机动性,并实现各种各样的经济社会目标。

第六章 交通规划过程反思

一直以来,机动性的本质都随着技术的演变而不断变化。因此可以合理地预测,随着燃料与动力系统的技术革新、交通工具制造材料以及通讯技术的进步,空间互动模式将发生变化,并最终改变组织、出行的所有方式。技术变革也将一如既往地继续产生人们想要和不想要的影响,且利弊兼而有之。

传统区域交通规划强调设施建设、分析设施建设的环境影响和预测设施的交通流量承载力。在未来数十年的交通规划中,设施规划很有可能将越来越少,对规划目标的追求将越来越倾向于通过更广泛的政策组合及更强调设施管理(与设施建设相比)来实现。举例来说,推进住宅区、工业和商业区高密度、混合用地的战略,就被宣传为是对环境负责任和有效率的。有人认为,这些措施可以减少都市区的蔓延,并减慢农业用地城镇化步伐,出行更多依靠步行和搭乘公共交通,减少使用汽车。

通信的日益普及以及通信和交通互补的特性,会开创更加多元化的生活环境(见第四章)。通过智能交通系统(ITS),通信已开始对交通规划产生影响。电子收费系统,诱导线路选择的即时交通信息,下一班公共汽车或火车的到达时间以及目的地停车位预告信息,都是普遍而可靠的通讯技术改善交通系统管理的例子。可以预测,随着时间的推移,区域交通规划者对这种管理工具的使用将越来越多,因为它们一方面提高了交通系统能力,从中受益颇多,另一方面也避免因交通系统物理容量扩充而对社会与环境造成负面影响。

交通运输是人们日常活动和出入社区至关重要的方式,因此必须寻求不同社会和经济团体之间的需求平衡。经济和环境问题越来越具有全球性,交通运输对减少人和地方的隔离起到了中心作用,对环境问题和可持续问题的关注也让它站到了世界舞台中央。交通规划将继续成为激烈的政治碰撞与融合之地以及许多不同的公共利益和私人利益相互交汇的场所。

参考文献

[1] Altshuler, A. A. (1965). *The city planning process: A political analysis*. Ithaca, NY: Corenell University Press.

[2] Bear, D. (1989). NEPA at 19: A primer on an "old" law with solutions to new problems.

Environmental Law Reporter, 19, 10060-10069.

[3] Easterling, D. R. (2002, October 1-2). *Obsorbed climate change and transportation*. Paper presented at the Federal Research Partnership Workshop, Brookings institution, Washington, DC.

[4] Federal Highway Administration, U. S. Department of Transportation (1989). *Section 4(f) policy paper*. Available online at http://fhwa. dot. gov/environment/guidebook/vol2/4f policy. htm

[5] Federal Highway Administration, U. S. Department of Transportation (1999, April). *The Congestion Mitigation and Air Quality (CMAQ) Program under the Transportation Equity Act for the 21st century* (TEA-21): Program guidance. Washington, DC: Author.

[6] Forkenbrock, D. J. , & Schweitzer, L. A. (1999). Environmental justice and transportation planning. *Journal of the American Planning Association*, 65, 96-111.

[7] Gakenheimer, R. A. (1976). *Transportation planning as response to controversy: The Boston case*. Cambridge, MA: MIT Press.

[8] Garrett, M. , & Wachs, M. (1996). *Transportation planning on trial: The Clean Air Act and travel forecasting*. Thousand Oaks, CA: Sage.

[9] Greig, J. , Cairns, S. , & Wachs, M. (2003). *Environmental justice and transportation: A citizen's handbook*. Berkeley: University of California, Berkeley, Institute of Transportation Studies.

[10] Heightchew, R. E. (1979). TSM: Revolution or repetition? *ITE Journal*, 48(9), 22-30.

[11] Herbstritt, R. L. , & Marble, A. D. (1996). Current state of biodiversity impact analysis in state transportation agencies. *Transportation Research Record*, 1559, 51-63.

[12] Humphrey, T. F. (1974). Reappraising metropolitan transportation needs. *Transportation Engineering Journal, Proceedings of the American Society of Civil Engineers*, 100 (TE2).

[13] Meyer, M. D. , & Miller, E. J. (2001). *Urban transportation planning: A decision-oriented approach* (2nd ed.). New York: McGraw-Hill.

[14] O'Toole, R. (2001). *The vanishing automobile and other urban myths: How smart growth will harm American cities*. Banden, OR: Thoreau Institute.

[15] Rusk, D. (2000). Growth management: The core regional issue. In B. Katz (Ed.), *Reflections on regionalism* (pp. 78-106) Washington, DC: Brookings Institution Press.

[16] Transportation Research Board. (1995). *Expanding metropolitan highways: Implications for air quality and energy use* (Special Report No. 245). Washington, DC: National Research Council.

[17] Transportation. Research Board. (1997). *Toward a sustainable future: Addressing the long-term effects of motor vehicle transportation on climate and ecology* (Special Report No. 251). Washington, DC: National Research Council.

[18] Wachs, M. (1995). The political context of transportation policy. In S. Hanson (Ed.), *The geography of urban transportation* (2nd ed., pp. 269-286). New York: Guilford Press.

[19] Wachs, M. (2000). Linkages between transportation planning and the environment. In *Refocussing transportation planning for the 21st century, conference proceedings*, 20, 102-112. Washington, DC: Transportation Research Board.

[20] Wachs, M., & Dill, J. "Regionalism in transportatzon and air quality: History, interpretation, and insights for regional governance." In A. Altshuler, W Morrill, H. Wolman, & F. Mitchell (Eds.), *Governance and opportunity in metropolitan, America* (pp. 296-323). Washington, DC: National Academy Press.

[21] Weiner, E. (1997). *Urban transportation planning in the United States: An historical overview* (U. S. Department of Transportation, Office of the Assistant Secretary for Transportation Policy Report DOT-T-97-24). Washington, DC: U. S. Department of Transportation.

[22] Yaro, R. D. (2000). Growing and governing smart: The case of the New York region, In B. Katz(Ed.), *Reflections on regonalism* (pp. 43-77). Washington, DC: Brooking, Institution Press.

（杨红梅、莫辉辉译，王姣娥校）

第七章 城市与区域交通规划中的 GIS 应用研究

蒂莫西·涅尔盖什(Timothy L. Nyerges)

一、为什么在交通规划中使用 GIS？

正如前面几个章节中所提到的，美国国会和一些州在 1990 年后颁布的法律中制定了一系列针对交通规划和实施方案的规定。与此前有关法案相比，这些新的规定具有更强的系统性和综合性。其中，联邦级别的法律包括 1991 年颁布的《综合地面运输效率法》(ISTEA)、1990 年颁布的《清洁空气法修正案》(CAAAs)、1990 年颁布的《美国残障人士法》(ADA)与 1998 年颁布的《21 世纪交通运输公平法》(TEA-21)。在华盛顿州，相关的法律包括 1990 年颁布的《增长管理法》(GMA)以及先后在 1991 年、1995 年和 2001 年所颁布的该法修正案。TEA-21 规定各州内每个大都市区都必须与该州运输部门共同组建一个大都市区规划机构(MPO)，以便针对某一地区的交通规划和项目实施工作展开具体协作。特别是当 MPO 将合法地接受联邦政府的交通改善专项资助时，这种协作是必需的。华盛顿州 GMA 要求相互毗邻的多个人口增长地区与该州运输部(DOT)共同建立一个区域交通规划组织(Regional Transportation Planning Organization，RTPO)，在相关计划、项目和工程中通力合作，以合法地接受联邦政府的交通改善专项资助。为避免重复资助，皮基特海峡地区委员会(Puget Sound Regional Council，PSRC)兼任皮基特海峡中部地区 MPO 和 RTPO 的职务，重点负责协调与改善其辖区内金郡(King County)、基沙普郡(Kitsap County)、皮尔斯郡(Pierce County)和斯诺霍米什郡(Snohomish County)等地的交通状况(图 7.1)。皮基特海峡中部地区空间范围与西雅图大都市区一致，它是本章区域级(Region)、郡县级(County)以及市区级(City)等不同空间尺度的交通规划案例研究的核心区域。在 GMA 的指引下，PSRC 负责协调郡县级交通规划，各郡县负责协调其辖区范围内的市区级交通规划。可以说，GMA 引导了一次跨越多个行政级别的交通规划。

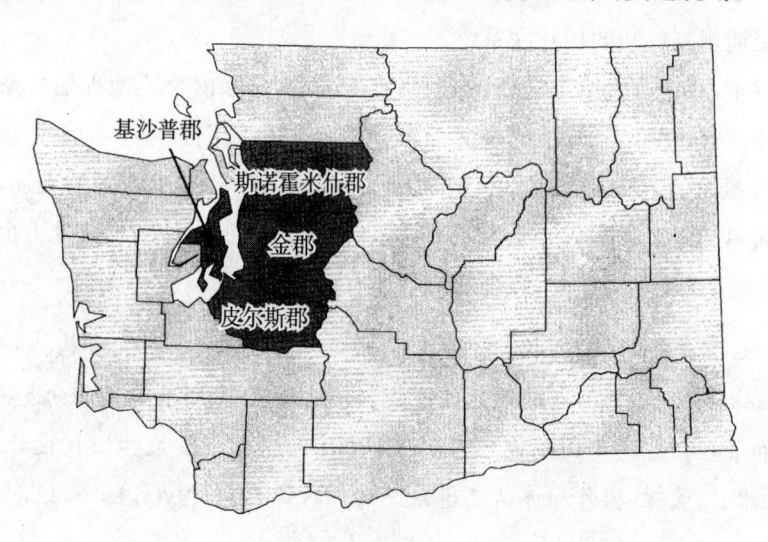

图 7.1 华盛顿州皮基特海峡地区委员会管辖范围

交通与经济、社会、环境息息相关。在华盛顿州，联邦立法与州立法均已明确规定将这些因素纳入交通规划影响因子的考虑范围。此时，地理信息系统(Geographic Information System，GIS)可以作为一种整合交通规划所需多种信息的有效技术手段。之所以有效，其原因在于 GIS 能够帮助人们进行数据采集、储存、分析和表达，客观真实的交通信息便可由其位置、属性、时态等特征要素进行很好的展现。此外，合理高效地利用交通信息，还可以有效促进不同尺度下的交通规划、设计及施工之间的相互联系。

本章将从三个层面阐述 GIS 在交通规划中的应用：①PSRC 辖区；②金郡运输部道路服务办公室(Metro King County Department of Transportation，Road Services Division)辖区；③西雅图市运输部重大项目与居民区规划管理办公室(City of Seattle Department of Transportation，Major Projects and Neighborhood Planning Division)辖区。以上三个辖区具有明显不同的地理空间尺度，我们将重点介绍不同尺度下的远景战略规划或称为长期交通规划(long-range transportation planning)的相似与不同之处。除此之外,我们还会介绍交通改善计划(Transportation Improvement Program,TIP)或称做短期交通规划(short-range transportation planning)的内容,这样可以帮助读者更充分地理解长期交通规划与短期交通规划之间的相互联系。

本章中,我们首先给出 GIS 的定义,准确来说,是给出交通地理信息系统(GIS for Transportation,GIS-T)的定义。为了便于描述,我们直接将 GIS 视为 GIS-T。关于 GIS 概念的定义,很多初学者都会抱怨一直都没有一个准确的表述,因为很多较为简单的定义大多仅强调了 GIS 某一方面的特征而忽略了其他方面。在这里,我们给出一个更为全面、综合的 GIS 定义:

> GIS 是一个集数据、软件、硬件、参与人员、程序和结构为一体(Dueker & Kjerne,1989),通过采集、储存、处理、分析和展示面向复杂规划和管理任务的空间信息(FICCDC,1988),应用于决策、规划、设计、构建、维护、管理、操作和评估交通系统的一种工具。(Nyerges & Dueker,1988)

单从上述 GIS 定义的文字篇幅便不难看出这项技术本身的综合性与巨大的应用潜力。该定义明确了 GIS 的三个基本特征,每一个特征都可以很好地解释 GIS 为何如此有用。

(1) GIS 的基本组件一般被认为包括:数据、软件、硬件、参与人员、程序、结构。这六项基本组件之间以多种方式发生着交互作用,使信息在组织内部和组织之间具有很强的流动性。

(2) 以上组件特别是软件,用于采集、储存、处理、分析和展示空间信息。当数据被置于一个更广阔、更具现实意义的背景下时,GIS 用户将可以更好地帮助人们理解复杂问题的本质。

(3) 也是最为重要的一点是使用 GIS 是为了将其应用于决策、规划、设计、构建、维护、管理、操作和评估交通系统。GIS 服务于各级交通管理部门,为其提供与交通高效性、便捷性和公平性相关的有益的信息。

上述定义表明 GIS 在交通领域具有广泛的应用可能性。一些最近发表的研究成果表明 GIS 已被成功地引入了交通规划研究。例如,在《交通研究 C 辑:新技

第七章 城市与区域交通规划中的 GIS 应用研究

术》(*Transportation Research*, *C*: *Emerging Technologies*)2000 年的某一期专栏中,希尔(Thill)收集了 22 篇关于交通建模与 GIS 的学术论文,其中大概有六篇直接或间接地谈到如何应用 GIS 进行交通规划。又如,在一本关于城市交通规划的教材中,迈耶和米勒(Meyer & Miller, 2001)提出了一些关于交通规划决策层面上的观点,特别提到了几个基于 GIS 的交通规划案例。再者,米勒和萧(Miller & Shaw, 2002)对 GIS-T 的概念、方法和技术进行了全面、细致地阐述,并将 GIS 在交通规划方面应用的重要性提升至一个新的高度。另一方面,GIS 还可以提高规划过程中的公众参与度(Craig et al., 2002; National Research Council, 2002; Talen, 2000),通过构建 WebGIS(即通过访问一个互联网浏览器)和 Internet GIS(即通过一个用户定制的浏览器)培养和提升公众参与规划的兴趣和热情(Peng, 1999, 2001)。事实上,许多市民都对规划有着浓厚的兴趣(Taylor, 1998),而这些极有可能会更好地服务于交通规划(Simth, 1999)。

总的来说,GIS 技术的进步使人们获取和利用交通信息的能力不断增强,同时 GIS 在交通规划中的应用也是与日俱增。受篇幅所限,本章仅介绍 GIS 在交通规划中的一部分应用,其中,我们将重点介绍远景战略规划,这也是 GIS 在交通领域中最为广泛的应用。同时,我们还会谈到不同空间尺度下的 GIS 应用的差别和特色。

根据第五章提及的内容,交通规划包括四个阶段:远景评估、规划制定、程序设计和系统监控。远景评估是指规划中的交通系统在未来很长一段时间内可能达到的预期目标。在运输部门,远景评估结果一般采用规划效果图的形式,通过展现预期土地利用状况和建成环境来表达。规划制定(被迈耶和米勒称为"讨论与选择")是指在研究未来交通需求的基础上绘制未来交通需求图的过程。这些图是研究者凭借经验以及专业知识,结合社会经济指标、土地利用状况以及未来 20 至 30 年人口发展趋势对未来交通系统需求的一种预测。程序设计是指被遴选出来的由交通建设投资支持的、以六年为最长期限、两年为阶段性周期进行滚动支撑的交通建设项目。这些项目被称为"资产改善计划"(Capital Improvement Program),该计划被视为长期实行的计划。系统监控用于反映交通系统的运营状况并及时地反馈计划制定和程序设计过程中的问题。目前,交通规划中的大多数 GIS 应用已经包括了规划制定阶段,关于这一点,由本章内容即可看出。至于远景预估、程序设计和系统监控等阶段,由于本身就具备地理视角的优势,它们也蕴藏着巨大的 GIS 应用潜力。GIS 应用的重要目标即是通过管理、分析和展示交通信息,为规划者、决策层、相关部门负责人以及普通市民获取交通信息并切实地参与交通规划提供便利。

我们也非常希望读者通过对本章的学习,能够了解到 GIS 在不同空间尺度的交通规划中会发挥不同的作用。因此,本章首先简要介绍交通规划的关键技术和体制问题以及在交通规划中应用 GIS 的可能性。然后分别阐述 GIS 在美国华盛顿州内具有不同空间尺度的三个地区(PSRC 辖区、金郡运输部道路服务办公室辖区、西雅图市运输部重大项目与居民区规划管理办公室辖区)交通规划中的不同应用特点。最后对 GIS 在交通规划中的应用潜力与研究难点进行总结和讨论。

二、GIS 是技术与社会体制的综合体

GIS 的技术优势使其在交通规划中得以发挥作用。通过对交通数据进行特定的处理,GIS 可以帮助人们更广泛、深入地开展交通方面的调查分析,这在以前是不可想象的。根据"数据层"(data layer)(Sinton,1978)以及最近伴随新技术的发展而产生的"对象类别"(object categories)(Miller & Shaw,2002)这些用于表达数据结构的概念,GIS 能够将交通活动中的空间、时间、属性描述信息进行有效地整合。数据层这一概念源于早期制作塑料膜片地图的思想。那时候,人们是将不同类别的地理要素绘制在不同的透明塑料膜片上,每一张塑料膜片代表一个地图图层,然后依次将其重叠起来,以展现叠加了多重地理要素的地图。而今,由于 GIS "数据层"操作的便捷性,数字图层时代已经成功地取代了早前的塑料膜片地图时代。在 GIS 环境中,我们可以全方位、多视角地研究诸如交通网络、土地利用、水资源分布和栖息地等不同数据层之间的相互关系。例如,道路网络数据层可以与土地利用数据层进行叠加,由此表达土地利用产生的车辆出行在路网中的运移特征。而且,移动的车流还可以显示路网中汽车尾气排放和沉积的具体位置,这些由汽车尾气产生的污染会沿路网排泄至周边的江河湖海,最终破坏野生动物与鱼类栖息地的自然与生态环境。所有这些表达不同自然现象或人文现象的信息都必须置于统一的时空框架下才具有真正的研究意义,这也是 GIS 地图数据叠加分

析的应用价值所在。那么，GIS 的优势到底从何而来？它仅仅是一个工具，还是一门有益的科学技术，以帮助人们更好地思考过去那些由于太复杂而无法解决的问题呢？

从根本上来说，GIS 由三大软件技术组成：①数据的存储与管理技术；②数据挖掘与空间分析技术；③地图可视化技术。数据管理有利于数据层的增值业务发展。每一项涉及多个数据层的 GIS 应用都会产生有益的成果输出，这些成果不断累积，逐渐发展成为多层次的企业级数据资源，进而形成具有一定规模的数据仓库。数据分析是基于业已形成的数据仓库进行数据挖掘，进而揭示潜藏于海量数据中的具有研究与应用价值的各种规律。而地图可视化则是通过直观的图形解读方式，帮助人们建立更为广泛与深入的地理认知。这三种技术合起来恰好能准确地诠释出 GIS 如此有用的根本原因。如果没有先进的数据管理技术，GIS 只能是一个交通建模软件；如果没有强大的分析功能，GIS 只能是一个计算机制图软件；而如果没有优质的可视化技术，GIS 则只能是一个毫无生机的表格数据分析软件。

为了支持多用户操作，GIS 中还引入了通信与决策分析技术。其中，通信技术用于支持人机交互，而决策分析技术则用于进一步强化 GIS 的决策支持功能（Cowen, 1988）。GIS 中的这五大软件技术有机结合，构成了处理多种问题尤其是发现和解决交通问题的重要基础。考虑到后两项技术在 GIS 研究领域中才刚刚起步（Jankowski & Nyerges, 2001；Nyerges et al., 1998），目前还没有集成到商业 GIS 软件中，因此，本章将着重讨论目前已发展成熟而且最为常用的前三项技术。

然而，技术并非是解决交通问题的万能药。交通问题向来十分复杂，以往的 GIS 在界定问题的复杂性方面也几乎无所建树。因此，GIS 若要解决交通问题，必须采用新的方法来阐释传统的信息需求，以使已有的技术发挥出更大的价值。例如，在交通规划的制定过程中，处理基于家的和非基于家的交通出行信息时，不仅要求 GIS 能够完成传统的集计式的交通需求分析，同时还要求 GIS 能够处理更为详细的出行特征，以服务于非集聚式的基于活动的交通需求建模过程（Kwan, 2000）。此外，GIS 必须在分析过程中引入更多的变量，如空气质量因子、水质因子等，以此来提高处理复杂问题的综合能力（Miller & Shaw, 2002）。再者，GIS 应具备服务于政策制定的能力，也就是说，GIS 应致力于数据的采集、处理、分析与表达，为决策者制定城市与区域交通规划及交通改善计划提供指导性的意见和建议。

GIS 中的一项共性技术就是数据表达。它是数据处理的一个重要组成部分。数据一旦经过处理，会转变为信息，但人们对于数据的理解以及从中获取信息却一直都没有一个统一的认知方法。因此，GIS 的一项重要挑战就是要将现实生活中存在的交通问题转变为一种可以被人们理解的 GIS 语言。有一种方法是采用基本的地理空间数据结构来表达交通问题，如图 7.2 所示(部分内容引自 National Institute of Standards and Technology，1994)。这种数据结构仅涉及交通现象中的空间信息，没有属性信息和时间信息。但这些信息也是研究交通问题所必不可少的组成部分。空间、属性和时间信息三者缺一不可，它们共同组成了交通网络、居住空间、就业空间、购物空间等与人类生存与发展密不可分的基本要素。规划者与决策者需要综合地考虑上述各种因素，科学地解读 GIS 语言，客观、正确地看待交通问题，进而提出现实、可行的解决方案。

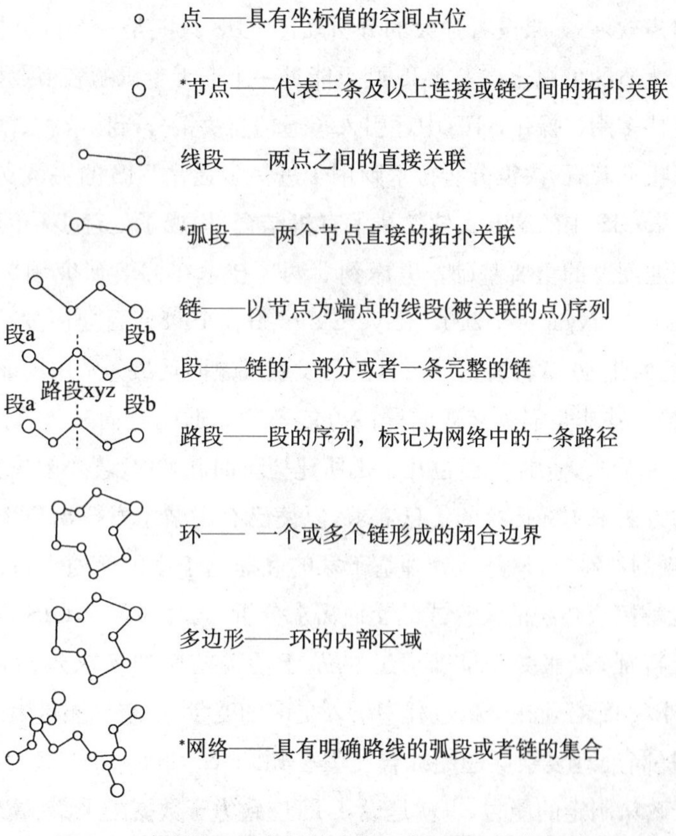

○　　点——具有坐标值的空间点位

○　　*节点——代表三条及以上连接或链之间的拓扑关联

○—○　　线段——两点之间的直接关联

○—○　　*弧段——两个节点直接的拓扑关联

　　链——以节点为端点的线段(被关联的点)序列

段a　　段b
　　路段xyz　　段——链的一部分或者一条完整的链
段a　　段b

　　路段——段的序列，标记为网络中的一条路径

　　环——一个或多个链形成的闭合边界

　　多边形——环的内部区域

　　*网络——具有明确路线的弧段或者链的集合

图 7.2　交通地理信息系统中常用的地理空间数据结构

第七章 城市与区域交通规划中的 GIS 应用研究

多年来,交通需求预测一般分为四个阶段:出行生成、出行分布、方式选择和交通分配(详见第五章)。目前已开发出交通需求建模软件,如 EMME/2 软件。这类建模软件与 GIS 最大的不同在于它们会为了提高数据处理的效率而最大程度地降低数据的空间表达需求,而这一点恰恰是 GIS 中数据表达的重中之重。GIS 可以表达图 7.2 中所有数据结构,但交通建模软件只能表达其中带星号标识的三种数据类型。当然,交通建模软件并不会因此而失去使用价值。对于交通建模软件的设计者而言,他们没有必要去设计多边形的表达,因为交通领域的研究人员在表达交通分析区(TAZs)时,并不将 TAZ 视为多边形,而是直接将其简化为一个点。但 GIS 软件设计者不能认同这种做法,他们认为这样会使交通数据的空间分析变得十分有限。尽管如此,GIS 和交通建模软件都有一个共同的目标,那就是服务于交通规划研究,其中 GIS 可以很好地支持交通建模软件的数据管理(McCormack & Nyerges, 1997)。

1990 年以前的 GIS 软件大多很难有效地表达线性交通特征,因为当时的 GIS 软件供应商没有考虑到适合交通领域的线性参考系统(Nyerges, 1990)。交通特征要素的表达与分析除二维空间参考系统如大地坐标系和平面投影坐标系之外,还有赖于一种线性参考系统用于路段长度标识及数据库存储,如街道或公路沿线的里程点标识、运输路线上的时间点标识等等。尽管空间信息是 GIS 的核心研究内容,但空间信息只有与属性信息相互关联才能体现出 GIS 的优势。属性信息是除时间、空间信息之外的用于描述某种现象特征的信息,如一条公路的属性信息包括车流量、交通规模、负载能力、交通事故发生率和排水量等。使用线性参考系统可以有效地避免属性信息存储的冗余。以车道宽度和道路限速为例,这两个属性都具有线性特征,在没有线性参考系统的时候,若要记录道路上不同路段的车道宽度或限速信息,就需要将一条完整的道路切分为多个零碎的路段,然后分别记录每个路段的属性值。有多少个属性特征,完整的道路就要被切分多少次,而每一次切分操作都将生成若干条具有不同属性值的路段。毫无疑问,这种操作方式会造成大量的交通数据冗余。因此,为了减少数据冗余,必须采用线性参考系统,通过在道路沿线上添加参考点的方法,记录各属性特征如车道数目、铺路材料、限速等沿道路的变化情况。

GIS 的数据管理既要处理空间信息和属性信息,还要处理时间信息。现有的大多数 GIS 商业软件对时间信息的处理能力十分有限。虽然 GIS 时间研究在过去十年中已经发展成了 GIS 的一个热门方向,但目前仍未取得突破性进展(Koncz & Adams, 2002; Langran, 1992)。在已有的研究当中,时间一直被当作一项属性信息来处理,这么做不利于数据表达、处理和分析。在交通领域中,数据在数据库中按年份进行分别存储,这种存储方式十分不利于交通网络动态变化的查询和分析工作。这个问题可以采用线性参考系统和动态分段处理技术来解决。总的来说,时间因素的存在使得上述问题成为一个多维度的复杂问题。基于时间维度的思考,时空间多维数据结构(Koncz and Adams, 2002)和对象型关系数据库结构如 UNETRANS(Environmental and Systems Research Institute, 2002)先后问世。UNETRANS 是一个由许多 GIS 用户集体创造的交通对象模型,它也是一个有机融合了时间、空间、属性信息的 ArcGIS 地理数据库。

尽管技术方面一直是 GIS 最为关心的,但是社会体制和文化方面也是 GIS 不可忽视的。人们在使用 GIS 的过程中,围绕着如何处理和分析数据而彼此逐渐产生了一种相互协作的良好氛围。随着人们应用 GIS 日趋频繁,越来越多的组织机构逐渐意识到组织内部以及组织之间的数据共享可以有效地降低成本、提高数据处理和分析效率。因此,GIS 有效地促进人们协同合作,共同开发并建立更具普遍性、综合性的空间数据库,更全面、深入的将其应用于交通分析。随着 GIS 技术的不断进步,社会体制与文化因素将会在 GIS 应用中得到越来越多地体现,而这种体现也将在人类社会中发挥越来越大的社会影响力(详见 Pickles, 1995)。

本节简要介绍了 GIS 技术与社会体制方面的基本现状与进展趋势,下一节将重点介绍三个 GIS 应用实例,它们在地理空间尺度上具有明显的差异。

三、三种空间尺度下的交通规划 GIS 应用

如何将 GIS 应用于城市与区域交通规划呢?要想回答这个问题,我们可以从华盛顿州皮基特海峡中部地区(西雅图大都市区)三个不同空间尺度下的 GIS 应用案例入手,它们分别是区域级、郡县级和市区级交通规划。各级运输部门拥有其辖区的独立管辖权,它们在独立管辖各自辖区的基础上,由 GMA 引导进行相互协作。尽管西雅图大都市区有其特殊性,但类似的多层次司法管辖制度在美国普遍

第七章 城市与区域交通规划中的GIS应用研究

存在,只是组织方式有所不同。此外,还有联邦级别和州级别的司法管辖机构,他们主要通过资金支持等经济手段作用于当地交通系统,关于这一点本章不再详细讨论。除了上述三个最主要的空间尺度,我们还划出了六个功能区:交叉口(intersection)、连接(link)、走廊(corridor)、子区(subarea)、城区(urbanwide/citywide)、全区(regionwide),将它们用于华盛顿州MPO的交通需求分析(Nyerges&Orrell,1992)。

各级运输部门在交通规划协作方面存在一些难以协调的问题,这些问题既有政策方面的,也有技术方面的。从政策方面来说,不同级别的司法管辖机构会受到不同级别的政策影响,如市区级交通项目会受到其居民区的影响,而区域级交通项目则同时受到大都市区和居民区的影响。这样,各级运输部门之间的相互协调就显得十分重要。在GMA政策引导下,PSRC有责任核查该州RTPO(联邦MPO)辖区内四个郡县交通规划的一致性,而金郡有责任核查其郡县范围内的各市区交通规划的一致性。面对如此庞大的工作量,不用GIS几乎不可能完成。从技术方面来说,各级运输部门都需要在GIS数据共享的技术支持下完成各自承担的交通规划任务。因此,GIS的技术优势可以有效地解决各级运输部门在交通规划协作方面的难题。

然而,GIS在协调各级运输部门规划工作的过程中还存在一些问题。尤其是交通规划中最为重要的两个活动过程——规划制定和程序设计,它们对于"交通项目"这一概念的理解完全不同。这种偏差广泛地存在于部门内部与部门之间。一方面,远景战略规划下的交通项目通常更宏观、更具有一般性意义,而短期交通改善计划下的交通项目则更加现实而具体、更具可操作性。另一方面,不同的部门会建立不同的GIS数据库,用于远景战略规划的GIS数据库和用于短期交通改善计划的GIS数据库是不一样的;相应地,同一个项目若使用不同的数据库,其数据描述方式也会不一样。概念理解的差异以及数据库系统的不同会阻碍部门内部与部门之间的信息共享,随着GIS应用的不断推广以及GIS数据共享的不断发展,这个问题将会日益凸显。

总之,GIS在交通领域的应用目前面临的一项重大挑战就是如何合理地组织与协调各部门之间的工作,提升信息共享服务水平,促使各部门交通规划及项目实施工作顺利、高效地开展并完成。事实上,目前已有的GIS应用早已超越了原先单纯的地图服务。一些 GIS 应用系统已成功地证明了 GIS 辅助交通规划与决策制定的可行性(Jankowski and Nyerges,2001;Nyerges et al.,1998)。具体地,我们将在下面的实例研究中详细讨论。

(一) 皮基特海峡地区委员会辖区下的交通规划

皮基特海峡地区委员会(PSRC)是一个区域级规划组织机构,其成员包括金郡(King County)、基沙普郡(Kitsap County)、皮尔斯郡(Pierce County)和斯诺霍米什郡(Snohomish County),再加上该地区 82 个城镇中的 68 个(注释 1)。2000 年,四个郡的总人口为 327.58 万,面积约 6 295 平方英里(PSRC,2002)。2030 年预计人口将超过 450 万,约有 40% 的可能实现 30 年人口净增 100 万的人口增长率。此外,过去 20 年的车辆行驶里程(Vehicle mile traveled,VMT)日平均值的增长速度已经超过了人口增长速度,20 世纪 80 年代 VMT 的增长率超过人口增长率的 5.3%,到了 90 年代这一超出量下降到 0.8%,现在已经是负 0.2 个百分点了(VMT 增幅为 1.6%,而人口增幅为 1.8%)。这说明城镇道路设施的建设越来越不能满足不断增长的人口对交通的需求,交通拥堵现象将会继续恶化下去。正如《区域发展趋势快讯》(*Regional Trend Newsletter*)中所指出的,"即使保持现有 VMT 增幅不变,目前的道路设施建设速度仍旧无法满足这一增幅的需求,交通拥堵在可预见的未来仍将继续"(PSRC,2002,p.1)。这一趋势很可能会让 PSRC 长期背负着全美交通拥堵地区排名前十的罪名。因此,区域总体规划与区域交通规划将比以往任何一个时期更加具有现实意义,而 GIS 将在其中发挥极为重要的作用。

PSRC 代表华盛顿州 MPO 和 RTPO,直接参与当地政府的交通规划工作,其交通规划决策面向整个地区执行。由于空间尺度的不同,PSRC 交通规划与诸如金郡、西雅图市区的交通规划在策略上会有所不同。郡县和市区交通规划是以各自辖区内或跨辖区的具体项目为核心,而 PSRC 负责区域交通规划,它必须从大处着眼,以平衡区内四郡的运输需求为重,因此它采用了一种全局、协作的规划观念。

正如本章开头所提到的,TEA-21 和 GMA 要求 PSRC 代为行使 MPO 和 RTPO 的职务,全权负责该地区的交通规划制定。关于区域交通规划的制定过程在

第七章 城市与区域交通规划中的 GIS 应用研究

本书第五章已经介绍过,包括规划方案选择的预分析、技术分析以及后分析等多个阶段,它们是大都市区交通规划(metropolitan transportation plan,MTP)的关键。

交通需求建模是交通规划中最为重要的技术过程。本书第五章曾提到,"四阶段"的城市交通建模系统(UTMS)是三个层次的司法管辖区(区域、郡县和市区)交通规划的基础。不过,出于政策方面的考虑,区域交通规划中的交通需求建模过程有别于传统意义上的交通需求建模过程,其差别主要表现为以下三点:

(1) 从非集计的角度考虑受到人口变化或经济活动影响的土地利用特征。其中,由经济活动导致的交通出行需求,除通勤出行需求之外,也要考虑货物运输和旅客运输需求。此外,模型中还考虑了非机动车(行人和自行车)模式。相比之下,传统的交通需求建模针对土地利用的分类十分笼统,通常不会考虑上述这些具体的交通活动。

(2) 在已有的财政、安全、系统性能标准之外,增加了空气和水环境标准,进一步完善规划过程中的各类指标体系。

(3) 要求分析过程与系统改善规划、成本最低计划以及政策层面的交通系统需求进行挂钩,这说明规划过程是迭代而非线性的。从另外一个角度也表明了 GIS 对于复杂规划过程中的决策支持至关重要。

每个接受联邦资助的 MPO 都将完成其辖区规划年限在 20 年以上的 MTP。2001 年 5 月 24 日完成的皮基特海峡中部地区的 MTP——"目标 2030"(Destination 2030)(PSRC,2001)采用 GIS 技术成功地绘制出一幅远景战略规划示意图,如图 7.3 所示。图中显示了代表该地区未来增长的 21 个城市增长区和城市中心。这些城市增长区和城市中心在"远景 2020"(VISION 2020)中已被明确指出。"远景 2020"是皮基特海峡中部地区的城市、经济、交通长期发展战略白皮书,1990 年被采纳,1995 年被修订。这些受到政策支持的增长区和中心将极有可能得到 MPO 的大力支持,尽快改善交通状况。由 MPO 负责的 MTP 是"远景 2020"中交通领域的核心内容,MTP 必须为各个城市增长区和城市中心之间人与物资的畅通运输提供有力的保障,才能确保"远景 2020"的顺利实现。

从皮基特海峡中部地区"目标 2030"战略规划图(原图为彩图)上不难看出,未来该地区将重点关注高载乘车辆(high-occupancy vehicles,HOVs)的行驶路段。具体地,HOV 是指高密度区域中至少搭载三人的车辆和中等密度区域中至少搭

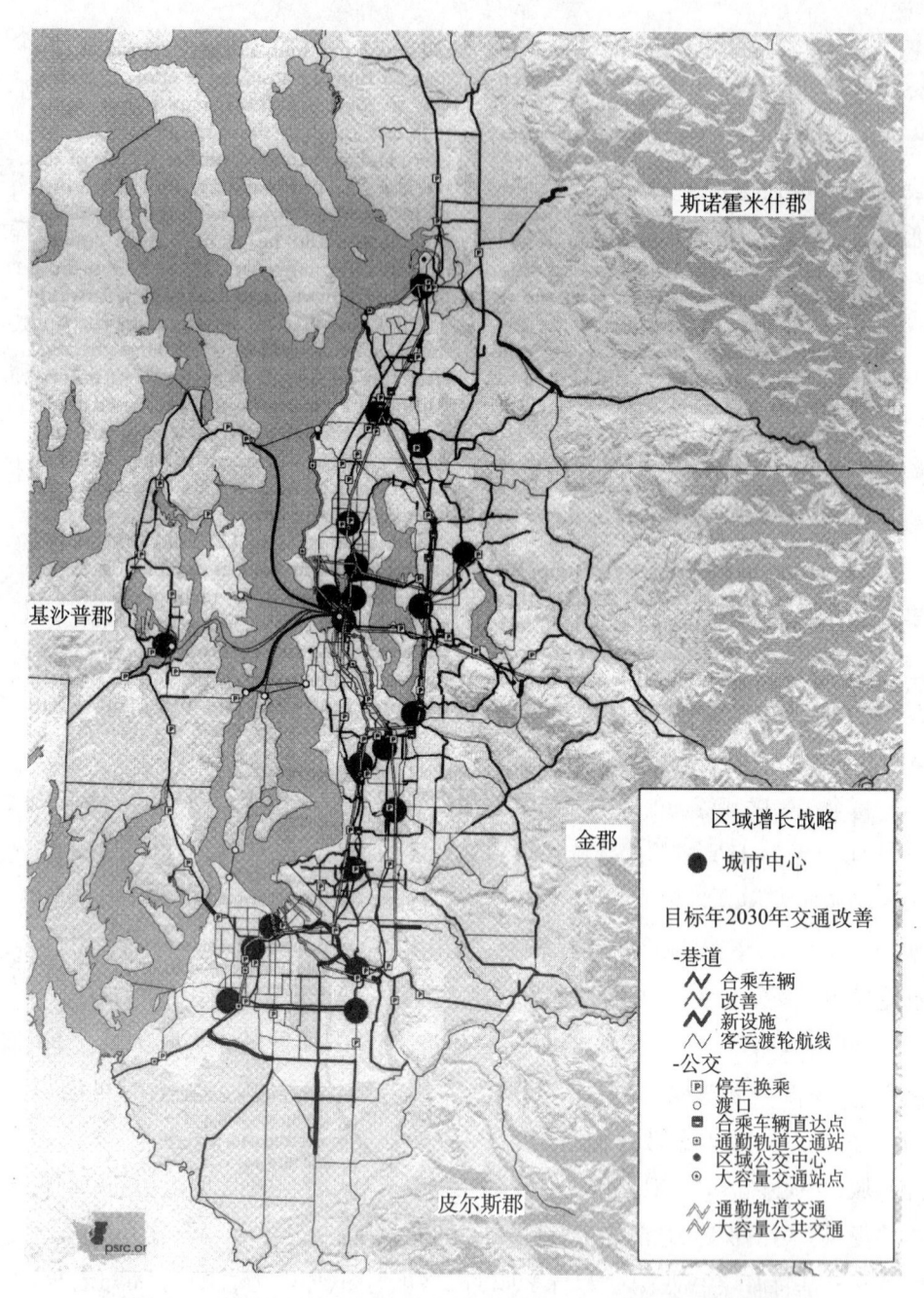

图 7.3 皮基特海峡中部地区 MTP"目标 2030"远景战略规划示意图

资料来源：PSRC，2001。

载两人的车辆。除此之外,图中还明确标注了道路改建状况和新建道路设施(注释2)。另外,因为该地区有水域,渡轮也是一个重要的交通模式,轮渡模式在该图上也有明确地标注。

"目标2030"战略规划图的另一个关注重点是公共交通运输,主要有停车场、轮渡码头、HOV疏导接入点、自控轨道交通站点、区域转运中心、大宗货物中转站、轨道交通通勤线路以及轻轨线路等。例如,最近正在筹建轻轨,它将穿越该地区的核心地段。最近人们正在激烈地讨论该轻轨路线的长度、走向以及轻轨究竟能多大程度上缓解该地区交通堵塞现状。但无论如何,那些制订出的交通改善计划都在向前推进。

基于活动分析法的交通需求建模方法已经得到了一些改进,但就目前来看还不够完善。因此,PSRC针对本次MTP仍然采用UTMS作为MTP的核心分析方法。值得一提的是,这次UTMS综合应用多种信息技术,如交通建模软件、GIS、桌面制图技术等,如图7.4所示。面向区域的交通规划会涉及海量的数据,桌面制图功能将越来越有赖于GIS实现。至于针对海量数据的操作,倘若没有GIS的支持,很难想象将会有多么困难。

面向远景战略规划的交通分析过程以构造经济学模型为开端,该模型可提供整个被规划区域在2010、2020和2030年这三个时间节点上的家庭与就业增长预测结果。然后,将这些预测结果分配到各个预测分析带(forecast analysis zones, FAZs),分配的依据常包括过去几十年的配额、新的交通可达性和土地利用的变化状况。FAZ边界和美国人口普查局的人口普查分区边界一致(U.S. Bureau of Census, 2000)。FAZ历史数据集以当地社区调查为基础进行修正,而当地土地利用数据集以美国地质调查数据中的土地利用和土地覆被数据为基础进行修正。另外,更为详细的各郡县地块数据集也正在被采集与处理。由此可见,GIS将在交通建模过程中的数据管理与编辑方面继续发挥作用。

219个FAZ的分配基于就业分配模块EMPAL(Employment Allocation Module)和住宅分配模块DRAM(Disaggregate Residential Allocation Module)进行。然后,就业预测基于就业增长FAZ来展开,而住宅预测基于住宅增长FAZ来展开。在这个过程当中,GIS用于创建FAZ就业增长专题图和FAZ住宅增长专题图。

220　　第二部分　城市交通规划

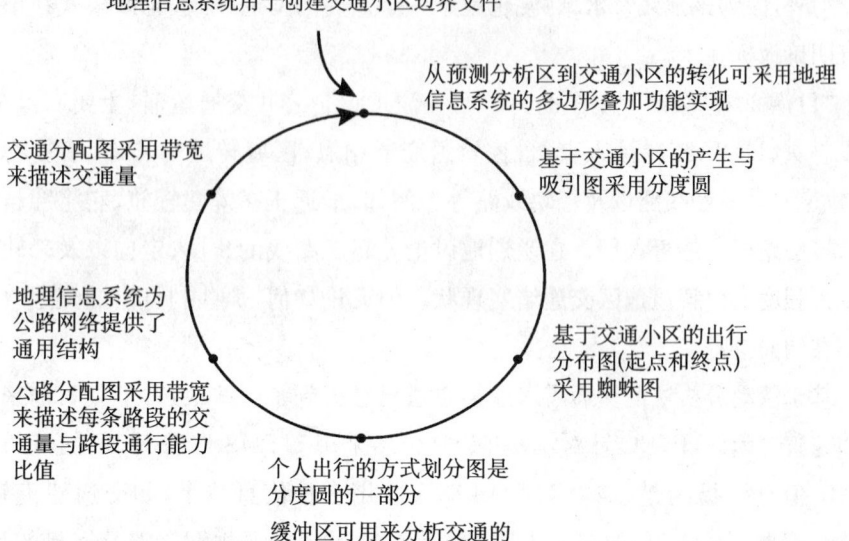

经济模型为预测分析区制图提供家庭和就业数据
地理信息系统用于创建交通小区边界文件

从预测分析区到交通小区的转化可采用地理
信息系统的多边形叠加功能实现

交通分配图采用带宽
来描述交通量

基于交通小区的产生与
吸引图采用分度圆

地理信息系
统为公路网
络提供了
通用结构

基于交通小区的出行
分布图(起点和终点)
采用蜘蛛图

公路分配图采用带宽
来描述每条路段的交
通量与路段通行能力
比值

个人出行的方式划分图是
分度圆的一部分

缓冲区可用来分析交通的
可达性

图 7.4　区域交通需求预测建模的 GIS 支持

　　TAZ 的边界划分比 FAZ 更为细致，它是在 TAZ 的基础之上依据就业、住宅数据的特点，进一步分割出相对均匀的小区。PSRC 辖区内共有 956 个 TAZ(有 938 个 TAZ 在四个郡的内部，还有 18 个 TAZ 在四个郡的外部)，全部采用手工划分。此时，GIS 用于将就业预测和住宅预测数据从 FAZ 水平进一步划分至 TAZ 水平。基于 TAZ 的预测数据更加有利于与基于地块的土地利用数据进行结合。

　　正如第五章所述，传统的 UTMS 第一步是出行生成预测，即运用交通需求预测建模软件 EMME/2 计算交通产生量和交通吸引量。此时，GIS 用于创建交通产生量和交通吸引量专题地图。

　　第二步是使用 EMME/2 计算出行分布。此时，GIS 用于输出基于 TAZ 的 956×956 的 OD 矩阵。

　　第三步是评估方式选择，利用出行时间、费用、公交和停车场的可达性等变量计算人们利用汽车、公共交通及 HOV 等不同交通方式的比重。方式划分是基于个人出行计算的，此时，GIS 用于绘制出行生成和出行吸引的分度图，其中的扇形区代表每种交通方式的出行比例。

第四步是交通分配预测。这一步需要同时使用 GIS 和 EMME/2。PSRC 辖区内道路网络一共包括 6 000 个结点和 19 000 条弧段，所有机动车出行都会被分配到交通网络中去。其中，GIS 主要负责路网维护，EMME/2 主要用于路网分析，如每条弧段上的交通量（Volume）、交通量/通行能力比率（Volume/Capacity，V/C）的分析，计算结果会返回到 GIS 进行绘图。然而，尽管 EMME/2 擅长于交通数据的统计与分析，但它无法形象直观地表达交通网络的几何形态，而这恰好是 GIS 的优势所在。此外，GIS 还可用于交通量、V/C 计算值的地图可视化表达，以及基于就业中心地的交通出行时间等值线图的绘制。

在第四步中，路网分配的另一结果是汇聚 TAZ（各路段的交通量、车速），以此来评估其空气中一氧化碳和臭氧水平达标的区域。其范围与 PSRC 管辖区略有不同，计算中采用美国环境保护署（EPA）MOBILE5A 模型，并综合应用车辆行驶里程值、车速、方式及车辆类别等一系列属性值来计算空气污染水平。

路网分配的最后一步是公交分担。公交分担和路网分配类似，区别在于公交分担仅使用公交网络。这里，GIS 用于各种变量如每小时的巴士数、路段上的平均车速的空间分布表达。

UTMS 的整个四阶段分析对当前的状态是一个循环迭代过程。在出行需求预测过程中，分配及方式划分需进行多次迭代计算直至模型均衡，也就是说，根据预测的方式划分分配各路段上的交通流量及交通方式。随后，根据新的可达性评估，重新分配出行分布，并进而作为新的输入量影响方式选择。这里，后者通常需要进行多次。循环迭代过程中的每一个阶段都可以通过地图来进行可视化表达。该模型中，首先利用现有数据（2000 年）来预测 2010 年交通需求，然后基于 2010 年预测结果推算 2020 年交通需求，再用 2020 年预测结果推算 2030 年交通需求。尽管是一个循环迭代过程，这些预测在交通网络中是生成流量、车站等的基础。最后是结合政策因素（如空气污染水平、交通拥堵水平、资助水平等）迭代产生最优 MTP 的过程。最优 MTP 方案将同时满足 TEA-21 和 GMA 的一系列指标，包括机动性需求、环境保护指标、基于人口和就业增长的土地利用变化指标等。

初步形成的 MTP 草案将通过一次公开会议呈现给皮基特海峡中部地区的广大市民。然后，结合环境影响声明对该草案进行修订并形成新的草案。在会议之前和会议期间都要征求公众的意见,这些意见会被纳入草案,然后在决策会议上进行审议。以往在这一过程中,GIS已经成功地用于展示草案中的地图,但并不具备交互式的地图操作能力,通常这些地图都是以硬拷贝的形式提供给与会者。随着GIS技术的快速发展,最近PSRC在交通改善计划中成功地运用了基于互联网的地图展示与在线评论。这一操作策略将很可能在2005年的MTP修订工作中被再次采用。

(二) 金郡运输部道路服务办公室辖区下的交通规划

截至2000年,金郡总人口约168.5万人、面积2 130平方英里。西雅图市是当地政府管辖范围以内39个城市中规模最大的城市,共有563 374人。塞克米西(Sykomish)和波扎尔(Beaux Arts)规模最小,人口均不足300人。此外,当地政府管辖范围以外(unincorporated portion)的地区人口约34.1万人。2012年全郡总人口有望达到187.5万人。尽管金郡在州内所有郡当中拥有最多的人口,但其东部(卡斯卡特山西坡)大部分地区却是人烟稀少的乡村地带。华盛顿州GMA中曾明确地规定了在保护乡村原始风貌不被破坏的前提下合理地推进城市化进程。这项规定在1994年出台的"金郡综合发展计划"(the Comprehensive Plan, CP)中得到了体现。金郡CP还专门设置了城市增长边界,以防止农村土地被部分无序的城市化发展强行侵占(King County, 2000)。可喜的是,2002年该郡高级执行官就曾在记者招待会上正式宣布,金郡在围绕相关政策合理推进城市化发展方面已获得成功。

在过去的10年中,郡县级交通规划为了更好地适应城市增长管理需求,在规划战略上发生了一些变化。具体表现在,其规划战略在涉及交通设施建设和土地开发利用的同时还增加了对生态环境和社会文化方面的关注。华盛顿州GMA和金郡CP都要求该郡制定一个规范化的交通服务水平说明书(transportation levels of service, LOS),以确保只有当交通服务水平达到一定级别要求的时候,新的土地利用开发申请才会获批。

为了进一步提高当地居民的生活质量,金郡正在积极地开展与郡内各城市以及PSRC之间的合作。考虑到金郡具有市区、城郊、乡村的复杂区域特征,该郡交通规划将制定更为细致的功能区划分,包括交叉口、连接、走廊、子区、城区以及全区(其中全区特别强调城乡结合)。其中,交叉口和连接已被纳入交通改善计划,因此这两类功能区内的交通问题会在短期交通项目中得以解决,而走廊、子区、全区等功能区内的交通问题常常因其交通复杂性而在远景战略规划中得到强调。

提到子区的概念,它有三个类别,每一个类别都有各自的功能定位。第一类是金郡CP中定义的政府管辖范围以外的八个子区,每个子区都具有独立的金融服务和运输服务策略。因为这些子区都是在社区规划的基础上发展而成,所以它们不再属于郡县级交通规划的考虑范围。第二类是交通需求报告(Transportation Needs Report,TNR)中确定的五个子区,如图7.5所示。这些子区广泛地覆盖了

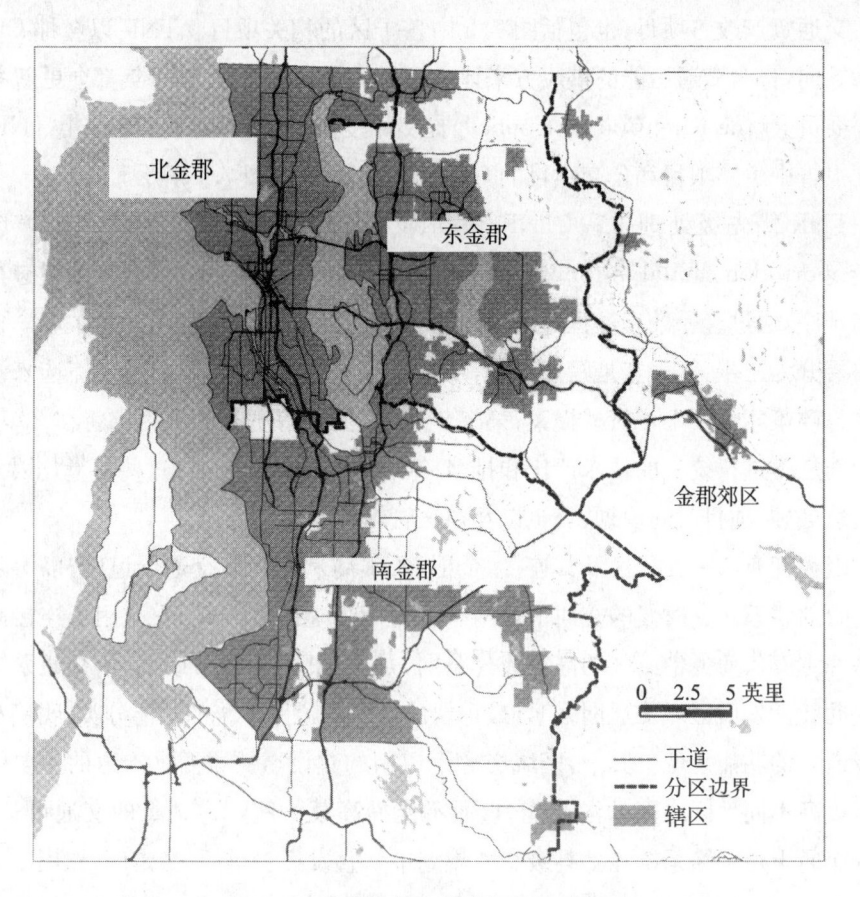

图 7.5 华盛顿州金郡交通规划子区图

(阴影区为金郡地方政府管辖范围内子区,非阴影区为金郡地方政府管辖范围外子区)

资料来源:King County,2001。

高密度活动中心如北金郡（North King County）、成熟社区如南金郡（South King County）、广大农村地区如东金郡（East King County）和瓦申岛（Vashon Island），它们不仅覆盖了第一类八个子区，而且还覆盖了全郡所有的城区和郊区。第三类包括五个交通服务区（大致是图7.5中金郡政府管辖范围以外的子区），其地理数据将用于GIS建库。这一类子区在功能上是前两类的一个折中，主要服务于交通需求预测的建模过程。这些交通服务区会被进一步划分为TAZ，与PSRC辖区内TAZ基本一致。

TNR是金郡CP的组成部分（King County，2001），它是从长期运作的角度来论述交通资产改善项目，也包括图7.5中各子区的相关项目。TNR以金郡CP政策为导向，作为交通运能的供应方来评定项目的优先级。TNR每年都会更新并向金郡委员会（the King County Council）提交年度报告以供审查。2001年TNR的年度报告中道路项目和公交项目的GIS管理如图7.6、图7.7所示。

TNR优先级处理过程（TNR Priority Process）会根据交通资产改善计划（transportation capital improvement program）对金郡所有道路和公交项目进行评分和排序，通过这一处理过程，改善计划与战略规划二者得到了有效地关联。该过程主要分为三步：第一步是筛选工作，项目建议书来源广泛，需要通过筛选来消除那些与政策相悖或不可行的提案；第二步是评比工作，所有的项目都将在20项相关标准之下进行统一的技术评比和排名；第三步是非量化评估，这些非量化因素包括紧急处理、项目时间规划、资金以及司法管辖权等多个方面。

因为拥有第一类子区及其连接，金郡DOT将利用区域交通干道网，以增强子区之间的联系。这时候的交通干道网有点走廊功能区的意味，它是用于连接高速公路、商业区、商务中心区的高等级公路网，是一个区域（城市或郊区）交通系统中的主动脉。发展区域交通网络时，最重要的是建立道路系统的功能分类，明确不同等级道路的功能定位。其中，区域交通干道网的建设至关重要。干道的主要作用在于提高不同地区之间的沟通能力，而不是提高某一些特定地点的交通可达性。区域交通干道网络系统在郡县级交通规划中一直发挥着重要的"走廊"作用。

"走廊"的视角可以帮助规划者更好地认识和理解交通发展的区域性影响，还能促进各级运输部门跨市区、郡县乃至区域协作以共同致力于交通改善工作。每一条交通走廊都可以被视为一个提高区域机动性和可达性的重要组成部分。截至

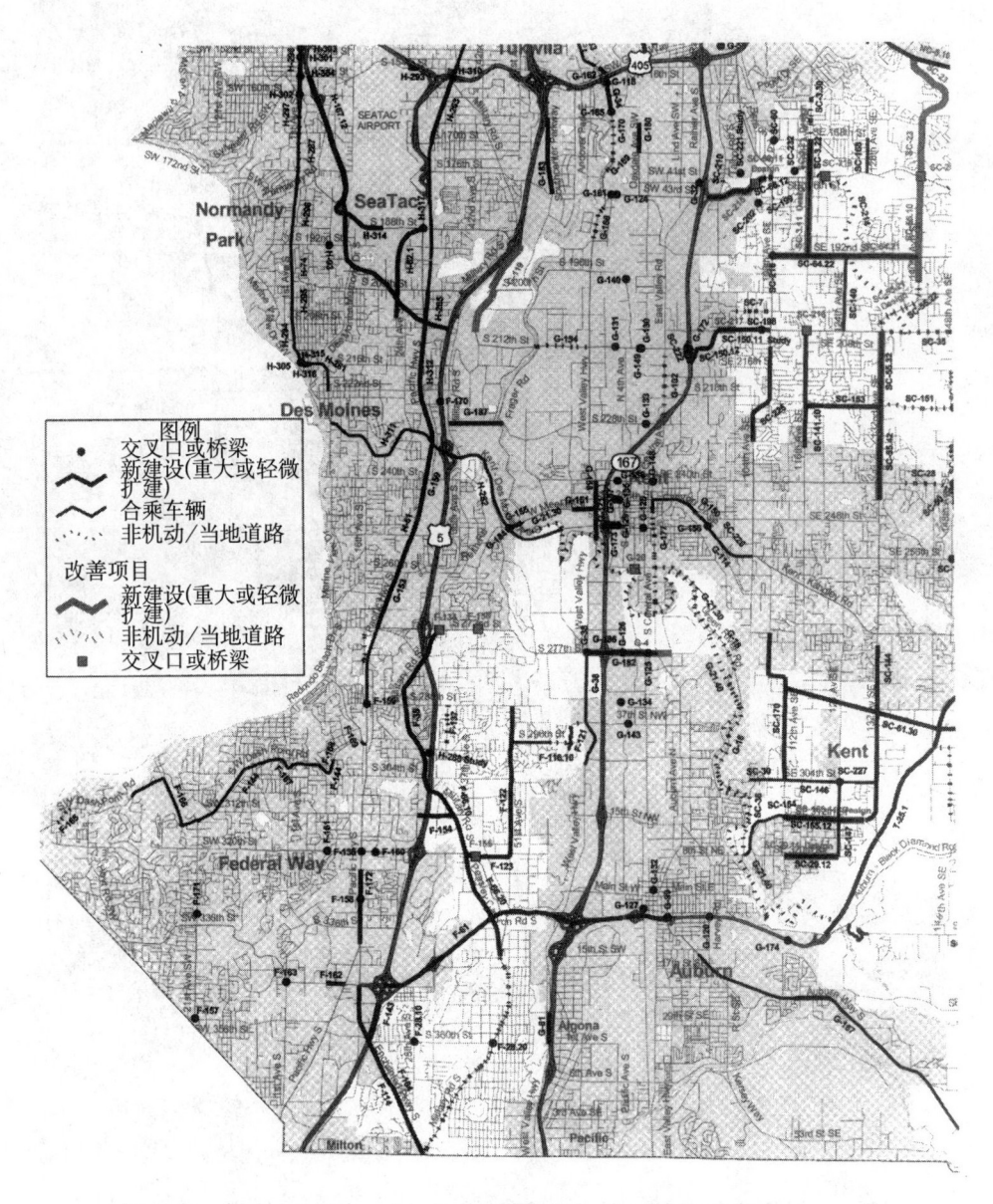

图 7.6　金郡综合发展计划中的交通发展计划——2001TNR 道路项目切图

资料来源：King County, 2001.

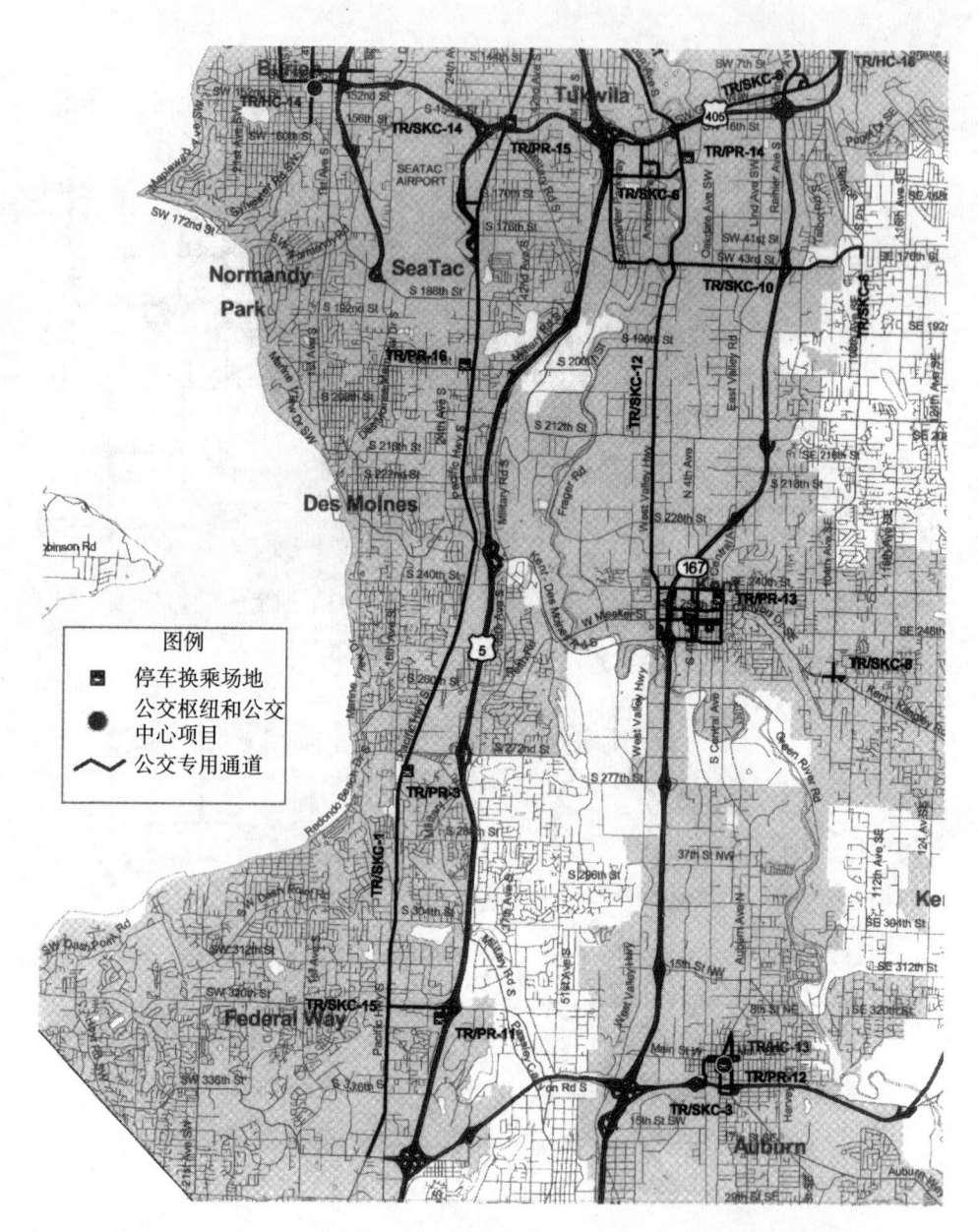

图 7.7 金郡综合发展计划中的交通要素发展计划——2001TNR 公交项目切图

资料来源：King County, 2001.

第七章 城市与区域交通规划中的 GIS 应用研究 227

2002 年年底,金郡一共有 80 多条走廊,每条走廊都有明确的编号和命名,以便于更好地进行城市增长管理,如图 7.8 所示。GIS 主要用于走廊系统的可视化表达、监控与维护。其中,走廊系统监控的意义在于,能快速、高效地对即将达到额定承载力的走廊进行预报,以便于做出相应的处理。另外,利用交通协同管理(下文将详细介绍)模式,所有交通走廊都可以有效地与交通系统和土地利用系统建立关联。

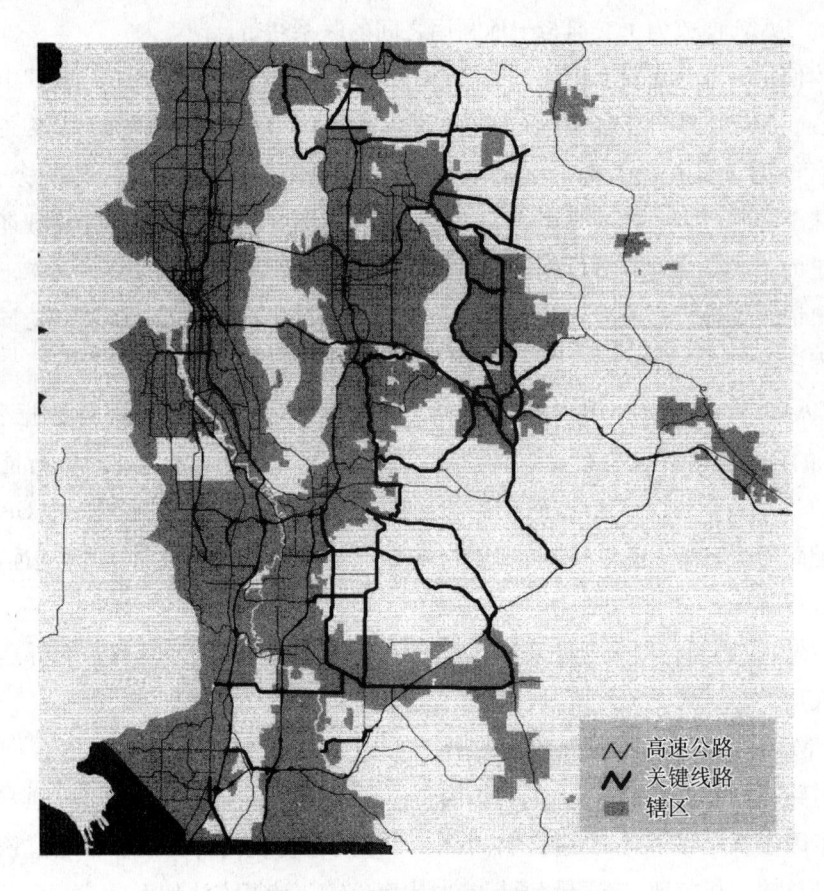

图 7.8 金郡交通规划中的走廊

资料来源:King County,2001.

金郡的多元化发展要求交通规划必须为其提供充足的交通设施,以满足郡内各活动中心之间、城乡之间交通系统的良好运营。为了与 PSRC 建立协作关系,金郡在规划过程中使用 PSRC 的 TAZ 作为其交通建模基础。然后结合其具体研究需要，采用 GIS 对 TAZ 进行切分或合并，形成小区（Small Area Zone, SAZ）。生成的 SAZ 将直接用于金郡交通需求预测。产生预测结果之后，再应用该预测结果分别对每一个 SAZ 以及每一条被监控的交通走廊创建交通充分性测量（Transportation Adequacy Measure, TAM）。由于交通需求的产生归根结底是为了满足人们对于土地利用的需求，因此，既可以反映 SAZ 交通状况又可以反映走廊交通状况的 TAM 便成为了交通与土地利用之间的联系纽带。

为使这种联系更具实用性和可操作性，金郡委员会曾在"11617 条例"中发布了"交通协同管理"（Transportation Concurrency Management）文件，该文件于 1995 年 1 月 9 日正式生效。后来，该文件经过了修改，其修订版在"14375 条例"中发布并于 2002 年 6 月 28 日正式生效（King County, 2002b）。该协同管理体系的建立是为了确保交通基础设施的充分供应以满足金郡日益增长的发展需求。任何有意申请金郡地方政府管辖范围以外的土地开发许可都必须经过完整的协同管理审批程序。

TAM 首先在 EMME/2 进行计算，生成之后再交由 GIS 进行数据管理。TAM 的计算过程涉及出行量、车辆行驶里程（VMT）、交通量与路段通行能力比值（V/C）等多个参数。其中，每个路段上的交通出行量会被分配到每个 SAZ，至于分配到哪个 SAZ，取决于出行车辆与该 SAZ 距离的远近。通常，距离越远，分配的出行量越少。

另外，我们还利用出行量来计算 VMT（来自 2002 年 8 月 15 日与金郡运输部工作人员的非正式交流），其具体计算方法如下：

VMT＝路段长度×该路段上的出行量

道路通行能力（Capacity）的运算因子包括车道数目、车速和成分比（通常考虑前两个因子就足够了）。交通量（Volume, V）是指傍晚高峰时间段中通过该路段的车辆总数。相应地，交通量/通行能力比率（V/C）计算方法如下：

V/C＝某一路段交通量 V / 该路段通行能力 C

最后，用于衡量 SAZ 交通状况的 TAM 计算方法如下：

$$\frac{\sum VMT \times \frac{V}{C}}{\sum VMT}$$

计算 TAM 时设置了一个阈值，以确保它所测量的 SAZ 和走廊的交通状况不至于太糟糕。当 TAM 计算结果超过了这一阈值，就表示对应地区的机动性非常低或者说当地的交通状况没有得到任何改善。在联邦公路管理局（FHWA）的建议之下，TAM 的阈值依据 LOS 进行设置。LOS 通常分为六个等级，分别用大写字母 A-F 标识，其中 A 表示交通畅通即最好的状况，F 表示交通瘫痪即最差的状况（TRB，1985）。其实 LOS 就是被推荐的 V/C 比值。例如，针对金郡市区，LOS 的 E 级对应于 V/C 的 0.99，D 为 0.89，C 为 0.79；针对金郡郊区，B 永远为 0.69。因此，TAM 可以被视为一种行业标准用于衡量人在交通系统中的机动性。需要注意的是，纵然 TAM 可以转化为 LOS，但它们仍然有着本质的区别，TAM 是一种基于区域的度量方式，而 LOS 则是一种基于连接的度量方式。金郡规划部门认为单从连接的角度解释交通状况缺乏一种全方位的规划思维，因为导致交通拥堵的原因除了交通连接之外，还包括土地利用（区域）方面的因素（TRB，1985）。

TAM（也包括 LOS）促进了交通与土地利用的协同管理和共同发展，在它的引导下，土地开发许可证的审批程序成为增长管理计划的一部分。申请者在获得开发许可之前必须先取得协同管理资格证书。该证书明确要求土地开发与交通相互促进、协调发展。如果六年内出现因开发土地而导致交通服务水平的降低，或者发生交通治理与改善资金不到位的现象，该资格证书立即被吊销。

金郡协同管理计划使用 GIS，每半年对 SAZ 和走廊的 TAM 专题图进行一次更新，如图 7.9 所示。图中浅灰色阴影（原图中显示为绿色）代表 TAM 低于阈值的地区，表示该地区土地利用开发没有对交通带来明显的影响。中等灰度阴影（原图中显示为黄色）代表 TAM 已临近阈值，表示该地区的土地开发已经达到警戒水平。深灰色阴影（原图中显示为红色）则代表 TAM 超出阈值水平，表示这些地区的土地开发许可将不予颁发，因为当地的交通系统已经是超负荷运营。

协同管理审查包括两个阶段：第一个阶段为 SAZ 审查，第二个阶段为走廊审查。如果没有通过第一阶段的 SAZ 审查，那么土地开发许可申请将直接被驳回。如果通过了 SAZ 审查，则会进入走廊审查。假设走廊审查也顺利通过，该申请才会正式进入土地开发许可申请的常规审批流程。

总的来说，在郡县级交通规划中，GIS 能提供交通系统中的走廊和交通服务区的可视化表达，不论城市增长边界内外，还是金郡政府管辖范围内外。这种可视化

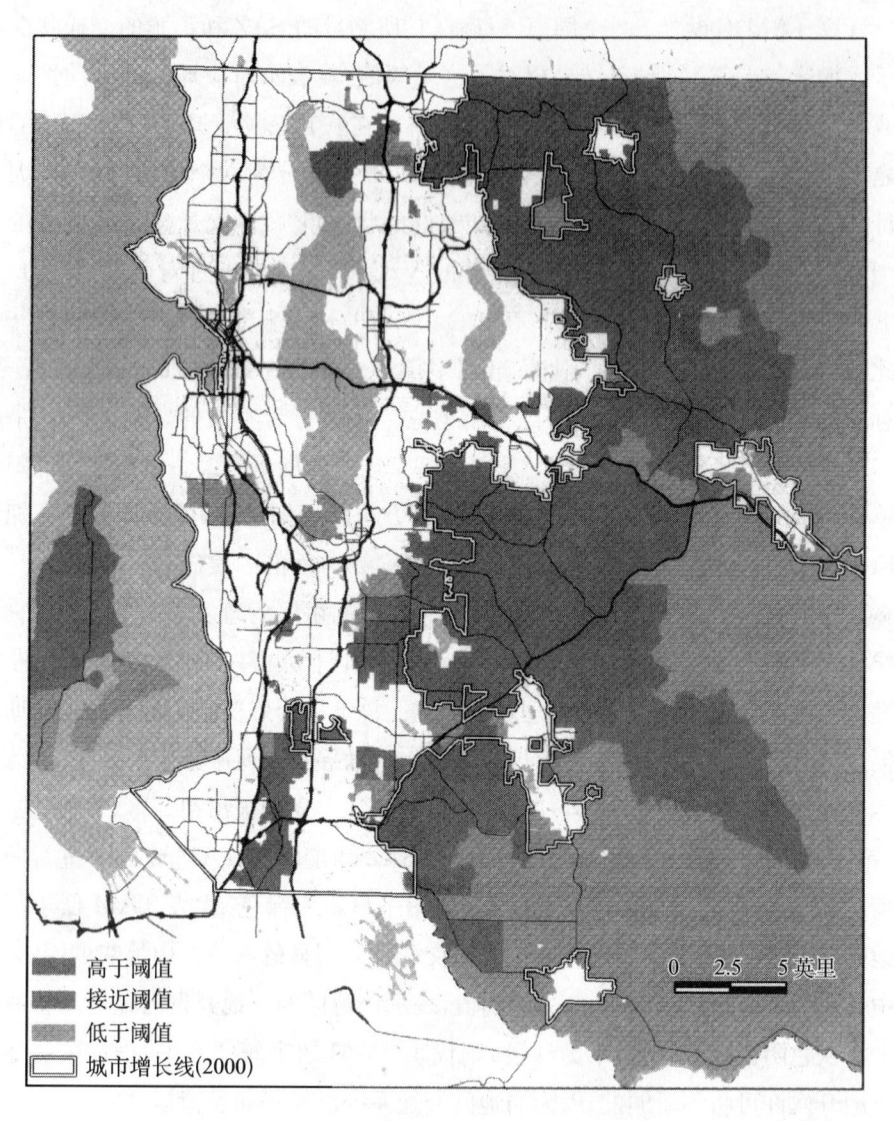

图 7.9 华盛顿州金郡基于 TAM 的协同管理

资料来源：King County，2002c.

特征表达能够直接服务于交通资产改善计划中的交通改善计划项目。社区顾问委员会(Community Advisory Board)不仅为金郡交通部(King County Department of Transportation)提供交通需求报告，而且还为交通改善计划项目提供相关 GIS

服务。随着 GIS 应用的不断深入，人们除了使用 GIS 制图功能，还非常渴望未来能够使用交互式 GIS 平台。金郡交通部计划深入结合 GIS 技术手段进一步加强公众在交通需求和交通改善方面的参与度，有效获取公众建议和激发群体智慧，进而更好地服务于当地交通规划，但目前这套信息反馈机制还没有正式建立。

（三）西雅图市运输部重大项目与居民区规划管理办公室辖区下的交通规划

西雅图市位于华盛顿州金郡西北部，面积约 83 平方英里。1994 年，华盛顿州 GMA 办公室和西雅图市联合对该市未来人口进行预测，预测 2010 年全市人口总数将在 54 万到 54.8 万之间。后来，2000 年人口普查结果表明，西雅图市共有居民 563 374 人，从 1990 年到 2000 年这 10 年间的人口增长率高达 9%，显然这一真实的结果已经超出了原先预测的人口水平。由此可推算该市到 2010 年人口将增加 5 万以上。

上文已介绍过诸如交叉口、连接、走廊、子区等功能区概念。本节将就城区和子区展开讨论。这里，城区特指西雅图市（即使其仅为郡内完全城市化区域的一部分）。子区是指城市中的社区（community），它在空间上要比居民住宅区（neighborhood）大一些。

1994 年 7 月，西雅图市区委员会（Seattle City Council）通过了市长建议的"综合发展计划"（Seattle，1994）。该计划于 1998 年被成功修订。"综合发展计划"既遵循各项基本政策，同时还结合实际情况，为市区的发展规划提供了一个灵活可行的操作框架。它不仅详细描述了西雅图市的城市增长目标、政策以及在此条件下的城市增长程度和具体增长点位，还描述了城市增长对交通设施及其他城市基础设施可能造成的影响。

西雅图市"综合发展计划"重点借鉴华盛顿州 GMA，其内容涉及土地利用、交通、住房、固定资产、公共事业等多个方面。"金郡规划政策"（King County-wide Planning Policies）要求西雅图市在规划过程中适当地增加经济发展因素，而"西雅图市纲要政策"（Seattle Framework Policies）（方案 28535）则更强调住宅区规划和人本因素。该市综合发展计划的制订过程历经五年之久，在广大市民和政府官员群策群力、反复论证基础上形成并最终确定（City of Seattle，2002）。

西雅图市综合发展计划为了与增长管理和社区发展保持一致，要求尽可能地降低单载乘车辆(single-occupant vehicles)的使用频率。为实现这一目标,该市采取了积极发展城市功能区(urban centers/villages)的土地利用策略,如图 7.10 所示。城市功能区的选取在 GIS 中进行,经过层层迭代计算后被最终确定。由 GIS 生成的城市功能区图层将成为未来的土地利用规划图的有机组成部分,用于交通与土地利用相关性研究。另外,为更好地落实密集型土地利用政策,有关部门还会定期地对这些城市功能区边界进行审查。

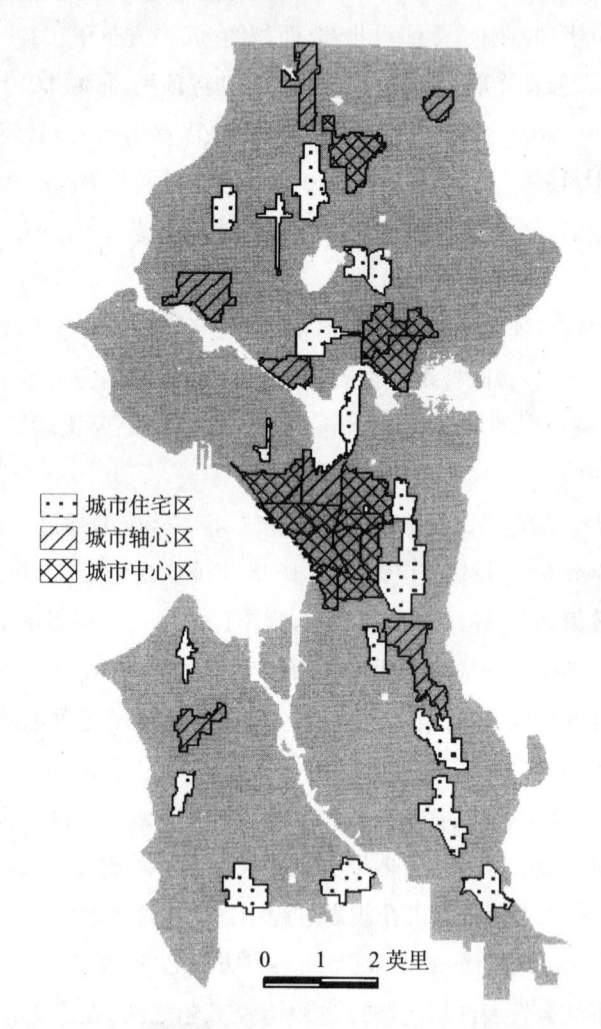

图 7.10　2000 年西雅图市综合发展计划中的城市中心区分布图

资料来源:City of Seattle,2000a。

城市功能区(urban centers/villages)分为三种类型：城市中心区(urban centers)、城市轴心区(hub urban villages)①和城市住宅区(residential urban villages)。城市中心区将最大化地吸引和集中各类社会活动,它将成为未来人口和商业增长最快、最为密集的地区。城市轴心区的密集和发达程度仅次于城市中心区,它将突出多元化功能区特征,既包括各式住宅区,又具有优良的交通可达性。城市住宅区则以住宅为主,并围绕每个住宅区拓展邻近商务区。关于功能区内部交通规划,将重点发展高载客型(multi-passenger vehicles)交通系统,连接各功能区的公共交通系统则是重点发展对象,而交通与土地利用相关性也在各功能区发展策略中得到明显体现。

这些功能区都是之前挑选出来的,其目标是为了建立中心区功能边界、制定中心区发展目标、获取开放空间。本着同一目标,在使用 GIS 之后,功能区的选取过程将变得更加快捷和高效。由 GIS 生产出来的高品质土地利用规划图,能够直观地反映未来的土地利用格局,它将在交通规划中起到重要的导向性作用。

PSRC 关注各城市中心区之间的交通连接,相比之下,西雅图市则更加关注市内所有城区(包括城市中心区和功能区)之间的交通连接。与 PSRC、金郡交通规划方法类似,西雅图市综合发展计划中的交通系统建设同样采用了交通建模软件和 GIS 软件。所不同的是,这里将更加重视城市中心区与功能区之间的交通连接,同时更加强调区域走廊和住宅区交通改善。该市使用 GIS 发展干道网络,如图 7.11 所示。该市的干道网与金郡规划中的区域干道网类似,但它不一定是金郡干道网的子网络。另外,该市干道网也要建立道路通行能力监控和交通与土地利用协同管理机制。其中,在协同管理过程中还需要使用检测线获取交通网络中每条路段全天交通流量以监控交通拥堵状况。该检测线被置于每条路段,其整个操作过程在 GIS 中完成。

由于西雅图市道路拥堵度高,目前该市城区交通规划将重点发展连接城市中心区和功能区的交通运输体系,目标是建立方便、安全、高效的多模式公共交通系统,以最大程度地降低单载乘车辆的使用频率。目前已决定采用公交导向型交通网络,也就是说公交的机动性相对于其他车辆的机动性而言具有绝对优先权,如图

---

① 译者注：指公交可达性较好的地区。

7.12 所示。该图明确地表达了西雅图市综合发展计划中的交通系统建设目标。

为确保城区交通系统的可持续发展，需要大力加强交通走廊规划和子区规划。关于交通走廊规划，一项名为"中级公交系统"（Intermediate Capacity Transit，ICT）的计划在 2000 年 6 月被首次提出。从那时开始，一个由市公交公司和顾问组成的专业团队主要负责研究城区路网中设置公交专用车道的可行性。具体来说，要求公交专用车道与供其他车辆行驶的车道进行分离，以专门支持快速公交、路面电车、有轨电车和高架公交（像西雅图目前的单轨铁路）的无干扰运行。ICT 连接了市内所有居民区，而且使行驶在公交专用车道上的车辆停站更少、运行更快，有效地降低了人们对于汽车的依赖。ICT 路网规划的 GIS 应用催生了 47 条走廊路线。与此相关地，衡量走廊的可行性条件包括：①现有和新的公交系统承载使用者的能力；②技术实施的成本；③走廊的潜在影响力。在基于 GIS 的居民区规划中走廊路线被一一确定（其中穿越市区的有 38 条）。我们从 47 条走廊路线中选取了七条进行测试，结果表明其中有五条是合理可行的，如图 7.13 所示。基于上述可行性，这五条走廊将用于连接区域走廊，以大范围、大幅度地提高西雅图市的交通机动性。走廊路线的正式制定工作正作为西雅图市综合发展计划的一部分在接受审议。

关于子区规划，2002 年以前从未使用过 GIS，而是采用电脑辅助制图。采用该方法生产出来的地图只是图片，不能像 GIS 那样能够实现地图要素与其属性数据的关联。毫无疑问，GIS 将成为未来子区规划中的重要工具，它不仅能支持网络分析、空间分析，而且还可以帮助规划者更好地解读交通要素之间的关系，比如土地利用与人口的关系。因此，GIS 在交通规划中具有巨大的应用潜力，特别是用于面向公众服务的万维网地图应用。

与子区规划相关的交通项目可作为西雅图市交通战略规划（Transportation Strategic Plan，TSP）的基础。

TSP……概括提出了发展战略和实施细则，其目的是帮助实现西雅图市综合发展计划的最终目标：使西雅图市提升为街道和桥梁会定期维护保养，市民乘车、散步、骑车方便快捷，对汽车的依赖性有效降低的一个既现代、又低碳的国际化大都市。这其中，TSP 致力于保护城市中社区的宜居性和提高货物的运输力，它既服务于远景战略规划与决策制定，同

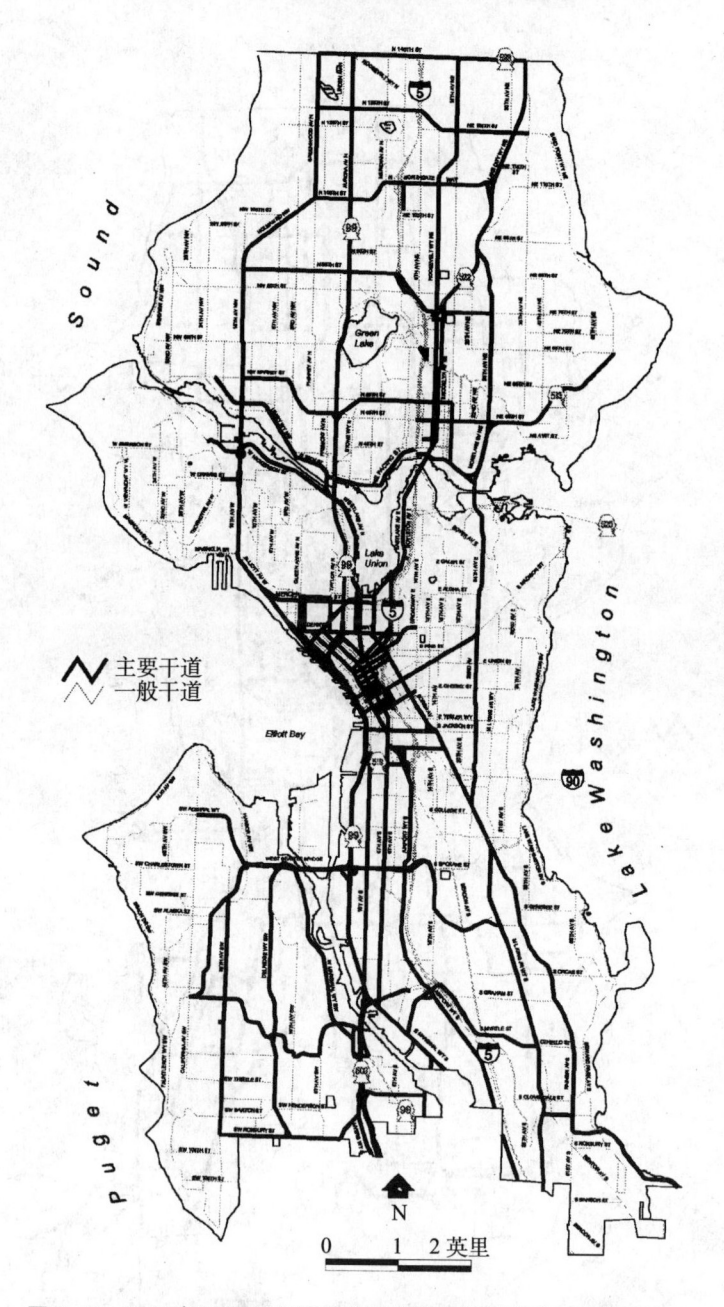

图 7.11 2000 年西雅图市综合发展计划中的干道交通网络分布图
资料来源：City of Seattle, 2000b.

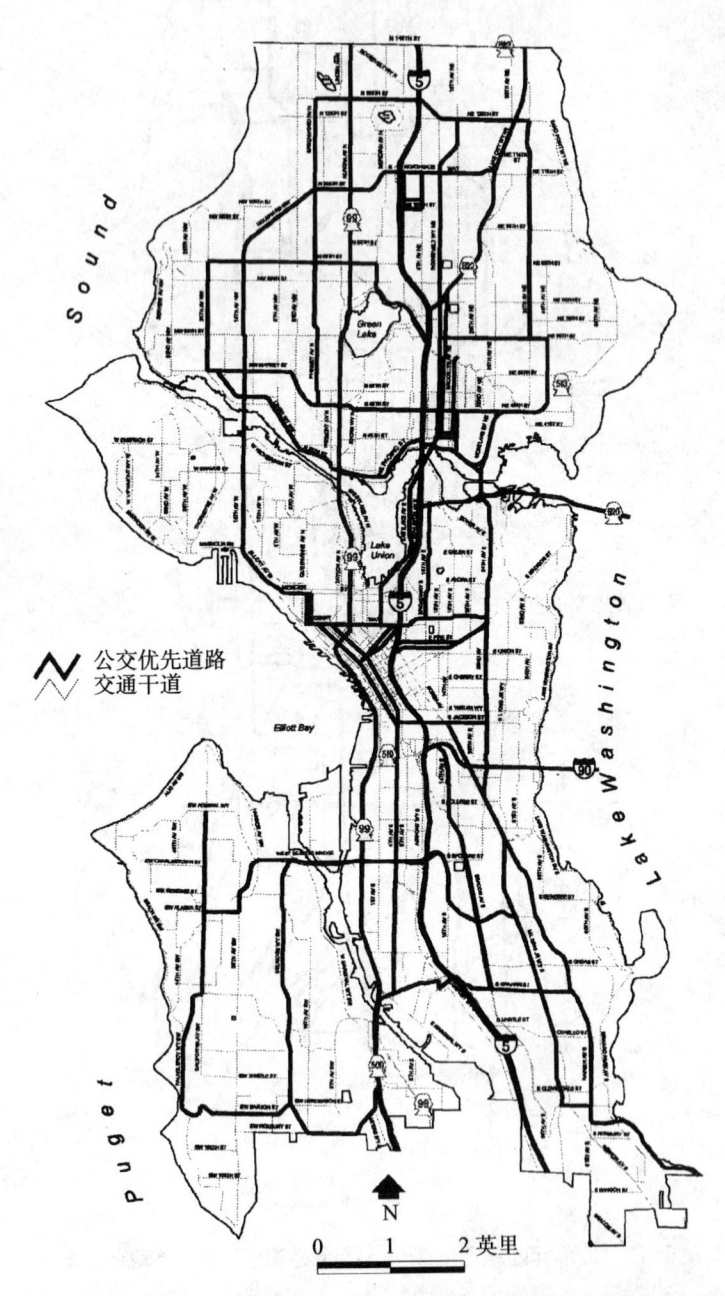

图 7.12　2000 年西雅图市综合发展计划中的公交专用车道网络分布图

资料来源：City of Seattle, 2000c.

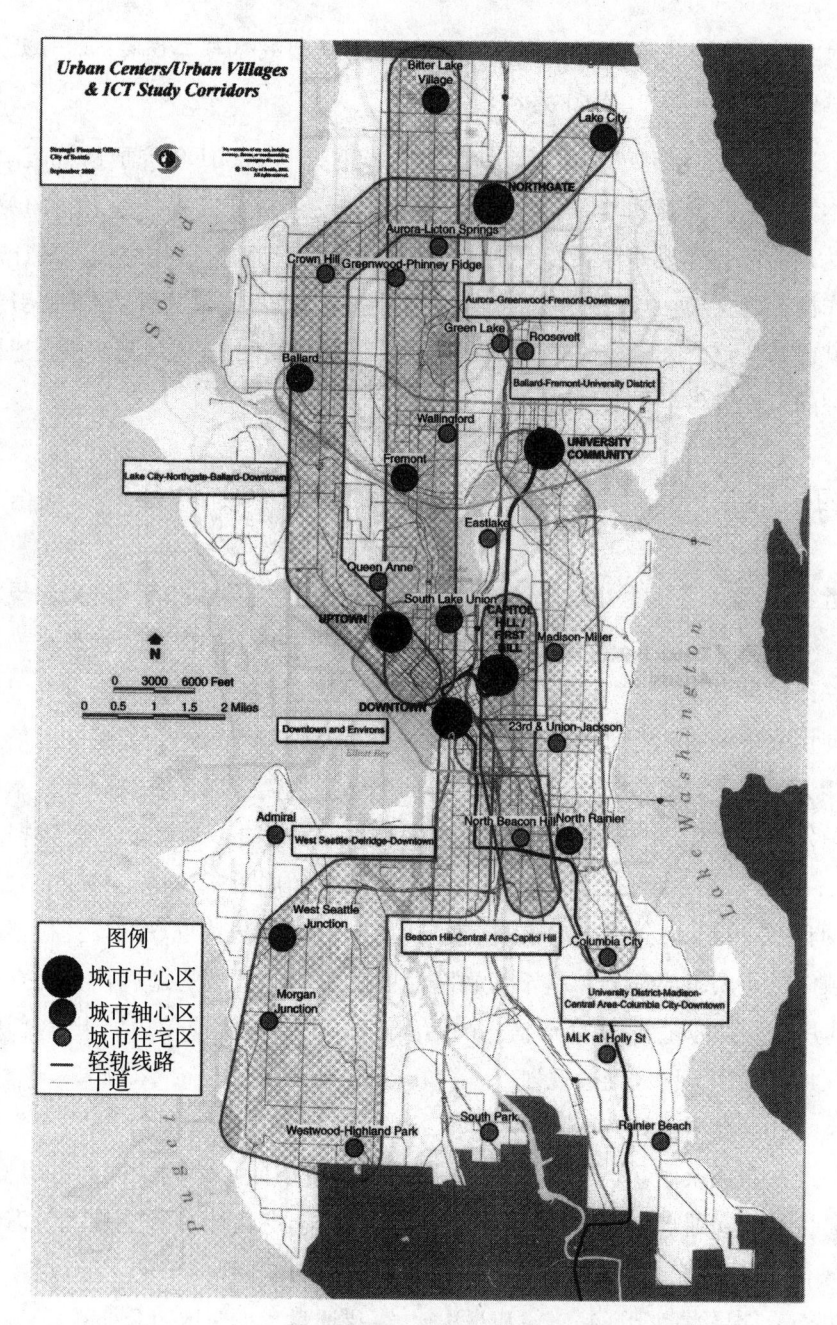

第七章 城市与区域交通规划中的 GIS 应用研究

图 7.13 2000 年西雅图市中级公交网络系统规划效果图

资料来源：City of Seattle, 2000d.

时又结合当地实情进行定期更新,以保证其规划战略与工程实施的时效性(City of Seattle,2001,p.2)。

TSP 自 1998 年完成第一版,随后又于 1999、2000、2001 年完成修订版本,所有版本都在不断地强调与深化综合发展计划与交通资产改善计划之间的关联。TSP 为所有项目建议书提供了一种导向性战略发展思路,它既比综合发展计划更具操作性,又比交通改善计划更具理论指导性。TSP 对二者的有效关联,引起了整个城市乃至整个区域规划部门的极大兴趣。这种关联对于区域与城市交通监控与管理的发展进步至关重要。

四、结论

近年来,皮基特海峡中部地区的交通需求逐渐引发了全区范围内交通规划的热情。一系列联邦法令(如 TEA-21)和州法令(如 GMA)的相继出台,都是为了能够更好地指导交通规划与项目实施。一方面,在规划方案的具体实施过程中会大量地使用 GIS 技术,以不断提高全区范围内有关交通效率、效力、公平性等信息的获取能力。另一方面,交通项目日益增长的 GIS 应用需求也在促进 GIS 技术的不断向前发展。例如,引入面向对象数据结构的 GIS 能更好地进行交通数据表达(Miller and Shaw,2002),甚至还包括社会价值观的展示(Taylor,1998)。此外,互联网在 20 世纪 90 年代中期还处于萌芽状态,如今已成为互联网计算机体系中不可或缺的重要组成部分。基于互联网计算机系统的交通规划有赖于交互式的 GIS 应用以支持海量、多源交通信息的访问与处理,不过该应用还处于发展初期,目前仅用于局部地区的交通规划(Lebeaux et al.,2002;Peng,2001)。

本章详细介绍了具有不同空间尺度的三个辖区内的交通规划,虽然它们依托于相似的法令或条例,但其交通规划成果却因各自空间尺度的不同而各有侧重。首先是区域级交通规划。PSRC 为区域级交通机构,它着眼于整个皮基特海峡中部地区,建立区域交通规划,同时协调全区四个郡与 68 个城市的交通改善计划。这一类交通项目受制于联邦法律和州法律,需要通盘考虑全区四个郡县、所有城市的综合利益。区域交通规划下的道路网络及其土地利用较金郡交通网络具有范围更广但不够详细的特点。

然后是郡县级交通规划。金郡交通规划覆盖全郡 39 个城市。首先,金郡综合发展计划必须符合 PSRC 辖区战略规划目标,以保证全郡交通发展与全区战略规划的一致性。相应地,一系列交通项目在交通需求报告(TNR)中进行公布。金郡在 TNR 中建立交通资产改善计划,并引入交通与土地利用的协同管理机制,以确保(至少试图确保)交通设施建设与土地开发利用的合理性与一致性。此外,金郡还采用基于交通服务水平(LOS)的运输充足措施(TAM)来监测与预测该地区交通拥堵状况,该方法遵循华盛顿州 GMA 中协同管理要求。

最后是市区级交通规划。西雅图市同样是在 GMA 的政策引导下创建该市综合发展计划,并且积极开展与其相关的交通资产改善计划。西雅图市综合发展计划在与金郡发展战略保持一致的前提下,重点关注市区尺度下的交通走廊规划。相应地,在 GIS 中利用检测线进行交通服务水平测量,以量化评估市区交通网络的拥堵状况。这种评估分析方法已被纳入资产改善计划。

虽然 GIS 可以用于不同空间尺度下的交通规划,但目前仍然局限于较浅层面的应用,主要用于数据管理和地图展示,而并非用于深层次数据挖掘和投资策略分析。由于 GIS 在人与货物空间移动的相关性研究方面具有很强的分析能力,因此 GIS 在城市与交通规划方面具有巨大的应用潜力,目前 GIS 已经在可达性相关研究与应用中崭露头角(Kwan,2000)。不可否认,GIS 在远景战略规划以及资产改善计划中还有更多、更深层次和更富挑战性的工作要做。

在全美范围内的交通规划中,远景战略规划与资产改善计划之间几乎没有任何联系,至少没有在 GIS 应用项目实施过程中体现出任何相关性。究其原因,主要是二者的时空尺度定位不同。远景战略规划面向长期的、大范围的交通发展,而资产改善计划则面向短期的、具体的交通治理与改善。从信息的角度上看,二者内容上具有一定的相关性;若从技术的角度上看,二者的处理方式又截然不同。远景战略规划与资产改善计划之间的相互关联极为重要,资产改善计划的实施工作必须符合远景战略规划的终极目标,而远景战略规划又必须确保资产改善实施工作的切实可行,这也是交通规划既短期可行又可持续发展的重要要求。因此,目前急需一种更为清晰的概念体系用于加强两者之间的联系,比如说让战略规划目标落到实处,让资产改善工作更具长期性。

GIS 能使远景战略规划与资产改善计划之间的相关性得以体现,因为任何远景规划在 GIS 中都必须转化为一系列切实可行的实施方案。在认识到这一点之后，PSRC 开始为 MTP 和交通改善计划项目构建 GIS 数据库，而各郡、各市则通过交通战略规划(TSP)积极地建立综合发展计划中的长期交通发展计划(为期 20 年)与短期资产改善计划(为期两年)之间的联系。相比之下，中级(为期十年)交通规划为规划者和政府官员提供了更加有效的公共交通决策。但不幸的是，目前还没有一种系统能有效地解决从战略规划到计划实施转变的可行方案。美国各级运输部门都非常支持 GIS 的发展和应用，尤其在城市与交通增长管理方面。然而，交通数据组织的 GIS 空间数据框架的构建却并非易事。目前，华盛顿州正在进行相关的研究和尝试(Dueker and Bender, 2002)。此外，由美国地质勘探局(U.S. Geological Survey, USGS)联邦地理数据委员会(Federal Geographic Data Committee, FGDC)秘书处指挥，FGDC 也正在紧锣密鼓地筹建国家空间数据基础设施(National Spatial Data Infrastructure, NSDI)(Association of American Geographers, 1994)。随着 GIS 技术的不断成熟，GIS 工作站和互联网 GIS 功能日趋完备，基于 GIS 的交通信息获取、复杂交通数据的 GIS 分析与处理能力也将日益强大。这也意味着城市交通地理的调查和研究将比以往更加细致和深入。而这些调查和研究结果将成功地帮助人们制订更高效、更具影响力和更公平合理的交通规划方案。

致谢

本章的顺利完成得益于皮基特海峡中部地区各运输部门相关人员的共同努力。在此，我要衷心感谢皮基特海峡地区委员会的玛丽·麦坎伯(Mary McCumber)、马克·居尔布兰松(Mark Gulbranson)、卡伦·里希特(Karen Richter)、杰里·哈利斯(Jerry Harless)、拉里·布莱恩(Larry Brain)和安德鲁·诺顿(Andrew Norton)，感谢金郡运输部的珍妮弗·林德沃(Jennifer Lindwall)、哈利·克拉克(Harry Clark)、大卫·瓜尔蒂耶里(David Gualtieri)、理查德·沃伦(Richard Warren)、丽贝卡·坎皮(Rebecca Campeau)和丽莎·谢弗(Lisa Schafer)，感谢西雅图市运输部的安·萨特芬(Ann Sutphin)和蒂·莫尔(T. J. Moore)，感谢西雅图公共设施处的伊莱恩·埃伯利(Elaine Eberly)，另外我还要特别感谢华盛顿大学地理系的周桂荣(Guirong Zhou)在本章地图转换与生产方面给予的帮助。

注释

1. 其他城市因为太小而没有纳入区域活动，不过这是他们自己的选择。由于涉及会员费，他们

第七章 城市与区域交通规划中的 GIS 应用研究

"搭便车"地享受到了区域交通规划的好处。
2. 已有道路改善包括各类车道附属设施如转弯处添加中心线（两车道、四车道马路）。新建道路设施包括在各中心之间建立连接道路,因为光添加一条新的道路是不够的。后者还包括在塔科马港市(Tacoma Narrows)一座四车道的桥旁边新建一座四车道的桥,以形成八车道。

参考文献

[1] Association of American Geographers. (1994). President Clinton signs NSDI executive order. *AAG Newsletter*, 29, 2.

[2] Chrisman, N. R. (1987). Design of geographic information systems based on social and cultural goals. *Photogrammetric Engineering and Remote Sensing*, 53, 1376-1370.

[3] City of Seattle. (1994). *Comprehensive plan for the City of Seattle*. Seattle, WA: City of Seattle Planning Department.

[4] City of Seattle. (2000a). *Based on GIS Layer: Urban villages*. Seattle, WA: City of Seattle Planning Department.

[5] City of Seattle. (2000b). Transportation Figure 1: *Principal Arterials*. In *City of Seattle Comprehensive Plan*. Seattle, WA: City of Seattle Planning Department.

[6] City of Seattle. (2000c). Transportation Figure 4: *Transit Priority Network Arterials*. In *City of Seattle Comprehensive Plan*. Seattle, WA: City of Seattle Planning Department.

[7] City of Seattle. (2000d). Urban Centers/Urban Villages & ICT Study Corridors. In *Seattle Transit Study for Intermediate Capacity Transit*. Seattle, WA: City of Seattle Planning Department.

[8] City of Seattle. (2001). *Transportation strategic plan annual report 2001*. Available online at http://www.cityofseattle.net/td/tsp.asp.

[9] Coity of Seattle. (2002). *City of Seattle comprehensive plan*. Available online at http://www.cityofseattle.net/dclu/planning/comprehensive/homecp.htm.

[10] Cowen, D. (1988). GIS versus CAD versus DBMS: What are the differences? *Photogrammetric Engineering and Remote Sensing*, 54(11), 1551-1555.

[11] Craig, C., Harris, T., & Weiner, D. (Eds.). (2002). *Community participation and GIS*. London: Taylor & Francis.

[12] Dueker, K., & Bender, P. (2002). *White paper on issues and strategies for building a state transportation framework*. Portland, OR: Portland State University, College of Urban and Public Affairs, Center for Urban Studies.

[13] Dueker, K., & Kjerne, D. (1989). *Multipurpose cadastre: Terms and definitions*. Bethesda, MD: American Congress on Surveying and Mapping. (Also published in *Technical*

Papers, ASPRS/ACSM Annual Convention, Baltimore, MD, April 2-7, 1989, 5, 94-103).

[14] Environmental Systems Research Institute. (2002). ArcGIS data models. Available online at http://www.esri.com/software/arcgisdatamodels/index.html.

[15] Federal Interagency Coordinating Committee on Digital Cartography. (1988). *A process for evaluating geographic information systems*(Open File Report 88-105). Reston, VA: U. S. Geological Survey.

[16] Jankowski, P., &Nyerges, T. (2001). *Geographic information systems for group decision making*. London: Taylor & Francis.

[17] King County. (2000). *King County Comprehensive Plan update*. King County, WA: Office of King County Executive. Available online at http://www.metrokc.gov/exec/orpp/compplan/2000/.

[18] King County. (2001, January). *2001 Transportation needs report: Transportation element of the King County Comprehensive Plan*. Seattle, WA: King County Department of Transportation, Transportation Planning.

[19] King County. (2002a). King County monitored corridors depicted as critical links. Seattle, WA: King County Department of Transportation. Available online at http://www.metrokc.gov/kcdot/tp/concurr/monitored_corridors.pdf.

[20] King County. (2002b). Concurrency management program. Seattle, WA: King County Department of Transportation. Available online at http://www.metrokc.gov/kcdot/tp/concurr/conindex.htm.

[21] King County. (2002c). Concurrency management program. King County, WA. Available online at http://www.metrokc.gov/kcdot/tp/concurr/attachmentA32002.pdf.

[22] Koncz, N., & Adams, T. (2002). A data model for multi-dimensional transportation location referencing systems. *URISA Journal*, 14(2), 27-41.

[23] Kwan, M. P. (2000). Interactive geovisualization of activity-travel patterns using three-dimensional geographical information systems: A methodological exploration with a large data set. *Transportation Research*, C, 8(1), 185-204.

[24] Langran, G. (1992). *Time in geographic information systems*. London: Taylor & Francis.

[25] Lebeaux, P., Meheski, J., Stuart, J., & Christians, R. (2002). *Internet outreach in statewide long-range planning*: The New Jersey experience(Transportation Research Record 1817, pp. 120-129). Washington, DC: Transportation Research Board.

[26] McCormack, E., &Nyerges, T. (1997). What does transportation modeling need from a geographic information system? *Journal of Transportation Planning*, 21, 5-23.

[27] Meyer, M., & Miller, E. (2001). *Urban transportation planning: A decision oriented approach*. New York: McGraw-Hill.

[28] Miller, H. , & Shaw, S. (2002). *Geographic information systems for transportation: Principles and applications*. London: Oxford University Press.

[29] National Institute of Standards and Technology. (1994). *Spatial data transfer specification: Federal Information Processing Standard (FIPS) 173*. Springfield, VA: National Technical Information Service.

[30] National Research Council. (2002). *Community and quality of life*. Washington, DC: National Academy Press.

[31] Nyerges, T. (1990, March). Locational referencing and highway segmentation in a GIS for transportation. *ITE Journal*, pp. 27-31.

[32] Nyerges, T. & Dueker, K. (1988). *Geographic information systems in transportation*. Washington, DC: Federal Highway Administration, Planning Division.

[33] Nyerges, T. , Montejano, R. , Oshiro, C. , & Dadswell, M. (1998). Group-based geographic information systems for transportation improvement site selection. *Transportation Research*, C, 5, 349-369.

[34] Nyerges, T. , &Orrell, J. (1992). *Using GIS for regional transportation planning in a growth management context* (Final Report, WA-RD 285. 1). Olympia, WA: Washington State Department of Transportation.

[35] Peng, Z-R. (1999). An assessment framework for the development of internet GIS. *Environment and Planning*, B: *Planning and Design*, 26, 117-132.

[36] Peng, Z-R. (2001). Internet GIS for public participation. *Environment and Planning*, B: *Planning and Design*, 28, 889-905.

[37] Pickles, J. (Ed.). (1995). *Ground truth: The social implications of geographic information systems*. New York: Guilford Press.

[38] Puget Sound Regional Council. (2001). *Destination 2030* (CD-ROM). Seattle, WA: Author.

[39] Puget Sound Regional Council. (2002). *Regional view, August 2002*. Available online at http://www. psrc. org/datapubs/pubs/view/0802. htm♯Five.

[40] Sinton, D. (1978). The inherent structure of information as a constraint to analysis: Mapped thematic data as a case study. In G. Dutton(Ed.), *Harvard papers on GIS* (Vol. 7, pp. 1-19). Reading, MA: Addison-Wesley.

[41] Smith, S. (1999). *Guidebook for transportation corridor studies: A process of effective decision-making* (National Cooperative Highway Research Program, No. 435). Washington, DC: Transportation Research Board.

[42] Talen, E. (2000). Bottom-up GIS: A new tool for individual and group expression in participatory planning. *Journal of the American Planning Association*, 66(3), 279-294.

[43] Taylor, N. (1998). Mistaken interests and the discourse model of planning. *Journal of the American Planning Association*, 64(1), 64-75.

[44] Thill, J. C. (2000). Geographic Information systems for transportation in perspective. *Transportation Research*, C, 8, 13-36.
[45] Transportation Research Board. (1985). *Highway capacity manual*. Washington, DC: National Academy Press.
[46] U. S. Census Bureau. (2000). *TIGER/Line Files technical documentation*. Available on-line at http://www.census.gov/geo/www/tiger/tiger2k/tiger2k.pdf.

（陈洁译，王姣娥校）

第三部分　政策问题

第八章 公共交通

约翰·普克尔(John Pucher)

多数美国人对公共交通的认识很模糊,这并不奇怪。因为只有少部分人真正经常使用公共交通。大部分美国人可能认为,公共交通就是人们有时在街道上看到的公共汽车,或者在电影中见到的地铁,又或是最近媒体关注的新轻轨系统。

事实上,由于技术、成本、运行特征、地域范围、市场占有率以及乘客的社会经济构成等不同,公共交通涵盖的交通方式范围较广。在美国,最常见的公共交通方式是公共汽车。即使是在公共汽车这一种范畴内,也存在很多不同类型:有内燃机车、电车、天然气公交车;高地板式或低地板式公共汽车、大型铰接车、标准客车、中型公共汽车和小型公共汽车;慢车、快速公车;共享路权的公交车、在预留车道上行驶的公交车、在专用道上行驶的公交车。轻轨交通包括老式的路面电车系统(无轨电车或有轨电车)和现代轻轨交通。老式的有轨电车通常在城市街道上运行;现代的轻轨交通,有单独的路权,沿途停站次数较少,有高站台。地铁系统(也叫重轨、快速交通、地铁、高架铁路),通常有单独的路权、站台,与轻轨相比,容量大,运行速度高。城郊轨道系统(也叫通勤铁路或区域铁路),和地铁系统有很多共同之处。只是沿途站点之间距离更大,速度更快,拥有更大更舒适的机动轨道车(关于公共交通方式的特征及分类的介绍,详见 American Public Transportation Association,2002;Vigrass,1992;Vuchic,1992)。

以上是美国城市主要的公共交通方式,除此之外,还有更多。五个城市有商业区旅客捷运,技术上同机场和娱乐公园的巡回公共汽车交通系统有相似之处;旧金山保留了一些具有历史意义的电缆车线路;五个城市有缆车、索道;五个城市有无轨电车。无轨电车在城市街道运行,并且依靠电气化接触导线作为牵引动力;西雅图和拉斯维加斯有单轨铁路系统;纽约有架空索道;26个城市有跨海、跨河、跨湖轮渡系统(American Public Transportation Association,2002)。

图 8.1　旧金山的街道交通特征
资料来源:图片引自旧金山城市铁路局,摄影师卡门·马格纳(Carmen Magana)。

除了以上提到的公共交通方式,还有一些不同形式的辅助客运系统,如共乘箱型车、合乘车辆、出租车以及响应需求系统(拨召公车)等。此外,校车也是重要的交通运输系统,因为校车比美国运输署管辖的车辆总数还要多。公共交通系统和辅助客运系统最大的不同之处在于,公共交通通常被定义为对公众开放的固定线路运营;而辅助客运系统和校车从本质上说,或者是为了某种特殊目的,为特殊群体提供服务;或者是根据乘客的要求,为其提供灵活的行程安排。但是事实上,很多公共交通系统也提供一些形式的辅助客运服务。联邦法律要求公共交通系统为无法享受固定线路服务的残疾乘客提供相应的特殊服务。

显然,各种交通方式之间并没有很明确的界限,并且随着时间的变化,交通方式的界限也会随之发生改变。根据第三章的研究可知,自 1800 年以来,随着旧技术被新技术取代,公共交通发生了巨大的变革。19 世纪中期,公共马车被马拉轨

第八章 公共交通

道车取代,19世纪末,马拉轨道车进而被有轨电车所取代。更惊人的是,到了20世纪40-50年代,在美国城市风靡50年之久的有轨电车几乎完全被内燃机车取代。而且随着技术的进一步发展,新的公共交通方式还会不断出现,旧的方式也会逐渐被淘汰。

表8.1为当前美国主要公共交通方式的相对重要性一览表。2000年,公共汽车承担了58%的客运量,其次是地铁系统,承担了30%。通勤铁路为5%,轻轨为4%。在旅客周转量方面,轨道交通的旅客周转量占总旅客周转量的55%,居首位,公共汽车占42%。这主要由于居民乘坐轨道交通尤其是通勤铁路和地铁系统的出行距离较长。

表8.1 2000年美国各种公共交通方式的利用及成本一览表

公共交通方式	客运量（百万人）	旅客周转量（百万人英里）	平均出行距离（英里）	平均速度（英里/小时）	每小时客运量	每人英里运营成本（美元）
公共汽车	5 040	18 807	3.7	12.8	37	0.59
轻轨	316	1 339	4.2	15.3	94	0.45
地铁	2 632	13 844	5.3	20.5	93	0.28
通勤铁路	413	94 000	22.8	28.5	47	0.29
拨召公车	73	588	8.0	14.8	2	2.09
其他[a]	245	1 222	4.6	NA	37	0.49
总计[b]	8 720	45 100	5.2	NA	40	0.44

a:这一类包括电缆车、索道、轮渡、架空索道、自动导引捷运(行人捷运系统)以及一些共乘箱型车和小型巴士。

b:FTA公布的《国家公共交通统计数据》中有关旅客和旅客周转量的统计数据,范围只包括那些直接或间接获得联邦补贴,因此需向FTA提供年度报告的城市公共交通系统。由于排除了乡村公共交通系统以及未获得联邦津贴的城市公共交通系统,因此计算的公共交通利用率会比实际情况少7%。美国公共交通协会(APTA)的统计范围要大一些,据其统计,2000年美国公共交通客运量达到93.63亿人。

资料来源:美国联邦公共交通管理局(FTA,2002),网站:www.bts.gov/ntda/ntdb。

一、公共交通的地理差异

由于地区不同,城市大小不同,公共交通的类型和服务范围存在巨大的地理差异。例如,公共交通运营和客流量大部分集中在美国的东北部。美国43%的公共交通出行量集中在纽约、宾夕法尼亚州、新泽西州,尽管这3个州的人口仅占全国人口总量的14%(FTA,2002)。公交导向型开发最强的中大西洋地区,公共交通出行的比例为5.8%,是太平洋地区(2.2%)和新英格兰地区(1.8%)的两倍多,是公交导向型开发最弱的东南中部地区(0.4%)的15倍(Pucher & Renne,2003)。更有甚者,纽约都市区的人口占全国的7%,而公共汽车乘客量占全国的25%,轨道交通乘客量占全国的60%。

步行出行的区域差异问题也很突出,并同公共交通的出行比例有很强的关联性。沿大西洋西岸的中部州县的步行出行比例最高(15.8%),其次是太平洋沿岸地区(10.6%)和新英格兰地区(10.3%)。这二者之间存在关联,一方面可能是由于在人口密集的老城市,紧凑的混合的土地利用方式有利于公共交通的发展和步行出行;另外,步行是前往中转停留站最重要的方式,这也影响了步行和公共交通出行比例之间的相关性。

自行车出行的空间格局略有不同。太平洋沿岸地区比重最高,占1.1%,东南中部地区比例最低,为0.4%,其他地区大致在0.7%-0.9%。因此,东南中部地区是公共交通利用率、步行以及自行车出行率最低的地区,是最依赖小汽车出行的地区。

公共交通除了集中在美国东西海岸之外,还集中在美国最大的都市区。公共交通利用率同城市规模大小有极强的相关性。美国10大城市化地区(占全国人口的23%)的公共交通乘客量占全国的76%(FTA,2002)。2000年,这10大城市化地区的人均交通量平均是其他地区的10倍(112:11)。

与公共交通乘客量集中在大城市的趋势一致的是,大城市公共交通的出行比例也比较高。如表8.2所示,2001年,300万以上人口的大都市区有3.4%的居民出行选择公共交通(包括所有出行目的,不仅是工作出行)。100-300万人口的大都市区的公交出行比例降至1.1%,而25-100万人口的大都市区该比例仅为 0.6%。

表 8.2　不同规模城市公共交通出行比例的空间差异(1995-2001 年)

大都市区人口规模	中心城市	1995 年郊区	总计	2001年总计
300 万以上	9.47	1.62	3.77	3.41
100-299 万	3.10	0.61	1.01	1.08
50-99 万	2.71	0.64	0.88	0.63
25-49 万	NA	0.39	0.48	0.58
全部都市区	8.26	1.16	1.81	1.69

注：与十年一次的人口普查资料不同的是，NPTS 和 NHTS 的数据涵盖所有的出行目的，而不仅仅是工作出行。因为无法获取 2001 年中心城市和郊区各自的数据，故而只有整个都市区的数据资料。
资料来源：普克尔和伦尼(Pucher&Renne, 2003，表 9)，《美国家庭出行调查 2001》；Center for Urban Transportation Research(1998，表 A-1)，《美国个人出行状况调查 1995》。

公共交通在每个城市内部的空间差异也很明显。中心城区选择公交出行的居民平均是郊区居民的 7 倍多。1995 年，美国城市化地区的中心城区居民的公交出行量占总出行量的 8.3%，郊区居民出行占的比例为 1.2%。即使在 300 万以上人口的大都市区，中心城市居民的公交出行量也是郊区居民的 6 倍(9.7%：1.6%)。

二、1945-1975 年美国公共交通发展趋势

第二次世界大战后的 30 年间，美国公共交通的客运量和服务水平急剧衰退，客运量从 1945 年的 223 亿人次降到 1975 年的 80 亿人次，下降了 69%。不过，以 1945 年为基准进行的测算，夸大了衰退的程度。"二战"期间，采取了定量供应汽油和轮胎、暂停生产新汽车、限制人们收入、呼吁人们利用公共交通出行等措施，以尽量节省战时需要的资源，从而使公共交通利用创历史最高纪录。这些措施的实行，人为地提高了公共交通利用程度。尽管这样，与 1939 年(129 亿人次)相比，1975 年的公交客运量仍然下降了 46%。

导致公共交通利用率下降的原因很多。人均收入的提高，生活质量不断改善，小汽车价格下降，造成汽车持有量迅速增加；城市和郊区路网的扩展，进一步刺激了小汽车出行和生活方式郊区化。特别是建于 20 世纪六七十年代的洲际高速公

路系统的都市区段大大加强了城市分散化趋势(TRB,1998a)。广阔的郊区土地被开发,用以建设低密度住宅和工作场所;沿高速公路周围,新建了大量的购物中心、商业写字楼、仓储中心和制造厂等。

此外,联邦政府通过减免个人所得税、贷款担保等方式提供住房补贴(Aaron,1972),用来为郊区低密度、单一家庭住宅提供资金支持,这也附带地推动了城市分散化趋势。不过无论如何,大量的住宅和工作场所都将会迁至郊区。因为随着人均收入的增加,人们越来越能够买得起单一家庭住宅;由战后婴儿潮引起的人口增加,客观上要求城市不断扩张,以提供更多的住房;而且,装备制造和材料运输过程中的技术进步也引发工厂布局由垂直布局变为水平布局,从而需要更广阔、更低廉的郊区土地。

这些引发城市分散化的因素制约了公共交通的发展。因为在以中心商业区为核心,呈放射状的高密度、大容量的交通走廊上,公共交通才可以高效运营。正如汉森所说(第一章),在郊区内部或郊区之间,交通流并非呈放射状。1975年以前,公共交通一直未能努力应对不断变化的土地利用方式和交通模式,从而完全丧失了前景广阔的郊区市场。

无法为迅速发展的郊区提供良好服务的一个原因是,"二战"后30年内,国家给公共交通事业的拨款严重不足。1960年以前,多数公交运输公司是营利性的私有公司,他们既不能获得政府发放的补贴,也不受政府调控(Altshuler,Womack & Pucher,1979;Pucher,1995)。面对小汽车造成的日益增大的竞争压力,他们的反应是:提高票价、削减服务、延期维护和资本投资。随着服务质量越来越差,服务费用越来越高,公共交通系统失去越来越多的乘客,收益锐减,从而迫使公共交通系统更进一步削减服务、上调票价,形成恶性循环。尽管汽车拥有量增加、人均收入增加、住宅和工作地点分散化以及政府资金支持匮乏等因素,并非公共交通系统可以掌控,但公交公司也没有采取相关措施来保持剩下的乘客,更不用说开发郊区新市场了。一些城市的管理部门也存在问题:管理部门不称职、无所事事,管理者坐等公司破产和政府接管,而不进行任何改革,更不采取任何营销措施(Salzman,1992)。

三、1975年以来公共交通发展趋势

随着公共交通公司破产,到1980年政府已完全接管公共交通系统。并发放政府补贴,实施公有制。20世纪70年代中期以后,政府大量拨款,使公共交通发展得以复苏。来自各级政府(联邦、州、地方)的补贴以及基本建设费用从1975年的32亿美元上升到2000年的228亿美元(American Public Transit Association, 2002;USPOT, 2002)。即使因通货膨胀而导致美元贬值,按美元不变价计算,20世纪的后15年间,政府补贴金额仍然增加了3倍。

很多城市的公共交通由公路运输管理局统一管理,协调城市、郊区的票价、线路和时刻表。公路运输管理局董事会通常包括州和地方政府官员,比起追求创造良好的经济效益,他们更强调实现政治最优化。这样,在制定交通政策时,就容易导致决策失真。

在长期的政府援助中,联邦政府对公共交通的补贴是关键。起初,联邦政府专款的用途受到限制,主要是用于促进技术进步,投资更新基础设施和交通工具,以及制定长期全面合作规划。久而久之,联邦政府补贴允许被用于交通工具的使用和维修,不过联邦政府援助仍主要用于投资,其占到联邦政府补贴总额的82%(American Public Transit Association, 2002)。

州政府和地方政府的补贴对于解决交通运输业的财政危机同样起重要作用。尤其是联邦政府补贴处于停滞状态的时候,州政府和地方政府的资金援助变得尤为重要。1980年里根总统就任,联邦政府补贴占总补贴金额的53%,到1992年布什总统离任时,跌至24%;直到2000年,联邦政府补贴一直保持在25%左右(American Public Transit Association, 2002)。正是州、地方的财政补贴,保证了总补贴金额的持续增长,使公共交通能够拓展服务,制定更合理的票价,以挽回失去的客源。

一些研究认为,低效率、工资涨幅过高、机构臃肿、人浮于事、昂贵的联邦政府管制以及对高成本技术的过度投资,极大的浪费了交通补贴(Pickrell, 1992;Richmond, 2001a, 2001b)。但同时,交通补贴也产生了相当可观的效益,这一点毋庸置疑。从1975年到2000年,车辆的年行驶里程增加了86%(从1975年的22亿英里

到 2000 年的 41 亿英里);公共交通服务质量也大幅改善,有轨机动车和公交车已被舒适的现代化空调车取代。在纽约、波士顿、费城等城市,通过站台现代化建设、线路、轨道改造以及安装信号系统等,旧的地铁和城郊轨道系统已经升级。同时正在建设许多新的轨道铁路系统,现有的系统也正在扩展。自 1975 年以后,扩展新线路总计达 1 780 英里,增加了 42%(American Public Transit Association,1977,2000)。

图 8.2　华盛顿地铁系统经过不断扩展,在过去 20 年里吸引大批乘客,已成为美国第二大地铁系统

资料来源:图片引自华盛顿都市区公共交通管理局,摄影师拉里·莱文(Larry Levine)。

公共交通和轨道交通的设计也更加方便残疾乘客。公交车有提升器,低地板,可调低前轴离地距离以方便上下车;地铁站建有电梯和扶梯;公交车和地铁列车为残疾乘客提供专门座位区;而且,公共交通还运营小型货车或小型公共汽车,为残疾乘客提供"门对门服务"。

政府补贴除了有助于拓展公共交通业务、改善服务质量之外,对稳定票价也起到一定作用。1975-2000 年,公交票价平均上涨 8%,大约每三年仅增加 1 个百分点,涨幅只是比通货膨胀率略快一点。虽然平均值无法反映城市间的差异,但仍然可以看出,多数城市的票价较低。对整个交通行业来说,票价不到交通运营资金的 23%(APTA,2002)。

改进票价制和售票程序也同样重要。大的公共交通系统均办理月票,乘客购买月票,可以享受打折服务;售票采用公交智能卡、磁卡以及自动售票等方式,多样化、便利的售票方式使越来越多的人选择公共交通出行。纽约市就是这方面最好的例证。1997 年,纽约市捷运金卡打折,推出一系列新的票价供选择,虽然没有增加新服务项目,但乘客量仍猛增 30%(Pucher,2002)。

总的来说,拓展服务项目,并投入大量补助保证低票价,成功地扭转了 10 年来公共交通乘客量衰减的局面。全年旅客出行量从 1975 年的 80 亿增加到 2001 年的 95 亿,增长了 36%。考虑到私家车拥有量及使用量不断增加,公交乘客量能增加这么多,已经是相当大的成功。

正如汉森和马勒的分析,私家车数量大增、居民住宅和工作地点不断向低密度的城郊扩散,都会刺激小汽车的使用,而抑制公共交通的使用。

图 8.3　20 世纪 90 年代以来,因乘客量大增,新泽西列车拥挤的站台和车厢
资料来源:引自新泽西公共交通局,摄影师迈克·罗森塔尔(Michael Rosenthal)。

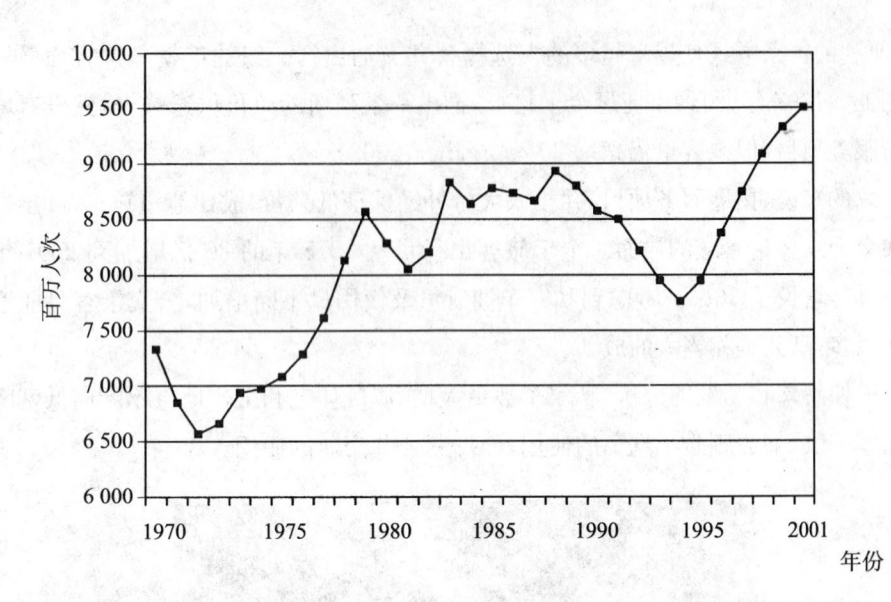

图 8.4　1970-2001 年美国公共交通客运量变化

资料来源：美国交通运输协会（APTA），不同年份的《公共交通手册》(Public Transportation Fact Book)。

如图 8.4 所示，过去 30 年中，公共交通的客运量呈周期性变化。呈上升趋势时，是由于经济繁荣（低失业率）、油价上涨、公共交通经费充足，从而能够扩大运营项目，保证低廉的票价。呈下降趋势时，是由于经济衰退（高失业率）、油价下跌、公共交通运营经费削减，从而票价上涨、服务质量降低。无论是上升趋势还是下降趋势，过去 30 年中，公共交通乘客量总体呈明显的上升趋势，2001 年乘客量达到 40 年来（自 1959 年）最高水平（Pucher，2002）。

表 8.3　公共交通、步行、自行车三种出行方式构成比例的变化（含所有出行目的）（%）

交通方式	1969	1977	1983	1990	1995	2001
公共交通	3.2	2.6	2.2	2.0	1.8	1.6
步行	9.3	9.3	8.5	7.2	5.4	8.6
自行车出行	0.7	0.7	0.8	0.7	0.9	0.9

注：1995-2001 年步行比例增加迅速，原因在于 2001 年的统计方法有变化，将之前未考虑的以步行为目的的出行考虑进来，并不是因为 1969-1995 年实际步行出行量成倍增长所引起。

资料来源：Pucher and Renne(2003，表 2)，根据 NPTS(1969-1995 年)和 NHTS(2001 年)调查数据整理。

第八章 公共交通

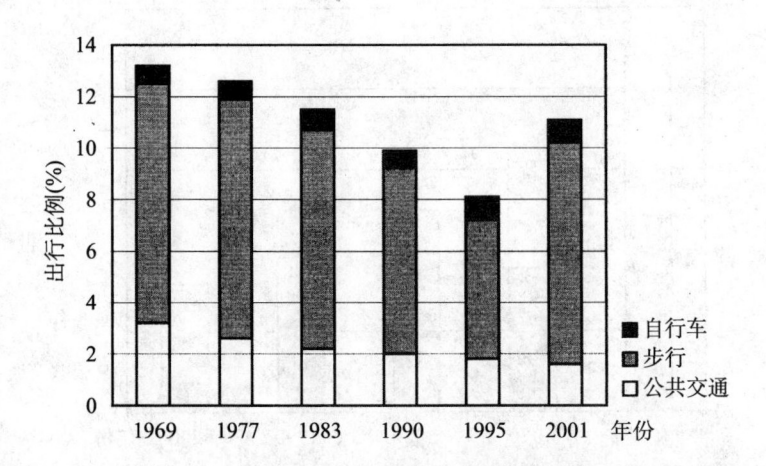

图 8.5 公共交通、步行、自行车三种出行方式构成比例的变化（含所有出行目的）

注：1995-2001 年步行比例增加迅速，原因在于统计方法有变化，将之前未考虑的以步行为目的的出行考虑进来，并不是因为实际步行出行量成倍增长所引起。

资料来源：Pucher & Renne(2003, 表 1)。根据 NPTS(1969-1995 年)和 NHTS(2001 年)计算得到。

尽管在过去 25 年里，公共交通乘客量有所回升，但公共交通出行的比例仍持续下降，只是下降速度有所减缓。如表 8.3 和图 8.5 所示，公共交通出行的比例从 1969 年的 3.2%，降至 2001 年的 1.6%（NPTS, 1969-1995；NHTS, 2001）。这是唯一针对所有出行目的的联邦调查。十年一次的人口普查只公布了工作出行的信息，但工作出行占城市出行的 1/5。如图 8.6 所示，统计数据表明，公共交通出行占全部工作出行的份额正在持续缓慢减少：从 12.6%（1960 年）、8.5%（1970 年）、6.2%（1980 年）、5.1%（1990 年）到 4.7%（2000 年）（U. S. Census Bereau, 2002a）。

20 世纪 90 年代，公共交通乘客量上升了 36%，而公共交通出行的比例却是下降的，这似乎有些不合常理。出现这种现象的原因是：由于人口增加、人均收入提高、女性工作出行增多、住宅和工作向郊区分散，导致长距离出行增多，从而造成城市出行量比公共交通使用量增加更快。

总之，虽然 1975 年以后，公共交通在拓展和改善服务上取得了巨大的进步，乘客量增加了 36%，但占总出行方式的比例持续下跌，2001 年降至 1.6%。有人认

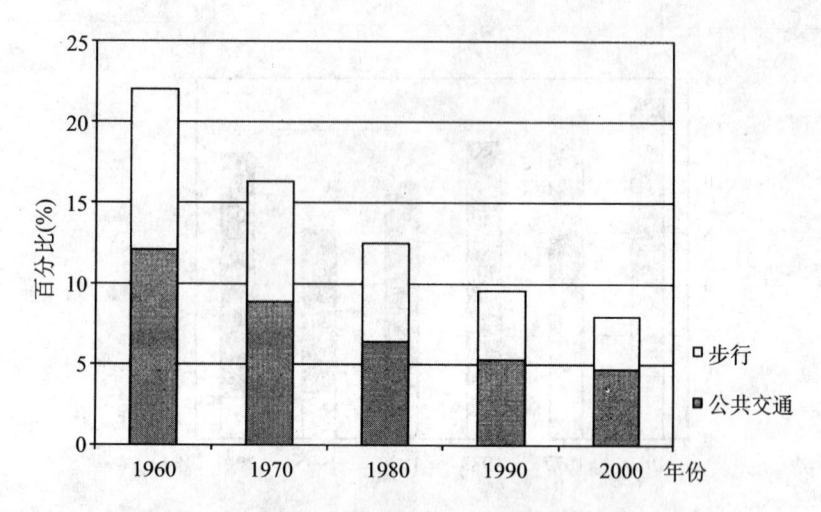

图8.6 美国工作出行采用公共交通和步行方式的比例(1960-2000年)

资料来源：Pucher and Renne(2003，表1)；USDOT，1993。

为低市场占有率与公共交通不相关，但种种原因表明，这种解释是不合理的。

四、公共交通的重要性

公共交通在大城市的低市场占有率并不能降低其重要性。显然，如果只是让不足2%的人群获益，各级政府及其支持者绝不会同意每年投入230亿元的交通补贴。经济学家曾对交通补贴提出质疑，但政治学者认为，从全局来看，公共交通有利于缓解交通堵塞、节省能源、减少污染、使城市充满新活力、方便弱势群体出行、为大众提供最基本的出行选择。因此，政府投入交通补贴是有重要意义的(Altshuler et al.，1979；Dunn，1997)。总之，交通补贴对社会、环境产生的间接效益，远远超过了带给乘客的直接好处。人们可以争论产生的间接效益有多大，但是很明显，这种效益已经为公共交通提供了政治基础。

(一) 公共交通在大城市的特殊作用

首先，在人口稠密的特大城市，公共交通是一种重要的出行方式。它占纽约大都市区出行量(工作出行)的25%，占纽约中心城市出行量(工作出行)的53%。如

表8.4所示,美国主要城市的工作出行主要通过公共交通完成。

表8.4 美国部分大都市区公共交通出行的比例(2000年)

大都市区	都市区公共交通出行的比例/%	
	中心城市	都市区总面积
纽约	53	25
华盛顿	33	11
波士顿	32	14
旧金山	31	10
芝加哥	26	12
费城	25	10
巴尔的摩	22	8
匹兹堡	21	6
西雅图	18	7
明尼阿波利斯	15	5
亚特兰大	15	4
新奥尔良	14	6
洛杉矶	10	7

资料来源:U. S. Bureau of the Census, 2002a, 2000 Census, Journey to Work in U. S. Metropolitan Areays, 2002)。

(二)缓解交通拥堵压力

在出行高峰时,公共交通能为交通拥挤路段提供最大程度的服务。公共交通独一无二的优点就是,能够满足大量的、在时间和空间上高度集中的出行需求。随着运量的增长,每人次运营成本迅速减少。而私家车的每人次运营成本(包括时间成本)则是随之增加的(Vuchic,1981)。

通常来说,一条地铁线能每小时单方向发送旅客36 000人次。纽约一条地铁线路的旅客发送量达到39 526人次/小时,有3条线路超过30 000人次/小时。相比之下,出入管制公路的单行道上每小时最大量能通过2 500辆车。在高峰时段,多数小汽车中只有驾驶员自己,因此每条车道客运量很难能超过3 000人次/小时,这仅仅是地铁客运量的 1/12。在波士顿和旧金山,轻轨线路客运量分别为 9 600 人次/小时和 13 100 人次/小时(高峰时段),比 4 条甚至更多条公路的客运量之和还多(TRB,2000)。甚至公交线路也比标准公路的客运量要高,新泽西通往林肯隧道的 I-495 号公交专用单行道,最高客运量达 32 600 人次/小时,约是曼哈顿区三条车行道客运量的 5 倍(Levinson & St. Jacques,1998;TRB,1996;Vuchic,1981;World Bank,2000)。

210　　　公共交通可以减轻公路交通高峰时段的运营负担,缓解了交通阻塞的压力,对公交乘客和汽车乘客都十分有利。高峰时段公共交通的特殊贡献在公交出行比例中并没有得到体现。

当然,并不是每个城市的每条公共交通线路都能有效缓解公路交通堵塞,有些公共交通低效的运营,并没起到缓解交通的作用。比如在郊区、人口密度低的小城市,一些线路几乎是空车运行。相反地,在人口稠密的大城市,公交车辆满车运营,并有效缓解高峰时段的交通阻塞。如果公共交通能够吸引足够多的乘客,那么必然会减轻平行车道的压力,至少在特定车道上,可以运载更多的乘客。

(三) 节约能源

研究表明,公共交通,尤其是轨道交通比私家车更节能高效(Kenworthy,2002;Lenzen,1999;Oak Ridge National Laboratory,2001)。如表 8.5 所示,由于方法、基本假设以及数据来源不同,对各种交通方式能源利用的估算结果不同。而且不同城市、不同车辆的搭载人数也不尽相同。一些单人驾驶运动型多功能车辆(sport utility vehicles,SUVs)的人公里耗油量是搭载 5 人的高效微型汽车的 10 倍。同样,纽约一辆搭乘 1 到 2 名乘客的标准小汽车的耗油量,是高峰时段搭乘 100 多名乘客的地铁耗油量的 10 倍。

平均起来,公共交通最节能高效,尤其是公交满员运行、而小汽车搭载率最低的时候。在美国,1995 年单辆汽车平均搭载量仅为 1.1 人次,9/10 的小汽车只有驾驶员而没有其他乘客搭乘。表 8-6 的估算数据考虑了全天所有时段、所有出行目的,而公共交通的主要用途是为了工作出行,因此表中的计算结果低估了公共交通的能源效率。

第八章 公共交通

表 8.5 不同交通方式人英里能耗比较(焦耳)

交通方式	美国 橡树岭国家实验所 (2001)	美国 肯沃茜 (2002)	澳大利亚 伦森 (1999)	西欧 肯沃茜 (2002)
小汽车	3.8	3.3	4.4	2.5
私人卡车	4.8	NA	NA	NA
公共汽车	5.1	2.9	2.8	1.2
轻轨	3.3	0.7	2.1	0.7
地铁	3.3	1.7	2.8	0.5
通勤铁路	3.1	1.4	NA	1.0

注：严格地说，这些评估结果没有可比性。橡树岭国家实验所(ORNL)的计算考虑了在乡村和城际地区公路的小汽车利用情况(在这些地区,汽车每加仑行驶的里程数要高于城市。伦森的研究只包括城市交通方式,而肯沃茜的研究仅以大城市为研究范围。所有数据目的是反映运营成本；并不反映资本支出中的能量利用情况)。

表 8.6 美国不同种族选择公共交通、步行、自行车出行的比例(2001 年)(%)

交通方式	种族 非裔	亚裔	白种人	拉美裔
公共交通总计	5.3	3.2	0.9	2.4
公交、轻轨	4.2	1.8	0.5	2.0
地铁	0.9	1.1	0.3	0.3
通勤铁路	0.2	0.3	0.1	0.1
非机动化交通总计	13.2	12.3	9.6	12.6
步行	12.6	11.7	8.6	11.8
自行车出行	0.6	0.5	0.9	0.9

资料来源：Pucher & Renne(2003,表 13),根据《美国家庭出行调查》(NHTS)计算而得。

如表 8.5 所示,由于欧洲的公共交通技术先进、搭乘率高、有关部门还制定公共交通优先措施以保证公交高速运行,所以欧洲的公共交通比美国的更高效节能。

当然,美国公共交通也有提高能源效率的潜力。

(四) 环保优势

同能源效率一样,公共交通对环境的影响也很复杂。第十三章指出,交通对环境的影响包括很多方面,有大气污染、水污染、土地污染、生态破坏和全球变暖,孤立量化这些长期或短期的环境影响是很困难的。

很多研究发现,公共交通每人英里的污染量正逐渐下降(TRB,2002;USEPA,2001),只是污染类型有所不同。公交和轻轨系统的一氧化碳(CO)和有机挥发物(VOCs)排放量比汽车低,而氧化氮(NO_x)排放量比汽车高。城市不同、出行方式不同,导致污染程度也有所不同。通常,车辆搭乘人数越多,每人英里污染指数越低。在大城市的繁忙线路,公共交通的环保优势最明显。相反,在夜晚或者在郊区线路上只运载一两名乘客的公共汽车对环境的污染比小汽车还要严重得多。

汽车利用对环境的影响问题也很重要。由于小汽车导向型城市比公交导向型城市的居民出行距离远,其私人汽车出行产生的污染就大。即使每英里小汽车和公共交通的污染程度差不多,小汽车导向型城市也会因为出行需求多,而对环境的污染增大。相比之下,公共交通造成的环境污染的空间特征经常被忽略。

肯沃西(Kenworthy,2002)认为,西欧的公共交通人均产生的大气污染量比美国产生污染量的一半还少(98:265千克/人),加拿大的人均大气污染量比美国少(179千克/人),仍是西欧的两倍。出现这种悬殊最大的原因不仅是因为西欧城市的出行距离短(源于紧凑的土地利用方式),更重要的是西欧对污染小的公共交通的利用程度较高。

(五) 便于弱势群体出行

对于无力购买小汽车或身体、精神状态都不适合开车的穷人、老人、残疾人等,公共交通极大地方便了他们的出行。2001年,选择公共交通出行最多的是非裔美国人,占5.3%;其次是拉美裔美国人,占2.4%;白种人仅占0.9%(表8-6)。62%的公交乘客是非裔美国人和拉美裔美国人,35%的地铁乘客是非裔美

第八章 公共交通

国人和拉美裔美国人；在城郊轨道的乘客中，29%是非裔美国人和拉美裔美国人(Pucher & Renne, 2003)；而2001年，非裔和拉美裔美国人仅占城市人口的20%(Pucher & Renne, 2003)。在小汽车导向型城市，少数人或少数种族依靠公交出行的现象更突出。例如，洛杉矶80%的公交乘客是有色人种(Duran, 1995)。

同样，美国的穷人比富人更依赖公共交通出行(图8.7)。2001年，人均收入少于20 000美元的家庭出行量占公共交通总出行量的5%，而人均收入在20 000美元以上的家庭该比例为1%-1.5%。此外，38%的公共交通乘客来自贫困家庭(表8.7)。人均收入在20 000美元以下的家庭占总公交乘客量的47%，占总地铁乘客量的20%(2001年)，占城郊轨道乘客量的6%。如此说来，贫困人员出行首选公交，其次是地铁(主要在拥有强大的复合公交系统的大城市)。总之，在满足弱势群体出行需要方面，公共交通扮演了特别的角色。

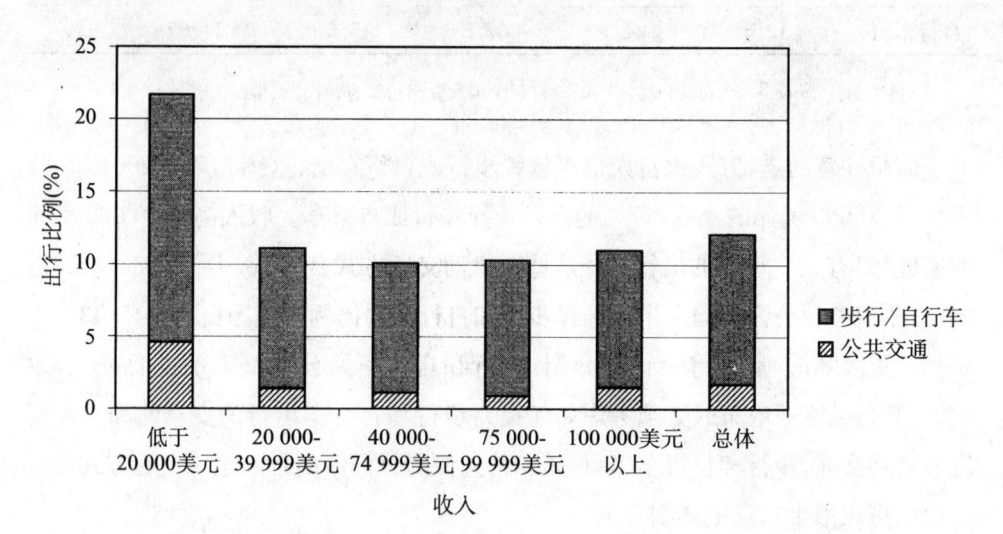

图8.7 美国不同收入群体的公共交通、步行、自行车出行方式的构成比例
（含所有出行目的）

资料来源：(Pucher & Renne, 2003, Table 8 and Figure 2)，
根据《美国家庭出行调查》(NHTS, 2001)计算得到。

表8.7 公共交通乘客、步行者、骑自行车者的收入分布情况(2001年,%)

交通方式	<20 000 美元	20 000-39 999 美元	40 000-74 999 美元	75 000-99 999 美元	>100 000 美元	总计
公共交通总计	37.8	19.8	21.0	7.4	14.1	100
公交、轻轨	47.1	21.4	19.0	5.6	6.8	100
地铁	19.7	18.7	25.2	9.1	27.2	100
通勤铁路	6.3	7.0	26.1	19.1	41.6	100
非机动化交通总计	22.7	22.8	27.4	12.8	14.3	100
步行	23.6	22.6	26.9	12.6	14.2	100
自行车出行	13.5	24.1	32.8	15.0	14.6	100

资料来源:Pucher & Renne(2003,表10),根据《美国家庭出行调查》计算而得。

值得注意的是,穷人比富人也更依赖步行或自行车出行(图8.7)。2001年,收入少于20 000美元的家庭,17%的出行选择步行或自行车。收入高于20 000美元的家庭,仅有9%-10%的出行选择这些非机动交通方式(Pucher & Renne,2003)。同样,非裔和拉美裔美国人出行选择步行和自行车的比例比美国白种人高(13%:10%),见表8-6。后文将会详细介绍,步行和自行车是公共交通的重要补充,制定、完善公共交通政策时必须考虑如何提高步行和自行车出行的安全性和方便程度。公共交通、步行和自行车出行,是三种方便弱势群体出行的重要交通方式。这些观点将在第十二章中详细介绍。

五、现状、未来的问题及挑战

过去25年里,美国公共交通发展取得了显著进步,但依然面临巨大挑战。最突出的问题是公共交通运营不断亏损、投资成本不断增大。数十年内,公共交通补贴力度持续稳步加大,政治支持力度也一直未曾减弱。因而,在面对全面财政预算削减、各部门竞相争取公共资金的情况下,对于交通运输业来说,重要的是要使公众和代表相信,投入大笔交通补贴是合乎情理的,当然这个工作难度很大。公共交通运营的地理集中性的特点,使其在小汽车导向型地区获得政策支持的难度格外大。公共交通可以想办法增加运营效率、降低运营成本。比如,实行流线化管理、裁减人员、在客流高峰期雇用兼职人员、取消运量小的线路、委托私人公司承包运输业务、采用简单、低成本的技术(如用快车代替轨道交通)等。通过采取这些措施,公共交通可以基本实现相同的运营成效(Richmond,2001b)。

在控制成本方面,公共交通取得了相当大的进步。1982-1997年,公交职工每小时工资的增长幅度比同一城市的政府工作人员工资的增长幅度少16%,比制造业工人的少22%(Denno & Robins,2000)。1970-1980年,每辆车的公里运营成本增加3倍,增加速度比通货膨胀率快31%。而在1980-2000年,每辆车的公里运营成本增加速度比通货膨胀率低4%(扣除物价因素)(American Public Transit Association,1992,2002;U. S. Bereau of the Cencus,2002a),这是一个巨大的进步(Pucher,Markstedt & Hirschman,1983)。

公共交通目前以及未来面临的最主要挑战是,公共交通必须适应并应对逐渐出现的多中心、分散化以及郊区低密度开发的趋势。所有的迹象表明,未来几年,居住地和工作场所将日益分散,交通流不再集中在从市区出发的放射状交通走廊上,通用的交通技术需要提供最好的服务满足出行需求,几乎所有的出行增长量都产生在郊区或郊区之间,产生在城市分散开来的数以千计的出发地和目的地之间。

为此,公共交通面临两个基本选择。一种是可以不顾服务难度大的郊区,将精力放在高容量辐射状路线上,集中力量为围绕核心的紧凑的小范围地区提供优质服务。只保留利用率最高和运营最有效率的线路,完全取消郊区服务。这样能节省资金,不过也会忽视支线的发展,破坏已建立起来的区域体系,失去政府补贴(联邦政府和州政府财政补贴)和城市公共交通税(地方补贴的主要来源)的支持;从公平性看,取消郊区服务,会使穷人到郊区工作的有限机会少之又少。

第二种选择是,调整公共交通网络以更好地适应未来分散化、多中心的城市形态。一些城市已经建立多目的地轴辐式路线系统。设计协调的转运衔接系统以提高郊区之间的公共交通利用率,使通勤方向从市中心—郊区转为郊区—市中心。此外,还可以建立所谓的通勤公交系统,就是投入小汽车或小公共汽车运营,为郊区的本地出行服务,或者为高容量的长距离公交线路充当支线。

如果地方政府采用适当的土地政策,充分采用第二种办法,鼓励在主要交通中转站集群发展,就会在郊区中心形成高密度、公共交通导向型开发(TOD)的岛状布局。当然,TOD能够提高公共交通在现有的单中心路线网络里的使用率。关于TOD,随后将作详细探讨。

另一个根本挑战是同无处不在的小汽车竞争,困难重重。到2001年,92%的美国家庭至少拥有一辆汽车,59%的家庭拥有两辆甚至更多。甚至收入在20 000美元以下的家庭中,48%拥有一辆汽车,25%拥有两辆甚至更多(图8.8)。很多时候,私人小汽车能够提供高质量的出行:速度快、舒适、时间、路线灵活、携带东西方便等。除了在通向市中心的拥挤的辐射状交通走廊上行驶之外。因为在那里,停车场所受到限制,而且停车费用昂贵。尽管小汽车对社会和环境产生不良影响,但仍受个人消费者喜爱。小汽车在城市交通中日益占据主导地位。

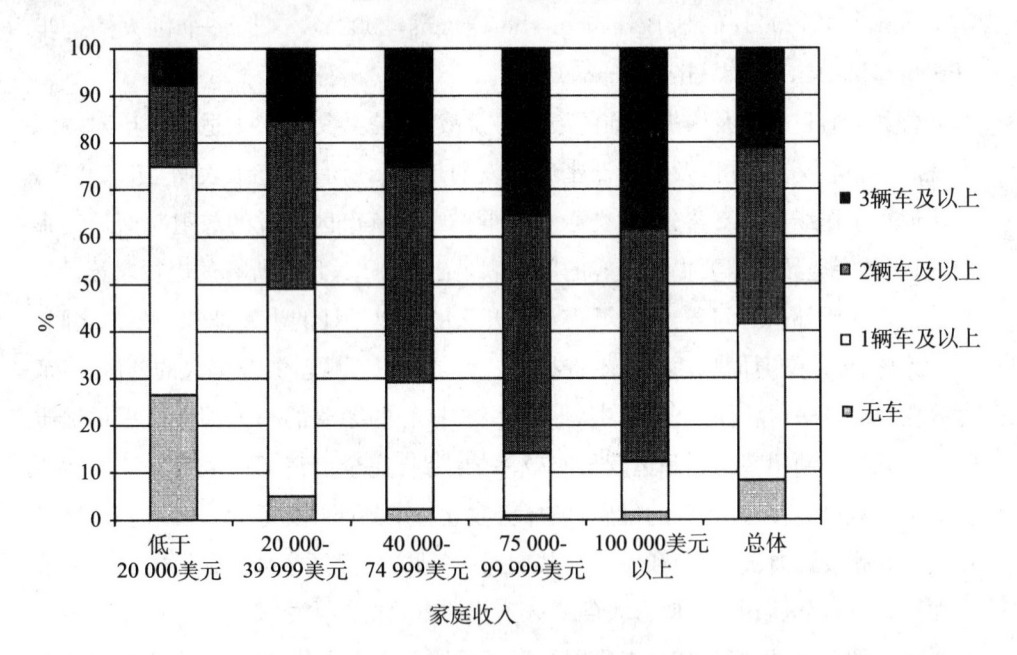

图 8.8 美国不同收入群体的汽车拥有量 (2001年)

资料来源:Pucher and Renne(2003,图1),根据《美国家庭出行调查》(NHTS)计算而得。

第八章 公共交通

尽管公共交通技术进步很快,但小汽车技术的发展更加迅速。不能说现在所有的小汽车都比 20 世纪 60 年代的安全,但是现在的汽车的确是污染小了,也更加安静了,并且拥有几十年前的小汽车不具备的特点:车内安装有高级娱乐系统,全球定位系统(GPS)以及复杂的车内气温控制系统。虽然现在的公共交通比 20 世纪 60 年代的公交车乘坐起来更舒适,但它在舒适性、保护隐私、便捷性和门对门的省时服务方面,尤其是需要步行到达中转车站的时候,设计最简单的小汽车都比公共交通有优势。

对公共交通来说,土地利用分散化,同高质量的私人交通工具竞争,是两个巨大的挑战,但并不是无法克服的困难。欧洲和加拿大的公共交通系统在吸引乘客、保证高市场占有率方面是相当成功的,尽管他们也面临着高人均收入、高增长的小汽车拥有率以及工作和居住地点分散化等挑战。欧洲和加拿大在改进公共交通方面的经验值得美国借鉴。

六、欧洲和加拿大的公共交通

如图 8.9 所示,美国公交出行的比例比西欧和加拿大低,欧洲公交出行比例最低的国家是荷兰(7%),而这个数字也仍然是美国的 3 倍多,多数其他欧洲城市的公交出行比例至少是美国的 5 倍,有一些甚至高达 10 倍多(例如瑞士,公交出行比例为 20%)。同样,美国的步行和自行车出行比例也很低(仅 7%),加拿大为 12%,欧洲大部分国家在 30% 到 40% 之间(图 8.9)。公共交通利用率高的城市,步行率也很高,这并不是巧合。因为步行是去乘坐公共交通的主要方式。同样,很多欧洲城市的居民也会依靠骑自行车前去乘坐公共交通(Pucher, 1997; Pucher & Dijkstra, 2000)。另外,好的公交服务可以使很多人不用买小汽车,长距离出行可以搭乘公共交通,短距离出行就采用步行或自行车出行。

在加拿大和西欧,为什么公共交通、步行和自行车出行如此重要呢?这个问题很重要。很明显,并不是因为公共交通只为穷人或没法选择出行方式的人提供劣质服务。加拿大、西欧和美国一样富裕,技术一样先进,他们的汽车拥有量和美国差不多,而他们依然乐意选择公共交通。

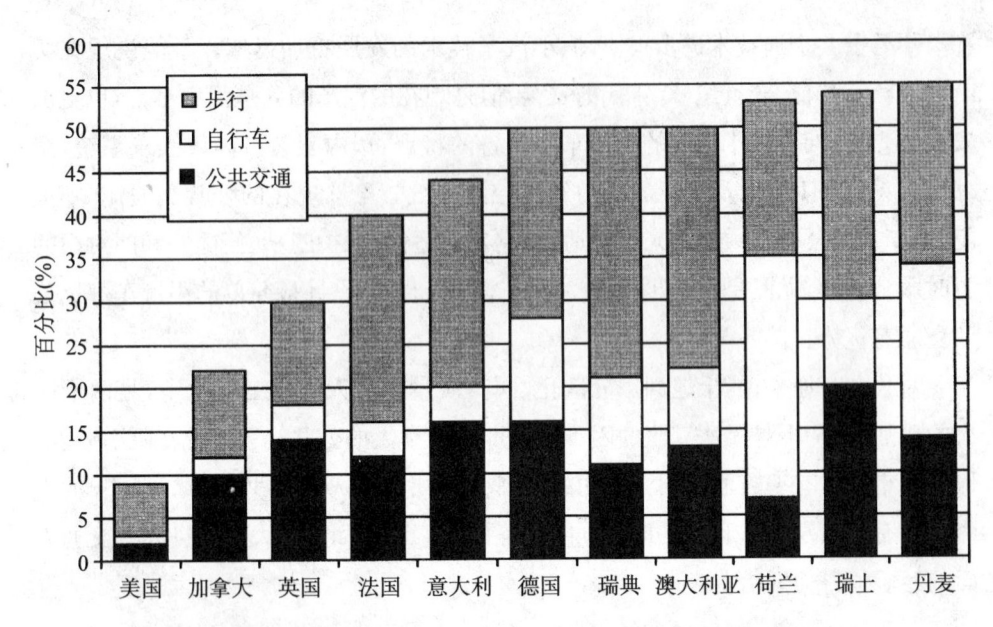

图 8.9　不同国家的公共交通、步行、自行车三种出行方式构成比例的变化
（含所有出行目的）(1995 年)

注：尽管近年的数据都可获得，但仍选取 1995 年数据来考察各国不同出行方式的比例情况，以保证数据具有可比性。由于统计方法的变化，1995 年美国的出行比例低于《美国全国家庭出行调查》(2001)中的统计数据。

资料来源：Pucher(1999，表 7)，基于各国运输部门提供的数据计算得到。

（一）土地利用方式和城市发展模式不同

对于公共交通在西欧和加拿大的高市场占有率，原因很多。有一些原因不是公共交通系统本身所能决定和控制的。加拿大和西欧的城市比美国城市的密集化、分散化趋势弱，多中心的城市发展形态不如美国明显（TRB,2001）。最近的对比资料显示，1995 年，西欧城市平均人口密度为 55 人/公顷，加拿大是 26 人/公顷，美国仅是 15 人/公顷（Kenworthy,2002）。加拿大的人口密度约是美国的两倍，西欧约是美国的四倍。虽然无法用定量指标分析，但仍然可以得知，西欧和加拿大的多中心城市形态发展不如美国，其中心城市依然强有力地辐射周边地区，主导周边地区的发展（Cerver,1998；TRB,2001；Vuchic,1999）。土地利用方式的不同有助于解释为何西欧和加拿大公共交通的比例高。

第八章 公共交通

在某种程度上说,欧洲的高人口密度有一定的历史基础,在汽车时代之前,传统发展模式已经延续了数个世纪;加拿大不是这样。加拿大的城市发展和美国大致在一个时期。几十年来,加拿大政府已经实施一系列土地利用政策以鼓励集群发展(Cervero,1998;Newman & Kenworthy,1999;Pucher & Lefevre,1996)。近年欧洲和加拿大的郊区人口密度仍然比美国高很多。这主要是由于严格的土地利用政策以及欧洲高昂的土地价格(Downs,1999;Pucher & Lefevre,1996)。西欧外围郊区平均人口密度为 39 人/公顷,加拿大是 26 人/公顷,美国仅为 12 人/公顷(Newman & Kenworthy,1999)。

(二)汽车税和燃油税的差异

公共交通在西欧和加拿大的市场占有率高的另一个重要原因在于,制定了既限制小汽车使用、又提高使用成本的政策。比如,西欧的汽油价格约是美国的 4 倍,绝大部分的价格差是由于欧洲的高汽油税造成的(图 8.10)。尽管加拿大还出

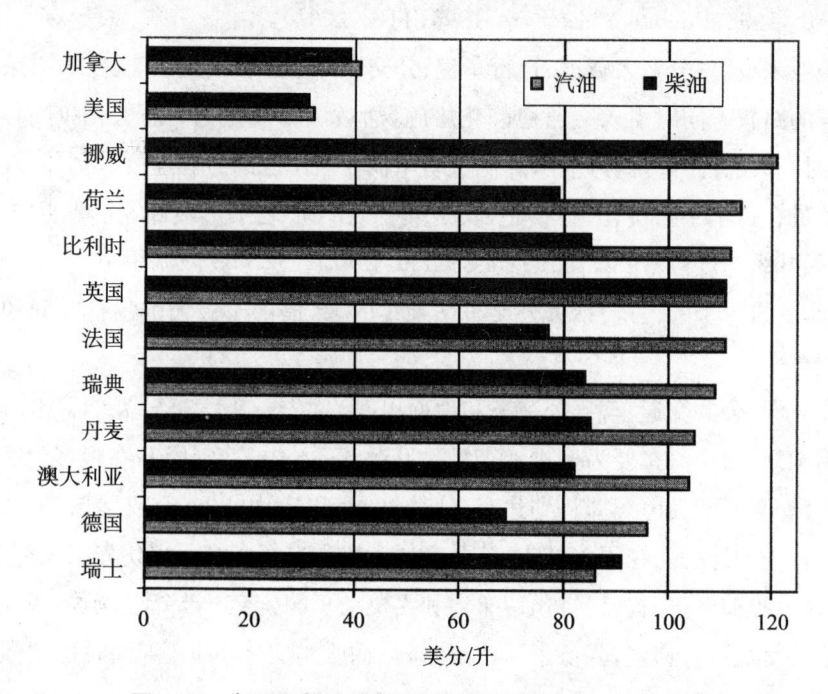

图 8.10 各国燃料油价格情况(税后)(1998 年,美分/升)

资料来源:TRB 2001,图 3.2,p.82。

口汽油,而美国半数以上的汽油仍要进口,但加拿大的汽油价格也比美国高很多,税收高达 50%(International Energy Agency,2002)。总之,高油价是由西欧和加拿大政府制定的税收政策引起的。

同样,由于销售税、出口税及其他费用,使得在西欧和加拿大购买小汽车的费用比美国高许多。在美国,销售税、注册税、财产税只占私人购买汽车费用的 5%-10%,在欧洲,则高达 15%-50%,少数国家的税收甚至超过了购买小汽车的价格。在丹麦,买一辆小汽车就要交纳 180%的销售税,这极大地制约了小汽车的购买量(TRB,2001)。

(三) 西欧限制使用小汽车,优先发展公共交通、步行和自行车出行

除了提高购买和使用的费用,加拿大和欧洲国家(尤其是西欧),制定了一系列限制小汽车使用的措施。包括限制小汽车的车速、路权、行驶线路,降低汽车出行的灵活性,极大的提高步行、自行车出行和公共交通的速度、便捷性和安全性(Cervero,1998;Pucher & Lefevre,1996;TRB,2001)。

一般来说,划分宽人行道、自行车道、公交专用车道和无机动车区,大大减小了小汽车的路权。同时引入交通稳静化措施,通过法律规定(30 公里/小时或 19 英里/小时)和设置路障两种途径,降低机动车辆在居民区的行驶速度。例如,规定要求驾驶员在过十字路口、人行横道、交通转盘、窄道、之字形线路、拐弯、过减速带时,必须减缓速度(Ewing,1999;Hass-Klau,1992)。这样就限制了小汽车交通,为步行者、骑自行车的人,包括去公交车站乘车的人,提供了极大的出行空间和出行条件。

在欧洲,公共交通车辆(公交车和地面电车)优先于小汽车发展(TRB,2001)。法律明确规定,小汽车要为接送乘客后重返运营的公共汽车让道;在很多十字路口处,当公交车和地面电车即将到达时,信号灯绿灯时间可以提前或延长,提高了公共交通行驶的速度。在很多城市,公共交通车辆和自行车都可以优先占用停车线,启动"绿灯提前"优先权,提供预留车道和无机动车的公交—步行商场等,极大地提高了公共交通运行速度,降低了运营成本,从而吸引更多的乘客,同时也增强了人们步行去公交车站的安全性和便捷程度。

第八章　公共交通

（四）停车场的利用率及价格差异

美国停车费用低、停车场面积大，大大鼓励了小汽车的使用，妨害了公共交通、步行和自行车出行（TRB,2001）。1990年美国全国个人出行调查（NPTS）显示，美国超过95%的小汽车出行受益于免费停车。另外一些停车场的收费也是有名无实，费用一般由雇主承担（Shoup,1995,1997,1999）。美国企业通常为员工和顾客提供免费停车场：员工可以免税停车，公司可以减免税费。研究表明，投入免费停车场的补贴金额巨大，每年每辆车的补贴超过1 000美元（Litman,2002；World Resources Institute,1992）。城市首席泊车专家明确指出：免费停车场占用了大量的国家补贴，比起提供免费汽油，提供免费停车场更能诱使人们依靠小汽车出行。

美国的市中心，甚至郊区都有大量的免费停车场。每1 000个中心商业区就有555个停车场。加拿大有390个停车场，西欧只有261个停车场，比美国提供的停车场数量的一半还要少（Kenworthy,2002）。

事实上，美国地方政府对新楼房停车场的最少泊车量设置很高。其实这种要求缺乏合理的解释，导致停车场供给过度。大型多层停车场、路外停车场、临街停车场等等，成了美国的商标，占用了大量宝贵的城市土地。与之形成鲜明对比的是，欧洲和加拿大的新楼房停车场的最高泊车量控制得很严格，禁止提供泊车设施，明确减少中心区小汽车使用量，鼓励乘坐公共交通、步行或自行车出行。此外，西欧很多城市减少临街停车场，在停车高峰期，仅限于短期停车，并且有一些停车场仅供附近居民使用（TRB,2001）。

很明显，使用大量免费停车场，极大地诱导人们选择小汽车出行，一项研究也发现，这是妨碍利用公共交通出行最重要的因素之一（TRB,1998b）。多数政客和普通民众似乎想当然的认为，免费停车是他们不可剥夺的权利，几乎没人认识到，这会影响他们的交通选择和出行行为。

（五）汽车驾驶执照

在西欧，另一个阻碍人们（尤其是年轻人）选择小汽车出行的原因是考驾驶执照的要求很严格，费用很昂贵。公立学校不提供免费或便宜的驾驶课程，想学的人必须从私人公司购买必修课程，在大多数国家，这最少要花1 000-1 500美元，如果学院没有通过驾照考试，必须额外上课的话，那么花费就会更高。

在西欧，只有年满 18 岁的人才可以获取驾照，并且最初几年的驾照是临时性的，如果驾驶员的实际表现令人不满意的话，就撤销执照，或继续上课。相比之下，美国人年满 16 岁就可以获取驾照(Pucher & Lefevre, 1996; TRB, 2001)。

在西欧，尽管考取了驾照，但要真正开始驾驶生涯，至少要等到两年以后，并且在高中甚至大学阶段，仍然要继续乘坐公共交通、步行或自行车出行。这种早期的体验可能会影响他们以后的出行选择，在他们作为驾驶员以后，也会让他们明白，应该如何对待步行者和骑自行车的人。

(六) 欧洲公共交通服务更优质、更广泛、费用更低

前面提到的多数因素都不是公共交通系统本身所能控制的。当然，公共交通系统自身在一定程度上还是可以决定其服务的范围和质量。不过提供的服务受到资金(补贴可用性)、政府规定、公共主管当局规定的路权大小等影响。事实上，欧洲的各种环境和条件都利于提供更多更优质的公共交通服务。

欧洲公共交通系统享受国家补贴、归国家所有的时间，大约比美国要多 50 年(TRB, 2001)，有些公共交通系统早在 19 世纪 90 年代就已归国家所有，到 1920 年，绝大多数的欧洲公共交通系统已归国家所有。同样，到 20 世纪 20 年代，国家补贴也已经成为交通系统一个重要的资金来源。这样，欧洲的公共交通就有机会长期、直接的利用国家资金来投资运营。

相反，美国的公共交通系统直到 20 世纪 60 年代末 70 年代初才归国家所有。政府补贴计划也同期开始着手。前面已经讲到了，美国公共交通系统仅在 20 世纪的前 50 年稍微盈利，在第二次世界大战以后，盈利越来越少。在 1920 年到 1965 年这段关键时期，政府支持几乎完全丧失，导致费用再三增加、服务削减、路权每况愈下，以至于在 20 世纪大部分时间里，美国的公共交通损失了大量的客源。而此时，欧洲的公共交通利用率却不断增加。

直至今日，西欧仍然注重对公共交通投入大量资金、装备高质量的交通服务设施。与美国相比，欧洲的公共交通更为舒适、便捷、安全、性能可靠、高速，并且构建了高密度、大范围的路网为更多的住户提供高频率的服务。尽管城市间存在一定差异，但总的来说，欧洲公交车服务运营的时间长度是美国的四倍。

第八章 公共交通

表8.8列举的是欧洲公共交通为提供高质量公共交通服务采取的措施。设法提高公共交通出行速度是最重要的目标。很多系统拥有广泛的、整合良好的、有完全独立路权的轨道线路，即使在混合交通情况下运行，也会因享有一系列公交优先措施而提高运行速度。欧洲公共交通也很强调要采用现代化、舒适、整洁、安全的车辆和车站，安装设备以实时报道车辆到站、发车以及转车等交通信息。

表8.8 西欧为发展高质量公共交通采取的措施

提高运营速度、稳定性、运营频率	提高服务的舒适度、安全性和便捷性
1. 扩大车站间距以提高运营速度。 2. 设置多个登车点、控制月台范围以缓解系统资源的紧张。 3. 实施车外预付费，减少乘客登车购票的时间延误。 4. 采用低地板公交车、通过多门实现分流上下车。 5. 混合交通情况下实施公交优先措施，如公交专用车道、提供专门转弯处、公交优先信号系统等。 6. 采用车辆定位系统，准时运营，为乘客提供实时信息服务。 7. 采用拥有专属路权的轻轨、地铁、城郊轨道系统，不受路面交通阻塞的影响。	1. 在车站提供便利设施，如候车亭、钟表、电话、报摊、商店等。 2. 车辆干净舒适，司机博学多识、乐于助人。 3. 售票厅宽敞，可以采用支票、支付卡、信用卡等方式购买车票。 4. 安全、舒适的人行横道，便于步行者安全到达公交车站或候车区。 5. 车站和地铁站周围提供大量自行车存放处，并有四通八达的自行车路网通向公共交通车站。 6. 都市区各种交通方式的票价统一、简单、整合良好。 7. 为乘客量身提供不同的打折乘车卡（如学生、乘车上班族、老年人、游客等）。 8. 在每个站点张贴最新的交通时刻表。 9. 实时显示车站信息（具体的到站时间）、车内采用数字信息显示屏（显示即将到站的站名以及换乘信息）。 10. 整合不同公共交通方式的站点、时刻表、票价，形成协调良好的公共交通服务网络，实现不同方式、不同线路间的无缝换乘。

资料来源：根据TRB(2001, p.158)和Pucher & Kurth(1995)整理得到。

欧洲的票价制和可选的车票类型比美国的更创新、更有吸引力。尤其是月票和年票的打折幅度比美国大，这样一来，欧洲超过80%的乘客使用月票、季票、半年票、年票等乘坐公共交通；在一些城市，学生和老人乘车，只是象征性地收费或者免费;公共交通公司和企业、政府机构商谈,为单位员工提供高折扣车票;公共交通公司还同一些会议、体育赛事、音乐会、娱乐活动的举办单位和经营者合作,将车票作为规定的活动入场费的一部分。这种套票在宾馆和旅游机构也同样可以获得(Pucher & Kurth,1995;TRB,2001)。

欧洲公交采取一系列营销措施推销他们的高质量交通服务。他们在报纸、布告栏、收音机、电视上做广告;他们设售票点、流动售票车组成城市的售票网络,负责散播信息、出售车票;定期向居民群发信息,通知新的路线表、费用以及新开设的服务内容;公交公司也会到学校作特殊的报告向学生讲授如何使用公共交通。德国的公共交通甚至每年设立一次的奖、嘉年华活动来吸引潜在的客源(Pucher & Kurth,1995)。

总之,欧洲的公共交通系统在服务质量以及营销上比美国取得了更大的成效。

七、美国公共交通的未来

过去几十年里,美国的公共交通事业在起伏波动中前行,因此无法确定其未来将走向何方,发展到什么程度。尽管 1975 年以来乘客量增加了 36%,然而城市的持续分散化趋势以及汽车数量的不断增多,也预示着公共交通的未来并不乐观。在接下来的小节中,我们研究一部分关于公共交通未来如何发展的问题和观点。

(一) 借鉴欧洲和加拿大的经验

欧洲采取高税收政策,并限制人们购买和使用汽车,这极大地鼓励了人们利用公共交通、步行和自行车出行。不幸的是,这些措施很不受美国政党的欢迎,因此不太可能采用这些措施。尽管几十年来经济学家一直呼吁提高道路使用费和停车费,但是改观不大。人们依然免费使用几乎所有的道路和停车设施;划定无机动车区、交通稳静化措施和公共交通优先措施在美国的推行举步维艰,因为多数汽车司机不想放弃他们现在享受的特权;旨在提高城市人口密度的严格的土地利用政策也仅仅可能在选定区域实施,不能像欧洲那样全面推行。

不过,表 8.8 列举的很多办法在美国是切实可行的。都市区各种公共交通方式能够整合良好;票价制、票务、线路、站点以及时刻表之间也能协调得很好。对于美国公共交通系统来说，真的没有理由不尽快采用那些已经在欧洲城市出现的、现代化的、舒适的、有吸引力的交通技术了。只是美国公共交通连标示公交站点这样的事情都不愿意费心，就更不用说考虑为乘客提供良好的候车场所和车站时刻表了。

此外，把步行和自行车出行作为公共交通重要的补充出行方式，是美国需要向欧洲学习的又一项重要内容。在美国，步行或骑自行车出行不仅麻烦、令人讨厌，而且还容易发生危险。美国的步行或自行车出行每英里交通死亡率是德国和荷兰的十倍，原因完全在于公共政策措施(Pucher & Dijkstra, 2000, 2003)。德国和荷兰提供大量良好的措施方便步行和自行车出行：宽阔的人行道、无机动车区、自行车专用道、十字路口的优先通行信号、高度可视的行人穿越道等。他们还对居住区实施稳静化措施，对机动或非机动驾驶员进行交通教育，严格执行法律法规保障行人和骑自行车者的权益。

此外，欧洲城市为行人和骑自行车者开辟了通往公交车站的通道，这也是值得美国效仿的方法。安全便捷的自行车专用道通往公交车站，并在车站附近设有大量可靠的自行车存放处。仅慕尼黑地区，轨道和公交车站附近就有超过5万个自行车架，全德的自行车架超过100万个，并且最近的《联邦德国自行车规划》要求在未来10年中，自行车架要再增加50万个(German Ministry of Transport, 2002)。

因为大多数公交乘客是步行到车站的，因此，安全、快捷地步行去乘坐公共交通就变得异常重要。欧洲从方方面面为步行者创造了优越的步行环境，充分做好步行设施与车站的协调工作(Pucher & Dijkstra, 2000; TRB, 2001)。

美国对步行和自行车出行的忽略，不仅阻碍了这两种交通方式的使用，也制约了公共交通的使用；忽略对步行、自行车出行与公共交通的整合利用，更进一步限制了公共交通的发展。随后的内容中，我们将会详细介绍为什么步行和自行车是方便、安全的出行方式，因为他们是最高效节能、污染最低、最不拥挤、最便宜的出行方式。这两种方式是到达公共交通车站的关键方式，所以应促进其发展，进而提高公共交通利用率。

(二) 促进公共交通、步行和自行车出行,提高公众健康

公共交通和步行是相互依赖、相互补充的两种交通方式。图 8.9 显示,公共交通出行比例高的国家,其步行出行的比例也很高。美国的公共交通和步行出行的比例都很低。在美国以小汽车出行为主的城市,步行和自行车的出行受到的阻碍较大(Pucher & Dijkstra,2003)。

由此出现的严重后果是人们每天的体力活动不够,在过去 20 年里,随着美国变成一个完全依赖小汽车出行的国家,其市民的肥胖程度急剧增加(Flegal,Carroll,Ogden & Johnson 2002;Mokdad et al. , 1999,2001)。到 2000 年,31%的美国成年人属于临床上的肥胖症(体重质量指数超过 30 点),65%属于临床上的超重(体重质量指数超过 25 点)。美国医学会的期刊指出,"肥胖症是诱发糖尿病、高血压、高胆固醇血症、中风、心脏病、癌症以及关节炎等多种慢性疾病的危险因素"(Flegal et al. ,2002)。一些研究指出,肥胖症将会超过吸烟,成为美国人早逝的第一原因(McGuiness & Foege, 1993; Peeters et al. ,2003; Sturm,2002)。而且,不经常锻炼身体的人,无论体重正常、超重还是肥胖,其早逝的概率都将是一般人的 2-3 倍。

西欧的步行和自行车出行量分别占总出行量的 1/3 和 1/2。肥胖症患病率在 3%(荷兰)到 9%(卢森堡、芬兰、希腊)之间。平均患病率为 6%,不到美国的 1/5(图 8.11)。尽管荷兰、丹麦、瑞典、德国这四个国家的人均健康支出仅是美国的一半,但其健康期望寿命比美国长 2.5-4.4 年(European Commission,2001;OECD, 2002)。有人可能会认为,步行、自行车和公共交通出行的比例之和与肥胖病患病率呈反相关,与期望寿命长短呈正相关——这纯属巧合。但是,所有的证据都表明了它们之间存在着一定的因果关系(World Health Organization,2000)。而且世界卫生组织(2000)明确指出,公共交通与高体育运动量、低肥胖症患病率有密切关系。

医学杂志的主编们强烈建议美国人日常出行多走路、骑自行车,既便宜、安全、切实可行,又能增加运动量(Carnall, 2000; Dora, 1999; Koplan & Dietz, 1999);美国外科医师学会(Surgeon General of the United States)也明确建议人们日常出行多走路或骑自行车,这是提高体力活动水平的理想方法(U. S. Department of

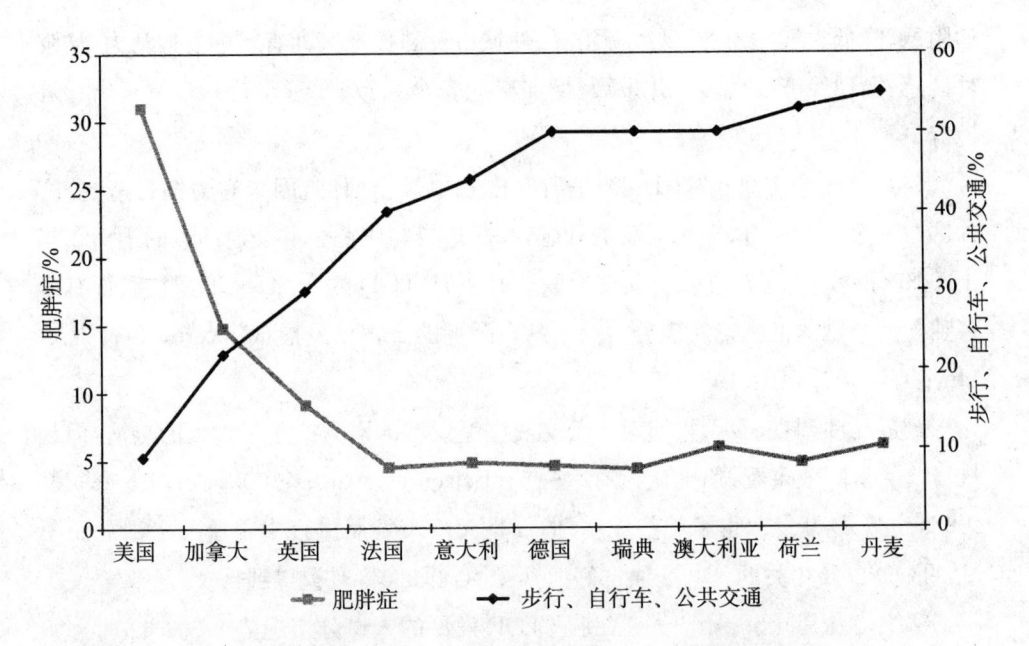

图 8.11 不同国家的肥胖症患病率和公共交通、步行、自行车出行的比例(1995-1999 年)

资料来源：Pucher & Dijkstra(2003)；Flegal et al. (2002)；European Commission(2002)。

Health and Human Services, 1996)。2001 年,在美国的都市扩张区,41%的出行距离少于 2 英里,28%的少于 1 英里(Pucher & Renne, 2003)。而 2 英里可以很轻松地骑自行车完成,同时多数人都可以行走 1 英里(Pucher & Dijkstra, 2000)。

公布体力运动不足造成的严重后果以及步行、骑自行车对人们健康的好处,将有效减少小汽车出行,也有助于人们更多地选择公共交通出行。

(三) 实施公交导向开发,加强公共交通服务

研究表明,低密度郊区蔓延是小汽车利用率长期增加、公共交通利用率下降的关键因素。近年来,城市开发朝所谓的精明增长、公共交通友好型、公共交通联合开发、公共交通导向型开发等方向发展,这些开发模式都旨在提高公共交通网络关键节点的开发密度;都试图再造一种近年出现在欧洲和加拿大城市、也曾于几十年前在美国盛行的紧凑的、公共交通友好型的土地利用方式。尽管这些开发模式都将提高公共交通利用率作为一项目标,但其中一些模式还有其他一些目标:减少交

通阻塞、降低大气污染、降低能源消耗、使城市及邻接地区拥有新的发展活力、增强社区感、实现经济社会多样化发展、增加交通安全系数、改善步行和自行车出行环境等。

公共交通导向型开发(TOD)是所有模式中最全面的,因为它力图打造"公交社区":一个功能复合、布局紧凑的社区,社区边界与中心公共交通站点的距离相当于5-10分钟的步行路程。公共交通联合开发是TOD的一部分,不过它通常有很多独立的个别的措施以实现公共交通站点附近的高密度发展(Cervero, Ferrell & Murphy, 2002; TRB, 1997)。

最近几项调查显示,人们对于公交友好型发展的潜力给予了很大的热情,但是从目前的实际效果看,似乎让人有些失望(Belzer & Autler, 2002; Cervero et al., 2002)。TOD开发取得了一些成功,但仅是大都市发展过程中很小的一部分。不过,TOD以及相关的公共交通友好型开发模式未来将有望得到普及。

塞维洛及其同事提出三个有利于TOD发展的人口分布趋势:

(1) 随着人口老龄化,很多老年人想缩小住房面积,也希望到无法驾车的时候,仍然能够方便出行。

(2) 不需要太大居住空间的孤寡老人、年轻的专业人士越来越趋向于定居在更加紧凑、舒适的都市环境。

(3) 人口从拥有使用公共交通传统、邻里关系紧密的农村地区移居至城市。

许多大城市交通阻塞的局面持续恶化,这种情况可能会增大人们对能够步行到达轨道交通站点(轨道交通不受路面路况影响)的住房情有独钟。

以上是从需求角度支持TOD模式,近来有一些政策从供给角度支持TOD模式。很多州和地方政府制定法律法规,限制郊区外围低密度扩张。通过限制可用土地的供应,政府迫使开发商考虑高密度发展模式如TOD等。而且,范妮梅美国金融最近也极力推出"固定房屋贷款",优先贷款给居住在离公共交通站点0.25英里内的居民。联邦政府也优先拨款给公共交通与土地利用整合发展的项目如TOD等(Cervero et al., 2002)。

成功实施TOD模式,关键在于开发商、交通局和各级政府的通力合作。一些社区极力赞成TOD,是因为TOD有能力使中心城区或老郊区重新焕发活力。不过,有一些社区通过限制性的分区规划和建筑规范,强烈反对这种高密度开发。

日益加剧的交通阻塞、改造老郊区的迫切需要、地方税收的支持以及公共交通站点附近的可利用土地，这些因素会使地方政府比过去更加坚信，要大力支持TOD开发。

不管TOD开发的最终成就是什么，但它似乎不可能是主导的开发模式。对土地利用和全部发展模式的研究表明，美国城市的分散化趋势一直持续，TOD至多占全部新发展模式的5%-10%，可能会在一些经过选择的低密度城区形成相对高密度、重点利用公共交通的小范围地区，区域公共交通系统作为公交社区之间、公交社区与城市中心之间相互连接通达的纽带。虽然可能无法重塑城市发展模式，但至少推动了公共交通的发展。也通过营造一种现实可行的不太依赖小汽车的生活方式，为美国市民提供更多居住和出行的选择机会。虽然大多数美国人仍然可能会在低密度的郊区选择单一家庭住宅，但至少有选择其他生活方式的机会，如可以选择这种利用步行、自行车、公共交通等满足日常出行需要的生活方式。

（四）重新强调公共交通在郊区的服务

随着住房和工作地点大多迁往郊区，未来出行需求量增长最快的将是郊区，尤其是郊区内部或者从一个郊区到另一个郊区的出行需求量会大大增加。美国很多城市的公共交通系统仍然以旧中心商业区(CBD)为中心，呈辐射状发展，除了为前往CBD工作的人员提供通勤交通外，没有其他的服务去满足郊区的交通需求。通勤交通的市场占有率近年也是不断下滑。

近期，一些研究提出一种重新配置公共交通运行网络的方法，将服务网络从单中心转换为多中心系统，以更好地服务郊区。汤普森(Thompson, 1977)提出构建多目的地路网，不再强调所有的出行必须通过放射状线路先到达CBD，然后再到目的地。多中心系统的特点就是在郊区有很多关键的运输节点，这些节点可以作为TOD节点，定时提供转车服务，确保路线之间快速连接，这和航空线路的"轴-辐"系统运行原理差不多。这样郊区出行就会减少绕行、提高速度，方便从市中心乘坐通勤交通返回郊区节点。也会抽出一部分集中在中心商业区的交通服务，当然也会损失一部分客源。不过，不断扩大的郊区市场还是会赢得更多的乘客，从而实现净收益(Thompson, 1998)。

汤普森和马托夫(Thompson & Matoff, 2003)比较了美国1983-1998年九种

不同类型的公共交通系统在客流量、服务水平、服务成本、节能指标等方面的动态变化趋势。他们发现，多中心路网的公共交通（圣地亚哥、波特兰、萨克拉门托）运营效益比单中心路网好：平均客流量大、每车载客量大、每英里运营成本低。

之前有很多研究（Pushkarev & Zupan, 1977）认为，由于多中心路网造价太高，而无法为郊区提供大范围服务，汤普森和马托夫的发现驳斥了之前的论断，以后的研究也会继续证实多中心运行网络是否具有潜在优势，因为已经有很多公共交通系统的路网正在转换为多中心路网，这为比较多中心和传统的单中心交通网络提供了大量的数据基础。无论怎样，多中心有望满足郊区快速增加的出行需求，也有助于控制郊区逐渐升级的交通拥堵问题。

对于很多立足郊区的公交线路来说，能够为郊区居民提供协调良好、灵活的支线运输服务、能够将支线与主运输线和轨道铁路的站点有机连结，是很重要的。有研究提出，有效整合小汽车、小公共汽车、出租车运营系统，可以为郊区提供灵活的交通服务（Morlok, Bruun & Vanek, 1997; TRB, 1999）。这些灵活的交通服务可以是固定环形线路、不固定的辅助客运线路，也可以是响应需求的拨召公车系统。不过，他们经常利用小型、容易操作的交通工具来提供服务。到目前为止，最成功的郊区客车运行是往返城郊轨道车站的小型公共汽车、面包车和出租车。轨道交通似乎对人们有额外的吸引力，为了享受高速度的长途出行，人们很乐意搭乘其他车前往轨道车站、换乘轨道铁路（Thompson & Matoff, 2003; TRB, 1999）。

但是，灵活的郊区客运最大的弊端是，运营成效不如中心城市固定线路的成效大，车载客量少，每人次投入补贴高；在大容量交通走廊上运营，人均投入的补贴比采用全尺寸公交车的最传统的固定线路运营投入的补贴多很多。灵活郊区客运的票价不足运营费的 1/5，从而导致每人次运营亏损超过 5 美元（TRB, 1999）。无论汽车和小公共汽车在低密度郊区运营有多灵活，1 美元的交通补贴所服务的乘客人数少于固定线路服务的乘客人数。

对于这个问题，可以通过运营低成本小公共汽车和共乘的士运营来解决（Richmond, 2001a）。它们通常由私人公司经营，只花费公共响应需求系统的小部分运营费用。公共交通将其视为竞争对手，一直反对解除对小公共汽车和出租车的管制。不过在土地利用密度非常低的郊区，传统公交和上面提到的灵巧的小公共汽车和汽车运营也不赚钱，数额亏损经常很大。这样看来，在低密度郊区试验为主线路提供灵活服务的私人交通的运营效果,还是比较合适的。虽然运营路线、运营时刻以及票价受到管制,但是必须严格执行安全标准和保险范围。当然,试运营的结果可能是:在汽车拥有量高的低密度地区,客源太少,以至于低成本小公共汽车和共乘的士的运营效果不理想;而且如果拨发政府补贴,劳动工会可能会抗议支付给未参加工会的小公共汽车和共乘的士司机的工资太低。但是,仍值得一试。

(五) 服务老龄化群体

研究指出,美国65岁以上的老年群体日益壮大,成为公共交通发展潜在的巨大的市场。根据美国最新人口普查资料估计,2000-2030年,美国65岁以上老人的数量将从3 480万增至7 030万,85岁以上老人的数量将从430万增至890万(U. S. Bereau of the Census)。绝大多数老人将居住在低密度郊区,那里没有现行的公交服务,没有可以替代私人汽车的交通工具满足他们的出行(TRB,1998c)。而且随着年龄的增大,尤其是80岁以上的老人,驾驶汽车既困难又有危险,他们几乎没有可以选择的出行方式,只得减少出行,忍受出行的不便。有些人只得依靠朋友或家庭其他成员出行;另外一些人继续自己驾驶,即使他们的身体和精神状况都很不乐观,这样对老人自己来说很危险,对其他人也增加了不安全因素。

显然,公共交通为日益壮大的老年群体提供了一个良好的出行选择。很多老年人受益于提供门对门服务的拨召汽车和小公共汽车,与其他乘客共享通勤服务。不过这种响应需求的辅助客运系统服务范围不是很广,他们彼此之间以及与主客运系统之间还缺乏协调性。

追溯到20世纪70年代,很多研究建议加强响应需求的辅助客运系统之间的整合与协调,为老弱病残提供客运服务(如Altshuler et al.,1979)。不幸的是,多数区域的客运服务隶属于不同政府部门的社会服务机构并分开管理,彼此之间缺乏协调,不仅大大降低了服务的频率、覆盖范围和服务质量,也大大增加运营的成本。总的来说,2000年,响应需求的辅助客运系统平均每人英里运营成本为2.09美元,全尺寸公交车为0.59美元,地铁为0.28美元,轻轨为0.45美元(表8.1)。

尽管有一些州、城市开始尝试融资以提供协调的响应需求服务,但只有很少的地方能保持下去,更多地方仅仅是通过协调现有资源达到目的(Storen,1999)。而且如果出租车和小型公共汽车不被管制,也将极有助于整合辅助客运系统。目前,社会服务机构和公共交通运营部门之间的行政壁垒、资金冲突、法律障碍等仍是面临的最大障碍。

不过,日益壮大的老龄化群体预示了未来的公共交通市场潜力巨大。1974年以来,老年乘客享受着联邦政府法定的、非高峰时期车票打五折的优惠;固定线路公交和轨道交通改进得越来越方便老年人和残疾人乘坐;如果能与干线很好的协调整合,响应需求的辅助客运系统也可以很好地为整个城市公共交通系统提供服务,提高线路的乘客量。

(六) 满足大学生的出行需求

大学的学生和职工群体是公共交通一个大的潜在市场。他们的收入相对较低,时间灵活、能够步行去车站,学生群体可能会比其他群体更频繁的乘坐公共交通出行。不过多数学校并没有极力鼓励学生乘坐公共交通,更不用说协调校园与周围地区的公共交通服务了。

不过,情况正在好转。过去10年里,至少有35所大学与地方交通机构签订合约,凭借学生证,学生可以免费乘坐公共汽车(Brown, Hess & Shoup, 2001)。大学与交通机构达成协议,学校每年平均为每名学生支付30美元,一次付清。这种协议对双方都有好处。大量的新乘客乘坐公交,乘客量增加了,运营成本减少了;学生可以免费乘坐公交,往返学校和家都很方便;学校的交通阻塞和停车问题缓解了许多,不用再考虑投资解决校园车道和停车的问题了。这些所谓的"通道无限"工程(也叫校园卡、超值套票等),既方便学生乘公交出行,也极大地提高了公共交通利用率。第一年利用率增长了71%-200%,随后每年额外增长2%-10%(Brown et al., 2001)。

最新调查显示,有82.5万人正享受这种免费、以大学为主的公共交通服务,同时市场潜力巨大,还会有更多的学生客源(Brown et al., 2001)。大学与交通机构的这种合作模式实现了双赢,交通运输行业应该继续积极实施这一模式。

第八章 公共交通

(七) 轻轨(LRT)

过去十年,公共交通最显著的发展趋势是轻轨系统在全国各城市的发展壮大。即使在低密度、小汽车导向开发型城市,如达拉斯、丹佛、萨克拉门托、洛杉矶等城市,也都转而发展 LRT(Light-Rail Transit)。1990-2000 年,全国 LRT 行驶里程增长了 118%(LRT 行驶里程从 24.2 百万英里增至到 52.8 百万英里,旅客周转量从 5.71 亿人英里增至 13.56 亿人英里,增加了 137%)(APTA,2002)。2000 年,25 个城市拥有 481 英里的 LRT 线路,另外 151 英里线路正在建设中,157 英里的线路正处在规划设计阶段。总之,这是名副其实的 LRT 交通繁荣发展时期。

有一些学术观点认为,LRT 造价太高,且不灵活,速度也不足够快(Kain,1999;Pickrell,1992;Richmond,2001b)。的确,一些城市建 LRT,并不是因为这是最划算的技术,而是因为 LRT 比较时髦。有时候快速公车能以更小的成本搭载更多的乘客。不过 LRT 每人英里运营成本比标准公车少(0.45∶0.59 美元,2000年),而且投入快速公交系统(Bus Rapid Transit)的运营成本也抵消了部分建设 LRT 的高费用。

实际上,随着系统设计、隧道要求以及获取土地征用权所花费用等的不同,建设 LRT 的费用也各不相同。那些正在运转或正在施工中的 LRT 的建设成本范围从每英里 120 万美元到 1.2 亿美元不等,平均建设成本为每英里 3 500 万美元(U.S. General Accounting Office,2001)。这比一套新的地铁系统造价要低很多了。例如,目前美国旧金山海湾地区的快速运输系统(Bay Area Rapid Transit System,BART)扩建到机场的部分,每 8.5 英里造价 1.75 亿美元,而圣胡安的 Tren Urbano(一个 LRT 系统)则是每 11.8 英里造价为 1.06 亿美元。在波士顿中心区建造的别名"大隧道"(Big Dig)的地下高速公路,投入了 148 亿美元的资金补贴。这么多钱若用来建造 LRT,则可以建成 423 英里路线,相当于全美国现在所有的 LRT 长度总和。相比于臭名昭著的"大隧道"耗资工程,LRT 的造价一点都不高("Big Dig's problems",2000)。

毫无疑问,LRT 吸引了人们(包括政客和媒体)的眼球。人们觉得轨道交通优于公共汽车,可能是由于 LRT 行驶平稳、车内空间宽敞、拥有永久路权、站台可见度高,不受交通阻塞的影响;也可能是由于 LRT 是轨道交通的一个浪漫的附属品。总之，不管什么原因，在民主政治进程中，尊重民众意愿，选择民众喜欢的交通技术是合情合理的。

而且，民众对新 LRT 系统反响强烈。过去 10 年里，LRT 的总旅客周转量的增长速度超过了 LRT 的行驶里程增长速度(138%：118%)。随着 LRT 的发展壮大，LRT 的利用程度大大提高，从而又鼓励了其未来的扩张。圣地亚哥和波特兰（俄勒冈州）的 LRT 系统运行得格外成功，每人英里运营成本不到公交车成本的一半，吸引了大量的客源。而且值得注意的是，LRT 的扩张伴随着公交车利用率的增加，从而带动整个公共交通系统的客运量增加（Thompson & Matoff, 2003）。

当然，不是所有的 LRT 运营都成功。布法罗的 LRT 造价和运营成本太高，自 1990 年以来，客运量持续萎缩；最浪费资金的 LRT 系统恐怕是位于新泽西州南部的，从卡姆登到特伦敦的"River Line"轻轨。"River Line"轻轨 2004 年投入使用，由于造价高及线路的利用率低，造成客运费仅占运营成本费用的 7%。如果包括分期支付的资本费用，这条轻轨线路每人次要搭进去 31 美元的纳税款。幸运的是，这并不具有代表性，不过，这也显示出在低密度地区采用 LRT 技术具有一定的风险性。因为在低密度地区，公交运营会比 LRT 更便宜、更高效。

（八）快速公交系统(BRT)

近年，美国联邦公共交通管理局(FTA)积极推广 BRT 发展，以其作为可替代 LRT 及其他轨道交通的经济的交通方式。FTA 甚至称 BRT 为"轨道式的公共汽车交通"，既明确承认轨道交通良好的公众印象，但同时又期望人们选择公共汽车来代替乘坐轨道交通。尽管开发 BRT 各有特色，但是都包含了一些快速公交服务，依据路权的专有程度，可以将 BRT 划分为三个层次：①公交专用道(busways)；公交车享有全部的、排他性的绝对使用权；②公交车与合乘车(HOV)共用车道；③主要干线上的公交专用道。在这三种分类中，关于提高公交运行质量的特征也各有不同：①公交优先信号系统；②预付车票或电子车票；③低底板或站台高度与公交车辆地板齐平、多车门设计，方便乘客上下车；④延长站点之间距离；⑤改进的站台和候车设施；⑥车辆更整洁、干净、有吸引力；⑦实施智能交通系统，优化公交调度，为乘客提供实时交通信息（U.S. General Accounting Office,

2001)。

BRT 设计最具影响力的成功例子是巴西库里蒂巴和加拿大渥太华两个独立性的高等级 BRT，他们拥有公车专用道和前面提到的大多数的特点。而美国只有几个 BRT 系统接近最高级 BRT 的标准。美国现有的不过是在与合乘车（HOV）共用车道上运行的快速公车，没有公交优先信号系统，没有设计专门的站台、高级售票系统、智能交通系统，尤其没有现代化的公交车辆。事实上，很多美国学者对 BRT 的定义比美国审计总署（GAO）下的定义窄，学者对 BRT 的定义不包含目前运行的快速公车，甚至不包括在与合乘车（HOV）共用车道上运行的快速公车（如 Vuchic, 2002）。根据狭义的定义，目前全美 BRT 的运行线路不到 50 英里。不过随着美国审计总署（GAO）在十个城市对 BRT 宣传推广活动的开展，相信会有更多的城市采用这一系统。

FTA 目前着力推广 BRT 的主要原因是节约资金。根据美国审计总署（GAO）的预算结果，美国现有的一般 BRT 公交专用路（不具备像库里蒂巴和渥太华的高等级 BRT 特征）平均每英里投资 1 350 万美元；公交车与合乘车（HOV）共用车道平均每英里投资 900 万美元；主要干线上的公交专用道平均每英里投资为 70 万美元。总之，BRT 的建设投资远低于 LRT；而且随着出行要求的变化，BRT 能更灵活的作出路线调整；可以避免像 LRT 运营中的公交支线与轨道干线之间的中转换乘问题；在运行速度上也相当有竞争力，尽管这样有些误导，因为多数 BRT 运行在与合乘车（HOV）共用快车道上，沿途一路几乎不停站。

洛杉矶快速公交车（Metro Rapid Bus）不是真正意义上的 BRT，因为它没有专用路权，不过也算是美国最成功的快速公交车了。快速公交车在威尔希尔—惠特大道运营速度为 26 英里/小时，在 Ventura 大道为 16 英里/小时。尽管是在与其他交通形式混合的街道上运行，但其站点间隔长（0.8 英里），同时又享有特殊信号优先通行权，这就保证快速公交车按时运行，平均运行速度比普通快车高 25％。快速公交车采用低底板设计、水平登车、以压缩天然气为动力燃料、车身色彩鲜艳以便于识别、发车频率比普通公交高（高峰时期每隔 2-5 分钟发车），为乘客提供实时到站信息。自 2000 年 6 月投入运营以来，这两条快速公交车线路的运量很大，以威尔希尔—惠特大道一线为例，到 2001 年 9 月，平均每天运送乘客 40 300 人次，比过去运量增加了 40％，新乘客占了 1/3。这两条线路平均每英里投入资金

225 000美元,用于车辆、信号系统和车站的建设。由于这两条线路运营成功,洛杉矶大众运输署(Mass Transportation Administration,MTA)计划到2008年,再修建24条线路,约360英里的快速公交车线路。

图 8.12　美国洛杉矶快速公交车运营成功,服务范围已拓展至其他 24 条交通走廊
资料来源:引自洛杉矶大都市区公共交通管理局,摄影师理查德·科尼贝尔(Richard Cornubert)。

美国多数快速公交车运营有一个局限,即只在高峰时刻高峰方向运行,这样在其他时间其他路段几乎没提供什么服务,而且拥有专属路权的快速公交车系统必须在充斥着混合交通方式的拥挤的市中心街道上运行,很多城市不得不取消公交专用道。最后,快速公交车只在高峰时刻提供市中心—郊区的长线服务。而 LRT 通常会全天候提供全面综合的服务,并得益于永久的独立专属路权。

不过,BRT 和其他高级的快速公交车(如洛杉矶快速公交车)是值得考虑的选择,其成本低廉、利用高效、适合美国分散的土地利用方式,是对现行公交的升级。其实,BRT 可以成为轨道交通的延伸,尤其是在那些近期对轨道交通需求可能并不大的城市。FTA 的推广计划仍需五年,五年后才有可能实现对 BRT 成本和收益的全面评估。

八、美国公共交通的发展前景

美国公共交通在过去几十年里,取得了长足发展,这预示着未来在服务质量、

第八章 公共交通

技术、区域覆盖范围和乘客人数上仍将取得更大的进步。不过要想全面提高公共交通的市场占有率,实属不易。更不用说降低小汽车的拥有量和使用率了。

这不是公共交通自身的问题。前面提到了,美国一系列的公共政策:低燃油税、免费停车场、低密度分区规划、住房补贴等,都使人们拥有和使用汽车成为不可阻挡的趋势;而且随着经济技术的发展,工作和生活地点日益分散化,这将是公共交通发展需要面对和克服的最大难题。

许多城市的公共交通已经采取各种措施应对这种多中心的城市形态和低密度的土地利用方式,如在公交和轨道网络的节点处实施 TOD,这将增加公共交通占领不断扩大的郊区市场的机会。LRT 和 BRT 向郊区的扩张计划以及与其他方式的协调合作,都将有助于增加公共交通的利用率。

同时,采取一些低成本的措施以提高服务质量、调整票价制,增加公共交通的吸引力。最重要的是,协调好现有的公共交通网,整合票价、时刻表和路线。同样地,在混合交通形式的街道上运行,做到标志准确清晰、乘客信息准确详细、车站间隔大、公共交通优先、凭证购票,这些都能很好地优化服务质量。相对低成本的洛杉矶快速公交车就是低投入、高效率运营的一个典型例子。实施这些低成本措施的效果,甚至会优于资本高端投入带来的效果。

美国城市公共交通政策的目标是,为市民提供更多的公共交通选择机会。改善公共交通、步行、自行车出行条件,协调好与土地利用的关系,都有助于实现这一目标。近年来,美国的城市交通和土地几乎完全被汽车所占领,没有其他可选的交通方式。不管私人小汽车多舒适、多便捷、多受欢迎,它对美国城市交通的垄断会产生不容忽视、严重的社会经济后果。因此,重新平衡好各种交通方式之间的关系,发展公共交通、步行和自行车出行,为人们提供方便灵活的出行选择。

致谢

作者衷心感谢约翰·内夫(John Neff)、奈杰尔·威尔逊(Nigel Wilson)、罗伯特·塞维洛(Robert Cervero)、马丁·瓦奇(Martin Wachs)、唐纳德·舒普(Donald Shoup)、格雷戈里·汤普森(Gregory Thompson)、佛坎·佛奇克(Vukan Vuchic)、埃里克·布鲁恩(Eric Bruun)、约翰·伦尼(John Renne)、杰弗里·祖潘(Jeffrey Zupan)、托马斯·孟西斯(Thomas Menzies)、苏珊·汉森(Susan Hanson)、吉纳维夫·朱利亚诺(Genevieve Giuliano)、雷德·尤因(Reid Ewing)、杰

弗里·肯沃西(Jeffrey Kenworthy)、约翰·霍尔茨克劳(John Holtzclaw)、托马斯·马托夫(Thomas Matoff)以及托德·利特曼(Todd Litman)等学者为本章撰写提供了大量有价值的建议和翔实的信息；同时感谢朴亨容(Hyungyong Park)、约翰·伦尼和拉尔夫·比勒(Ralph Buehler)在数据搜集和图表绘制方面做了大量的工作。

参考文献

[1] Aaron, H. (1972). *Shelter and subsidies: Who benefits from federal housing policies?* Washington, DC: Brookings Institution.

[2] Altshuler, A. , Womack, J. & Pucher, J. (1979). *The urban transportation system: Politics and policy innovation.* Cambridge, MA: MIT Press.

[3] American Public transit Association. (1977). *Transit fact book.* Washington DC: Author.

[4] American Public transit Association. (1981). *Transit fact book.* Washington DC: Author.

[5] American Public transit Association. (1992). *Transit fact book.* Washington DC: Author.

[6] American Public transportation Association. (2000). *Public transportation fact book.* Washington DC: Author.

[7] American Public transportation Association. (2002). *Public transportation fact book.* Washington DC: Author.

[8] Belzer, D. , & Autler, G (2002). *Transit oriented development: Moving from rhetoric to reality.* Washington, DC: Brookings Institution, Center for Urban and Metropolitan Policy.

[9] Big Dig's problems with accountability. (2000). *Engineering News Record*, 244, 92.

[10] Brown, J. , Hess, D. , & Shoup, D. (2001). Unlimited access. *Transportation*, 28, 233-267.

[11] Carnall, D. (2000). Cycling and health promotion. *British Medical Journal*, 320, 888.

[12] Center for Urban Transportation Research. (1998, September). *Public transit in America: Finding from the 1995 Nationwide Personal Transportation Survey.* Tampa: University of South Florida.

[13] Cervero, R. (1998). *Transit metropolis: A global inquiry.* Washington, DC: Island Press.

[14] Cervero, R. , Ferrel, C. , & Murphy, S. (2002). *Transit oriented development and joint development in the United States: literature review.* Washington, DC: Transit Cooperative Research Program, Project H-27.

[15] Denno, N. , & Robins, M. (2000). *The trend of transit labor costs: 1982-1997.* New Brunswick, NJ: Voorhees Transportation Center.

[16] Dora, C. (1999). A different route to health: Implications of transport policies. *British*

Medical Journal, 318, 1686-1689.
[17] Downs, A. (1999). Contrasting strategies for the economic development of metropolitan areas in the United States and Western Europe. In A. Summers, P. Cheshire, & L. Senn (Eds.), *Urban changes in the United States and Western Europe: Comparative analysis and policy* (pp. 16-32). Washington DC: Urban Institute Press.
[18] Dunn, J. (1997). *Driving forces: The automobile, its enemies, and the polities of mobility*. Washington DC: Brookings Institution Press.
[19] Duran, L. (1995). Bus riders union in L. A. Race, *Poverty and the Environment*, 6, 8-9.
[20] European Commission. (2002). *Key data on health 2001*. Luxembourg: European Commission of the European Union.
[21] Ewing, R. (1999). *Traffic calming: State of the practice*. Washington DC: Institute of Transportation Engineers.
[22] Federal Transit Administration. (2002). *National transit database*. Washington, DC: U. S. Department of Transportation.
[23] Flegal, K., Carroll, M., Ogden, C., & Johnson, C. (2002). Prevalence and trends in obesity among adults, 1999-2000. *Journal of the American Medical Association*, 288, 1723-1727.
[24] German Ministry of Transport. (2002). *Nationaler Radverkehrsplan 2002-2012: Massnahmen zur Foederung des Radverkehrs in Deutschland*. Berlin: Bundesministerium fuer Verkehr, Bau und Wohnungswesen.
[25] Hass-Klau, C. (1992). *Civilized streets: A guide to traffic calming, environment and transport planning*. Brighton, UK: Brighton Press.
[26] International Energy Agency. (2002). *Energy prices and taxes*. Paris: Organisation for Economic Cooperation and Development.
[27] Kain, J. (1999). The urban transportation problem: A reexamination and update. In J. Gomez-Ibanez, W. Tye, & C. Winston (Eds.), *Essays in transportation economics and policy* (pp. 359-402). Washington, DC: Brookings Institution.
[28] Kenworthy, J. (2002, September). *Energy use in urban transport system: A global review*. Paper presented at the Third International Biennial Conference on Advances in Energy Studies, Porto Venere, Italy.
[29] Koplan, J., & Dietz, W. (1999). -Caloric imbalance and public health policyl, *Journal of the American Medical Association*, 282, 1579-1581.
[30] Lenzen, M. (1999). Caloric imbalance and public health policy. *Journal of the American Medical Association*, 282, 1579-1581.
[31] Levinson, H., & St. Jacques, K. (1998). Bus lane capacity revisited. *Transportation Research Record*, 1618, 189-199.
[32] Litman, T. (2002). *Transportation cost and benefit analysis: Techniques, estimates, and*

implications. Victoria, BC, Canada: Victoria Transportation Policy Institute.

[33] Masnerus, L. (2004, March 13). Light rail, with the emphasis on light. *New York Times*, pp. B1-B4.

[34] McGuiness, J., & Foege, W. (1993). Actual causes of death in the United States. *Journal of the American Medical Association*, 270, 2207-2212.

[35] Mokdad, A., Bowman, B., Ford, E., Vivicor, F., Marks, J., & Koplan, J. (2001). The continuing epidemics of obesity and diabetes in the United States. *Journal of the American Medical Association*, 286, 1195-1200.

[36] Mokdad, A., Serdula, M., Dietz, W., Bowman, B., Marks, J., & Koplan. (1999). The spread of the obesity epidemic in the United States, 1991-1998. *Journal of the American Medical Association*, 282, 1519-1522.

[37] Morlok, E., Bruun, E., & Vanek, F. (1997). *The advanced minibus concept: A new ITS-based transit service for low-density markets* (Report prepared for U. S. Department of Transportation, Federal Transit Administration). Philadelphia: University of Pennsylvania.

[38] Newman, P., & Kenworthy, P. (1999). *Sustainability and cities: Overcoming automobile dependence*. Washington, DC: Island Press.

[39] Oak Ridge National Laboratory. (2001). *Transportation energy data book*. Oak Ridge, TN: U. S. Department of Energy, Center for Transportation Analysis.

[40] Organisation for Economic Cooperation and Development (OECD). (2002). *Total expenditures on health per captia, 1960-2000. in US dollars, purchasing power parity*. Washington DC: Author. Alailaabl online at http://www.oecd.org/xls/M0031000/M00031378.xls.

[41] Peeters, A., Barendregt, J., Willekens, F., Mackenbach, J., Al Mamum, A., & Bonneux, L. (2003). Obesity in adulthood and its consequences for life expectancy: A life-table analysis. *Annals of Internal Medicine*, 138, 24-32.

[42] Pickrell, D. (1992). A desire named streetcar Fantasy and fact in rail transit planning. *Journal of the American Planning Association*, 58, 158-176.

[43] Pucher, J. (1995). Urban passenger transport in the United States and Europe: A comparative analysis of public policies. *Transport Reviews*, 15, 211-227.

[44] Pucher, J. (1997). Bicycling boom in Germany: A renaissance engineered by public policy. *Transportation Quarterly*, 51(4), 31-46.

[45] Pucher, J. (1999). Transportation trends, problems, and policies. *Transportation Research A*, 33(7/8), 494-503.

[46] Pucher, J. (2002). Renaissance of public transport in the USA. *Transportation Quarterly*, 56(1), 33-50.

[47] Pucher, J., & Dijkstra, L. (2000). Making walking and cycling safer: Lessons from Eu-

rope. *Transportation Quarterly*, 54(3), 25-50.
[48] Pucher, J., & Dijkstra, L. (2003). Promoting safe walking and cycling to improve public health: Lessons from the Netherlands and Germany. *American Journal of Public Health*, 93, 1509-1516.
[49] Pucher, J., & Kurth, S. (1995). Making transit irresistible: Lessons from Europe. *Transportation Quarterly*, 49(1), 117-128.
[50] Pucher, J., & Lefevre, C. (1996). *Urban transport crisis in Europe and North America*. London: MaCmillan.
[51] Pucher, J., Markstedt, A., & Hirschman, I. (1983). Impacts of subsidies on the costs of public transport. *Journal of Transport Economics and Policy*, 17, 155-176.
[52] Pucher, J., & Renne, J. (2003). Socioeconomics of urban travel: Evidence from the 2001 NHTS. *Transportation Quarterly*, 57(3), 49-78.
[53] Pushkarev, B., & Zupan, J. (1977). *Public transportation and land use policy*. Bloomington: Indiana University Press.
[54] Richmond, J. (2001a). *The private provision of public transport*. Cambridge, MA: Harvard University Press.
[55] Richmond, J. (2001b). A whole-system approach to evaluating urban transit investment. *Transport Reviews*, 21(2), 141-179.
[56] Salzman, A. (1992). Public transportation in the 20th Century. In G. Gray & L. Hoel (Eds.), *Public transportation* (pp. 24-45). Englewood Cliffs, NJ: Prentice-Hall.
[57] Shoup, D. (1995). An opportunity to reduce minimum parking requirements. *Journal of the American Planning Association*, 61, 14-28.
[58] Shoup, D. (1997). The high cost of free parking. *Journal of Planning Education and Research*, 17, 1-18.
[59] Shoup, D. (1999). The trouble with minimum parking requirements. *Transportation Research A*, 33(7/8), 549-574.
[60] Storen, D. (1999). *Building community transportation systems*. New Brunswick, NJ: Heldrich Center for Workforce Development.
[61] Sturm, R. (2002). The effects of obesity, smoking, and drinking on medical problems an costs: Obesity outranks both smoking and drinking in its deleterious effects on health and health costs. *Health Affairs*, 21, 245-253.
[62] Thompson, G. (1977). Planning considerations for alternative transit route structures. *Journal of the American Institute of Planners*, 43, 158-168.
[63] Thompson, G. (1998). Identifying gainers and losers from transit service change: A method applied to Sacramento. *Journal of Planning Education and Research*, 18, 125-136.
[64] Thompson, G., & Matoff, T. (2003). Keeping up with the Joneses: Radial vs. multidestinational transit in decentralizing regions. *Journal of the American Planning Assiocation*,

69,296-312.

[65] Transportation Research Board. (1996). *Rail transit capacity* (Transit Cooperative Research Program Report No. 13). Washington, DC: National Academy Press.

[66] Transportation Research Board. (1997). *Transit-focused development* (Transit Cooperative Research Program Synthesis No. 20). Washington, DC: National Academy Press.

[67] Transportation Research Board. (1998a). *Consequences of the Interstate Highway System for Transit: Summary of Findings* (Transit Cooperative Research Program Report No. 42). Washington, DC: National Academy Press.

[68] Transportation Research Board. (1998b). *Strategies to attract auto users to public transportation* (Transit Cooperative Research Program Report No. 40). Washington, DC: National Academy Press.

[69] Transportation Research Board. (1998c). *Transit markets of the future: The challenge of change* (Transit Cooperative Research Program Report No. 28). Washington, DC: National Academy Press.

[70] Transportation Research Board. (1999). *Guidelines for enhancing suburban mobility using public transportation* (Transit Cooperative Research Program Report No. 55). Washington, DC: National Academy Press.

[71] Transportation Research Board. (2000). *Highway capacity manual*. Washington, DC: National Academy Press.

[72] Transportation Research Board. (2001). *Making transit work: Insights from Western Europe, Canada, and the United States*. Washington, DC: National Academy Press.

[73] Transportation Research Board. (2002). *The congestion mitigation and air quality improvement program: Assessing ten years of experience* (TRB Special Report No. 264). Washington, DC: National Academy Press.

[74] U. S. Bureau of the Census. (2002a). *2000 Census of the United States: Journal-to-work in U. S. metropolitan areas*. Washington, DC: U. S. Department of Commerce.

[75] U. S. Bureau of the Census. (2002b). *Projections of total resident population by 5-year age groups and sex, age categories, middle series, 1999-2100*. Washington, DC: U. S. Department of Commerce.

[76] U. S. Department of Health and Human Services. (1996). *Physical activity and health: A report of the surgeon general*. Atlanta: Centers for Disease Control and Prevention.

[77] U. S. Department of Transportation. (1993). *Journal-to-work trends in the United States and its major metropolitan areas*. Washington, DC: Federal Highway Administration.

[78] U. S. Department of Transportation. (2002). *National Transit Database*. Washington, DC: Federal Highway Administration.

[79] U. S. Environmental Protection Agency. (2001). *Our built and natural environments: A technical review of the interactions between land use, transportation, and environmental*

quality. Washington, DC: Author.
[80] U. S. General Accounting Office. (2001). *Bus rapid transit shows promise*. Washington, DC: Author.
[81] Vigrass, J. W. (1992). Rail transit. In G. Gray & L. Hoel(Eds.), *Public transportation* (pp. 114-147). Englewood Cliffs, NJ: Prentice-Hall.
[82] Vuchic, V. (1981). *Urban public transportation: Systems and technology*. Englewood Cliffs, NJ: Prentice-Hall.
[83] Vuchic, V. (1992). Urban passengers transportation modes. In G. Gray & L. Hoel (Eds.), *Public transportation* (pp. 70-113). Englewood Cliffs, NJ: Prentice-Hall.
[84] Vuchic, V. (1999). *Transportation for livable cities*. New Brunswick, NJ: Center for Urban Policy Research.
[85] Wei, M., Kampert, J., Barlow, C., Nichaman, M., Gibbons, L., Paffenberger, R., & Blair, S. (1999). Relationship between cardiorespiratory fitness and mortality in normalweight, overweight, and obese men. *Journal of the American Medical Association*, 282, 1547-1553.
[86] World Bank. (2000). *Urban transit systems: Guideline for examining options* (World Bank Technical Paper No. 52). Washington, DC: Author.
[87] World Health Organization. (2000). *Transport, environment and health*. Copenhagen: World Health Organization, Regional Office for Europe.
[88] World Resources Institute. (1992). *The going rate: What is really costs to drive*. Washington, DC: Author.

（许旭、金凤君译，莫辉辉校）

第九章 交通投资对土地利用的影响
——以公路和公共交通为例

吉纳维夫·朱利亚诺(Genevieve Giuliano)

学者、规划人员、投资者和政府人员一直十分关注交通系统在培育和影响城市空间结构方面所扮演的角色。众所周知,交通服务和设施对土地利用有巨大的影响。马勒(Muller)曾通过交通时代来解释城市结构的演变(见本书第三章),由此可以看出城市形态演变与交通技术的联系非常紧密。

交通投资决策是规划者和决策者之间备受争议的议题,尤其是在地方政府层面。一方面,交通投资被视作增长的引擎,并普遍认为公共交通投资(通常指轨道交通)是促进中心城区经济复兴的关键方式。而公路设施(通常是高速公路)则因其能缩短与熟练或低成本的劳动力市场、偏远地区廉价土地的距离,往往被列入刺激经济增长的手段。另一方面,许多人将交通拥堵,即交通系统容量约束的表现,视作城市衰退和城市核心区恶化的原因。就增长管理政策目标而言,对交通特别是公路投资的控制至关重要。增长控制论的支持者因此通常反对新公路的建设,基于同样的原因,经济增长论的支持者往往赞成建设新公路。

交通投资塑造和影响城市空间结构的能力也毋庸置疑。目前,许多城市地理学家和决策者提倡将高密度、混合式利用开发作为解决城市交通拥堵和环境污染问题的手段。"精明增长"的支持者将公交可达性视作促进高密度发展模式的关键因素(Bernick & Cervero 1997; Newman & Kenworthy, 1998)。同时将高速公路作为城市扩张的主要原因,因为随之而来的是低密度、分散的土地利用模式。尽管对于推崇低密度开发的人来说开发模式偏好改变了,但是他们的信念不变:交通投资会对城市结构产生可预测的重大影响。

本章将探讨交通和土地利用的关系:首先回顾预测交通对土地利用影响作用

的理论基础,确定哪种程度的影响能够被观测和记录下来。值得注意的是本章首要关注的是交通对土地利用的影响,而不是土地利用对出行和交通的影响。许多学者都在研究大都市区域的空间结构怎样影响出行行为,他们尤其感兴趣的是高密度混合式开发的邻里的出行方式是否会更多地使用公共交通和非机动(专栏9.1)(注释1)。

首先,本章简单描述探讨交通投资对土地利用的影响时需要考虑的因素。在第二部分,本文分析了可达性背景下交通和土地利用的概念关系。第三部分回顾了解释交通—土地利用相互关系的主要理论。第四部分是对实证研究的总结,讨论了一些典型案例,最后基于这些研究给出结论。

专栏9.1 城市形态与出行

许多城市规划者和地理学家提倡利用土地利用政策的变化来完成交通政策的目标。根据汽车出行设计的传统郊区邻里;位于独立商业区的商店和办公楼;以及围墙、出入口有限的道路、人行道缺乏,使步行或自行车出行越来越困难,这些因素被视作汽车依赖、环境破坏和减少身体活动机会的元凶。有人认为网格式的高密度混合式开发邻里能有利于步行、自行车和公共交通。"公共交通导向型开发"、"新城市主义"或"精明增长"这些术语的支持者提倡更加紧密的、围绕公交站点和紧凑的新开发。

这些方式的土地利用变化是否会引起出行结果的显著差异?在有关这个议题的一个最深入和全面的研究中,巴奈特和克莱恩(Boarnet and Crane, 2001)得出以下结论:

- 实证结果并不支持预期的出行收益。
- 高密度混合式利用的邻里的市场范围并不确定。
- 土地利用政策不太可能成为解决交通问题的有效工具,这些问题通过价格手段或法规能更好的解决。
- 以解决交通问题为直接导向的政策可能会增加高密度混合式利用邻里的需求。

一、总体思考

探讨土地利用和交通的关系涉及两大方面：背景和动态。

（一）背景

探讨土地利用和交通的关系需要基于以下背景。第一，土地利用模式必须和经济发展区分开来。这通常很困难，因为我们观察到的大多数与交通投资有关的土地利用变化都是经济发展的反映，尽管这些反映可能有多种形式。例如商业开发可能以花园办公楼或多层摩天大楼的形式出现。本文的重点是土地利用变化所采取的形式，而不是这些变化的经济意义。

第二，必须考虑到交通变化的规模大小。重大技术进步（以及因此引起的服务水平的重大变化），如 19 世纪电车系统的建立被视为比混合燃料汽车等其他进步有更大的影响。相对已有系统的投资规模也很重要。例如，区域内高速公路最初 10 英里的建设比最后 10 英里的影响大得多，尽管其他方面都一样，但最初 10 英里的相对影响更大。

第三，必须考虑到分析的地理尺度。例如在大的都市区，一个成本相当高的项目，如新轨道线或高速公路，可能在整个区域的背景下仅有很小的影响。例如洛杉矶花费 2 亿美元建设的 I-105（世纪）高速公路。这条 17 英里的路段于 1993 年开通，到 2001 年平均每日出行量为 242 000 次，低于整个区域日出行量的 1%（注释 2）。但这并不是说当地投资没有引起重大变化，而是必须定义分析的尺度。一般来说，微观（地方）和宏观（区域）影响都要顾及。

第四方面是交通投资的地理学背景。建成环境是很持久的，许多结构能使用 50 年或以上。就算在快速发展地区，大部分建筑群都会留存 10 到 20 年。建成区的重建成本通常很高，因为重新建造之前必须进行拆除和新建准备工作。因此，土地利用格局在建成区的变化缓慢。这是一个限制因素，而现存建筑群的利用途径变化更快。交通投资的区位因此至关重要。已开发地区土地利用变化的潜力远远低于未开发地区。

(二)动态

土地利用与城市交通相互依赖、相互制约,因此很难探讨土地利用和交通的互动关系(图9.1)。交通系统的特征决定了**可达性**,即从一个地方移动到另一个地方的难易程度。可达性反过来又影响行为活动的区位,或者说土地利用格局。行为活动的空间区位及联系它们的交通资源,共同影响日常**行为模式**,从而影响出行模式。这些**行为模式**可以被描述为交通流动网络,影响交通系统。土地利用和交通是城市系统的一部分,它是人、制度和基础设施的集合,构成了城市空间经济。

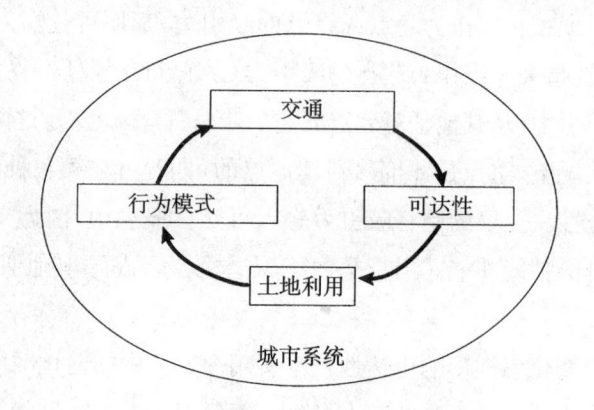

图9.1 交通与土地利用的互动关系

图9.1的模型表明土地利用的变化会影响城市交通,正如城市交通也会影响土地利用。需要注意的是该模型并没有指出这些关系的强度,它只阐释了实证研究中观察到的土地利用和交通变化的相互依赖关系。将交通对土地利用的影响独立出来是很困难的(土地利用对交通的影响也一样),因为这要求模型的一方完全固定不变。但是土地利用系统是动态的,而且我们在实证研究中观察到的是图9.1所展示的整体关系。

土地利用和交通的相关关系不仅相互依赖,而且该互动关系一直长期存在。人、制度、设施和技术一直在改变,因此很难将交通所扮演的角色独立出来。正如本章后文将要提到的,建成环境的持久性、居民和企业搬迁的高成本和大型交通工程的修建年限都使得土地利用和城市交通相互关系的实证研究尤为困难。

二、基于可达性的交通

隐藏在土地利用和交通相互关系背后的是可达性。广义的"可达性"指不同地点之间迁移的难易程度(见汉森,本书第一章)。当任意两点迁移成本降低,无论是时间成本或是经济成本,可达性就会增强。同时,它们相互作用的倾向也会增强。因此,特定区域内交通网络的结构和容量将影响可达性水平。

可达性也包括吸引力的概念,即定位于某一点的可能性或行为。因此,某两点间迁移的难易程度和它们作为起点或终点的吸引力,都用可达性来表示。更专业的说法是,可达性指某一点作为起点的吸引力(从它到其他任意终点的难易程度)和作为终点的吸引力(从其他任意起点到它的难易程度)。注意这两个方法并不对称。在第一种情况下,重点是评价移到其他点的可能性;在第二种情况下,重点是移到该点的可能性。重要的是将吸引力融入可达性概念中,因为交通具有作为空间相互作用工具的独特功能。出行是"源于需求",为了从事其他活动而产生的,如购物或工作。

交通网络的变化怎样影响可达性?本文用图 9.2 中的简化网络案例来阐释该影响。每个点代表了一个可能的起点/终点,每条线段上的数字代表出行时间。本文首先从左边的网络(K 网络)开始,将 K 网络 B、C 两点的出行时间减半就得到了图 9.2 右边的网络(L 网络)。

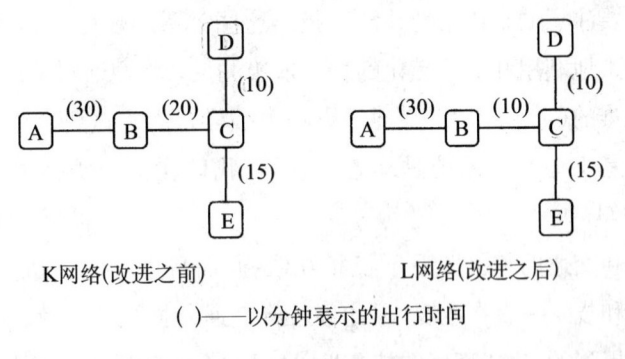

```
         D                        D
         │                        │
        (10)                     (10)
         │                        │
A─(30)─B─(20)─C            A─(30)─B─(10)─C
                │                        │
               (15)                     (15)
                │                        │
                E                        E

   K网络(改进之前)              L网络(改进之后)
```

( )——以分钟表示的出行时间

图 9.2 一个简化网络中的可达性

第九章 交通投资对土地利用的影响——以公路和公共交通为例

表9.1 图9.2中的出行时间可达性矩阵

| 起点/终点 | \multicolumn{6}{c}{K网络} | 起点/终点 | \multicolumn{6}{c}{L网络} | 变化(%) |

起点/终点	A	B	C	D	E	合计	起点/终点	A	B	C	D	E	合计	变化(%)
A	0	30	50	60	65	205	A	0	30	40	50	55	175	−14
B	30	0	20	30	35	115	B	30	0	10	20	25	85	−26
C	50	20	0	10	15	95	C	40	10	0	10	15	75	−21
D	60	30	10	0	25	125	D	50	20	10	0	25	105	−24
E	65	35	15	25	0	140	E	55	25	15	25	0	120	−14

网络可达性可以通过计算每个点到其他每个点的出行时间,然后加和得出(表9.1)。矩阵每一行表示每个点到其他点的出行时间。每一行之和就是该点的可达性。因为本文在案例中使用出行时间,那么数字越小意味着可达性越高。比较表9.2中两个网络每一行的总和,可以发现网络的改进不仅增强了 B、C 两点的可达性,也改善了整个网络的可达性。这个简化的案例表明网络的一个改进(如两个地方之间新建高速公路)不仅强化了这两个地方的直接联系,还能改善整个交通网络,而且当可达性提高之后,空间相互作用强度也会增强,因为出行成本降低了。

那么这些变化如何影响土地利用呢?当相互作用越来越密切时,活动会越来越倾向于布局在其他更容易到达的地方。在案例中,B、D、C 点从网络改善中获益最多,因此这几个点的土地利用可能变化更大。这个过程可以被描述为区域发展:随着人口和就业增长,他们的相对区位将受到交通系统影响。在资本完全流动的理论假设中,交通系统变化会导致资本在活动区位的可见转移。

可达性概念也可以用来预测交通系统恶化引起的后果。在其他条件不变的情况下,假设两地的联系达到了容量限制,出行速度下降。随之可达性水平下降,导致人类活动从这两地转移的动力增加。

上文的网络案例并没有明确指出 B、C 两点交通成本下降带来的经济收益。交通成本下降会刺激经济生产力提高。例如,水运成本下降允许制造业在更远但是供应成本更低的地方布局来降低成品价格;其他公司可能围绕高可达性的道路或航线布局,以兑现由此带来的外部经济。交通成本降低显著增加了工人的净工资，允许他们将更多的钱花在其他商品和服务上。这个过程的结果就是经济增长。活动布局的转移也是这个过程的一部分。

交通投资是否一定会引起经济增长呢？如果我们的简化网络位于一个衰退的城市，可达性的改进很可能不足以克服引起城市衰退的竞争力缺陷。可能经济活动会转移布局，但是这也许仅仅是简单的重新分布，即离开该城市一个情况更糟的地方，这个下文就会讲到。

三、"土地利用—交通"相互作用理论

关于土地利用和交通相关关系的研究产生了许多理论。本节将讨论交通和土地利用变化的理论预期。经济学家或地理学家创建的这些理论试图解释交通成本对区位选择的影响。

（一）标准城市经济学理论

城市结构标准化模型的基础是杜能（Thünen,1826）的农业区位论。该理论是用来解释城市的基本结构，即土地价值、人口和就业分布及通勤模式的基本结构。最初阿朗索（Alonso,1964）、米尔斯（Mills,1972）和穆特（Muth,1969）建立城市结构标准化模型是为了研究居住区位选择。家庭区位被视作基于地租、通勤成本和其他商品服务成本的效用最大化选择问题。该理论基于一些简化的假设，除了通常的理性人假设之外，在简化模型中还做了如下假设：

- 就业总量是固定的，且位于城市中心。
- 每个家庭仅有一个人工作，且只考虑工作出行。
- 住宅是资金和土地的函数，因此区位和住宅大小是显著因子。
- 单位交通成本包括时间和金钱，在所有方向上都是固定并且一致的。

在居住区位理论中，城市的形态是：人口密度和土地价值最高的区域位于城市中心，密度和地价会随着到市中心距离的增加而逐渐降低。图9.3展示了地租曲线：每个单元的土地地价是距中心区距离的函数。根据标准理论，地租曲线是非线性的，它的斜率随到中心区距离的绝对值增加而不断减小。虚线R_A表示非城市用地的地租，$R(d)$与R_A相等的点表示城市边界。住宅的单位成本随到市中心距

离的增加而降低,因为交通(通勤)成本随该距离而增加。也就是说,节省的交通成本反映在土地成本(随之在住房成本)上。否则,所有家庭将会分布在城市中心。因此,到城市中心的距离越远,消费的住房面积越大,人口密度也会不断降低。该理论还预测了通勤模式:平均通勤距离与全部人口到市中心的平均距离成正比(注释3)。

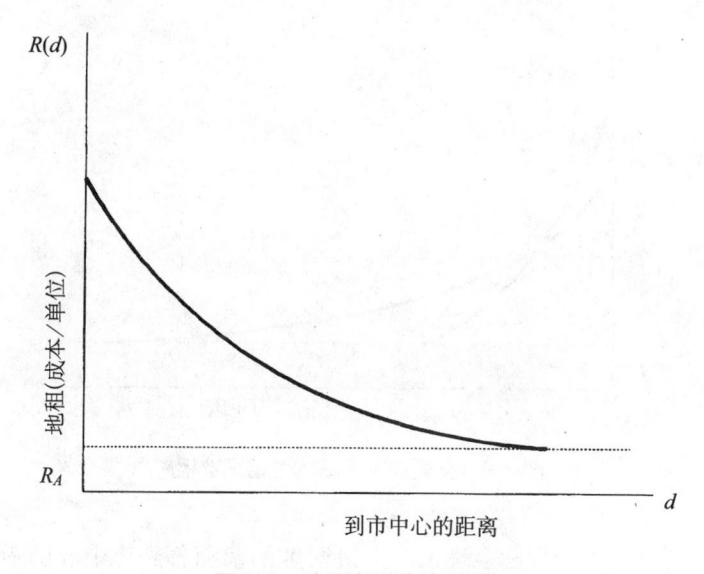

图9.3 地租和区位的关系

一个给定家庭的最佳区位是住房的边际节约成本等于交通边际成本的点,或者说节约的住房成本刚好和增加的交通成本抵消的点。如果家庭有特定偏好,他们会不在乎任何给定区位。如果假设条件放松,任意给定家庭的特定区位取决于他们对住宅和交通的相对偏好。通常会假定住房偏好更强一些(有实证研究支持该论点),即家庭收入越高,住房消费面积越大,甚至以额外的通勤成本为代价。因此低收入家庭会居住在较小的、离市区更近的住宅中,高收入家庭则会选择较大的、离市区更远的住宅。

基于该理论,交通成本变化后会有何响应呢?如果通勤成本降低,该理论预测各种活动会远离市中心,或者人口向外疏散,如图9.4所示。曲线1为交通改进之前的地租曲线斜率,曲线2是交通技术进步之后的地租曲线斜率。交通成本的下降降低了市中心地租,因为市中心的区位优势下降了。消费者通过增加住房消费和通勤更远的距离来利用低租金的优势。因此，土地消费总量增加，城市边界扩张。如果交通成本上升，观察到的现象则正好相反：家庭会通过靠近市中心居住和降低住房消费来节约出行成本。

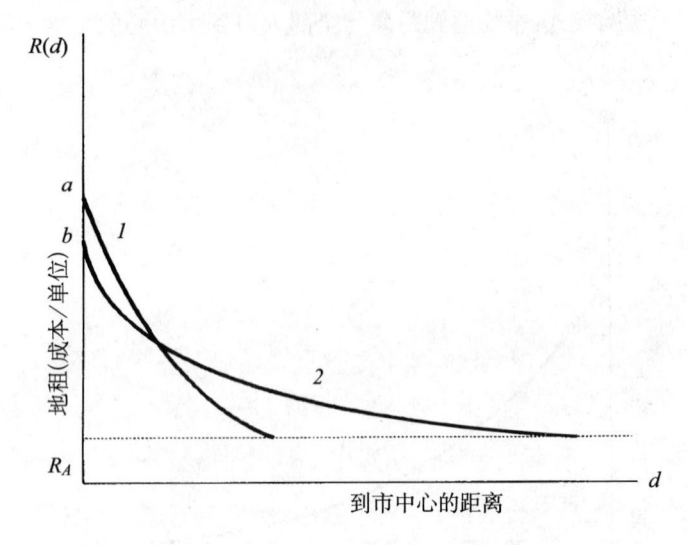

图9.4 交通成本下降的地租函数相应

实证证据倾向于支持标准理论。人口密度的确随着到市中心的距离下降，时间序列研究也记录了人口密度在历史上随着交通系统的进步而不断降低（Anas, Arnott & Small, 1998）。低收入家庭更可能居住在靠近市中心的区域从而缩短通勤时间，而高收入家庭更可能居住在郊区，通勤时间更长（Mieskowski & Mills, 1993; Hanson，本书第一章）。

正如上文所述，通勤成本既包括时间成本也包括经济成本。因此可以通过降低经济成本（例如降低汽油费或公交费）或提高交通速度（例如提供或增加轨道交通路线）来降低通勤成本。降低通勤成本的不同方法可能对不同收入群体造成的影响不同。单纯的降价将以同样方式影响所有收入阶层，用于住房的可支配收入增加，导致人们对土地空间需求增加，因而对于较远距离区位的偏好相对增强。

缩短出行时间对高收入阶层的影响更大，因为时间成本是收入的函数（注释4）。所以，出行时间缩短对高收入阶层的疏散作用更强。如果交通技术进步伴随着价格的上升，例如，通过建设通勤轨道系统来缩短出行时间，但是收费更高。增加的费用会抵消低收入家庭节省的出行时间,但对高收入家庭影响甚微。因此交通投资的收益偏向高收入家庭。值得注意的是道路的拥堵定价也是同样的道理,通过减少拥堵而节省出行时间,高收入家庭受益更大。

(二) 就业区位理论

在最简化的标准模型中,假定就业区位固定在市中心。尽管如此,该模型仍然能被应用于就业区位(Brueckner, 1978; White, 1988)。该假定条件也可以表述为企业在市中心布局的价值比家庭更高。如果就业区位固定的假定条件放宽,将就业表达为地租、通勤成本和其他成本的函数,将会是什么情景呢?结果是就业区位比居住区位更加集聚。此时再考虑一下降低通勤成本。描述通勤成本降低给职员带来的收益的另一种方式是净工资的增长:人们可以将降低的通勤成本花费到其他事情上。

现在假设就业区位能够迁移。只要净工资维持不变(工资差异和两地通勤成本差异相等),家庭不关心究竟是在离家远的地方做高薪工作,还是在离家近的地方做低薪工作。那么职员的区位决策取决于出行总成本:通勤成本(反映在工资率上)和货物运到市场的成本。如果假定货物运输点在市中心,企业会在通勤成本低于运输成本的范围内集中,因为中心区位将货物运输最小化。可见标准模型在此处的应用表明当货物运输成本相对于通勤成本下降时,企业会分散和靠近工人布局,以节约通勤成本。

最后,假定生产的货物没有运输成本,例如信息的生产。如果产品能在任意地方生产和消费,企业会在哪儿布局?在这个极端情况中,只要没有生产的规模经济,也就是该产品生产效率不依赖于企业规模,就业会显著地随人口分布。实证研究再一次普遍支持这个理论。当货物和乘客的交通成本都下降时,就业确实会分散分布(Gordon, Richardson & Yu, 1998)。

其他就业区位理论关注特定类型的企业或经济活动。区分对市场敏感和不敏感的经济活动很有用。市场敏感型的经济活动(如销售和服务)取决于到消费者的可达性,工业或制造业等对市场不敏感的经济活动正好相反。下文将阐述关注这两类经济活动的理论。

1. 中心地理论

市场敏感型经济活动的经典理论是中心地理论,由克里斯泰勒(Christaller,1966)和廖什(Losch,1954)创立。中心地理论提出了市场中心的等级模式。市场的分布和规模是服务范围和市场需求门槛的函数。"服务范围"是指消费者愿意去一个中心地得到货物和服务的最远距离,不同类型商品的服务范围不同。"市场门槛"取决于维持特定商品利益所必需的市场销售量。最终的市场中心分布同时满足消费者通勤距离最小化和维持最低需求门槛。

中心地理论预测交通成本降低后会出现更大、更分散的中心地,因为成本下降后消费者愿意去更远地方购物,从而生产商可以从更大市场的规模经济中获益。交通成本上升的作用刚好相反,中心地将会更小和更集中。中心地理论近年来又重新吸引了大家的注意,因为它预测的多中心土地利用格局与现代超大型都市区域所观察到的演变一致(见本书第三章)。中心地理论的分析也和过去几十年零售中心规模的增长一致。

2. 工业区位论

工业区位论关注原料和制成品的交通和运输成本。工业区位论经常被称作产业区位"经典理论",由韦伯(Weber,1928)创建,最初应用于制造业,随后胡弗(Hoover,1948)、艾萨德(Isard,1956)和摩西(Moses,1958)等进一步完善和发展了该理论。区位决策取决于原料和制成品的相对运输成本,以及生产规模经济。和上文的区位理论不同,工业区位论关注的是货物运输而非人口(工人)流动。在大部分模型中,可用劳动力是假定的,尽管它能被当做其他原料运输成本。

工业区位论模型已经不足以预测工业区位决策。交通成本在制造业中的重要性由于技术进步和高度发达的商品流通网络而降低。本质上企业已经利用交通和交流成本的下降来重组经济生产。通过网络系统,企业能够利用任意地方的专业化或低成本劳动力市场和原料因子。适时交货系统进一步降低了库存和仓库成本。同时,货物流动运输成本比通勤成本下降更快,使得劳动力可达性在区位中比原料和市场可达性更重要。近期更多研究指出,集聚经济、规模和范围经济、联动模式、设施水平和劳动力可达性对工业区位的作用比交通成本更为重要(Gramlich, 1994; Lingram, 1998)。

本节讨论的理论与其他理论有所不同。每个理论只适用于特定活动,没有一

第九章 交通投资对土地利用的影响——以公路和公共交通为例

个理论能适用于所有就业类型。但是在每种情况下,交通成本都扮演了一个重要的角色。本文接下来探讨一些更加复杂的实证研究,它们试图建立关于土地利用与城市交通相互关系的适用理论。

(三) 理论简化与现实复杂性

复杂现象的理论和模型构建要求简化的假设条件。假设条件能让问题变得易于控制。在实际中,建立一套综合考虑所有区位决策影响因子的居住区位理论是不可能的(居住区位模型估计有30个以上的变量,但是仍然不能精确预测个人决策)。而且,这样一个模型可能太过于复杂,反而掩盖了最重要的影响因子。本节讨论上文理论中的假设条件,研究放宽这些假设会如何影响我们预测土地利用—城市交通相互关系的能力。

1. 单中心城市

上文提到,标准城市区位模型假设为一个单中心城市,即所有就业假定分布于城市中心。这个假设在现代城市区域中不存在。而且,正如马勒(第三章)和其他学者指出的那样,今天的大都市区域已经分散化了。图 9.5 展示了大都市统计区

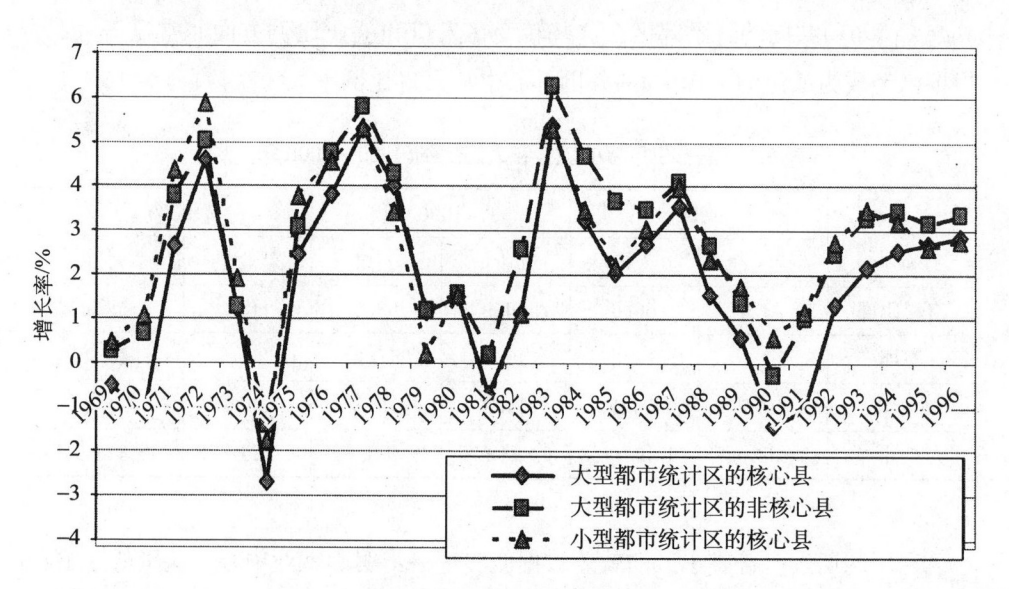

图 9.5 大都市统计区私营部门就业的平均年增长

资料来源:Regional Economic Information Service data.

内各个郡县 1969 年至 1997 年私营部门就业的平均年增长率。包含中心城市的郡县被称作"核心县",图 9.5 分别展示了大型大都市统计区的核心县、非核心县及小型大都市统计区核心县的就业增长率。除了少数例外,增长率最低的都是大型大都市统计区的核心县。

尽管城区的中心商务区(CBD)总体上还维持区域内最大的就业密度和最高的土地价值,但是中心城市被富于竞争力的城市次中心所包围,大部分就业和人口分散在整个都市区。芝加哥和洛杉矶的历史实证研究表明,单中心城市模型越来越难以描述这些大都市区域(McMillen, 1996; Small & Song, 1994)。洛杉矶、芝加哥和旧金山的横断面调查确定了多个城市次中心(Cervero & Wu 1997; Giuliano & Small, 1991; Gordon, Richardson & Wong, 1986; McMillen & McDonald, 1998)。

洛杉矶大都市区在过去几十年内发展非常迅速,是城市形态变化的一个有趣案例。比较 1980 年到 2000 年各郡县的人口和就业,会发现一个清晰的疏散化模式,如表 9.2 所示。洛杉矶郡(Los Angeles County)包括历史上的区域中心。橙郡在 1950 年代成为到洛杉矶的通勤郊区。"外围郡(outer county)"直到 1970 年代才从功能上区分出来,这时位于洛杉矶东面的郡县成为了到洛杉矶和橙郡(Orange County)共同的通勤郊区。这些转变在人口和就业比例方面非常显著,因为橙郡已经成为成熟的工作中心,外围郡县也从人口比例中大大获益。

表 9.2　洛杉矶区域的就业和人口比例(1980—2000 年)(%)

	1980		1990		2000	
	就业量	人口	就业量	人口	就业量	人口
洛杉矶郡	73.0	66.6	66.9	63.0	60.0	58.1
橙郡	17.0	17.3	19.0	17.2	20.4	17.4
外围郡	10.0	16.1	14.2	19.8	19.6	24.5
总计	5 388 057	11 191 953	6 874 676	14 011 641	7 426 771	16 373 645

利用同期人口普查小区的就业数据能够进一步明确就业中心。这里就业中心是指就业岗位达到 20 000 个、就业密度达到 20 个/英亩及以上的集聚中心。1980 年有 10 个就业中心,1990 年达到 13 个,2000 年达到 15 个。图 9.6 展示了 2000

年的15个就业中心。地图还展示了郡县边界和高速公路系统。就业中心占全区的就业比例一直维持稳定：1980年为17%，2000年为16%，但是就业中心存在分散化趋势。洛杉矶CBD是唯一一个绝对就业量减少的就业中心。1980年洛杉矶CBD的就业岗位占所有就业中心的55%，到2000年这一比例下降至33%。与此相反，1980年橙郡没有一个次中心，但是2000年这里有三个中心，共占全部中心17%的就业岗位。而且"郊区"次中心更加分散。例如，洛杉矶CBD仍然维持区域内最大的就业岗位数（393 000个）和最高的就业密度（68个/英亩）。南湾大都市次中心（图中的号CBD）的就业密度为22个/英亩，它是一个典型的"边缘城市"，集中在三条高速公路的交汇处，沿高速带南北分布。

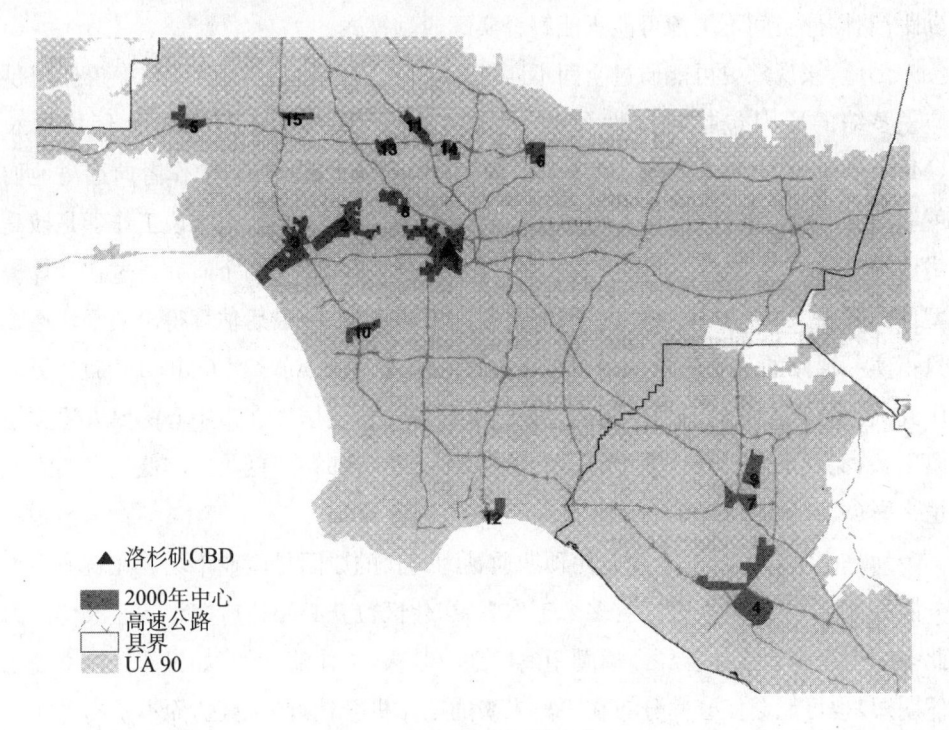

图9.6 洛杉矶区域的次中心

2. 居住与通勤的权衡

上文已经提到，标准模型假设人们在进行居住区位决策时仅考虑通勤成本和土地成本。如果就业区位固定，标准模型能够预测平均通勤距离。因此平均通勤距离的观测值能够用来检验该理论模型。如果家庭确实根据最小通勤成本来寻找居住区位，实际通勤模式应该显示平均出行距离和模型预测值接近。许多研究都进行了这项论证。在大多数案例中，实际平均通勤距离远远超过了标准模型的预测值，就算预测模型放宽传统单中心的假设，基于实际就业和人口空间格局来研究，结果也如此(Giuliano & Small, 1993)。

为什么平均通勤距离远大于理论预期？原因之一在于，工作者和就业岗位可能不平衡或不匹配。不平衡是指能够在该区域定居的工作者数量和就业岗位数存在较大差异。不匹配是指因价格或其他因素使得居住地不适合位于就业地附近的工作者。本文已经指出基于住房和就业实际分布的研究也不能预测实际的平均通勤距离，因此空间不平衡可能不能解释实际通勤模式。

因此，该现象更可能通过空间不匹配来解释。已经确定的会导致廉价住房供应量萎缩的原因包括排斥性分区、增长控制、发展成本上升和快速经济增长(Meck, Retzlaff & Schwab, 2003)。为了寻找低成本的住房，工作者向远离他们就业地的外围区域搬迁，因此导致远距离通勤的发生。但是，很难说工作者是被高房价"推出去"还是被外围廉价的独立住宅"拉出去"的。有两个研究通过在计算模型预测时引入一些约束条件，试图解释空间不匹配现象，最后估算得出的平均通勤只占实际通勤的一半(Cropper & Gordon, 1991; Giuliano & Small, 1993)。更多研究关注特定人群的空间不匹配现象。一些研究指出居住在市中心的黑人通勤距离更长，而且工作机会更少(Inlandfelt & Sjoquist, 1998)，低收入和低技术的工人也一样(Shen, 1998)。

另一个解释实际通勤距离比预期通勤距离长的原因是就业市场。在就业岗位分散的情况下，如果家庭拥有多个工作者，居住区位就必须适应多个就业区位。因此多职工家庭的增加会导致通勤距离增加。其次，工作流动性(如工作转换率高或任期短)也可能会使家庭分布在距离未来的工作机会较近的地区，而不是离现在工作近的地区。最后，由于住房搬迁成本高，家庭可能为了避免居住迁移而愿意通勤更远的距离(Crane, 1996)。

实际通勤模式的第三个解释是交通成本比居住成本下降更快。有人会争论交通成本(更确切地说是人们每天为出行直接支付的费用)很低，家庭不用在出行上节省。通勤的真实成本确实显著下降：上世纪末通勤者需要花费每日薪水的20%

(Hershberg, Light, Cox & Greenfield, 1987)，现在只需要花费 7%。另一方面，由于人均收入增加，通勤的时间成本将占主导地位，限制家庭通勤更远距离的意愿。因此，就算在最大的大都市区域，本文也只观察到很少比例的人通勤一小时以上：纽约有 18.4%，芝加哥有 13.2%，洛杉矶有 11.1%（注释 5）。

3. 家庭偏好

居住区位决策的一般形式是：

$$D = f(P_h, P_t, P_g)$$

D 是住房需求，P_h 是住房价格，P_t 是交通价格，P_g 是家庭消费的其他所有商品和服务的价格。模型的一个关键假设是家庭的偏好一致。但是，即使是社会经济特征和人口学特征类似的家庭，其偏好也是不一样的。因此，所有家庭的住房服务需求（尤其是其他商品或服务的需求）是不同的。用经济学的术语来说，不同家庭的住房需求弹性不同，即交通和住房的相对偏好未必一致。

居住区位模型里的 P_g 也有一个区位因子。公园、学校和环境质量等公共产品具有高度的空间差异。如果家庭对这些产品有强烈偏好，区位决策将受到影响。公共产品的质量和可用性是许多家庭的重要考虑因素，为了获取这些产品，他们很可能愿意增加通勤成本。

居住区位理论将住房在广义上定义为所有住房相关服务的集合，所以公共服务和地方适宜性也可以纳入住房集合中来。但是该理论也假设住房在区域内是相同的，因此整个区域的公共服务和适宜性也是相同的。这个假设在现代城市区域中当然不被支持。

住宅的持久性使问题进一步复杂化。随着品味和人均收入的变化，新的住宅也随之变化。例如，新建独户家庭住宅的平均面积由 1973 年的 1 660 平方英尺增加至 2003 年的 2 320 平方英尺（注释 6）。由于城市向外发展，这些面积更大的住宅基本上位于城市边缘。因此城市区域有多种住房选择，包括不同年代、大小、基本条件等，例如靠近城市传统中心的房龄老、面积小的住宅和郊区的新建大面积住宅。

许多难以量化的因素也在影响区位决策。包括民族偏好、种族偏见、家庭对特定邻里的忠诚度或者对某种建筑风格的偏好等。此外正如上文所述，搬迁的经济和心理成本很高，因此区位决策的惯性非常大。

这些观察意味着区位决策比理论中提出的住房通勤成本及所有其他商品的权衡复杂得多。相反，工作出行成本只是若干考虑因素中的其中一个。因此，该理论很少得到实证检验的支持。

4. 经济结构

马勒（见本书第三章）和贾内尔（见本书第四章）描述了城市空间经济的变化结构。20世纪70年代和20世纪80年代初美国制造业的改造导致高薪、长期和高技能工人的就业就会大幅度减少。20世纪80年代的就业增长与此不同，大多数是低薪、短期的服务业工作。20世纪80年代末和20世纪90年代初服务业的改造又减少了许多高薪、长期的专业工作和中层管理工作机会。信息交流技术使得更为灵活的工作安排成为可能，导致短期就业、临时就业和自我就业现象越来越多，小型企业也开始复苏。因此，20世纪90年代末经济大发展时，高薪专业工作和低薪服务工作都有所增加。进入21世纪初的衰退又产生了新一轮改造，进一步增加了"临时性"（短期的、部分工时的、临时的）就业比例上升（见Hanson，本书第一章附注2）。总体上，这个趋势是就业转换率上升的一部分，它也降低了在现有工作附近定居的相对重要性。

产业改造对就业区位也有影响。制造业企业一般拥有大量厂房设施和设备，使得企业搬迁成本很高。然而服务业流动性很高。办公设备相对便宜、容易搬迁，电话线路到处都有，光学纤维也是广泛使用。信息交流技术使大家在不同地方也能高效运作。因此服务业和信息行业能够持续转移，增强企业和工人的流动性。

5. 供给层面

许多与城区土地供应相关的因素也影响到理论预期。标准模型假定了一个完全竞争的土地市场，但是土地市场受许多变量的影响。首先，美国的土地利用受到当地法律的管控。市政当局通过区划法规、发展的要求和限制以及基础设施与服务的供给影响土地利用。

税收是政府关注的重点。对税基有积极贡献的土地利用方式会受到鼓励，而增加公共成本负担的土地利用方式则不会被鼓励。主要基于税收考虑的土地利用决策又被称作"土地利用财政"，被认为是廉价住房越来越短缺的主要原因（Freeman, Shigley & Fulton, 2003）。加利福尼亚当局提供了一些极端案例。这里财产税仅占当地税收的6%，并且大部分由州政府管理（State of California, 2003），加利福尼亚的城市越来越依赖于消费税（如营业税、旅店税）。因此高容量的零售活动如汽车商店和大型折扣中心非常受欢迎。低收入住宅（有时是新建住宅）不受欢迎,因为必须为未来的居民提供学校、警察局及其他公共服务,而它所提供的税收不足以支付这些附加成本(Altshuler, Gomez-Ibanez & Howitt, 1993)。一味追求税收导致政府之间出现竞争,因为产业被视为有利于经济发展。这些竞争包括各种税收减免或补贴政策,以及提供基础设施甚至对有潜力的工人的培训计划(Fulton, 1997; Herman, 1994)。

政府也关注维持和改善城市适宜性。许多政府可能希望维持郊区或乡村的氛围,保护环境适宜性或维持开放空间。开发费、发展上限、密度规定、土地贡献和基础设施要求也是政府完成这些目标的有力政策工具。

供应层面上第二重要的影响因子是现代土地市场的性质。土地开发的规模在不断增长。居住开发最初发生在不断扩大的地段开发(tract development)中,然后是在规划的居住开发中,现在是在规划社区,通常包括居住和商业用途。相同的过程也发生在商业部门,从私人建筑到办公园区,到多功能中心。这些变化的结果包含两方面。首先,大面积的开放土地是开发的必要条件,这样的土地通常只位于大都市边缘,可达性相对较差。其次,土地利用变化是由少数决策者决定的。大规模开发商的角色逐渐成为解释郊区次中心出现和发展的关键因子(Henderson & Mitra, 1996)。因为大开发商必须通过环境审查获得当地政府许可,地方偏好可能会在决定土地利用开发结果的过程中扮演重要角色,进一步弱化土地利用和城市交通的系统关系。

6. 静态与动态

最后,上文的各种理论都是静止的:他们假定所有市场瞬时平衡。而大都市区是一直变化的,但是变化的速度不同。就业变化相对较快,因为旧的工作不断被淘汰,新工作不断涌现,同时企业在不断迁移、成长或破产。家庭变化也相当快。但是建成环境变化缓慢。大型公路或轨道工程需要数年时间才能建成,运作时间又有几十年。大多数城市都有一些超过百年历史的建筑。因此,大都市区不可能出现平衡,而是一直适应人口和就业的动态变化。

也许有人会问,这些简化理论在理解土地利用—城市交通关系时是否有用。答案是明确的"是":随着交通成本下降,城市逐渐分散,越来越不密集；高可达性的地方比低可达性的地方地价更高;大都市区的次中心通过功能连接起来;即使在超大城市很少有工作者通勤1小时以上。即使我们跳出这些模式化的事实,我们也不能预测这些变化会符合理论预期。

四、交通投资对土地利用影响的实证研究

测度交通投资对土地利用的影响有两种方式。一是通过模型模拟,如约翰斯顿所述(本书第五章)。新一代综合城市规划模型允许就业和居住活动响应交通网络的变化。该模型正在被进一步开发或者有限的使用,这超出了本章的讨论范围(注释7)。图9.7展示了综合模型的一般概念。模型最初有一个基本的人口就业分布和基础交通系统。交通需求模式使得系统性能存在某种平衡。然后引入一些交通基础设施的变化,如新的轨道线路。短期内,交通需求随交通容量增加而变化。长期来看,交通需求的变化会引起活动区位的变化,如本章前文所述。活动区位的变化又会影响交通需求进一步变化,因此交通的系统性能将进一步改变。平衡的解决方案是通过某些机制(如价格和出行时间)使得交通供给和需求再次

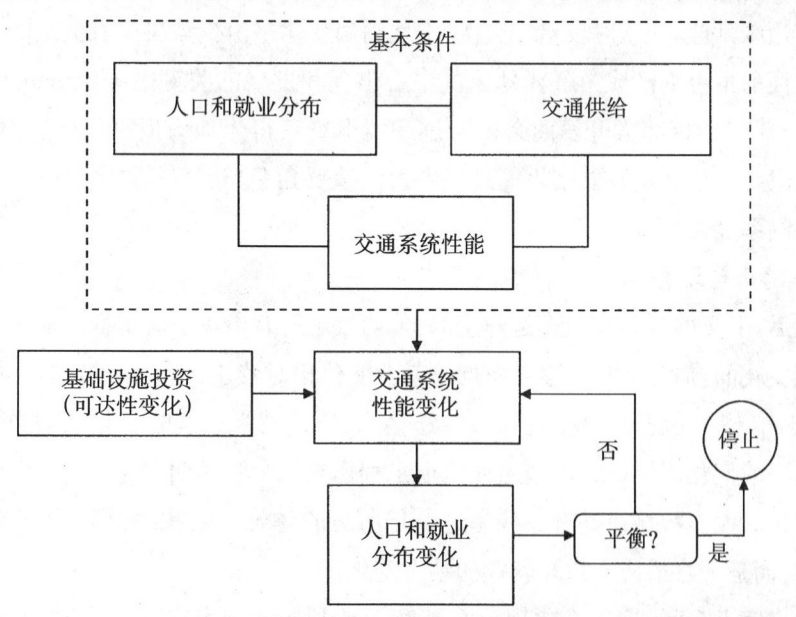

图 9.7 城市交通—土地利用模型框架

相等。

综合模式是预测交通投资对土地利用影响的唯一方法,但是即使最复杂的模型也是基于许多假设条件和现实世界的高度简化。不幸的是,很少有研究通过"后向(back-casting)"来检验这个模型,即利用模型模拟过去到现在的变化。因此很难确定预测的可信度。但是,综合模型是评价替代方案以及帮助理解交通和土地利用关系的有力工具。

测度交通投资对土地利用影响的第二个方法是实证研究。许多研究者多年来一直对实证资料很感兴趣。美国对具体工程的研究可追溯到1930年,从那以后类似研究越来越多。有趣的是这些研究的结论很少达成共识。公路和交通投资的结论都充满矛盾。为了探明原因,有必要讨论在回溯交通变化影响以及交通投资背景时存在的问题。

(一) 技术问题

建立因果关系的理想研究设计是四通实验:设计一个"试验组"和一个"对照组",各自监测"处理"前后的变化。这样的设计在交通影响的案例中当然不可能。如果有充足的时间就能够进行"处理"前后的研究,但关键是不可能有一个比较处理前后结果的对照组。这时研究者有两个选择:一是纵向研究,比较一项具体交通投资前后的环境;二是横断面研究,比较进行了某项交通投资的区域和没有该交通投资的区域的情况。许多研究者尝试了各种类型的模拟实验设计,例如,对有轨道线路或公路的社区和没有这些交通设施的类似社区进行长期分析。因为每个具体社区的独特性质,这种比较的可信度有限。还有研究者利用复杂统计技术尽量控制不一致的因子,但是没有研究能够控制所有因子。由于在交通影响的实证研究中难以运用标准的研究设计技术,因此众多研究没有得出一致的结果。下面将具体介绍这些方法问题。

1. 长期动态

要明确交通投资对土地利用的影响有两个难点。首先,如上文所述,高度动态变化系统里的交通经常发生变化。一个交通系统的变化只是每天发生的众多变化之一。而且,变化在投资之后一直发生,因此很难正确界定由交通投资引起的变化。也就是说某项交通投资后观察到的土地利用变化可能并不是由该投资引起的。

第二，土地利用和交通的互动关系一直在持续。因为高资本的基础设施的寿命很长，交通变化的影响可能在几年甚至几十年后才显现。更为复杂的是有人认为交通投资对土地利用的影响在投资之前就开始出现，因为土地拥有者会根据更高的土地价值预期采取行动(Boarnet，1997)。这些影响起作用的时间越长，越难从同时间发生的其他经济条件、区域就业、人口数据等变化中孤立出来。

2. 纵向研究与横断面研究

纵向研究关注一个固定区域，研究区域内特定时间段发生的变化。如果研究时间足够长、数据足够充分，可以追踪从交通项目启动前到项目完成后区域内的土地利用变化。为了提取与交通有关的影响，所有其他可能相关的因子都被纳入进来。例如，在影响评价中考虑区域的住宅率和商业建设率。但是，如果研究只局限于一个区域，纵向途径可能无法控制由交通投资引起的土地利用活动的布局转移。某项具体的交通投资可以吸引土地利用变化，否则该变化可能会出现在区域内其他地方。当决策者关心的是交通投资对经济增长的影响时，这一点显得尤为重要。

横断面研究比较几个地理位置相近的、有投资和没有投资的类似区域。为了使比较尽量适当，一些横断面研究在次区域的尺度上进行。例如，轨道公交影响的研究经常在交通带尺度上(corridor-level)进行。铁路带的土地利用变化经常与没有铁路线的廊道比较。这样的分析有两个缺陷，首先，看起来相似的两个廊道可能实际上差异很大；其次，如果交通投资引起活动区位转移是因为改善了相对可达性，那么这种比较会夸大交通影响的程度。实际上被测度的是有铁路的廊道的可达性增加和没有铁路的廊道的可达性减小导致的共同影响。

最后，没有一种途径能够给出直接因果关系下结论。即使伴随交通投资出现了非常显著的土地利用变化，也不能确定这些变化是否是由交通投资引起的，或者这些变化是否创造了交通改进的需求。许多实证研究支持后者的阐述。大型项目的规划和环境审批程序可能需要十年或更长，使区域增长和交通投资的滞后时间很长(注释8)。无论如何，土地利用和交通决策都是紧密联系的，不可能区分两者的影响。

(二) 城市公路投资的现代背景

城市公路投资的背景会影响土地利用的受影响程度。首先，任何单一的公路

第九章　交通投资对土地利用的影响——以公路和公共交通为例　　315

投资都只是大型城市交通系统的一部分。在这个意义上，大多数公路投资都是边际投资。它们给交通系统增加了一些增量。在一个可达性水平已经很高的地区，新的交通投资可能不会有很大的影响，正如上文提到的 I-105 高速公路。在一个可达性有限的地区，同样的投资则产生有很大的影响。但是，美国大多数地区都属于第一种情况。

第二，待开发土地的可利用性（availability）一定是考虑的关键因子。如上文所提到的，土地利用变化很可能以新建工程的形式发生，它的前提条件是可利用的土地。在其他条件相同的情况下，公路投资对土地利用的影响在未开发区域比已开发区域大得多。这不是说公路投资不能带动区域复兴，而是当待开发土地可利用时更可能发生显著变化。

第三，即使土地可利用，地方政策也可能不支持开发。地方土地利用控制是影响评价的另一个关键因子。只有地方区划允许土地利用变化才会发生。如果地方反对开发的声音很强烈，那么即使存在市场需求，公路投资也可能影响不大。

第四个因素是地区经济状况。停滞或衰退的地区很少有新投资。相反，会发生撤资现象。居住区恶化、工厂关闭、经济活动的总体水平下降，在这些情况下，公路投资几乎起不了作用。如果起作用了，很有可能是以区域内其他地区的发展为代价。

第五，必须考虑到分析尺度。判断公路投资是否对附近有影响要相对简单一些。的确，城市场景的任何观察者都能描述一条新高速公路或新立交桥建成后发生的变化（虽然细心的观察者能够指出没有发生变化的立交桥）。这只需要建成前后的系列研究。但是将区域看做一个整体时，这个问题会复杂得多。

局部变化的观察结果不能证明公路产生了土地利用效应。为了正确地检验该假说，我们必须将区域视作整体。只有这样，附近公路条件改善的土地利用变化才能确定与其他地方的变化显著不同。

第六，也是最后一点，细致的影响分析要求将土地利用模式的变化和总体经济发展区别开来。即土地利用变化会发生在一个发展中的区域，无论该区域有没有公路投资。这一点在全美国的发展区域中得到了论证。过去 20 年，城市出行的增长远远超过了公路容量的增长。除了微不足道的额外公路投资，总体经济扩张也拉动了土地新开发。加利福尼亚提供了一个很好的例子。图 9.8 展示了 1982 年至 1997 年人口、就业、车辆行驶里程(VMT)的增长指数趋势。尽管州公路系统的扩张微乎其微(4%),人口却增长了 30%,就业增长了 36%,车辆行驶里程(VMT)增长了 65%。

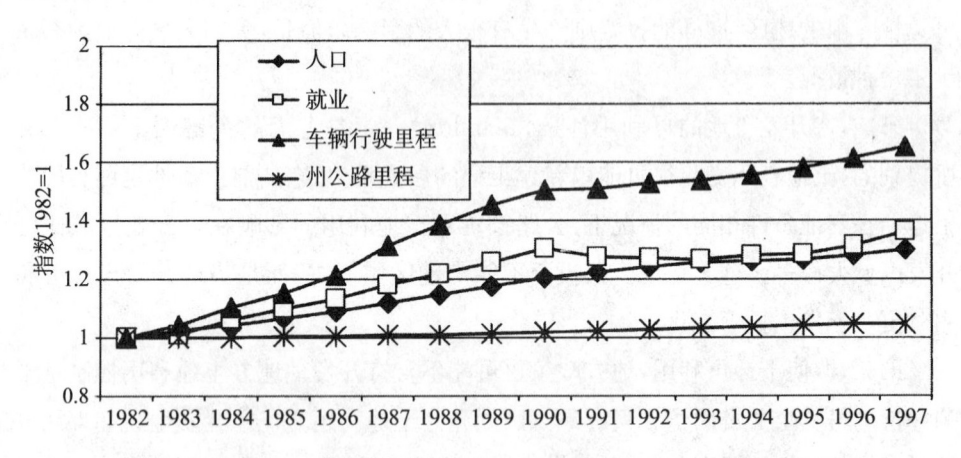

图 9.8　加利福尼亚的增长指数情况(1982-1997 年)

公路投资的潜在增长效应已成为一大环境问题。许多关注城区可持续性的人认为,提供更大的公路容量产生了"诱导需求",即增加了私家车使用量(独立于任何经济增长效应),从而创造了更多低密度开发的需求,反过来又增加了私家车依赖和更多公路容量的需求(专栏 9.2)。因为主要的公共投资决策是基于这些论点来制定,所以关键是尽量全面和充分地分析土地利用—交通关系。

专栏 9.2　诱发需求

反对建设公路的人认为扩大公路容量是拙劣的公共政策,因为交通容量扩大会导致出行增加。减缓拥堵的益处在短期来看是最好的,因为增加的出行需求,即由新交通容量诱导产生的需求很快会导致同样甚至更严重的拥堵,而汽车依赖和环境破坏也会增加。增加的容量是否可能会产生更多出行,从而抵消所有可达性收益?

想象一条拥堵的公路,每个方向都增加了新车道。随着拥堵减少,出行时间下降。短期内,利用其他交通方式、尝试其他路线或在一天中的其他时间出行的乘客都被吸引到这条扩张的公路上来,直到不同路线、交通方式和时间的出行建立了新平衡。增加的容量实际上降低了出行成本,也可能吸引新的或更远的旅程。购物者可以选择一个离家很远的大型购物中心,因为交通不再令人难以忍受。朋友之间可以更加频繁地会面,因此产生了新的旅程。通过这些选择总出行量确实会增加,而且这些新的和更远的旅程是被交通容量扩大降低的出行成本诱导的。这是简单的供给需求在起作用:当价格下降,将消费更多商品。

在供给—需求结构中,只要需求曲线固定,扩大的公路容量显然不能引起同样或更坏的情况。如果需求曲线向右移动(如人口增长),可能拥堵会比最初更加恶化(但是不会比没有扩大容量更差)。但是,因人口增加而增加的出行需求不是被诱导的。

如果人口和就业因为公路容量扩大而被吸引到该地区内会怎样呢?位于区域内其他地方的家庭和企业可能搬迁,从而重新布局现有的经济活动。家庭和企业可能选择布局在该地区。引导增长的长期效应才是批评公路的人最应该关注的。

(三)公路的影响

关于公路效应的文献非常广泛,包括从公路投资对经济增长影响的全国研究,到高度地方化的区域研究。公路效应的研究受到国家政策目标的影响。美国公路研究的第一次兴起是1956年州际高速公路议案通过后,即20世纪50年代到20世纪60年代美国公路建设热潮的时候。一些研究受到调查公路的经济社会效应以及预测未来公路需求的影响。20世纪60年代中期,反对公路建设的政见和不断增长的环境问题开始将国家交通政策重心转移到公共交通上。直到20世纪70年代中期,公路效应才重新成为研究题目,这时公路被视作能源消费和城市扩张的助推器。

20世纪80年代,美国多数州际高速公路已经建成,大都市区的公路建设几乎结束。国家政策重心转移到在公路系统固定的背景下怎样减缓交通拥堵,因为大都市区人口、就业和机动车出行的增长超过了交通系统容量。公共交通作为持续增长的机动车出行的替代品,一直是关注和投资热点(注释9)。

20世纪80年代的另一个政策问题是经济生产力和公路投资的联系。研究者论证了20世纪70年代早期观察到的经济增长减缓和公共设施投资下降的关系,引发了一场持续到现在的学术争论(注释10)。

20世纪90年代,许多城市规划者和政策制定者越来越希望让美国大都市地区的社会和环境变得更加宜人,这一愿望重新引起了人们对公路和公共交通的土地利用影响的兴趣。如果公路确实在城市地区疏散化过程中扮演了重要角色(或疏散化与过度能源消耗、环境恶化或社会歧视等有因果关系),限制未来公路扩张的政策可能是合理的。所以一些重新讨论公路效应的研究受到资助。这些新研究的优势是利用地理信息系统(GIS)可以完成更加细致的空间分析。而且,尽管大规模建设州际公路时代已经终结,但是大都市地区的新公路已经建成,特别是快速发展的西部和南部地区。

1. 评价影响的方法

正如上文所述,实证研究可以是纵向或横断面的。有时会使用混合横断面数据,即在同样的横断面上对不只一个区域进行长期观察。评价影响有三种可能的途径:出行结果、房产价格或人口/就业的分布变化。出行结果是最弱的检测方法。我们可能认为出行变化是讨论影响的必要不充分条件。如果新公路对可达性没有显著影响,它就不可能对土地利用产生影响,因为可达性是土地利用受影响的机制。即使观察到出行发生了变化,它们也可能不足以反映促进家庭和企业迁移的可达性的变化。

测度房产价格的变化是一个较好的检测土地利用影响的方法。根据经济学理论,新公路或公共交通投资引起的可达性变化会在土地市场得到体现。随着地价上升,资本(结构)取代土地,导致密集式开发。因此上升的地价可以描述为开发信号。房产价格的变化也能被用于测度交通影响的实际程度(physical extent)。例如,公共交通可达性值的斜率比公路的更为陡峭,因为到公交站点主要是步行,而人们希望步行距离尽可能短。

测量土地利用变化的第三种可能方法是就业或人口、商业建筑、居住单位等的密度变化。这是最直接的方法,但也受制于上文提到的干扰因素。为了设计几个基于土地利用变化的研究,必须控制住其他影响土地利用的因子。

2. 实证结果总结

公路影响的早期研究倾向于验证理论预期(Adkins,1959;Mohring,1961)。这些研究使用地价检测影响程度,结果表明公路附近的地价显著上升。但不能确定地价上升代表了区域整体净地价上升,还是指示地区间的分布变化,即公路附近的地价上升抵消了其他地方地价的下降。这些早期的公路投资对可达性有较大影响,结果是地价的剧烈变化。

1970年代公路影响研究的背景截然不同。州际高速公路计划接近完成,美国所有主要城市都已经建有高速公路。私家车拥有率翻倍,人口和就业向郊区的迁移正在顺利进行(马勒,本书第三章)。

研究的一个案例是美国运输部为调查环路对土地利用等的影响而进行的研究。环路是为了分流内城拥堵的交通而设计的环形高速公路,政府担心环路推动了内城衰退和郊区发展而进行了该项研究。

研究结果是基于54个城市(其中27个城市有环路,其他城市没有)的统计分析以及八个环路城市的深度案例研究。统计分析指出环路对土地利用的影响总体上不显著。1960年至1977年区域人口和就业变化反映的增长效应与制造业就业变化和城市年龄有关。制造业的发展与总体就业和人口增长联系密切。城市年龄的相关关系是负的,因为新城市比老城市发展更快。环路的出现、环路的相对区位、长度与城市增长之间没有持续的相关性。表9.3展示了研究的部分结果。

表9.3 部分环路研究结果

检测	环路	其他
对增长的影响		
SMSA人口增长,1960-1970	轻微(+)	制造业就业变化+ 城市年龄-
SMSA人口增长,1970-1977	无显著影响	制造业就业变化+ 城市年龄-
总体就业增长,1972-1977	环路到CBD的距离+	制造业就业变化+

续表

检测	环路	其他
		城市年龄—
		干道里程—
对分布的影响		
中心城市人口增长, 1960-1970	无显著影响	中心城制造业就业变化＋ 城市年龄—
中心城市总体就业, 1972-1977	每英里环路交叉口—	中心城市人口变化＋ 中心城制造业就业变化＋
中心城市服务业就业, 1972-1977	每英里环路交叉口＋ 环路到CBD的距离＋	中心城市总体就业变化＋

统计分析和案例研究都表明土地的可利用性和有利的经济条件是就业区位的关键影响因素。在有利条件下，这些新活动倾向于布局在环路附近。但是在没有环路的城市，就业增长的空间分布也没什么不同。该作者总结说土地利用影响主要由当地市场条件决定。

将近期的文献按照区域间影响或区域内影响分类是很有用的。表9.4总结了经济影响的三个区域间的研究。选择依据是合理的方法、适合的数据，和能代表这个论题的最高研究水平。三个研究调查了和经济增长有关的因素，包括公路设施，三个研究也都考虑了分布的影响（空间溢出）。巴奈特（Boarnet, 1998）发现公路和各县经济增长、强溢出效应都有很强的联系，意味着一些县的增长损害了邻近县的利益。亨利及其合作者（Henry et al., 1997）发现乡村人口和就业增长的最强预测指标是到快速发展的城市核心区的距离，公路对增长的速率和位置没有影响。辛格尔特里及其合作者（Singletary et al., 1995）关注南卡罗莱纳州耐用品和非耐用品制造业的就业增长，发现到公路的距离对耐用品制造业影响很显著，但对非耐用品制造业影响不显著。作者总结了以下重要因素：①集聚经济；②道路密度和到连接亚特兰大和夏洛特（Charlotte）的I-85干道的便利程度；③公路投资的区位、时机和类型。这些研究指出在合适的情况下公路通常确实会影响经济增长模式，但是更多的基础区域经济因素是经济增长的主要驱动者。

表 9.4 近期部分区域间公路影响研究的总结

作者	区位	描述	数据和方法	结论
巴奈特（Boarnet, 1998）	加利福尼亚州	经济产出的研究，以检验公路资本的角色	1969-1988 年县级年度数据。人口函数模型，允许县际溢出效应	经济产出与县内公路资本的系数为正，与邻近地区的公路资本的系数为负
亨利，巴克利，包（Henry, Barkley & Bao, 1997）	南卡罗莱纳州、乔治亚州、北卡罗来纳州	城市和乡村人口就业增长的研究，以讨论乡村和城市增长的联系	1980 年、1990 年普查的人口和就业数据。区域发展的同步模型	公路距离的系数不显著
辛格尔特里，亨利，布鲁克斯和伦敦（Singletary, Henry, Brooks & London, 1995）	南卡罗莱纳州	新制造业就业的研究，以检验公路投资的影响	基于邮区的1980-1989 年新制造业就业量，包括耐用品和非耐用品制造业。方法包括回归、计算空间自相关和异质性	对耐用品制造业，公路距离的系数为正；对非耐用品制造业，公路距离的相关系数不显著

表 9.5 总结了四个区域的研究。和区域间研究一样，它们都利用了合适的数据和方法，因此代表了大多数可靠的研究。比较这些结论（表格最后一列）会发现巴奈特和查勒朋（Boarnet and Chalermpong, 2001）和福伊特（Voith, 1993）的研究展示了公路的显著正效应（距离变量的负系数是指价格随距离下降）。在亚特兰大，高速公路的影响与就业增长相关，但是与人口增长不相关。在多伦多，方圆两公里内高速公路的存在与住宅价格呈负相关，尽管预期到 CBD 的便利程度与住房价格负相关，而到 CBD 的便利程度是公路网络功能的一部分。这些结论非常混杂。下文对橙郡的具体研究将说明为什么公路影响在各地不同。

表 9.5 近期部分区域内公路影响研究的总结

作者	区位	描述	数据和方法	结论
博林杰和伊兰菲尔德(Bollinger and Ihlandfeldt, 1997)	亚特兰大大都市区	就业和人口变化的研究,以检验亚特兰大都市捷运系统(Metropolitan Atlanta Rapid Transit Authority)的影响	1980年、1990年普查的人口和就业数据。就业和人口增长的同步方程模型作为到公路和铁路距离的函数	高速公路影响对就业增长的系数为正;与人口增长关系不显著
哈德和米勒(Harder and Miller, 2000)	多伦多大都市区	住宅价格的研究,以检测公路、地铁、到CBD的便利性的意义	1995年住宅销售数据。特征(Hedonic)回归,空间自相关	公路系数为负;地铁系数为正;到CBD便利程度的系数为负
巴奈特和查勒朋(Boarnet and Chalermpong, 2001)	加州橙郡	住宅销售的研究,以检测橙郡收费道路的影响	1988-1999年两个交通廊道和控制廊道的住宅销售数据。特征(Hedonic)回归,交通廊道开放前后的住宅销售	斜坡距离的系数为负,在研究期间,两条走廊在交通走廊开放前后和控制廊道没有区别
福伊特(Voith, 1993)	费城大都市区	居住销售的研究,以检测到CBD的公路和通勤地铁的意义	1970-1988年蒙哥马利的住宅销售数据。特征(Hedonic)回归,住宅销售(私人销售、普查平均值)	车站是否存在的系数为正,并在研究期间一直增长;公路到CBD便利程度的系数为负,在研究期间一直增长

3. 加州橙郡的收费公路

橙郡收费公路是一个后州际时代(post-Interstate era)公路建设的典型案例。它包括 51 英里的有限准入公路(注释 11)。由开发费、州政府和地方政府的公路基金和收费抵押债券共同投资，收费公路被认为是未来美国公路建设的模型。

加州橙郡是洛杉矶大都市区发展较为快速的地区。1950年以前这里是洛杉矶的农业腹地。由于大部分土地是半干旱的，所以用于畜牧业生产。这块邻近洛杉矶的平地吸引了战后的住宅开发，到1960年橙郡的北部和中心区通过高速公路大大提高了可达性，成为洛杉矶的卧城郊区。开发一直向南延伸，到1970年出现了新规划大型社区米申维和(Mission Viejo)和欧文(Irvine)。人口和就业的增长一直持续，到2000年该县共有人口280万，就业量为150万。图9.9展示了加州橙郡高速公路系统和收费道路地图。

州际高速公路议案与1950年代和1960年代人口和就业增长相适应，但到1970年代早期持续的增长明显需要更多的高速公路。橙郡规划者承担了两个主要的高速公路规划研究，一个位于南部沿海区域(SEOCCS)，另一个位于东北区域(NEOCCS)。研究最后提出两个区域都需要新的有限接入设施，并为其提供实验性路线。这些早期研究是橙郡收费公路的起源。

理解收费公路的背景非常重要。在进行SEOCCS和NEOCCS研究时，橙郡东南部大部分地区还未开发，仍归几个主要的土地所有者。其中最大的是欧文公司，它掌握了约9 300英亩的土地，占全郡所有土地的1/5，从橙郡北部边界延伸到南部沿海。欧文公司很清楚只有修建公路后才可能开发这片土地(大部分地区是没有公路的农场或山区)。但是很明显主要公路建设的传统资金来源——联邦州际高速公路基金不可能给如此大的项目提供充足的资金。虽然提出计划需要花费数年的规划和政治交易时间，但1986年最终成立了交通走廊管理局(Transportation Corridor Agencies，TCAs)(包括管理沿海73号路的圣华金山(San Joaquin Hills)和管理北部241号路、东部261号路的山麓东部(FootHill/Eastern)管理局)。土地所有者(主要是欧文公司)同意转让道路使用权，郡政府同意支付有限的公共资金。还进一步同意对预计会从交通走廊中获益的区域内的所有新公路进行收费。但是资金仍然不足，融资方案的最后一部分是用收费来弥补部分债券支付。最后，交通走廊的开发因为收费公路的建设得以实施(注释12)。

伯纳特和查勒朋(Boarnet & Chalermpong, 2001)研究了新收费公路对土地利用的影响。他们调查了山麓和圣华金山交通带1988年到1999年的住宅销售价格，包括每条公路主要部分建设前后的时间段，还作为对照组调查了同期交通容量

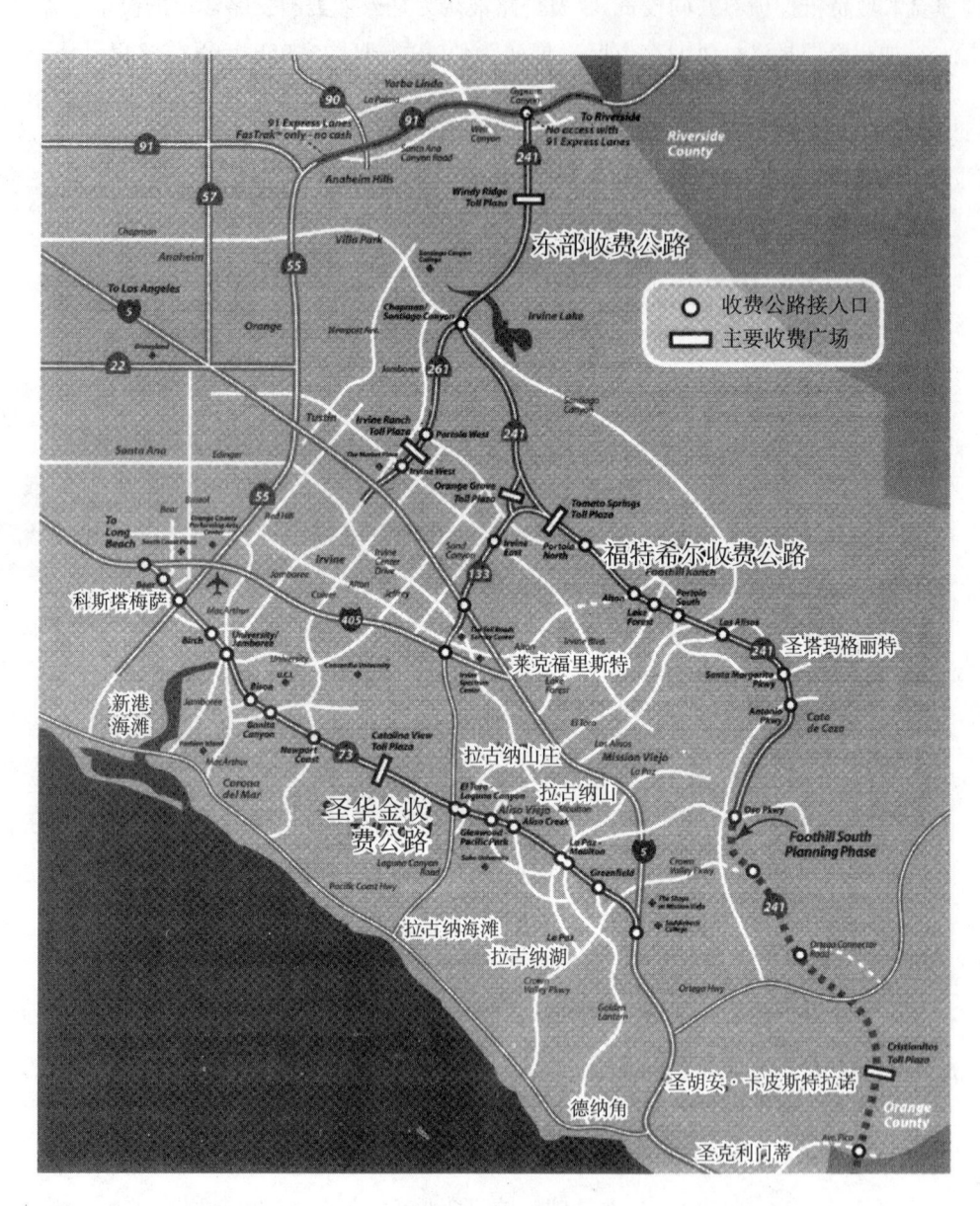

图 9.9 加州橙郡

没有变化的另一条高速公路交通带的住宅销售。作者进行了一系列"特征（Hedonic）回归"，将住宅销售价格当作住宅自身属性（如房间数、住宅面积）、邻里特征和到高速公路便利程度的函数。此时，到高速公路的便利程度直接通过测量该地到最近交汇口（interchange）的直线距离来计算。结果显示，公路建成前后的公路便利程度的系数正如预期的一样，对于两条交通带来说，公路建成后便利程度的系数均显著为负（价格随到最近交汇口距离增加而下降），而对照组交通带的系数不显著(Boarnet & Chalermpong, 2001, p.588)。

作者进一步分析了各个交通带每年的住房价格指数。对于福特希尔(Foot Hill)交通带，离交汇口近的地方的住房价格一直比远离交汇口的区域高。对于圣华金山(San Joaquin Hills)交通带，1995年之前的房价分布规律也是一样，但1995年之后远离高速公路的地区价格更高。作者认为圣华金山的结果较不可信，因为同一时间段对另一条邻近的高速公路进行了改善，而且海岸的适宜性可能干扰结果。作者最后指出，收费公路确实改变了可达性，"可达性的溢价"反映在住宅销售价格上。作者进一步提出可达性的变化也改变了开发和出行模式。

这个全面研究的证据很有说服力。但是，需要指出建设公路是为了周边区域的开发在一个规范的、有限供给的住房市场中进行。土地开发和公路建设是一起规划的。现在圣华金山交通带财政问题的部分原因是由于一些规划好的土地开发没有完成，并导致出行需求水平较低引起的。当地居民的反对导致区划密度降低和开发的延期。收费公路确实增强了橙郡南部和东部的可达性，但是土地利用管制决定了修建什么。

4. 公路影响小结

数十年的实证研究得出以下结论：

（1）公路投资增强了可达性。最大的获益产生于新的投资地点。整个交通网络的相对可达性都会发生变化。

（2）公路的影响基于特定背景有所不同。在人口和就业持续增长、有充足的土地可供开发或重建的地方，影响较为显著。不能满足这些条件的话，公路的影响可能不突出。

（3）没有证据指出公路投资是促进经济净增长的有效手段。即使经济确实增长了，也可能是由来自其他区位重新布局的产业活动引起的。当然从地方的角度来说，这就是目标。

(四) 公共交通的影响

20世纪80年代中期国家政策开始关注公共交通。几个主要城市的公共交通系统财政困难，希望联邦政府为重建国家公共交通产业提供资金。大城市公共交通系统的财政需求以及日益增长的对公路的负面环境社会影响的清晰认识，使舆论广泛要求联邦政府支持公共交通。公共交通服务的改善和发展被视为降低私家车使用率、减轻空气污染、节约能源和振兴中心城区的途径。公共交通的支持者认为更好的公共交通会改善中心城区可达性，从而重新吸引开发和阻止城市扩张。作为回应，联邦政府提出了大额资金补助计划，最后引起了"新一代"大规模公共交通系统的建设热潮。

众所周知轨道系统是非常昂贵的公共项目。公路项目的直接成本主要由使用者的税收支付（汽油和机动车消费税），而公共资金项目通常由一般税（收入等）支付。基于间接获益来论证这些项目的合理性变得非常重要。土地利用获益尤为受关注：增加的土地价值会产生更多的税收收入，从而抵消一些成本。因此联邦政府资助了三个重轨系统的影响研究：旧金山海湾地区快速运输系统（BART），华盛顿特区大型捷运系统（METRO）和亚特兰大都市捷运系统（MARTA）。

新一代轨道系统没有满足人们的期望。除了华盛顿特区的METRO系统之外，这些系统没有达到预期的运力水平，也没有显著的吸引私家车用户使用公交系统（Fielding，1995；Kain，1999）。后来建设的轨道系统也没有多少进展（Dunn，1998；Pickerll，1992；Rubin，Moore & Lee，1999）。尽管结果不尽如人意，大容量公共交通的公众支持率仍然持续增加。1991年多模式的综合地面运输及效率法案（ISTEA）使其他交通系统建设利用联邦公路资金成为可能，1998年的21世纪运输公平法（TEA-21）继续维持这项规定。全国的大都市区使用州和地方的配套资金补充联邦政府资金兴建或扩充轨道公交系统。公共交通尤其是轨道公交一直被视为改善空气质量、提高能源效率、振兴中心城市、为交通不发达地区提供流动性和创造更可持续发展城市的途径。公共交通的支持者认为更多的公交投资是必要的：抗衡私家车的唯一方法是提供广泛的、高质量、低费用的服务（普克尔，本书第八章）。

1. 轨道交通影响的理论预期

分析理论上轨道交通会对土地利用产生什么影响是很有用的。轨道公交系统只能改变直接邻近轨道线的区域的可达性。一个轨道公交系统的建设应该改善轨道线交通带的可达性,提高轨道交通带与没有享受到该轨道系统服务的其他地区的相对优势。在其他情况相等的情况下,活动区位会向轨道交通带转移,这个转移应该体现在上升的地价中。而且,因为轨道交通关注CBD区域,那么CBD作为区域内可达性最强的点的地位会加强,从而引起CBD产业活动增多和地价上升。

基于理论引出以下两点:首先,轨道交通的潜在影响取决于可达性改变的程度。因为轨道服务经常取代已有的公共汽车服务,它对可达性的影响实际上可能很小。而且,公交系统占整个交通网络的比重非常小。即使公交可达性发生很大的改变,对整个系统产生的影响也不大。因此,我们不应该希望它产生类似于公路对区域产生的影响。第二,公交系统的改善是另一种形式的交通系统改善,因此也会产生相同的疏散化效应。根据公交改善降低交通成本的程度,人们会利用这些降低的成本消费更多出行。因此公路改善和公交改善的区别在于:轨道系统的地价斜率比公路更为陡峭,但是交通成本的降低会使斜率变得平缓,如图9.4。

2. 实证证据

轨道交通的土地利用影响有更深入的研究。如上文所述,旧金山海湾地区快速运输系统(BART),华盛顿特区大型捷运系统(METRO)和亚特兰大都市捷运系统(MARTA)是它们建成开放后短期内的研究主题(Dvett et al., 1979;Lerman, Damm, Lerner-Lamm & Young, 1978;Webber, 1976)。其他早期研究关注费城到林登瓦尔德的通勤线(Allen & Boyce, 1974)和纽约公共交通系统(Pushkarev & Zupan, 1977)。这些研究结果指出它们对地价或开发模式影响甚微。在重轨系统案例中,有人指出第一批影响研究分析得太早,因为土地市场要等数十年才会回应轨道系统的变化(例如Dvett et al., 1979)。但是,轨道交通影响的一组比较研究提出以下结论:①增长的地方经济是土地利用影响的必要非充分条件;②支撑的规划和发展政策必须到位(Knight & Trygg, 1977)。

BART系统和其他重轨系统已建成超过20年。三个项目都反复作为研究对象。此外,近年来还有许多关于其他轨道交通的研究。下面是一些分析结果。

旧金山海湾地区快速运输(BART)系统。BART系统是第一批开通的"新一代"轨道系统。第一条路线开通于1972年,全部72英里在1974年前全部完成(图9.10)。一条额外的线路沿着I-580修建并于1997年开通;通向旧金山机场的线路于2003年开通。BART系统第一次应用自动售检机、电脑列车控制等新技术。该系统数年来一直被操作问题所困扰,直到10年后才达到它的设计班次。

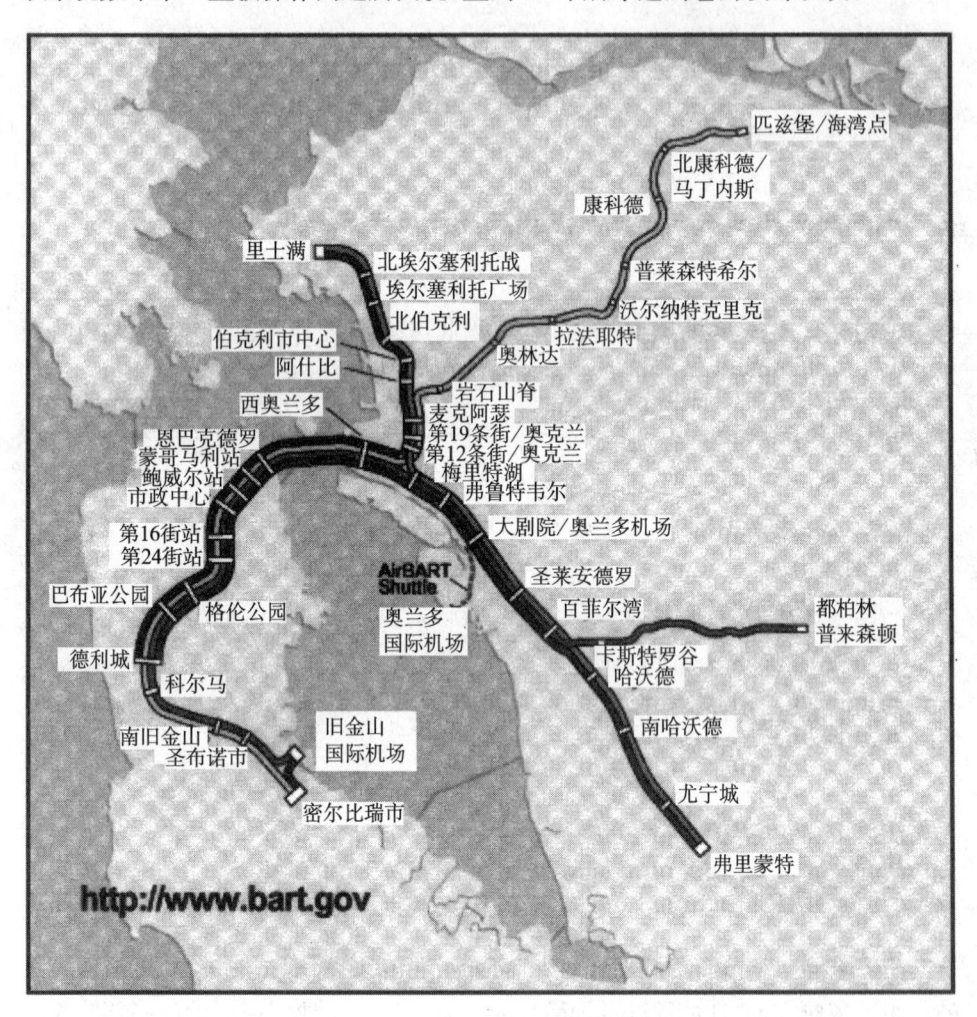

图9.10 BART系统

塞维洛和兰蒂斯(Cervero & Landis,1997)的"BART20周年更新研究",分析BART系统开通20周年后对土地利用等方面的影响。研究从几个尺度分别展开,从超级区(普查地段集合)到公顷网格单元,包括许多不同来源的数据。表9.6

第九章　交通投资对土地利用的影响——以公路和公共交通为例

展示了该研究的部分分析结果。总体结论是 BART 的影响在系统内显著不同。对旧金山市区的影响最大,极大地增强了劳动力的可达性,使得本身就充满活力的市区更加强大。有利的区划和可供重建的物业也是影响因素。从 1975 年到 1992 年,旧金山新建了 4 000 万平方英尺的新办公空间,其中一半位于恩巴克德罗站(Embar Cadero)附近的一两个街区。

表9.6　BART20 周年更新研究的部分结果

比较	结果
县域商业模式数据,1981-1990 年就业增长差异的比重分析,有 BART 车站的邮区和没有 BART 车站的邮区	有 BART 车站的邮区的就业增长更快,占全部就业增长的 57%。结果主要归功于旧金山市中心的就业增长,其他有 BART 车站的邮区的就业增长地域无 BART 车站的邮区
1980 年和 1990 年普查地段尺度的就业密度,交通规划普查数据	旧金山 CBD、奥克兰 CBD、康科德线康科德(Concord)交通带、弗里蒙特(Fremont)线交通带、北湾(North Bay)、圣马特奥(San Mateo) SR-101 交通带、硅谷的就业密度变大
BART 系统建设前(1962 年)、1963-1974 年,1975-1992 年各区位的办公空间	旧金山市中心:旧金山 2/3 的新办公空间在 1963-1974 年集聚在 BART 站点的 1/4 英里内,1975-1992 年集中在 3/4 英里内。
奥克兰市中心:整个时期不到东湾(East Bay)新办公空间的 10%,大多数新办公空间远离 BART 站点	
9 个 BART 站点和类似高速交汇口站点的对应比较	1979-1993 年,多户家庭住宅建设越来越靠近 BART 站点,而且略多于非居住建设

在整个奥克兰海湾,除了扶持性的公共政策,大部分开发是公众性的或需要大额补贴的。奥克兰市中心是 BART 系统可达性最好的点,理论上应该获益最大。康科德(Concord)和弗里蒙特(Fremont)沿线车站展示了当地环境如何调和 BART 的影响。沃尔纳特克里克(Walnut Creek)和普莱森特希尔(Pleasant Hill)

车站已经经历了显著的商业和居住开发，而其他车站没有。塞维洛和兰蒂斯声称BART区域可以比其他区域容纳更多办公和商业开发集群。弗里蒙特站地区凭借有力的地方区划和市政扶持进行了广泛的中高密度住宅建设，一些迹象表明车站附近的居住者为邻近该车站支付了额外的租金。在伯克利，公众对高密度重建的反对阻止了车站附近的变化，而里士满低迷的地方经济和高犯罪率也降低了车站区域开发的信心。

亚特兰大都市捷运系统（MARTA）。旧金山海湾地区的自然地理限制了开发的空间扩展，而亚特兰大大都市区能够向各个方向展开。许多评论家将亚特兰大视为美国扩张最严重的都市区。城市化区域的人口密度仅每平方英里1 783人，而旧金山—奥克兰地区为6 130人，迈阿密为4 407人（注释13）。1950年开始亚特兰大都市区经历了每十年两位数的增长，1990年到2000年期间，人口增长了近40%，总人口达到410万。和其他主要轨道系统一样，MARTA修建的目的是提高公共交通使用率，降低私人汽车使用率，复兴城市中心和拉动轨道交通带发展。

Bollinger和Lhlandfeldt(1997)对MARTA的影响进行了广泛的研究。他们利用1980年到1990年的普查数据建立了一个人口和就业增长模型。就业增长模型如下：

$$EMP\Delta_t = f(M_t, EMP_{t-1}, POPA_{t-1}, POPA\Delta_t E)$$

其中，$EMP\Delta_t$=就业变化量；M=到MARTA的距离；EMP_{t-1}=上一阶段的就业量；$POPA_{t-1}$=上一阶段的劳动力可达性；$POPA\Delta$=劳动力可达性的变化；E=影响就业变化的控制变量。

同时还建立了人口变化模型，该模型将人口变化作为因变量，就业可达性、前一阶段的就业水平、到MARTA的距离和其他控制因子作为自变量。作者检验了两个模型，一个模型用单变量表示到MARTA的距离，另一个模型将车站按类型分类（从"高强度城市节点"到"邻里车站"），因为该系统的早期规划就这样给车站分类和划分周边土地。对于就业而言，只有一类车站，即混合式利用区域节点，显著与就业增长相关。对于人口而言，MARTA都不与人口增长相关。作者最后指出MARTA对人口和就业增长没有正面或负面影响，但是改变了一些车站附近的就业组成，增加了公职比例。这是因为：①MARTA对可达性有显著影响；②公共交通利用率并没有明显增长；(3)公共政策的努力仅限于改变分区。

迈阿密大型捷运系统。迈阿密可能在公共交通方面比亚特兰大更有潜力,这里外来移民和老年人口的比例、平均人口密度都很高。但是,迈阿密大型捷运系统是最失败的新轨道系统之一。规划者将大型捷运系统视为潜在经济发展工具,试图利用它来复兴城市衰退区域的经济。

盖兹拉夫和史密斯(Gatzlaff & Smith,1993)利用住宅销售数据分析该系统对地价的影响。他们认为地价变化是土地利用变化的前兆,因此是测度可达性相关影响的有力途径。他们进行了重复的出售分析,比较给定住宅的连续销售价格。车站附近区域(1平方英里)的重复出售和外围地区相比并没有显著差异。他们还进行了特征(hedonic)回归,控制住系统批准前后的效应和到最近车站的距离这两个因子。研究结果和预期相反:除了一个例外,到车站的距离对地价没有正面或负面影响。作者发现结果与乘客量不足时一致(暗示对可达性没有影响),规划者利用捷运系统作为经济发展工具,将捷运系统布局于迈阿密经济增长带外围。

轨道系统影响的研究非常广泛,难以在本章中全部总结。它们的研究结果通常很混杂,例如下文的三个案例。比较华盛顿特区的就业增长发现,METRO车站附近的就业增长明显高于其他地区,但是该研究没有控制其他可能影响就业增长的因素(Green & James,1993)。在加州圣荷西(San Jose)观察到,到某个轻轨车站的距离对商业租赁率有轻微但是积极的影响(Weinberger,2001)。而该轨道交通的乘客量很少,因此这个结果令人诧异。该项研究并没有考虑到建筑质量,既然城市将车站附近的地区重新规划为高密度区域,地租更可能是受到更新和质量改善的影响,而非轨道交通。到地铁站的距离对多伦多的居住用地价格有正效应(Harder & Miller,2000)。在纽约州的布法罗,轻轨线对土地利用、就业或中心城市经济发展没有显著影响(Banister & Berechman,2000)。英国曼彻斯特的轻轨交通也是同样结果(Forest,Glen & Ward,1996)。

3. 轨道交通影响总结

过去30年关于轨道交通对土地利用影响的研究有以下结论:

(1) 土地利用影响的一个必要不充分条件是对可达性有显著影响。轨道交通一般对可达性影响甚微;大部分轨道投资取代了现有公共汽车服务,即使多线路、里程长的轨道也仅是一个城市出行的出发地和目的地的一小部分。

(2) 影响具有高度的地方性,而且通常发生在高速发展、严重拥堵的核心区。

(3) 影响取决于配套的区划、停车设施和交通政策，特别是开发补贴。

(4) 轨道投资不足以拉动衰退区域的经济发展。

(五) 土地利用影响总结

公路和公共交通对土地利用影响的实证研究说明，交通投资对土地利用并没有一致的或可预测的影响。研究明确指出土地利用变化并不一定紧随交通投资而发生，即使投资额很大。但是，土地利用影响仍然是交通规划的主要政策议题。美国的大都市区都希望通过轨道公交解决拥堵和环境问题、复兴中心城市、减缓城市扩张和提高宜居性。由于公路扩充会导致城市扩张和汽车依赖，所以通常遭到反对。对这些实证证据，读者可能会问为什么会这样。本文提出一些可能的解释。

第一，城市规划者和当地政府深陷于中心城市的保护和振兴之中。几十年的去中心化使中心城市经济活动的比例下降，弱势群体比例增加，重要基础设施比例增加。轨道公交通过改善到城市就业的便利程度，成为和体育馆、节庆广场等一样的吸引中产阶级回到市中心的重要途径。轨道交通还有一个额外的好处，那就是吸引联邦政府和州政府的补贴，这对地方政府来说是"免费"的。

第二，轨道交通通常因为其对经济增长的巨大潜力而得到大力发展（注释14）。城市一般愿意通过配组和预备开发用地、提供密度补偿或降低停车要求、提供低成本贷款或直接资助等来补贴地方车站地区的开发。许多城市规划者相信，对于年轻的专业人士和年老的生育高峰时期出生的一代，公交引导的城市生活需求很大，因此这些努力被视为吸引更多市场开发到该城市的方法。一些城市似乎因此而成功，如波特兰和圣地亚哥。其他城市则不然，例如奥克兰和布法罗。所有案例中，比起轨道系统的存在与否，结果更多取决于城市的基本条件（人口特征、犯罪率、经济潜力、美学、竞争力等）。例如西雅图和奥斯汀没有轨道交通却一样有兴旺的市中心。

第三，许多城市规划者相信公共交通投资是少数几个解决交通和可持续问题的可行办法之一。有人认为轨道交通便捷的长线运输时间和高品质使其比公共汽车更能吸引自由乘客。有人进一步认为公共交通是一个适当的"次优"政策。尽管收取汽车用户足额边际成本是解决交通外部性最有效的方法，但是到目前为止在政治上是不可能执行的。如果我们对汽车征收足额边际成本，公共交通需求会大量增长。在缺乏定价的情况下，补贴公共交通是使其能与汽车竞争的另一个途径。

第四，一些规划者和政策制定者相信，如果交通容量的增长仅限于公共交通，最终出行者因为无法忍受拥堵而转向公交出行。公交出行比例的增加会引起有利于高密度、紧凑式发展的有关可达性的变化。即如果居民和企业不得不迁移到另一个城市或区域，或改变出行的时间和地点，拥堵的加强确实会使出行者转向公共交通，因为汽车的出行时间优势下降。

最后，最近有人认为轨道公交系统的迅速发展是因为它们得到了政治上的认可，而公路建设则不是（Altshuler & Luberoff，2003）。轨道交通对城市地区的生态足迹要小得多。它们只占用很少的土地，噪音和震动局限于很小的范围内。在中心城市的密集区，轨道公交显然对城市结构和高地价密集式开发更为适当。但是外围地区，轨道公交几乎不可能解决交通问题。

美国的大都市区拥有高度发达的交通系统。基于已有的可达性水平，即使超大型投资在此区域也只能引起很小的变化。美国交通系统的广度和冗余使其异常灵活；乘客可以通过不同方式适应现有交通容量。即使在像华盛顿特区和旧金山这样严重拥堵的大都市区，仍然有可开发和距离适中的土地。大都市区的增长是经济条件的函数，即经济的一般状态、劳动力质量、环境制约以及富裕家庭的偏好。过去二十年大都市区的增长就是一个例证；在美国和欧洲，尽管缺乏公路投资，人口和就业的疏散化仍然没有减弱。

更广泛的经济和技术趋势表明，交通和城市形态的关系会继续不明朗。持续的经济信息化正在改变可达性的内涵（贾内尔，本书第四章）。同时也增加了家庭和企业布局的灵活性。信息密集型产业对固定设施的投资要求相对较少，因此易于迁移。对这样的公司来说，只要接近劳动力、租金价格合理，那么区位决策可能主要基于主观因素（从而难以预测）。越来越灵活的工作区位会改变家庭决策，他们可能在区位决策时更希望接近广泛的工作机会而非某个固定工作。考虑到城市交通系统的灵活性，以及影响个人和企业的区位和出行决策的众多因素，可以理解大都市区的交通和土地利用的关系异常复杂、难以确定，而且几乎不可能预测。

注释

1. 更多的回顾与讨论请参考巴奈特和克雷恩(Boarnet and Crane, 2001)。
2. 资料来源：http://www.losangelesalmanac.com/topics/Transport/tr26.htm。
3. 标准理论的正式表达和关系阐释请参考米尔斯和汉米尔顿(Mills and Hamilton, 1993)。
4. 时间价值是个人对节省时间赋予的金钱价值。例如，你可以选择乘坐穿梭巴士或出租车到机场。穿梭巴士的费用较低，但是和出租车相比花费的时间更长。研究表明时间的价值和个人工资率有关。因此本文观察到大学生更可能乘坐穿梭巴士，而商务人员会乘坐出租车。
5. 资料来源：由 U.S. Census 2000, STF 3 data 的作者计算。
6. 资料来源：http://www.census.gov/const/S25Ann/sftotalmedavgsqft.pdf。
7. 主要城市经营模型的描述请参考 Wegener(1994)。部分应用于交通规划的模型的讨论请参考迈耶和米勒(Meyer and Miller, 2001)第六章。
8. 前面提到的 I-105 世纪高速公路提供了一个极端案例。该高速公路是 1959 年国家公路计划(the State Highway Plan)的一部分。随后展开了规划与环境研究。最终环境影响声明于 1978 年通过；随后的诉讼使公路建设推迟到 1982 年开始(Hestermann, Dimento, VAN Hengel, & Nordenstam, 1933)。该公路最后于 1993 年开通。
9. 虽然公共交通的联邦基金被里根政府削减，州政府和地方政府增加了基金投入，使基金总额持续增加(Hunn, 1998)。
10. 回顾请参考格拉姆利克(Gramlich, 1994)、巴奈特(Boarnet, 1997)和巴塔及德雷南(Bhatta and Drennan, 2003)。
11. 完成的系统计划为 67 英里。最后 16 英里目前还在开发。
12. 读者可能会问，公众是否反对这样的大型开发计划。实际上，仅有部分公众反对 Foothill 和 Eastern 公路建设，这些意见最终被各种路线定位和缓解的妥协所平息。
13. 资料来源：www.demographia.com/db_uansca.htm。洛杉矶长滩城市化地区拥有全国最高的人口密度，约每平方英里 7 603 人。
14. 任何公共项目建设的经济效应是由一般纳税人移交地方管辖的过程。这也是暂时的。

致谢

南加利福尼亚大学政策、规划与发展学院的研究生给本章提供了宝贵的帮助。帕特里克·戈勒(Patrick Golier)也给予了帮助。洛杉矶地区的数据和地图是由洛杉矶郡城市交通管理局的李晨(Chen Li)和颛端(Duan Zhuan)提供和绘制。作者对所有错误和遗漏负责。

参考文献

[1] Adkins, W. (1959). Land value impacts of expressways in Dallas, Houston, and San Antonio, Texas. *Highway Research Board Bulletin*, 227, 50-65

[2] Allen, W., & Boyce, D. (1974). Impact of a high speed rapid transit facility on residential property values. *High Speed Ground Transportation Journal*, 8(2), 53-60

[3] Alonso, W. (1964). *Location and land use*. Cambridge, MA: Harvard University Press.

[4] Altshuler, A., Gomez-Ibanez, J., & Howitt, A. (1993). *Regulation for revenue: The political economy of land use exactions*. Washington, DC: Brookings Institution.

[5] Altshuler, A., & Luberoff, D. (2003). *Mega-projects: The changing politics of urban public investment*. Washington, DC: Brookings Institution.

[6] Anas, A., Arnott, R., & Small, K. (1998). Urban spatial structure. *Journal of Economic Literature*, 36, 1426-1464.

[7] Banister, D., & Berechman, J. (2000). *Transporet investment and economic development*. London: UCL Press.

[8] Bernick, M., & Cervero, R. (1997). *Transit villages in the 21st century*. New York: Mc-GrowHill.

[9] Bhatta, S., & Drennan, M. (2003). The economic benefits of public investment in transportation: A review of recent literature. *Journal of Planning Education and Research*, 22, 288-296.

[10] Boarnet, M. (1997). Highways and economic productivity: Interpreting recent evidence. *Journal of Planning Literature*, 11(4), 476-486

[11] Boarnet, M. (1998). Spillovers and locational effect of public infrastructure. *Journal of Regional Science*, 38(3), 281-400.

[12] Boarnet, M., & Chalermpong, S. (2001). New highways, house prices, and urban development: A case study of toll roads in Orange County, CA. *Housing Policy Debate*, 12(3), 575-605.

[13] Bornet, M. & Crane, R. (2001). *Travel by design: The influence of urban form on travel*. New York: Oxford University Press.

[14] Bollinger, C., & Ihlandfeldt, K. (1997). The impacts of rapid rail transit on economic development: The case of Atlanta's MARTA. *Journal of Urban Economics*, 42, 179-204.

[15] Brueckner, J. (1978). Urban general equilibrium model with non-central production. *Journal of Regional Science*, 18, 203-215.

[16] Cervero, R., & Landis, J. (1997). Twenty years of the Bay Area Rapid Transit System: Land use and development impacts. *Transportation oResearch A*, 31A(4), 309-333.

[17] Cervero, R., & Wu, K.-L. (1997). Polycentrism, commuting, and residential location in the San Francisco Bay Area. *Environment and Planning A*, 29, 865-886.

[18] Chiristaller, W. (1996). *Central place in southern Germany* (C. Bushin, Trans.). Englewood Cliffs, NJ: Prentice-Hall.

[19] Crane, R. (1996). The influence of uncertain job location on urban form and the journey to work. *Journal of Urban Economics*, 39(3), 342-358.

[20] Cropper, M., & Gordon, P. (1991). Wasteful commuting: A re-examination. *Journal of Urban Economics*, 29, 1-13.

[21] Junn, J. A. (1998). *Driving forces: The automobile, its enemies and the politics of mobility*. Washington, DC: Brooking Instituete Press.

[22] Dvett, M., Dornbusch, D., Fajans, M., Fackle, C., Gussman, V., & Merchant, J. (1979). *Land use and urban development impacts of BART* (Final Report No. DOT-P-20-79-09, U. S. Department of Transportation and Urban Development). San Francisco: Blayney Associates and Dornbusch and Co.

[23] Fielding, G. J. (1995) Transit in American cities. In S. Hanson (Ed.), *Geography of urban transportation* (2nd ed., pp. 287-304). New York: Guilford Press.

[24] Forrest, D., Glen, J., & Ward, R. (1996). The impact of a light rail system on the stucture of house prices: A hedonic longitudinal study. *Journal of Transport Economics and Policy*, 30(1), 15-30.

[25] Freeman, B., Shigley, P., & Fulton, W. (2003). Land use: A California perspective. Available online at http://www.facsnet.org/tools/env_luse/califl.php3.

[26] *Fulton, W.*, (1997). *The reluctant metropolis: The politics of urban growth in Los Angeles.* Point Arena, CA: Solano Press Books.

[27] *Gatzlaff, D., & Smith, M.* (1993). *The impact of the Miami Metrorail on the value of residences near station locations.* Land Economics, 69(1), 54-66.

[28] *Giuliano, G., & Small, K.* (1991). *Subcenter in the Los Angeles region.* Journal of Regional Science and Urban Economics, 21 163-182.

[29] *Giuliano, G., & Small, K.* (1993). *Is the journey to work explained by urban stucture?* Urban Studies, 30(9), 1485-1500.

[30] *Gordon, P., Richardson, H., & Wong, H.* (1986). *The distribution of population and employment in a polycentric city: The case of Los Angels.* Environment and Planning A, 18, 161-173.

[31] *Gordon, P., Richardson, H., & Yu, G.* (1998). *Metropolitan and non-metropolitan employment trends in the U. S.: Recent evidence and implications.* Urban Studies, 35 (7), 1037-1057.

[32] *Gramlich, E.* (1994). *Infrastructure investment: A review essay.* Journal of Economic Literature, 32(3), 1176-1196.

[33] Green, R., & James, D. (1993). Rail transit station area development: Small area modeling in Washington DC. Armonk, NY: M. E. Sharpe.

[34] Harder, M., & Miller, E. (2000). Effects of transportation infrastructure and location on residential real estate value: Application of spatial autoregressive technique. Transportation Research Record, 1972, 1-8.

[35] Henderson, V., & Mitra, A. (1996). The new urban landscape: Developers and edge cities. Regional Science and Urban Economics, 26, 6, 13-643.

[36] Henry, M., Barkley, D., & Bao, D. (1997). The hinterland's stake in metropolitan growth: Evidence from selected southern regions. Journal of Regional Science, 37(3), 479-501.

[37] Herman, T. (1994, August 3). Bidding wars escalate. Wall Street Journal, p. A1.

[38] Hershberg, T., Light, D., Cox, H., & Greenfield, R. (1981). The journey to work: An empirical investigation of work, residence and transportaion, Philadelphia: Work, space and group experience in the nineteenth century (pp. 128-173). New York: Oxford University Press.

[39] Hestermann, D., DiMento, J., van Hengel, D., & Nordenstam, B. (1993). Impacts of a consent decree on "the last urban freeway": I-105 in Los Angles County. Transportation Research A, 27A(4), 299-313.

[40] Hoover, E. (1948). The location of economic activity. New York: McGraw-Hill.

[41] Ihlandfeldt, K. T., & Sjoquist, D. L. (1998). The spatial mismatch hypothesis: A review of recent studies and their implications for welfare reform. Housing Policy Debate, 9(4), 849-892.

[42] Ingram, G. (1998). Patterns of metropolitan development: What have we learned? Urban Studies, 35(7), 1019-1035.

[43] Isard, W. (1956). Location and the space economy. Cambrige, MA: MIT Press.

[44] Kain, J. (1999). The urban transportation problem: A reexamination and update. In J. Gomez-Ibañez, W. Tye, & C. Winston (Eds.), Essays in transportation economics and policy (pp. 359-401). Washington, DC: Brooking Institution Press.

[45] Knight, R., & Trygg, L. (1977). Land use impacts of rapid transit: Implications of recent experiences (Final Report No. DOT-TPI-10-77-29, U. S. Department of Transportation). San Francisco: De Leuw Cather and Co.

[46] Lerman, S., Damm, D., Lerner-Lamm, E., & Young, J. (1978). The effect of the Washington Metro on urban property values (Final Report CTS-77-18, U. S. Department of Transportation, Urban Mass Transportation Administration). Cambridge, MA: MIT Center for Transportation Studies.

[47] Losch, A. (1954). The economics of location (W. Woglum & W. Stolper, Trans.). New Heaven, CT: Yale University Press.

[48] *McMillen, D.* (1996). *One hundred fifty years of land values in Chicago: A nonparametric approach.* Journal of Urban Economics, 40(1), 100-124.

[49] *McMillen, D., & McDonald, J.* (1998). *Suburban subcenters and employment density in Metropolitan Chicago.* Journal of Urban Economics, 43, 157-180.

[50] *Meck, S., Retzlaff, R., & Schwab, J.* (2003). Regional approaches to affordable housing (*Planning Advisory Service Report No. 513/514*). Washington, DC: American Planning Association.

[51] *Meyer, M., & Miller, E.* (2001). Urban transportation planning (2nd ed.). New York: McGraw-Hill.

[52] *Mieskowski, P., & Mills, E. S.* (1993). *The causes of metropolitan suburbanization.* Journal of Economic Perspectives, 7(3), 135-147.

[53] *Mills, E. S.* (1972). Studies in the structure of the urban economy. Baltimore: *Johns Hpokins University Press.*

[54] *Mills, E. S., & Hamilton, B.* (1993). Urban economics (5th ed.). New York: HarperCollins.

[55] *Mohring, H.* (1961). *Land values and the measurement of highway benefits.* Journal of Political Economy, 79, 236-249.

[56] *Moses, L.* (1958). *Location and the theory of production.* Quarterly Journal of Economics, 72, 259-272.

[57] *Muth, T.* (1969). Cities and housing. *Chicago: University of Chicago Press.*

[58] *Newman, P., & Kenworthy, J.* (1998). Sustainability and cities: Overcoming automobile dependence. *Washington, DC: Island Press.*

[59] *Payne-Maxie Counsultans* (1980). The land use and urban development impacts of beltways (*Final Report No. DOT-OS-90079, U. S. Department of Transportation and Department of Housing and Urban Development*). Washington, DC: Author.

[60] *Pickrell, D.* (1992). *A desire named streetcar: Frantasy and fact in rail transit planning.* Journal of the American Planning Association, 58(2), 158-176.

[61] *Pushkarev, B., & Zupan, J.* (1977). Public transportation and land use policy. *Bloomington: Indiana University Press.*

[62] *Rubin, T. A., Moore, J. E. II, & Lees, S.* (1999). *Ten myth about US urban rail systems.* Transport Policy 6(1), 57-73.

[63] *Shen, Q.* (1998). *Location characteristics of inner city neighborhoods and employment accessibility of low-wage workers.* Environment and Planning B, Planning and Design, 25, 345-365.

[64] *Singletary, L., Henry, M., Brooks, K., & London, J.* (1995). *The impact of highway investment on new manufacturing employment in South Carolina: A small region spatial analysis.* Review of Regional Studies, 25, 37-55.

[65] Small, K., & Song, S. (1994). *Population and employment densities: Structure and change*. Journal of Urban Economics, 36(3), 292-313.

[66] State of California. (2003). *Cities annual report, FY 2000-2001. Sacramento, CA: State Controller's Office*.

[67] Voith, R. (1993). *Changing capitalization of CBD-oriented transportation systems: Evidence from Philadelphia, 1970-1988*. Journal of Urban Economics, 33, 361-376.

[68] Von Thunen, J. (1826). Der Isolierte Staat in Beziehung ant Landswirtschaft and Nationalekomie. *Hamburg, Germany*.

[69] Webber, M. (1976). *The BART experience—What have we learned?* Public Interest, 4, 79-108.

[70] Weber, A. (1928). *Theory of the location industries (C. J. Freidrich, Trans.). Chicago: University of Chicago Press*.

[71] Weinberger, R. (2001). *Light rail proximity—Benefit or detriment in the case of Santa Clara County, California?* Transportation Research Record, 1747, 104-113.

[72] Wegener, M. (1994). *Operational models: State of the art*. Journal of the American Planning Assoxiation, 60(1), 17-29.

[73] White, M. (1988). *Location choice and commuting behavior in cities with decentralized employment*. Journal of Urban Economics, 24, 129-152.

(谌丽、金凤君译,王姣娥校)

第十章 交通运输与能源

戴维·格林(David L. Greene)

能源对于交通运输必不可少。人员和物品在空间上的分离必然产生客货运需求,满足这些运输需求需要消耗能源。在物理学中,功被定义为物体在力的作用下移动一定距离,而能量则是做功的能力。把物体从一个地方移动到另一个地方,必须满足以下条件:在移动过程中有力的作用,使物体从静止加速起来;此外,必须保证力的持续作用,以克服阻碍物体运动的摩擦力作用。因此,交通运输需要消耗能源。能源可以通过很多方式度量(专栏10.1)。

在过去的几个世纪,石油是世界交通体系的主要能源供应源。尽管交通工具可以使用多种化石燃料(例如19世纪和20世纪早期,蒸汽机可以使用煤为轮船和火车提供动力),但是石油已经成为现代内燃机车的首选燃料。石油的优势在于供应充足、成本低、能源密度高(无论从质量还是从体积来看),以及运输、处理和储存的便利性。但是,交通运输对石油的依赖也引发了很多问题:温室气体排放使气候发生变化,空气污染,及对美国而言关于重要能源供给的可靠性和安全性的严重问题。

随着经济活动日益复杂化和专业化,人类变得越来越富有,掌握的技术也越来越发达,由此逐渐提高了对人员和物品的机动性要求(World Business Council for Sustainable Development,2001)。根据发达国家和发展中国家提供的不同时段的经济数据,研究者们发现,人们平均每天花费1个小时用于通勤,通勤费用占据他们总收入的10%-15%(Schafer,2000)。随着收入的增加,人们在通勤上的花费也日益增多。随着通勤花费的增多,为了保持通勤时间不变,人们往往会选择更加快捷的通勤方式。可以断定,只要经济保持增长,且技术能够提供更快的通勤速度,人们的通勤需求将会增加。同时,除非交通运输的能源消耗强度(单位通勤者消耗

第十章 交通运输与能源

的能源，或者单位公里消耗的能源）有所降低，否则交通运输的能源消耗也将增加。

人类往往非常重视机动性，因为机动性能够扩展可达区域，从而为人类提供更多的机会。对企业而言，高机动性能够提高专业化分工水平和交易的便利程度。但是，机动性（尤其当以汽油为燃料时）同时会给人们带来一些不良后果，例如空气污染、交通拥堵、交通事故中人员伤亡、温室气体排放和对石油的依赖（Greene, 1996）。交通运输引发的大部分环境污染问题以及石油过度依赖问题，其根源在于内燃机需要燃烧石油。

与美国相比，其他国家交通体系的机动化程度远远落后。图10.1显示了多个国家和地区的每千人车辆登记数。图中的实线显示了美国机动化程度随时间的演变，横轴表示不同的年代。其他地区的2000年机动化程度，被标记在美国机动化程度的演变曲线上。从图中可以看出，并非所有的国家都遵循美国所采取的路径。相对较多的人口和较高的居住密度，加上对非高速交通方式的大力投入，或许会将发展中国家引向欧洲和日本的发展路径。但是，随着全球经济的增长，地球上仍明显存在着巨大的空间供车辆拓展，能源的需求也将继续上升。当世界上所有国家都获得与美国、欧洲或日本同等的机动性时，世界将会是什么样子，我们不得而知。

专栏 10.1. 能源的度量

能源大多数情况下按照热当量进行度衡，例如焦耳（国际单位制或公制）或英制热量单位（BTU）（表10.1）。焦耳被定义为移动一个物体所需要的力，1焦耳等于1千克·米^2/秒^2。BTU被定义为使1磅水温度升高1度所需要的热量，1BTU等于1055焦耳。1加仑汽油大约含有12.17亿焦耳能量，或者115 400BTU[1]。美国经济总体消耗石油量如此之多，以至于用千兆兆焦耳（10^{18}焦耳）或千的五次方BTU（10^{15}BTU）来衡量。石油燃料通常用体积和重量来衡量。桶是最常用的体积衡量方式，1桶等于42加仑。通常用每天多少百万桶来衡量美国的石油供给和需求。每天一百万桶相当于每年153.3亿加仑。国际数据资源通常用公吨来衡量汽油。1千兆公吨（10亿吨）石油相当于每天18.65万桶。

表 10.1　能源单位换算

	千兆兆焦耳	千兆公吨	千的五次方 BTU	百万桶/天
千兆兆焦耳	1	2.388×10^{-2}	0.948	0.448
千兆公吨	41.868	1	39.68	18.76
千的五次方 BTU	1.055	2.52×10^{-2}	1	0.472
百万桶/天	2.233	5.33×10^{-2}	2.117	1

资料来源:Davis and Diegel,2002,表 B-4。

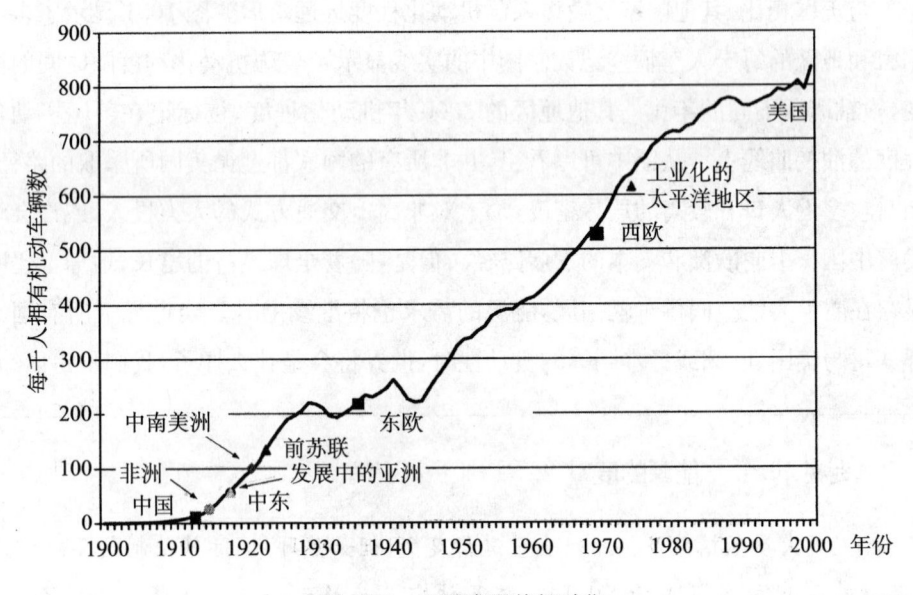

图 10.1　全球交通的机动化

资料来源:Davis and Diegel,2003,pp. 3-6。

一、美国交通运输能源利用模式和趋势

　　交通运输是美国经济的主要能源消耗部门,2001 年交通运输的能源消耗占总能源消耗的 28%。1975 年该比例为 25%,随着时间的推移,交通运输的能源消耗份额呈现缓慢增长态势。但是,当谈及石油消耗份额时,交通运输独占鳌头。交通车辆石油消耗占据美国石油消耗总量的比例超过 2/3,且该比例呈稳步上升态势。

第十章 交通运输与能源

1973年，该比例为52%。20世纪70年代的石油危机(石油市场价格剧变)过后，只有交通运输部门的石油消耗呈现增长态势，除了工业部门维持不变之外，其他部门的石油消耗都降低了。由此可知，石油消耗被逐渐集中到一个最缺乏寻找可替代能源能力的经济部门——交通运输。

高速公路方式在美国交通运输活动和能源消耗中占显著地位(图10.2)。2000年，美国总客运里程接近5万亿公里(这一距离足以让2亿人同时环球旅行一次)，其中几乎90%的客运发生在高速公路上(USDOT,BOTS,2002,表1.31)。剩下的5亿多人英里数几乎全部由飞机完成。各种类型的公共汽车(公共交通、学校和城际公交)只占客运里程的3%，大型运输(包括公交车，不包括飞机)总共只占客运里程的4%(图10.3)。货运交通在各种方式中的分布相对均匀，按照吨英里计算，铁路运输比例最高(38%)，公路运输次之(29%)，其余依次为水陆运输17%，管道运输16%，空运0.4%(USDOT,BOTS,2001,表1.41)。不同交通运输方式的能源消耗，反映出美国交通运输活动主要集中在高速公路上(表10.2)。在能源消耗份额方面，高速公路车辆以75%的比例遥遥领先，空运以9%居于第二，水运6%，管道运输3%，铁路2%(Davis & Diegel,2002,表2.5)。其余的3%被城市建设和农业生产的自动化设备消耗掉。在高速公路方式中，轻型车辆(客车和轻型货车)消耗的汽油占汽油消耗总量的3/4。交通能源政策对客车和轻型货车格

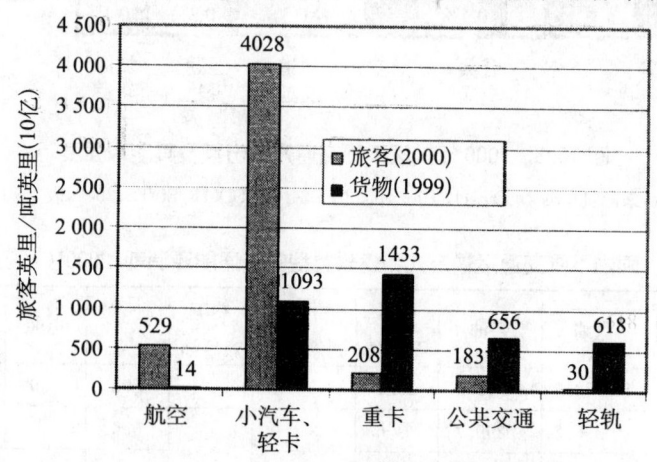

图10.2 不同交通方式的客流和货流分布

资料来源：USDOT,BOTS(2002,表1.34和表1.44)。

外关注,究其原因,也是因为它们占据了57%的交通运输能源消耗。

虽然不同交通方式的能源消耗存在很大差别,其中高速公路方式占统治地位,但是不同客运交通模式的能源强度却差别不大(图10.3)。能源强度(energy intensity)是指单位交通活动消耗的能源(例如,每车辆英里、旅客英里、吨英里)。在能源强度方面,大容量公交车辆仅比汽车和轻型客车略低一些,而公交车辆平均能源强度甚至更高一些,这看上去似乎有些奇怪。出现这种结果的原因一方面归咎于25年前制定的燃料限值法规,该法规要求客车的燃料经济性提高一倍;另一方面要归咎于公交车辆相对较低的平均载荷系数。公交体系超高效运行的城市,其能源强度可达到每旅客英里2 000 到 3 000BTU(Davis & Diegel,2002,图2.3, 2.4,2.5),但这并非是一个范数。

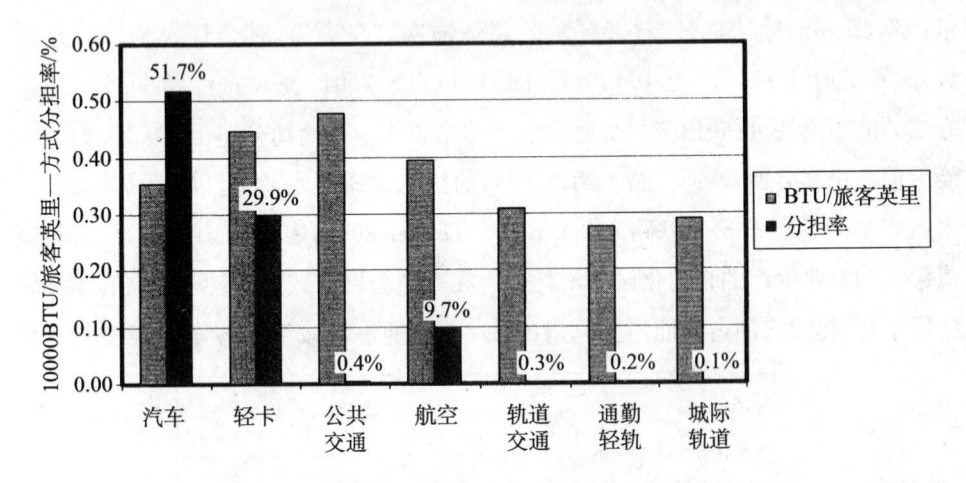

图 10.3 2000年美国不同交通方式份额及其能源强度

资料来源:Davis & Diegel, 2002,pp. 2-15-2-16;USDOT,BOTS,2002,表1.31。

表10.2　国内不同交通运输方式和燃料类型的交通能源消耗,2000[a](万亿 BTU)

	汽油	柴油	液化石油气	喷气燃料	残余燃料油	天然气	电能	甲醇	总计
公路交通	15 952.3	4 742.2	26.1			8.2	0.9	0.0	20 729.7
轻型车辆	15 396.2	299.7	9.6			0.0		0.0	15 705.5
汽车	9 031.1[b]	50.6				0.0			9 081.7
轻型卡车[c]	6 338.9[b]	249.1	9.6			0.0		0.0	6 597.6

第十章　交通运输与能源

续表

	汽油	柴油	液化石油气	喷气燃料	残余燃料油	天然气	电能	甲醇	总计
摩托车	26.2								26.2
公共汽车	10.6	190.9	0.5			8.2	0.9	0.0	211.1
公共交通	3.7	88.1	0.5			8.2	0.9	0.0	101.4
城际公交[d]		33.4							33.4
校车[d]	6.9	69.4					0.0		76.3
中重型车辆	545.5	4 251.6	16.0				0.0		4 813.1
其他地方的交通消耗	105.4	838.3							943.7
建筑业	23.9	359.1							383.0
农业	81.5	479.2							560.7
非公路交通	351.6	825.0		2 508.2	1 120.6	664.4	315.4		5 785.2
航空	40.4			2 508.2					2 548.6
通用航空	40.4			134.7					175.1
国内航班				2 004.0					2 004.0
国际航班				369.5					369.5
水运	311.2	288.6			1 120.6				1 720.4
货运		288.6			1 120.6				1 409.2
休闲娱乐	311.2								311.2
管道						664.4	246.5		910.9
铁路		536.4					68.9		605.3
货运(1级)		516.0							516.0
客运		20.4					68.9		89.3
公共交通							47.2		47.2
通勤		9.8					16.1		25.9
城市间[c]		10.6					5.6		16.2
总计	16 409.3	6 405.5	26.1	2 508.2	1 120.6	672.6	315.4	0.0	27 457.7

a:仅包括民用消耗,总数可能不能涵盖所有可能的交通运输能源消耗;
b:包括酒精—汽油混合燃料;
c:双轴四轮卡车;
d:1999年的数据,2000年的数据尚未获得。
资料来源:Davis & Diegel,2002,表2-4。

由于高速公路单位车辆行程载重吨数(负荷系数)缺乏可靠的数据,不同货运方式之间的能源强度很难进行比较。但是,可以明显看出,空运的能源强度是最高的,货车次之。散货运输方式(铁路、水陆和管道)能源强度较低,每吨英里为500BTU及以下。

总能源消耗,由总运输活动量(A)、不同方式的份额(S)、能源强度(I)和不同燃料的份额(F)所决定,下面的公式表达了它们之间的决定关系。能源强度可以通过多种方式界定,通常使用单位旅客里程和单位吨里程。"ASIF"等式可用于分析交通运输能源消耗的历史趋势,解释造成能源消耗的原因,并能对未来的能源消耗做出预测(Schipper & Fulton, 2001)。交通运输总能源消耗,是由不同运输模式和燃料类别的总交通运输活动量、各方式份额、各方式能源强度和各方式能源类别份额等因素加总而成。其中,A是指交通运输活动量(旅客—英里,吨—英里,或车辆—英里),S是指m方式占有的交通运输活动量份额,I是指m方式的能源强度,F是指使用能源f的m方式的交通运输量份额。

总能源消耗 $= \sum_m \sum_f A S_m I_{mf} F_{mf}$

美国交通能源消耗的历史趋势分析显示,在过去30年里,交通运输活动量增加最明显,能源强度的降低也比较明显,人流和货流在不同方式之间的分布,以及不同燃料类别的份额变化相对较小(例如,Greene & Fan, 1996)。

ASIF方程能够很好地显示减少石油消耗和温室气体排放的根本性措施:①减少交通运输活动总量;②使交通运输模式由高能源(碳排放)强度向低能源(碳排放)强度转变;③降低运输的能源(碳排放)强度;④更多的使用非石油(低碳排放)燃料,以降低污染,减少温室气体排放。

1973年末的中东事件,极大地改变了美国交通运输对能源需求的意义。在那一年,欧佩克石油组织的阿拉伯国家联合起来,针对美国实施石油制裁,以报复美国在战争中支持以色列,石油价格因此上涨了五倍。由于美国政府对国内石油生产商实施价格管制措施,一度导致油气短缺,加油站门前排起了长队。油气短缺极大地改变了美国人利用廉价石油任意驱车出行的习惯,政府针对客车和轻型货车实施了燃料经济性标准,高速公路限速被降低到每小时55英里,社会各界为寻找石油替代能源付出了巨大的努力,尽管到目前为止,大部分努力仍是徒劳。

第十章 交通运输与能源

在 1973-1974 年和 1979-1980 年的石油危机之前，美国高速公路的能源消耗随着车辆里程的增加同比例增长。从 1950 年到 1975 年，车辆里程从 4 580 亿英里增长到 13 280 亿英里，增长幅度高达 190%，年均增长 4.4%（USDOT, FHWA, Highway statistics，表 VM-201）。在这个时期，高速公路车辆的能源消耗从 403 亿加仑增长到 1 135 亿加仑，年均增长 4.2%。能源消耗增长与车辆里程增长几乎保持同步。1975 年之后，高速公路车辆里程增长了 70%，年均增长 3%；而高速公路车辆能源消耗仅增长了 50%，年均增长 1.6%（Davis & Diegel, 2002, 表 6.5）。受高燃料价格和高能源效率车辆政策要求的影响，高速公路的车辆里程有了实质性的降低，能源消耗和里程增长之间的同步关系也被打破，这使得美国每年可以节省约 600 亿加仑石油，如图 10.4 所示。

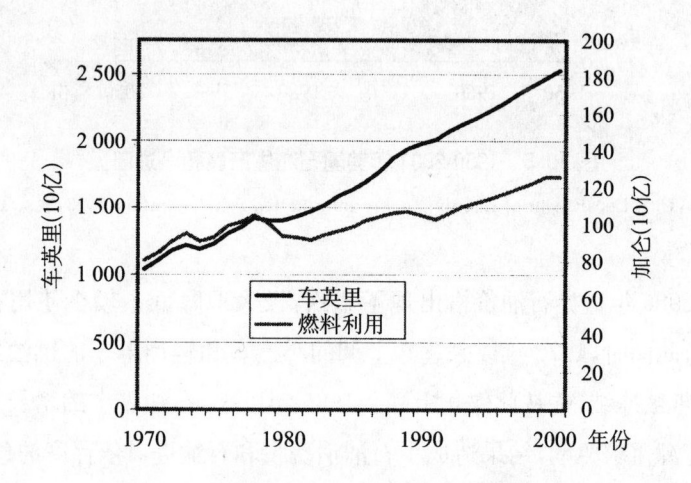

图 10.4 轻型车辆行车里程和能源消耗的降低

资料来源：Davis & Diegel, 2003, 表 4.1 和表 4.2。

美国的石油需求仍在逐年增长，然而随着石油资源的枯竭，美国的石油生产量从 20 世纪 70 年代开始便逐年减少了。作为世界上石油开发最早且最严重的地区之一，美国南部 48 州也是最早迎来石油生产高峰并开始下跌的地区（图 10.5）。1970 年，美国石油生产达到顶峰，日产 1 130 万桶，此时美国石油进口为每天 310 万桶，仅占石油消费总量的 22%。在接下来的几年里，由于需求增长和生产萎缩，美国石油进口依赖度在 1997 年增至 47%。从 1978 年开始，在高油价、诸如对客车和轻型货车实施燃料经济性标准等保护性政策以及利用其他燃料代替石油发电等因素的综合作用下，美国每天的石油消费减少了400万桶，同时国内石油日产也增加了70万桶。在以上因素的综合影响下，美国石油进口依赖度于1985年达到了石油危机之后的历史最低值29%。

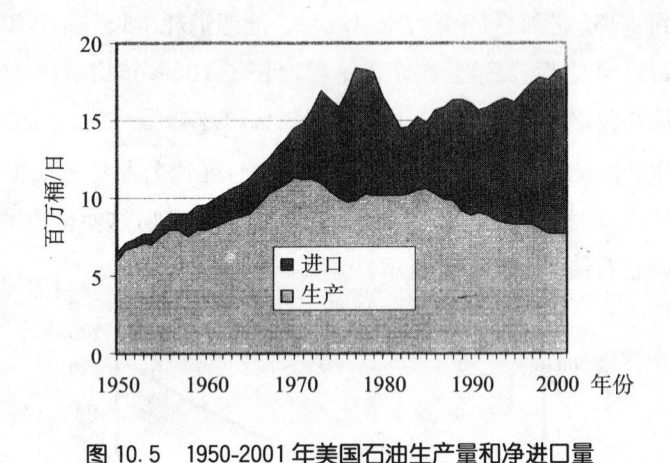

图 10.5　1950-2001年美国石油生产量和净进口量

资料来源：U. S. Department of Energy；Energy Information Administration(2003，表5.1)，p. 285.

然而，1986年世界石油价格出现了暴跌，极大地降低了较少使用石油的经济学考量。与此同时，1978年以来逐年上调的小汽车和轻型卡车的燃油经济性标准也于1985年被冻结，并从此停止上涨。1985年以来，石油需求的增长几乎全部由交通运输能源需求驱动，结果造成了石油消费量和石油进口依存度的急剧上升，石油进口依存度于2001年达到历史最高水平58%。

二、交通运输能源和石油

世界经济在没有石油的情况下几乎无法正常运行，这一事实使得石油成为一种不可或缺的重要资源。石油资源在世界范围内的高度集中分布这一事实，使得石油问题变得异常复杂。世界上2/3的已探明石油储量分布在中东地区，它们几乎全部集中分布在波斯湾周边地区。这一地区的四个国家占据了全球超过半数的石油储量：沙特阿拉伯(25%)，伊拉克(11%)，科威特(10%)，阿拉伯联合酋长国(10%)。

第十章 交通运输与能源

　　石油这种重要资源在波斯湾地区的集中分布，为美国制造了不少经济、政治和军事难题。对石油的过度依赖，使美国经常遭受石油价格冲击和石油垄断定价，并由此导致美国财富向石油生产国转移。据估计，由此造成的经济损失在过去的30年里累计高达7万亿美元(Greene & Tishchishnya,2000)。石油使美国与中东国家的关系变得异常复杂。1990年，伊拉克入侵科威特，起因是波斯湾战争和持续了近一个世纪的国家冲突，但究其真正动机，无非是想征服波斯湾地区的富油国，以占有超过世界半数的石油储量和由此带来的巨额财富。1960年9月14日，石油经济和政策开始发生剧变。这一天，五大世界石油生产国聚集在伊拉克首都巴格达，成立了石油出口国组织——欧佩克。这个新组织的成员国花费了十年时间，从世界石油公司手中夺回它们国家石油储备的控制权。直到1973年秋天，欧佩克组织才开始对世界石油市场产生明显的影响(Yergin,1992)。为了报复美国在1973年发生的"十月战争"中对以色列的支持，欧佩克组织的阿拉伯成员国针对美国实施了石油制裁。世界石油价格立刻翻了3倍，从每桶13美元涨到每桶37美元(以2000年价格计算；见 U.S.DOE,EIA. p.286,2002)。欧佩克在世界石油市场上的霸主地位从此拉开序幕。欧佩克组织将世界石油价格控制在每桶35美元左右，直到两伊战争(伊朗 VS 伊拉克)爆发打乱了石油供给。1979-1980年，石油价格翻倍，暴涨到每桶64美元，由此带来巨大的石油价格冲击，这一切并非欧佩克组织刻意所为，其根本原因在于石油行情看涨，以及该组织通过减少未来五年石油生产量维护高价格水平的举措。如今，欧佩克组织的11个成员国占有了80%的世界已探明石油储量(U.S.DOE,EIA,2002)和超过半数的可开采石油(美国地质勘探局,2000)。

　　作为世界大多数而非全部石油的拥有者，欧佩克组织成员国的市场权力受制于以下三个因素：①它们占有的世界石油市场份额；②当石油价格上涨时，非欧佩克组织成员国增加石油供给的能力；③当石油价格上涨时，石油消费者(主要是交通运输)减少需求的能力。1980年，欧佩克组织做出了维持石油高价格水平的决定，并通过逐年减少石油生产量将其付诸实施。削减生产量是支撑石油价格的必要措施，因为高价位可以促进欧佩克以外地区的石油勘探和生产。这种效应并没有立刻奏效，因为无论是寻找和开发新的石油源，还是用高能源效率的新技术代替低效率的旧交通运输工具，都需要花费时间。1980-1985年，伴随着欧佩克组织逐渐削减石油生产量,它牺牲了石油市场份额,随之也失去了对石油市场的控制。1986年,失去了太多石油市场控制力的欧佩克组织,最终无力控制石油价格,油价出现了暴跌,除去海湾战争期间石油高价昙花一现,至2000年前油价一直维持较低水平。

掌握着80%的世界已探明石油储量和超过半数的可开采石油资源,只要世界上逐年增长的对机动性的需求还是依赖于石油,欧佩克组织就注定要夺回失去的市场份额。2000年,在墨西哥和挪威的帮助下,欧佩克组织成功操纵了油价翻倍,重新确立了它在世界石油市场上的统治地位。

第一次石油危机(1973-1974年)过去了30年,美国交通运输系统依然几乎全部依赖于石油(图10.6)。交通运输利用的非石油能源,绝大部分是管道运输使用的天然气和电力,其余部分包括酒精、加醚混合汽油(酒精—汽油混合燃料)和少量城市铁路系统使用的电力。第一次石油危机已过去30年,可替代能源对交通运输能源消耗的影响仍然微不足道。

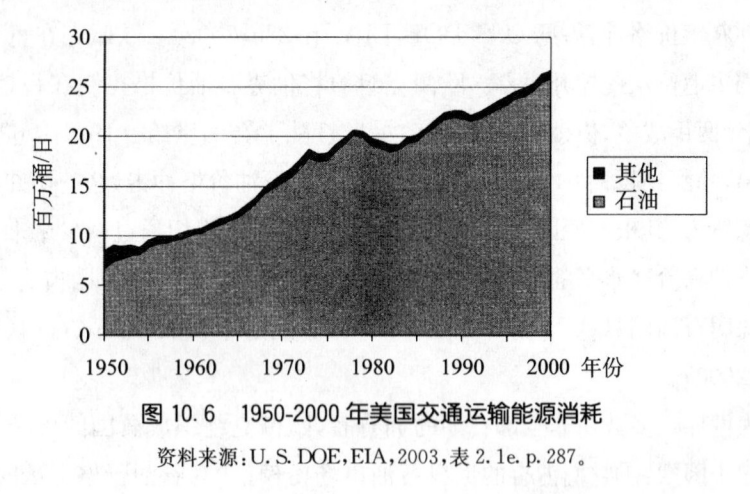

图10.6 1950-2000年美国交通运输能源消耗

资料来源:U. S. DOE, EIA, 2003, 表2.1e. p.287。

三、温室气体排放

交通运输过程中的汽油燃烧,明显地增加了大气中温室气体的浓度,导致了气候变化。大气中的温室气体就像是一个巨大的温室,将能量网络在大气层中,升高了大气温度。一部分太阳辐射直接穿越大气层到达地表,另外一部分被云层和粉

第十章　交通运输与能源　　351

尘反射回太空。到达地表的太阳辐射，小部分被反射回太空，但绝大部分被地表吸收，并以红外辐射（热辐射）的形式二次辐射回大气层。水蒸气和二氧化碳等温室气体，能够部分吸收这种二次辐射，将能量保存在大气层中，使大气升温。如果没有温室气体，地球的平均气温将比现在低大约59华氏度（33摄氏度），众所周知，这一温度太低了，不适合地球生物生存。

自从工业革命以来，人类一直加速向大气层中排放温室气体。18世纪60年代，人类活动每年向大气层输送1亿吨碳。2000年，人类活动向大气层输送碳高达64.43亿吨，且输送速度仍在不断增加（U.S.DOE,EIA,2002,表H1）。人类向大气层排放的二氧化碳，大约有一半在经过了三个世纪之后仍然滞留在大气层中；其余部分大都被海洋和区域生态系统吸收了。二氧化碳和其他人造温室气体（例如，甲烷、一氧化二氮、对流层臭氧、全氟碳化合物等）的聚积，已经对气候产生了影响。最近，由美国总统召集的国家科学院专门小组得出如下结论：

> 受人类活动的影响，温室气体在大气层中不断聚积，导致地表气温和次表层海洋温度上升。全球温度在不断上升已成既定事实。过去几十年观测到的气候变化，很有可能是人类活动影响所致，但是也不排除一些明显的变化是自然规律的客观反映。人类活动引发的全球变暖，以及由此导致的海平面上升，在21世纪将会持续下去（国家研究委员会，2001）。

在决定如何应对温室气体以及全球气候变化时，人们面临的最大问题是，各种应对措施的后果具有很大的不确定性。全球变暖已既成事实，据估计，全球气温上升幅度为0.7到1.5华氏度（0.4到0.8摄氏度）。据预测，到本世纪末气温将会更大幅度的上涨：2.5到10.4华氏度（1.4到5.8摄氏度），其中，高纬度地区的上涨幅度高于低纬度地区，陆地高于海洋。高纬度地区的降雨和蒸发将会加强。如前文所述，温室气体通过增加大气层中的能量升高大气温度，大气层中的能量增加，也会引发更频繁、更强烈的天气事件，例如飓风和龙卷风。然而，由此造成的对各个国家的影响，尚不确定。

在如何应对这一问题上，客观上需要世界各国采取一致行动，这使得问题更加复杂。到目前为止，美国是全球最大的温室气体排放国，但尽管如此也仅占全球二氧化碳排放量的24%（U.S.DOE,EIA,2002,表H1）。中国是第二大温室气体排放国,占全球排放量的12%,整个欧洲占全球排放量的16%。全世界所有温室气体排放国家联合行动,是有效控制温室气体排放的唯一途径。

在美国,交通运输排放的温室气体占总排放量的27%,而二氧化碳排放以占总排放量32%的比例居于首位(图10.7)(U.S. EPA,2002,表 ES-5 和 ES-9)。事实上,美国交通运输部门的二氧化碳排放量,超过了除中国之外的任何一个国家。如果不能削减交通运输排放量,那么有效控制温室气体排放将相当困难。当了解到您的汽车每年向大气层输送成吨的温室气体时,您或许会感到非常惊讶(专栏10.2)。

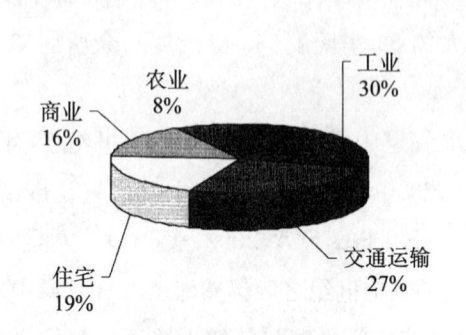

图 10.7 美国交通运输的温室气体排放份额

资料来源:U.S. EPA,Office of Atmospheric Programs, 2002,表 ES-5。

内燃机燃烧汽油时产生的二氧化碳,约占交通运输温室气体排放总量的96%(图10.8)。汽油不完全燃烧时排放的甲烷,占排放总量的比例小于1%;现代道路车辆的尾气排放控制系统产生的二氧化氮,约占总排放量的3%;其他温室气体共占总排放量的1%。

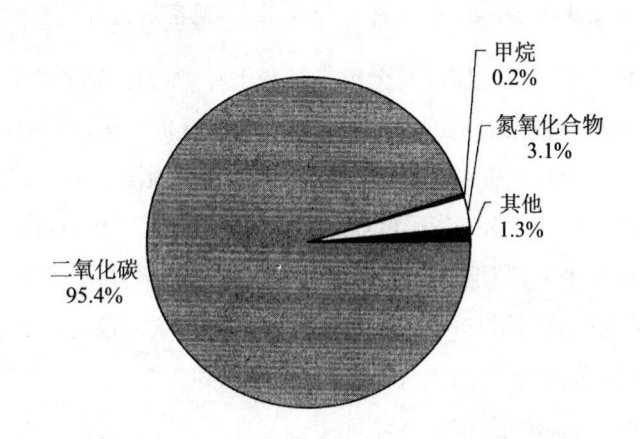

图 10.8 2000 年交通运输排放的温室气体类别

资料来源:U.S. EPA,Office of Atmospheric Programs,2002,表 ES-5,ES-9,ES-10,ES-11。

第十章 交通运输与能源

以下五种途径可以减少交通运输的温室气体排放量：①降低交通运输车辆的能源强度，这样一来每公里燃烧的碳量将会降低；②降低交通运输燃料的碳含量；③使交通运输活动从高能源—碳消耗强度向低能源—碳消耗强度转变；④提高载荷系数（每车辆里程的旅客—里程和吨—里程）；⑤在同等的通达性水平要求下，降低交通运输量。

四、石油的替代性能源

石油仍然是交通运输的主要能源，主要有四个原因：①石油具有高能源密度；②石油在常温常压下是液态的；③世界的石油资源足以支撑交通运输系统的正常运转；④通过技术改良，石油和内燃机已经能够适应环境挑战。

与最有前景的交通运输替代性能源相比，无论在重量上还是在体积上，石油都具有更高的能源密度。这一特性对于交通运输非常关键，因为无论增加车载燃料的重量还是体积，都将降低车辆的载客和载货能力（例如，有效载荷）。气体燃料，如天然气和氢气，即使经过强度压缩，其能源密度也远低于汽油、柴油或者喷气燃料。在每平方英寸3 000磅的压强下（3 000磅/平方英寸），储存同等的能源量，天然气燃料箱要比汽油燃料箱大五倍（图10.9）。在5 000磅/平方英寸下，获得15加仑汽油

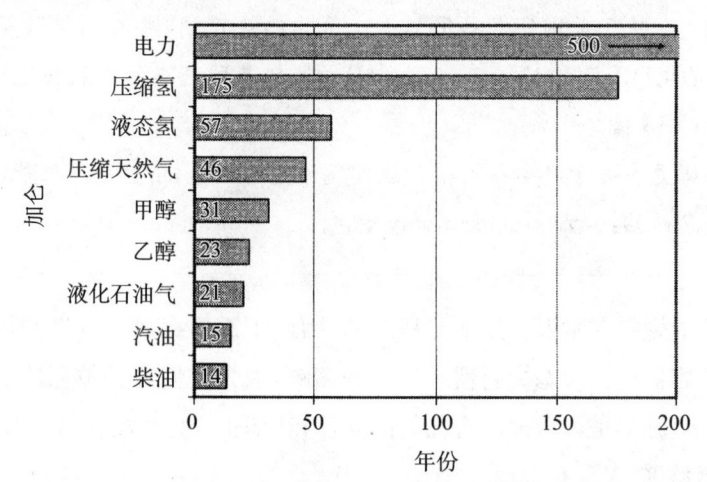

燃料	加仑
电力	500
压缩氢	175
液态氢	57
压缩天然气	46
甲醇	31
乙醇	23
液化石油气	21
汽油	15
柴油	14

图10.9 替代性交通运输燃料的能源强度

资料来源：Greene & Schafer, 2003, 表3。

同等的能量,需要175加仑的氢气。电池的能源密度是所有能源中最低的,获得15加仑汽油同等的能量,需要450-1 000加仑(取决于电池的类型)的电池。

专栏10.2　阁下汽车的温室气体排放

如果您拥有或驾驶着一辆汽车,您将为它每年排放的二氧化碳量感到惊讶。在美国,一辆客车或轻型卡车每年排放的二氧化碳量,是车体自重的两倍还多!行车里程15 000英里的普通客车每年向大气层输送8吨二氧化碳,普通跑车则输送12吨。一辆客车或者轻型卡车在其寿命期限内向大气层排放的温室气体高达100吨之多!

空气看上去似乎毫无分量,但是气体的确是有质量的。事实上,以汽油为动力的车辆排放CO_2的重量,超过了它所燃烧的燃料的质量。1加仑汽油重约2.7千克,其中2.5千克是碳,0.15千克是氢。碳原子的原子量是12,氧原子的原子量是16。在内燃机的燃烧过程中,每个碳原子结合2个氧原子,生成一个CO_2分子。生成的分子质量中,73%((16+16)/(12+16+16)×100%=73%)来自于空气中的氧分子。因此,每加仑汽油产生9千克CO_2(2.5×(44/12)=9)。

中国是仅次于美国的世界第二大二氧化碳生产国,年人均排放量为0.56吨(7.75亿吨/13.94亿人=0.56吨/人)。一辆美国汽车的二氧化碳排放量是这一数字的15倍。

想获得更多关于汽车年均排放温室气体量的信息,请登录美国能源部的能源经济信息网站:www.fueleconomy.gov。

285　　由于石油燃料在常温常压下是液态的,因此不需要存放在具有高压或低温能力的昂贵的容器里。液态燃料便于运输和储藏,因为它们能够被存放在任何形状的容器中。这并不是说石油没有任何的储存和处理问题;石油燃料具有高挥发性,其蒸气易燃易爆,误食有毒。

世界石油资源足以在较低的价格水平上支撑全球交通运输体系正常运转的观点不容乐观。液化石油气(LPG),主要成分是丙烷和丁烷,在适度压强下可以液态储存，其能源密度可达到汽油的 70%。但是，LPG 主要是天然气生产过程中的副产品，靠它来支撑全球交通运输能源需求，简直是天方夜谭。天然气的储量与石油不分伯仲，但它有很多竞争性用途：发电、供暖以及工业生产过程中的应用。目前，似乎有足够的常规石油支撑全球交通体系正常运转 10-20 年。此外，更多含碳的资源（以原油、石油、焦油、页岩油和煤的形式）可以转化成合成汽油，尽管成本更高，环境影响更大。

在 20 世纪 80 年代，许多人认为，如果想让城市交通工具造成的空气污染降低到符合国家空气质量标准，那么替代性燃料是很重要的。从化学的角度分析，石油是碳氢化合物，意味着它几乎由两种元素构成：氢（H）和碳（C）。理想状态下，碳氢化合物的燃烧是由于它们与氧元素（O，来源于空气）迅速地结合产生水蒸气（H_2O）和二氧化碳（CO_2）。这两种产物都是温室气体，但是只有 CO_2 在大气层中聚积并导致气候变化。事实上，发动机产生的许多其他污染物，是因为汽油不完全燃烧和空气中其他物质被氧化（特别是氮）。这些非预期的反应产生了一氧化碳，粉尘颗粒，未燃烧的碳氢化合物以及氮的氧化物。在大气层中，这些污染物会产生烟雾，引起或加剧呼吸系统疾病。交通工具是这些污染物的主要排放源。天然气是比汽油更简单的碳氢化合物，它燃烧起来更清洁，产生的污染物也少得多。醇类，诸如乙醇和甲醇，也比汽油或柴油燃烧得更清洁。

尽管一些可替代性燃料具备更清洁的燃烧性质，但是排放控制技术的进步和汽油燃料组分的改良，使大部分内燃机燃烧化石燃料时产生的污染物急剧减少，甚至低于可替代性燃料的污染物排放量。一辆功能运转正常的客车排放的威胁健康的污染物，仅为 20 世纪 60 年代生产的客车的 1%。然而，这些卓有成效的成就仍跟不上交通工具的增长步伐，许多城市区域空气质量依然不达标。

此外，石油燃料和内燃机在减少温室气体（尤其是二氧化碳）的排放方面很不成功。这些持续不断的环境挑战，加上对石油的依赖导致迟迟不能解决的能源安全问题，使得为交通运输寻找更洁净、更安全的非石油能源方兴未艾。

2003 年 1 月，布什总统宣布了一项新的计划——自由汽车计划，要发展氢能汽车，把氢能用作美国交通的未来燃料。

氢和氧之间会发生简单的化学反应并产生能量，这种能量可以为汽车提供能源，生成物只有水，没有废气。在新政府的领导和支持下，科学家和工程师们将会攻克难关,把氢能汽车从实验室搬进展厅,因此今天出生的孩子们能够开上第一台以氢为能源的没有污染的汽车。(State of the Union Address,2003 年 1 月 28 日)

这项计划取代了政府先前的研究发展合作伙伴关系——新一代汽车合作计划(PNGV)。这项计划的主要目的是 2004 年前,研发出可上市的 80 英里/加仑的私家车。这项合作开始于 1993 年并在它的截止日期前两年被废止。此时此刻,还不清楚中止的计划会给燃料经济性造成多大的影响,尽管上面提到过,美国出售的新轻型车辆的燃料经济性在降低而不是升高。

新的自由汽车计划的目的是生产氢燃料电池能源汽车和轻型卡车,取代内燃机汽车一代。这一理念简直就是革命性的。燃料电池通过氢和氧的化学反应产生电能。氢燃料电池的唯一产物是水和电。燃料电池有许多类型,质子交换膜燃料电池(PEM)在低温下运作的能力使得它成为汽车最佳选择(Burns, McCormick & BorroniBird, 2002 年)。氢原子进入质子交换膜燃料电池(PEM)的正极。电池内部,接触反应的电池正极将氢原子分解成电子和质子。质子交换膜燃料电池(PEM)只允许质子穿过到达负极。电子形成回路为汽车的电动机提供能源,或者给电池充电。然后他们再回到电池的负极,和质子、空气中的氧原子一起形成水。

除了内部清洁技术外,燃料电池在提高能源效率方面也很有潜力。现代的汽油能源内燃机可以达到 30% 的能效(燃料中化学能量的 30% 用于驱动发动机曲轴),燃料电池可以达到 55%(Burns et al., 2002 年)。

成功通往氢燃料电池车辆的主要障碍,是缺乏基础设施来生产大量体积的氢,然后把它们分配到全国各地并装进汽车里。因为氢是密度极低的气体,运输、储存、配送会比石油燃料困难得多。如果不能完成主要的技术突破,氢要在 5 000 到 10 000 磅/平方英寸的压强下才可能被储存在车里,到目前为止,燃气机车还没有尝试如此高的压强。氢能汽车要用相当昂贵的高压储藏罐,但能提供的能量却少得多(图 10.7)。总之,如果燃料电池现在大批量生产,要获得同等动力,将会耗费 10 倍于内燃机的成本。

燃料电池车辆可以使用含氢的液体燃料,如酒精甚至汽油。但是这些车辆必须配置车载转化炉(一种可以从液体燃料中提取氢的小型化学设备),从液体燃

第十章 交通运输与能源

中提取氢并加工输送到燃料电池中。遗憾的是，加工酒精或碳氢燃料的小型改良设备并不是无污染的，而且会产生温室气体。另外，如果整个燃烧循环排放都被计算在内的话（从燃料的生产到汽车排气管所排放的全部废弃物），除非氢来源于太阳能、原子能或者是其他零排放源，燃料电池汽车才能达到"零排放"。现在，大部分氢来自天然气这种成本最低、温室气体排放最少的能源。曼彻斯特技术研究院的研究员们，把汽油、柴油和燃料电池汽车整个循环的温室气体排放物进行了比较（假设氢来源于天然气）（Weiss，Heywood，Schafer & Natarahan，2003）。他们的研究结果表明，和内燃机汽车相比，燃料电池没有很突出的温室气体排放优势（图10.10）。对于燃料电池汽车来说，几乎全部的循环温室气体排放来源于从天然气中生产氢的过程。从可再生能源中生产的氢，如太阳能、风能、生物能或者原子能，几乎可以接近周期温室气体零排放。

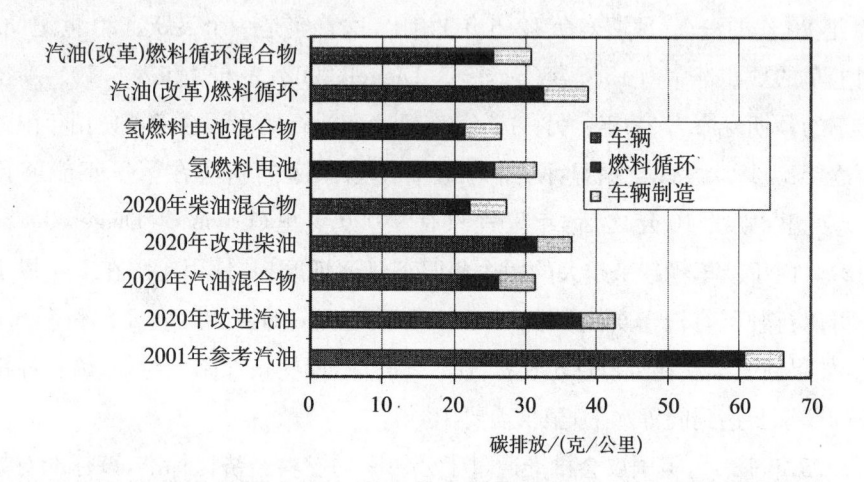

图 10.10 当前车辆和技术改进车辆排放的温室气体的生命周期

资料来源：Weiss，Heywood，Schafer & Natarahan 2003，表9。

很明显，燃料电池要成为成功的商业产品还有很长的路要走。不管怎么样，最近几年已经取得很大进步，这也是对燃料电池最终成功表示毫无疑问的乐观原因。但是即使燃料电池研究和发展取得完全成功，基于普遍而高效的基础设施，计划和执行由石油燃料到氢的转变，需要全新的基础设施，那将是自从洲际高速系统建立后从未有过的大规模公共和私人投资。

五、取得进步:技术改革和车辆更新换代

能源效率的提高或者交通车辆使用燃料种类的彻底改变需要一段时间。在多数情况下,交通车辆的技术特征(发动机的大小、型号、技术功效、运输特征、重量、气动阻力等)是在车辆制造时就设定好的。大型的车辆,诸如非常重型的卡车、飞机和大型船,只在一定程度上是个例外,因为在它们正常的生命周期中对发动机进行花样翻新是很平常的。然而,最初的车辆设计限制了可以做出的改良类型。对现有的交通工具车辆商品进行完全的置换将需要 15 到 30 年。

能源效率或者燃料类型的显著改变需要新车辆去取代旧的车辆,而且需要时间。最新的证据表明,1990 年出售的汽车,50% 将会服役 17 年之久甚至更长。与 20 世纪 80 代的汽车(预期寿命 12.5 年)相比,这着实是一个飞跃。20 世纪 90 代轻型卡车的预期寿命为 15.5 年(Davis & Diegel,2002,表 6.9 和表 6.10),新型重型卡车的预期寿命为 28 年。另一方面,车辆每年运行的里程会随着使用年限的增长而逐年减少。调查数据显示,平均每个美国家庭的新车在第一年能够行驶 15 600 英里,服役 10 年之后,年里程只有 9 000 英里(Davis & Diegel,2002,表 11.12)。由于新车辆越来越大的用途和旧车辆逐渐磨损,使用年限在 7 年以下的汽车可以行驶所有汽车英里数的一半(Davis & Diegel,2002,表 6.6 和表 6.7)。因此,如果新汽车燃料经济性迅速提高 50% 的话,那些正在路上跑的、燃料经济性一般的车辆要达到同等水平,至少需要 15 年。

1975 年 12 月,美国议会批准通过了公司平均燃料经济性标准,该标准对如何进行技术改良和更新换代进行了明确说明。1974 年,新客车能够达到的平均燃料经济性水平为 13.5 英里/加仑(MPG),新轻型卡车则更少。1978 年,法律规定每个生产商生产汽车的燃料经济性,必须达到或者超过 18MPG,这一水平每年都在提高。到了 1985 年,提高到 27.5MPG(图 10.11 和专栏 10.3)。占轻型汽车销售总量 20% 的轻型卡车的燃料经济性标准,由美国国家高速公路交通安全管理局(NHTSA)制定。对于 1982 年销售的新轻型卡车来说,燃料经济性标准为 17.5MPG,该标准在 1996 年被提高到 20.7MPG。

主要汽车生产商均达到了公司平均燃料经济性标准。从 1975 年至 1985 年,

第十章 交通运输与能源

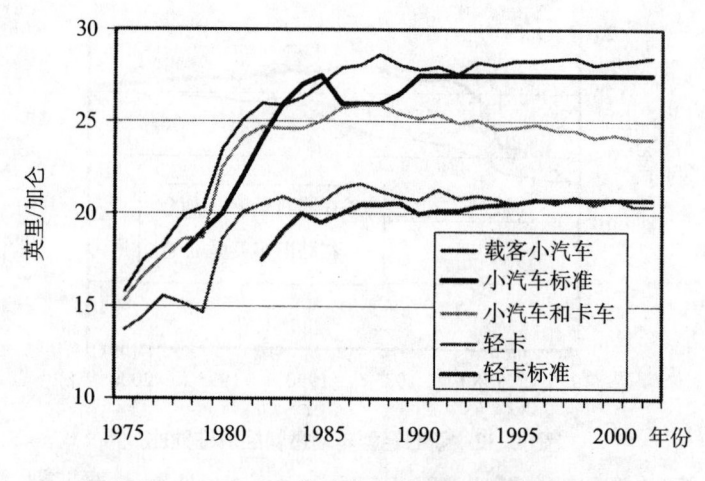

图 10.11 1975-2000 年客车和轻型货车的燃料经济性

资料来源：Heavenrich & Hellman, 2001, 表 1。

新型客车的燃料经济性标准从 15.8 MPG 提高到 28.5MPG，新型轻型卡车从 13.7 MPG 提高到 20.4 MPG。所有的轻型汽车的综合燃料经济性水平从 1975 年的 15.3 MPG 提升到 1988 年的 25.9 MPG，但期间也曾降低到 24 MPG。近几年，随着轻型卡车产品市场上不断推陈出新，诸如小型货车和运动型多功能车（SUV）的面世，提高了轻型卡车在新型汽车市场的份额，从 1975 年的不足 20% 到现在的 50%，这导致了燃料经济性的降低。

所有客车和轻型卡车都达到与新车同样的燃料经济性标准要花将近 15 年的时间（图 10.12）。上面引用的和用来监控制造商达到联邦标准的燃料经济性评估，是基于环境保护机构得出的实验结果（Heavenrich & Hellman, 2001, 表 1）。众所周知，这个实验对现实世界的燃料经济性高估了 15%，甚至更多。据估计，从 1975 年到 2000 年，新车、客车和轻型卡车的综合道路燃料经济性从 13.1 MPG 增加到 21.3 MPG。图 10.12 显示了这些调整后的新轻型汽车燃料经济性（MPG）的估测值，同时也显示了所有道路汽车和轻型卡车（不计使用年限）平均燃料经济性的估测值。

图 10.12 表明，显著提高交通机动车的能源效率需要花多长时间。首先，制造商要花 8 年时间才能将新车的燃料经济性提升到规定的标准水平，这是由于制造

第三部分 政策问题

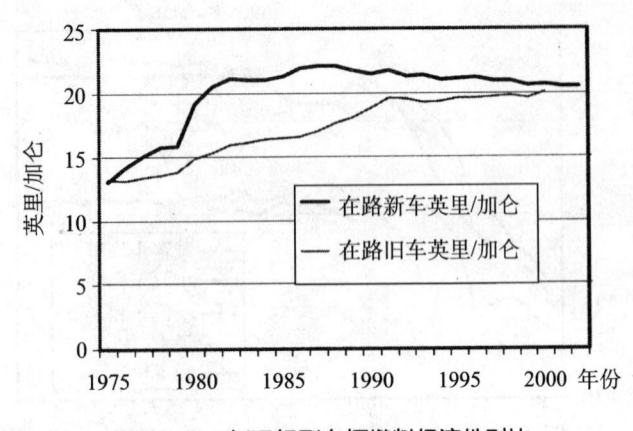

图 10.12 新旧轻型车辆燃料经济性对比

资料来源：Davis & Diegel, 2002, 表 7.18; Heavenrich & Hellman, 2001, 表 1。

商每年只对 10% 到 15% 的产品和模型进行有选择性地重新设计。这项计划为重新设计和组装配留了相对固定的资本和劳动力支出，加速这个过程代价很大。第二，一旦新车的燃料经济性达到标准水平，新车将会逐渐置换旧车，以提升车辆整体的燃料经济性（MPG）接近新车的水平，这一过程要持续 10 到 15 年。

专栏 10.3 调和平均值和英里每加仑（MPG）

在测定一批车辆会耗用多少能量时，低英里每加仑的车辆得到的数字比高英里每加仑的大。因此，两种车的平均燃料经济性不是简单的算术平均值，而是调和平均值。

比如两种车：每加仑 25 英里的客车和 15 英里的越野车 SUV。每种车每年都行驶 10 000 英里。但是这两种车的平均英里每加仑并不是 (25+15)/2=20。

行驶 10 000 英里，汽车需要用掉 10 000/25=400 加仑的燃料。SUV 用掉 10 000/15=667 加仑，总数是 1 067 加仑和 20 000 英里。用英里数去除加仑数得出平均英里每加仑 20 000/1 067=18.74。这是一个不同的平均数，叫做"调和平均数"。调和平均数的两个数字是它们倒数的平均值的倒数。

第十章　交通运输与能源

$$\{[(1/25)+(1/15)]/2\}^{-1}=[(0.040+0.066\ 7)/2]^{-1}$$
$$=1/(0.533\ 5)=18.74$$

如果我们衡量燃料经济性用每英里加仑数,或每公里升,正如世界大部分国家一样,一个简单的平均数就是正确的方法。

如果制造更大更有动力的车辆趋势被抑制,新车和轻型卡车的燃料经济性会取得更为重要的进步。据国家科学委员会估算,到2015年,使用一种在经济上被证实有效的工艺(该工艺带来的燃料费用的节约,足以支付它的成本),客车的燃料经济性将会增加12%—27%(取决于体积的大小),轻型卡车的每加仑燃油可行驶的英里数(MPG)数将会增加25%—42%(NRC,2002,表4-2)。这项研究排除了柴油机和混合机工艺,两者都有潜力使燃料的经济性增加30%—40%。

柴油发动机对油—气混合物的压缩能力远高于汽油发动机,因此可以在较高的压强下点燃油—气混合物。汽油发动机的能效可以达到30%,而柴油发动机则可以使能效超过45%。与20年前相比,现代柴油机在性能和安静度方面得到了很大的改进;柴油发动机在欧洲获得了很大成功,40%的新车使用柴油发动机。出于对柴油发动机无法达到2007年生效的更严格的排放标准的担心,美国制造商一直不愿意使用柴油发动机。最近,控制技术的改进和柴油发动机燃料质量的提高表明,柴油发动机不久将被引进到美国市场。如果这种做法获得成功,柴油发动机将会在轻型车辆的能效提高方面发挥重要作用。

混合动力汽车将内燃机和电动机结合起来,以获得最大的燃料经济性。在加速或爬坡时,电动机可以用来为内燃机补充所需要的能量,因此,可以在汽车上安装一个需要较少燃料的小发动机。此外,在减速或者怠速状态下,如遇上红灯可以关掉发动机。若装有大功率电动机,发动机可以迅速自动重启。混合动力汽车必须额外安装一块电池,给它的电动机储存电能。通过在刹车过程中发电,并将电能储存起来以备后来使用,这块电池使刹车浪费的能量反过来被用于驱动电动机。有了这些"小窍门",循环混合动力汽车达到的燃料经济性,比政府燃料经济性测试循环高出30%—40%。混合动力汽车在走走停停的市区行驶模式中优势最大,而在高速公路驰骋中优势则不很明显。2003年,混合动力汽车有三款设计面世,都是针对小型客车的。由于目前混合动力汽车所带来的燃料费用节约,还不足以支付采用该技术的额外成本,因此这项技术还不能广泛推广。只有当成本降下来,或者制造商们发现混合动力汽车能够带给消费者"额外的价值"时,混合动力汽车才可能获得较大的市场份额。

六、对策:技术、政策和基础设施

接下来的 50 年,美国以及全球交通体系所面临的能源挑战非常严峻。我们很难找到合适的方法,来克服交通对石油的依赖,降低温室气体排放水平,或者在保持甚至提高机动性的前提下实现可持续能源对石油的替代。

(一) 管制政策

20 世纪 70 年代和 80 年代初期,为了应对原油价格冲击,美国政府出台了一系列交通能源政策,管制标准是其中重要的组成部分。1975 年,能源政策和保护法案确立了客车和轻型卡车的燃料经济性标准,该标准一直沿用到今天。该法案还要求 EPA 测试所有轻型车辆(载重小于 8 500 镑)的燃料经济性,并向社会公开测试结果。在该法案颁布之前,美国没有关于燃料经济性的全面而一致的资料来源。目前,仍然没有关于重型车辆燃料经济性的资料。1989 年颁布的替代性汽车燃料法案和 1992 年颁布的能源政策法案,均要求联邦政府、州政府以及出售替代燃料的公司购买替代燃料汽车。直到现在,替代燃料政策对交通能源使用影响甚微,相比之下,燃料经济性标准的影响较大。

加利福尼亚州政府对车辆技术的改进有很大影响,特别是在减少污染物排放的能力方面。加州的"低排放车辆"计划为制造商生产和销售"零排放车辆"(ZEV)设置了时间表。起初,符合标准的只有电池提供能源的电动车。随后几年,零排计划不断得到修改,其他的清洁工艺也陆续被考虑在内。尽管电池电动车不太可能获得显著的商业成功,但是加州的 ZEV 计划极大地推动着清洁车辆的创新,诸如混合动力汽车、燃料电池车以及由燃烧汽油的内燃机驱动超低排放车("ULEV"和"SULEV")。

（二）基于市场的政策

20世纪80年代末至90年代期间，有利于管制的"基于市场"的机制逐渐成长起来。与颁布法律制定要求不同，基于市场的政策尝试利用经济激励来发挥市场作用，以达到预期目的。如今，除了津贴之外，基于市场的方法很少在交通运输方面试行。

在各种津贴中，最显著的是联邦和州高速公路汽车税收中，对乙醇混合燃料的燃油税进行部分减免。乙醇，一种主要由玉米制造而成的酒精（酒精饮料中一种令人兴奋的成分），能够很快以10%的浓度和汽油融合，而无须改变车辆构造或者燃料分配系统。使用每加仑添加10%浓度酒精的汽油仅需付13美分联邦燃油附加税，而直接使用汽油要付18.3美分/每加仑。1加仑汽油获得5.3美分的津贴相当于1加仑乙醇获得0.53美元的津贴，因为1加仑的乙醇可以减少10加仑汽油的税收。2001年，整个美国总共有18亿加仑乙醇被添加到汽油中，而1985年这一数字只有8亿。尽管18亿加仑相对于每年消耗的1340亿加仑的汽油来说是个小数目，但这是美国运输部门非石油能源的最大来源（包括电力和管道天然气）。出于健康考虑，政府决定禁止使用某些石油添加剂，因此，乙醇的使用在将来可能会增加。

很多其他的基于市场战略的主要目的是推进燃料经济性，减少车辆运行里程的增长，提高拼车出行和公众交通使用率，以及促进使用碳含量较低的替代燃料，但是，没有一项在全国尺度被采用。"罚款退税"理念前景看好，这一理念把向低燃料经济性车辆征收罚款与给高MPG车辆提供退税结合起来。事实上，1980年后美国出台一个征费系统，称作油老虎税。从1991年开始，在联邦燃料经济测试中没有达到22.5MPG的任何客车都要交付1000美元的罚款。随着MPG的降低，罚金在逐渐增加，低于12.5 MPG的汽车每辆罚到了7700美元。对于轻型卡车却没有相应的征费系统，尽管有许多车都没有达到22.5MPG而功能几乎和客车一样。"罚款退税"一个有吸引力的特征是可以设计将退税额和罚金额保持平衡，从而不存在资金由公众流向政府的情况。同时，"罚款退税"可以给制造商提供一个明确的市场信号，使他们增加用于提升燃料经济性的支出（Davis, Levine, Train & Duleep, 1995）。

其他基于市场的战略还包括直接向石油或者含碳燃料征税。这种做法的好处在于，它既鼓励制造商利用好的技术来提升他们制造的所有车辆的燃料经济性，又鼓励消费者选择能源效率更高的车辆，还能抑制车辆行驶里程的增长。然而，目前征税这种做法往往被忽视，因为它们是不受消费者欢迎。

（三）研究和发展

社会对能够保护环境或者加强国家安全技术的研究和发展非常感兴趣。诚然，没有环境管制或者其他公共政策带来的（经济）刺激，市场不愿意给正在研制中的且原则上社会作为一个整体受益的技术投资。因此，创造先进的技术，解决与交通能源利用相关联的问题（例如温室气体排放，原油依赖，空气污染等），需要政府经过深思熟虑后采取重大行动。在这些行动中，政府可以直接在研究和发展方面投资，也可以通过法规或其他政策（例如奖励对环境有益且非石油技术的发明者）间接刺激技术进步。

注释

1. 因为汽油和其他基于石油的交通燃料是各种碳氢化合物的混合物，能量成分主要包括汽油、柴油或者喷射燃料，各成分的比例随着地点和时间的不同而略有差别。能量成分通常用"低热值"来分类，有时也用"高热值"。当碳氢化合物燃烧时，产物之一是水蒸气。与低热值相比，高热值包括水蒸气被液化所释放的能量。这样的液化不能发生在内燃机中，所以高热值所包含的多余能量基本没有。因此，当描述交通燃料的能量成分时，经常使用低热值。
2. 价格控制已经被废除很长时间了。现今的供应波动抬高了汽油的价格，但是没有造成供应不足。
3. 成本被换算为现值，统一用2000年价格来衡量。如果不经过折现，过去成本的总量共计34 000亿。
4. 这些国家是伊朗、伊拉克、沙特阿拉伯和委内瑞拉（见www.opec.org）。
5. 温室气体通常用吨二氧化碳或者二氧化碳中碳的含量来衡量。因为碳原子重量和氧原子分别是12和16，而每个二氧化碳分子中有两个氧原子，每吨二氧化碳中就有$12/(12+2*16)=0.272\ 7$吨碳。
6. 人类活动也为大气层增加了相当多的水蒸气。尽管水蒸气是潜在的温室气体，但是因为它们不存在于大气层中，所以不会影响大气温度。
7. 需要替代性燃料的管制措施所带来的威胁，是刺激排放控制技术改进的主要驱动因素，这在加利福尼亚表现得尤其明显，而排放控制技术的改进使得石油燃料的市场控制力得以继续

第十章 交通运输与能源

保持。
8. 压缩天然气车辆通常在 3 000psi 的压强下储藏甲烷。
9. NHTSA 目前正在为轻型卡车设置新的、更高的管制标准。最新规则提议在 2007 年确定一个 22.2MPG 的目标。
10. 环境保护署(EPA)负责估算新车的燃料经济性，而道路车辆的平均 MPG 由联邦公路管理局(FHWA)负责估算。FHWA 对轻型卡车的定义与 EPA 不同，从而造成了两种不同的估算结果。
11. 混合动力汽车所具有的超大容量的电力系统，可以被用来为任何家用电器或者能量工具提供能量，也可以被设计成应急发电机。拥有两个该能量设备的混合动力汽车，可以被设计成一种随选四轮驱动车，而不会增加很多额外成本。

参考文献

[1] Burns, L. D, McCormick, J. B. ,& Borroni-Bird, C. E. (2002). Vehicle of change. *Scientific American*, 287, 64-73.

[2] Davis, S. C. ,& Diegel, S. W. (2002). *Transportation energy data book* (22nd ed., ORNL-6967). Oak Ridge, TN: Oak Ridge National Laboratory Available online at www.cta.ornl.gov/data.

[3] Davis, S. C. ,& Diegel, S. W. (2003). *Transportation energy data book* (23rd ed., ORNL-6970). Oak Ridge, TN: Oak Ridge National Laboratory. Available online at www.cta.ornl.gov/data.

[4] Davis, W. B. , Levine, M. D. , Train, K. ,& Duleep, K. G. (1995). *Effects of feebates on vehicle fuel economy, carbon dioxide emissions, and consumer surplus* (DOE/PO-0031). Washington, DC: U. S. Department of Energy, Office of Policy.

[5] Federal Highway Administration. (2003). *Highway statistics*. Washington, DCP: U. S. Department of Transportation. Available online at www.fhwa.dot.gov.

[6] Greene, D. L. (1996). *Transportation and energy*. Washington, DC: Eno Transportation Foundation, Inc.

[7] Greene, D. L. ,& Fan, Y. (1996). Transportation energy intensity trends, 1972—1992. *Transportation Research Record*, 1475, 10-19.

[8] Greene, D. L. ,& Schafer, A. (2003). *Reducing greenhouse gas emissions from U. S. transportation*. Arlington, VA: Pew Center on Global Climate Change.

[9] Greene, D. L. ,& Tishchishnya, N. (2001). The costs of oil dependence: A 2000 update. *Transportation Quarterly*, 55, 11-32.

[10] Heavenrich, R. M. ,& Hellman, K. H. (2001). *Light-duty automotive technology and fuel economy trend: 1975 through 2001*. Ann Arbor, MI: U. S. Environmental Protection

Agency, Office of Transportation and Air Quality, Advanced Technology Division.

[11] National Research Council. (2001). *Climate change science: An analysis of some key questions*. Washington, DC: National Academy Press.

[12] Schafer, A. (2000). Regularities in travel demand: An international perspective. *Journal of Transportation and Statistics*, 3, 1-31.

[13] Schipper, L., & Fulton, L. (2001, January). *Driving a bargain?: Using indicators to keep score on the transport-environment-greenhouse gas linkages*. Paper presented at the 75th annual meeting of the Transportation Research Board, National Research Council, Washington, DC.

[14] U. S. Department of Energy, Energy Information Administration. (2002). *Annual energy review 2001* (DOE/EIA-0384[2001]). Washington, DC: Author. Available online at www.eia.doe.gov.

[15] U. S. Department of Energy, Energy Information Administration. (2003). *Annual energy review 2002* (DOE/EIA-0384[2002]). Washington, DC: Author.

[16] U. S. Department of Transportation, Bureau of Transportation Statistics. (2002, December). *National transportation statistics 2002* (BTS02-08). Washington, DC: U. S. Government Printing Office.

[17] U. S. Department of Transportation, Federal Highway Administration. (2001). *Highway statistics 2001* (FHWA-PL-02-008). Washington; DC: Author.

[18] U. S. Environmental Protection Agency, Office of Atmospheric Programs. (2002). *Inventory of U. S. greenhouse gas emissions and sinks: 1990-2000* (EPA 430-R-02-003). Washington, DC: Office of Atmospheric Programs.

[19] U. S. Geological Survey World Energy Assessment Team. (2000). *World petroleum assessment 2000: Description and results*. Denver, CO: USGS Information Services. Available online at http://pubs.usgs.gov/dds/dds-060/

[20] Weiss, M. A., Heywood, J. B., Schafer, A., & Natarahan, V. K. (2003, Febuary). *Comparative assessment of fuel cell cars* (MIT LFEE 2003-001 RP). Cambridge, MA: Massachusetts Institute of Technology, Laboratory for Energy and the Environment.

[21] World Business Council for Sustainable Development. (2001). *Mobility 2001: World mobility at the end of the twentieth century and its sustainability*. Prepared by the Massachusetts Institute of Technology and Charles River Associates. Available online at www.wbcsdmobility.org.

[22] Yergin, D. (1992). *The prize: The epic quest for oil, money and power*. New York: Simon & Schuster.

（金凤君、楚波、王姣娥译，莫辉辉校）

第十一章 城市交通投资地理学

布赖恩·泰勒(Brian D. Taylor)

"跟随货币"——"深喉",《总统班底》(*All the President's Men*, 1974)
卡尔·伯恩斯坦和鲍勃·伍德沃德 著

美国城市交通投资地理学深深影响着城市交通地理学。围绕交通公共支出空间分布的地缘政治斗争显著地塑造了交通地理系统、出行的空间模式以及城市形态。税款从何而来、被分配到何处是政治生活中的重要组成部分,但是交通分析家常常忽略了这点。除了公共资源的空间分布,公共部门对交通基础设施合理的投资一直是人们关注的焦点,尤其在投资地点和交通方式上差别很大。此外,城市和交通经济学家一直存在着关于城市发展模式、经济贸易以及出行受到出行价格限制的争论;反过来,价格在很大程度上由公共政策决定。简而言之,金钱决定了一切。因此,要理解城市交通地理学,首先必须理解城市交通投资地理学。

本章首先回顾了交通投资经济地理学,寻找交通系统公共投资的经济理性,以及政治地理学决策交通投资过程中的核心作用。其次,本章总结了美国水陆交通投资现状,重点是大都市区。这里我们考察了交通税收和支出的地理空间分布及其模式的长期趋势。最后,本章总结了对美国大都市区发展形态影响最大的两种交通方式的短暂投资历史,这两种方式分别是大都市区高速公路以及公共交通。首先,我们以20世纪60年代高速公路的投资历史作为案例,分析交通投资的政治地理学如何塑造了高速公路系统,并反过来对美国城市的出行和发展产生了深远影响。随后,我们回顾过去100年中,城市公共交通系统财政收入的增加、减少以及复兴,重点分析关于公共交通运营及补贴的政治地理学。为了理解美国城市和交通系统形成的原因,我们必须注意到"深喉"的建议——"跟随货币"。

一、公共部门在投资城市交通系统中的角色

为什么公共部门需要参与到投资交通系统的行列中？为什么不将它交予私有部门？绝大部分城市交通系统都是由个人投资：人们自己负担鞋、自行车、出租车费以及汽车费用；公司负担货物从仓库到商店的物流费用；零售商负担购物者免费停车的停车场费用；广告商负担在公共汽车和其他交通工具上的广告费用。但是，除了以上这些交通上的个人投资外，包括地方政府、区政府、州政府和联邦政府的各级政府，也投资了大部分的交通系统。但是有关公共部门如何筹集资金，哪种系统或交通方式应该优先获得资金以及资金的流向等问题还值得进一步的讨论。例如：

- 交通税收需要收取使用费(包括过桥费、公交费用和燃油税)吗？或者需要收取一般性的税费(例如收入税、销售税或者财产税)吗？
- 人们需要依据支付能力来负担交通系统的费用吗？按从中获得的利益或成本征税？例如，按收入回归理论，营业税必须优先用于服务郊区高收入人群的通勤铁路吗？
- 街道和公路因其利用率高可以优先获得投资吗？或者考虑到环保性，公共交通和自行车可以优先私人小汽车获得投资吗？
- 来自某个地方的交通税费能否用于其他地区？如果可以的话，依据何标准来将资金进行空间分配？
- 能否在国家和区域范围内将交通工程项目平均分配？或者能否忽略区位影响，优先资助最急需建设的项目？

这类关于公共与私有部门的角色、税费和使用费、资金在个人和地方之间的再分配等问题构成了城市交通投资的核心。

(一) 交通投资的政治经济学

公共投资经济学家根据公共部门投入的程度来区分公共产品和私有产品。私有产品由市场来分配，如篮球鞋和CD播放器。而公共产品并不是分类销售，因此市场也无权分配。如国家防御和天气预报服务都属于公共产品。所谓纯粹的公共

产品包含三个特征:①所有人都会用到;②消费者之间互不影响;③只能通过集体行为提供。

然而交通系统介于纯公共产品和纯私有产品之间。从私有产品的视角来看,大部分公共交通系统最初都是私有公司投资,完全由乘客的车费和车上广告费用支持。人们可能被公共交通工具排斥,公共交通容量消费也确实影响了其他方面。然而除了机场往返巴士这类专业服务,随着服务需求在空间上越来越分散以及需求的暂时性,运营全部公共交通网络意味着如今的交通服务成本不能缺少集体行为的财政支持。人行道则可以作为另一端的视角,在百货商场和娱乐场所外,很难将人群排除在人行道之外。人行道很少有拥挤的时候,所以使用人行道没有明显地影响到其他。离开公共管制,交织的人行道网络也将不复存在。

有些人士认为公共部门在交通系统投资和运营上承担了过多的任务(Poole,2001;Winston & Shirley,1998)。他们争论认为来增加对私有市场的依赖,分配交通资源,将极大地提高经济效率。这样的争论取得了成效,20世纪80年代公共部门与私有公司签订契约来提供公共交通服务,进而90年代在南加利福尼亚州私有部门投资了新的收费道路。有关公共部门参与投资交通系统的合理范围和尺度的政治纷争经常纠结于意识形态的范畴,特别是有关税收部分:保守派坚持低税收,并认为私有部门应该承担更多任务;自由主义者则赞成增加为交通服务的税收以及公共部门对交通系统的牢固控制。

然而,排除意识形态因素,公共交通投资项目经常受到投票人和当选官员的欢迎。当选官员经常为大型交通项目提供支持,认为这样可以创造就业机会(Richmond,2005;Wachs,1995),尽管就业机会往往不是交通投资的结果,或者就业机会仅仅是由其他地方转移而来(Boarnet,1997;Forkenbrock,Pogue,Foster & Finnegan,1990)。自20世纪70年代以来,当公众开始关注越来越糟糕的空气质量,并且对城市高速公路项目带来的分割爱恨交加时,新的轨道交通项目立即受到了官员们的欢迎。1998年,联邦地面运输法案的通过(《21世纪运输公平法》,简称"TEA-21")标志着将投入数十亿美元建设191条轨道交通建设项目工程(1991年通过的类似法案带来了40个这样的项目),涉及数十个向郊区蔓延及以小汽车为导向的美国城市,包括阿尔布、奥斯丁、劳德尔堡、盖文斯顿、小石城、路易斯维尔、诺福克、斯普肯、斯特克、弗吉尼亚海滩以及西棕榈滩(水陆交通运输政策纲领,1998)。

当向选民公布联邦政府将资助新的交通项目后,国会成员经常会列举这些项目给邻近地区带来的经济效益。例如,过去 20 年中,在布法罗、洛杉矶、密尔沃基等地的轨道交通项目被官员们视为在经济低迷期创造就业机会和经济复兴的工具(Boxer,1998;Dixon,1997;Kurtz,1983;Norman,1996;Richmond,2005)。在国会进行讨论的过程中,TEA-21 法案史无前例地被官员们多次引叙,并认为它可以带来大量的就业机会。1998 年夏天 TEA-21 法案最终被采纳之后,美国各地的官员都称 TEA-21 法案将为其选区带来就业机会。例如,科罗拉多州根据 TEA-21 法案为丹佛南部走廊投入了 7.55 亿元用以建设轻轨及相关配套设施;新闻媒体适时地报道:"在科罗拉多州的公共交通和公路上的投资将带来大量的就业机会,成为该地区经济持续增长的引擎"(Romano,1998)。

但是,多年来交通经济学家警告决策者,不要混淆在交通设施与运营上的公共资金产生的经济效益以及此类支出带来的一个改良交通系统产生的经济效益。前者体现为支出效应,一方面关系到征税导致的经济活动减少;另一方面,利用税收刺激和重新分配经济活动。从这一点出发,一条新的公路维护设备产生的支出效应不会直接涉及交通;因此,这类工程的支出效应需要适当地与其他可能的公共支出进行对比(例如,学校、卫生保健等),或者开始不需要用税收来筹集资金。

支出效应直接来自于金钱的消费,包括公交公司员工工资的补贴,或者公共资金付给建筑公司以新建郊区高速公路的费用。这些直接投资在经济中再次被利用,产生额外的经济活动。这种延伸的效果被称之为"乘数过程",是将支出效应划分为直接、间接和诱发效应的原因,如图 11.1 所示。

因此交通支出效应能够产生地方经济行为,许多(如果不是大多数)这类行为由其他纳税人和在争取补贴失败的地区进行再分配。相比于交通经济学家,决策者完全忽略了这点,而聚焦于交通支出决策产生的地方支出效应(Forkenbrock et al.,1990;Lewis,1991)。

与之相反,大多数交通经济学家争论交通的公共支出是否应适当地需由他们的交通效应来判定。换句话说,公共交通投资的真正经济效益来自于交通系统的改进。减少出行时间、提高可靠性、降低排放污染以及增加安全性等,所有这些通过降低用户和社会的交通成本以促进经济和社会效益的最大化。更低的交通成本促进了经济事务处理和社会的相互作用;促使流通的货物与服务的生产与运输更

第十一章 城市交通投资地理学

加便宜,并推出了新形式的产品和服务。这种交通进步"帮助我们换一种方式来做事,帮助我们做不同的事"(Gillen,1997,p. 11)。

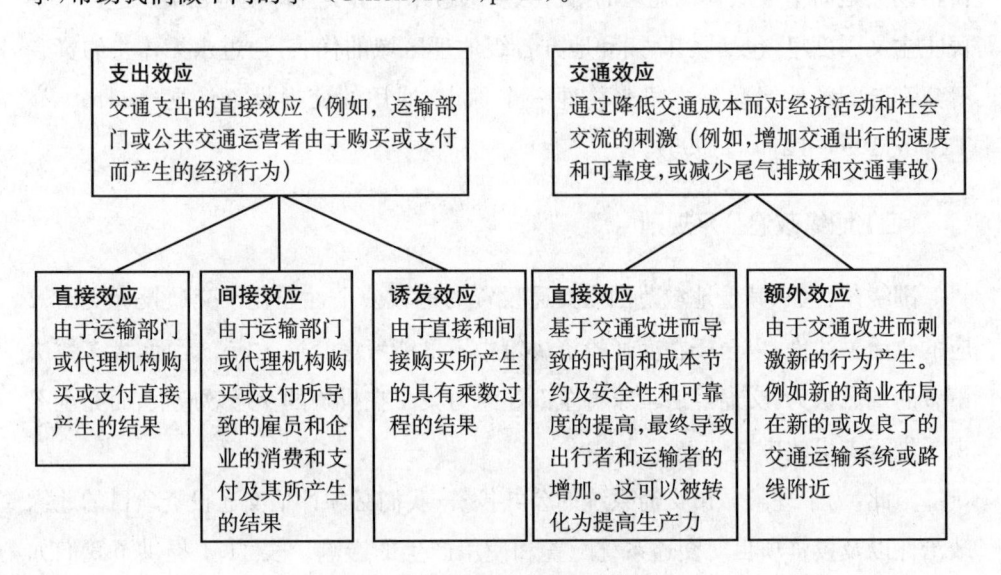

支出效应
交通支出的直接效应(例如,运输部门或公共交通运营者由于购买或支付而产生的经济行为)

- **直接效应**：由于运输部门或代理机构购买或支付直接产生的结果
- **间接效应**：由于运输部门或代理机构购买或支付所导致的雇员和企业的消费和支付及其所产生的结果
- **诱发效应**：由于直接和间接购买所产生的具有乘数过程的结果

交通效应
通过降低交通成本而对经济活动和社会交流的刺激(例如,增加交通出行的速度和可靠度,或减少尾气排放和交通事故)

- **直接效应**：基于交通改进而导致的时间和成本节约及安全性和可靠度的提高,最终导致出行者和运输者的增加。这可以被转化为提高生产力
- **额外效应**：由于交通改进而刺激新的行为产生。例如新的商业布局在新的或改良了的交通运输系统或路线附近

图 11.1　交通支出的经济效益

如公路改进减缓了交通拥堵延误,出行者节省了时间和费用,并意识到了公路支出带来的交通效应。交通效应的第二个来源是其他部分产生的利益(如图 11.1 中的"额外效应")。例如,高乘载车辆(HOV)专用车道成功引导了一些出行者合乘使用汽车,从而减少了邻近自由车道的拥堵,使得所有道路使用者都受益,而不仅仅是合乘使用汽车的出行者。一项新的公共交通投资可以吸引交通站点附近聚集新的交易活动,从而产生新的经济行为。产生的另一经济效益在于,公司拥有了调整物流和分销网络的能力,以降低生产和销售成本是经济利益的又一个来源。然而,与支出效应相比,交通支出产生的交通效应必须要扣除税款经济成本后来计算净值(Lewis,1991)。

但是对许多决策者来说,公共投资产生的交通效应过于抽象、模糊和武断。一项研究表明纽约市的轨道交通投资产生的交通利益远远高于波特兰市,但这不足以说服一位俄勒冈州国会议员来讨论联邦公共交通补贴地理分布的公平问题。相比而言议员对所在选区交通设施建筑项目产生的地方性支出效应是清楚和明确的。利用联邦债券投资兴建一条新的公路是一项显而易见的公共投资。在建设过程中,特定区域明显产生了直接的就业机会和经济活动,但几乎忽略了许多这类经济活动只是简单地从其他地区的纳税人转移过来的事实。即便是在美国这样一个民主主义国度里,包括联邦、州和地方各级地理区域的代表,通过永无休止的资金筹集和分配的地缘政治之争来构建一个稳定、通用的交通投资计划(Garrett & Taylor,1999;Taylor,1995)。

(二)地缘政治公平规则

围绕州、区和其他地域范围内交通投资的地域公平性强化了交通投资支出效应的政治关注度,以至于在交通投资决策中不可能考虑交通效应。因而,大多数决策者的观点认为,交通经济学家将全部注意力集中在投资的交通效应上,而完全忽视了投资支出效应这一点。

因此,为了理解城市交通系统的公共投资,我们必须评估交通投资项目的地缘政治性以及投资项目对交通系统配置和使用产生的影响。表 11.1 提供了我们如何同时评估各自领域内交通投资项目表现的途径。

表 11.1 项目绩效及系统绩效准则

	系统绩效	项目绩效
效果	• 既有能力的最优利用 • 降低交通成本并促进经济发展	• 政策上是否可行?是否有稳定的政策支持?是否受到投票人的喜爱?是否受到大股东们的微词? • 产生的收入满足需求,稳定可靠并且是可预测的
效率	• 在某一固定支出水平下,提供最优的交通服务	• 较差的管理及过高的成本是否与总收入有关?
公平	• 给所有用户提供交通可达性,不考虑特定的环境(如年龄,收入,及残疾人等) • 改进是否取决于支付能力? • 收费者需要占用一定的成本,并对整个系统和社会征税	• 是否意识到公平对待不同地方和权限? • 主要股东和利益群体认为他们被公平对待

资料来源:Brown et al.,1999.

项目绩效 标准:评估投资体制满足政治的可接受性以及管理便捷性的满意度。这些问题趋向于政策讨论的首要议题,即使新接触交通议题的讨论也需要对大多数这类问题非常熟悉。

系统绩效 标准:在于投资体制怎样影响交通系统本身的使用和绩效。这些标准承认投资政策不仅仅在于赚钱。投资方式也深深地影响了交通服务方式和市民使用方式。出行者的旅费、学费、车船费以及税费等影响他们出行的目的地、时间、出行方式甚至是否出行。交通系统反过来也极大地影响了系统维护和新容量的"需求"。因此交通投资系统以及交通系统的表现是一种相互强化的过程。

用户的成本如何影响交通的供给和需求既不高深也不是微不足道。以卡车载重费为例可以说明交通投资系统如何影响了用户的决策。重型卡车造成的公路损坏明显是由车轴的重量造成的。许多人建议应当认识到:比例虽少的重型卡车却造成了大部分道路的破坏(Small, Winston & Evans, 1989;USDOT, FHWA, 1997a)。于是,多年来,许多州在卡车重量的基础上征收了卡车载重费,基于车辆车轴数的收费公路频繁地调整费率。这两项政策导致卡车司机尽可能选择车轴数少的车辆运载重货物,进而对公路造成最大化的破坏。因此,相比于鼓励卡车司机减少车轴重量的评定方法,这种卡车收费系统反而增加了维护和重建成本。因此,改变卡车征收费用的方式可以改变卡车司机的消费行为,据此,没有必要增加税收就可以实质上降低维护费用。

交通投资计划首先要考虑到公平,这是一个令人迷惑的、反直觉的断言。然而公共部门官员考虑交通投资的方式与大多数社会科学家、学生或者交通分析家存在着很大的不同。因而"公平"一词在不同场合不同利益条件下具有不同的含义。按照前任最高法官波特·斯图尔特对该词的解释,我们中的绝大多数都不能精确地定义交通投资的公平或者不公平,但是我们认为当我们看到它的时候就能够了解它。

许多关于交通投资公平性的混淆和争论源自于公平性制定和评估时充满争论和矛盾的表述(表11.2)。交通投资公平的讨论有助于考虑公平的多种类型——市场公平、机会公平或者结果公平,还有参与设计讨论的合适分析单位——地理的、团体的、个人的,或者兼而有之。"分析单元"是一个抽象的概念,它也许是交通公平性问题上最重要的考虑对象。

表 11.2 交通投资中关于"公平"容易混淆的概念

分析单元	公平类型		
	市场公平	机会公平	结果公平
地理			
州,县,立法区等	每个管辖区的交通支出对应于该管辖区的收入总额。	交通花费在每个管辖区的比例是相等的。	支出在每个管辖区产生的交通能力/服务相等。
群体			
利益群体,种族/民族群体等	每个群体的交通支出/受益与支付的税收成正比。	每个群体在交通资源分享的比例上是平等的。	不论群体,交通支出产生的可达性及机动性水平相当。
个人			
居民,投票者,旅行者等	个人在交通方面支付的价格/税收应与社会征税成比例。	人均交通支出相等。	交通支出使得个人的可达性或机动性均等化。

资料来源:Levy, Meltsner, Wildavsky,1974.

一般认为,公共投资学者试图关注的是个体公平,促成者和激进主义者更关注的是团体公平,而当选官员则最关心地理公平。因为美国的代表是按照地理界限来划分权限层级。由于当选官员监察交通资金的筹集和分配,因此交通投资的中心议题,大部分集中在地理公平问题上。

地理公平经常在联邦公共交通政策中被提及。例如,人口多、城市化程度高的州征收较多的汽车燃油税,超过其得到的基于燃油税收投资的联邦支出。而人口少,农村主导的州则倾向于获得更多的联邦交通资金,而乘车者缴纳的联邦燃油税收相对较少。多年来这种联邦燃油税收从"捐赠州"流向"受赠州"的再分配在华盛顿引起了激烈的争论,实际上延误了 1998 年 TEA-21 法案的通过。

联邦交通资金再分配的支持者认为这有助于富裕州交叉补贴贫困州,支撑了一个相互连接的全国性公路系统,证明了联邦政府参与交通投资是正当的。批评者则认为联邦燃油税的再分配反映了联邦交通计划对农村地区的歧视(特别是从公路角度),因为有研究表明联邦计划实际上将再分配的资金从较穷的州(财政实力弱)转移到了较富的州(财政实力强)(Lem,1997)。批评者进一步提出全国性公路系统在很大程度上是适当的,并且拥堵的城市地区最迫切需要交通投资。然而,如果所有联邦燃油税基金只是简单地返还给筹集较多的州时,那将失去联邦燃油税的合理性;它可以被取消,各个州可以自由地筹集他们所需的更多的州内燃油税。所以有些州认为联邦交通税收筹集应该取消,改由各个州自己决定(Roth,1998)。这样的提议不支持资金采取从拥有者到没有者的分配形式。换句话说,现在的联邦地面交通投资计划舍弃了从财政实力强的州重新分配到财政实力弱的州的做法,这并没必然地成为反对这一目标的论据。

地理公平具有极为重要的政治意义,因此,当地区间的交通使用或需求不能够公平地分配时就会产生曲解。公共交通也许是反映这方面最为典型的案例。公共交通运量集中在最大、最密集的发达城市中。美国约 1/3 的出行旅客分布在纽约大都市区。美国十大公共交通系统承载了超过 60% 的乘客运量,而其他略小的系统承载了其余约 40% 的乘客(Taylor & McCullough,1998)。然而,公共交通投资的现实政治是探讨资源如何合理分配,探讨公共交通服务的提供者,极少考虑到公共交通服务消费者的空间差异。

例如,每年纽约大都市交通局(N. Y. MTA)独自承担了超过 27% 的全国公共交通运量(American Public Transportation Association,2003a)。1995-2000 年的六年间,联邦资本和运营补贴结合起来相当于 N. Y. MTA 为每个乘客旅行提供了 0.2 美元。而北卡罗来纳州教堂山公共交通的乘客约占全国公交乘客的 0.03%,在 20 世纪 90 年代晚期享受了联邦公共交通补贴——平均每次出行 0.97 美元(American Public Transportation Association,2003a,2003b)。联邦交通投资没有限制这种地域差异。在加利福尼亚州,旧金山市政铁路运载了接近一半(45%)左右的海湾地区出行旅客,但是仅通过州交通发展法案(TDA)获得 10% 的分配补贴。另一方面,位于圣何塞地区的硅谷公交公司运载了 11% 的海湾地区乘客,但是获得了超过 1/3 的区域 TDA 公共交通补贴(Metropolitan Transportation Commission,2003;Taylor,1991)。

造成以上分配不一致的原因很简单:国会和大多数州立法机构(除美国参议院外)代表是按照投票人的地理分布,而不是按城市公共交通运量的分布。因此,在权限内地理公平性"公平"地分配了公共交通资金,而不管它如何被利用。不能过分强调交通政策和规划的地理公平规则的集中性。这就解释了为什么田纳西州在

1956-1974年获得了27亿元联邦燃油税,低于该州乘车者上缴的联邦燃油税。与之相对应的是,夏威夷州获得了22亿元联邦燃油税,高于该州乘车者上缴的联邦燃油税。在夏威夷州,每缴纳1美元的联邦燃油税,该州获得4.11美元的燃油税投资的拨款(Poole,2001)。这也解释了为什么在过去20余年里,新的轨道交通修建在亚特兰大、迈阿密以及其他许多无计划利用山林农田建筑厂房的城市中,而在交通导向的曼哈顿地区,长期规划中的第二街区地铁还没有完成(Lawlor,1995)。

(三) 经济学家的手段:定价

基于人们对地理公平政见的众多关注,公共部门官员们经常未能考虑了交通投资计划如何影响交通系统的使用和绩效。然而交通系统的使用和投资两者存在着相互依存的关系,不能单独地割裂开来(表11.1)。向用户征收的费用与用户产生的社会成本成比例,这是典型的投资机制,将有助于交通系统绩效最优化。使用费使人们更加关心旅行费用(具体表现为基础设施的损耗,给其他人带来延误,环境破坏等)。这类信息通过价格传递,鼓励司机从低优先权的旅行转向社会成本较少的日程、路线、方式或目的地。

大部分交通经济学家一致认为,交通投资系统应该尽可能地告诫用户的出行边际社会成本(Murphy & Delucchi,1998;Small et al.,1989)。这里的"边际"指的是同一时间里,其他出行已经利用了交通系统,一次额外出行所产生的成本。例如,当一辆小汽车行驶在高速公路上时,它占用了路面空间,使得其他汽车不能行驶在高速公路上,这导致了汽车流量的延误,也带来了部分路面的损坏。如果高速公路上的车辆较少,则额外的小汽车的出行成本会非常少。另一方面,如果高速公路上行驶了很多小汽车,增加一辆小汽车则会减缓其他的小汽车的速度,达到惊人的拥堵程度。在这种情况下,增加一辆小汽车的边际成本较大。"社会"代表了增加一辆交通工具全社会支付的成本。这部分成本大多来自于一次出行带来的交通拥堵、环境污染、噪声以及路面磨损。

大多数研究表明,最近大部分交通投资计划没有让用户支付使用汽车产生的边际社会成本(California Department of Transportation,1997;Deakin & Harvey,1995;Forkrnbrock & Schweitzer,1997;National Cooperative Highway Research Program,1994;Pozdena,1995;Puget Sound Regional Council,1997)。然而,汽车

燃油税相对于其他非交通关联税收如消费税和债券的作用正在减弱,我们实际上正在远离交通边际社会成本定价(Goldman & Wachs, 2003)。

当前的交通投资计划一般采取按照交通系统的平均使用成本来向用户收费。当一辆交通工具行驶到公路上,并导致了拥堵,或者一辆超载的卡车损毁了路面时,延误或路面损毁造成的损失由经历交通延误或在劣等道路上出行的每一个人来负担。平均下来的成本不足以让个人用户意识到总成本之高,因此也不会有意识地改变出行选择(Pozdenna, 1995)。

一个反对交通边际社会成本定价的普遍观点认为,贫穷的人将会因高价格被排除使用路面和运输交通工具,从而留给富裕的人一个自由流动的系统。这种社会公平着实非常重要,但是他们忽视了现存交通投资系统的社会不公平性。公共投资中两个最普遍的公平原则是"受益原则"和"支付能力原则"(Musgrave, 1959)。在受益原则下,公平的税收体现在每一个体支付和获得受益的比例相当。在这一原则下,利用用户公平地使用交通系统而增加的社会成本来收费。而支付能力原则采取单独考虑获得收益方法,这种方法也许会给穷人造成不成比例的负担。从这一点出发,一个公平的投资计划将公正地对待具有不同支付能力的人,支付能力的判断主要靠收入来衡量。当前交通用户费,如汽车燃油税和驾驶员执照税,适用于受益原则,而不适用于支付能力原则(Chernick & Reschovsky, 1997; Poterba, 1991; Wiese, Rose & Schluter, 1995)。消费者项目上的消费税报酬在本质上与交通系统使用无关。但是最近几年美国许多地区已经转向增加消费税来支付交通设施改进的投入(Goldman & Wachs, 2003)。不幸的是,这种交通消费者税费既不符合受益原则,也不符合支付能力原则。

因此,比较当前的交通投资系统,在边际成本定价原则基础上的用户费用系统将显著地增加基于受益原则的公平性,可以很好地增加支付能力原则下的绝对公平性。迪金和哈维(Deakin & Harvey, 1995)发现拥堵地区使用公路系统肯定和收入有关。高收入的出行者比低收入者花在交通拥堵地区的出行时间长,因此和现有的投资系统比较,让行驶在拥堵路线的驾驶员交纳更多的费用符合支付能力原则。

考虑到交通定价的边际社会成本系统拥有多潜在的优势,最近在美国已经开始了有希望的公路定价实验。1995年,在洛杉矶大都市区穿过圣安妮峡谷的国家91号高速公路中间新开了一条四车道路(图11.2)。这一设施被称为"91号快速线",全部采用私有投资,实行电子化征收通行费用。支付这十公里的道路费用,可以避开旁边拥堵的道路,从而节省多达 30 分钟的出行时间。通行费用从旁边道路自由流动时的最低 1 美元到旁边道路非常拥挤的最高 4.75 美元不等(2003 年)。对这一设施的早期评估表明它提高了交通流量,降低了付费道路和旁边道路的拥挤(Mastako, Rillet & Sullivan, 1998; Sullivan & El Harake, 1998)。然而,随着时间推移,需求的增长增加了周边道路的拥挤程度,造成最高通行费用必须相应地提高,以保证交通快速线畅通。从收入角度,尽管所有收入群体都选择使用付费道路,但是高收入出行者使用收费道路的频率比低收入者更为频繁。一项 1999 年的调查显示,约 1/3 出行者家庭年均收入低于 40 000 美元,他们会偶尔选择这条道路;与之对应,另外的 2/3 的出行者家庭年均收入高于 100 000 美元(Sullivan, 2000)。

图 11.2　拥挤收费试验有效地改善了交通流(图中所示为南加利福尼亚),但许多政策制定者仍在政治上对收费保持谨慎的反对态度

1998 年,在加利福尼亚州圣地亚哥市内,没有充分利用但有高承载率(合乘使用汽车)的交通线路发生了转变,允许仅载一人的车辆通过支付通行费来使用合乘汽车线路,避开旁边无限制道路上的拥挤。圣地亚哥市的道路设施独一无二,因为其通行费按照"实时"来设置,每几分钟就改变计费标准,基于拥挤程度从 0.5 美元到 4 美元不等。除了这些设施,在一天内不同时段,纽约地区和佛罗里达南部地区

的桥梁通行费标准也不同,以此来鼓励出行者选择在拥挤低的时段通过桥梁(US-DOT,FHWA,2002a)。

总之,这些拥挤收费设施在实践中运行良好。交通流量增加了,拥挤延误减少了,自行付费绕过了拥挤地区,用户的满意度很高。甚至拥挤道路旁边的出行者也对拥挤收费道路表示满意,因为他们经历了交通流量的提升,也可以选择出钱避免拥挤(如果他们想这样做的话)(Mastako et al. ,1998)。尽管这些拥挤收费试验取得了成功,在许多地方推广开来,但许多当选官员仍然对拥挤定价的后续影响表示担心,因为驾驶员对于原来免费的道路而现在收费表示不满(来自驾驶员的观点)。因此当拥挤收费虽几乎成为大都市区减少交通拥挤最有效的措施,但大规模地推广仍是一个缓慢的、渐进的过程。

(四) 免费停车套现

停车收费被提议为"次佳"的私人车辆使用边际成本定价的途径。20 世纪 90 年代国家私人交通调查发现 99% 的驾驶者出行停车免费(USDOT,1994)。当然,停车场不会免费提供。例如,在仓储式商店旁边的免费停车场不是由购物者直接付费,而所购商品的价格包含停车场所有、建设和维护成本。典型而言,停车场比商场占据更多土地。步行来仓储商店的购物者也相应资助了驾车者的免费停车。

免费工作停车场本质上是一种为私人车辆往返的按比例补助,只有通勤者乐意开车上班,雇主才会支付工作停车场费用。不驾车上班的通勤人员不享受这一补贴。即使不得不自己支付停车费用,许多通勤者也要驾车上班;另外一些人会选择合乘汽车,公共交通,步行或者自行车;因此,那些人驾车上班是因为享有停车免费。舒普(Shoup,1997)的研究表明,与驾驶员需自行支付停车费用的停车场相比,雇主支付的停车场停泊小汽车的数量增加了 33%。

最近,一些雇主开始让员工选择以其他对等的现金补偿方式"兑现"免费停车。提供给通勤者以免费停车和其他同等货币补偿的选择机会,让通勤者认识到免费停车包含了机会成本,先前已经支付了现金。在这些工作地点,通勤者能够一直免费停车,但是那些合乘汽车、乘坐公共交通工具,步行或者骑自行车上班的通勤者也可以选择获取现金,而不仅是免费停车。当有这种选择权的时候,占相当比例的雇员选择领取现金,利用其他方式而不是独自驾车上班(Shoup,1997)。

最后，公共规则极力鼓励为驾驶员提供不收费的停车位，一部分街区路面用以建设路边停车场。大部分路边停车场是免费的，即使路边的空地是按时计费的，其收费还是典型低于市场供需平衡的价格（该价位能够保证一天中绝大部分时间都能有空位）。由于对免费或低价停车位的需求经常超过了路边空地，因此地方政府要求所有单位（仓储商店、公寓住宅、医疗办公室等）提供足够的非临街停车场，以满足免费停车场土地利用的最高水平。这种最低停车位需求给私人车辆使用给予补助，能够充分提高发展成本，这一成本由每个人来承担，而不单是停车人。舒普（Shoup,1999）估计每1 000平方英尺空地增加四个停车场，每平方英尺办公用地就要增加40-100美元不等的建设成本。因此，免费停车场的高成本预算是交通投资和收费的重要而又常被忽视的内容。

回顾大都市区交通系统的收费和公共投资理论和规则之后，我们现在转向研究当前美国城市交通的投资结构。

二、城市交通投资结构：谁来支付，为谁支付？

交通是一个巨大的行业。人口、货物、信息的流动是人类文化和经济活动的核心。美国运输部估计美国超过11%的经济活动与交通存在某种联系（USDOT, BOTS,2003）。交通系统的资金来源错综复杂，既有公共财政，也有私人资金。个人和公司支付私人小汽车、保险、燃料和运费。乘船者支付码头建设费，旅客支付机场发展和扩展的费用，行人支付鞋的费用，而所有权者支付人行道的费用。城市和乡镇的地方政府利用税收来建设区域内街道。州和联邦政府筹集税费支付多达90%的高速公路、其他公路和许多公共交通系统的成本。虽然各个州之间，甚至郡县之间的交通投资结构存在差异，表11.3列出了五种主要大都市区的交通投资概略。

美国交通系统公共和私人投资量巨大。2000年，地面交通系统的公共部门（包括联邦、州和地方）总支出超过1 170亿美元。表11.4列出了政府在各交通方式和道路中的支出情况，表明公共交通补贴超过了210亿美元，地方街道和县的道路支出超过360亿美元，州和联邦政府公路的支出接近600亿美元（USDOT, FHWA,2002b）。这相当于美国政府为任意一次旅行的平均支出为2.48美元，为每英里小汽车出行的费用支出约0.04美元。

第十一章 城市交通投资地理学

表 11.3 美国大都市地区交通投资概略

交通系统	2000年大都市地区乘客出行比例	直接受益者的支出 出行者支付	直接受益者的支出 其他人支付	其他人的支出 直接补贴	其他人的支出 间接补贴
步行系统	8.6%	时间、鞋、袜子、能量	人行道通常最初由开发商们出资建设，然后通过财产税支付	极少	极少
自行车系统	0.9%	时间、自行车、能量	地方街道通常最初由开发商们出资建设，然后通过财产税支付	自行车专用车道、自行车共用车道获得燃油税或其他交通税收的资助	公路和高速公路获得燃油税或其他交通税收的资助
公共交通系统	3.2%	时间、金钱	公共交通运营通常由地方街道最初由开发商们出资建设，然后通过财产税和交通产生效益的费用支付	公共交通的建设资本和运营从燃油税和普通税获得。公路从燃油费用获得	很少一部分的延迟费用由其他出行者承担；污染、噪声和损耗价值由所有人承担
地方街道/公路	86.4%	时间、机动车、燃料、保险。运营及维护方面的一些燃油税、驾照费等	路权最初由开发商提供和建设。地方街道的财产者的财产税支付	极少	延迟费用由其他出行者承担；污染、噪声和损耗价值由所有人承担
大都市地区公路和高速公路	86.4%	时间、机动车、燃料、保险。路权、建设、运营及维护方面的燃油税、通行费、驾照费等	很少	一些销售税及其他普通税支付路权、建设和维护	大部分延迟费用由其他出行者承担；污染、噪声和损耗价值由所有人承担

资料来源：出行比例来自 USDOT(2001)。

表 11.4　2000 年政府在各种地面交通中的支付比例

	资本金（百万美元）	份额（%）	维护/运营金（百万美元）	份额（%）	合计（百万美元）	份额（%）	平均每次公交出行或车辆行驶里程的支出（美元）
公共交通	9 270	12.6	13 941	30.3	23 211	19.4	2.48
地方街道/县街道	17 814	24.2	18 616	40.4	36 430	30.5	0.03
州/联邦公路	46 405	63.1	13 473	29.3	59 877	50.1	0.04
合计	73 489	100	46 029	100	119 518	100	—

资料来源：USDOT, FHWA (2002) 和 American Public Transportation Association (2003a, 2003b)。

交通收入来自于各种交通方式甚至非交通来源，从车辆登记税到载重税、财产税和消费税。当交通收入用于非交通投资时（如公园或学校），或者当其他一般税收（如销售或收入税）被用于交通投资时，交通成为公共投资庞大计划的一部分。但是当交通收入投资于交通时，投资系统就成为一种间接的用户付费，而不是税收（表 11.5）。明确这些区别具有重要意义，因为公路和公共交通利益者成功地游说了国会和大多数州建立特别账户或信托基金，交通税收可以存入该账户或基金，也可以从该账户或基金中拨款投资交通计划和工程。这些独立的账目保持了公路和公共交通的稳定性，多年来反映出以一种用户费的方式进行交通投资。

表 11.5　交通投资中的使用者费用和一般税收

		支出	
		交通目的	非交通目的
收入	交通来源	交通用户费用 • 公路和公交服务中的机动车燃油税 • 公交车费 • 过桥费以收回债券	基于一般目的的交通税收 • 燃油税以减少财政赤字 • 计时停车收费税收以资助图书馆
	非交通来源	交通一般税收 • 交通运输业指定的销售税 • 交通运输业的一般义务债券	基于一般目的的普通税收 • 用于教育、医疗卫生和国防的收入税

第十一章 城市交通投资地理学

自20世纪20年代开始,主要的用户费,即机动车燃油税被收取用于美国公路(以及后来的公共交通系统)建设和维护。燃油税在很多方面是独特的,因为机动车驾驶员因使用交通网络而产生成本,在一定程度上这种成本是按照燃料使用量比例进行征收的。自20年代引入以来汽车燃油税就被认为是一种交通用户费。驾驶得多则交费就多,驾驶耗油量大的车辆交费也多。在20世纪30年代经济大萧条期间以及90年代,联邦政府将联邦燃油税曾用于非交通用途;除此之外,绝大部分燃油税都用于投资交通。

作为一种税收工具,汽车燃油税受到财政、政治和管理层面的欢迎。首先,过去80年里,汽车燃料消费和税收迅猛增长。燃油税显然容易产生税收收入,2000年美国共有756亿元燃油税税收收益(USDOT,FHWA,2001)。其次,税收只占增加值的很小比例,平均下来每加仑征收0.377美元(其中联邦政府征收0.184美元,州政府征收0.193美元),相对汽车燃料价格可以忽略不计(USDOT,FHWA,2000)。尽管其他税收(类似消费税)占增加值的比例更小,但燃油税的这种特征趋向能够将公众的反对意见降至最低。最后,无论是纳税人还是政府都一致认为,燃油税相对容易管理和筹集。燃油税来自分销商而不是直接来自零售商和消费者,这种方式最低限度地降低了逃税机会,减少了筹集成本,平均成本仅占税收总额的0.5%(Brown et al.,1999)。

近年来,尽管人口、个人出行,特别是车辆使用的大幅度增长,燃油税税收增长却较为缓慢。这有三方面的因素导致燃油税没有与汽车发展需求同步增长:第一,不断提高的汽车燃料利用效率;第二,单位加仑的燃油税没有与通货膨胀同步增长;第三,不断增加的交通计划承诺(Brown,2001;Taylor,1995)。

首先,尽管最近敞篷小型载货卡车和运动型多功能车(SUV)大范围流行,减缓了燃料使用效率提高的步伐,但是过去30年里汽车燃料使用效率已经显著地提高。表11.6显示了每消耗一加仑燃料,2000年车辆能够行驶的距离相比1970年高出63%。既然大多数燃油税是基于加仑来征收,那么没有每加仑征收实质上的增长,燃油税不能够与出行的增长并驾齐驱(USDOT,BOTS,2002)。毫无疑问,汽车燃料使用效率的提高对环境大有裨益,效率的提高实际上也降低了每英里驾驶的燃油税费。推动汽车使用可替代能源和电力能源的计划(第十章的议题)进一步增加了燃油税的压力。利用可替代能源和电力能源的汽车和传统的利用汽油和柴油能源的汽车使用道路的方式相同,但是它们不需要缴纳燃油税(Rufolo & Bertini,2003;Wachs,2003)。

表 11.6　1970 年以来美国机动车的平均燃油量

年份	1970	1980	1990	2000
行驶里程(英里/加仑)	13.5	15.9	20.2	22.0
10 年增加值(英里/加仑)		2.4	4.3	1.8
10 年变化率(%)		17.8	27.0	8.9
1970 年以来的增加值(英里/加仑)		2.4	6.7	8.5
1970 年以来的变化率(%)		17.8	49.6	63.0

资料来源:根据 USDOT, BOTS (2002) 计算得出。

其次,通货膨胀降低了汽车燃油税的购买力。由于交通工程用料成本和交通设施土地成本费用的上涨速度高于通货膨胀的一般速度,燃油税的购买力被消减,甚至消减速度快于通货膨胀速度。许多税种,如消费税、财产税和收入税等能够维持它们的生产力来应对通货膨胀,因为这些税种与通货膨胀同步增长。然而汽车燃油税一般按照每加仑来征收,因而他们没有与通货膨胀相适应而进行增长(Taylor,1995)。

为了与不断提高的成本同步,汽油和柴油燃油税必须依照法案和政府官员或总统的许可才能分阶段地提高。尽管大众对拥挤和糟糕的交通基础设施关心的程度有所下降,但是为了政治舆论需要而提高燃油税变得越来越困难。自 20 世纪 70 年代开始所谓的税收反抗后,许多党派就燃油税征收变革,围绕是否征收用户费为核心进行争论。同样地,立法者对任何税收增加抱敌对态度的潜在投票人提高了警惕,并且已经勉强接受燃油税的定期增加,以保证与燃料效率及通货膨胀保持一致。

最后,随着公路项目需附加安全标准和环境安全措施,有所松动的汽车燃油税的需求开始增长,新型工程(公共交通、自行车等)也符合燃油税的资助条件。这种所谓的"计划蔓延"有助于提高燃油税带来的财政增加(Brown et al., 1999)。

结果是 20 世纪 70 年代,在交通投资收入、交通建设与维护需求之间存在很大的鸿沟。立法者通过制定周期性的税收增加方法作为应对的权宜之计,但是没有出现任何意义深远的结构性变革来稳定交通投资系统。自20世纪80年代早期以来,燃油税偶尔增加,但是税收的增加赶不上通货膨胀、不断提高的车辆燃料效率以及新计划的职责所需。图11.3显示了2000年燃油税的购买力水平与1960年的对比,1960年州和联邦征收的燃油税购买力水平是2000年的两倍多,即每加仑超过了1美元。

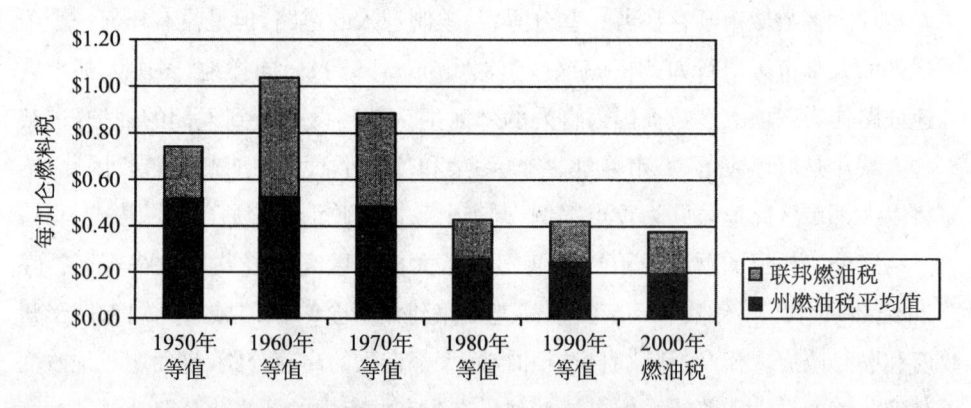

图11.3 每加仑燃料的税收变化及各个时代每英里里程的收益(以2000年为不变价计算)

资料来源:Hill, Taylor, Weinstein & Wachs(2000)。

尽管税收削减,但是州和联邦汽车燃油税仍然占据了所有公路税收的57%(USDOT, FHWA, 2001);1960年,该比例达到66%(USDOT, FHWA, 1997b)。整体来看,2000年与交通相关的税收来源(汽车燃油税,登记税,重量税,通行费以及驾驶员执照费)占美国公路税收的77%,而非交通税收源(销售税,财产税等)占了接近23%(USDOT, FHWA, 2001)。

"二战"后,燃油税投资了大部分扩展中的大都市区高速公路系统,帮助改变了美国城市,这点对城市很重要。我们怎样来依靠高速公路这一城市交通系统的中枢以及为什么我们选择将高速公路带入美国主要城市中心,这需要利用交通投资地缘政治学来充分解释。现在,我们转向以财政政治和高速公路为案例,来研究投资在城市交通地理学中的核心角色。

三、案例研究:高速公路投资城市地理学

高速公路是大多数都市区交通系统的核心部分,是美国城市区别于其他地区

的一个明显特征。尽管美国大多数高速公路被纳入到全国性州际公路系统中,但是高速公路最主要影响的仍是城市。与仅占城市街区道路0.5%的里程相比,高速公路承载了超过全国35%的城市车辆出行。有意思的是,高速公路实际上在城市之外扮演了略小的角色,大约覆盖25%左右的农村车辆出行(USDOT,2001)。

全球大多数城市都存在着一些分等级、限制进入的道路,但是没有任何一个美国之外的大都市区出行如此依赖这些道路(Jones,1989)。同样地,美国大都市区高速公路作为一项大多数美国人喜爱的郊区生活基础设施受到人们的拥护,也被一些人看作是城市衰落、城市蔓延、空气污染和依赖小汽车的罪魁祸首。因此,本节将以大都市区高速公路为重点案例,调查财政地缘政治对交通出行的影响。

高速公路投资的财政政治性如何塑造了大都市区高速公路和大都市区?在20世纪30年代、40年代和50年代,高速公路建设资金缺乏的城市分别求助于州政府和联邦政府。州/联邦政府投资和控制大都市区的高速公路,进而明显地改变了高速公路的设计和路线。但是这些建设在现有城市中的新高速公路造成了社会混乱,且造价昂贵,因为高速公路设施占地广,噪声污染严重,会带来比最初城市规划者预想的更集中的交通流量和污染。这些不断蔓延的设施最终导致了美国20世纪60-70年代一系列的"高速公路反抗"运动,市民和社会团体组织游行,反对高速公路占用了大量家庭和商业活动场所。

新的城市高速公路也非常昂贵。如前面讨论的一样,削减的汽车燃油税并没有与出行和提高的建设成本同步增长,建造昂贵的新的大都市区高速公路债券也大幅度压缩。虽然大规模建设大都市区高速公路的时代已经过去了,但是高速公路上交通流量和拥挤还在继续增加(图11.4)。

(一)高速公路早期规划

20世纪30年代,城市和农村道路规划者逐渐改进了道路规划,规划建设分等级、限制进入道路构成的等级化和互连的网络。然而,考虑到不同的出行方式,在主要城市实行的规划以及州公路部门与美国联邦公路局为农村地区实行的规划中,实质上具有不同的新道路网络规模和优先权。在城市中,规划系统和基础设施反映了大众对减少交通拥挤和改善地方小汽车与公交车辆循环的意愿;它们通常包括分离出卡车、公共汽车或者路面电车专用道。另一方面,州和联邦公路工程师

第十一章　城市交通投资地理学　　387

为城市间的高速出行和提高安全性，设计了新型单一模式的基础设施（Fairbank，1937；Interregional Highway Committee，1944；MacDonald，1954；Purcell，1940a，1940b）。

图11.4　当高成本以及拥堵费用降低了高速公路的发展势头时，大都市地区高速公路上的交通反而继续增长

因此为什么高速的、城市间的高速公路最终都建在城市？答案是"货币"，接下来给出明确的根据：

• 20世纪30年代，取消增长低迷的财产税，以支持燃油税作为城市公路资金的主要来源。产生的结果是，政府丧失了征收大都市区高速公路发展带来土地价值收益的机会。这反过来阻碍了公路收入与大都市区高速公路路权成本保持同步的增长。

• 20世纪40年代，国会和总统正式批准了州际系统，但是没有投入资金。在加利福尼亚州，州政府同意提高公路用户税收，着手洛杉矶高速道路规划建设。1956年，这种在州运输部（DOTs）规划和建造城市高速公路时所采用的模式在不久之后被获得联邦州际公路系统资金投入的其他各州所采纳。于是，加利福尼亚州高速公路投资演化过程与美国大都市区高速公路系统的发展过程相呼应。

- 任命州公路部门主管所有大都市区高速道路的发展与1944年采用的联邦州际公路系统计划推荐相悖,然而在接下来的1/4世纪,这一优先安置步骤帮助地方规划从大都市区高速公路发展中分离出来。

- 20世纪50年代,州际计划资金极大地塑造了大都市区高速公路发展过程。首先,为保证城市立法者的支持,美国联邦公路局(1955年)再一次没有按照联邦州际公路系统规划的推荐,而是公布每一个城市的州际公路路线规划方案,取代了地方规划,并为有效地准备大都市区高速公路规划奠定基础。其次,保证州际公路系统的优先权,原来1∶1的联邦/州投资比例转变为9∶1,这就鼓励了州政府将资源投入到州际建设中,抑制他们只发展城市中的非州际公路。

这些措施的实施,极大地减少了地方政府对大都市区高速道路发展的控制。这些主要的规划决策——包括设计、路线以及系统的规模,要么是提前规定好的,要么是由州公路局代为实施(Altshuler,1965)。

(二)早期城市道路投资

在经济大萧条之前,大多数城市的街区和林荫大道的发展由城市和县通过财产税和债券共同支付。许多专门评估区被频繁地创建,用于对该区财产所有权拥有者征税,他们是改善主要林荫大道的受益者。一方面,经济大萧条导致了财产税和城市公路投资的收缩;另一方面,燃油税征收在大萧条期间进行得较为顺利。除了在大萧条之初受到一点影响外,燃料消费和燃油税每年都在增长,直到"二战"期间实行了燃料配给(USDOT,FHWA,1997b)。因此,当20世纪30年代街区和道路的财产税与专门评估债券被大量压缩后,一些城市和县开始推动州政府征收燃油税,以支援城市公路支出(Burch,1962;Jones,1989)。

1944年,联邦公路援助计划进行了充分修订,允许大量农村地区的联邦公路系统发行"城市扩充"债券(Congressional Quarterly,1964;Seely,1987;U.S. Congressional Budget Office,1978)。1947年,加利福尼亚州同意提高汽车燃油税和有关税收,以帮助支付洛杉矶和其他城市修建高速公路系统,任命州公路部门主管所有大都市区高速道路的发展(1947年科里尔·本斯公路法案)。因此,经过三年各自发展的阶段,联邦政府(1944年)和加利福尼亚州(1947年)做出实质性的承诺来投资大都市区高速公路。但是在每个案例中,那些承诺要求城市放弃对高速公路的控制

(Brown,2002;Jones,1989)。

加利福尼亚州公路部门在洛杉矶地区的最早设计中,明显反映出城市控制转向这一迹象。在许多重要设计方面,州公路规划者设计的城市间出行的高速公路不同于城市规划者设计的为市内交通流量服务的城市高速道路。新的高速公路规模更大,路权范围更广,设计了高得多的车辆行驶速度(每小时从原来的40-50英里提高到60-70英里)。不论何位置,公路部门实行统一设计标准的实践(Taylor,2000)。

也许最重要的是,所有公共交通和其他联合开发项目被取消,大部分高速公路变成了现在的基础设施。在"二战"后的一项洛杉矶高速公路规划修订中,许多咨询工程师提议在五条高速公路上采取措施保护城市轨道交通路权,在其余七条高速公路上专门提供快速公共汽车服务。然而,加利福尼亚州公路部门成功地反对了这类大容量公交设想,这在当时被看作是一种竞争性的模式以及一种不适宜的公路投资(Jones,1989)。

(三) 投资州际公路系统

"二战"结束后的第一个十年,加利福尼亚州积极修建高速公路,但由国会指定成立于1944年的国家州际公路计划在十年间仅得到了5 000万美元拨款(Congressional Quarterly,1964)。在20世纪50年代中期,艾森豪威尔政府和国会间关于州际公路系统投资展开了激烈的辩论,由此产生了1956年公路收入法案,这项法案提高了联邦汽车燃油税费,并建立了公路信托基金。

州际公路投资发展过程对于城市交通地理学具有两方面特殊的重要意义:①放弃原来的1∶1的联邦/州投资配比,采取9∶1的投资配比显著地扭转了大都市区的公路投资决策;②由州公路部门与联邦公路局协商确定的城市线路优先获得资金拨款。

1956年建立了公路信托基金,州际公路系统成为国家的优先项目。运用了"国家利益"基本原理修改了州际匹配的9∶1的联邦/州投资配比要求。这种联邦/州的转变显得非常激进,以至于它显著地改变了各州公路部门的规划预算(Altshuler,1965)。在州政府看来,由于没有州际公路建设资金的支持,建设一条大都市区高速公路的造价是州际高速公路的九倍。即便是联邦援助的城市工程,原来1∶1的联邦/州投资配比也要比同样的州际工程高四倍。因为10%的州政府资金投入吸引大量资金投向联邦州际公路,以至于其他互补性设施的发展受到了阻碍(Taylor,1995),特别是在20世纪60年代晚期公路收入开始减少的时候。

州际系统的里程限制进一步扭曲了9∶1投资产生的影响。来自最初联邦公路局关于"超级高速公路的里程限制"的研究表明,联邦政府规划构建一个固定的系统,实行里程固定,但是不固定成本(MacDonald,1936,p.19)。1960年开始,联邦政府基于各州为完善系统所估算的成本来给各州划拨资金。几乎同步的是,9∶1的投资配比和对固定系统线路长度无成本最高限容量的限制对大都市区高速公路规划产生了两方面的显著影响。首先,它们鼓励各州尽可能地设计更多容量的道路,包括每英里州际道路设计更多的通道,更多和更大的立交互运。这将增加成本,并且在大都市区州际之间集中非常大的交通流量。然而在州政府看来,庞大的州际公路的仍是合算的。其次,他们强烈反对州(或者城市)发展相对昂贵(在州政府看来)的大都市区州际公路的伴生设施或模式(Gifford,1984)。换句话说,州际资助计划的结构并不鼓励早期大都市区交通规划者为分流城市交通流量,所设想的多种方式的高速道路。

当然,这样做的结果就是,州际高速公路几乎在每个主要大都市区都位于主导地位。顺便提一句,这种角色曾经受到早期的州际系统设计师的极力反对(Inter-regional Highway Committee,1944)。全国有超过60%的大都市区高速公路和高速道路设立在有限的11 500英里城市州际系统内,24%的城市车辆出行集中在这个范围内(USDOT,FHWA,2001)。

第二项行动是确定大都市区高速公路线路,即为1956年公路信托基金设立选择优先考虑城市路线位置。在当时,联邦政策要求由地方官员确定精确的城市高速公路线路安排,因为城市"路线应该作为城市交通总体规划的一个完整部分来选址和规划"(Clark,1955,p.A-10)。1955年国会并没有颁布关于投资州际公路系统的法案,部分原因在于许多来自城市地区的国会议员认为其在很多方面看来是一项农村计划。因此,为了得到国会议员关于州际公路资金的提议,美国联邦公路局(BPR)忽略了关于地方高速公路路线选定的联邦政策。在1956年联邦高速公路审议出台之前的几个月内,美国联邦公路局匆忙指定了所有的城市州际线路,以此来表明州际公路将覆盖大多数城市国会议员的选区。

(四) 结论

伴随着 1956 年联邦公路法案的出台，地方交通规划和多种交通模式本质上被排除在城市高速公路发展之外。9∶1 的资金配比强烈地阻碍了平行设施的发展（干线，快速路，高速公路和公交线），美国联邦公路局为 1956 年国会协商提前准备的，即抢先指定的城市州际线路正好与 1944 年州际公路系统规划相抵触。随着资金规划以及高速公路开发控制权由州公路部门掌管，都市高速公路进入大量建设阶段，美国的城市也逐渐转变为通过高速公路连接而形成的汽车导向型的郊区网络形态。这种转变主要由交通投资的地缘政治所决定。

在"二战"后大规模都市区高速公路发展的 30 年之后，大都市区高速公路资金和建设呈现出衰退的状态。然而自 20 世纪 70 年代开始，公共投资交通系统出现明显地增加。在一些大都市区域，现在公共交通支出超过了大都市区公路支出。主要原因在于许多人认为，与新的高速公路相比，新的公共交通线路和站点对社会和环境的入侵程度较少。因此，我们现在转向研究一个公共交通投资地理学的案例。

四、案例研究：公共交通投资地理学

美国公共交通的故事是一个正在发生的财政危机案例之一。这些危机反过来塑造了城市公共交通地理学。在 19-20 世纪之交，寻求利润的有轨电车将线路延伸到城市边缘，之后美国开始出现城市郊区化进程（在第三章讨论过）。20 世纪大多数时间里，公共交通的出行份额不断下降，这是由于私人车辆开始兴起并成为主要的出行方式，不断分散了大都市区域范围。持续减少的市场份额急剧降低了过去这一利润驱动产业的金融稳定性，需要补充和不断增加每位乘客的公共补贴。今天，围绕公共交通投资地理分布的政治斗争已经创造了一个高度资本化的产业，并趋向于强调新装备和具有明显政治意义的工程，而不再是成本效益运营。结果，在很长时间里，公共交通产业的财政稳定性难以捉摸。因此，本节回顾了公共交通产业财政艰难的困境起源以及今天在公共交通系统配置和执行中补贴计划所产生的影响。

(一)财政困难的私有起源

许多人会惊奇地发现,今天大多数大型公共部门拥有和运营的公共交通系统起源于私有的系统,并以赢利为目的。在19-20世纪之交,多样化的私人路面电车运营者服务在多数美国大城市。20世纪50年代晚期,城市公共交通系统几乎完全由私人管理和运营。然而到70年代,这个产业转变为几乎完全由占比重较高的公共部门所有和运营。

20世纪前1/3时间里,大都市区扩散、小汽车带来的不断增加的竞争、激烈爆发的劳工潮以及费用与服务的紧缩联合起来在财政上压缩了私有交通系统。当1922年有轨电车的运量达到顶点时,而在17年前,也就是1905年,对有轨电车扣除通货膨胀后的投资金额就已经达到了最高点。始于1913年的收入成本比[①] (fare-box recovery)开始长时期的衰落。1916年有轨电车在全国均处于净投资缩减状态,意味着公共交通股权逐渐消亡,其速度快于通过重新投资被取代的过程。运营支出通常很容易解决,但是利润一般会被投资其他地方(Jones,1985)。

在20世纪30年代经济大萧条时期,20年代已经开始显现的公共交通运量的流失速度陡然加快。城市公共交通第一次进入到客流量持续下降阶段,私有有轨电车公司的财务状况相当糟糕。为获得资本,许多有轨电车运营商选择了一种短期战略,即放弃需要高额维护和复兴的有轨电车和线路,而选择公共汽车。从长运来看,在客流量高的线路上,有轨电车比公共汽车的运营成本更低,但是它们要求更多的初期资金投入。公共汽车的运营成本通常更贵,然而它们避免了延伸和维护路权所支付的高成本。在许多案例中,为获得资助,公共汽车取代了有轨电车;在这些线路上,转向公共汽车的短期财政战略迫使有轨电车运营者面临长期的财政劣势(Saltzman,1992)。

(二)公司阴谋抑或财政必然?

在财政收入下降的背景下,关于有轨电车终结的阴谋理论开始出现。也许在城市交通中,阴险的公司密谋通过系统破坏一个世纪之前几乎覆盖每个美国城市

[①] 定义为车费收入占运营成本的比例。

的有轨电车系统,从而迫使美国人使用私人小汽车,没有比这更持久的故事了。1939年,由通用公司(GM)领导的一项公司合并组成一个名为"国家城市线路"(National City Lines)的控股公司,这家公司最终兼并了美国100家有轨电车公司,并将它们转变为利用柴油公共汽车运营(General Motors Corporation,1974)。10年后由于介入"全国城市线路"公司,通用汽车及其合作伙伴被发现违背了谢尔曼反托拉斯法案而背上"阴谋"的烙印(Plane,1995)。但是这些大公司共谋达到何种目的已经成为值得讨论的主题。

1974年,布拉德福·斯内尔提交给美国参议院司法委员会一份反托拉斯和垄断法案,宣称通用公司及其同盟者成功地利用"全国城市线路"公司破坏了原来可行的公共交通系统,迫使人们使用小汽车(Snell,1974)。虽然少数学者支持斯内尔的观点(Yago,1984;Whitt,1982;Whitt & Yago,1985),但大多数有关这一问题的研究对斯内尔的版本并不友善(Adler,1991;Bottles,1987;Brodsly,1981;Hilton,1985;Jones,1985;Richmond,2005;Slater,1997)。

众人可以清楚看到的是,至少在"全国城市线路"公司组成之前的1/4世纪里,有轨电车的财政收入开始下滑,20世纪30-40年代转变为采用橡胶轮胎车辆成为产业内普遍现象。换言之,即使没有被全国城市线路公司购买的有轨电车系统中,破产和柴油公共汽车服务转型速度与全国城市线路公司相似。一些学者认为全国城市线路公司最大的影响是促使有轨电车转型为更脏、噪音更大的柴油公共汽车,而在客流量较大的线路上,没有采用更清洁、更安静的电动公共汽车(Jones,1985;Richmond,2005)。但是完全没有证据表明20世纪中间的1/3时间里,大都市区电车道的下降和小汽车的兴起是由全国城市线路公司阴谋谋划造成。

(三)私有公共交通下降和公共补贴提高

战争时期的就业与石油、橡胶和小汽车需要的金属配给,明显增加了"二战"时期公共交通客流量,但是公共交通系统中私人投资并没有与战争相关的运量相匹配。战争结束后期,包括车辆、轨迹和悬链线等股本都遭到很严重地破坏。当战时对小汽车的限制升级时,公共交通客流量出乎意料地减少,公共交通系统中私人投资则完全地收缩。战后十年,全国范围内的客流量从每年约240亿乘客降至每年约100亿乘客,年降幅为7.5%(图11.5)。

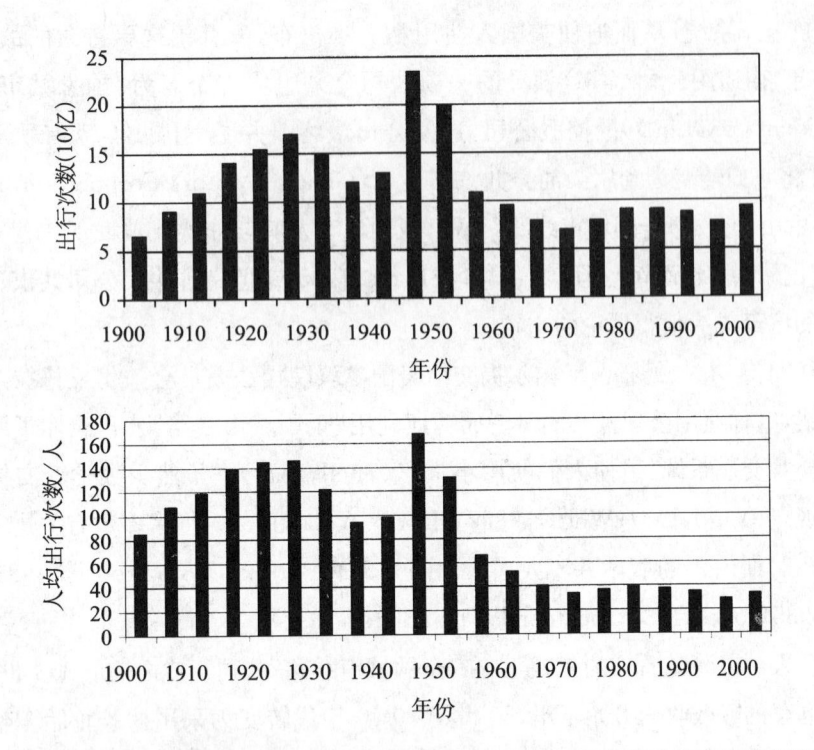

图 11.5 上图：1900-2000 年的公交出行次数，下图：1900-2000 年的人均公交出行次数
资料来源：American Public Transportation Authority(2000)和 U. S. Bureau of the Census(2003)。

1956 年州际公路计划投资之时，大部分私有公共交通系统或破产或被束缚。在大城市市长的迫切要求和其他大都市区利益驱动下，联邦政府在 20 世纪 60 年代早期开展了一项针对公共部门拥有的公共交通系统的资本金补助计划。直到 1964 年，仅将几个最大城市的公共交通系统转化为公共所有，大部分公交系统需要票价外的补助，支持所有运营。与之对比的是，在略小一些的城市中大部分破产的公共交通系统几乎消失(Saltzman,1992;Wachs,1989)。

来自 20 世纪 60 年代开始的试验表明，联邦政府对城市公共交通的支持快速地增长。70 年代晚期，联邦政府成为城市公共交通的首要财政支持者。自 1961 年开始对公共交通和相关计划实行联邦资助以来，公共交通系统的联邦资助总额超过了 1 500 亿元(American Public Transportation Association,2003b;Li & Taylor,1998)。然而，伴随着对税收、开销和预算赤字的关注，国会和最近的管理部门聚焦于资助限额或者减少公共交通的联邦补贴,特别是运营方面。例如,自1980年开始以来里根政府提出一项公共交通政策,将不断增加私有公司参与公共交通服务幅度,并在保证基本建设津贴完整的基础上,将逐渐减少联邦运营补贴(Menzies et al.,2001)。

今天,几乎美国所有公共交通服务都得到了大幅度的补贴。在全国范围内,票价收入抵消了不到40%的运营成本,本质上没有抵消任何的资本成本(如为车辆、车站或者设施等)。超过票价收入以及其他收入(如来自租船服务和广告)的管理和资本补贴都来自地方、州和联邦政府,其数额非常巨大。在2001年地方、州和联邦政府全部的公共交通补贴中,144亿元投入运营以及108亿元作为资产,平均下来每个乘客出行补贴2.48美元(American Public Transportation Association, 2003b)。

2001年超过1/3(34.5%)的公共交通运营税收来自地方和区域补贴,超过来自州政府补贴的21.8%。联邦政府不再提供给大都市区公交运营者以运营补贴,因此2001年全国范围内联邦来源仅占公共交通运营收入的4.8%(American Public Transportation Association, 2003b)。

与联邦政府在补贴公共交通运营上扮演更小的角色形成鲜明对比的是,2001年联邦补贴占所有公共交通投资资本金的一半多(50.5%),来自税收、债券销售和其他构成的地方/区域资金占资本金的40.1%,州政府资助补偿了其余的9.3%(American Public Transportation Association, 2003b)。

(四) 公共交通目前财政困难的原因

尽管数十年间公共财政支持不断增加,但美国公共交通系统仍然不断失去了大都市区出行市场份额。虽然20世纪90年代期间全部运量上升到4.2%,但由于私有车辆出行速度更快,大都市区个人出行的公共交通份额下降。进而,在这一时期内为支持这一适度增长,公共交通客流量的通货膨胀调整性公共支出提高了18.8%(图11.6)(American Public Transportation Association, 2003a)。为什么公共交通产业的财政稳定性如此难以捉摸?下面列出了五方面因素来帮助解释美国公共交通系统面临的长期性金融难题。

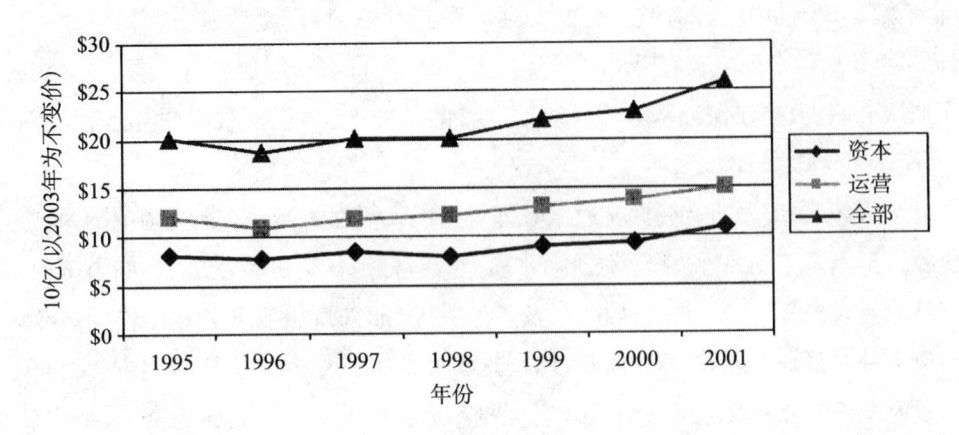

图 11.6　1995-2001 年以不变价计算的投入资本和运营补贴

资料来源：American Public Transportation Association (2003b).

1. 私有车辆的市场和公共交通市场份额丢失

20 世纪初，汽车是有钱人的娱乐玩具，而到了 21 世纪初，它们变成在大都市区生存的几乎不可或缺的工具。根据美国人口普查数据显示，1960 年每 100 户家庭拥有 34 辆汽车。到 2000 年这一数字增加到每 100 户家庭拥有 190 辆汽车 (USDOT,2001)。据 2001 年全国家庭交通调查显示，2000 年 86.4% 的大都市区出行是利用小汽车，而利用公共交通的仅占 3.2%(USDOT,2001)。

随着时间推移除了全面失去市场份额外，公共交通出行类型也发生了转变。100 年前，公共交通在所有的出行类型中占有很大份额，如工作，购物，娱乐等等（都利用公共交通）。伴随小汽车的出现，娱乐出行方式由利用公共交通转为利用小汽车出行。紧接着是购物出行，个人事务以及大多数的郊区间出行。今天，公共交通和私有车辆在两个主要市场竞争：缴纳停车费的中央商务区通勤者以及由于年龄、收入或残疾等原因而对汽车使用受到限制的人(Rosenbloom & Fielding, 1998)。

对这两个出行市场（市区的通勤者和依靠公共交通的群体）的依赖造成公共交通服务的成本很大。市区通勤者出行一般采取工作日早晨进入，下午返回的方式，这种出行表现为空间集中（去往大的商业区）、方向性（早晨进入、下午返回），时段性（工作日早晨和傍晚）。与之相对，依赖公共汽车对汽车使用受到限制的人倾

第十一章 城市交通投资地理学

于聚居在低收入地区，他们利用公共汽车的方向性和时段性集中程度要低于往市区的通勤者(Rosenbloom & Fielding,1998)。

这种对公共交通服务的空间、方向和时段性集中的要求产生了公共交通系统严重的高峰问题。许多系统经历了在特定线路拥挤(特别是高峰时段)，但是在其他地点、其他方向和其他时段需求较低的状况。因而许多汽车和驾驶员需要确保满足公共交通服务的高峰需求，在高峰之外则处于空闲。公共交通需求的高峰至少在三个方面影响了成本：

空间高峰　虽然公共交通服务需求趋向于集中在市区和低收入地区，但地方政府官员通常要求公共交通运营者不管需求的多少，提供给服务区内每一部分一种最低的服务水平。既要提供足够的需求导向的高峰服务，又要提供一个可接受的覆盖网络，这样做费用昂贵。尽管为市区通勤者设置了较为集中的站点，为公交依赖者也提供了相应的集中站点，但由于目前大都市区的增长和扩散，造成了所有公共交通用户平均出行距离不断增加(FTA,2001)。一般来说，长距离出行比短距离出行要贵得多(尽管公共交通成本更多地由出行时间而不是出行距离来决定)。当出行距离较长时，席位复用较慢，需要更大的容量来容纳特定的乘客(Taylor,Garrett & Iseki,2000)。

方向高峰　公共交通服务需求趋向于早间到达市区和其他主要活动中心的线路达到最高峰，下午则远离这些中心。在高峰方向增加服务的边际成本更高，因为当公共汽车在非高峰方向产生回程运费时，这一附加的服务就没有被充分地利用。结果是，即使在高峰时段，大部分公交容量也没有得到充分利用。这种方向峰值在快速公共汽车和通勤铁路线路上表现得尤为明显，它们提供了从边远地区驶向商业中心的长距离快速路行驶(Vigrass,1992)。例如，一些通勤铁路列车仅限于在每个工作日早晨驶入，每个工作日晚间返回，因而提供这项服务需要的劳动力和设备成本仅由相关的小部分乘客承担(Jones,1985;Taylor et al.,2000)。

时段高峰　高峰时期公共交通成本较高，原因在于高峰和非高峰出行间的边际成本存在差异。通勤者出行已经在所有公共交通出行中占有越来越大的市场份额，在中午、晚上和周末出行的相应需求已经下降。结果是许多公共交通系统在高峰时段拥堵，而在其他大多数时间里容量没有被充分利用。在非高峰时期，服务需求通常远低于系统最大容量；由于另有车辆和受训的驾驶员随时待命，因而增加额外服务的边际成本较低。然而在高峰时期,大部分车辆和驾驶员都已经投入到服务中,因为增加服务通常要求额外的车辆和另外雇佣和培训驾驶员,因此增加高峰服务的边际成本高(Charles River Associates, Inc., 1989; Parody, Lovely, & Hsu, 1990; Saltzman, 1992; Taylor et al., 2000)。

2. 费用的公共规划阻碍有效性

公共交通出行成本因方向、时间、方式差异巨大、大多数公交系统使用单一票价以及不限行程车票,这使得用户体会不到这些成本差异。私有公共交通的政府管制最早和最持久的影响之一是单一低票价。不仅票价低,而且资费单一,意味着费用不随距离而变。随着城市蔓延,公交线路也同样延伸,意味着每英里出行的平均费用开始随时间下降。虽然长距离的从郊区到中心城市的乘客在单一票价政策中获益,但是这种单一票价制已经成为公共交通系统的固有特征,它很难在政治上被改变(Jones, 1985; Koski, 1992; Wachs, 1989)。

经过数年的下降,通货膨胀调节票价在90年代上升了5%,平均每次出行成本低于1美元(APTA, 2003b)。最近发展起来的"灵通卡"和其他收费工具使得非高值折扣价和基于距离的公交付费很容易实现(Fleishman, Shaw, Joshi, Freeze & Oram, 1996)。但是实际上,系统趋向于加大了不限行程票(每日、每周、每月等)间的差异,且实际上正在远离换乘收费和基于距离定价。1990-2001年,采用换乘收费的公共交通系统数量从29%降到20%,而采用基于距离费用形式的系统数量从39%降至32%。2001年仅7%的美国公交运营商汇报有一些高峰时段征收附加费(或者,以另一种方式,非高峰折扣)(APTA, 2003b)。

3. 工作原则和高峰

在早期的电车时代,低工资和长时间工作非常普遍,因此有轨电车职员率先组织了全国联盟。公交产业中劳动力结构和工作原则很早就在许多最古老和最大的公共交通系统中建立了。例如,两人合作驾驶继承自马车时代,驾驶员们需要全神贯注地指挥马队。虽然不断改进的自动控制装备可以实现在接下来的电动汽车里只需一名驾驶员/运营者即可,但是这种一名驾驶员的转型遭到强烈地反对。有些时候,公共交通公司仅仅为消除两人驾驶而更改公共汽车运营线路(Black, 1995; Jones, 1985; Saltzman, 1992)。

今天,许多大型公交系统的工作规则保证了大多数劳动力全职工作。这样的规则和不稳定的运输服务需求越来越不相一致。如果驾驶员在高峰时期提供了额外服务,按照劳动力协议,要求这种兼职服务要按全职服务来支付工资,那么提供高峰服务的成本将增加得更多。有关公共交通劳动力分配成本的研究提出,相比于提高的工资和利润限定性的工作原则,大大提高了公交成本(Gray, 1992; McCullough, Taylor & Wachs, 1998; Menzies et al., 2001; Saltzman, 1992)。

4. 城市扩张的压力

19-20世纪之交,有轨电车系统的快速扩张是非常普遍的投资。投资者通常会购买城市边缘的未开发土地,将土地细分为居住区和商务区,将已有的电车线路延伸到细分土地,增加可达性,提高土地销售价值。除了房地产开发,许多公交公司也会销售电力,因而被视为早期的电力效用公司(Jones, 1985; Saltzman, 1992)。

汽车拥有量的提高、收入的增加和购房者容易获得贷款变量的扩展促进了家庭,这同样影响到了驾车出行。这些趋势增加了政治压力,即在保持单一票价的条件下,将公交线路延伸到更新的、更低密度的郊区。今天,大多数新的公交系统出现在低密度郊区。这些系统通常能够比更古老、更大的中心城市公交系统提供更低的成本花费,具有代表性的是每单位服务运量水平非常低。然而将这种没有收益的服务延伸到偏僻、低密度地区的政治驱动力仍然在增加(Kirby, 1992; Taylor & McCullough, 1998)。

5. 慢性过度投资

一个世纪以前,即使管理得当的电车公司也经历了过度投资。除了上面描述的土地发展计划中,部分服务存在投机扩展行为,私有公共交通系统经常会互相竞争,争取获胜成为城市最繁忙商务走廊的唯一运营服务商。为了吸引来自最多客流量线路的消费者,一些系统在平行街道旁边竞相提供服务。为垄断这些竞争性服务,许多公交系统提供了其他服务,阻止竞争者发展竞争性线路。不管是何种情况,这一产业在早期经历了过度扩张、过度投资和投资者信心过足(Jones, 1985; Saltzman, 1992)。

在如今的公交补贴时代,公共交通产业也经历了过度投资,但原因与本章前面讨论的公共交通投资政治学相关。早期公共交通系统的联邦补贴强有力地指向了资本方(例如,车辆和基础设施),而不是运营(例如,工资、燃料和维护)。虽然联邦补助能用来支援运营成本,但是1974年开始,联邦援助被限定为运营成本的

50%，1998年大城市被取消了运营援助计划。联邦政府对运输设施和设备的补助能够抵消成本的80%，要求由州和地方政府仅配套20%的资金（Kirby，1992；Taylor & Garrett，1998）。许多观察家认为资本支出上的政治性强调通过鼓励系统用资本来取代劳动力（即使这样做不经济），造成公交系统低效率。许多分析家同意公交补贴阻止了运量流失，但是以生产力下降为代价（Gomezlbanez，1996；Pickrell，1986；Wachs，1989）。

（五）公交成本高峰效应测量

许多私有部门的交通管理者也许会惊奇地发现，其公共部门的职员经常会对公共交通服务的成本知之甚少。例如，航空公司和私人船舶公司开发了高度复杂的模型来估算每季度、一周中每天、一天中每个时刻，方向和方式不同的情况下，运载乘客或货物的成本差异。

与之相反，公共交通管理者一般仅有服务产业相关预算投入的基本信息。也许有人会提出争议，作为公共性补贴服务，公交系统不必要同利益驱动的私有商业活动一样，关注于这些细致的成本估算。但是公共交通的广泛社会政策目标不会回避成本降低信息的需求，以指导管理者、公交政策委员会和投资机构。例如，大多数政策委员会采用的票价结构，没有一个对乘客间和出行间服务成本的清晰理解。同样地，在增加和减少高峰时段或高峰值服务的决策上，公交管理者和委员会通常没有或者没有完全考虑这些改变带来的成本节约。

除了上面讨论的高峰带来的公交成本差异外，不同形式的公交服务——公共汽车，铁路，货车等成本区别也非常明显。然而大多数公交运营商者采用的成本估算技术没有表现出这种差异性，也没有结构化以区分出全成本估算和边际成本的不同。

一项来自洛杉矶大都市交通局（LA MTA）最近的成本研究数据阐明了这一观点。提供公交服务成本估算的经典模型和一个更复杂的模型进行了对比，并都考虑以下情形：①年度车辆和非车辆资本成本；②高座位容量电车（现在称为轻轨）；③一天中不同时段成本变化。图11.7总结了对比结果。

这种对比提出公交运营商倾向于过高估算提供非高峰服务的成本，过低估计了高峰服务的成本。除此之外，由于忽略轨道线路的资本成本（大多由联邦性补贴

第十一章 城市交通投资地理学

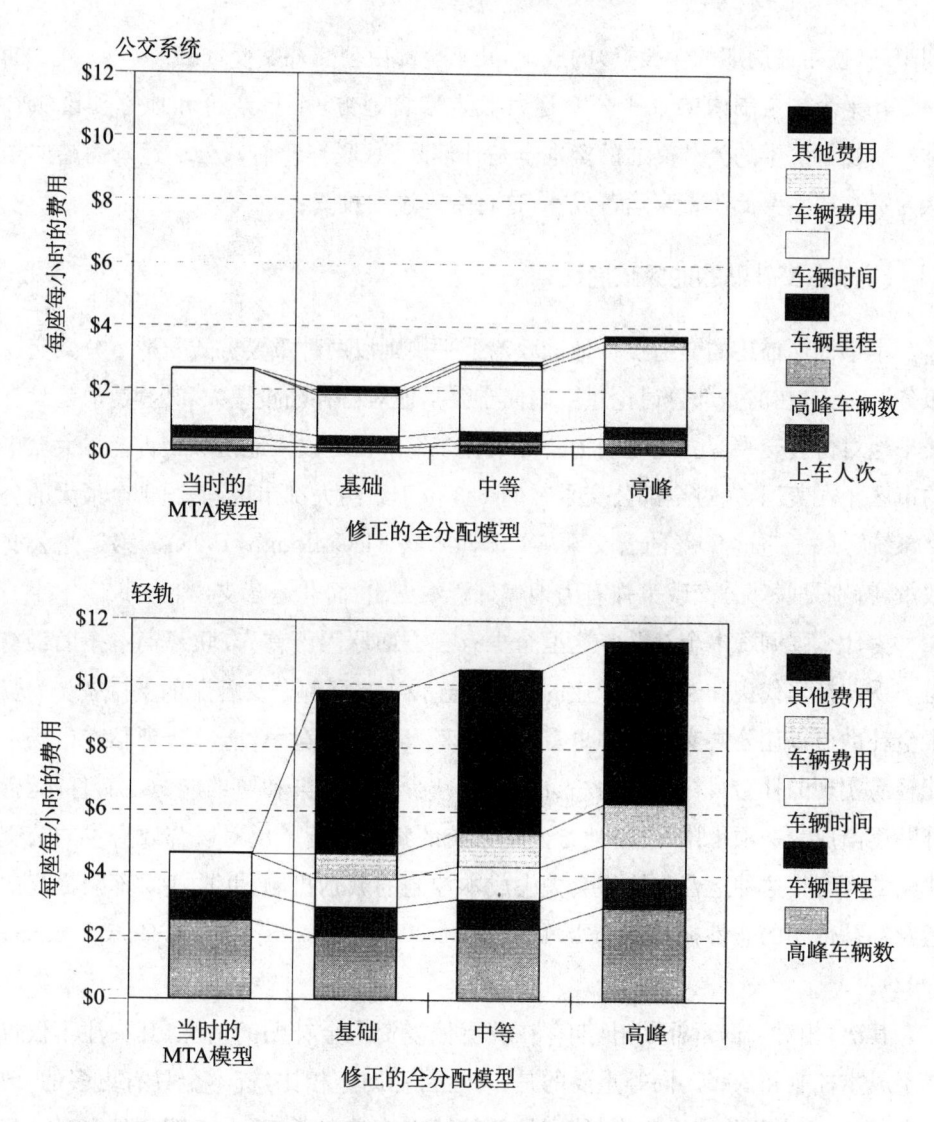

图 11.7 利用 LA 和 MTA 模型及完全分配模型预测的公交系统与轻轨成本比较

资料来源：Taylor, Garrett, Iseki(2000).

提供)，公交运营商趋向于充分地低估轨道交通服务成本。为什么在公共汽车和轨道交通之间存在着明显的资本成本差异？因为公共汽车行驶在其他税种赞助的街区和高速公路上：地方街区的所有权拥有者(通过财产税收)和高速公路私有车辆运营者(通过汽车燃油税)。以轻轨线路作为另一个案例，路权、车辆、架空接触网和车站(按生命周期的年投资)的成本,几乎全部由公交补贴投资。

几乎全国范围内的 3/4 公交运营收入来自地方(来自票价和地方和区域补贴),而超过一半的公共交通的资本全是外部来源(联邦政府),公交运营商趋向于认为资本成本要低于带来运营成本,这将带来过度投资。

(六) 公交补贴的地缘政治性

本章前面描述的交通投资地缘政治公平规则以两种重要方式塑造了公共交通服务。首先(在前一部分讨论过),趋向于公平地对待补贴投票人和区域,但是没有公平地对待公交乘客。这是因为公交乘客多集中在低收入地区和最古老最大城市的市区。在美国,超过全部公交乘客的 1/3 位于纽约大都市区,美国十个最大的公交系统运载了超过 60%的公交乘客(Taylor & McCullough, 1998)。第二是公交政策,特别是联邦公交政策强有力地偏好资本支出,而非运营支出。

为什么强调资本金补贴?这里至少有三方面原因。首先,联邦资本援助最初是一项扶持恶代型和衰竭型产业的短期资金投入。联邦公交补贴的支持者认为资本金补助可以让公共交通能够更有效地与私人小汽车竞争,能够达到私有市场不能轻易实现的社会目标,例如收入再分配,减少空气污染和节约能源。而且,运营补贴逐渐成为一项承诺,支持地方公交系统的每日运营。反对联邦政府参与公交津贴的人害怕这种运营支持将会失去成本控制的激励机制,并造成对不断提高的运营补贴依赖的恶性循环(Black, 1995; Li & Taylor, 1998; Wachs, 1995; Weiner, 1992)。

其次,相对于运营补贴,长期存在着更偏爱资本金补贴的情况,其关注不仅仅在于成本控制和依赖。同等重要的是,与运营补助金相比,资本金具有更多的"政治含义"。重大公共交通工程,特别是新的城市轨道交通工程,大部分是由联邦资本金补助来投资。这些工程受到了地方投票人、地方官员和地方国会议员的欢迎。新的城市轨道交通线路、公共交通线路和公交车辆维护设施是鲜明的公共投资,实现了政治诺言并完成了使命(图 11.8)。新城市轨道交通车站的建成剪彩吸引了媒体注意;不断提高的联邦运营支持所带来的地方公交线路上更多的服务则一般不会被关注。

第三,关注不断减少的联邦支出也与联邦运营补贴相悖。1974 年的国家大众

图 11.8 新有轨电车服务尽管建设成本较高,但被证实为在政治上是受欢迎的,图中所示为洛杉矶

运输援助法案第一次对公交运营给予联邦援助。1975-1980 年,联邦运营补贴逐年提高,从每年 3 亿美元增加到每年 11 亿美元(Li & Taylor,1998)。20 世纪 80 年代早期,联邦支出的快速增长引起了里根政府、国会和分析家的关注。许多反对者抱怨联邦运营补贴带来了成本的迅速增加,公交运营商和他们的雇员没有获得同样比例的收益,也没有给出行人提供更多、更好、更便宜的服务(Li & Taylor,1998;Pickrell,1986)。结果是,自 20 世纪 70 年代晚期联邦运营支持面临了巨大的压力,导致 1998 年取消了人口超过 20 万大都市区公交服务的联邦运营补贴(Garrett & Taylor,1999; Price Waterhouse LLP,Multisystems Inc. & Mundle & Assocoates,1998)。

(七)着重强调资本金补助

与最近逐渐淘汰的对公共交通的运营支持相反的是,对公交资本支出——包括车辆、设备、站点等联邦支持已经有所增加。1998 年,针对立法者在法案中特别提到的公交资金计划,联邦地面运输法案(TEA-21)明显地增加了联邦补贴(Garrett & Taylor,1999)。许多人争论到,强调联邦计划中的资金支出,造成了公交运营商不能积极地去寻找更高效、资本密集度低的服务。例如,皮克里尔(Pickrell,1992)回顾了过去 20 年里,美国八座城市中利用充足的联邦资本金补助建造的城市轨道交通工程的成本和执行情况,发现许多工程成本远远超出了内部估算,并且吸引的乘客远少于工程预计量。他总结说,强调联邦公交计划的资本支出,特别对那些要求地方资本配套少的许多新城市轨道交通工程,使得地方官员不会谨慎地考虑选择较低成本的替代工具,而更多的是选择大的新公交工程。

在全国范围内,公共汽车又一次承载了超过一半(52.9%)的乘客,相当于所有轨道交通方式的总和,而大多数城市轨道交通乘客位于纽约大都市区。但是多年来公交资本金补助总是倾向于投入到轨道交通上。大多数情况下新线路和系统位于密集发展的、公众友好的纽约地区之外。例如,2001年超过2/3(71.1%)的运营补贴支援了公共汽车服务,超过2/3(68.4%)的建设津贴投入到轨道交通上。造成的结果是,1991-2001年,公共汽车服务总车里程收入仅增加了17.3%,而在此期间,城市轨道交通服务总收入增加了22%(FTA,2001)。图11.9概述了这些模式,给出了1992-2001年10年间的乘客出行、资本收入和运营收入的份额。

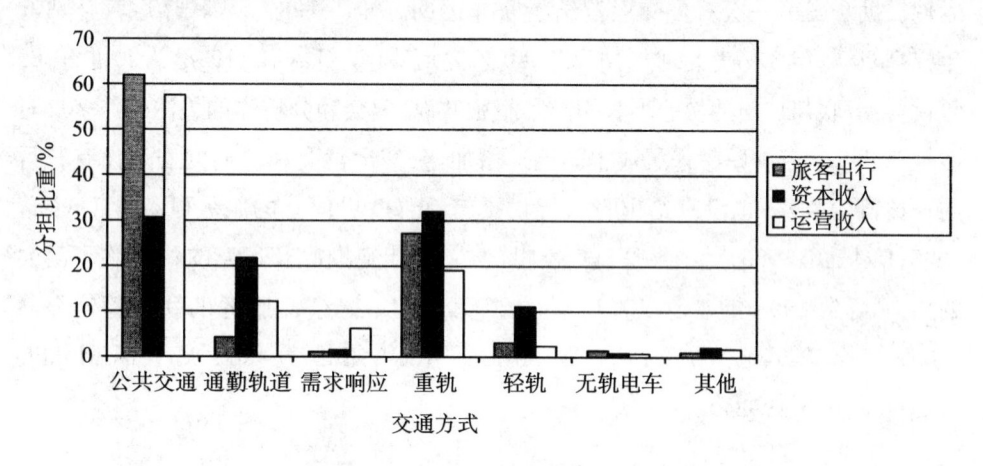

图 11.9　1992-2001年美国不同交通方式的乘客出行比例、资本及运营收入比较
资料来源:American Public Transportation Association (2003a,2003b).

弹性联邦资金也偏好资本密集型计划。自1998年开始,轨道交通现代化和新开工项目得到了80%的资金支持,公共汽车资金工程获得了其余20%。例如,在2003年30亿美元的预算拨款中,美国联邦公共交通管理局分配了24亿美元给固定导轨的轨道交通现代化工程和新开工轨道交通项目,但仅分配了6.07亿美元给与公共汽车相关的工程(FTA,2003)。

除了联邦资金运作机制外,州政府也对公交投资做出了大量的贡献,同样伴随着公交补贴分配的强烈地域限制。例如,加利福尼亚政府对公交给予补贴,但是不允许州内一个县筹集的销售税投入到另一个县;在县域之内(只有一个例外),州法律仅依据服务范围人口数分配公交资金,而不是依据其运量。尽管人口多、更密集的区域拥有更大比例的公交乘客,然而公交补贴分配原则偏好公交运量少、小型众多的郊区地区。结果,公交补贴趋向于在选举人间公平分布,但是在公交客流量上则相当不公平(Taylor,1991)。

(八) 概述:公交补贴地理学

公共交通投资地缘政治性与公交运量地理性不一致。今天,公交客流量集中在美国最古老城市中心的最大公交系统中。并且,低收入的公共汽车乘客在公交客流量中占相当的比重(特别是在纽约市外)(Giuliano, Hu & Lee, 2001)。然而,公共交通投资的地缘政治性考虑了一切情形,但不可能在空间上按照公交使用情况集中公交补助和服务,取而代之,公交补助跨界流动,不按比例地投入到政治性明显的资本工程。

联邦和州公交补贴政策的共同影响在于,美国许多南部和西部成长中的城市,如迈阿密、波特兰(俄勒冈州)和圣何塞市,近年来已经修建了新的、大量补贴投入的城市轨道交通系统,尽管大多数城市轨道交通乘客仍然集中在纽约地区。进一步来说,在大都市区内部,强有力的政治压力使得区域内广泛享有公交补贴,这明显增加了客流量少的郊区公交服务。公交补贴计划受到欢迎说明它们体现了良好的政治性。但是依据表11.1中概述的交通系统效率、影响力和公平性的测度,它们强调了郊区和高成本服务下,这些服务主要提供给大部分公交客流量(主要是CBD附近的通勤者和没有汽车的人群),一点也不价廉物美。

五、结论:面向未来

纵观城市交通投资地理学,未来我们将会看到怎样的趋势? 首先,也许是最重要的,交通投资地缘政治牢固地树立在各级政府部门中,未来也将如此。这意味着交通系统公共投资将继续地、并且越来越多地由围绕资源空间分布的政治斗争决定，而不是其他的因素，例如交通系统使用，成本或者支付能力等来决定。

关于大众关心的高价交通资本工程正面临着一些引人注目的挑战。20世纪60-70年代，美国市民和环境保护组织提出的"高速公路反抗"运动中止了一些城市——如波士顿、新奥尔良、里诺和旧金山等地已明确要建设的高速公路工程。这些社会运动导致政府减少了对大都市区高速公路发展投资的支持，而转向增加公共交通系统投资(Taylor，1995)。最近，公交乘客拥护组织对亚特兰大、底特律、纽约、费城以及著名的洛杉矶等地的公交票价提高以及服务下降提出了质疑。1994年，人权拥护联合组织针对洛杉矶大都市区的一项票价提高提议提起了联邦人权诉讼。原告宣称洛杉矶大都市区提高了票价，而对地方公交系统(大部分客流量是贫困人群和少数民族)给予非常少的投资，将资源投入到新铁轨道交通和通勤者服务中(不成比例地使高收入者和多数乘客受益)。洛杉矶大都市区否认了这些指控，这项诉讼于1996年得到判决，洛杉矶大都市区要在10年内限制提升票价，并且提高地方公交服务(Brown，1998；Grengs，2002)。

尽管针对现状存在诸多立场鲜明的挑战，但是对花费在运营和维护的交通资本投资的强调丝毫没有减弱。当交通系统过度投资具有明显的经济低效率时，它仍然在政治上受到欢迎，这可能还会保持这样的状态。这就意味着交通投资将继续强调计划、线路和方式，而不是综合系统，强调支出而不是节约。

最后，偏离用户费用趋势(如汽车燃油税、按照距离计算的公交车费)也将继续下去，至少在短时期内仍不会有变化。这就意味着交通投资将更多地来自一般性公共财政工具，如一般债券和销售税等。这种发展趋势受到了当选官员和投票人的欢迎，但是它可能减少交通系统的经济有效性和社会公平性。经济有效性降低了源自债券和销售税将出行者支付的价格和他们产生的社会成本分离开来。社会公平性下降是因为交通投资的相对负担转向了低收入人群(支付了更高比例的销售税)和交通系统使用不广泛的群体。

然而，从长远来看，新进技术和电子支付系统的推介将开始一轮回归用户费的潮流。新进技术，如汽油—电混合发动机和燃料电池，将进一步消减汽车燃油税以保证车辆出行增长。当出行人经过收费口或者路上收费台时，灵通卡支付媒介能够远程扣除费用，这项技术将得到广泛推广。与之保持一致的是，这些发展引导了一个"容易支付"和用户费筹集费用便宜的时代，取代了我们目前用以投资交通的燃油税、销售税和其他税种。这种支付系统允许对道路、公交服务等反映个体出行者产生在交通系统上、其他用户上以及社会上的边际成本进行收费。反过来,也鼓励了出行者在容量允许时,随时随地利用交通系统;同时也给了出行者一个信号,要在高峰需求的地点和时间里更明智地利用道路和公共交通。这些变化将增加交通投资的经济有效性和社会公平性,但是广泛使用这种用户支付系统仍需要十年甚至更久的时间。

　　本章中我们"跟随货币"来讨论,交通投资的政治地理性已经极大地影响了城市交通系统配置、城市出行以及大都市区发展模式。我们回顾了:①引导交通系统中公共投资的经济和政治因素;②城市交通投资原理的概述;③财政政治在塑造大都市区高速公路发展过程中的作用;④投资在塑造城市公共交通系统中的作用。总之,这些回顾表明城市交通地理学在很大程度上是由城市交通投资地理学所决定。

参考文献

[1] Adler, S. (1991). The transformation of the Pacific Electric Railway: Bradford Snell, Roger Rabbit, and the politics of transportation in Los Angeles. *Urban Affairs Quarterly*, 27, 51-86.

[2] Altshuler, A. (1965). *Locating the intercity, freeway*. Indianapolis: Published for the ICP by BobbsMerrill.

[3] American Public Transportation Association. (2003a). *Public transportation ridership statistics*. Available online at http://www.apta.com/research/stats/ridershp.

[4] American Public Transportation Association. (2003b). *Transit statistics*. Available online at http://www.apta.com/research/stats

[5] American Public Transportation Authority. (2000). *2000 transit fact book*. Washington, DC: Author.

[6] Bernstein, C., & Woodward, B. (1974). *All the president's men*. New York: Simon & Schuster.

[7] Black, A. (1995). *The history of urban transit: Urban mass transportation planning*. New York: McGraw-Hill.

[8] Boarnet, M. G. (1997). Highways and economic productivity: Interpreting recent evidence. *Journal of Planning Literature*, 11, 476-486.

[9] Bottles, S. L. (1987). *Los Angeles and the automobile: The making of a modern city*. Berkeley and Los Angeles: University of California Press.

[10] Boxer, B. (1998, July 14). *Boxer wins funding for Sacramento South Rail Extension:*

Senate Appropriations Committee approves $23.48 million for project. Press Release, Senate Office of Barbara Boxer (D-CA).

[11] Brodsly, D. (1981). *L. A. Freeway: An appreciative essay*. Berkeley and Los Angeles: University of California Press.

[12] Brown,J. (1998). Race, class, gender, and public transportation planning: Lessons from the Bus Riders Union lawsuit. *Critical Planning*, 5,3-20.

[13] Brown,J. (2001). Reconsider the gas tax: Paying for what you get. *Access*, 19,10-15.

[14] Brown, J. (2002). Statewide transportation planning: Lessons from California. *Transportation Quarterly*, 56, 51-62.

[15] Brown, J. , DiFrancia, M. , Hill, M. C. , Law,P. , Olson, J. ,Taylor, B. D. ,Wachs,M. , & Weinstein, A. (1999). *The future of California highway finance*. Berkeley: California Policy Research Center.

[16] Burch, P. H. (1962). *Highway revenue and expenditure policy in the United States*. New Brunswick, NJ: Rutgers University Press.

[17] California Department of Transportation. (1997). *Transportation financing—Vehicle miles traveled (VMT) measurement and assessment.* Sacramemo: California Department of Transportation, Transportation Planning Program.

[18] Charles River Associates Incorporated. (1989). *Transit deficits: Peak and off-peak comparisons* (CRA Report No. 784. 30C). Washington,DC: U. S. Department of Transportation.

[19] Chernick, H. A. ,& Reschovsky, A. (1997). Who pays the gasoline tax? *National Tax Journal*,50, 233-259.

[20] Clark, A. C. (1955, June 9). *Criteria for selection of additional Interstate System routes at urban areas*. Circular memorandum to Division and District Engineers, U. S. Bureau of Public Roads, Department of Commerce.

[21] Collier-Burns Highway Act of 1947. (1947). Sacramento, CA: State Printing Office.

[22] Congressional Quarterly. (1964). *Congress and the nation: A review of government and politics* (Vol. 1). Washington, DC: Congressional Quarterly Service.

[23] Deakin, E. , & Harvey, G. (1995). *Transportation pricing strategies for California: An assessment of congestion, emissions, energy and equity impacts* (Draft Final Report). Sacramento: California Air Resources Board.

[24] Dixon,J. (1997,January 27). Response by Congressman Dixon to "Perspective on Metro Rail: Red Line Should Follow Wilshire." *Los Angeles Times*, p. B7.

[25] Fairbank, H. S. (1937). Objects and Methods of the State-wide Highway Planning Surveys. *American Highways*,16.

[26] Federal Transit Administration. (2001). *National transit summaries and trends*. Available online at http://www. ntdprogram. com/NTD/ NTST. nsf/NTST/2001/ $File /01NTST. pdf.

[27] Federal Transit Administration. (2003). Department of Transportation Federal Transit Administration FY 2001 thru FY 2003 Budget. Available at http://www.fta.dot.gov/office/program/2003/budget.html.

[28] Fleishman, D., Shaw, N., Joshi, A., Freeze, R., & Oram, R. (1996). *Fare policies, structures, and technologies* (TCRP Report No. 10). Washington, DC: Transportation Research Board.

[29] Forkenbrock, D. J., Pogue, T. F., Foster, N. S. J., & Finnegan, D. J. (1990). *Road investment to foster local economic development.* Iowa City: Midwest Transportation Center, University of Iowa.

[30] Forkenbrock, D. J., & Schweitzer, L. A. (1997). Intelligent transportation systems and high way finance in the 21st century. In *Transportation Finance for the 21st Century, TRB Conference Proceedings 15* (pp. 73—82). Iowa City: University of Iowa, Public Policy Center.

[31] Garrett, M., & Taylor, B. D. (1999). Reconsidering social equity in public transit. *Berke-ley Planning Journal*, 13, 6-27.

[32] General Motors Corporation. (1974). The truth about *American ground transport: A reply by General Motors.* In Hearings *before the Subcommittee on Antitrust and Monopoly of the Committee on the Judiciary* (Appendix to Part A, pp. A107-A127). Washington, DC: US Senate.

[33] Gifford, J. L. (1984). The Innovation of the Interstate Highway System. *Transportation Rsearch A*, 18A, 319-332.

[34] Gillen, D. (1997, December). *Evaluating economic benefits of the transportation system.* Paper Presented at the Conference on Transportation and the Economy: The Transportation/Land Use/Air Quality Connection, Lake Arrow-head, CA.

[35] Giuliano, G., Hu, H., & Lee, K. (2001). *The role of public transit in the mobility of low income households, final report.* Los Angeles: Metrans Transportation Center.

[36] Goldman, T., & Wachs, M. (2003). A quiet revolution in transportation finance: The rise of local option transportation taxes. *Transportation Quarterly*, 57, 19-32.

[37] Gomez-Ibanez, J. A. (1996). Big-city transit, ridership, deficits, and politics. *Journal of the American Planning Association*, 62, 30-50.

[38] Gray, G. E. (1992). Perceptions of public transportation. In G. E. Gray & L. A. Hoel (Eds.) *Public transportation* (2nd ed., pp. 617-633) Englewood Cliffs, NJ: Prentice-Hall.

[39] Grengs, J. (2002). Community-based planning as a source of political change: The transit equity movement of Los Angeles' Bus Rider Union. *Journal of the American Planning Association*, 68(2), 165-178.

[40] Hill, M. C. Taylor, B. D., Weinstein, A., & Wachs, M. (2000). Assessing the need for highways. *Transportation Quarterly*, 54, 93-103.

[41] Hilton, G. W. (1985). The rise and fall of monopolized transit. In C. A. Lave (Ed.), *Urban transit: The private challenge to public transportation* (pp. 31-48). Cambridge, MA: Ballinger.

[42] Interregional Highway Committee. (1944). *Interregional highways* (House Document 379, 78th Congress, 2nd Session). Washington, DC: U. S. Government Printing Office.

[43] Jones, D. W. (1985). *Urban public transit: Economic and political history*. Englewood Cliffs, NJ Prentice-Hall.

[44] Jones, D. W. (1989). *California's freeway era in historical perspective*. Berkeley: University of California, Institute of Transportation Studies.

[45] Kirby, R. F. (1992). Financing public transportation. In G. E. Gray & L. A. Hoel (Eds.), *Public transportation* (2nd ed., pp. 445-460). Englewood Cliffs, NJ: Prentice-Hall.

[46] Koski, R. W. (1992). Bus transit. In G. E. Gray & L. A. Hoel (Eds.), *Public transportation* (2nd ed., pp. 148-176). Englewood Cliffs, NJ: Prentice-Hall.

[47] Kurtz, H. (1983, April 18). Buffalo: Great dreams, but greater needs. *Washington Post*, p. A4.

[48] Lawlor, M. J. (1995). Federal urban mass transportation funding and the case of the Second Avenue Subway. *Transportation Quarterly*, 49, 43—54.

[49] Lem, L. L. (1997). Dividing the federal pie. *Access*, 10, 10-14.

[50] Levy, F., Meltsner, A. J., & Wildavsky, A. (1974). *Urban outcomes: Schools, streets, and libraries*. Berkeley: University of California Press.

[51] Lewis, D. (1991). *Primer on transportation, productivity, and economic development* (National Cooperative Highway Research Program Report No. 342). Washington, DC: Transportation Research Board.

[52] Li, J., & Taylor, B. D. (1998). Outlay rates and the politics of capital versus operating subsidies in federal transit finance. *Transportation Research Record*, 1618, 78-86.

[53] MacDonald, T. H. (1936). *Roads we should have*. Address to the annual meeting of the councillors of the American Automobile Association, Washington, DC.

[54] MacDonald, T. H. (1954). *The engineers' relation to highway transportation* (Sixth Salzberg Memorial Lecture). College Station: Texas A&M University.

[55] Mastako, K. A., Rillet, L. R., & Sullivan, E. C. (1998). Commuter behavior on California State Route 91 after introducing variable-toll express lanes. *Transportation Research Record*, 1649, 47-54.

[56] McCullough, W. S., Taylor, B. D., & Wachs, M. (1998). Transit service contracting and cost efficiency. *Transportation Research Record*, 1618, 69-77.

[57] Metropolitan Transportation Commission. (2003). *2002 Annual Report*. Available online at http://www.mtc.ca.gov/publications/AnnualReport-02/MTC_02_Annual_Report.pdf

第十一章　城市交通投资地理学　　　　　　　　　　　　　　411

[58] Menzies, T. R. Jr., Baker, J. B., Gilbert, G., Grande, S. A., Marsella, C. W. Jr., McLary, J. J., Pettus, C. L., Piras, P., Sclar, E. D., Tauss, R., Taylor, B. D., Teal, R., & Wilson, N. H. M. (2001). *Contracting for bus and demand-responsive transit services: A survey of U.S. practice and experience* (Transportation Research Board Special Report No. 258). Washington, DC: National Academy Press.

[59] Murphy, J. J., & Delucchi, M. A. (1998). Review of the literature on the social cost of motor vehicle use in the United States. *Journal of Transportation and Statistics*, 1, 15-42.

[60] Musgrave, R. A. (1959). *The theory of public finance.* New York: McGraw-Hill.

[61] National Cooperative Highway Research Program. (1994). *Alternatives to the motor fuel tax for financing surface transportation improvements* (Draft Summary Report, NCHRP 20-24[7]). Washington, DC: Transportation Research Board.

[62] Norman, J. (1996, February 5). Field of dreams' thinking criticized: Rail not enough for jobs, broad strategy needed for rapid transit to boost poor area, report says. *Milwaukee Journal Sentinel*, p. 2.

[63] Parody, T. E., Lovely, M. E., & Hsu, D. S. (1990). Net cost of peak and off-peak transit trips taken nationwide by mode. *Transportation Research Record*, 1266, 139-145.

[64] Pickrell, D. H. (1986). *Federal operating assistance for urban mass transit: Assessing a decade of experience* (Transportation Research Record No. 1078). Washington, DC: Transportation Research Board.

[65] Pickrell, D. H. (1992). A desire named streetcar: Fantasy and fact in rail transit planning. *Journal of the American Planning Association*, 58, 158-176.

[66] Plane, D. A. (1995). Urban transportation: Policy alternatives. In S. Hanson (Ed.), *The geography of urban transportation* (2nd ed., pp. 445-447). New York: Guilford Press.

[67] Poole, R. W. Jr. (2001). *Commercializing highways: A "road-utility" paradigm for the 21st century.* Los Angeles: Reason Public Policy Institute.

[68] Poterba, J. M. (1991). Is the gasoline tax regressive? *Tax Policy and the Economy*, 5, 145-164.

[69] Pozdena, R. J. (1995). *Where the rubber meets the road: Reforming California's roadway system.* Los Angeles: Reason Foundation.

[70] Price Waterhouse LLP, Multisystems Inc., & Mundle & Associates. (1998). *Funding strategies for public transportation* (TCRP Report No. 31). Washington, DC: Transportation Research Board. Vols. 1 and 2 available on line at http://nationalacademies.org/trb/publications/tcrp/tcrp_rpt_31-l-a.pdf and http://nationalacademies.org/trb/publications/tcrp/tcrp_rpt_31-l-b.pdf

[71] Puget Sound Regional Council. (1997). *The effects of the current transportation finance structure*(Expert Review Draft, Paper 2 of a Series on Transportation Financing). Seattle:

Author.

[72] Purcell, C. H. (1940a, May). *California highway program requires more federal aid for projects with in cities—Part I*. Sacramento: California High-ways and Public Works.

[73] Purcell, C. H. (1940b, June). *California highway program requires more federal aid for projects with in cities—Part II*. Sacramento: California Highways and Public Works.

[74] Richmond, J. (2005). *Transport of delight: The mythical conception of rail transit in Los Angeles*. Akron, OH: University of Akron Press.

[75] Romano, M. (1998, June 2). State highway spending soars: In five years Colorado building costs to nearly $1 billion for 28 big-ticket projects. *Denver Rocky Mountain News*, p. 5A.

[76] Rosenbloom, S., & Fielding, G. J. (1998). *Transit markets of the future* (TCRP Report No. 28). Washington, DC: Transportation Research Board.

[77] Roth, G. (1998). *Roads in a market economy*. London: Avebury Press.

[78] Rufolo, A. M., & Bertini, R. L. (2003). Designing alternatives to state motor fuel taxes. *Transportation Quarterly* 57, 33-46.

[79] Saltzman, A. (1992). Public transportation in the 20th century. In G. E. Gray & L. A. Hoel (Eds.), *Public transportation* (2nd ed., pp. 24-45). Englewood Cliffs, NJ: Prentice Hall.

[80] Seely, B. E. (1987). *Building the American highway system: Engineers as policy makers*. Philadelphia: Temple University Press.

[81] Shoup, D (1997). Evaluating the effects of cashing out employer-paid parking: Eight case studies. *Transport Policy*, 4(4), 201-216.

[82] Shoup, D. (1999). The trouble with minimum parking requirements. *Transportation Research Part A: Policy and Practice*, 33A(7/S), 549-574.

[83] Slater, C. (1997). General Motors and the demise of streetcars. *Transportation Quarterly*, 51, 45-66.

[84] Small, K. A., Winston, C., & Evans, C. (1989). *Road work: A new highway pricing and investment policy*. Washington DC: Brookings In-stitution Press.

[85] Snell, B. C. (1974). American ground transport: A proposal for restructuring the automobile, truck, bus, and rail industries. *Hearings before the Subcommittee on Antitrust and Monopoly of the Committee on the Judiciary* (Appendix to Part A, pp. A1-A103). Washington, DC: U. S. Senate.

[86] Sullivan, E. (2000). *Continuation study to evaluate the impacts of the SR-91 value-priced express lanes: Final report*. Sacramento: California Department of Transportation.

[87] Sullivan, E. C., & El Harake, J. (1998). The CA Route 91 toll lanes—Impacts and other observations. *Transportation Research Board Record*, 1649, 47-54.

[88] Surface Transportation Policy Project. (1998) *TEA-21 users guide: Making the most of the new transportation bill*. Washington, DC: Author.

[89] Taylor, B. D. (1991). Unjust equity: An examination of California's transportation develop-ment act. *Transportation Research Record*, 1297, 85-92.

[90] Taylor, B. D. (1995). Program performance versus system performance: An explanation for the ineffectiveness of performance-based transit subsidy programs. *Transportation Research Record: Public Transit*, 1496, 43-51.

[91] Taylor, B. D. (2000). When finance leads planning: Urban planning, highway planning, and metropolitan freeways. *Journal of Planning Education and Research*, 20(2), 196-214.

[92] Taylor, B. D., & Garrett, M. (1998, October). *Equity planning in the 90s: A case study of the Los Angeles MTA*. Paper presented at the annual conference of the Association of Collegiate Schools of Planning, Pasadena, CA.

[93] Taylor, B. D., Garrett, M., & Iseki, H. (2000) Measuring cost variability in the provision off transit service. *Journal of the Transportation Research Board*, 1735, 101-112.

[94] Taylor, B. D., & McCullough, W. S. (1998). Lost riders. *Access*, 13, 26-31.

[95] U. S. Bureau of the Census. (2003). *Population clock*. Available online at http://www.census.gov.

[96] U. S. Bureau of Public Roads. (1955). *General location of national system of Interstate Highways: Including all additional routes at urban areas designated in September 1955*. Washington, DC: U. S. Department of Commerce.

[97] U. S. Congressional Budget Office. (1978). *High way assistance programs: A historical perspective* (Background Paper, Congress of the United States). Washington, DC: U. S. Government Printing Office.

[98] U. S. Department of Transportation. (1994). *1990 National Personal Transportation Surveys*. Available on line at http://ntps.ornl.gov/npts./1990/index.html.

[99] U. S. Department of Transportation. (1998). *TEA-21: Moving Americans into the 21st Century*. Washington, DC: U. S. Department of Transportation. Available online at http://www.fhwa.dot.gov/tea21/index.htm.

[100] U. S. Department of Transportation. (2001). *2001 National Household Travel Survey*. Available online at http://nhts.ornl.gov/.

[101] U. S. Department of Transportation, Bureau of Transportation Statistics. (2002, July). *National transportation statistics 2001* (BTS02-06). Washington, DC: U. S. Government Printing Office, July 2002. Available online at http://www.bts.gov/publications/national_transportation_statistics/2001/.

[102] U. S. Department of Transportation, Bureau of Transportation Statistics. (2003). *Pocket guide to transportation 2003* (BTS03-01). Washington, DC: Author. Available online at http://www.bts.gov/publications/pocket_guide_to_transportation/2003/index.html.

[103] U. S. Department of Transportation, Federal Highway Administration. (1997a). *Federal*

highway cost allocation study final report. Washington, DC: Author.

[104] U. S. Department of Transportation, Federal Highway Administration. (1997b). *Highway statistics summary to 1995*. Available online at http://www.fhwa.dot.gov/ohim/summary95.

[105] U. S. Department of Transportation, Federal Highway Administration. (2000). *Highway statistics 2000*. Available online at http://www.fhwa.dot.gov/ohim/hs00.

[106] U. S. Department of Transportation, Federal Highway Administration. (2001). *Highway statistics 2001*. Available online at http://www.fhwa.dot.gov/ohim/hs01.

[107] U. S. Department of Transportation, Federal Highway Administration. (2002a). *Highway statistics 2001*. Available online at http://www.fhwa.dot.gov/ohim/hs01/hf2.htm.

[108] U. S. Department of Transportation, Federal Highway Administration. (2002b). *Value pricing pilot program* (FHWA-PL-99-014 HPTS/ 3-99[5M]E). Available online at http://www.fhwa.dot.gov/policy/vppp.htm.

[109] Vigrass, W. J. (1992). Rail transit. In G. E. Gray & L. A. Hoel (Eds.), *Public transportation* (2nd ed., pp. 114-147). Englewood Cliffs, NJ: Prentice-Hall.

[110] Wachs, M. (1989). U. S. transit subsidy policy: In need of reform. *Science*, 244, 1545-1549.

[111] Wachs, M. (1995). The political context of transportation policy In S. Hanson (Ed.), *The geography of urban transportation* (2nd ed., pp. 269-285). New York: Guilford Press.

[112] Wachs, M. (2003). Commentary: A dozen reasons to raise the gas tax. *Public Works Management and Policy*, 7, 235-242.

[113] Weiner, E. (1992). History of urban transportation planning. In G. E. Gray & L. A. Hoel (Eds.), *Public transportation* (2nd ed., pp. 46-76). Englewood Cliffs, NJ: Prentice-Hall.

[114] Whitt, J. A. (1982). *Urban elites and mass transportation: The dialectics of power*. Princeton, NJ: Princeton University Press.

[115] Whitt, J. A., & Yago, G. (1985). Corporate strategies and the decline of transit in U. S. cities. *Urban Affairs Quarterly*, 21, 37-65.

[116] Wiese, A., Rose, R., & Schluter, G. (1995). Motor-fuel taxes and household welfare: An applied general equilibrium analysis. *Land Economics*, 71, 229-249.

[117] Winston, C. M. L., & Shirley, C. (1998). *Alternate route: Toward efficient urban transportation*. Washington, DC: Brookings Institution Press.

[118] Yago, G. (1984). *The decline of transit*. New York: Cambridge University Press

（武巍、王姣娥译，莫辉辉校）

第十二章 城市交通中的社会和环境公正问题

德瓦乔提·德卡(Devajyoti Deka)

与交通相关的花费是家庭支出的重要组成部分,尤其对于低收入家庭而言,交通支出占有很高的比例。尽管交通支出居高不下,但对于部分地区的居民来说,就业、卫生保健、购物及娱乐等尤显不足。虽然政府已经在一定程度上补贴了城市交通系统中各类建设项目,但这些补贴还远不能满足需要,这一现象已经受到了越来越多的关注。近年来,人们也越来越认识到,各个地区在不同程度地受到交通污染的影响。因此,关于城市交通的社会和环境公平问题的研究就显得尤为重要。

关于城市交通的社会和环境公正问题,学界的关注点主要集中于贫困者和少数民族,如非洲后裔(African Americans)和拉美后裔(Hispanics),因此本章也将主要关注这一群体。研究将现有数据按收入、人种和种族情况进行划分,并适时对不同组进行比较。本章前半部分主要探讨社会公正问题,后半部分讨论环境公正问题。首先,我将概括性地介绍社会公正问题的主要观点,然后列举社会和环境公正中的一些具体问题。我认为,尽管长时间来关于城市交通的研究已经涉及了社会和环境公正的相关问题,但在城市交通规划的过程中,社会和环境公正仍在很大程度上被忽视了。由于许多既有的城市交通问题是在城市规划和交通规划的过程中人为造成的,因此参与到规划过程中的工作者们应当注意从效率和公平两个角度,考虑规划的长期效果,牢记美国是一个多元化的社会,社会中多样化的民族会有多样化的需求和利益。虽然本文主要的研究对象为美国,但所提及的理念和原则也同样适用于其他国家。

一、对社会公正的看法

对大多数人而言,"社会公正"意味着商品、服务、权利和机会的公平分配。然而,公平是一个体现价值诉求的词。例如,某个群体认为平权法案(affirmative action①)是公正和公平的,另外一个群体可能不以为然。同样,有人认为对轨道交通给予补助是公平的,但也有人并不认同。

虽然并没有一个被广泛接受的标准来衡量社会公正,但许多学说可以帮助我们理解社会公正的主要特点或关注点。依据巴尔(Barr,1998)的观点,对社会公正的看法主要有三个理论:即自由意志论(libertarians)、自由主义理论(liberals)和集体主义理论(collectiveists)。

自由意志论一般倾向于用"基于要素禀赋的准则"来衡量社会公正,支持在进行私有财产的再分配时,建立没有公共干预的报酬制度。巴尔认为,自由意志论分为两个学派,即自然权利的自由意志论者和经验主义(或新权利)的自由意志论者。自然权利的自由意志论者认为个人对其收入和财产继承拥有绝对的权利,政府在任何情况下都不得干预。经验主义的自由意志论者也反对政府干预私有财产的处理,但其理由是认为政府干预将会减少社会福利。

自由主义理论有两个来源,即功利主义者的著作和哲学家罗尔斯(Rawlsians)的著作。一方面,功利主义者认为在对商品、劳务、权利、自由和政治力量进行分配时,应使社会总效用达到最大化。因此他们支持满足绝大多数人的最大利益的观点。另一方面,罗尔斯认为社会公正有利于社会制度的延续。罗尔斯(2001)指出社会公正有两个主要原则:第一是要为社会中处于最不利地位的人们提供最大的利益;第二是每个人都有平等的权利享受基本的自由和机会。罗尔斯假设个体是在无知之幕下做出决定的(例如,不知道自己的社会地位),同时由于个体具有规避风险的天性,他们就会接受"为社会中处于劣势地位的人们提供最大利益"的原则(因为他们自己有可能某一天也会成为劣势群体)。

---

① 译者注:affirmative action 如果按其字面的意思,应该为"肯定的行动"或"积极的行动",其实际内容是美国政府为了纠正在就业和教育中对人种、性别和年龄等方面的歧视和偏见而采取的行动。也可译为"反优先雇用行动"、"反歧视行动"、"肯定性行动等"。

第十二章 城市交通中的社会和环境公正问题

集体主义理论认为平等、互助和自由是社会公正的主要原则(Barr,1998)。当然,平等或许是其中最重要的,也是最有争议的原则。对许多集体主义者而言,仅有机会的平等是不够的——他们还要求结果(outcome)的平等。然而,集体主义者自身都不认为能够实现幸福感(well-being)的平等。当一些基本的需求——衣食住行已经被满足的情况下,集体主义者认为,应当依据个人能力的不同而采取个体差异报酬制度。

尽管这些关于社会公正的学说看似非常简单,但将它们客观地体现在公共政策中却十分困难,主要原因如下:首先,没有一个学说是完善的。如果说自由意志论没有考虑到市场不完善、外部效应和公共产品等相关问题的话,那么集体主义理论的观点则是不现实的,因为它忽略了个体的自身利益。一个集体主义者可能指出,对机动化的依赖是不好的,因为这会导致社会成本的上升,但是作为一个个体,或许就正是集体主义者本人,为了满足自身利益的需要,他会在每次出行时都使用机动车。这是一个十分严重的问题,因为即使是最关注社会利益的人,也会被自身利益所驱动。

第二个原因是各学说之间的界线模糊不清。虽然人们一般都能够理解一个学说的本质,但是没有人能够清晰的列举某个特定的学说所要达到的所有目标。此外,就像下国际象棋一样,一项公共政策的实施会衍生出很多结果,要理解所有这些最终的结果几乎是不可能的。第三,社会成员对于一个学说在不同情况下的适应性也持有不同意见。例如,某一个社会群体可能更受益于一项受自由意志论影响的政策,而另一个群体可能受益于一项受集体主义理论影响的政策。当这对利益存在矛盾的时候,一个群体会反对一个学说,而其他群体就会反对另一个学说,这会令决策过程变得相当复杂。

将一个学说转化为政策的第四个难点在于如何客观地将社会成员分类以进行再分配。决定谁应该在一项社会福利政策中受益并没有一个明确的标准。尽管贫困率(poverty rate)是一项常用的基本指标,但由于它过于简单,其适应性常遭到质疑。虽然人种和种族也是制定公共政策时常考虑的因素,但并不是所有少数民族都更为贫困或者应享受更多的社会福利。最后,在衡量、加总和比较个人效用方面也存在着技术难题。尽管人们对效用的概念都有一般的认识,但要把这一概念转化为政策目标就算存在可能性,也是十分困难的,因为这关系到比较不同人的效用问题。

理论上而言,一个社会将在纯粹的基于要素禀赋准则的报酬体系和完全集体主义这两个极端之间选择社会公正的学说。实际上,基于要素禀赋准则的报酬系统在当今世界上任何国家都没有处于主导地位。在美国,最常见的方法是基本需求法(basic-needs)或者优效产品(merit-goods)①,这些方法试图保证每个社会成员都能获得最基本的产品和服务。不过历史经验表明,人们对基本产品的构成、一户人家应在多长时间内享受额外补贴的问题上并没有达成一致。

在当今社会,尽管"劫富济贫"被普遍认为是必要的,但社会同样也认识到"杀富"是有限度的。当从富人群体中抽取过多资源的时候,社会效率就会降低(Musgrave & Musgrave,1989)。因此效率和社会公正在某些情况下可能不一致,但这并不意味着他们之间必然会存在矛盾。

二、城市交通规划中的社会公正

在20世纪六七十年代,城市社会公正问题曾受到过高度重视(Davidoff,1965;Harvey,1973)。在其后的时间里,公平性规划(equity planning)成为一个流行且有明确定义的规划学分支,它强调制定对弱势群体有益的再分配政策,并使这一群体参加到规划过程中来(Krumholz & Clavel,1994)。但城市交通规划并没有包含很多有关社会公正的目标。虽然城市交通学者们会关注交通系统中的弱势群体(Altshuler,1979;Kain & Meyer,1970;Meyer & Gomez-Ibanez 1981;Pucher,1981),但在标准的交通规划流程中——如第五章所述,这些弱势群体很少会被考虑到。

城市交通规划中对社会公正问题的忽视反映了这一行业高技术性的本质。在所有规划学分支中,交通规划也许是将理性规划原则(rational planning principles)应用到极致的一个分支。交通规划师们会运用大量的数据,这使得应用理性原则变得更加容易。他们常常会客观地评估一项规划在不同情境下的备选方案。

---

① 译者注:优效产品指那些不论人们的收入水平如何都应该消费或得到的公共产品,如社会卫生保健、住房、中小学教育、传染病免疫措施、必要的娱乐设施、必要的社会安全保障条件。

第十二章　城市交通中的社会和环境公正问题

规划的目标,包括减少交通事故对人身安全的威胁,都会以相应的金钱价值作为衡量标准。与这种传统交通规划的目标和方法相反,社会公正是非常主观的问题,这也许能解释传统交通规划为何没能将社会公正纳入到规划流程中。

在很大程度上,今天的交通规划学源于交通工程学。虽然效率和公平并非永远对立,但在两者不一致的情况下、交通工程学总会更多地强调前者。在交通工程学中,效率(efficiency)和效力(effectiveness)是项目评价中最重要的标准。"效率"在此是指在给定成本的前提下使实际效益最大化。而且,"效力"是对目标完成度的测量:目标完成的程度越高,项目或政策的效力也就越高。在交通工程师、交通规划师学习的教材里以及交通规划实践的过程中,都很少提及到交通基础设施和服务的公平分配问题。

在交通规划中,预测交通流量和承载力需求常常依靠计算机模型,这也阻碍了社会公正原则的发展。城市交通规划模型以当前的交通型式为基础来预测未来,这些预测结果是交通设施投资的基础,但它们并不以改变当前型式下的不公正性为目标。当利用计算机模型生成交通出行和出行分布,划分不同的出行方式,并根据现有的土地利用情况和出行行为习惯分配到交通网络上时,这些模型再次强化了现状,而并没有考虑到重新分配或改变现有的型式。如果一群工人现在居住在一个以低收入、少数民族为主的社区里,并且以短距离通勤为主,那么将来无论他们实际的通勤需求如何,计算机模型仍会预测他们以短距离通勤为主。

近年来,尽管在一些大城市地区的交通规划中涵盖了一些公平性目标,但这些尝试在操作中效果如何、会不会产生良好的结果还有待于进一步观察。(有关公平性目标是如何被整合到交通规划中的,参考本书第五章约翰斯顿的文章)。

在20世纪60年代,组建了麦康(McCone)和克纳(Kerner)两个调查组来研究城市暴乱的原因。克纳调查组指出,在社会生活的一些层面上存在歧视是原因之一;而麦康调查组明确指出,交通服务的匮乏限制了城区市民的机动性和可达性,并因此促使了许多社会问题的发生。差不多在同一时期,公共交通开始被看作是解决社会问题的一个工具,并以公正和公平为名大量补贴公共交通。虽然政府给予了大量补贴,但此后在交通服务分配的公平性方面并没有取得太多的进展。

20世纪90年代初以前,有关保护和资助贫困人口、少数民族和交通弱势群体的立法非常少见。90年代以来,相继颁布了几部相关的法律,其中包括了1990年的《美国残疾人法》(the Americans with Disabilities Act)、1991年的《综合地面运输效率法》(Intermodal Surface Transportation Efficiency Act,简称 ISTEA)、和1998年的《交通运输公平法》(the Transportation Equity Act),还包括1994年题为"关于强调在少数民族和低收入人群中的环境公平的联邦诉讼"的总统行政法令。尽管他们的长期影响还并不明朗,但这些法令鼓励在交通规划的实践中更多地考虑社会公正问题。

三、参与各种活动的社会公正问题

交通系统为人们参与包括工作、医疗、购物和娱乐等各种社会活动提供机会,有关这些活动可达性的讨论也涉及社会公平与公正。以医疗为例,虽然诊所医院等医疗机构常常位于内城区,但少数民族和低收入人群在这些机构的可达性上普遍较其他人群低(Ginzberg,1991;Todd, Seekins, Krichbaum & Harvey,1991)。对于这些人来说,到达医疗机构与交通相关的常见障碍包括结构性阻碍、到合适的交通方式缺乏可达性和距离不适宜(Malgren, Martin, & Nicola,1996)。研究表明,在考虑收入水平差异的前提下,不同人种和种族之间对于医疗机构的可达性相差明显(Council on Ethical and Judicial Affairs, 1990; De Lew & Weinick, 2000)。有学者甚至指出,造成这种可达性的差异不是简单的差距,而是歧视态度的一种体现,这种态度降低了少数民族到医疗机构的可达性(法律事务委员会 Council on Ethical and Judicial Affairs, 1990; Sullivan,1991)。

尽管一般人群去医疗机构的次数远比上班和购物少,但保证医疗设施良好的可达性依然十分重要。由于年龄和疾病的原因,许多需要经常性医疗服务的人并不能自己驾车去医院或诊所。根据个人健康状况的不同,即使这些人能够搭乘公共汽车或火车参与其他活动,去医疗机构仍然需要特殊的服务。尽管医疗机构的可达性如此重要,但交通规划师们在规划过程中却很少强调其重要性。

如同医疗机构一样,娱乐设施可达性的考虑也涉及社会公正问题。由于少数民族和低收入人群拥有机动车的水平较低,他们对郊区、农村和城市外部的娱乐设施的可达性也较低。在收入、知识水平以及品位上的差距决定了低收入人群参与的娱乐活动与高收入人群有所不同(Floyd, Shinew, Mcuire & Noe, 1994)。鉴于低收入人群的知识背景和购买门票的花销,博物馆和艺术展览馆对他们的价值并不大,而公园相对更有价值,但在这些低收入或少数民族社区附近的公园数量常常不足,现存的也大都年久失修。

从社会公平的角度来讲,商店的可达性比娱乐设施的可达性更为重要,特别是食品店,因为食品是每个家庭的必需消费品。由于内城区缺乏大超市,而这里居民的机动车拥有水平又较低,内城区的贫困居民和少数民族居民被称作"被困的购物者(captive shoppers)",他们需要花费更多去消费(Caplovitz,1963)。一项最近的经验研究表明(Chung & Myers,1999),由于临近地区没有大型的连锁超市,贫困社区居民所购食品的价格相对较高。在另一项研究里,芬克、陈、福克斯(Finke,Chern & Fox,1997)指出,低收入人群和非洲后裔购买的食品比白人购买类似食品的价格要高。缺乏就近的新鲜食品商店也会给这些内城区居民的健康带来一些影响。

对那些考虑社会公正的人来说,工作的可达性比其他任何活动的可达性都更为重要,因为绝大部分人都要以工作为生计。这种可达性对低收入和少数民族居民尤为重要,因为他们一直聚集在内城区,而大部分就业机会又分散在郊区。这一聚一散的现象就产生了"空间不匹配假说(spatial mismatch hypothesis)"。

根据 Holzer(1991)的理论,当就业机会分散到郊区进而造成内城区的非洲后裔失业时,就会出现所谓的空间不匹配问题。关于这种不匹配的原因之一是在郊区的住房市场中存在着对少数民族家庭的歧视,虽然很多新的就业机会在郊区,但他们却无法迁居到那里。"空间不匹配假说"认为,就业的郊区化和非洲后裔在住房上的有限选择造成了内城区的劳动力过剩,并导致高失业率、低收入和较长的通勤距离等问题(Ihlanfeldt & Sjoquist,1998)。因此,这一假说被用于解释就业郊区化及其对中心城区非洲后裔就业市场的影响。虽然有关空间不匹配的研究大多关注非洲后裔,但这种不匹配也能够影响到机动性能力不足的人群。

得益于凯因(Kain,1968)具有开创性的研究,"空间不匹配假说"在 20 世纪 60 年代开始流行。由于一项"福利与工作挂钩"(曾被称作"个人责任和服从工作机会法案",简称 PRWORA)法令的颁布,空间不匹配问题变得更加显著。PRWORA 设立了一个叫做"贫困家庭临时援助"的项目(Temporary Assistance for Needy Families,简称 TANF),这一项目规定一个人一生最多可接受五年的社会福利性资助且不能连续两年以上接受这一资助。在这样的规定下,对那些受助者来说,工作的可达性比以往任何时候都更加重要。

有三种方法可以解决空间不匹配问题:①增加中心区的就业机会;②分散低技能的少数民族居民到就业增长迅速的郊区;③提供必要的交通设施连接内城区和郊区就业迅速增长的地区。在这三种方法中,分散居民策略是最难以得到当地政府官员和规划师们支持的办法,尽管许多学者对此表支持态度(Danielson, 1976; Downs, 1973; Kain, 1992; Kain & Persky, 1969),原因是由于郊区的居民担心他们的资产价值会因为社区的人口构成和房屋样式的多样化而下降。大都市地区通常分为几个独立的行政区域,在没有将这些行政区合并起来的情况下推广这种分散居民的办法收效甚微。

增加内城区的就业机会同样面临诸多问题。虽然内城区有许多就业机会,但大都是核心商业区里的白领职位。以内城区居民的知识水平,他们并不适合这些工作。在过去,内城区的零售和制造业会为当地居民提供低技术含量的工作,但随着技术升级,制造业都迁移到城市外部。同样,随着郊区化的进程,零售业也随着中产阶层一起迁移到内城区外面。吸引这些产业重新回到内城区来是一项艰巨的工程,因为这种分散一开始就是由制造业和交通的发展而衍生出来的一种市场导向的迁移。很多地方政府都试图重新将就业机会吸引到内城区来,但鲜有案例成功。

分散居民和增加内城区就业机会这两种办法的失效把所有重担都转移到交通上,尤其是公共交通,希望以此来解决内城区居民工作可达性差的问题。在20世纪60年代McCone调查组发布他们的报告以后,联邦政府资助了几个连接内城区和就业快速增长的郊区公共交通示范项目(Altshuler, 1979)。在"福利与工作挂钩"的法令实施后,试图通过建立新的公共交通以连接内城区和郊区的热潮再次涌现。

"空间不匹配假说"有三个前提条件(Ihlanfeldt & Sjoquist, 1998)。首先,劳动力需求从内城区向郊区转移。其次,住房和抵押市场上的歧视使非洲后裔无法迁居到郊区。第三,由于劳动力市场上的歧视、闭塞的信息来源和有限的公共交通连接内城区和郊区,内城区的非洲后裔很难找到合适的工作。这里涉及三个有关社会公正的重要问题:劳动力市场上的歧视、住房市场上的歧视和使用不同交通系统的待遇——包括高速公路和公共交通。

文献中可以找到很多有关在住房和劳动力市场上存在歧视的证据。尽管历史上有着一些标志性的裁决（如 Shelley 与 Kraemer 案）和公平住房法这样的法案，住房市场依然存在歧视行为，并阻碍了少数民族尤其是非洲后裔的郊区化（Bullard & Feagin, 1991; Darden, 1995; Feagin, 1999; Orfield, 1974; Yinger, 1998）。同样，也有许多研究记录了劳动力市场上的歧视行为（Fix & Austin Turner, 1999; Kirschenman & Neckerman, 1991; Nord and Ting, 1994; Turner Meiklejohn, 2000）。

虽然有证据表现不同人种和收入群体在各种社会活动的可达性上存在差异，但是很难证明交通系统中存在着歧视（Steinberg, 2000）。首先，交通系统不是独立存在于与其连接的各种社会活动和设施之外的。在有些情况下，待遇的差异存在于社会活动中（例如郊区的住房和劳动力市场），交通问题只不过起到了推波助澜的作用（例如缺乏交通服务）。其次，一个城市的交通系统由众多不同的部分组成，其中一些是私有的，另一些则归政府所有。第三，准确地确定消费者应为享受交通服务和使用交通基础设施支付多少几乎是不可能的。第四，城市交通系统的组成部分大都接受各级政府的补贴，有些还接受其他部门的补贴。第五，许多城市交通系统的成本和收益都是间接的，难以准确计算。最后，正如 Steinberg（2000）所指出的，对有关歧视行为的法律条款（如"公民权利法"第六条）的解读也是相当复杂的。由于上述这些困难的存在，学者们就城市交通中的社会公正问题做了一些零零散散的讨论，但都回避将各个部分整合起来的讨论。

四、交通成本和效益的分配

城市交通系统分析人士通常研究人们是否为享受交通服务和使用交通设施而支付了必要的成本。虽然支付和收益双方的相对成本和效益对于公路和公共交通来说都很重要，但他们更关注公共交通。

在接下来的两小节里，我将讨论一些有关城市交通成本和效益分配的案例，包含了公路和公共交通两个方面。第一小节将讨论处于不同社会经济阶层的居民在交通上的支出。第二小节讨论政府在交通上的支出，以及这种支出的分配将如何影响不同的社会经济群体。

(一) 家庭的交通成本

社会的不同阶层承担着不等量的交通成本。由于贫困人口收入较少,他们会将较大部分收入用于产品和服务的消费上,其中包括交通服务。与交通服务上的支出相比,考察贫困和富有人群的交通支出变化率更加重要。表12.1列举了不同社会经济阶层的交通支出是如何随时间变化的。考虑到城市交通中的社会公正问题,这组数据是令人担心的。由于表中的支出变化率是基于当年价格而非不变价计算的,所以增长的幅度并没有完全被表述,但是,对不同人群的支出增加进行比较,发现低收入人群、非洲后裔和拉美后裔的增长率显著高于其他群体。低收入人群和少数民族增加交通支出势必会使他们减少在其他商品和服务上的消费支出。正如在第一章中讨论的那样,出行本身被认为是一种派生需求,也就是说,我们并不能从交通本身获益,因此,这些社会群体增加交通支出并不是可喜的现象。

表 12.1 家庭交通支出增加的百分比(按当年价计算)

家庭类型	增加百分比(%)
家庭收入(1992-2000 年)[1]	
低于 $ 4 999	41.8
$ 5 000- $ 9 999	57.0
$ 10 000- $ 14 999	52.9
$ 15 000- $ 19 999	36.5
$ 20 000- $ 29 999	17.1
$ 30 000- $ 39 999	25.4
$ 40 000- $ 49 999	22.5
$ 50 000- $ 69 999	19.0
$ 70 000 及以上	16.8
人种[1]	
黑人	62.5
白人及其他	43.9

续表

家庭类型	增加百分比(%)
种族(1994-2000年)[1]	
拉美后裔	45.5
非拉美后裔	24.3

[1]:可获得的数据分别为不同时间段的收入、人种、种族,增加的百分比根据可获得的最长时间段内的数据计算所得。

资料来源:Bureau of Labor Statistics (2002).

一个使低收入和少数民族家庭交通支出增加的原因是他们对机动车的依赖性有所增加。白人和高收入家庭早在几十年前就开始依赖机动车,而贫困和少数民族对机动车的依赖才刚刚开始。尽管与公共交通比较而言,机动车为他们提供了更强的移动能力,但机动车的保有会使他们本来就不宽裕的家庭经济状况雪上加霜。

(二)不同群体的交通成本

政府在城市交通中扮演着重要的角色。从某种程度上说,城市交通问题是源于对机动车的过低定价和政府在机动车使用上的补贴(Meyer & Gomez-Ibanez 1981)。虽然公路部门通过自身的收入,比如燃油税、机动车税和过路费,可以回收很大一部分支出,但这些收入仅占可用资金的64%左右(根据FHWA,2000,表HF-10A估计的)。其余36%则来源于政府拨款、地税和资产评估费、投资收入、债券及其他税款和费用的收入。

如果补贴公路是一种驱动力的话,那么补贴郊区住房的发展则会有利可图。二战以来,对道路和住房的补贴使得许多社会活动从城市中心地带分散到了郊区。郊区化使得没有机动车的人出行受阻,并使得对公共交通的补贴变得必要。公交补贴在20世纪六七十年代开始兴起,到90年代,三级政府①每年都对公共交通予以大量补贴,在资本和运营两方面的补贴合计达到了177亿美元(FTA,1997),这相当于公共交通年支出总额的69%。

---

① 译者注:包括联邦、州和市。

公共交通会带来很多社会效益，比如提高劣势群体的移动能力，降低空气污染，减少交通拥堵。正是由于公共交通有着这些社会效益，学者们常有意探究谁承担了公交的成本，谁又从中获益。在回答这些问题的时候，一些学者将人口分成穷富两个群体(Pucher, 1981, 1983)，另外一些学者则分成城市—郊区两个群体(Hodge, 1988)。相关的讨论涉及了许多重要的问题，例如轨道和公路交通、均价和按里程计价、市中心和郊区服务以及高峰期和非高峰期服务。

经验研究表明，由于贫困人口在税收方面的贡献较小，他们在对公交的资助也远小于富裕人口(Pucher, 1981, 1983)。当累进税(如收入所得税)被用于补贴的时候，贫困人口的贡献相对较小；而当递减税(如消费税)被用于补贴的时候，贫困人口的贡献占他们消费支出的比重与富裕人口相同，但占他们收入的比重相对较大。因为富裕人口交纳更多的收入所得税，而这些税收被用于补贴穷人使用更多的公共交通，可以说是富人补贴了穷人。不过在这一节后面我们还会讨论有关穷人和富人在票箱收入[①](fare-box revenue)上的贡献，那时候我们会看到穷人也会变相补贴给富人。

用城市—郊区二分法来研究公共交通里谁花销、谁受益的问题也得到了类似的结论(Hodge, 1998)。因为郊区的人口交纳更多的税，他们对公交补贴的贡献也大于市中心的人口，但市中心人口因每次出行都要支付更多的费用而变相补贴了郊区人口。

穷人和市中心人口会通过不同的途径补贴富人和郊区人口。首先，变相补贴会发生在支付公交费用的时候。市中心人口和穷人的出行距离通常较短，而郊区人口和富人的出行距离则较长。由于大部分公交公司都会制定统一票价而不会精确的按里程计价，所以出行距离短的人实际上就补贴了出行距离长的人。从社会公正的角度来说，这种不按里程的计价方式影响深远。就一个具体的案例而言，瓦克斯(Wachs, 1989)证实，一个出行1英里的人支付的价格大概是其真实成本的2倍，而一个出行20英里的人仅需要支付其真实成本的10%。

穷人和市中心人口会补贴富人和郊区人口的另外一个原因是位于市中心区的公交服务对票箱收入的贡献要高于位于郊区的服务(Cervero, 1990)。收入越低，

---

① 译者注：又称"passenger revenue"，客运收入。

第十二章 城市交通中的社会和环境公正问题

人口密度就会越高,市区里混合的土地利用结构也会使公交更受欢迎。反之,收入越高,人口密度就会越低,郊区单一的土地利用结构也意味着公交并不那么受欢迎,因此对票箱收入的贡献也就较小。

公交在高峰时期的高成本(参考本书第十一章,Taylor)也会使穷人变相补贴富人。高峰时期的资本成本要高于非高峰时期,因为公交系统都是按高峰流量所设计的。对于在非高峰时期出行的人来说,即使没有按高峰时期的设计投入资本,他们的出行也不会受到任何影响,因此他们补贴了那些在高峰时期出行的人。高峰时期的运营成本也相对较高,因为为满足高峰时期需求所雇用的工人在非高峰时期并没有达到最高利用效率(Wachs,1989)。由于穷人在非高峰时期的出行相对较多,因此他们变相补贴了富人。

图12.1和12.2描绘了不同社会经济阶层的上下班时间。为了排除工作之外的其他通勤,这里只考虑了从家出发上班和下班回家两段出行。这两幅图展现了不同社会经济阶层人群通勤比例的峰状结构,它们表明低收入人口和非洲后裔的

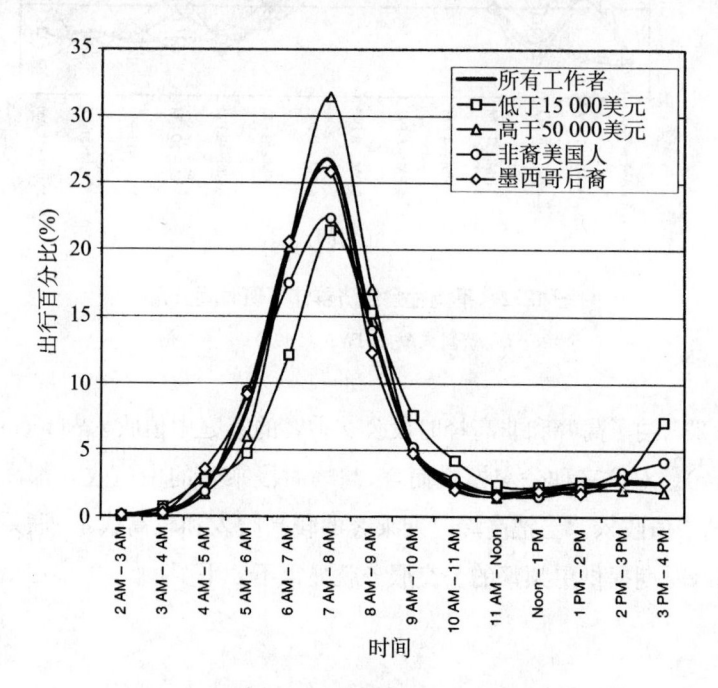

图12.1 不同社会经济群体上班时间分布

资料来源:FHWA(1995)。

通勤高峰远小于一般工作者,这是因为他们很多人都从事兼职,每天只工作 4 或 5 个小时,并在非常规的时间上下班。有很大一部分低收入人群在晚上 9 点到凌晨 1 点之间下班,这时公交在大部分城市已经停运或者几乎停运。另外,这两幅图也表明高收入人群在高峰期的通勤率远高于一般工作者。在这种情况下,在高峰时期增加服务令富人比穷人获益更多。

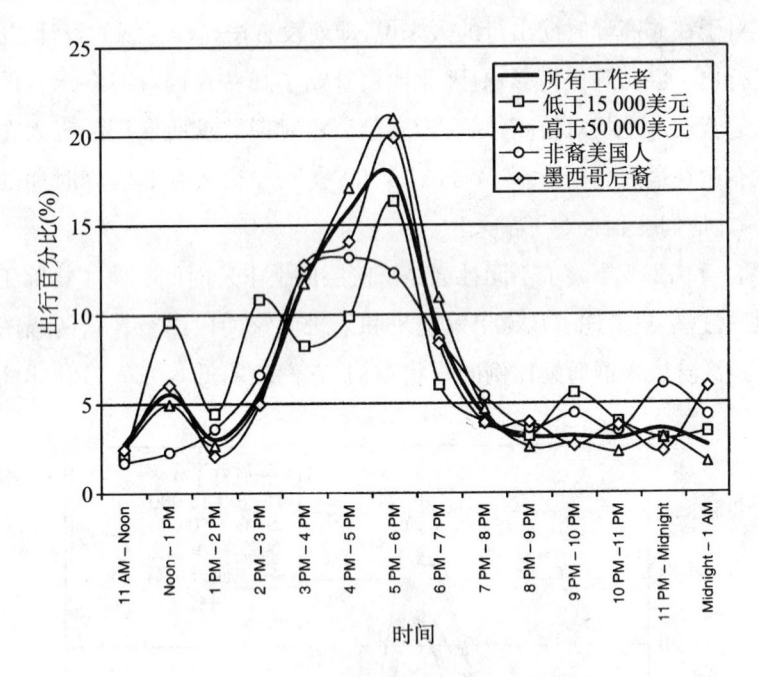

图 12.2 不同社会经济群体下班时间分布

资料来源:FHWA (1995)。

表 12.2 归纳了高峰和非高峰时段公交乘客的家庭中值收入①(median household income)。对这三种公交模式而言,高峰时段乘客的中值收入都高于非高峰时段乘客的中值收入。当把高峰时期乘客的较高收入和较高成本②联系到一起考虑,则在高峰时期提供更频繁的公交服务就显得不公平了。

---

① 译者注:类似于中位线,线以下和以上人群各占一半。
② 译者注:这里指运营成本较高,但票价相同,所以显得不公平。

第十二章　城市交通中的社会和环境公正问题

表 12.2　高峰和非高峰时段出行乘客的家庭中值收入

出行方式	上午和下午高峰时段（上午 6-8 点，下午 4-6 点）	非高峰时段（上午 8 点-下午 4 点）
公共汽车	25 000-$29 999	15 000-$19 999
通勤火车	55 000-$59 999	30 000-$34 999
地铁/高架铁路	35 000-$39 999	25 000-$29 999

资料来源：Estimated from Federal Highway Administration(1995，Trip File).

在任何关于公交服务的讨论中，对轨道交通和公共汽车的补贴比较也许是最具争议的一个话题。表 12.3 列举了选择不同交通模式出行人群的中值收入，并区分所有出行和通勤出行。特定交通模式下的中值收入是指在以该种交通方式出行的前提下，按家庭收入状况排序得到的中位数。表 12.3 的数据表明，无论是一般出行还是通勤，公共汽车乘客的收入中值均比通勤铁路（commuter rail）、地铁或高架铁路乘客的收入中值小。事实上，所有出行中，通勤铁路乘客的收入中值比自驾车出行者的收入中值要高，而地铁或高架铁路的乘客则与自驾车出行者有着相同的收入中值。

表 12.3　按不同出行模式划分的家庭中值收入

出行方式	所有出行（美元）	通勤出行（美元）
汽车	35 000-39 999	35 000-39 999
客货两用车（van）	45 000-49 999	45 000-49 999
运动型多功能车（SUVs）	50 000-54 999	50 000-54 999
皮卡车（pickup truck）	35 000-39 999	35 000-39 999
公共汽车	15 000-19 999	25 000-29 999
通勤火车	40 000-44 999	55 000-59 999
地铁/高架铁路	30 000-34 999	35 000-39 999
出租车	35 000-39 999	35 000-39 999
自行车	30 000-34 999	30 000-34 999
步行	30 000-34 999	30 000-34 999

资料来源：Estimated from Federal Highway Administration (1995，Trip File).

1997年，联邦、州和地方三级政府给公交提供的资本金合计76亿美元(FTA，1997)。同期，当年的运营费用则达到了179亿美元，约40%来源于票箱收入，56%来源于政府，另有4%来源于其他收入。

由于轨道交通是资本密集型服务，而公共汽车是劳动力密集型服务，大部分基本建设补助(capital subsidies)都有利于轨道交通和富人，而大部分对运营成本的补贴则有利于公共汽车和穷人。从表12.4中可以看出，公共汽车平均每人每公里的运营成本要高于轨道交通，单次出行的运营成本也很高。但是无论根据单次出行还是根据平均每人每公里的标准计算，对轨道交通的资本投入都要远高于对公共交通的投入。如果仅考虑这两种交通方式，公共汽车只能得到资本投入总额的31%，尽管它承担了60%的公交出行。

削减基本建设补助并增加对运营的补贴会使穷人获益，但因为联邦政府在基本建设补助上的投入比例远大于对运营的补贴比例(54.2%对3.4%)，并且联邦政府的收入比州、市政府的收入更多，所以联邦政府的基本建设补助是一种在贫富人群里再分配的途径。联邦政府补贴的结果之一是公交服务扩展到富人居住的郊区(Anderson，1983)。此外，由于大部分基本建设补贴都被用于轨道交通，因此这些补贴的获益者大都是那些乘坐轨道交通的高、中收入乘客。

表12.4 公交模式的运营指标

	公共汽车	地铁	轻轨	通勤铁路
运营费用(10^6 \$)	9 421.9 (60.2%)	3 473.7 (22.2%)	471.4 (3.0%)	2 274.7 (14.5%)
基本建设资金(10^6 \$)	2 227.9 (30.7%)	2 346.1 (32.3%)	873.2 (12.0%)	1 817.4 (25.0%)
分段出行次数/年(10^6)	4 602.0 (60.2%)	2 429.5 (31.8%)	259.4 (3.4%)	357.2 (4.7%)
旅客里程/年(10^6 \$)	17 509.2 (45.3%)	12 056.1 (31.2%)	1 023.7 (2.7%)	8 037.5 (20.8%)
运营费用/旅次(\$)	2.05	1.43	1.82	6.37

续表

	公共汽车	地铁	轻轨	通勤铁路
基本建设资金/旅次($)	0.48	0.97	3.37	5.09
运营费用/人英里($)	0.54	0.29	0.46	0.28
基本建设资金/人英里($)	0.13	0.19	0.85	0.23

资料来源:FTA(1997).

一些有利于穷人的关于公共交通的建议包括实施按里程计价,将补贴由轨道交通转移到公共汽车上,在非高峰时期提供折扣,对低收入人群提供折扣以及升级在低收入地区的服务(Pucher,1983)。但是联邦政府补贴政策、地方政治利益以及规划师的偏好都更加支持轨道交通而不是公共汽车。随着更多的纳税人居住在郊区,郊区居民在关于公共交通决策中的影响也越来越大(Wachs,1989)。当今主管交通的官员们认为尽管郊区的公交服务利用率很低,但郊区人口必须得到一定程度的公交服务,因为他们是公交补贴的主要贡献者。但是为郊区提供利用率如此低的服务并不是明智之举,因为它使得运输部门赤字更为严重。

数十年来,学者们一直在考虑提出补贴穷人使用个人机动车(Kain & Meyer,1970;Meyer & Gomez-Ibanez,1981)。对于一个通勤者来说,大部分情况下,租赁汽车的年花销比搭乘轻轨的花销还要少,而乘坐轻轨的年人均成本甚至比家庭年收入最少的20%的人群的年人均收入还要高(The Public Purpose,2002a,2002b)。

基于公共交通的其他特点,也为补贴穷人使用个人机动车提供了又一证据。第一,有证据表明补贴穷人使用个人机动车会使公交服务的生产效率下降(Anderson,1983;Cervero,1984;Gomez-Ibanez,1982)。当一项服务的生产效率下降时,它的分布效率也会随之下降。第二,即使是像20世纪60年代的那些示范项目,加强公交补贴,给低收入和少数民族群体提供机动性,但这也不能保证当那些从公交补贴中获益的人有了自己的汽车以后还会继续搭乘公交车(Altshuler,1979)。如果说公交系统成功地完成了送穷人上班的使命,那么要继续这样的使命就要去寻找新的贫困人群。第三,因为仅有少部分穷人在使用公交,所以对公交的补贴也只能使这少部分人受益(Gomez-Ibanez,1982;Pucher,1981)。换个角度,由于至少 3/4 的贫困家庭拥有一辆以上的汽车(Lave & Crepeau, 1994), 对机动车的补贴会帮助更多的穷人。第四, 因为郊区的工作比中心城区更加分散, 所以传统的固定线路的公交服务不能满足需求。在这种情况下, 辅助客运系统(paratransit)可能更加适合, 但是它的运营成本很高, 这使得补贴穷人使用机动车的政策相对而言更具有吸引力。第五, 如图 12.1 和 12.2 所示, 大部分穷人和少数民族工人在非常规的时间(at odd hours)通勤。由于传统的公交服务在那些非常规的时间里已经停运或者间隔时间很长, 开车几乎成了这些工人的唯一选择。

尽管我们可以列举出很多支持补贴穷人使用个人机动车的观点, 但这项政策也有着它自身的问题。首先, 补贴穷人使用机动车会加剧空气污染和交通堵塞。其次, 通过提高油价或者汽车税来补贴穷人使用机动车会遭到公众的反对。此外, 燃油税和汽车税的收取已经逐渐在递减或取消, 为了补贴穷人使用机动车而提高这些税费可能使情况变得更糟。也有人建议通过征收道路使用费来获得收入补贴穷人使用机动车, 但主要的担心是征收这样的费用会伤害到穷人。补贴穷人使用机动车并不是无稽之谈。实际上在加州的文图拉(Ventura)镇, 社会福利的受益者就可以在"贫困家庭临时援助"项目下以补贴价格购买城市里的二手车。

五、公共交通中的环境公正

20 世纪 90 年代中期, 对城市交通中环境公正问题的关注势头日益增长。1994 年 2 月 11 日, 美国发布了第 12898 号总统命令, 即"联邦政府关注少数民族和低收入阶层环境公正问题的法令"。虽然这个法令并非专门针对交通问题, 但其颁布对后来交通政策的制定产生了很大的影响。继总统命令之后, 1997 年 5 月, 美国运输部发布了"运输部关于关注少数民族和低收入阶层环境公正问题的办法"(USDOT 第 5610.2 号法令)。1998 年 12 月, 美国联邦公路管理局也颁布了法令(FHWA 第 6640.23 号法令), 名为"美联邦公路管理局关于关注少数民族和低收入阶层环境公正问题的办法"(FHWA & FTA, 2000)。

直至 20 世纪 90 年代, 城市交通中的环境公正问题才被提上日程, 但实际上在 20 世纪 70 年代或 80 年代早期, 关于环境公正问题的运动就已经开始了(Cole & Foster, 2001; Dobson, 1998)。在这些运动的早期阶段, 人们主要关注于少数民族聚居地区的有毒废弃物处理情况。社会底层的活动家们常常在运动中起到极为重要的作用。这些人通常来自于少数民族社区,并曾亲身遭遇了环境质量的恶化。而传统的环境规划人员和专家并未在这一时期的环境公正运动中起到作用。这一时期,由于环保建议的倡导者往往是与传统的环境规划专家唱反调的人,在某种程度上,这就使得"环保"这个词在环境公正问题中成为了一个讽刺。

20世纪初,在美国总统罗斯福及其同盟的支持下,主流的或传统的环境保护论开始兴起,他们主要关注于对自然环境的保护(Cole & Foster, 2001)。"二战"期间,传统环境保护论走向高潮,并在20世纪60至70年代达到巅峰。这一时期,环境规划成为了一种职业,但其职业目标却与传统的环境保护论者一致(Collin, Beatley & Harris, 1995)。环境规划者的关注点曾经、并且现在仍然在某种程度上集中在对自然环境的保护上,以免其受到污染型工业企业的破坏。在全社会对污染问题愈加关注的同时,企业被迫开始重视废弃物的回收和处理问题。虽然企业已经在回收和处理废弃物的问题上作出了努力,但少数民族居民认为这些废弃物仍多多少少地放在了他们的社区里。

尽管一小部分城市规划师们,如倡导公众参与和公平规划者,一直关注着少数民族和低收入阶层居住的社区所处的困境,但总体来说,城市规划行业仍然普遍以传统的环境保护论为原则,而没有给予环境公正问题充分的重视。在很大程度上,主流城市规划中对城市增长的控制和管理,都基于传统的环境保护原则——重视对耕地和自然生态环境的保护。但显然这对少数民族和贫困街区的居民是不利的,因为这种控制和管理使郊区社区的发展维持了现状。传统环保组织如塞拉俱乐部(Sierra Club)、地球之友(the Friends of the Earth)、荒野社会(Wilderness Society)也放弃了对少数民族利益的关注(Westra & Wenz, 1995)。例如,1971年塞拉俱乐部所进行的全国会员调查显示,有58%的成员反对俱乐部参与保护少数民族和城市贫困居民利益的活动。虽然环境公正问题在很长一段时间内并未得到传统环境保护主义者的支持,但其范围已经发生了显著的扩展,囊括了在传统观念内难以被称为是"环保"的内容。

1964年颁布的《民权法案》(the Civil Rights Act)的第六条、1969年颁布的《美国国家环境政策法》(NEPA)以及美国运输部(USDOT)颁布的多项法令都为交通环境公正的实施提供了法律基础(Steinberg, 2000)。《民权法案》第六条规定,禁止种族歧视、肤色歧视及国籍歧视。在《美国国家环境政策法》的作用下,交通项目中的环境公正问题以环境影响评估报告的形式得以执行。

虽然环境公正问题诞生时很少与交通问题相关,但目前仅与交通领域相关的环境公正问题就已经十分繁多。人们对于交通规划和交通项目公正性的质疑就可以很好地证明环境公正问题范围的扩展。在亚特兰大,公民权利组织就针对长远期交通规划更有利于白人和繁荣地区的问题提出诉讼(Steinberg, 2000)。在洛杉矶,巴士乘客联盟也提出群体诉讼,他们认为洛杉矶大都会运输局在对轨道交通进行补贴时,占用了原本用于巴士交通的资源,从而损害了少数民族和低收入群体这类巴士乘客的利益。虽然运输局起初一直拒绝实施法院的第1996号法令,即令其增加购置248辆巴士,但2002年3月,当美国最高法院重审此案时,运输局以失败告终。尽管最终胜诉的洛杉矶群体诉讼只是所有交通公正问题中最突出的一个,但不难发现各城市的民众都已经开始以交通公正的名义表达自己的想法。华盛顿民众已经成功地抵制了Metro公司地铁"绿线"选线时有部分穿过少数民族居住区的计划。在纽约,环境公正的倡导者也积极地争取不在少数民族居住区使用带有污染的公交汽车。在加利福尼亚的奥克兰,居民组织也在积极地申请重建少数民族居住区的一条被地震毁坏的高速公路(Bullard & Johnson, 1997)。

虽然交通领域的环境公正范畴已经有所扩展,但用语含糊不清和规章实施不力的情况仍有存在。斯坦伯格(Steinberg, 2000)认为,在实行环境公正的过程中,总会受困于很简单的问题。比如依据《民权法案》第六条,我们应当保护低收入群体利益,但如何区分"差异"和"歧视"就很困难,还有如何解释"减缓(mitigation)"和"曝光(exposure)",如何划分对照组以便得到更好的对比结果等。尽管环境公正运动在影响城市交通政策制定方面已经获得了成功,但在明晰用语和增加政策实施力度等方面,还需要更多的努力。

怀特莱格认为,"交通的不利因素在社会中的分配是不平衡的,获得这些不利因素较多的人,往往是那些在社会中处于最不利地位的人,也是那些最不会抱怨自己正忍受着压力和困境的人,这些人直接用牺牲自己健康和平等权的方式换取了别人出行的方便"(Whitelegg, 1997, p. 139)。在随后的两部分,我将讨论一些与交通相关的环境公正问题,这些不利的因素不平等地影响着少数民族和低收入群体的利益。

六、高速公路对低收入群体及少数民族居民的影响

"二战"后，高速公路时代迅速来临。1956年颁布了《联邦资助公路法案》(*Federal Aid Highway Act*)以来，在州际公路项目中，美国修建了41 000余英里的高速公路。正如第十一章所介绍的一样，这一时期高速公路的修建主要是基于政治原因，大部分的州际高速公路系统建在了城市地区(Lewis, 1997)。当决定修建州际高速公路时，美国民众大都对新公路的建设表示了极大的热情。但媒体却出现了一些微词，这并非是因为这些公路修建将会带来的环境问题，而是因为公路建设的速度过慢。20世纪60年代中期，反对声开始变得普遍。1965年，新奥尔良的民众开始反对将Vieux Carre(老区)的高速公路与州际公路系统相连接。同年，纽约市修建高速公路也遭到了市民的抗议，原因在于它的修建对低收入群体和少数民族居民住房的破坏。1966年在华盛顿，由于环路的修建需要穿过少数民族居住区而遭到抵制。同年，田纳西州孟菲斯的反对者们抨击了州际40号公路选线时故意穿过少数民族居住区而不考虑其他方案的做法。这只是少数民族和低收入群体中反对州际公路修建的几个例子，随着时间的推移，大多数城市地区的居民也开始反对高速公路的修建。其中最有力的例证就是洛杉矶州际105号公路的修建，民众的反对导致该公路经历了长达30年的规划和评审。虽然州际105号公路的规划和评审过程延续了很久，但至今人们仍然在指责这条公路的修建使得该地区的生物群落全部遭到了破坏。

高速公路的修建使得郊区土地拥有者受益颇多。另外一个受益的群体是驱车去市中心上班的人。在郊区居住的群体一般具有中上等收入，他们的机动车拥有率通常较高。高速公路的修建使得拥有机动车的家庭可以居住在距离市中心相对较远的地区，而这些地区地价也往往相对较低。少数民族者和低收入家庭大多居住在中心城区，他们的机动车拥有率低于白人和相对富裕的郊区居民。低机动车拥有率就意味着这些居民将较少地使用公路，包括高速公路。而且，高速公路也不能为短途出行——如中心城区居民的日常出行而服务。同时由于大多数就业机会传统上都分布在中心城区，使得少数民族居民和低收入者在通勤中几乎没有理由去使用城市的高速公路。这种白人郊区居民对高速公路的高度使用导致了少数民

族居民抱怨"白人的路已经修到了黑人的卧室里"(Lewis, 1997. p. 197)。

同时,土地的价格也是高速公路选线时所要考虑的十分重要的因素,由于考虑到地价,高速公路选线常常要穿过较为贫困的地区。而少数民族居民大多居住在此,也就更容易受到高速公路修建对他们所居住社区的严重影响。高速公路的修建常导致这些居民失去自己的房产并迁出自己所居住的地区。立体交叉式高速公路的修建分离了原本相邻的居民,使得社区生活变得混乱,并且由于道路修建的地区具有较高的犯罪可能性,所以常常人迹罕至,也就相应地形成了空间上的孤立岛。由于这些城市内部贫困地区环境质量的退化,同时随着高速公路的修建,郊区的可达性大大提升,导致一些富裕家庭的居住地点和部分就业机会逐渐向郊区转移。城市分散化和中心城区的不断退化形成恶性循环,引发了城市的进一步退化。图 12.3 给出了高速公路建设对城市发展影响过程的概念性解释。

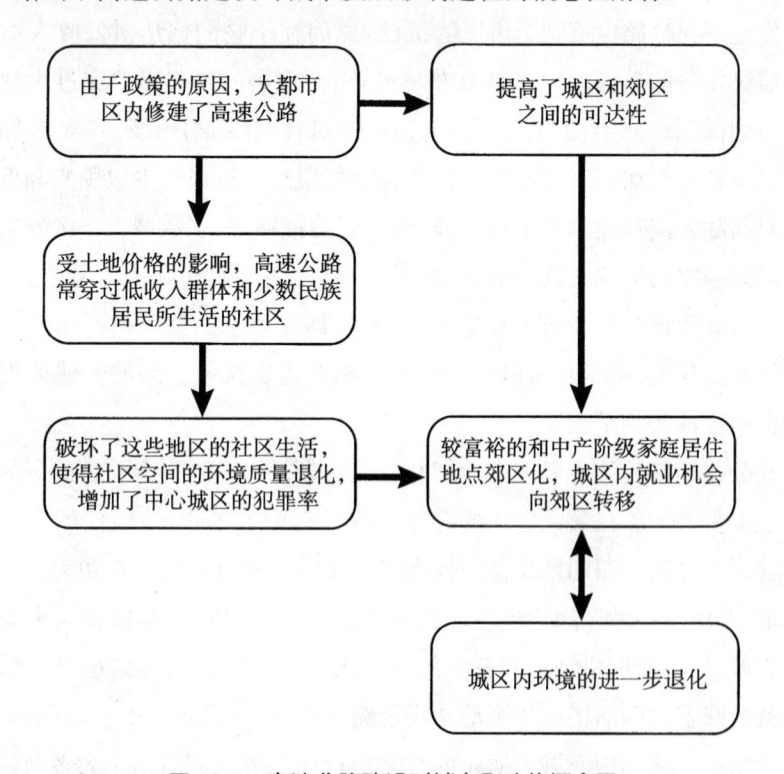

图 12.3　高速公路建设对城市影响的概念图

七、污染对低收入群体和少数民族居民居住社区的影响

从大都市区域的街道现状图可以看出,城市中心地区的道路密度远高于郊区,而城市中心地区也恰恰是多数较为贫困的群体和少数民族居民所居住的区域。较高的道路密度意味着较高的交通密度,也就同时意味着较高的事故发生率和污染排放量。生活在这些地区的人们常常抱怨他们所处的环境:高速度、噪音、震动、灰尘、烟气和较高的交通事故发生率(Appleyard,1981)。

正如 Bae 在本书第十三章中所描述的一样,机动车的尾气排放对心血管系统和呼吸系统的疾病,甚至包括癌症的发病率都有影响。怀特莱格(Whitelegg,1977)指出,在世界上很多地区进行的实证研究都表明,交通导致的空气污染对人体健康十分有害。一些研究还指出,那些居住在像美国这样的道路密集地区的人,往往更容易受到汽车尾气排放的侵害。当交通拥堵时,分类为 PM-10 的颗粒物是对居住在道路附近和在路上行走的人构成健康威胁的主要物质。这其中需要引起我们特别关注的就是路上的灰尘,它超过了 PM-10 总量的 40%。随着时间的推移,许多种类的污染物排放量已经呈现下降的趋势,但路上的灰尘量仍然在不断上升(BOTS,1996)。

同时,低收入群体和少数民族居民还受到了交通噪音的干扰。无论白天还是黑夜,高速公路都是这些噪音的重要来源。卡车、公共汽车、通勤火车、货运火车甚至是汽车警报都对这些地区产生了噪音污染。尽管人们通常对于噪音的厌烦是因为它常常打断人们的讲话并且干扰睡眠,但长期处于这种噪音环境下,将会危害人们的生理和心理健康(Whitelegg,1997)。

当我们讨论到与交通相关的污染时,就不得不去想是谁带来了这些污染,又是谁承担了这些污染所带来的危害这些问题。一方面,穷人常使用旧车,这与新车相比会产生较多的污染。但从另一方面来讲,与富人相比,穷人较少开车出行,出行距离也相对较短,这就使得问题变得复杂化。后面的数据和分析将对比进行深入讨论。

空气污染的一个决定性因素是机动车的使用年限。1995 年 NPTS 的数据结果显示,与高收入家庭相比,低收入家庭所拥有的通常是使用时间较长的或旧的机

动车(表 12.5)。尽管不像高收入家庭和低收入家庭的差距那么明显,但与白人和非拉美后裔相比,非洲后裔和拉美后裔也常使用老车或旧车。由于技术水平落后,老车常耗费更多的汽油并排放较多的污染物(表 12.5),因此,一些人认为低收入群体和少数民族居民比其他人对交通污染负更多的责任。这种观点对穷人和少数民族居民持有偏见,因为这种高污染是基于单车对比的。

表 12.5 不同收入、人种和种族群体购买的机动车平均年龄及新机动车比例

家庭类型	机动车平均年龄(年)	购买新机动车比例(%)
家庭收入(美元)		
低于 9 999	10.2	22.6
10 000-19 999	8.6	31.9
20 000-29 999	7.6	38.9
30 000-39 999	6.9	43.7
40 000-49 999	6.6	48.4
50 000-59 999	6.0	54.6
60 000-69 999	5.9	56.8
70 000-79 999	5.5	61.1
80 000 及以上	4.8	70.3
人种		
黑人	7.0	42.1
白人	6.8	48.1
种族		
拉美后裔	7.2	41.9
非拉美后裔	6.8	47.8

注:为防止过时,忽略了 1970 年以前的机动车。1994 年后的机动车被认为是全新的,年龄被认为是 0。
资料来源:Estimated from Federal Highway Administration(1995,Trip File)。

表 12.6 中的数据显示了不同收入、不同人种和种族的家庭平均拥有机动车数量、自驾车出行占总出行的比例以及自驾的平均出行距离。各个变量都显示高收入家庭比低收入家庭更易于拥有和使用机动车。同时,白人和非拉美后裔比黑人和拉美后裔也更易于拥有和使用机动车。因此,尽管穷人和少数民族居民拥有了

较大比例的旧车,但与其他人群相比,他们对交通污染的贡献率不高,因为他们较少使用机动车。

表 12.6 不同收入、人种和种族群体的机动车拥有量、POV① 出行比例、平均 POV 出行距离比较

家庭类型	家庭平均拥有机动车数量	POV 出行占总出行比例(%)	POV 平均出行距离(英里)
家庭收入(美元)			
低于 9 999	0.88	73.2	8.47
10 000—19 999	1.31	81.2	8.73
20 000—29 999	1.65	86.8	10.09
30 000—39 999	1.88	88.2	10.24
40 000—49 999	2.06	87.9	9.99
50 000—59 999	2.19	89.7	10.85
60 000—69 999	2.26	88.8	10.43
70 000—79 999	2.34	89.0	11.54
80 000 及以上	2.39	89.4	11.28
人种			
黑人	1.26	75.6	9.61
白人	1.87	88.5	10.24
种族			
拉美后裔	1.60	81.8	9.90
非拉美后裔	1.80	86.9	10.14

资料来源:Estimated from Federal Highway Administration (1995, Vehicle File, Household File, and Trip File)。

为了更好地理解是谁带来了交通污染,谁又受到了交通污染的影响,我们需要考虑机动车燃油消费量这一问题。在其他条件相同的情况下,机动车对燃油的使用不仅加速了化石燃料的消耗,而且还带来了大量的空气污染。表 12.7 对比了部

---

① 译者注:POV 为 personally operated vehicles,即自驾车。

分小汽车、客货两用车、皮卡车和运动型多功能车(SUVs)的价格范围和油耗水平,可以发现车辆的价格和燃油效率成反比——越贵的车燃料使用效率越低。鉴于消费者收入水平与其消费的商品价格正相关,因此使用较贵的车常常是相对富裕的人,而这些车一般消耗更多的燃料,因此我们可以推论,与穷人相比,富人消耗了更多的燃料并带来了更多的空气污染。

表 12.7 部分机动车的价格和燃料消耗情况

机动车类型	2000 年新车价格范围(美元)	在城市环境中的燃料消耗(英里/加仑)
小型车		
本田万众	12 000-18 000	30
丰田卡罗拉	12 000-22 000	28
中型车		
本田雅阁	16 000-25 000	20
丰田凯美瑞	17 500-25 500	19
客货两用车		
道奇	18 000-32 000	18
丰田大霸王	21 500-30 000	18
皮卡车		
福特皮卡	12 000-25 000	17
丰田塔科马	13 500-25 500	17
运动型多功能车(SUV)		
福特探索者	21 000-38 000	15
大切诺基吉普车	26 000-35 000	15

资料来源:American Automobile Association (2000).

为了更好地理解收入和机动车使用类型二者的关系,我们可以重新看一下表 12.3,1995 年 NPTS 公布的这组数据显示了选择不同交通方式出行人群的收入中值。与使用 SUV 和客货两用车的人相比,开普通轿车和皮卡车的人通常具有较低的收入中值。基于自驾出行的考虑,使用 SUV 的人具有最高的收入中值。表 12.7 显示一些最热销的 SUV,也是燃料使用效率最低的。

总之,由于使用旧车,低收入群体对空气污染的贡献率较高。与此同时,由于使用SUV和客货两用车这类燃料效率较低的车，高收入群体对空气污染的贡献率也较高。但是，低收入群体机动车拥有量较低，他们也很少或仅短途自驾出行。综合以上的这些因素，低收入群体似乎比高收入群体对空气污染的贡献率低。也就是说，收入、机动车价格和燃油消耗量的综合数据显示，与高收入群体相比，由于低收入群体出行时对机动车的依赖程度较低，因此其对空气的污染贡献率也低。同时，由于非洲后裔和拉美后裔通常是低收入群体，因此其对空气的污染程度也比白人低。

八、环境公正中的安全问题

2000年，美国交通事故导致了近42 000人死亡，530万人受伤，经济损失达2 300亿美元(National Highway Traffic Safety Administration, 2000a)。虽然私人保险公司支付了这部分损失的50%，政府承担9%，但仍有26%的损失需要由事故的受害者自行支付(其余部分由其他部门支付，如与事故不相关的其他汽车驾驶员、慈善机构、医疗服务提供者等)。有数据显示，由这些交通事故带来的额外损失，尤其是那些发生在行人和机动车之间的事故所造成的那部分由个人支付的费用，给穷人和少数民族者带来了较大的负担。

机动车交通事故所造成的这部分损失给机动车肇事者增加了一笔开销，但那些事故中的非肇事者，例如步行者、骑自行车的人和乘坐非肇事车辆的人，也需要承担这部分额外的费用。有研究表明，2/3的交通事故损失由这些非肇事者承担，而肇事者只承担了1/3的损失(Persson & Odegaard, 1995)。由于步行者和骑车者在机动车事故中常是脆弱的受害方，因此他们实际上承担了由肇事司机强加给他们的那2/3的事故损失。而这些肇事司机中，驾驶大型车辆(例如卡车和SUV)的比例较高。

从表12.6中我们可以看出，低收入群体和少数民族家庭的机动车拥有量和使用率都较其他群体低。在这些低收入群体和少数民族家庭中，有相当一部分家庭并不拥有机动车，对于这些家庭而言，步行或骑车出行并不是一种选择，而是他们到达活动地点的唯一方式。表12.3中的数据显示，除与乘坐公交车出行的人相比，步行者和骑车者的收入中值比其他所有群体都低。步行和骑车是具有危险性的出行方式，因为它直接将个体暴露在机动车流中。2000年，美国有4 739个步行者死于交通事故，占美国当年交通事故死亡率的11%（NHTSA，2000b）。由于步行仅占所有出行方式的7%，同时又是最短途的出行方式，因此这无疑说明步行出行的交通事故死亡率过高。

低收入群体比富人更易成为交通事故受害者这一观点只能通过相关数据来推断，但少数民族居民占交通事故受害者的比例过高却有确凿的证据。2000年美国统计数据显示，白人占美国总人口的75.1%，非洲后裔和拉美后裔分别占12.3%和12.5%。而在步行的交通事故受害者中，白人仅占总量的45%，非洲后裔和拉美后裔分别占37%和14%（Stutts & Hunter，1999）。与此类似的是，在包括自行车和机动车事故的所有道路交通事故受害者中，白人仅占总量的51%，而非洲后裔和拉美后裔各占30%和15%。

城市交通中针对乘客的犯罪是另外一个值得关注的安全性问题。乘客在车站或机动车内时容易成为犯罪者的侵害对象，不仅如此，当出行者步行在从车站到他们的出发地或与到达目的地的过程中，也常常成为犯罪问题的受害者（Deka，2002；Levine & Wachs，1986）。低收入群体和少数民族居民多居住在大都市区的中心地带，这些地区常具有较高的犯罪率。因此，他们也更容易受到犯罪问题的危害。在莱文和瓦克斯（Levine & Wachs，1986）对洛杉矶的研究中可以发现，拉美后裔的公交出行者常比其他群体更多的考虑到犯罪问题。在我对佛罗里达地区犯罪率与公交使用率二者之间关系的调查中发现，拉美后裔的受访者比非拉美后裔的受访者更关注犯罪问题（Deka，2002）。另外，低收入者比高收入者更担心自己居住地周边的犯罪问题，而居住在城市内部的居民也比居住在郊区的居民更关注犯罪问题。虽然城市内部的犯罪率相对较高，但由于没有其他选择，居住在这一地区的低收入群体和少数民族家庭仍然多依靠公交出行。

九、结论

许多关于城市交通中的社会和环境公正问题的关注是真实的。尽管经验性数据和现有的文献给出了应当关注这一问题的理由，但现行标准的城市交通规划过程却常常忽视了这一问题。现有对于城市规划中社会和环境公正问题的关注多是

第十二章 城市交通中的社会和环境公正问题

主观的或基准性的。如果这一问题能够被城市交通规划所普遍接受,那么将这种公平转化为一个具有可操作性的措施是十分必要的。尽管提高对社会和环境公正问题的认识将会促进穷人和少数民族居民更好地生活,但是如果不能将这些关注融合到交通规划的正常程序中,那么我们就无法奢望在交通基础设施和服务的分配过程——以及对这些项目的资助方式——会发生大的改变。

机动性和可达性是否是基本需求这一问题,可能是在讨论城市交通中的社会和环境公正时所应当面对的最重要的问题。当今社会广泛承认衣、食、住是人类的基本需求,并认同政府应当提供额外资助以保证所有人都能够满足这些需求。但是在判定机动性和可达性是否是基本需求时,答案并不十分清晰。

交通专家们也应当自问在社会和环境问题中,效率和公平孰轻孰重?当确保效率时,分配公平往往不能得到保证。在追求效率的过程中,交通规划长期和短期的外部性效应将会损害到穷人和少数民族群体的利益。如果交通规划专家在规划过程中,能够将这些不良的外部经济效应以及与社会、环境公正问题相关的内容也都予以考虑,将大有裨益。

参考文献

[1] Altshuler, A. J. (1979). *The urban transportation system: Politics and policy innovation*. Cambridge, MA: MIT Press.

[2] American Automobile Association. (2000). *Year 2000 model reviews: New car and truck buying guide*. Heathrow, FL: Author.

[3] Anderson, S. C. (1983). The effect of government ownership and subsidy on performance: Evidence from the bus transit industry. *Transportation Research A*, 17A, 191-200.

[4] Appleyard, D. (1981). *Livable streets*. Berkeley and Los Angeles: University of California Press.

[5] Barr, N. (1998). *The economics of the welfare state* (3rd ed.) Stanford, CA: Stanford University Press.

[6] Bullard, R. J., & Feagin, J. R. (1991). Racism and the city. In M. Gottdiener & C. Pickvance (Eds.), *Urban life in transition* (pp. 55-76). Newbury Park, CA: Sage.

[7] Bullard, R. D., & Johnson, G. S. (1997). Just transportation. In R. D. Bullard & C. S. Johnson (Eds.), *Just transportation* (pp. 7-21). Gabriola Island, BC, Canada: New Society Publishers.

[8] Bureau of Labor Statistics. (2002). *Consumer Expenditure Survey*. Washington, DC: U. S. Department of Labor. Available online at http://www.bls.gov/cex.

[9] Bureau of Transportation Statistics. (1996). *Transportation statistics annual report 1996: Transportation and environment*. Washington, DC: U. S. Department of Transportation.

[10] Caplovitz, D. (1963). *The poor pay more: Consumer practices of low-income families*. New York: Free Press.

[11] Cervero, R. (1984). Cost and performance impacts of transit subsidy programs. *Transportation Research A*, *18A*, 407-413.

[12] Cervero, R. (1990). Profiling profitable bus routes. *Transportation Quarterly*, 44, 183-201.

[13] Chung, C., & Myers, S. L. Jr. (1999). Do the poor pay more for food?: An analysis of grocery store availability and food price disparities. *Journal of Consumer Affairs*, 33, 276-296.

[14] Cole, L., & Foster, S. R. (2001). *From the ground up*. New York: New York University Press.

[15] Collin, R. W., Beatley, T., & Harris, W. (1995). Environmental racism: A challenge to community development. *Journal of Black Studies*, 25, 354-376.

[16] Council on Ethical and Judicial Affairs. (1990). Black-white disparities in health care. *Journal of the American Medical Association*, 263, 2344-2346.

[17] Danielson, M. N. (1976). The politics of exclusionary zoning in suburbia. *Political Science Quarterly*, *91*, 1-18.

[18] Darden, J. T. (1995). Black residential segregation since 1948 Shelly V. Kraemer decision. *Jounal of Black Studies*, 25, 680-691.

[19] Davidoff, P. (1965). Advocacy and pluralism in planning. *Journal of the American Institute of Planners*, 31, 596-615.

[20] Deka, D. (2002). *An assessment of the relationship between crime, security, and transit use in Florida using GIS and econometric approaches*. Tallahassee: Florida Department of Transportation, Office of Public Transportation.

[21] De Lew, N., & Weinick, R. (2000). An overview: Eliminating racial, ethnic, and SES disparities in health care. *Health Care Financing Review*, 21, 1-7.

[22] Dobson, A. (1998). *Justice and the environment*. Oxford, UK: Oxford University Press.

[23] Downs, A. (1973). *Opening up the suburbs*. New Haven, CT: Yale University Press.

[24] Feagin, J. R. (1999). Excluding blacks and others from housing: The foundation of while racisms. *Cityscape*, 4, 79-91.

[25] Federal Highway Administration. (1995). *Nationwide Personal Transportation Survey date files* [CD ROM: FHWA-PL-97-034]. Washington, DC: U. S. Department of Transportation, Federal Highway Administration.

[26] Federal Highway Administration, (2000). Highways statistics 2000. Washington, DC: U. S. Department of Transportation, Federal Highway Administration.
[27] Federal Highway Administration and Federal Transit Administration. (2000). *Transportation and environmental justice case studies*. Washington, DC: U. S. Department of Transportation.
[28] Federal Transit Administration. (1997). *1997 national transit summaries and trends*. Washington, DC: U. S. Department of Transportation, Federal Transit Administration.
[29] Finke, M., Chern W., & Fox, J. (1997). Do the urban poor pay more for food?: Issues in measurement. *Advancing the Consumer Interest*, 9, 13-17.
[30] Fix, M., & Austin Turner, M. (1999). Testing for discrimination: The case for a national report card. *Civil Rights Journal*, 4, 49-56.
[31] Floyd, M. E, Shinew, K., McGuire, E., & Noe, E. (1994). Race, class, and leisure activity preferences: Marginality and ethnicity revisited. *Journal of Leisure Research*, 26, 158-173.
[32] Garber, N. J., & Hoel, L. A. (1999). *Traffic and highway engineering* (rev. 2nd ed.). Pacific Grove, CA: Brooks/Cole.
[33] Ginzberg, E. (1991). Access to health care for Hispanics. *Journal of the American Medical Association*, 265, 238-241.
[34] Gómez-Ibáñez, J. A. (1982). Assessing the arguments for mass transportation operating subsidies. In H. S. Levinsn & R. A. Weant (Eds.), *Urban transportation: Perspectives and prospects* (pp. 126-132.) Westport, CT: Eno Foundation.
[35] Harvey, D. (1973). *Social justice and the city*. London: Edward Arnold.
[36] Hodge, D. C. (1988). Fiscal equity in urban mass transit systems: Geographic analysis: *Annals of the Association of American Geographers*, 78, 288-306.
[37] Holzer, H. J. (1991). The spatial mismatch hypothesis: What has the evidence shown? *Urban Studies*, 28, 105-122.
[38] Ihlanfeldt, K. R. & Sjoquist, D. L. (1998). The spatial mismatch hypothesis: A review of recent studies and their implications for welfare reform. *Housing Policy Debate*, 9, 849-892.
[39] Kain, J. E. (1968). Housing segregation, negro employment, and metropolitan decentralization. *Quarterly Journal of Economics*, 82, 175-197.
[40] Kain, J. E. (1992). Spatial mismatch hypothesis: Three decades later. *Housing Policy Debate*, 3, 371-460.
[41] Kain, J. E., & Meyer, J. (1970). Transportation and poverty. *Public Interest*, 18, 75-87.
[42] Kain, J. E., & Persky, J. (1969). Alternatives to the gilded ghetto. *Public Interest*, 18, 77-91.

[43] Khisty, C. J., & Lall, B. K. (1998). *Transportation engineering: An introduction* (2nd ed.) Upper Saddle River, NJ: Prentice-Hall.

[44] Kirschenman, J., & Neckerman, K. (1991) We would love to hire them, but …: The meaning of race for employers. In C. Jencks & P. E. Peterson (Eds.), *The urban underclass* (pp. 203-232). Washington, DC: Brookings Institutions Press.

[45] Krumholz, N., & Clavel, P. (1994). *Reinventing cities*. Philadelphia: Temple University Press.

[46] Lave, C., & Crepeau, R. (1994). Travel by households without vehicles. *Travel Modes Special Reports*, 1, 1-47. Washington, DC: U. S. Department of Transportation, Federal Highway Administration.

[47] Levine, N., & Wachs, M. (1986). Bus crime in Los Angeles II—Victims and public impact, *Transportation Research A*, 20A, 285-293.

[48] Lewis, T. (1997). *Divided highways: Building the Interstate Highways, transforming American life*. Harmondsworth, UK: Penguin Books.

[49] *Los Angeles Times*. (2002, March 19). Final MTA appeal of bus accord fails. *California Section*, p. 1.

[50] Malgren, J. A., Martin, M., & Nicola, R. (1996). Health care access of poverty-level older adults in subsidized public housing. *Public Health Reports*, 111, 260-263.

[51] Meyer, J. R., & Gómez-Ibáñez, J. A. (1981) *Autos, transit, and cities*. Cambridge, MA: Harvard University Press.

[52] Musgrave, R. A., & Musgrave, P. B. (1989). *Public finance in theory and practice* (5th ed.). New York: McGraw-Hill.

[53] National Highway Traffic Safety Administration. (2000a). *The economic impact of motor vehicle crashes 2000*. Washington, DC: U. S. Department of Transportation.

[54] National Highway Traffic Safety Administration. (2000b). *Traffic safety facts 2000: Pedestrians*. Washington, DC: U. S. Department of Transportation.

[55] Nord, S., & Ting, Y. (1994). Discrimination and the unemployment durations of white and black males. *Applied Economics*, 26, 969-979.

[56] Orfield, G. (1974). Federal policy, local power, and metropolitan segregation. *Political Science Quarterly*, 89, 777-802.

[57] Papacostas, C. S., & Prevedouros, P. D. (1993). *Transportation engineering and planning* (2nd ed.) Englewood Cliffs, NJ: Prentice-Hall.

[58] Persson, U., & Ödegaard, K. (1995). External cost of road traffic accidents: An international comparison. *Journal of Transportation Economics and Policy*, 29, 291-304.

[59] Pucher, J. (1981). Equity in transit finance: Distribution of transit subsidy benefits and costs among income classes. *Journal of the American Planning Association*, 47, 387-407.

[60] Pucher, J. (1983). Who benefits from transit subsides?: Recent evidence from six metro-

politan areas. *Transportation Research A*, 17A, 39-50.
[61] Rawls, J. (2001). *Justice as fairness: A restatement*. Cambridge, MA: Harvard University Press.
[62] Steinberg, M. (2000). *Making sense of environmental justice. Forum for Applied Research and Public Policy*, 15, 82-89.
[63] Stutts, J. C., & Hunter, W. W. (1999). *Injuries to pedestrians and bicyclists: An analysis based on hospital emergency department data*. McLean, VA: U. S. Department of Transportation, Federal Highway Administration, Office of Safety Research Development.
[64] Sullivan, L. W. (1991). Effects of discrimination and racism on access to health care. *Journal of the American Medical Association*, 266, 26-74.
[65] The Public Purpose. (2002a). Comparison of light rail cost per trip and the cost of leasing of buying a new car. In *Urban Transportation Fact Book*. Belleville, IL: Wendell Cox Consultancy. Available online at http://www.publicpurpose.com/ut-newcar.htm.
[66] The Public Purpose. (2002b). U. S. public transport new starts (rail) cost per new commuter compared to monthly 5th quintile income. In *Urban Transportation Fact Book*. Belleville, IL: Wendell Cox Consultancy. Available online at http://www.publicpurpose.com/utrailpoor.htm
[67] Todd, J. S., Seekins, S., Krichbaum, J., & Harvey, L. (1991). Health, access America—Strengthening the U. S. health care system. *Journal of the American Medical Association*, 265, 2503-2306.
[68] Turner Meiklejohn, S. (2000). *Wages, race, skills and space: Lessons from employers in Detroit's auto industry*. New York: Garland.
[69] Wachs. M. (1989). U. S. transit subsidy policy: In Need of Reform. *Science*, 244, 1545-1549.
[70] Westra, L., & Wenz, P. S. (1995). Introduction. In L. Westra & P. S. Wenz (Eds.), *Faces of environmental racism* (pp. xv-xxiii). Boston: Rowman & Littlefield.
[71] Whitelegg, J. (1997). *Critical mass: Transportation, environment, and society in the twenty-first century*. London: Pluto Press.
[72] Wright, P. H., & Ashford, N. J. (1997) *Transportation engineering, planning, and design* (4th ed.). New York: Wiley.
[73] Yinger, J. (1998). Housing discrimination is still worth worrying about. *Housing Policy Debate*, 9, 893-927.

（高菠阳译，王姣娥校）

第十三章 交通与环境

希钱格·克里斯汀·贝(Chang-Hee Christine Bae)

交通与环境关系的问题是多维度和复杂的。本章优先阐述机动车导致的空气污染问题,它是交通与环境关系的研究重点。除了气体排放是影响环境的重要因素以外,其他类似于噪音、城市地表径流等因素对地下水水质和野生动物栖息地等也产生了一定的环境影响。除了机动车以外,船舶、游艇、飞机、越野车、施工设备、草坪割草机、雪地车以及农业机械设备(由于它们对城市的影响是可以忽略的,在本章中未曾谈及)也会对环境产生不可忽略的影响。

社会关注这个问题主要是由于它们对健康、声环境、能见度、美学和自然环境造成了影响。现在有许多措施去缓解这些问题,但是主要集中在价格机制(Pricing)(即采取激励和非激励方法)和调控途径之间进行抉择。其他相关问题还包括环境影响的公平性、全球变暖和环境外部性的测度。总之,我对这个问题持有相对乐观的态度。交通对环境的影响是个不可辩驳的事实,但是,如果采取适宜的价格激励和非激励措施,大多数的问题是可以通过技术进步和人们行为方式的改变来解决的。

一、交通与空气污染

表13.1中列出了美国环境保护署(EPA)有关各种标准污染物的排放标准和一些过量排放的特征,表中标准污染物(CO, NO_2, O_3, SO_2, PM_{10}, $PM_{2.5}$, Pb)是按照1970年《清洁空气法》(1977年修正以及1990年再次修正)列出的。美国环境保护署有两类标准,一类是保护公众健康的一级标准,另一类是保护公众福利的二级标准。然而,除了CO(CO无二级标准)和SO_2之外,一、二级标准所允许的最大浓

第十三章　交通与环境

表 13.1　《清洁空气法》的污染物排放标准及其特性

空气污染物	化学术语	特性	CAA标准	污染源	对人类的影响	对自然的影响	对大气的影响	区域浓度分布趋势
一氧化碳	CO	无味、无色、有毒气体	8小时浓度：9ppm(10μg/m³)；1小时浓度：35ppm（40μg/m³）一年中最多一次可超过该浓度标准	不完全内燃；燃料燃烧；生物质燃烧；野火，工业；火炉，烹饪，香烟烟雾；室内采暖	头痛；头晕；呕吐；心血管系统（例如心绞痛），心率（心脏病发作）；呼吸系统；局部缺血导致的腿抽筋；弱视/认知能力；脑损伤和死亡	植物呼吸	(大自然排放了更多的CO，但其没有害处)	空气污染物浓度最高值位于东北部、西部和Fairbank、阿拉斯加；催化转化器(1975年)的显著改进和氧燃料引进(1992年)
二氧化氮	NO₂	棕红色，高度活性气态物质，它导致了地表臭氧，可吸入颗粒物，霾和酸雨的产生	年平均浓度：0.053ppm(100μg/m³)	机动车，发电厂，火炉，汽轮机，家用炉具；煤气灶等燃料燃烧	肺感染；支气管炎；刺激眼睛，鼻子	对植物的不同影响（例如生长，损伤，死亡等）；内陆／湿地，鱼向水体生态系统排放N的含量增加，植物多样性遭受破坏	能见度减少；产生酸雨；臭氧层破坏；臭氧前体物（光化学烟雾：NO_x+HC）	空气污染物高浓度区位于南加州沿海地区、新英格兰；北部中心州浓度上升；城市是浓度最高的地区，而农村浓度较低

续表

空气污染物	化学术语	特性	CAA标准	污染源	对人类的影响	对自然的影响	对大气的影响	区域浓度分布趋势
可吸入颗粒物	PM_{10}、$PM_{2.5}$	粉尘；烟尘；粉尘云/霾；空气中的液滴；可见颗粒物；其成因是大气中的SO_2、NO_2、VOC	PM_{10}：日平均浓度：$150\mu g/m^3$；年平均浓度：$50\mu g/m^3$；$PM_{2.5}$：日平均浓度：$65\mu g/m^3$；年平均浓度：$15\mu g/m^3$	燃料燃烧；垃圾焚烧；机动车排放；柴油车、发电厂、家用壁炉和火炉；工业过程；扬尘；在未铺设的道路上行驶；硫酸、硝酸、有机碳导致了$PM_{2.5}$形成	严重威胁人类健康；致癌（肺癌、胃癌）；心血管系统；降低肺功能；肺部炎症、呼喘、支气管炎、心脏病发作、心律失常。儿童、老年人和患有心肺疾病人为易感人群	在土壤、植物、水、树叶中沉积，影响养分平衡和酸度；腐蚀叶片表面；影响植物代谢	能见度减少；对植被、生态系统有影响；损害涂料；腐蚀建筑材料；酸雨的前体物	南加州和美国东部地区$PM_{2.5}$污染物浓度较高，中心州东部和北部PM_{10}污染物浓度较高；城市远高于农村
二氧化硫	SO_2	橘色、刺激性臭气	日平均浓度：0.14ppm ($365\mu g/m^3$)；年平均浓度：0.03ppm ($180\mu g/m^3$)；3小时浓度：0.50ppm ($1300\mu g/m^3$)	大部分来自燃料燃烧、发电厂、炼油厂、金属冶炼、工业过程	呼吸系统疾病（支气管炎、暂时性呼吸困难、哮喘儿童损伤、气喘、胸闷、气短、心血管系统疾病、气溶胶慢性作用、死亡）。儿童、老人和心肺疾病患者是易感染人群。	土壤、湖泊、河流的酸化；植物高生理活性；对森林的破坏	酸雨；植物受损、大理石、石灰岩建筑易受腐蚀；能见度下降；烟雾	高浓度区集中在东部州、城市和近郊

第十三章 交通与环境

续表

空气污染物	化学术语	特性	CAA标准	污染源	对人类的影响	对自然的影响	对大气的影响	区域浓度分布趋势
臭氧（地面）	O_3	无色,刺激性臭气	1小时浓度:0.12ppm(一天/年)8小时浓度:0.08ppm($156\mu g/m^3$)	燃料燃烧;热和阳光下VOC和NO的反应作用	呼吸系统疾病(地方性肺病、哮喘、肺气肿和慢性支气管炎患者易受感染)咳嗽、喷嚏、肺部充血、胸痛	农作物/商品林产量下降;易受到病虫和环境压力影响;植物叶片受伤,树木美感降低	城市烟雾形成;促进大气氧化效率	较高浓度区位于加州南部、海湾海岸、东北、中北。在适宜的风力下,西部和西北部有所改善,1990年东南部、西南部和北部区域有所下降,国家公园浓度有所上升
铅	Pb		3 mo 平均浓度:1.5$\mu g/m^3$	汽车尾气;抗暴剂;旧的干漆;化工厂;炼油厂;工厂;航空燃料	危害到大脑、肾脏、肝脏和神经系统;影响儿童/胎儿智商、学习能力、癫痫、高血压/心脏病;死亡	影响污染源附近的植物	能远距离正移,例如南极洲	由于无铅汽油的使用(1975年),机动车污染减轻。铅浓度通常与固定污染源相关

度水平都是一致的。机动车污染源（注释 1）排放的这几种标准污染物在总排放量中占相当大比例。这些标准及其理论基础是科学的，这里的主要目的不是解释这些标准（如有兴趣可参见 EPA Green Book，Part 50），而是如果都市区没有达到联邦的清洁空气标准，它们会被划为"未达标区"，并将受到相应的制裁，例如，撤销对该联邦的高速公路拨款。事实上，2000 年美国有 127 个都市区被划为"未达标区"，它们大多数是一种污染物排放超标，没有多于三种污染物排放超标的。

在 166 个案例中，68 个 PM_{10} 排放超标，57 个 O_3 排放超标。洛杉矶臭氧标准中规定，城区内延长其达标日期。不像西欧国家，美国对 CO_2 的排放没有控制标准（尽管加利福尼亚州计划实施控制 CO_2 排放标准）。最近，27 个州联合制订了减少温室气体排放的州自发行动计划（从 2003 年 9 月开始实施）。然而，许多提议的措施都是针对固定污染源（清洗剂、有效的能源和建筑类型等）而不是移动污染源（例如可替代燃料机群，从卡车到火车交通方式的转变等）（EPA 温室效应行动，2004）。这说明相比于其他国家美国政策对温室效应问题的关注度较低。

表 13.2 列出了 60 多年来全美主要污染物的排放趋势。大部分污染物的排放峰值出现在 1970 年左右，这说明联邦《清洁空气法》起了很大的作用。最显著的是 Pb 排放量的减少，过去 30 年中 Pb 的排放量减少了 98%，其主要原因是无铅汽油的使用。CO 和 VOC 排放量在近 30 年也呈现快速减少趋势，但近 20 多年 NO_2 的排放量相对稳定。因为 VOC 的排放与臭氧前兆是互动的，所以 VOC 排放指标的降低将会对环境问题缓解产生有益的作用。PM_{10} 污染物的排放量则呈现持续上升趋势（注释 2）。其中，加利福尼亚州的污染物排放数字统计令人印象深刻：空气污染现象呈现全面下降的趋势。一个有效的政策是应强调市场的激励与非激励机制，但这是有争议的，因为空气污染减轻的趋势却是强制规章制度管制的结果。美国的其他数据如图 13.1。

表 13.2　1940-1999 年美国污染物排放（1 000 吨）

年份	CO	NO_2	VOC	SO_2	PM_{10}	$PM_{2.5}$	Lead	NH_3
1940	93.6	7.4	17.2	20.0	16.0	—	—	—
1950	102.6	10.1	20.9	22.4	17.1	—	—	—

第十三章　交通与环境　　　　　　　　　　　　　　　　　　　　　453

续表

年份	CO	NO$_2$	VOC	SO$_2$	PM$_{10}$	PM$_{2.5}$	Lead	NH$_3$
1960	109.7	14.1	24.5	22.2	15.6	—	—	—
1970	129.4	20.9	31.0	31.2	13.0	—	220.9	—
1980	117.4	24.4	26.3	25.9	7.1	—	74.2	—
1990	98.5	24.0	20.9	23.7	30.0	8.0	5.0	4.3
1999	89.5	24.5	17.9	18.9	34.7	8.4	4.0	5.0

注释：PM$_{10}$污染物排放趋势有误导性，因为1985年前的主要污染源（例如：扬尘、农业以及风蚀）的数据未能获得。

资料来源：USEPA, National Air Pollutant Emission Trends Website, available online at www.epa.gov/ttn/chief/trends。

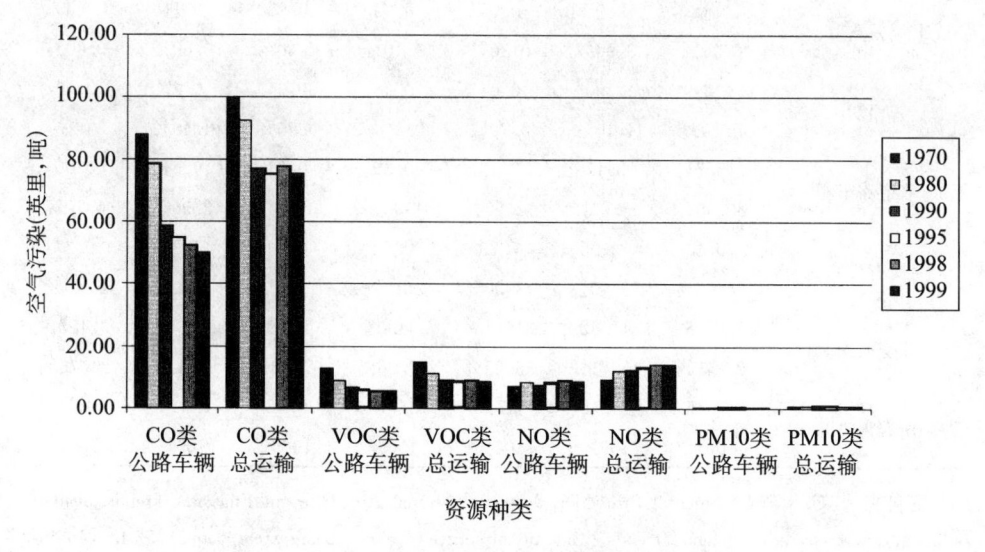

图 13.1　1970-1999 年美国交通污染物排放

资料来源：U.S. Department of Energy, Transportation Energy Databook: Edition 2001—tab 4.2, 1970—1999 年美国 CO 排放量汇总表；表 4.4, 1970—1999 年美国 NO 排放量汇总表；表 4.6, 1970-1999 年美国 VOC 排放量汇总表；表 4.8, 1970—1999 年美国 PM$_{10}$ 排放量汇总表；表 4.10, 1970—1999 年美国 PM$_{2.5}$ 排放量汇总表。

表 13.3 显示交通是美国 CO 排放的主要污染源（占到总污染物排放量的 4/5），接近于臭氧前体物排放量的一半。虽然道路施工、道路扬尘（铺砌和未铺砌

道路)等与交通相关的活动被统计在了非交通源污染物(很可能是最危险的污染物)排放中(如果统计在交通源污染物中,PM_{10}的比例将从2%上升到50%),但交通不是PM污染物(很可能是最危险的污染物)排放的主要污染源。交通曾经是铅排放的主要来源,但现在它已不再是主要的污染来源。

表13.3 1999年交通污染物排放量占总污染物排放量的比例(百万吨,%)

分项	CO	NO_x	VOC	PM_{10}	$PM_{2.5}$	SO_2	NH_3
公路车辆	49.99 55.90%	8.59 35.10%	5.30 29.60%	0.30 0.80%	0.23 2.70%	0.36 1.90%	0.26 5.20%
飞机	1.00 1.10%	0.16 0.70%	0.18 1%	0.04 0.10%	0.03 0.30%	0.01 0.10%	0.00 0.10%
铁路	0.12 0.10%	0.95 3.90%	0.05 0.30%	0.03 0.10%	0.03 0.40%	0.11 0.60%	0.00 0.00%
船舶	0.14 0.20%	1.00 4.10%	0.04 0.20%	0.04 0.10%	0.04 0.50%	0.27 1.40%	0.00 0%
非道路车辆	18.71 20.90%	3.17 13.00%	2.19 12.20%	0.35 1.00%	0.31 3.70%	0.54 2.90%	0.00 0.10%
所有交通	70.30 78.60%	13.05 53.40%	7.79 43.50%	0.72 2.10%	0.64 7.60%	1.30 6.90%	0.27 5.40%
非交通来源	19.15 21.41%	11.42 46.71%	10.13 56.53%	34.03 97.96%	7.75 92.48%	17.57 93.11%	4.7 94.76%
所有污染源	89.45 100%	24.45 100%	17.92 100%	34.74 100%	8.38 100%	18.87 100%	4.96 100%

资料来源:U.S. Environmental Protection Agency, National Air Pollutant Emission Trends, available online at, www.epa.gov/ttn/chief/trends. (additional sources. www.epa.gov/oar/oaqps),表4.1,1999年全国不同部门标准污染物排放总量。

全美污染物排放趋势掩盖了都市区间的差异。表13.4列出了2000年10个最大都市区交通污染物的排放量。正如预期的,在大多数污染物排放指标中,洛杉矶位于十大都市区之首,主要原因不是其所属郡靠近海洋(洛杉矶和奥兰治郡)而是临近内陆的河畔和圣贝纳迪诺郡(也称为内陆帝国)。然而,总的来看,各大都市区的差异相对较小。表13.4的最后一栏空气质量指标(AQI)超过100的天数再次表明河畔和圣贝纳迪诺郡是加利福尼亚州南部污染物排放的问题城市,其主要原因是该区域的地形特征所导致,例如圣加百利和圣贝纳迪诺山位于洛杉矶盆地中。

另外,年与年之间的变化可能是由于气候或其他原因引起的。例如 2000 年亚特兰大 1 小时的臭氧浓度为 0.08ppm[①](ppm:100 万体积的空气中所含污染物的体积数),是前一年(1999 年)浓度的 3 倍。

表 13.4 2000 年美国十大都市区交通污染物排放量

主要大都市统计区	CO ($\mu g/m^3$)	NO_x (ppm)	O_3 (1-hr,ppm)	PM_{10} (8-hr,$\mu g/m^3$)	AQI 超过 100 的天数
洛杉矶—长滩	10	0.044	0.11	46	30
纽约	4	0.038	0.09	23	16
芝加哥	4	0.032	0.08	35	15
费城	4	0.028	0.1	29	22
华盛顿	5	0.023	0.09	24	22
底特律	5	0.024	0.08	43	16
休斯敦	4	0.015	0.08	32	28
亚特兰大	3	0.023	0.11	36	8
达拉斯	2	0.014	0.1	29	14
河畔—圣贝纳迪诺	4	0.038	0.12	59	94

资料来源:U.S. EPA(2000), National Air Pollutant and Emission Trends Report, tab A-15.

二、交通空气污染只是过渡性的问题吗?

在交通产生的环境问题中,空气污染问题可能受到了太多的关注。现在许多高端科技正在或即将应用于减少机动车污染物排放量。例如加利福尼亚州的超低排放车辆(SULEV),油电混合汽车,燃料电池汽车(Bae,2001);如果这些是事实的话,那么交通的空气污染可能只是个过渡性的问题,虽然这个过渡期会很长。由于机动车的技术变革,特别是市场非激励政策(例如征收排放税)的引进,将会引导消费者远离非环保型的机动车,这样机动车污染物的排放量将会持续下降。

人们普遍认为机动车是污染物排放的主要污染源。这个是有理可循的,但从

---

① 译者注:表 13.4 表示亚特兰大臭氧浓度为 0.11 1-hr,ppm 与文中不符。

某些方面来说具有误导性。首先,在过去50年,尽管人均机动车英里数呈现较大的增长,从3 000英里上升到将近10 000英里,但是正如上一节所述,由于污染物排放的管制和机动车机群排放技术日益革新,污染物排放量是急剧减少的(特别是CO和VCO,但不包括NO_2)。第二,《清洁空气法》限制的污染物范围为六种标准污染物,忽略了其他更为危险的污染物,例如被其他条例所覆盖的有毒气体化合物,它们与固定污染源的关系更大些。第三,如表13.3所示,交通直接污染物PM排放比例相对较小(PM_{10}排放仅占2.1%,$PM_{2.5}$仅占7.6%)。然而,最近有些科学家和健康专家指出某些类型的PM污染物威胁着人类健康,主要危害是哮喘发作和引发癌症。PM可能是最危险的标准污染物。如果柴油车排放量能显著减少的话,PM的危害会减少许多(通常"热点"现象与固定污染源相关,但是也存在少量交通排放的PM,例如港口会有PM污染物的排放,详见专栏13.1)。另外,如上文所述,CO和NO_2污染物排放的污染源中,交通占有主要份额,同时在VOC污染物排放中也占有很高的比例。第四,技术进步会显著减少新型机动车污染物的排放。排放量减少的原因是一个有争议的话题(注释3):是机动车厂商自发的技术革新还是政府委任的科技推动所致?最后,理由并不是很重要,无论创新在这或在生产上(Bae,2001)。最终的科技—氢能燃料电池仅仅处于概念化阶段,还有许多技术问题有待解决(例如机动车的存储和燃料供应设施)。但是这些阻碍并非不能克服,从短期来看采取其他的燃料电池(例如甲烷)也是有可能的(专栏13.2)。

专栏13.1 "热点"

"热点"是指一个地区,其污染水平明显高于都市区的其他地区。我们知道空气污染通常与固定污染源有关,例如一个及以上的炼油厂、石油化工厂等固定污染源。然而,一些机动车污染物(特别是CO和PM)具有显著的局部效应。虽然交通无处不在,但有些位置(例如靠近高速公路立交桥或者公交车站)被称为"热点"。

位于加利福尼亚州河畔郡的Mira Loma是一个很好的例子。这个社区拥有人口1.76万,它原来是一个拥有洁净空气的乡村社区,然而,最近它被发展

第十三章 交通与环境

为一个仓储枢纽,1997-2002年不动产税收收入翻了3倍。现在有70多家仓库和物流中心分布在该区,面积相当于434个足球场的面积,并且吸纳了Mira Loma区超过1/5的劳动力。Etiwanda大道和Van Buren Boulevard交汇处的交通流量为每小时400辆柴油车。因此,该区是加利福尼亚州南部PM_{10}排放量最多的地方,超过联邦标准排放量的40%,而洛杉矶低于联邦标准排放量的20%。Mira Loma的儿童肺功能低于区域平均水平的10%。

专栏13.2 减少机动车污染:技术与土地利用管制

土地利用方式变化(例如让城市更加紧凑)和技术进步谁对减少机动车尾气排放作用较大,这是一个很有意思的争论话题。规划师和地理学者通常倾向于通过调整空间格局来解决问题。然而,这种方法是有问题的,因为改变都市区景观格局是一个非常慢的过程。如果机动车行驶量不急剧下降的话,高密度的居住意味着每平方米空气污染产生的健康危险更大,但这似乎并非事实。

另一方面,技术进步迈出了很大的一步。由于电池完善技术缺乏进展,电子机动车项目步履维艰。但是其他类型汽车有明显的改进,特别是加利福尼亚州的油电混合汽车,它的电池能够借助刹车进行再充电;超低排放车辆(SU-LEV),是一种接近零排放的汽油能源汽车;而潜力最大的零排放燃料电池汽车将很快在真实路面上测试行驶。

这些发展表明瓶颈并不是某项技术,而是产量和市场。能够生产足够的低污染汽车吗?可能不行;目前混合容量车年产量少于55 000辆,只占到每年1 500万辆汽车销售量的很小比例。激励和非激励机制能够鼓励消费者购买或租赁足够的汽车吗?当然,如果答案都是肯定的,也将会有一个很长的过渡期,因为机动车车组更新的速度是非常慢的(从1970年1辆汽车路上平均行驶车龄为5.6年上升到8.9年)。此外,柴油技术方面取得了某些进步(例如烟尘控制),这存在极大的潜在危险;同时卡车比汽车的寿命要长(17.6%的货车有超过15年的车龄)。

未来几年里低排放机动车的范围将会显著扩大,关键问题是消费者的接受度。消费者对运动型多功能车和载重汽车偏好强烈(目前,运动型多功能车和轻型卡车占到新车型的48.1%)。过去30年小型卡车的注册量大量增加,增幅达430%。由于平均油耗效率的提高(从每加仑10.0英里提高到每加仑17.1英里)大大抵消了机动车里程数的增加,因此卡车油耗量的增幅(329%)在某种程度上相对少一点。对卡车的偏好会造成其污染物排放超过小汽车。图13.2显示这种新型的轻型卡车排放的CO_2和NO_2量大约超过新型汽车平均排放量的40%,而HC(VOC)和PM的排放量大约超过30%。

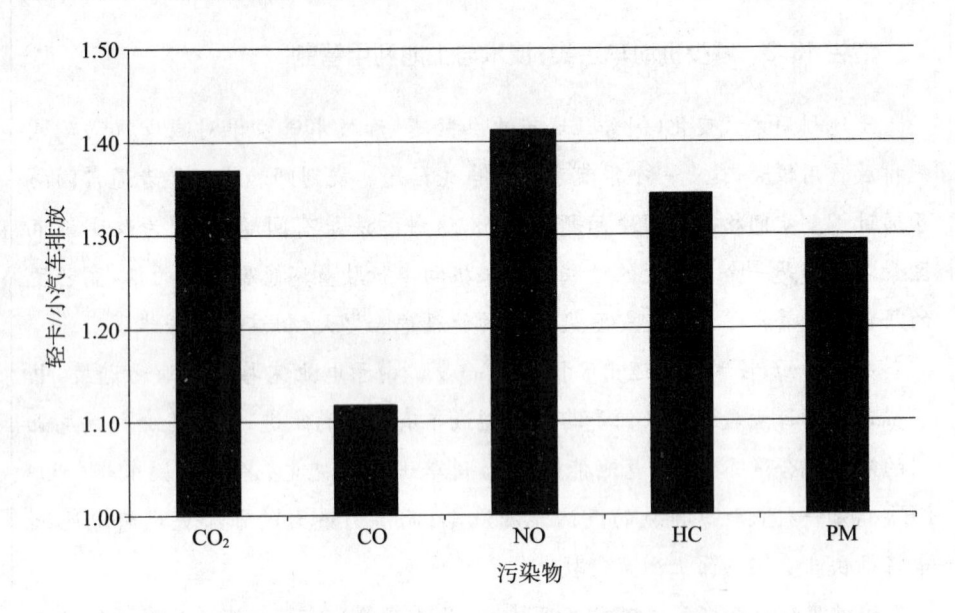

图13.2 轻型卡车相对于小汽车的尾气排放,2001年新款车型(假设小汽车为1)

资料来源:U. S. Department of Energy, Transportation Energy Databook: Edition 2001——tab 4.14, 2001年新型小汽车与轻卡的污染排放(基于出行15 000英里排放的污染物磅数)。

三、背景问题

(一)可持续交通

可持续交通的定义有很多种,但是大多数都是倡导减少对机动车的依赖,更多

第十三章 交通与环境

地采用公共交通和非机动化模式(步行和骑自行车)。现在的技术趋势预示我们不需要为机动车进行石油储备,但最初这个术语是用于形容节约非可再生资源的(特别是石油)。近年来,这个概念指的是提倡环保型交通模式,即公共交通导向和非机动化模式。

许多公共政策制定者和交通规划专家的主要目的局限于减少对机动车的依赖,这主要是由于环境的问题,但不仅仅局限于这个问题,而实现该目标的可行性是我们所要讨论的一个重要课题(Newman & Kenworthy,1999)。首先,关键问题是有多少资源要投入到替代性模式中。尽管许多国家比美国拥有更均衡的交通模式分配方法,但他们的机动车拥有量仍在迅速增加。由于美国公共交通乘客的比例很低,并且呈下降趋势,即使乘坐公共交通的乘客翻一番,对缓解机动车环境问题的作用也不大(据统计1960年通勤乘坐公共交通的比例为12.1%,1990年比例为5.3%,到2000年比例仅为4.7%;2001年所有出行中乘坐公共交通的比例只有1.6%,Pucher & Renne,2003)。然而,纽约、芝加哥等一些其他重要世界城市和拥有特殊类型工作地、居住地、生活方式的人们依赖公共交通。尽管美国全国家庭出行调查(NHTS)数据显示2001年步行方式占所有出行的比例有所上升,达到了8.6%(可能统计上存在些人为因素),但步行和自行车等非机动化交通模式作为通勤方式的比例已呈现递减趋势,2000年比例为3.3%(Pucher & Renne,2003)。

将大多数人的出行方式转移到公共交通上,这种想法经济上可行吗?大多数案例中,无论从机动车转向公共交通的补贴有多少,公共交通只有拥有高频次、可依赖性、地域覆盖广以及速度保证等特征才能对机动化方式产生影响,但公共交通是无法提供这些的。最近有人对亚特兰大的"反事实规划"亚特兰大捷运MARTA案例进行了研究,探讨了如果要实现西班牙巴塞罗那公共交通乘客量的份额,亚特兰大捷运的范围得有多大(Bertaud & Richardson,2004)。亚特兰大出行方式中只有4.5%是依赖公共交通,而巴塞罗那依靠公共交通的比例占到了30%。亚特兰大捷运轨道长46英里,有38个车站,与巴塞罗那城市紧凑相比,亚特兰大城市确极度分散,若要达到同样的城市地铁服务水平,Bertaud和Richardson预测亚特兰大捷运公交系统需要建设2 125英里长轨道和2 800个车站。

如果公共交通系统考虑产品生命周期时,也包括公交车不是使用可替代燃料的话,那么它也不是特别环保、友好型的交通模式。另外,一旦过渡性问题和周转里程解决了(即除了一些运动型多功能车和卡车外,所有新型汽车都是低排放的,最近对机动车机群更新的1999年小汽车尾气排放进行了测试,结果显示其排放量仅为加利福尼亚尾气控制法所允许最大排放量的2%),机动车将会变得更加可持续。交通拥堵和通勤时间评估仍然是个重要问题,但拥挤费征收等其他政策措施至少部分解决了这些问题。当然,除了污染物排放问题以外,还存在着一些其他的问题,例如旧电池、机油、旧机动车的处理,汽油泄漏(溢油)危险等问题。

大多数情况下,人们一旦能够供得起车的时候都有欲望买辆车,这个欲望似乎是无法抵挡的。因此,机动化问题几乎与家庭产权问题同样重要。如果这个论点是正确的,那么,至少在美国,成功的交通环境策略关键在于提出有效的措施,即保证在减少交通负面环境影响的同时能容纳更多的机动车。我们意识到机动车使用会对环境有负面影响,但并不代表我们接受交通环境问题不能解决的观点。虽然大多数西方国家的公交乘坐率很高,但这些国家机动车拥有量的涨幅远远大于美国。例如,1970-1999年英国、法国、德国和日本机动车登记的未加权平均年增长率为4.0%,而美国仅为1.4%。虽然这些国家汽油价格很高(为美国汽油价格的2.5-3.5倍),差异仍然存在,但其他国家正在追赶美国机动车的拥有率。

忽略大都市外围地区以及城市间出行,欧洲的经验是采取比美国更强制性的措施。尽管欧洲国家采取了公交导向政策、调高油价,并且也出现了美国人都无法忍受的交通拥堵问题,但机动化依然日益普遍(Nivola,1999)。

(二)紧凑型城市

交通与土地利用关系的相关文献已经重点介绍了通过改变土地利用方式减少交通的环境负面影响的可能性。本章不详细讨论分散与紧凑城市之争(土地利用问题将在朱利亚诺所写的第九章中阐述)。然而,土地利用方式变化的方法可能对环境改善收益甚微。原因有五点:首先,居住模式基本确定的,土地利用方式变化对其影响具有边际性(marginal),尽管对边际性到底有多大还具有争议(例如,新发展的城郊,恢复活力的城中心和见缝插针式开发)。第二,相对于土地利用偏好来说,出行方式可能对政策干预更为敏感。第三,与普通认识恰恰相反,任何到过欧洲或亚洲城市的人证实对机动车具有较大依赖性(占主导地位)的紧凑型城市加重而不是缓解机动车带来的与健康相关的环境问题。这是因为在没有机动车的环境下很多人会经营自己的生活,但也有很多人不会。第四,土地利用变化的实施需要很长时间,成本甚至可能要比交通工具的更新与升级高很多。机动车的升级很慢,但却比住宅重建要快许多。根据 1990 模型预测汽车的预计寿命为 16 年。第五,现在还没有足够证据显示高密度土地利用能够减少对机动车依赖或者最小程度减少机动车出行英里数(Boarnet & Crane,2002)。格林伍德(Greenwald,2003)发现高密度只会导致更多人选择步行方式,对机动车的使用没有影响。

不过,许多城市规划师和社会学家相信实体规划政策的选择能够解决许多社会问题。最受到欢迎的观点是紧凑城市结构能够减少对机动车的依赖,从而带来许多显著的环境收益。除了世界级大城市以外,这个观点是有问题的。目前,在不采取重点限制个人出行的措施下,特别是在区域间,提供足以满足需要的公共交通设施是很难实现的。主要原因至少有三点:①交通规划决策主要是基于区域层面制定的,而土地利用决策却是基于地方层面的。②"不要在我的后院"主义 NIMBYism(Not-In-My-Backyard)在美国很流行,许多民选官员和社团组织强烈反对公交车站或轨道干线建在他们的社区。例如阿灵顿和得克萨斯等城市甚至没有任何公共交通设施。③覆盖广泛的公共交通网络的投资是相当高的,特别是铁路设施(公共交通乘客人数未达到预期规划,票价收入不能收回运营成本)。

另外,环境收益不是很可观。新技术已经更新了公共交通工具,但由于革新速度和成本的约束,使其更新的进展比私家车盛行要慢许多。一辆柴油公共汽车比 50 辆性能最优小汽车排放的污染物量高出很多倍,并且天然气或其他可替代燃料的公共汽车要比普通公共汽车贵上 25%。科技可能不是万能药,然而有些时候城市规划师高估了技术更新的速度以及它们的潜力。

生活在紧凑型社区对社区外机动车的出行影响是不确定的或者说影响可能很小。此外,如果紧凑居住的生活方式会导致更多的短途出行,那么污染物排放的问题会更加严重,这是由于 3/5 的污染物排放量来自于启动与停车(所谓的"冷启动"和"热启动(hot soak)"的问题,即排放量与启动与关闭发动机相关)。现在确实有许多技术手段,例如预加热催化转换器,但是这种设备没有投入生产,即便它们供应于市,关键问题还在于人们是否接受并采纳。

建筑环境改变的难度是一个更加值得商榷的重要问题。美国城市居住格局或多或少是给定的,在微观层面会有少许改变(例如,见缝插针开发项目,新城市主义居住模式），但宏观地理布局保持不变。例如，位于俄勒冈州波特兰市外的费尔德村庄是新城市主义鲜为人知的模式，它是一个由600个不同类型、紧凑度高的住宅组成的小社区（小地块上的单个住宅），配置辅助单元的城市家园，生活、工作的行列式住宅、公寓、酒店式公寓。然而，这种模式临近高速公路才能交通便捷。另一个例子就是俄勒冈州波特兰市的 Orenco Station 社区，该社区拥有住宅而且靠近轻轨，交通相当方便。Orenco Station 社区是 TOD 模式的蓝图（Bae, 2002），大约20%的居民乘坐公共交通工具上下班；由于开私家车前往波特兰商业区（大约有15英里的路程）的时间将是乘坐 MAX 轻轨的两倍，因此20%的比例不如预期中的高。但另一方面，这一比例远远高出全美公共交通使用比率，同时轻轨线路已成为奥伦柯车站（Orenco Station）社区销售部门主要的商业来往设施。

367　　除非进一步结合社区设计特征，紧凑其本身并不能解决问题。美国的证据表明机动车所有者相对于人口密度的弹性为－0.10（Ingram & Liu, 1999），这意味着人口密度提高两倍只会导致10%的机动车使用率下降。单位面积的小汽车数量显著增加，紧凑城市就会更加拥挤，污染更加严重，聚集所导致的人类健康问题（特别是对行人）将不可避免地恶化。这个问题能够通过在城市中心强制设立行人区，外围设置停车设施减小其危害性。欧洲一些国家广泛采用这项措施，但是其在美国的进展很小。这说明此措施在中小城市实施效果比较好。

　　虽然公共政策方面存在着鲜明的差异，扩散型的美国与紧凑型的欧洲城市（或者说紧凑的亚洲城市）的对比是越来越小而并非扩大了（Nivola, 1999）。例如，在法国巴黎还有其他大城市（例如里昂、马赛、波尔多），人们倾向于选择靠近大城市的类似于乡村的生活方式，但由于大城市中心以外的公共交通设施有限，这种生活方式只有通过私家车才能得以实现。

　　公共交通的案例从地理角度被歪曲了。纽曼和肯沃西（Newman & Kenworthy, 1999）等其他许多学者广泛地引用世界最大城市的一些统计数据。公共交通存在规模经济特性，因此居住在大城市（例如纽约、伦敦、巴黎、马德里、东京、首尔、香港、悉尼等城市）只需要稍微调整下生活方式，没有小汽车的生活也很方便。但是远离大城市，没有小汽车的生活方式将会受到很大的限制，例如完成所有事情都需要在步行范围内或者适应零星公共交通班次的长途旅行。美国的规划师通常谨慎的参考欧洲紧凑城市和相应的公共交通导向政策。然而许多欧洲国家（法国、西班牙和意大利)的一些小城镇公共汽车乘客相当少,同时公共汽车的发车频次很少(一天五辆公共汽车,晚上没有)。结论表明如果一个人的日常活动不被局限在可行走范围的小城镇或乡村,而居住在大城市之外依靠公共交通方式是不可行的。同时,公共交通也存在着负面的环境影响。此外,即使汽油价格昂贵(加满一辆汽车需要 55 美元),交通严重拥堵和高昂停车费用(每小时 2.6 美元,甚至位于一些小城镇),欧洲人仍然驾驶小汽车,其原因是自由出行是一笔珍贵的资产。

(三) 非机动化交通

最近,倡导重视非机动化交通模式(骑自行车和步行)是公众健康研究(与紧凑型城市话题紧密相关)的一个重要维度。此方面研究最早可追溯到 20 世纪 70 年代,1994 年弗兰克(Frank)和皮沃(Pivo)再次提出了这个问题,近年来相关学者也对此问题进行了研究[Southworth(1997),Moudon, Hess, Snyder 和 Stanilov(1997),Pucher,Komanoff 和 Schimek(1999),Audirac(1999)]。汗(Khan)和范德堡(Vanderburg)参考了此类问题的许多文献,并于 2001 年出版了一本附有注释的关于健康城市的书籍。

许多美国人为了休闲骑自行车和步行。他们有广泛的选择路线(有时候借助州和地方机构提供的自行车方式)。除非处在空气质量差的环境中,自行车这项活动是有益于身体健康的。通勤则是另外一回事情,因为骑车(或者步行)去工作的途中通常会受到机动车排放的有毒气体的危害。自行车在一些居住在校园附近的学生或者其他特定社团中比较盛行,除非通勤距离很短(可能在郊区),非机动化成为一种可行的通勤方式是需要大量投入的。

这是基于美国土地利用特定情况下的论述,如果在欧洲的其他城市答案或许就不同,例如荷兰的格罗宁根,英国的剑桥,德国的弗赖堡,这仅仅是许多案例中的三个(Beatley,2000)。如上文所述,美国非机动化模式占所有通勤方式的比例很小,据 2000 年的统计数字显示只有 3%,而荷兰和丹麦的非机动化模式的比例分别占到了 30%和 20%(Pucher 等,1999)。

最近,疾病控制中心(州署机构)和罗伯特伍兹约翰逊基金对相关问题开展了资助研究,希望通过土地利用方式的改变来引导大家步行或者骑自行车,从而有益于公众健康。而关键性的假设是紧凑能够促使大家步行,这个概念可能存在某些问题。许多人对这种模式进行了批判,首先,在郊区悠闲的步行可能更加普遍和愉悦,而由于交通拥挤和空气污染,步行于紧凑的中心社区将不会很舒适。其次,保持身体健康的个人方法是骑脚踏车和参加健康俱乐部,这些对保持身体健康可能更为有效(平均来说,骑脚踏车外出工作每小时消耗的卡路里是步行的三倍,如果狂爱骑脚踏车的话,这个倍数将上升到七倍)。最后,我们生活的建筑环境是固定的,而最健康活跃的生活社区是位于新郊区。然而,在学术上这个问题还没有统一的观点,学者们现在只是处在验证假设阶段,没有清晰的一致性实证研究结果。

四、交通对环境的影响

(一) 健康影响

交通的环境问题已经威胁到了人类健康。清新的空气能给人类带来健康效益,在调控措施的成本收益分析中,这些效益占有很大的比重。健康效益的定量分析超出本章所需叙述的范畴。社会学家虽然能对健康专家提供的结果货币化有所帮助,但这还是需要具备深厚的医学和传染病学知识的。较少科技文献综述显示,关于健康损害评估不同研究间是不同的,并且随着时间发生变化。患有肺病的人群(例如哮喘、慢性支气管炎)由于暴露在高浓度的臭氧中而受其害。遭受其害的不仅仅是那些患有哮喘病的孩子们,也包括那些健康的孩子和老人。由于PM(特别是非常小的微粒)是所有污染物中危害最大的,因此控制PM的排放应该成为主要的调控方向,现在已经开始实施这一措施。专栏13.3总结了最近有关高速公路沿线PM污染物排放浓度的研究结果。尽管浓度非常高,但还是随着远离高速公路而迅速递减。

专栏 13.3　临近高速公路的污染物分布

居住或工作在高速公路附近的人们将会遭受到严重的空气和噪音污染。现在污染的影响已经能够定量化了。最近有研究表明紧邻高速公路的人们受到的危害是居住于城市中心的 30 倍(Zhu, Hinds, Kim & Sioutas,2002)。此外,标准讨论的是针对 CO 和 BC(黑炭),而此项研究特别集中于纳米粒子(指的是小于 0.1 微米的微小颗粒物质;美国环境署正在启动控制 $PM_{2.5}$ 排放,但到目前为止只有 PM_{10} 被列入标准)的研究。这些纳米颗粒会导致神经病变,肺功能障碍和心血管疾病。对 405,San Diego 高速路;710,Long Beach 高速路临近污染物浓度的研究分析发现,距离高速路 330 英尺处污染物浓度递减了 70%。

柴油微粒是危害人类健康的主要问题。1975-1999 年柴油占燃料消耗总量的比例从 8.8% 上升到 19.9%。最近一项医学研究表明柴油颗粒是最危险的空气污染物,特别是其致癌率远远高于 O_3 和 PM(其危害通常与肺功能相关,例如哮喘等)。然而,最近美国卡车游说集团成功地抵制了规则出台,新的柴油规则到 2007 年才得以实施(尽管一些州已经领先并很快实施了自己的规则)。卡车厂商预期到新规则即将实施,正在收购所有价格较低、功能较好的污染卡车(1990 年超重型卡车的预期寿命为 29 年)。非道路用柴油汽车也是一个重要的环境问题(专栏 13.4)。

专栏 13.4 非道路用柴油汽车

1980-2001 年小汽车和其他道路用机动车排放的柴油微粒从 660 万吨减少到了 240 万吨,但在同样的时段内,推土机、拖拉机等非道路用车的柴油微粒排放量却从 90 万吨上升到了 160 万吨。美国已出台新的规则去控制这些污染物的排放(主要是煤烟和二氧化氮),计划到 2030 年减少 90%-95%,并尽可能避免每年 9 600 名早产儿死亡和 8 300 名患者。在此方面加利福尼亚州已经走在了前头,该州制定了 2007-2010 年柴油燃料 500ppm 硫排放标准。从成本收益角度出发,这一规则的提出是有意义的,因为相比于每年预计节约 80 亿美元的死亡及医疗费用,1.5 亿美元的成本微乎其微。

加州南部的空气质量管治区(污染控制的管理机构)强制实施了一项规则,要求政府机构为柴油机动车替换可替代燃料,这是一个很重要的进展。2002年10月美国第九次巡回法庭驳回了发动机厂商协会和西部州汽油协会的请求。

欧洲情况可能更加糟糕。由于柴油比汽油的二氧化碳排放量低,为了减缓全球变暖趋势,许多欧洲国家柴油燃料税率要远远低于汽油,涡轮增压发动机的扩散减轻了其较弱的性能特征。这些因素引导了许多欧洲人购买柴油汽车,一些国家柴油汽车几乎占到了所有机动车一半的比例。尽管欧洲的柴油汽车比美国的清洁,但总的排放量还是相当大的,主要原因是紧凑和狭窄街道上4-5层的建筑物将污染物圈闭在狭窄的走廊上,这是一个重要的潜在的权衡问题,但是很少有人研究,在最近才开始进行有关柴油燃料对健康影响的研究。柴油燃料的税收优惠政策可能是一个错误的政策导向案例,它是以不完全或者过时的信息为基础的,但这必须有待于详细的成本效益分析和更好的数据结果为支撑(2002年9月美国环保署发布柴油消耗可能占到所有烟灰微粒的1/4,并且宣布其为已确认的致癌物质)。

(二)噪音影响

另一个交通的环境问题是噪音污染,特别是城市范围内的卡车、摩托车的噪音,但是缓解该类问题较为困难。现在出现了一些技术方法,但还不是很完善,同时噪音条例已经过时。1972年的联邦《噪音控制法令》规定联邦项目需进行噪音分析,但自那时起,交通问题日益加剧,噪音与交通速度间权衡的问题随之出现。例如,随着高速公路拥挤度的增加,噪音对周围社区的影响逐渐降低。飞机是一个不可否认的重要噪音污染源。然而,大多数地方已经通过替代或者补充的缓解措施解决了噪音问题,最常见的措施是大量资助建设隔音屏障(双层或三层窗户)。由于协商的一方(机场当局和航空公司)在数量上相对较少,噪音问题通常比较容易解决。购买航线沿边的房子或资助建设隔音设备都是可行的措施。同时,新机场大多倾向于建在远离城区且周围仍无社区发展的位置(例如靠近日本大阪的关西机场;临近香港的Lamtiur;韩国首尔仁川国际机场;丹佛国际机场)。在一些临近人口密集区的老机场,夜晚和凌晨限制飞行时数是比较普遍的方法。

另一方面,交涉成本变得非常高。例如机动车噪音问题,由于司机和噪音受害者太多,污染物排放者难以识别,因此双方通过谈判解决问题变得十分困难。政府

第十三章 交通与环境

机构经常调解和在临近居住区的高速公路建设隔音屏障的原因就可想而知（如果这些措施能够减少噪音至少 7 个分贝的话，就被认为是有价值的；就成本来说，举个例子，在华盛顿只要其控制噪音水平在 70 分贝，政府愿意为每户投入消减噪音成本 21 500 美元）。但这一措施在公路干线上不太可行。这些案例中，市场试图通过缓解（包括建设隔音设备）或者补偿（临近或主干道旁的地段房价和租金较低）等手段推动解决噪音问题。不同个体对不同分贝水平噪音的反应差别很大，所以对于那些价格较低，又受噪音影响的住所，同样有人去购买或租赁同样，交通设备产商也承担着重要的角色：现在飞机和机动车的噪音要比几十年前低许多。

（三）审美影响

审美关怀也与交通基础设施相关。道路、桥梁和铁路基础设施的设计满足审美关怀的需求是困难的。当道路建在农村地区，环境美化设计可以起到遮盖道路的作用，但如果道路建在城市，昂贵的道路价格限制了提高道路视觉美观可能性的范围。许多方法都可以改善街道景观，例如美化道路中心线或者人行便道，装饰街道（悬挂国旗或花球、布置长椅、陈列视觉艺术等装饰灯柱）和拱形建筑等。而轨道的美化较为复杂，高架轨道是最为经济的方法，但审美上是令人最不舒适的。这就解释了芝加哥"EI"是美国唯一的主要高架轨道系统的原因，目前西雅图单轨铁路（巴拉德至西西雅图）项目正在规划阶段（注释 4）。曼谷的"空轨（Skytrain）"是涉及面最广的新高架轨道系统，其庞大的四层高的混凝土柱子使其成为破坏审美的街道代表案例（Jenks,2003）。路面铁轨在美学上也令人不太愉悦，而且其与道路相交处无立体交叉设计，存在着许多危险隐患，洛杉矶郊区铁路 Metrolink 和轻轨蓝线就发生许多行人和机动车交通事故。从美学角度出发，地铁是最令人满意的，但是其昂贵的成本让人望而止步。

总之，相比于对公众健康的影响，审美所受到的影响重要性要小许多。例如，洛杉矶空气污染的可视成本为每年 16 400 万美元，而局部估算每年的健康成本为 110 亿美元（Bae,1994）。

（四）减缓影响的策略

社会究竟该如何解决这些问题？一种可能性就是"放任主义"，什么也不做。

鉴于这些负面的外部性因素的规模,这几乎没有任何吸引力。另外一种方法就是在污染者和被污染者之间进行协商,这种方法在某些案例中是有效的,例如机场噪音污染问题,协商双方中的一方人数相对较少。而由于较高的交涉成本,机动车污染问题的协商是无法控制的,同时我们大多数人既是污染者又是被污染者。因而我们就需要在采取价格激励/非激励措施或者调控措施之间选择。幸运的是,这些方法都非常有成效。现在关注的重点是这些措施的成本效率问题。总之,价格激励机制最为有效,但即使是采取调控措施也胜过于"放任主义"。

(五)价格与调控

现在许多政策工具能够缓解交通的负面环境影响,主要分为调节控制、标准(例如强制机动车排放设施,雨水径流标准)或者价格激励/非激励工具(例如排污费、停车费、交通通行证)。作为环境政策工具的价格与调控政策是有争议的。价格政策至少具有两方面优势:一是消费者具有选择的权利,而且价格易于随着时间调整;二是调控政策需要通过新立法、条例修订、行政行为或者其他财政干预等比较难以调整的方式来实现。

经济学家往往夸大最优价格规则(即价格等同于社会边际成本),但现实世界并非完美世界,最优价格可能难以寻到。与机动车价格无关而由排污量决定的排污费、注册费不是最优的政策工具,它仍处在试验阶段。价格易于以预期方式的调整来影响人类行为或者提高税收来支付环境改善的费用,在当今现实政治世界中这没有任何不妥之处。当然,价格工具的调控效果能被夸大。澳大利亚数据显示减少40%公交票价能够减少的 CO_2 排放量仅为1.26%,而每磅5美分的碳税能减少2.39%的 CO_2 排放量(Hensher,2003)。德国多特蒙德区域研究预测,人均 CO_2 排放量减少的原因是机动车能源效率的提高较大程度上抵消了日益增加的汽车所有者和机动车行驶英里数的增加。借助较高汽油价格促使小汽车使用成本升高,从而逐渐逼近排放量减少的目标(Wegener,2000)。然而,即使在可选择价格工具协助下(较高的汽油价格,核心城市停车费增加或者公交票价的下调),25%排放量减少率的目标仍很难达到。有时,价格激励的小项目都会有不可忽视的作用(专栏13.5),而指令性规则的效果通常不是很好(专栏13.6)。

第十三章 交通与环境

专栏 13.5 价格激励与调控：割草机交换计划与甲基叔丁基醚(MTBE)限制

环境质量的改善是一个循序渐进的过程。最近，加州南部推出一项创新计划，即割草机交换计划(割草机属于机动车类，为非道路机动车)。这项计划中允许一台正常运作的气体割草机加 150 美元即可换取一台 449 美元的无绳电子割草机，据统计，该计划推出后淘汰了 2 000 台气体式割草机，每年减排烟量 10 吨。然而，少数案例中可能同时存在价格激励和调控措施的作用，2003 年加州推行的 MTBE 规则就是其中一个代表。此案例中，环境目标面临冲突。MTBE 是一种对空气质量有益的汽油添加剂，但是从加油站存储箱到地下水供给存在着泄漏的风险，因此，出于公众健康的考虑推出限制 MTBE 使用规则。同时，其中存在价格措施作用的因素。其他添加剂较为昂贵，添加 1 加仑气体的成本可能是 5 美分，较高的成本可能轻微的影响到了人们的行为(例如减少驾驶小汽车或者购买较高效率燃料的汽车)，但是这是政策实施的附加效果，与主要的目的无太多关系。

专栏 13.6 减少出行计划

减少交通排放量简单的管制理念就是推行以减少出行为目的的措施。然而，减少出行比最初预计的要更难推行。在南加州空气质量管理区采用的两个案例中，机构是引导者。

XV 规则旨在实现缓解高峰时段的拥堵和空气污染问题，它对公司员工超过 100 名的实施合乘计划。该规则的目标是增加早上通勤汽车载客率(AVR：平均机动车载人比例)，主要措施是过境通行证，合伙使用多座位车辆(4-7 人)，合伙搭乘激励，步行、自行车、远程办公和放弃停车权利获得补偿等等，第一年该政策实施效果非常好，AVR 平均值上升了 2.7%(从 1.213 上升到 1.246)，然而，一旦那些具有最大自由度的人调整其通勤行为而选择单独驾驶，改善的比例就会随之下降。

另外一项措施就是压缩工作周的时间,即将传统8小时5天工作制改为10小时4天工作制,通常周五不工作。这项措施在公共区域发挥了重要的作用(公共区域主要是雇员们活动的区域),但是在私人区域却很少起作用,因为该区域只有大约11%的雇主遵守出行递减的措施。令人遗憾的是这项措施对减少污染物排放的功效甚微。这是因为通勤占所有出行的比例不到1/5,当上班族不工作的时候,他们会因其他目的出行而不是待在家中。由于非通勤出行距离相对较短,因而机动车行驶英里数可能有所减少,但汽车发动和熄火所导致的污染物高排放量却抵消了机动车行驶英里数的减少。曾经倡导这个计划而后来改变想法的学者曾形容到"在休闲的时候人们疯狂的驾驶小汽车"。

五、其他问题

(一)海运、空运和休闲汽车的污染

交通与环境关系研究的重点是交通模式而非机动车本身。除了机动车外,船舶也是主要的污染源,它不仅存在溢油污染还有港口污染问题。船舶的溢油污染受到了大家的关注,而港口的空气污染问题却被忽视,这可能是由于全球贸易的经济利益以及外商船舶执法难的原因。洛杉矶、长滩双港口的船舶和港口货运活动是洛杉矶区域空气污染的最大源头(专栏13.7)。航空环境问题主要集中在噪音污染上,但其仍然存在许多其他重要的环境问题,例如航空地面运输的环境问题。越野车和雪地车对沙漠、国家公园和其他环境敏感性土地有着负面的环境影响。它们的主要问题在于政府政策导向的选择:禁止、限制区域或者价格政策。非本土物种迁移的问题(特别是害虫)在此没有详细讨论,它们通过空中或海洋和船舶等从一个区域或大洲迁移到另外一个区域或大洲。

专栏 13.7 不可忽视的港口污染?

洛杉矶仍然是美国空气污染最为严重的城市(尽管休斯敦偶尔跃居第一)。

第十三章　交通与环境

洛杉矶长滩是该区域最大的污染源,占到了总污染物排放量的14%。港口是该区域发展的重要经济推动力,那么如何协调经济发展与环境关系成为一个两难问题。同时,港口污染也是一个有关环境公平的问题,因为污染很大程度威胁到低收入、少数族裔的社区,例如威明顿、海港城、圣佩德罗。

一艘空转船舶一天能排放1吨的二氧化氮,但美国没有条例限制国际船舶的排放量。港口的运货卡车一天能产生100磅的PM。

然而,此方面还是有些进展的。在法律的保障下,租赁新的卸货码头给中国海运集团,它包括给船舶接入电网而非保持其引擎一直运转,同时为集装卡车投资1 000万美元基金。

(二) 城市地表径流

如果空气污染是一个过渡性的问题,那么机动车交通的其他环境问题更应值得关注。城市地表径流就是其中之一,其与道路铺设、城市发展相关。在这方面交通与土地利用是紧密相关的。雨水、雪水落在不可渗漏的地表就会产生径流,受污染的水(包括垃圾、细菌、有毒化合物)就会流进大海、湖泊、河流中(注释5)。美国环境保护署高度关注此类污染问题,并设立了暴雨径流的新目标:暴雨径流要达到饮用水的标准,这需要通过反渗透再净化来实现。我们通过实例来估算这一规则的潜在成本,洛杉矶位于半干旱地区[那里全年下雨天数只占到总天数的9%,大雨(即0.5英尺)只占到所有雨天的6%,数据是基于70年平均降雨资料统计得出],预计提供100%的雨水净化设施的成本高达1 980亿美元(大约每户42 000美元;见Gordon,Kuprenas,Lee,Moore & Richardson,2003),这种情况明显不会发生,但妥协是有必要的。不同大都市其成本是不同的,主要由该都市的降雨量、分水岭的地形、土地利用率和其他等一些因素决定,但总成本会非常高。成本收益估算将会有助于测算,但总的机会成本明显很重要,例如医疗保健、教育、儿童保育、社区发展和其他一些有价值的社会目标等。

多雨地区的地表径流问题显得更加严重,例如非洲的西北部和南部地区,但相对干旱地区地表径流问题也是不可忽视的,例如加州南部,这些地区的雨水系统投资不足。然而，此类问题中也存在利弊权衡问题。专栏 13.8 叙述了太平洋西北部的案例。某些鲑鱼种类受到《濒危物种法案》保护，它们的栖息地——城市河流遭受到城市地表径流的污染，而城市地表径流量的增加与城市增长立法所倡导的更加紧凑的城市发展模式(包括道路)相关。

专栏 13.8 鲑鱼、《濒危物种法案》与《华盛顿增长管理法案》

1999 年太平洋西北部包括切努克鲑鱼在内的六种鲑鱼被列入《濒危物种法案》中。交通障碍物阻碍了它们在上游活动(城市径流中携带的碎屑和破碎枝条堵塞了涵洞，并且径流混浊、水温较高)。一项调查发现有 4 463 个站点高速公路穿越了鱼产卵的河流。即使可以保证资源的供给(1999-2001 年 930 万美元)，但这个数字太大以至于很难解决，因此通过优势度指数测算，将处理对象减少到了 500 个。处理的方法有清除障碍物(McDonal Greek, WA)，通过增加植被降低水温和安装鱼梯(Bear Creek, WA)，替换水泥涵洞(Rasmussen Greek, WA)和借助岩置换调控水的深度和速度(Canyon, Creek, OR)。

华盛顿案例中环境目标实现的潜在矛盾是《濒临物种法案》和《增长管理法案》(GMA:《华盛顿州增长管理法例》)之间的权衡。道路占到城市发展所需土地的 20%-30%，保护城市河流——鲑鱼的栖息地要求避免进行不渗透的城市铺装，包括道路建设。然而，GMA 倡导紧凑城市的发展模式。一方面，GMA 规定了"城市增长区域"(或城市增长边界区)的发展模式；另一方面紧凑则要求单位路面面积承载力更大。总而言之，城市增长边界区内不渗透铺装面积可能超过了 GMA 未颁布时的面积，所以才会产生两个法案间的矛盾。最近，华盛顿州通过了一条重要区域保护的补充条例。一些城市鲑鱼栖息地的流失可以接受，但需要更为严格地保护其他物种的栖息地，然而此项补充条例遭到了环保学家的反对，并与《濒危物种法案》相矛盾。

（三）野生动植物栖息地的破坏

道路（特别是位于环境敏感区域的道路）会破坏野生动植物的迁徙路径或者破坏湿地（专栏13.9）。某些物种面临的重要问题是路杀问题。许多豹猫（一种濒危野生猫）因穿越高速公路而死亡，这几乎导致该物种濒临绝迹，那些行动缓慢的动物（例如蝾螈和海龟）也因此遭受了很大的破坏。这是一个值得高度关注的问题，每年除了成千的动物受害外，大约有200多名驾车者死于高速路上，上千人在动物与机动车的冲撞事故中受伤，保险补偿金大约为2亿美元。森林的肉食动物也处于高危状态，因为它们数量少、繁殖率低、栖息范围广。比较有趣的是，景观生态学家所倡导的"远离道路，消除噪音"导致的生态问题比路杀问题更严重（见Forman、Alexander，1998，道路旁的环境影响）。然而我们不能轻视这个问题的重要性，在可接受但不可忽视的成本下，它是易于缓解的［例如在道路桥上覆盖草本（见专栏13.10）］。同时，在《21世纪交通运输公平法》（TEA-21）的支持下，资金应该不是问题。

专栏13.9　湿地银行

湿地流失是反道路情感的主要原由，例如沼泽、河漫滩、河边和河口等湿地。由于高速公路的建设，过去40年内美国大约有100万英亩湿地消失。湿地的土壤营养丰富，具有重要的雨水保持、吸纳水污染物、为鸟、鱼类提供栖息地等功能，其生态价值非常高。因此，环保学者和交通工程师之间存在严峻的潜在冲突。此类问题主要发生在西北和南部区域，这些地区年降雨量大、流域系统复杂，有大量受到威胁的野生动植物出没。城市挖掘填埋建设工程导致了径流量增加和永久性湿地流失。

湿地银行是一项保护湿地资源的引导性政策。有关这项政策的知名案例是旧金山机场的扩建，关于扩建问题达成了一个协议，即扩大现有机场的面积胜于新建一个机场。机场扩建将会导致9 000万立方英尺的泥土流失，但是机场主管方同意投资周边的湿地保护建设作为补偿。华盛顿等一些州已经通过了立法手段，实施严格的"湿地零损失"的规则。现在有三种补偿湿地流失的方式：(1)占一补一；(2)抵地费；(3)缓释信用风险优于授权开发许可。

> **专栏 13.10　野生动植物的地上、地下通道**
>
> 　　为了避免高速公路干涉野生动植物的迁移,修建高速公路的地上和地下通道是可行的。加拿大班芙国家公园修建了两条世界上极少的动物通行天桥。交通记录显示夏季高峰时期通往加拿大高速公路的繁忙路段每天有超过20 000只动物穿越建筑物(Clevenger,1997)。许多大型哺乳动物以这些建筑物为家,例如鹿、麋鹿、驼鹿、狼和熊。当公园主管方扩宽高速公路时,为了保护动物(特别是鹿和麋鹿)穿行道路,沿道路设置了8英尺高的栅栏;同时修建了22个地下和2个地上通道,保护野生动植物的迁移。据加拿大公园报道1996-2002年间43 725只野生动植物的迁移已在监控中(Government of Canada,2002)。
>
> 　　类似的例子还包括加州圣贝纳迪诺郡莫哈韦沙漠海龟地下通道、荷兰的獾隧道、马萨诸塞州的火蜥蜴隧道、靠近华盛顿瑞尼尔峰的冰河国家公园的山羊地下通道、佛罗里达州的两栖爬虫墙和隧道;除此之外,在马里昂郡马乔里卡尔哈里斯穿越佛罗里达州的绿色通道修有一座超过75英寸高(I-75)的立交桥,这条通道具有白天为人类服务,晚上为动物服务的双重功能。
>
> 　　这更多是一个农村问题吗? 可能,但是大都市区包括所有的郡和许多主要非城市地区。此外,长期以来地理学家一直倡导"功能性城市地区"的理念,定义为距离城市中心(包括每天能够到达的休憩区)2小时车程的区域。因此,休憩区靠近都市居住区对于保持城市生活质量是重要的。

(四) 温室效应

　　温室效应问题仍存在某些争议(National Research Council,2002)。现在全球温度的逐渐上升的现象得到大家的一致认可,并且各种各样的气候问题因此而产生。当然,关于温度变化的速度也存在着一些争论,其速度取决于所选择的时间段和自然、人为因素作用的相对比重。同时,许多预测认为是负面影响(例如海平面上升导致海岸泛滥,皮肤癌危险),但并非所有的影响都是不好的(例如有些地区的农业生产力因此得到了提高)。前文曾经谈及到一个有趣的案例,即美国未对机动

第十三章 交通与环境

车的 CO_2 排放进行控制。它是有机会被列入到 1990 年的《清洁空气法案》中的,因为据统计机动车汽油的 CO_2 排放量占到全美总排放量的 60.3%,而且 98% 的排放量来自于石油燃料;另外,只有 0.5% 的标准污染物铅的排放量来自于机动车。

加利福尼亚州首先重视温室气体排放问题,它要求机动车生产商 2005 年起减少 CO_2 排放,预计 2009 年将会有所成效。然而,2003 年 8 月美国环境保护署颁布了一项规则:只要机动车排放物不是《清洁空气法案》中所列的污染物质,不强制要求减少温室气体的排放（CO_2,氢氟碳化合物和其他排放物）。环境保护署任何立场的变化必须通过国会立法行为才能实现,这些是否会发生取决于民主党能否及何时接管国会。无论如何,加州和环保组织将会提出控诉。

欧洲人在控制温室气体排放上是比较积极的,但结果导致柴油燃料（由于其 CO_2 排放量低）的大量使用,这种现象似乎是有问题的。另一个相关问题是过去 30 年交通能源消耗的增长是与轻、重型卡车的增长相关的,而机动车能源消耗仍保持平稳（图 13.3）。

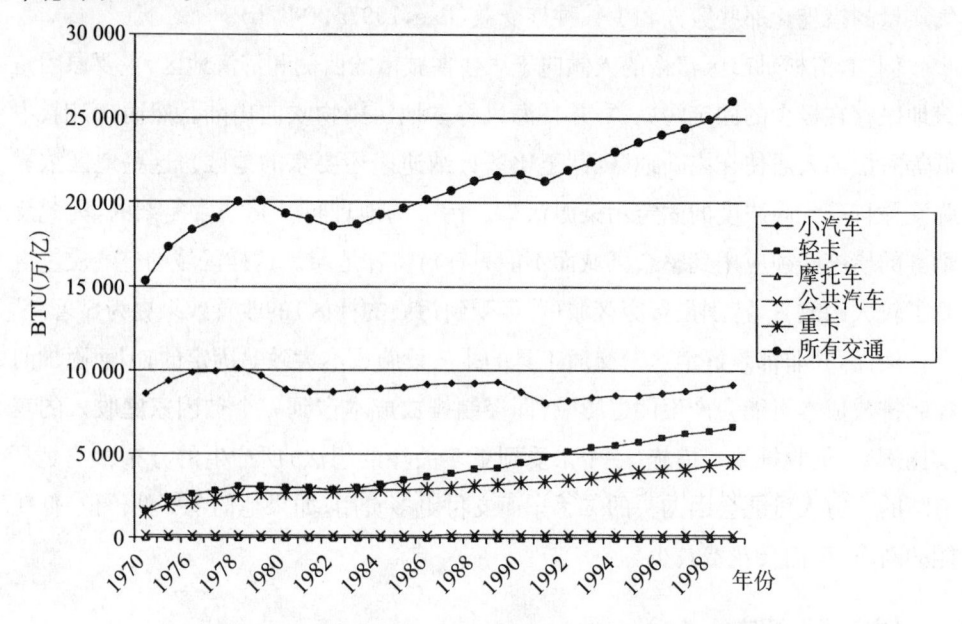

图 13.3　1970-1999 年美国交通方式的能源消耗

资料来源:U. S. Department of Energy,Transportation Energy Databook:
Edition 2001—tab 2.6 1998-1999 年不同方式的交通能源利用。

（五）社会公平与环境公正

环境公正是一个重要的社会问题。此类问题的相关文献中列举了许多贫穷和少数种族人正受到危险废弃物、毒性释放物和其他环境危险物威胁的案例（例如，Tiefenbacher & Hagelman,1999；Saad,Pastor,Boer & Snyder,1999）。研究的争论点主要围绕到底是人还是设施先导致这些问题的发生？暂且不论答案是什么，但我们可以发现这些案例中的污染源大多为固定污染源，只有那些切断低收入人群社区的新高速公路及与固定污染源紧密相关的交通（如港口的货车运输或者主要的分配码头）除外。

另外，一些减少机动车污染的措施可能产生利于公平的效益。例如机动车的空气污染案例。如上文专栏所述，污染物浓度随着远离高速公路而衰减，但由于臭氧广泛扩散，而且其可能与地方交通水平无关，因此区域尺度内必须解决机动车污染问题。空气质量较好的位置已被富人预先购买，因此我们试图通过改善区域空气质量的措施让那些穷人和少数种族受益（Bae,1997a,1997b）。

例如，洛杉矶市区富裕的人倾向于居住在城市的西侧和滨海地区，主要原因是该地区存在极少的固定污染源，并且海风将本地污染物吹向内陆。然而，穷困、中低等阶层的人居住在内陆地区（甚至比圣贝纳迪诺还要东的地区），这些地区浓雾弥漫并且受到高浓度的固定污染源污染。污染的地理特性是非常复杂的，因此反烟雾的措施必须应用到整个区域而不能只针对特殊地域。这样区域的空气质量得到了较大的改善，特别是贫穷区域（曾经受到污染的社区）的改善效果更为显著。

然而，并非都是好消息。交通工具的排放设施成本大致是固定的，因而附加的控制排放成本可能会产生倒退影响（即控制排放成本占到一个贫困家庭收入的较大比例）。征收排放费措施（一个未受到更多关注的想法）所产生的分布影响是不清晰的。穷人可能会因购买的二手车而支付更多费用；如果他们购买低价位、低耗能的新车，反而会花费较少。

（六）环境评估

保护和减缓环境影响所需支付费用的多少是社会学所关注的最重要问题之一。这个问题是很难回答的，不仅由于其成本未知，更主要的是环境外部性无法评估的普遍存在。如果将长期环境影响（例如温室效应）的风险和不确定性考虑进来，这个问题就会更加复杂。

这里需要强调的两个主要方面是：公平关注和环境的"无形性"估价。当然，就公平的目标来说，标准的成本收益法是中立的，其重点强调收益减成本的纯收益。克林顿总统或者文莱的苏丹 28 600 万美元的收益与每位美国公民 1 美元的收益是一致的。30 年来一些技术方法是可利用的而且更多地强调公平效应，例如，所有相关利益者的界定，每个团体的成本和收益测算（例如，Bae 建议的纯福利效益测算，1997a，1977b），但是，相比于直接的纯收益测算法，许多尝试都处于试验阶段。

另外一个问题是环境的"无形性"估价，这是很重要的。"条件估值"法是以对个体或家庭假设问卷调查为基础的，调查内容是人们愿意为特定的良好环境支付多少或者多少价值的补偿人们才愿意忍受恶劣的生活环境。"条件估值"方法全面地受到了批评，事实也的确如此（Lindsey，1994；Sugden，1998）。例如，愿意为环境质量支付的人只占到愿意接受环境恶化及补偿的 1/3。

然而，摒弃"条件估值"法为时过早，特别是现在没有更好的替代方法。如果昂贵的研究预算可以接受的话，我们可以通过扩大调查手段，补充与真实世界行为联系的假设性意愿支付问题来修正该方法。例如，假设一位环保主义者愿意为环境质量支付较多费用，他们只占到总人口的 x%，在综合社会评估中，他们的平均估计的权重为 x%。加权社会评估将比个体平均或中值评估的值更为精确。这说明了修正"条件估值"评估的原则是要以真实世界为依据的，而不是单纯的假设行为。

六、结论

本章探讨了几个核心的交通环境影响问题。重点主要围绕在机动车使用与空气污染的关系以及其如何与可持续交通理念相结合。本章是以更为谨慎乐观的视角来看待此类问题。

第一，机动车是一个生活的事实，在有些地方它几乎是一个必需品。因此，它不应该被看成为恶魔，而不惜代价的消除它。总的来说，无论你采取什么样的价格非激励措施，它都是以较快的速度递增的，并且是无法停止的。

第二，如果接受上述观点，那么本章将会得出以下结论：我们要尽可能减少交通的负面环境影响，从而接受它的存在。然而忽视缓解交通污染问题，支持发展其他交通方式的社会后果是非常危险的。

第三，持乐观态度的原因如下：日益进步的技术方法最终会将机动车空气污染影响减少到最低（其他环境问题可能持续存在，但呈现衰减的趋势）。超低排放车辆、油电混合汽车和最终的燃料电池车将成为最好实践的技术。

第四，由于存在很长的过渡期，因此补救措施不是迫在眉睫。价格因素可能会引导消费者的喜好偏向于更节油、环保友好的车辆。同时，在很长一段时间里柴油卡车问题将会成为社会的一大困扰。

第五，每天全美乘坐公共交通的人只有1.6%，从此看来公共交通在缓解环境问题上效果甚微，然而本文在有关此方法的争论中是中立的。公共交通选择是有益的，特别在大城市运送人流和弥补运输的劣势。同时，作为递减的长期边际成本产业，公共交通无需要求自己支付；因此最佳的社会方法可能是采取补贴方式。主要技术原因是有效率的边际成本的票价低于平均成本。巴士及辅助客运系统由于其成本和灵活性的优势，比轨道交通更具吸引力。与此矛盾的是新轨道城市公共交通乘客量的下降，主要是由于巴士乘客下降数量已超过新轨道乘客数量（许多现在乘坐轨道交通的乘客以前是乘坐巴士的）。

第六，机动车与空气污染的关系只是交通环境问题的一部分，机动车还会产生其他的环境问题，例如铺设道路和城市发展导致的暴雨径流，对野生动植物栖息地的破坏，过量噪音和审美关怀。在大多数案例中，这些解决措施技术上是可行的，但通常成本很高。

第七，其他交通方式（例如轮船、飞机、雪地机，ATVS和水上休闲游艇）对环境有不可忽视的影响，人们对这些影响的关注度相对有限。这些问题的典型解决措施是管制多于价格策略。

第八，我们需要更多的高级环境质量评估方法。一些环保团体不惜任何代价主张一个质朴的环境，然而在资源稀缺的世界里，这是不切实际的。另外，社会对环境质量评估要求很高，所以获得更为精准的评价对确定在缓解交通的环境影响投资多少是非常重要的。缓解措施可能比限制和约束个人的移动性来说，更是一个健全的方法。

第十三章 交通与环境

最后,我们有必要建立一个空气污染物和大众健康影响之间更为紧密的科学关系,并且收集较好的微观环境空气污染数据。

注释

1. 空气污染排放物的主要来源划分为两种类型。一种是固定污染源,它的排放物主要来自工厂、建筑物和其他设施。另外一种类型是移动污染源,排放物来自于道路和非道路交通工具。本章主要针对后一种类型的排放物。
2. 由于一些关键污染源数据缺失(例如 1985 年前扬尘、农业和风蚀数据缺失),PM_{10} 污染物排放长期趋势是偏颇的。
3. 2003 年 4 月在联邦法庭上零排放规则最终宣布无效并被加州空气资源委员会(CARB)所摒弃;CARB 的优势从电子机动车转向油电混合汽车,并要求到 2010 年年产量为 12 500 辆油电混合汽车。然而,零排放机动车理念是要求到 2008 年保留一些燃料电池车辆。
4. 西雅图有一些经验,它拥有从西雅图中心至市中心短距离的高架单轨铁路。
5. 许多城市有相互贯通的暴雨系统,在海滨城市排水渠的行人道上经常设有:"禁止向海洋倾倒"的标语。

参考文献

[1] Audirac, I. (1999). Stated preference for pedestrian proximity: An assessment of new urbanist sense of community. *Journal of Planning Education and Research*, 19, 53-66.

[2] Bae, C,-H. C. (1993). Air quality and Trave behavior: Untying the knot. *Journal of the American Planning Association*, 59, 65-75.

[3] Bae, C,-H. C. (1994). *The income distribution impacts of air quality controls: A Los Angeles case study*. Unpublished doctoral dissertation, Universify of Southern California, School of Urban and Regional Planning.

[4] Bae, C,-H. C. (1997a). The equity impacts of Los Angeles' air quality policies. *Environment and Planning A*, 29, 1563-1584.

[5] Bae, C,-H. C. (1997b). How Los Angeles' air quality policies benefit minorities. *Journal of Environmental Planning and Management*, 40, 235-260.

[6] Bae, C,-H. C. (2001). Technology vs. land use: Alternative strategies to reduce auto-related air pollution. *Planning and Markets*, 4, 37-49.

[7] Bae, C,-H. C. (2002). Orenco Station, Portland, Oregon: A successful transit oriented development experiment? *Transportation Quarterly*, 56, 9-15.

[8] Bae, C. -H. C, & Jun, M. -J. (2003). Counterfactual planning: What if there had been no greenbelt in Seoul? *Journal of Planning Education and Research*, 22(4), 374-383.

[9] Beatley, T. (2000). *Green urbanism: Learning from European cities*. Washington, DC: Island Press.

[10] Bertaud, A., & Richardson, H. W. (2004). Transit and density: Atlanta, the United States and Western Europe. In H. W. Richardson & C,-H. C. Bae (Eds.), *Urban sprawl in Western Europe and the United States* (pp. 293-310). London: Ashgate.

[11] Boarnet, M., & Crane, R. (2002). *Travel by design*. New York: Oxford University Press.

[12] Brindle, R. (1994). Lies, damned lies and "automobile dependence."*Australasian Transport Research Forum*, 19, 117-131.

[13] Clevenger, A. P. (1997). *Highway effects on wildlife: A research, monitoring and adaptive mitigation study*. Report prepared for Parks Canada, Banff, Alta. Available online at http://www.hsctch-twinning.ca/assets/pdf/PR3.pdf

[14] Forman, R. T. T., & Alexander, L. E. (1998). Roads and their major ecological effects. *Annual Review of Ecology and Systematics*, 29, 207-231. Available online at http://arjournals.annualreviews.org/doi/full/10.1146/annurev.ecolsys.29.1.207.

[15] Frank, L. D., & Pivo, G. (1994). Impacts of mixed use and density on utilization of three modes of travel: Single-occupant vehicle, transit, and walking. *Transportation Research Record*, 1466 44-52.

[16] Gordon, P., Kuprenas, J., Lee, J. J., Moore, J. E. II & Richardson, H. W. (2003). *Financial and economic impact study of storm water treatment— Los Angeles County*. Los Angeles: University of Southern California, School of Policy, Planning and Development.

[17] Government of Canada. (2002). *The G8 Kananaskis environmental legacy website. Existing science—The effects of highways on wildlife population*. Available online at http://www.g8legacygc.ca/english/assessment_dead_mans_flats/existing_science.html.

[18] Greenwald, M. J. (2003). The road less traveled. *Journal of Planning Education and Research*, 23(1), 39-57.

[19] Guensler, R., & Sperling, D. (1994). Congestion pricing and motor vehicle emissions: An initial review. In *Curbing gridlock: Peak-period fees to relieve traffic congestion* (Transportation Research Board Special Report) (Vol. 2, pp. 356-379). Washington DC: National Academy Press.

[20] Hensher, D. A. (2003). Integrated transport models for environmental assessment. In D. A. Hensher & K. J. Button (Eds.), *Handbook of transport and the environment* (pp. 787-804). Amsterdam: Elsevier.

[21] Ingram, G., & Liu, Z. (1999). Determinants of motorization and road provision. In J.

A. Gomez-Ibanez, W. B. Tye, & C. Whinston (Eds.), *Essays in transportation and economics and policy* (pp. 325—356). Washington, DC: The Brookings Institution Press.

[22] Jenks, M. (2003). Above and below the Line: Globalisation and Urban Form in Bangkok. *Annals of Regional Science*, 22(3), 547-557.

[23] Khan, N., & Vanderburg, W. H. (2001). *Healthy cities: An annotated bibliography*. London: Scarecrow Press.

[24] Lindsey, G. (1994). Planning and contingent valuation: Some observations from a survey of homeowners and environmentalists. *Journal of Planning Education and Research*, 14, 19-28.

[25] Moudon, A. V., Hess, P. M., Snyder, M. C., & Stanilov, K. (1997). Effects of site design on pedestrian travel in mixed-use, medium density environments. *Transportation Research Record*, 1578, 48-55.

[26] National Research Council. (2002). *Climate change science: An analysis of some key questions*. Washington, DC: National Academy of Sciences.

[27] Newman, P., & Kenworthy, J. (1989). Gasoline consumption and cities: A comparison of U. S. cities with a global survey. *Journal of the American Planning Association*, 55, 24—37.

[28] Newman, P., & Kenworthy, J. (1999). *Sustainability and cities: Overcoming automobile dependence*. Washington, DC: Island Press.

[29] Nivola, P. S. (1999). *Laws of the landscape: How policies shape cities in Europe and America*. Washington, DC: Brookings Institution Press.

[30] Oakridge National Laboratory. (2001). *Transportation energy data book* (Contract No. DE-AC05-00OR22725). Oak Ridge, TN: Author. Available online at http:// www. cta. ornl. gov/data

[31] Pucher, J., & Renne, J. L. (2003). Socioeconomics of urban travel: Evidence from the 2001 NHTS. *Transportation Quarterly*, 57(3), 49-78.

[32] Pucher, J., Komanoff, C., & Schimek, P. (1999). Bicycling renaissance in North America?: Recent trends and alternative policies to promote bicycling. *Transportation Research A*, 33, 625-654.

[33] Prud'homme, R., & Nicot, B. -H. (in press). Urban sprawl in France in recent decades. In C. -H. C. Bae & H. W. Richardson (Eds.), *Urban sprawl in Western Europe and the United States*. London: Ashgate.

[34] Saad, J. L., Pastor, M. Jr., Boer, J. T., & Snyder, L. D. (1999). Every breath you take: The demography of toxic air releases in Southern California. *Economic Development Quarterly*, 13, 107-123.

[35] Southworth, M. (1997). Walkable suburbs?: An evaluation of neotraditional communities at the urban edge. *Journal of the American Planning Association*, 63, 28—44.

[36] Sugden, R. (1998). Anomalies and biases in the contingent valuation method. In D. Ban-

ister (Ed.), *Transportation policy and the environment* (pp. 298-319). New York: Routledge.

[37] Tiefenbacher, J. P., & Hagelman, R. R. III. (1999). Environmental equity in urban Texas: Race, income, and patterns of acute and chronic toxic air releases in metropolitan counties. *Urban Geography*, 19, 516-533.

[38] Transportation Research Board. (1997). *Toward a sustainable future: Addressing the long-term effects of motor vehicle transportation on climate and ecology*. Washington, DC: National Academy Press.

[39] U. S. Environmental Protection Agency. (2000). *Green book: Part 50—National primary and secondary ambient air quality standards*. Available online at http://www.epa.gov/oar/oaqps/greenbk/40cfr50.html#Sec.%2050.1

[40] U. S. Environmental Protection Agency. (2003). *Global Warming—Actions*. Available online at http://yosemite.epa.gov/oar/globalwarming.nsf/content/ActionsStateActionsPlans.html#Mitigation.

[41] U. S. Environmental Protection Agency. (2003). *National air pollutant emission trends*. Available online at www.epa.gov/ttn/chief/trends [Also see www.epa.gov/oar/oaqps].

[42] Wegener, M. (2000). *Overview of the IRPUD model*. Dortmund, Germany: Institut fur Raumplanung.

[43] World Bank. (1996). *Sustainable transport: Priority for policy reform* [Online]. Washington, DC: Author. Available online at: http://www-wds.woridbank.org/servlet/WDSContentServer/WDSP/IB/1996/05/000009265_3961214175350/Rendered/PDF/multi_age.pdf.

[44] Zhu, Y., Hinds, W. C., Kim, S., & Sioutas, C. (2002). Concentration and size distribution of ultrafine particles near a major highway. *Journal of Air and Waste Management Association*, 52, 1032-1042.

（洪敏、王姣娥译，莫辉辉校）

第十四章 汽车交通管理

吉纳维夫·朱利亚诺、苏珊·汉森
(Genevieve Giuliano, Susan Hanson)

前十三章从多方面、多尺度论述了美国现代城市交通系统的问题。几十年来,交通发展趋势始终没有改变过,尤其是伴随着公共交通和非机动化交通模式所占市场份额的不断下降,私人汽车的拥有和使用量持续上升。这种趋势与人均收入的提高,都市区的去中心化和经济结构的变化有关,这些变化使家庭和企业活动更具流动性。以上基本趋势在整个西方社会中都有所体现。

尽管如此,当放眼于全球交通方式时,我们发现美国仍然是一个极具代表性的地方。美国私人汽车拥有量最高,日间交通出行距离最高,非小汽车出行的比例最低。尽管加拿大的人均收入和地理性有可比性,但其的公共交通市场占有份额要远比美国大得多。人均收入同样可比的还有北欧的国家,其私人汽车拥有量较低,人均车辆里程数平均起来只有美国的一半(TRB, 2001)。这些差异可从历史、文化和政策的综合效果去寻找答案。我们已经看到,包括家庭、政府和企业在内的多角色参与的决策和行动决定了美国当前的情况。

私人汽车导向体系——或者说对私人汽车依赖——大大增强了车主的流动性,为个人和社会创造了许多价值。但同时这一体系也产生了许多问题。随着其他交通方式效用下降,对于那些无法拥有小汽车的人而言,他们忍受着出行能力下降的无奈;交通业消耗巨大的能源;每年有超过4万人死于交通意外;它影响着人类健康和良好环境状态;并且和城市蔓延密切相关。不难想到美国现代交通系统已经遭到很多批评(参见 Kay, 1997; Nadis & MacKenzie, 1993; Whitelegg, 1993)。

那么我们可以做什么去改变着这些呢?很重要的一点是要意识到目前的城市

交通系统是个人和制度所选择的结果；它并不是干巴巴的自然过程或必然结果。如本书中一些作者所提到的，交通规划本身也深刻地影响着美国城市交通现状。比如传统四步建模过程强调了公路建设在提供可达性方面优于其他途径。通过不同角色（包括规划者、企业、市民和政府）的现行的决策和行动，交通系统会不断演变。那么你是如何看待其变化呢？哪些新政策可能会采纳你愿意看到的变化？市民和那些活跃人士是如何帮助实现城市交通系统中积极有利的转变呢？

由于汽车通常会被认为是现代交通问题的始作俑者，本章中的一些思想聚焦于由汽车发展所带来的一些潜在变化。我们考虑用不同方式来管理汽车交通。我们着眼于政策问题：不同等级的政府可以做什么，或者是市民如何能够影响政府的行为。在一开始，我们承认让人不开、不坐小汽车为目的的政策一般来说不可能成功，原因很简单，那就是小汽车所提供的流动性对大多数人来说具有很高的价值。尽管如此，汽车交通仍然需要一些可能的、必要的转变。

这一章接下来会讨论交通政策制定的背景，朝着有利的方向变化的战略以及实现这一转变的事例。基于战略的潜在有效性和实施上的可行性，我们提出了"八大首要"战略。本章结尾处列举一些转变成功的事例。

一、政策环境

制定有效的战略以解决当代城市交通系统的问题需要理解其政策环境，以及哪些政策有效，哪些无效。与其政策环境相联系，我们提出了四点看法。

（一）没有万能的解决钥匙

交通政策发展史充满了挫折。许多失败都是源于这样一个想法：城市交通问题的解决可以有一把万能的解决钥匙——放之皆准的无痛方法，即实施低成本，并尽量避免个人行为发生大的变化。在20世纪50年代，城市领导人意识到城市交通堵塞问题并以绕城公路作为解决途径。州际铁路计划按照90：10，即联邦政府提供90%，州政府提供10%的资金进行融资，使得公路建设成为各州为争取地方发展和联邦政府博弈的重要一环；20世纪70年代和90年代，铁路大众运输系统被认为是产生新交通问题的主要原因，另外，联邦政府和州政府按照80：20进行

第十四章 汽车交通管理

投资,铁路大众运输系统建设引起地方领导人的关注。政策制定者认为高速快捷的铁路交通会使人们放弃使用小汽车;20世纪80年代,很多人认为交通问题的原因在于交通系统管理(TSM)。其反对者认为公路建设过多,消耗了大量的资金,将城市搞得支离破碎,破坏了环境。或许我们能够更加有效地使用现有的交通承载设施。尽管如此,使用效率的不断提高并不能匹配日益增加的车辆行驶英里数;20世纪90年代,电车用来解决汽车排放物的问题。在过去几十年里,洛杉矶的区域交通规划中出现了大量的富有创造力的解决方案,包括线路交通投资,利用计算机进行远程工作,磁悬浮列车以及促进中心区人口和就业增长;所有这一切都在大规模尺度上进行。

仅靠一项政策是无法解决城市交通问题的。公路、交通系统管理以及其他战略都会起到作用。正如公共政策的许多领域,许多战略中单个战略作用在逐步增加,其合力就会导致一个显著性的变化。有效的途径是要基于政策措施间的互补性相互加强。我们将会广泛描述其可能途径,这些途径需要作为一个整体来看待以求实现合力效果。

(二) 因地、因时采取行之有效的解决途径

这本书的许多作者都强调了地方和地点的突出重要性。每一个城市地域都会以不同方式组合资源、政府结构和布局。城市内的邻里社区也会迥然不同。并且交通政策越来越面向局部化(有关分析参见约翰斯顿的第五章城市交通规划过程,和泰勒的第十一章城市交通投资地理学)。所以一个地方的政策并不一定适应于其他地方;或者说需要在不同地方实行不同战略实施才能取得政策的有效性。另外,一套政策体系中将会产生一定的综合效果,并随区域的不同而不同。

许多事例都表明在一个地方行之有效的方法并不一定适于其他地方。线路交通可以很好地说明这一点。纽约城目前完全依赖于其四通八达的地铁系统,而地铁系统在迈阿密、萨卡拉门托和亚特兰大对可进入性和交通模式并没有显著的影响。很明显,对月卡常客进行交通补贴的政策是提高公共交通使用的一个途径。然而对那些收入极低的人群来说,他们无法花一笔钱去购买月卡,因此无法有效地享受到交通补贴。

汽车尾气排放是因地制宜制定政策的另一事例。车辆的尾气排放取决于当地

的工业结构、天气、大气流动和地方经济所处的阶段。因此每一个区域必须制定适合自己的规划以提高空气质量。与之类似,道路、交通线路或自行车道对环境的影响取决于区域环境。对水质量和排水管理进行简单化一的管理只会令缓解措施的有效性下降,成本提高。

这并不意味着我们无法归纳出解决交通问题的战略和那些区域间不可转移的经验教训。比如从乘客的观点来看,更低的票价和更好的服务质量总是好的。另一个例子是停车费用。大量的证据表明,征收高昂的停车费用提高了小汽车的合乘率和线路交通的利用率(Shoup,1997);然而这些交通方式利用率的提高取决于当地具体情况。在特殊性和一般性问题上,我们要说明的是在研究分析专家和政策制定人员在提出或采纳不同政策取向时要洞察区域差异。

(三) 变化是渐进式累积的

美国的政策制定过程是典型的渐进累积式的,其过程可以以一些特殊的主要转折点来进行分段。即便是联邦法律的主要章节,比如 1970 年的清洁空气法(CAA)和美国国家环境政策法 (NEPA)以及 1991 年的综合地面运输效率法(ISTEA)都经历了几年的努力(注释1)。由于政策制定过程的参与性已经扩大到更多的利益群体,决策过程已经渗入到更低一级的政府部门;变化趋向于更加渐进化,也更难把握。瓦奇(本书第六章)指出了交通规划利益群体的多元化,并且注意到各个群体在交通问题上很难达成一致的看法。随着利益群体的不断扩大,其观点越来越具体化,对于任何一个问题都难以达成一致。利益相关者和参与者的多元性所带来的负面效应就是导致政策实施的瘫痪。我们可以举出很多法院迟迟不予宣判的交通项目,以及已经规划的、但因缺乏谅解而被搁置的交通项目。尽管其中一些项目应该叫停,但其他一些项目却能造福于整个社会。

进一步来说,因为规划并非十全十美的,如果我们认为美国的政策过程是民主的,那么我们也认为美国的政策变化是能够体现市民的价值取向和偏好的。以环境政策为例,政府会直到民众举行大规模抗议时才颁布一些法令,并采取强制实施来保护许多国家级河流和湖泊,使其恢复和提高水质。10 年前,城市径流甚至还不是公共政策讨论的一环,现在各级运输部门(DOTs)在全国范围内改变道路设计以保证径流在排到附近水系之前能够得到有效的收集和处理。

另一个例子是燃料的经济标准即公司平均燃料经济性指标（Corporate Average Fuel Efficiency，CAFE）。尽管1975年提出的公司平均燃料经济性指标代表了一个重要的政策变化(起源于1973年的能源危机)，但其引入是缓慢的，法案也随美国汽车使用者宣称这一标准无法立即和立法要求合拍而修改（Nivola & Crandell，1955）。最近的争论焦点在是否将这一标准延伸到轻型卡车上（见格林，本书第十章），到本章写作为止，运动型多功能车（SUVs）并不在日趋严格的汽车管理标准之列。

（四）意识到没有预期的结果

我们无法预料到人们会对变化的周遭情况出如何反应，所以当新政策实施时，总有一些不确定性。在一些情况下，政策中意想不到的结果还会带来新的问题。在加利福尼亚，1988年南部海岸空气质量管理区（SCAQMD）建立的第15条法规规定员工超过100人的公司必须制订和执行减少通勤出行计划。这条法令相当复杂，但主要是要求公司业主提出交通合乘计划以展示可以达到缩小通勤出行的目标，这个目标视员工规模和具体区位而定。如果这份计划没有得到南部海岸空气质量管理区的批准，那么业主将会受到罚款，但是计划通过而没有达到预期的目标，业主不会受到惩罚。这一法令首先在大公司中实行，然后在随后的时期内分阶段实施（注释2）。

当南部海岸空气质量管理区试行其管理权并对一些业主强加巨额罚款时，公司业主逐渐开始抵制这一条令，很明显，业主被迫对员工提出一些限制，否则就得发放大量津贴以促使员工交通合乘或是使用线路交通系统。因为员工数量不多的公司可以获得豁免，业主认为这条法令使他们在劳工市场中处于一个不利的位置，并且增加了成本，这在全国竞争中也非常不利。另外，通勤实际上是一个劳工关系问题。最终，公司企业家协会求助于与他们利益相关的国家法律，1996年SB 836条令颁布，废止了强迫式交通合乘计划。不仅条令15没有借助于交通合乘概念实现减少通勤出行，而且许多激动人心的计划在1996立法后随即不久就被废除了。

政策冲突有时候会造成难以预计的结果。运动型多功能车的出现就是一个很好的例子。通过对轻型卡车采取更低的油耗性能标准，公司平均燃料经济性指标为大型汽车进入美国市场提供了一个契机。但当燃油实际价格,即扣除通货膨胀率后的价格下降的时候,美国的出行者不会有节约燃油的动机。一旦消费者将额外的燃油成本同舒适感、影响力、载客能力和安全感相比较,当燃油价格下跌时,较大汽车就变得具有吸引力了。燃油价格其本身是政策把燃油税控制到最低的结果。多数国家把燃油税作为一个重要的杠杆来抑制燃油消费和私人汽车使用。

二、变化的背景

许多书中都已写到,我们如何提高美国的城市交通系统或是如何朝向更可持续的交通系统迈进。在讨论实现这些目标的具体战略之前,我们在这一章里将关注实现这些变化战略所处的背景环境。

(一)管制型政策和市场调控型政策

我们的讨论将围绕两大类政策进行:管制型政策和市场调控型政策。管制型政策追求具体的结果。它可以由各级政府施加于企业或个人。比如条令15(适用于企业的区域政策)、公司平均燃料经济性指标(国家政策用于小汽车制造商)、以及安全带使用法(适用于汽车制造商的国家政策)。市场调控政策利用价格刺激或抑制机制以求实现预期效果。同样,市场调控政策也可以由各级政府施加于企业或个人。诸如城市停车费(针对个人的地方政策)、小汽车登记费(针对车主的国家政策)、以及非高峰期票价打折等政策。其他一些不太明显的政策是以各种津贴方式实施的,如交通资本津贴由地方道路系统财产税提供,而非直接收取用户的费用。

这两种政策的优势和劣势对比明显。第一,由于管制型政策具有明确的标准和要求,一些人认为这一类型的政策比市场调控型政策更具有可预计性的结果。比如,新的尾气排放标准要求制造商生产达到要求的汽车,并且这一标准可以通过随机检测来强制实施。相反,如果我们征收尾气排放税,比如按照每英里进行收取,那么个人就会减少开车或者买更清洁的车。理论上,我们可以设定税收达到同样的效果,但实际上个人对税收的反应较难估计。

其次,许多人认为管制型政策在政治制度上更容易被接受。政策对每个人施加的压力都是平等的,比如所有制造商面临同样的尾气排放标准,然而定价造成了一些公平问题,比如尾气排放税对穷人的影响大,因为他们驾驶老得快要报废的汽车。当然,那些能够控制政策制定的人以及所制定的政策有其自身的不平等性,比如为什么在堪萨斯要为尾气控制支付额外的费用?不仅如此,定价上的不公平也体现固定津贴或其他税收的裁减上。管制型政策在政治制度上得到追捧还因为其成本是隐含的。小汽车的新买主并不知道他们要为设计精湛的尾气排放系统支付多少钱,但是尾气排放税却是汽车使用者看得见的"额外成本"。由于绝大部分选民是汽车使用者,所以也就不奇怪为何直接税收的方式在政府选区并不常见。

另外,产业方面也许更倾向于管制型政策,因为调控体制更容易进行"操作"。比如一些观察家认为美国的汽车工业更偏向于尾气调控体制而非尾气排放税是因为前项政策保护了汽车制造商免于竞争。如果征收尾气排放税,汽车制造商不得不在低成本基础上为生产最清洁的汽车而展开激烈的竞争,而现在他们只需要通过联邦政府法令并将连带成本转嫁给消费者。因此激励机制降低了汽车工业执行法令所带来的压力但并没有抹煞它。

定价政策的主要优势是在于其效率:诸如降低交通堵塞、减少污染和降低能源消耗的政策目标能够在更低成本上实现,因为那些制造问题的人知道如何作出响应。继续来讨论尾气排放问题,尾气排放税收可以根据汽车排放率按照每英里来收取。因此,运动型多功能车司机每英里就要比其他司机付更多的钱;新车司机比老车要付较少的费用。正如前面所提到的那样,司机可以选择是少开几英里,驾驶清洁车,或是二者兼顾。这样的一个政策会造成下列问题:①老汽车会更快地下线;②对更清洁汽车的需求持续上涨;③产业内会竞相生产清洁汽车;④汽车使用要求会降低。因此通过尾气排放税收,我们可能会比现行的管制政策更快、更有效地降低尾气排放。

(二) 政府在交通供给方面的角色

即使在角色转换和私有化的今日,我们也需阐明政府在城市交通系统中的作用。除了通过价格和规范来影响个人和公司决策外,政府是交通基础设施的提供者。联邦、州和各级地方集体注资修建和维护街道和道路。甚至当道路由私人机构修建时(如在规划的社区)，也需要公共机构的批准并符合政府规定的标准。公共线路交通几乎完全是国有企业，由税收资助，公共部门建设和运作。自行车和人行道设施也是典型的由公共部门资助和维护的。

美国大城市地区的交通系统运作是联邦、州和地方政府几十年来的决策结果。交通基础设施投资的不同可以解释几个主要交通线路的区域差异。休斯敦是美国汽车合用利用率最高和公共交通利用率最低的地区之一，部分原因是由于它在高乘载车道(HOV)上投资过多，而在高质量公共交通上投资不足。圣地亚哥和亚特兰大发展成汽车导向型城市，在一定程度上是因为其城市在步入高速发展期之前，大量投资于高速路建设所致。塔拉哈西、凤凰城和达拉斯郊区两侧缺少人行道是由于地方政府并没有对此作出要求。波特兰和俄勒冈州正在尝试通过加大公共交通投资、减少投资新道路的方式来改变城市的增长方式。因此交通基础设施决策是公共政策工具箱里的一个主要元素。

三、八项战略改进城市交通，提高居住适宜性

先前我们指出现有大量文献关注提高城市交通基础设施。这里我们按照自己的判断来关注那些兼具实施有效性和可行性的战略；我们为政策提供"八大选择"，使其能真正发挥作用；这些政策关注特殊的市场分割问题以及问题产生的来源，承认经济成本和公平性问题，并且至少承认政策转变所面临的政治上的挑战。

(一) 有选择性地实施定价策略来缓解汽车使用的问题

美国城市交通系统的根本问题在于小汽车使用者并没有为使用汽车的全部成本买单。我们的汽车使用者没有偿付汽车尾气排放所带来的健康和环境破坏，也没有偿付另外引起的交通堵塞以及其他12章(德卡，本书关于公平问题)和13章(贝，本书关于环境影响评价)讨论的社会环境问题；另外，汽车使用者也只是间接支付了停车费和其他服务费用。这造成了两个问题。首先，从社会发展角度来看，我们使用小汽车超出了原本应该的使用量。其次，小汽车造成其他竞争对手都处于劣势地位。从经济学术语来说，即私人汽车抑价。

第十四章 汽车交通管理

只要私人汽车一直抑价,就很难设计出可行的替代方法。最近的发展表明了这一点。我们在公共交通和大容量车道进行了大量投资,然而公共交通市场占有率一直都很平淡,汽车合伙使用率连续下降。为什么会这样?私人汽车价格低,方便快捷的特性使得它成为多数人多数情况下偏爱的交通方式。如果我们在投资其他交通方式时不去改正私人汽车抑价的问题,那么我们就是在浪费公共政策资源。因此,尽管会面临种种困难,我们在战略首先选择通过实施定价策略来"使政策实施上升到一个平等的平台"。

任何试图大幅提高美国私人小汽车价格的措施都注定会失败。比如最近的一次提价是在1993年,以每加仑提高4.3美分来计算,联邦燃油价格上升到18.4美分。尽管人们越来越意识到以降低燃气税来投资和维护交通系统的后果,但在过去10年里,仍然无法成功提高税收。既然燃油税是按照每加仑来收取的,提高燃油使用效率就会导致单位汽车英里里程的税收相应减少。由于税收并没有和通货膨胀率挂钩,税收收入的每一元钱在价格上升时购买力会降低。

然而,交通堵塞的日益严重、有限的公共投资金额以及公众对新道路的抵制等综合因素的出现为提高税收提供了新的契机。现在在美国可以列举出很多定价措施。除了朱利亚诺(本书第九章)讨论的橘县道路收费外,加利福尼亚的两条高速公路按照每天的不同时段进行收费。实行不同的收费标准是为了通过在高峰期抑制一些出行来缓解交通堵塞压力。不同的定价标准还见之于佛罗里达的过桥费以及连接纽约和新泽西赫德森(Hudson)河的过桥和隧道费用。收费公路在科罗拉多、弗吉尼亚、亚利桑那、堪萨斯、佛罗里达以及加利福尼亚都存在。明尼阿波利斯、纽约城、新泽西和加利福尼亚都在规划不同类型的定价措施。其他一些交通拥挤严重的城市将会效仿伦敦在老城区实施的成功的定价经验(专栏14.1)。

专栏 14.1 伦敦交通拥挤定价方案

2003年2月伦敦成为第一个使用定价措施来降低旧城交通拥挤情况的西方城市。长久以来,伦敦都饱受交通堵塞的困扰。近年来,交通拥挤已到达了居民和商业都无法忍受的地步(平均每小时行驶速度只有10英里)。市长肯尼斯·利文斯顿(Kenneth Livingstone)提出了价格警戒方案:每辆私家车在周末上午 7 点到下午 6 点 30 分进入旧城 8 平方公里圈内要征收 5 英镑（约合 8 美元）的费用。为使方案在政治上易于接受，方案中包含了许多豁免政策，生活在警戒区内的人享受 90% 的费用折扣以及出租车费用全免。

这一计划的早期结果还是颇鼓舞人心的。警戒区内的交通量下降了 20%，行驶速度提升了 15%。交通量的下降也只是发生在警戒区的外围，暗示着新费用的收取不会简简单单地从一个区域转移到另一个区域。或许这个计划最大的收益方是公共交通。公路上减少的交通量很大程度上提高了公共巴士系统的可信度，公共交通现在当日能够完成超过 2 万条行程。另外，从这些费用上收取的纯税收（其税收成本比定价系统的费用要低）反过来又可以改善公共线路交通。

是什么使得伦敦交通拥挤收费变得可行的呢？我们认为有以下几点。第一，观念上广泛认为交通堵塞是一个严重问题。第二，很少一部分人驾车驶入伦敦旧城区；公共线路交通承担了 75% 的通勤。很高的停车费用已经使很多人避而远之。第三，原本抵制这份计划的主要利益相关者由于费用收取上的豁免条款变得立场中立。第四，这项费用提供了亟待改善公共交通的融资的新渠道。最后，利文斯顿市长是一个有着丰富经验的企业领导者。

停车政策可以作为另一种定价形式。舒普和威尔逊（Shoup & Willson, 1992）指出在工作地以免费停车为形式的补贴要比通勤所耗的燃油价格大得多。也就是说，免费停车比给员工提供燃油费更能刺激单独驾车！舒普和其他人已表明收取员工的停车费用，甚至同时采取同样数额的"交通津贴"，会大大减少单独驾车。当提供免费停车或同等数额的现金选择时，一些员工会选择现金并改变通勤方式，因为对他们来说额外的现金比免费停车更加有价值。其他停车策略包括限制新开发项目中的停车空间（也就是设置上限而不是现在的最低数量），停车税收费用，或在线路交通普及地区实施特殊要求以减少停车。

定价措施需要考虑到公平性问题。低收入人群的交通情况会怎样？交通费用与哪些人的收入不成比例？这里有三种回答。第一，定价政策衍生出财政收入，并且这些财政收入可以给低收入家庭提供津贴（想象一下"最低交通津贴保障"）来减少其他让低收入人群支付的过高税收费用,或者为其他交通方式提供补贴。其次,定价会提高对其他交通方式的需求,因此会提高公共交通的税收,扩展公共交通服务。第三,采取定价措施可以减少交通堵塞,降低出行时间,使公共交通使用者获得更多的好处。

(二)有选择性地提高和改进公共线路交通服务

许多可持续交通的倡导者认为公共交通投资——尤其是轨道交通——是解决交通问题和建设宜居社区的关键。这些倡导者认为如果我们停止建设道路、限制郊区发展和建设密集轨道交通网络以及在轨道网附近建设更高密度的混合型发展区,我们就能够改变城市景观并减少对小汽车的依赖性。不幸地是,这似乎是一个高不可及的目标,公共交通不是解决城市问题"万能钥匙"。现代大都市区是各种活动高密度集群以及中等和低密度发展的综合体。就业和它所代表的活动和人口密切相关。传统的中心城市,固定线路交通的主市场,成为大都市区的次一级单元(见马勒,本书第三章)。简单来说,在没有或是不可能实现高密度、聚集式发展的地区建立密集的轨道交通网络在经济上是不可行的。

相反,我们应该关注公共交通具有竞争力的地方尽可能地提高公共交通的吸引力。就如普克尔(本书第八章)所描述的那样,这种想法很可能实现。大量研究告诉我们,人们需要低价格、高品质的服务。高品质服务意味着在各类出发地和目的地提供和形成经常的、可靠的安全服务。经常性服务减少了等待和中转次数,因此节省了出行时间。带有更宽车门或多车门的公共巴士减少了乘客的登车和下车时间,减少了出行时间。公交收费卡减少了付款时间。种种"公交快速线"服务是提高线路使用服务品质的极好事例。最好的事例或许是洛杉矶威尔希尔(Wilshire)公交快速线,自从 2000 年 6 月快速公交系统运营后,威尔希尔(Wilshire)和文图拉(Ventura)廊道上的公交乘客提升了 40%。

可靠安全的公共交通是非常重要的。如果公交和火车没有按时或者公交非常拥挤以至于不能停靠,公共交通乘客对出行时间就会有更多的不确定性。乘客必须计算由于公交延误造成的额外时间,甚至花更大的时间代价来使用公共交通。人们在有选择的情况下会避免不确定性和不方便性。新的信息技术通过时时追踪汽车以及司机与调度员之间的无线通信，为交通管理者、有时候也为使用者提供一些确保服务可靠性的工具。同样，我们中很少有人愿意将自己置于危险之中。如果不能保障乘客安全，公共交通系统将会被人们避而远之。纽约的地铁系统也许可以很好地说明这一点，自从采取措施减少地铁犯罪发生率，并清理整顿了地铁系统后（还有改变的收费系统），搭乘率有了明显提高。

高品质的公共交通也意味着线路网络通透、易于理解和变通。按照我们的判断，旧金山海湾地区快速运输系统和华盛顿的地铁系统的吸引力恰恰在于线路数量少，颜色标志鲜明，以及站点信息介绍清楚。公共交通系统应该有效整合，以尽可能降低利用该系统的要求。面向大系统的战略包括基于主要街道或是终点站的线路命名，对主要线路使用颜色编码，为每一站提供线路信息，以及在主要站点上提供交互式地图查询。

正如普克尔（本书第八章）所指出的那样，我们能够从加拿大和欧洲借鉴很多经验来增强公共交通的吸引力。其中一个就是多样化的价格套餐策略。公共交通票的种类应该区分为一天和几天使用。公共交通旅行票可以和酒店预定以及飞机票联系在一起。团体票应该可以协商，所以交通票可以提供大幅的打折优惠。在美国，最好的例子是大学交通票计划，通过大学和交通运营商协商，大学生每年每人的票价固定在一个价格上，学生可以无限制使用手中的交通票。学生交通票计划显著提高了公共交通的使用（Brown, Hess & Shoup, 2003）。

普克尔（本书第八章）同时也指出美国公交线路面临的一个最大挑战是如何在合理的成本上提供对传统中心城市的外部交通。在低密度和中等密度服务区内提供固定线路的服务收效不大（没有足够的出发地和目的地服务），而且很昂贵（没有足够的需求）。按需求响应的服务，如有的乘客安排特殊的交通出行，成本更高。尽管开发有效率的需求响应式服务在技术上是可行的，但问题是这些服务的劳动强度非常高（一队乘客需要一个司机外加几个调度员）。

不过，某些形式的公共交通务必可行，要能够通往交通不便的低密度或中等密度的地区。一些陈旧的因政策限制而很少被实施的方法值得修改，包括随停公车、出租车共乘和用户津贴计划。随停公车在主要街道上运行，根据要求搭载乘客，而不是沿既定的交通站。随停公车已经在美国的一些城市（突出的有纽约、洛杉矶和迈阿密）运行，尽管他们还不合法律要求。出租车合乘在同一时间服务两个或者更多的出行，这在美国只有几个地方是合法的。这一服务受到交通运营商和出租车公司的反对，他们认为这会抢走他们的生意。如果这项服务能在价格有利的基础上提供更好的服务，我们相信其中将实现合法运营。保险是非营利组织寻求为特殊人群（如老年人）提供交通服务过程中面临的另一障碍。公私合营的方式能够在有限范围内共同承担可靠性，这将会为特殊邻里服务提供更多的可能性。

用户津贴为用户选择提供额外的好处。不像公共交通票计划，用户津贴能够用于公共交通或是出租车服务。我们可以设想一下"交通优惠券"，它对任何方面都产生好处，包括可以用来支付汽车燃气费。这个计划的主要障碍是其成本和观念。因为交通不发达地区的很多需求仍没有被满足，所以要在大范围内提供用户津贴，这会使成本变得很高。还有，用户津贴被看作是一种福利。

（三）使行人和骑自行车的人更安全

在美国步行和骑自行车只占城市交通很少一部分。1995年，城市出行中只有5.5%是步行，不到1%是骑自行车，远距离交通非机动化比例只有0.5%（Pucher & Dijkstra, 2000）。这些微小的数字和加拿大12%、德国34%，以及荷兰45%的非机动化交通比例形成了鲜明对比。机动化交通并非发达国家的标志。加利福尼亚的戴维斯22%的出行是靠自行车，证实了即使是在美国城市，人们也能够放弃小汽车作为其出行的重要工具。

美国步行和自行车交通方式只占极小一部分比例的一个原因是这些交通方式出行的危险性较高。在美国，每年有6 000名行人和骑自行车的人死于交通事故，另外还有8.5-9万人被小汽车撞伤（National Safety Council, 2001）。美国行人和骑自行车的死亡率比小汽车和轻型卡车高出3倍（注释3），按每英里出行来算，行人的死亡率高了30倍，骑自行车的死亡率高了10倍。相比之下，德国和荷兰的行人和骑自行车死亡率就非常低——每英里出行的死亡率小于美国的1/4，每次出行小于美国的1/13（Pucher & Dijkstra, 2000）。

我们在美国如何使步行和骑自行车更安全呢？西德利斯（Loukaitou Sideris, 2003）指出行人和骑自行车的危险来源并不仅限于机动车。人为因素包括严重的交通问题、莽撞的司机和犯罪；非人为因素包括突如其来的狗（它会咬伤行人）和较差的路面基础设施，这些会导致机动与非机动车辆发生碰撞，引起伤亡。但要使步行和骑自行车更安全，需要转变机动化和非机动化之间的联系。表 14.1 回顾了有关提高行人和骑自行车人的设计和政策干预。

这些提议不仅针对汽车司机而且针对行人和骑自行车的人。你将会看到其中的一些建议和我们在本节中的提议相一致（比如，把汽车交通的成本提高）。不过，还有一些提议旨在为非机动化模式提供基础设施建设，降低出行速度以及提高教育水平。

如果有合适的基础设施，比如说人行道和自行车道，步行和骑自行车对于美国人来说很具吸引力。有这类基础设施的地方（比如在加利福尼亚的戴维斯），人们就会使用它。这类基础设施需要全面有机的整合；而在美国，人行道和自行车道常常突然中断了。这些基础设施也需要维护；自行车道上的玻璃以及公路的起伏不平会是安全隐患。正如表 14.1 指出，适合的基础设施会通过减少机动化车辆以及把非机动化交通从机动化车辆中分离出去，以提高行人和其自行车人的安全。

在行人和骑自行车人的共享空间，需要降低机动化车辆的行驶速度。被用作减缓交通的政策可称之为"交通稳静化"，包括建设限速坡、在每个街区安放禁止通行标志，缩窄交通道路以及鼓励沿街停车。交通稳静化在居住社区和购物商业区促使行人和自行车能够更安全地和汽车共用道路。缓速措施的实施。为人们创造了一个更好的步行环境。欧洲交通稳静化措施已有效地提高了行人和自行车的安全性(Pucher & Dijkstra, 2000)。

最后，对骑自行车的人、步行者和汽车司机的教育会大大提高安全性。我们相信，汽车司机越多地拥有步行者和骑自行车人的体验（看来只有当步行和骑自行车成为更安全的交通方式时才有可能）在面对道路上非机动化交通时就越可能安全地驾驶。表 14.1 最右一列所列举的一套政策将会提高行人和骑自行车人的安全性，并大大提高美国非机动化交通的分担率，这是每一个可持续交通规划的目标。

表 14.1 有关缓解交通影响的设计和政策干预

对象	目标	空间规划和设计行为	政策性为

开车者	• 管理和调控车辆交通	• 交通控制措施
		  • 交通信号
		  • 道路标志
		  • 道路分叉口
		  • 人行道标志
			• 强制实行交通规则
			• 对不遵守交通规则的人实行罚款和其他惩罚措施

开车者	• 减少车辆交通量	• 基础设施承载方式
		  • 步行道、小路和小径
		  • 自行车道
		  • 公交道
		  • 小汽车道
			• 通过燃油价、停车费、执照费以及其他税收提高私人汽车交通成本
			• 使用交通堵塞定价

开车者	• 降低汽车行驶速度	• 交通稳静措施
		  • 垂直偏转
		  • 水平偏转
		  • 缩窄道路
		  • 道路标志
		  • 中心岛和中值线
		  • 设置死胡同
			• 划定慢速行驶区域
			  • 学校安全区
			  • 家庭住宅区

行人和骑自行车者	• 提高步行和自行车安全性	• 为行人和骑自行车人提供基础设施
		  • 步行道
		  • 自行车道
		  • 街道亮灯化
		  • 保持步行道和减少步道的阻碍
			• 当机动化和非机动化交叉在一起时,倾向于非机动化模式
			• 为学校儿童提供过马路的帮助
			• 学校护卫队计划
			• 强制头盔计划

行人和骑自行车者	• 教育、告知交通的危险		• 包括安全驾驶、步行和骑自行车在内的安全培训

资料来源:Loukaitou-Sideris(2003)。经作者同意改编。

(四) 利用新技术的优越之处

汽车尾气排放量减少,节省燃油和安全性的提高都是技术提高的结果。通过

"技术推动"措施——提出现有技术无法满足的标准——汽车制造商已经被"强迫"开发更轻更具空气流体式动力设计,使燃机更具有效率等。其实在过去 30 年里,尽管车辆里程数提高了一倍,但汽车尾气排放大幅度减少。以 2004 年作为标准规范年,13 款不同的"超低尾气排放"车辆投入零售市场(注释 4)。新措施将会导致汽车"清洁柴油机"的使用。在加利福尼亚,首部限制汽车碳排放的法律于 2002 年通过。

"技术推动"措施成为政策上的选择因为它关注汽车制造商而不是使用者,因此不会要求改变人们的行为。如前所述,要求改变行为的政策(比如鼓励更多的使用公共交通和交通共乘,或是购买更多省油的汽车)并不成功,因为社会并不愿意从改变私人小汽车的相对价格来明显改变交通行为。

我们可以期待,科技将会继续提供解决途径。尽管对零排放车辆的授权(Zero Emissions Vehicle, ZEV)没有促成电车的推广,格林(本书第十章)认为这会促使混合型车的发展,最有可能的是兼顾排放问题和能源消耗的折中办法。在这本书即将出版的时候,本田和丰田汽车在美国零售市场上开始销售混合型车。长远来看,氢燃料电池汽车、太阳能汽车以及其他尚待发明的技术将会为我们提供一个清洁的可更新燃料使用途径。

科技还有望大幅提高出行者的安全。自动刹车系统、饮酒测试系统、司机昏睡感应器、夜视增强系统以及横向导航系统将会使汽车(和行人)更安全。横穿马路的提示系统以及智能信号也能进一步提高行人的安全性。信息和电讯技术将会提高私人和公共交通的预警和处理紧急情况能力。

通过提高现有服务和开发新的服务,科技有很大潜力提高公共交通。自动化导航系统将会使公交乘客感到顺畅,缩短时间间隔,以及允许车辆进入或脱离专用轨道。手机和全球定位导航系统的结合使得对用户进行实时导航成为可能。随着合适仪器的搭载,出行者能够使用借记卡购买车票,以及付停车费和路段收费。一种新的"尚未确定的"交通合乘类型可能会出现,因为信息技术确保了身在其中的人身安全,执证司机没有犯罪记录。最终,科技将会实现公共交通上的"无缝"衔接,把所有交通模式和供应商调节为一个系统。

技术也会使整个交通采取新服务成为可能。专栏 14.2 描述的小汽车共享就是一个很好的例子。

（五）为灵活使用交通系统去除障碍

如果人们能够更加灵活地使用现有的交通系统，也就是如果能够更轻松地选择如何和何时出行，系统的效率会得到提升。美国很多来自日程安排、系统设计和工作地性质方面的限制制约了人们使用交通系统的灵活性。

日程限制包括工作和学习每天早上开始和下午结束时间的集中性，这是高峰期交通拥挤的一个主要原因。如果工人能够选择工作时间，比如说他们能早一点开始工作，那么就能有更多的时间和家人以及朋友分享，从而减少高峰期的拥挤。如果他们能根据公共交通时刻表设定自己的工作时间，并且在到达时间上有一定的灵活性，他们也许会乘公交而不是开私家车。有小孩的父母有着特殊的时间局限性，照顾小孩使得他们的时间表变得更加复杂，他们也许无法提早或推迟时间安排来适应工作表。而且，即便是增加工作时间，在告知单位的情况下，也很少有人享受到每天可以自由更改工作时段；这一限制导致很人们很难处理日常生活中不可阻挡的变化，比如公交乘客面临因事故造成的交通拥挤，父母遇到小孩生病的情况。

专栏 14.2　共用汽车

共用汽车是技术所带来可能性的一个很好的例子。共用汽车是20世纪80年代晚期出现于欧洲，经高度本地化和基层努力而发展起来。随着政府和汽车制造商将这一概念制度化和更大范围的推广，共用汽车在欧洲快速发展。10年前，共用汽车被引入美国。大多数在美国推行的计划都得到了补贴。

共用汽车本质上是时间共享概念在小汽车上的应用：人们购买了汽车的部分所有权，因而有限地使用汽车。就如分时度假房屋一样，需要一些中心管理模式分配时间、收取费用以及维护汽车。技术使得这些功能的实现变得比较容易了。典型的美国共用汽车计划需要交纳一次性的会员费外加每月收取费用。汽车使用按照小时和里程收费。Zipcar是一家在美国四个城市提供共用汽车的公司。他们的费用是每小时8.5-10.5美元，超过125英里后每英里增加

0.18美元[1]。会员要通过互联网提前预订汽车并会被告知在哪里取车。智能钥匙卡用来开启汽车。汽车在出行结束时归还，并用钥匙卡锁住汽车。所有的钥匙卡操作都会被记录，因此控制中心总是知道车队中每一辆汽车的可用性。

共用汽车的目的是为了降低全部汽车的使用。当有人拥有一辆车的时候，额外出行的附加成本就会很小。因此汽车用户拥有尽量使用自己汽车的动机。但是对于大多数人来说——尤其是那些生活在大城市高密度城市中的人——并不总是需要汽车。共用汽车为拥有汽车而不担负固定费用提供了可能。当然，当个人必须为每次使用而付费来反映汽车的全部经济成本，他或她会在价有所值的时候选择使用汽车。美国共用汽车计划强调环境方面的利益，常常使用非常清洁节能的车。全国范围内几个示范性工程使用电车。旧金山海湾的共用汽车研究表明共用汽车的参与者比那些没有参与这项计划的人更少使用汽车出行[2]。

1. 详细内容见 www.zipcar.com。
2. 见 www.stncar.com。

日程安排的局限性看来是卡车交通拥挤的根本原因。批发和零售商之间的配送是由接受方决定的；许多配送都限制在白天进行。结果，卡车出行增加了高峰时的拥挤。一些限制受制于劳工的局限性（下午或是晚上倒班的员工要付加班费）；其他原因还有当地对配送时间的限制。另外，在当地居民没有受到负面影响的地方取消这些限制将会缓解卡车交通拥堵，更好地利用现有的交通承载力。

灵活使用交通系统的另一个限制来自于交通系统设计本身，尤其是不同交通方式的整合比较困难。确保乘客能够综合使用各种交通方式（比如飞机场和公共线路交通；自行车和公交线路，以及把自行车带上公交车；步行道和交通线路；在交通线路站点为汽车和自行车有足够的停车位）将会提高交通系统的灵活性，也因此会提高其有效性。

或许灵活性的最终形式就是通过信息技术的使用来减少对交通整体上的需求，但是在美国大多数工作场所，工作过程以及和别人共事的社交活动使得信息技术不能轻易大范围地替代交通出行。远程通信以及家居式的工作方式允许至少有部分时间人们可以在家工作。电话、视频会议和基于网络的合作站点使得人们进行全球合作成为可能。然而电讯研究表明远程工作只对所有工作中的一小部分可行，并且几乎所有远程工作的人只是将它利用在工作时间中的很小一部分。员工意识到"出场"（也就是在工作地露面）对于职位提升的重要性，因此不愿被远程工作过多地隐藏起来。很少有人对待在家被隔离的工作方式感兴趣。

信息技术使得网络化生产成为可能，但是对于这些过程的管理需要面对面的交流。过去20年远距离航空的迅速发展和这些观点一致。电讯研究表明，尽管远程工作减少了工作出行的次数，总出行距离不一定减少，因为工作出行被其他出行方式替代了(Helling & Mokharian, 2000)。还有，当你待在温暖舒适的家里进行电子购物时，货物要不由卡车送到你家里，要不送到最近的便利店，比如在日本。如贾内尔（本书第四章）所论述的，我们总结了通过电子信息技术减少的出行距离是有限的，尽管灵活性有望增加。

（六）有选择性地提高公路承载力

读者也许会感到惊讶，我们建议以提高公路的承载力作为一项合适的战略来解决交通问题。大多支持交通可持续发展的人会持反对意见：公路要为城市蔓延、开放空间的丧失、城市中心区的破坏、中心城市财政问题、空气污染问题和其他环境破坏、全球变暖以及近来肥胖症的增加等问题负责任。尽管这些观点值得考虑，但我们必须面对事实。美国大都市区完全依赖于公路系统；90%的乘客和2/3的货物是由私人汽车运输的。在现在多数情况下，汽车提供的移动性优于其他交通模式。拥有汽车是就业、享受医疗服务和休闲娱乐以及购物的关键。即使将公共交通和非机动化的份额增加两到三倍，大约80%的出行仍是靠私人汽车。因此，尽管我们必须减少小汽车所带来的破坏，也必须承认我们现在对汽车的依赖性。

大都市区内人口和就业增长，使得增加公路交通承载力成为必要。但是我们应以减少新的需求和减少环境破坏的方式来提高其承载力（见约翰斯顿，本书第五章）。新建成的路应该并且能收费，就如战略1所讨论的那样。我们可以通过相关的设计来减少环境破坏。要每一条建设的道路都符合联邦州际标准是没有道理的。一些公路也许按照现代观点建设驾车专用道，允许更大更陡的弧度减少通行。

这些设施会更符合地方开发结构和当地地形，或许也很少受到当地居民的反对（注释5）。限制性交通设施使每条路有更高的承载力，因此相对于同等容量的放射性道路，降低了道路对土地的需要。因此以有限进入高速公路的方式来提高承载力对快速成长区是最有效的选择。

397　　对提高现有道路系统的承载力争议较少。交通信号化技术是交通工程主要成就之一。据估计，信号分时优化可以提高放射性道路承载力的5%-10%，大大减少了延迟。减少延迟意味着降低尾气排放，因为在行驶速度最高或最低时候尾气排放最大。在十字路口减少延迟意味着降低了行人在一氧化碳以及其他毒素"高峰区"的危险。同样还意味着公共交通时间的缩短和可靠性的提高。

20世纪90年代，智能交通系统（ITS）作为提高公路承载力的万能钥匙而出现。提议者憧憬于新技术将会促使自动化公路的发展，意味着公路将由系统控制而非司机控制。自动化系统将会要求车辆间的间距更短（因为所有的车辆都是在中央控制下，因此能够知道所有其他汽车的动作），从而将公路现有承载力提高两倍到三倍。开发这一技术的现实问题（不是指实施这一系统的实际困难），已经导致承载力提高进步缓慢，并且其未来的增长态势并不乐观。尽管如此，还是取得了些进步。在许多新车上已经实现自动化或是由"智能"方法控制。智能控制根据安全间隔距离事先调节和控制速度。它和自动刹车的结合将会真正地减少间隔，提高交通流量。

（七）促进更灵活的土地开发和再开发

很明显，交通和土地利用模式相互关联。因此减少对汽车依赖性的重要环节就是主张采用可以令非机动化和公共交通更具吸引力的土地利用模式。不过，我们必须记住：土地利用变化是一个长期的策略；2030年的大多数建成区环境已经就绪。而且，个人和家庭情况（比如性别、收入、就业状况、年龄和小孩数量）对人们的出行行为有着比对土地利用模式更多的影响。这些方面强调了土地利用战略的局限性。精明增长或公交导向型开发并不是解决城市交通问题的万能钥匙。

大量经验表明，地方对土地的控制常常阻碍或是使交通站点附近的高密度发展和城市郊区就业中心的中等密度混合式发展变得困难。许多城市规划者认为在市中心、公交导向型综合开发占有非常重要的地位，然而地方土地规划条款却限制了这类发展。如果我们试着去了解是否以步行和公交导向为主的社区的需求在不断增加,那么,对于房地产开发商来说,最有可能的就是去开发和建设。第一步是去掉阻碍这些开发的规划和土地区划的种种限制。第二步是说服现在的居民这些开发通过提供更多的住房、活动和交通选择来为整个社区创造福利。

新开发同等重要。限制单元住宅、公寓大厦、商住混合住宅,或是郊区可以安置父辈的多用户住宅的土地利用政策限制了人们的选择,并常常导致远距离通勤和很少的就业机会。新计划中,不要求修建步行道和自行车道的政策进一步鼓励了小汽车的使用。至少,地方土地政策应当在交通模式上保持中立。理想状态下,新开发应该好好组织以期能随着时间演进不断地增长、提高密度,以至于今日的郊区能够成长为明日的卫星城。

如果可以选择,那么就会有人按照自己的倾向步行去当地咖啡馆或骑车上学。如前所述,一些社区里非机动化比例相当高。然而非机动化模式只是提供短途、本地的出行,因此不能期待会减少交通拥挤或是为弱势人群提高就业机会。建设有着大量步行和骑自行车机会的社区也许比解决交通问题更具有宜居性。

其他措施旨在减少私人汽车的优势,这通过降低其行驶速度或是禁止汽车进入特定区域来实现。交通稳静化,这在战略 3 中讨论到,包括一系列降低机动化交通的技术来提高居住环境以及使得步行和自行车更安全。汽车禁止通行区一并取消私人小汽车的通行。在一些地区,街道被封闭或是被转变成购物中心;在其他地区,街道的一些临近区域成为临时的、每周一次的农贸市场,提供季节性的步行购物区或是开展街头文化活动。

可适性再利用是土地利用的另一个战略。建议者认为这不是在城市边缘区开发土地带来城市的蔓延扩张,而是应该更好地利用美国市中心现有的建筑、街道和基础设施。衰落的商业区通常包括仓储或办公楼,这些楼宇有足够的建筑上的吸引力值得重新整饰和再利用。工厂和仓储楼可以重新提供阁楼式公寓,办公楼可以重新架构作为沿街式零售业和公寓的混合使用。这些区域很典型有高水平的公共线路交通可进入性以及就业和服务的可进入性,这能够使它们成为市内线路交通发展的理想场所。

在全美,城市中旧商业区正在竞相开展适应性再使用项目。这些更新改造项目位于老内城工业区内,因此必须清理先前工业发展遗留的废气和有毒物质。

这些地方(通常被称作老工业地)更新改造的一个严重障碍是,所有者需负责清理已知的污染。这一规则打击了户主测试有毒废弃物质的积极性,严重降低了老工业地对潜在购买者的吸引力,因为如果被证明土地有污染的话,他们要负责清理。

最后,土地利用政策能够而且应该最大化利用我们已在轨道交通上的投资。可以通过减少对停车的要求、允许开发密度超过现有的区划界限;营造公私合营机制分担基础设施成本以及有选择地减免税收等措施来鼓励交通站点附近的高密度、混合式开发。

(八) 制定适合当地情况的战略措施

最后一点,我们不得不讨论如何去获得成功。如果我们要解决城市交通问题,那么我们必须开发一套相互促进的政策而非相互冲突的政策,我们也必须要针对具体地方的具体情况量体裁衣。我们已指出,许多政策是具有多目标的,如对公共交通进行大量补贴目的是不鼓励小汽车交通,但同时也几乎提供了免费停车。

"一套"政策是会什么样子的呢？让我们一起来考虑一个具有挑战性的难题：在一些老的城市交通提高低收入人群的交通能力。战略上也许包括：①提高公共交通服务,如在主要放射型街道上提供随停小公共汽车服务；②为符合标准的人发放"基本交通补贴"；③基于共用汽车的邻里发展；④本地商业区的更新改造扩大提供基本商品和服务。这一套战略措施将需要大量的公共成本。那么如何进行融资呢？建议包括：①考虑使用私人供应商提供小公共汽车服务以降低运行成本；②游说汽车制造商签下共用汽车计划,既然一份成功的计划会带来额外的汽车销售；③通过建立商业改进区(允许本地税收用来提高当地建设包括公共安全)来促进经济再发展；④理顺和提供小额商业贷款,允许街头商贩售卖。

立足于本地化的解决方案使得我们推荐的战略在一些地方限制了私人汽车,尽管一些地区允许私人汽车。促进其他途径替代私人汽车是有意义的,最好的机制是修正目前的私人汽车抑价。如果我们这么做了,那么其他讨论的战略就会更加有效。亚特兰大、迈阿密和洛杉矶如果继续按过去的速度增长,这一速度将无法通过填充式发展和增加密度来实现;这些大都市区边缘地带的新开发将会继续。不断增长的人口和就业将会需要更多的公路,以及更多的公共交通。因此以更好地方式来建设这些公路是有意义的——这些方式要考虑到本地环境和那些使用这些基础设施的人和企业。

四、我们如何促进这些转变？

鉴于种种纷杂的城市交通问题和一系列强化目前状况的动力机制，也许会期待能有一些大的变化。不过的确有些转变。这些转变随着人们观念的变化而发生，而观念的改变是说服主要个人或群体改变的结果。我们在本章结束时讨论一些主要转变如何发生的事例以及在这些转变如何起到关键作用。

（一）综合地面运输及效率法和水陆交通运输政策纲领

1991年通过的《综合地面运输效率法》(ISTEA)是美国交通政策上的里程碑（见本书第一、五和六章）。综合地面运输效率法通过将交通规划和空气质量控制规划联系在一起改变了区域交通规划的规则。任何不满足联邦空气控制质量标准的地区现在被要求提交有助于在规定年份实现空气质量标准的区域交通规划方案。另外，综合地面运输效率法大大提高了交通融资的灵活性，允许使用公路专项资金作为它用，其决策判断权交给地区和州。因此，综合地面运输效率法提供了改变区域交通规划和政策的基本框架。

这些主要变化是如何实现的？部分是因为一小部分环境保护主义者组成了一个水陆交通运输政策纲领(the Surface Transportation Policy Project, STPP)组织来游说议会的领导者。一些人和议员莫伊尼汉(Patrick Moynihan)建立了关系，他是环境和公共设施委员会一个有地位的成员，这个委员会是联邦交通议案的主要委员会。交通运输政策组织和莫伊尼汉议员充分意识到灵活融资将会有利于他的选区曼彻斯特，在那里中央干道工程(Central Artery，也被称为大隧道工程)花费着每一份可用的交通资本。交通运输政策组织的积极运作和莫伊尼汉议员的倡导是1991年综合地面运输效率法通过的关键。

交通运输政策组织继续充当交通方面的主要游说组织。它位于华盛顿，主要业务为出版报告、跟踪立法、有效地将其日程安排进行交流。参与一个具有说服力的组织是影响公共政策的一个显而易见的方式。

(二) 对旧金山高速公路的抗议

　　旧金山是一座由"草根"阶层反对城市高速交通而引发激烈行动的城市。20世纪40年代制定的规划号召在旧金山建立网格状的高速公路。当50年代这份规划公布后即遭到全市各个社区的强烈反对。市民组织起来,举行会议并且签订了抗议申请。1959年旧金山督导委员会作出回应,根据投票取消了10条规划线路。意见最大的是易博龙(Embarcadero)高速公路,这条路沿着市区的渔人码头连接海湾大桥和金门大桥。易博龙高速公路长约1英里,始建于1959年,在此之前对高速公路的抗议还没有全面爆发。面对大范围的公众抗议,这个项目被搁置了,大约10年以后旧金山督导委员会投票终止了这一项目。

　　多年来,没有完成的高速公路(或更准确地说挂在半空中)就像一座纪念碑矗立着,代表着全国范围内蔓延的对高速公路建设的不满,和许多分割的城市在州际系统内的终结。几十年后,易博龙高速公路在1989年洛马·普雷塔(Loma Prieta)地震中受到致命打击。1985年的公民投票曾呼吁拆掉这条高速公路,而地震成为拆除的最终导火线。今天,这一地区改造成为新的体育馆和进行混合开发和地区(注释6)。

　　对易博龙高速公路的抗议展现了普通民众的潜在力量。如果旧金山的民众一如既往地接受(鉴于这一计划得到了联邦和州政府的强烈支持)而不是反对这一计划,那么易博龙高速公路或许已经完工并且到今日还在矗立。市民领导抗议的成功案例还见于《路的尽头》(*At Road's End*)(Carlson,Wormser & Ulberg,1995)一书描述的对交通规划项目的抗议。

(三) 关键人物

　　某些时候,一些人充当政策转变的作用。这里我们简短介绍两位曾起决定性作用的人,他们通过制定联邦汽车工业规定来提高汽车安全性。第一位是拉尔夫·纳德(Ralph Nader),他在1965年出版了现在仍被认为是经典的《任何速度都不安全》(Nader,1965)一书,当时他还是不为人知的消费主义倡导者。在这本书中纳德在讨论到汽车工业时指出,在其他汽车中,通用公司生产的雪佛莱汽车存在一个悬而未决的设计缺陷会导致其极容易翻车。当这一问题被披露时,通用公司雇用了一个侦探去诋毁纳德，最后的种种是是非非致使议会来听证汽车的安全性，通过了有关汽车安全性的新法规，以及1970年成立了联邦委员会来监管高速公路的安全性(这个委员会现在被称为美国国家高速公路交通安全管理局——NHTSA)(注释7)。

我们第二个例子也和汽车安全有关，那就是在《琼斯母亲》(Mother Jones)杂志上，马克·道伊(Mark Dowie)在文章"Pinto Madness"中所提到的1977年发生的Ford Pinto油箱爆炸(注释8)。道伊描述道福特平托(Ford Pinto)因为油箱的问题成为"燃火罐"，油箱位于汽车尾部，在相对低的压力速度下(每小时25-35英里)就会爆炸起火；他指责这样的爆炸已导致500人丧生。道伊的文章促使了美国国家高速公路交通安全管理局会对福特平托展开调查，并在纳德的组织(1971年成立的公共市民组织)和其他组织的压力下，平托车最终被召回。在印第安纳，福特被指责为杀人的罪魁祸首。1980年高级法院审理才裁定福特无罪。

正是因为纳德和道伊二人的推动，美国规定了现在汽车制造商务必要执行汽车安全标准。

(四) 地方活跃分子寻求限制温室气体排放途径

由个人促进当地社区变化的一个当代例子是为气候保护而发展城市(Cities for Climate Protection，CPP)的运动(注释9)。1991年地方环境促进国际委员会(International Council for Local Environmental Initiatives，ICLEI；见www.iclei.org)发起了为气候保护而发展城市的运动，在这个运动中，参与市民和城市领导者在全球范围内减少城市的能源消耗以限制温室气体的排放，因为温室气体已被认为是全球气候变化的原因之一。这项运动现在包含全球500个当地政府，在美国超过140个城市和乡村。

作为由杰出科学家组成的一个国际化团体，全球气候变化政府间合作工作组(International Panel on Climate Change，IPCC)已经确认人类活动，尤其是通过化石燃烧以及合成的温室气体影响着全球气候变化(International Panel on Climate Change，1990)。如格林已经指出的那样(本书第十章)，美国是全球温室气体的主要贡献国，近1/3的气体来自于运输部门。美国联邦政府已经拒绝参与国际努力，这一努力要求美国在未来的规定年份前，温室气体排放量达到要求。在联邦政策并不强调全球气候变化的情况下,为气候保护而发展城市运动就显得很重要了,这项运动包括了一个旨在作用于全球尺度变化的有地方群体组织而成的网络。

参与城市首先要通过一个协议承认这个城市将致力于减能和降低污染。这个城市然后制定一个污染排放清单,并设计本地行动方案减少二氧化碳排放。美国大多数参与城市设定的目标是到2010年前将1990年的二氧化碳标准降低20%。行动方案根据当地条件而具体制定,但是一般来说会强调提高能源效率的具体方式(比如通过安装节能灯和隔离窗户;减少单个座位的汽车出行),以及能源效率提高为城市节省下来的现金收益。全球气候变化政府间合作工作组为全美参与城市提供了区域性的支撑网络。

IPCC传递的一切信息皆为全球变化始于地方,而且全球变化需要在局部尺度上进行调节(在这个例子中,就是减少温室气体排放)。在地方,对保护气候而发展城市运动的关注很好地和对交通规划决策的关注结合起来。随着越来越多的地方政府参加到这项运动中,这种地方化行动能否促使联邦政府采取措施减少温室气体排放将是件很有意思的事。如果联邦政府在具体减排目标上达成一致,那么它将会成为说明个人及组织在联邦尺度上促成与城市交通相关的显著变化的另一案例。

五、结论

从开篇,本书的作者就已强调交通对日常生活的至关重要性,交通投资和政策决定塑造着今日的城市区域。全球化和信息技术,正在日益改变着交通的需求与供给。因为对于营造宜居性城市来说,交通规划处于规划的核心,所以市民和政策制定者都很关注如何以恰当的方式实现城市交通可持续化发展。

交通规划过程是一个从公路规划直接派生的过程,因为交通规划的分析工具起初是被用来分析区域公路投资的。所幸的是,随着规划工具不断改进,已经能够考虑土地利用以及诱发的需求影响,整合所有交通模式,以及通过GIS来展示和分析。尽管现在的改进提高了规划潜力,但交通投资决策的实质还是一个政治问题。从规划的交通系统变化中,谁会得到和谁会失去什么常常是一个激烈的地域性问题。

第十四章　汽车交通管理

纵观全书，作者们已经强调许多城市交通所体现的政策问题，包括能源消耗、空气污染以及其他环境影响以及交通可及性的不公平。作者们也讨论了交通的具体方面，如土地利用影响和交通融资，这将会帮助理解城市交通的地理性和仔细思考解决政策问题的潜在方法。尽管美国在一些方面已取得了巨大进步，如环境质量，我们在能源消耗和交通公平性方面还需改进。对于交通系统可持续发展和实现宜居城市目标，还有很多事情尚需努力。

在这章，我们探讨了解决城市交通问题的种种途径，尤其是通过对汽车交通进行管理来实现。我们总结出八项建议来提高城市交通，以及营造更适宜居住和更可持续的城市和社区。很明显，现在的城市交通，尤其是在美国社会，面临着许多艰巨挑战。我们希望这本书能为应对这些挑战提供所需的背景和分析工具，以帮助实现城市交通系统所急需的转变。这一转变有可能姗姗来迟、但在一点一滴地积累，并由市民的积极参与来实现。然而正如本章中所展示的案例那样，每一个人都可以起到关键性的作用！

注释

1. 一个例外是与战争相关的立法，如近来建立的国家安全部门。
2. 见吉纳维夫、黄和瓦克斯（Giuliano, Hwang & Wachs, 1993）。
3. 这一死亡率是：每1亿出行中行人死亡人数29人，骑自行车的是26人，但只有9人死于乘坐小汽车（Pucher & Dijkstra, 2000）。
4. 见 http://www.arb.ca.gov/msprog/ccbg/ccbg.htm。
5. 20世纪90年代早期，市民反对加宽加直康涅狄格 Merritt 的汽车专用道，说明了许多人还是倾向于非州际间高速公路设施（见 Carlson, Wormser, & Ulberg, 1995, pp. 32-39）。
6. 引自 www.cahighways.org, www.bikesummer.org, www.ocf.berkeley.edu。
7. 见 http://www.pbs.org/wgbh/pages/frontline/shows/rollover/unsafe/cron.html。
8. 这篇文章可以从 http://www.motherjones.com/news/feature/1997/09/dowie.html 获得。
9. 见 www.iclei.org/co2/。

参考文献

[1] Brown, J., Hess, D., & Shoup, D. (2003). Farefree public transit at universities: An

evaluation. *Journal of Planning Education and Research*, 23, 69-82.

[2] Carlson, D., Wormser, L., & Ulberg, C. (1995). *At road's end: Transportation and land use choices for communities*. Washington, DC: Island Press.

[3] Giuliano, G., Hwang, K., & Wachs, M. (1993). Employee trip reduction in Southern California: First year results. *Transportation Research A*, 27A(2), 125-137.

[4] Helling, A., & Mohktarian, P. (2001). Worker telecommunication and mobility in transition: Consequences for planning. *Journal of Planning Literature*, 15(4), 511-525.

[5] International Panel for Climate Change. (1990). *Climate change: The IPCC scientific assessment*. Cambridge, UK: Cambridge University Press.

[6] Kay, J. H. (1997). *Asphalt nation*. New York: Random House.

[7] Loukaitou-Sideris, A. (2003, November). *Transportation, Land use, and physical activity: Safety and security considerations*. Paper presented at workshop of Committee on Physical Activity, Transportation, and Land Use, Washington, DC.

[8] Nader, R. (1965). *Unsafe at any speed: The designed—in dangers of the American automobile*. New York: Grossman.

[9] Nadis, S., & MacKenzie, J. J. (1993). *Car trouble*. Boston: Beacon Press.

[10] National Safety Council. (2001). *Fact sheet library*. Available online at http:www.nsc.org/librarylpedstrns.htm.

[11] Nivola, P., & Crandall, R. (1995). *The extra mile*. Washington, DC: Brookings Institution Press.

[12] Pucher, J., & Dijkstra, L. (2000). Making walking and cycling safer: Lessons from Europe. *Transportation Quarterly*, 54(3), 25-50.

[13] Shoup, D. (1997). Evaluating the effect of cashing out employer-paid parking: Eight case studies. *Transport Policy*, 4(4), 201-216.

[14] Shoup, D., & Willson, R. (1992). Employerpaid parking: The problem and proposed solutions. *Transportation Quarterly*, 46(2), 169-192.

[15] Transportation Research Board. (2001). *Making transit work: Insight, from Western Europe, Canada, and the United States* (Special Report No. 257). Washington, DC: Transportation Research Board, National Research Council.

[16] Whitelegg, J. (1993). *Transport for a sustainable future: The case for Europe*. London: Bellhaven Press.

(杨振山译,王姣娥校)

主题词对照表

A

Accessibility 可达性
Acela high-speed trains Acela 高速列车
Aerotropolis 空港都市区
Aggregate models 集计模型
Air pollution 大气污染
Air Quality Management District 空气质量管制区
Air quality standards 空气质量标准
Airline Deregulation Act of 1978《1978 年航空放松管制法》
Airline industry 航空业
Airports 机场
All-terrain vehicles 越野车
Alternative automotive fuels 替代性机动车燃料
Alternative Motor Fuels Act of 1989《1989 年替代性汽车燃料法案》
Amenities 舒适感
American Association of Retired People (AARP) 美国退休人员协会
Americans with Disabilities Act (ADA, 1990)《美国残障人士法》
Amtrak 全美铁路客运公司
Amtrak Reform and Accountability《Amtrak 改革和经营法》
ASIF Equation ASIF 方程

Assembly-line manufacturing 流水线生产
Attainment 目标
Attribute data 属性数据
Auto-free zones 汽车禁止通行区
Auto restraint policies 汽车限制政策
Automated fare systems 自动售票机系统
Average vehicle ratio (AVR) 平均车辆率

B

Bay Area Rapid Transit (BART) 海湾地区快速交通
Beltways 环形公路
Big dig 大隧道
Biodiversity 生物多样性
Bullet trains 子弹头列车
Bureau of Public Roads 美国公路局
Busways 公车专用道
Bypass routes 环线

C

Cable cars 缆车
California Department of Transportation 加利福尼亚交通部
California Energy Commission 加利福尼亚能源委员会
Canadian National Railway 加拿大国家铁路
Capital subsidy 资金补贴
Carless households 无车家庭

Carpooling 共乘
Census tracts 人口普查
Central business district(CBD) 中心商务区
Center place theory 中心地理论
Century Expressway 世纪高速公路
Chicago Area Transportation Study 芝加哥地区交通研究
Civil Aeronautics Board 民用航空局
Civil Rights Act《民权法》
Civil rights movement 民权运动
Clean Air Act《清洁空气法》
Clean Air Act Amendments《清洁空气法修正案》
Clean Water Act《清洁水法案》
Climate change 气候变化
Cold start 冷启动
Collectivists 集体主义者
Commuting 通勤
Compact city 紧凑型城市
Computerized train control 电脑列车控制
Concurrency management system 并行管理系统
Congestion 拥堵
Constant Travel Time 连续出行时间
Containerization 集装箱化
Contingent valuation 条件估值
Corporate Average Fuel Economy 公司平均燃料经济性指标
Criteria pollutants 标准污染物

D

Data Collection 数据搜集
Data Processing 数据处理
Decentralization 去中心化
Demand management 需求管理
Demographic trends 人口统计趋势
Density gradient patterns 密度斜率模式

Deregulation 放松管制
Derived demand 衍生需求
Diesel fuels 柴油燃料
Disaggregate data 集计数据
Disaggregate residential allocation model 住宅分配模型
Diversion curve 转移曲线
Dynamic segmentation 动态分割

E

Economic activity 经济活动
Economic sectors 经济部门
Edge cities 边缘城市
Electric streetcar era 有轨电车时代
Electronic cottage 电子别墅
Emissions models 排放模型
Employment allocation model 就业分配模型
Endangered Species 濒危物种
Energy conservation 能源保护
Energy consumption 能源消费
Energy efficiency 能源效率
Energy Policy Act《能源政策法案》
Energy Policy and Conservation Act《能源政策和保护法案》
Engine Manufactures Association 发动机厂商协会
Environmental justice 环境公正
Environmental pollution 环境污染
Environmental Pricing 环境定价
Environmental Protection Agency 环境保护署
Environmental regulation 环境管制
Equilibrium modeling 平衡模型
Expressways 高速公路

F

Fair Housing Act《公平住房法》
Federal Bureau of Public Roads 美国联邦公

路局

Federal Geographic Data Committee 美国联邦地理数据委员会

Federal Highway Administration 美国联邦公路管理局

Federal Highway Trust Fund 公路信托基金

Federal Transit Administration 美国联邦公共交通管理局

Forecast analysis zones 预测分析带

Freeway era 高速公路时代

Freeway revolts 高速公路反抗运动

Friction factor 摩擦因子

G

Gasoline 汽油

General Motors 通用汽车

Geographic information systems 地理信息系统

Global climate change 全球气候变化

Global positioning system 全球定位系统

Globalization 全球化

Gravity models 重力模型

Greenhouse gases 温室气体

Growth Management Act 增长管理法

H

Habitat damage 生态环境破坏

Heavy rail 重轨

High-occupancy vehicle 高承载车辆

High Speed Rail Investment Act 高速铁路投资法

Highway assignment 公路分配结果

Highway maintenance 公路维护

Horse-drawn streetcars 马拉轨道车

Hot soak 热启动

Hot-spots 热点

Households income 家庭收入

Hybrid-fuel automobiles 混合燃料型汽车

Hydrogen-powered vehicles 氢动力汽车

I

Immigration 移民

Industrial location theory 工业区位论

Industrial Revolution 工业革命

Industrialization 工业化

Information technology 信息技术

Intergovernmental Panel on Climate 政府间气候变化专门委员会

Integrated Transportation Land Use Package 一体化交通与土地利用软件包

Intelligent Transportation System 智能交通系统

Intelligent Vehicle Highway System 智能车辆高速公路系统

Intermediate capacity transit 中型载客量公共交通

Intermodal Surface Transportation Efficiency Act《综合地面运输效率法》

International Council for Local Environmental Initiatives 地方环境促进国际委员会

Interstate commerce 州际贸易

Interstate Highway Act《州际公路法》

Interstate Highway System 州际公路系统

J

Job sharing 就业分配

Journey-to-work 工作出行

Just-in-time manufacturing 即时生产

L

Labor unions 工会

Land rent curve 地租曲线

Land use 土地利用

Land use patterns 土地利用模式

Lawn Mower Exchange Program 割草机交换计划
Level of service 服务水平
Licensing of drivers 驾驶执照
Light-duty vehicles 轻型客车
Light rail transit 轻轨运输
Lincoln Tunnel 林肯隧道
Liquefied petroleum gases 液化石油气
Local roads 地方公路
Logit model 对数单位模型
Long Beach Freeway 长滩高速公路（加利福尼亚州）
Los Angeles International Airport 洛杉矶国际机场
Low-emission vehicles 低排放车辆
Low-income households 低收入家庭

M

Market centers 市场中心
Mass transit 公共交通
MAX light-rail service MAX 轻轨服务
McCone Commission 麦康委员会
Merced County Association of Governments in California 加利福尼亚默塞德县政府协会
Metropolitan statistical areas 大都市统计区
Metropolitan Transportation Authority 大都市交通局
Metropolitan Transportation Plan 大都市交通规划
Mobility 机动性
Mode choice 方式选择
Monorail 单轨铁路
Montgomery 蒙哥马利

N

National Academy of Sciences 国家科学院
National Ambient Air Quality Standards 国家环境空气质量标准
National Center for Geographic Information and Analysis （美）国家地理信息与分析中心
National Environmental Policy Act 《美国国家环境政策法》
National Governors Association 全州长协会
National Highway Traffic Safety Administration 美国国家高速公路交通安全管理局
National Household Transportation Survey 全国家庭出行调查
National Mass Transportation Assistance Act 《全国公共交通援助法案》
National Science Foundation 国家科学基金
National Spatial Data Infrastructure 国家空间数据基础设施
National System of Interstate and Defense Highways 州际和国防公路体系
Nationwide Personal Transportation Survey 全国个人出行调查
Natural gas 天然气
Network accessibility 网络可达性
Network assignment submodel 网络分配子模型
New urbanism 新城市主义
Noise control Act 噪音控制法令
Nonmotorized modes 非机动化模式

O

Oil 石油
Omnibus 公共汽车
Operating subsidies 运营补贴
Organization for Economic Cooperation and Development 经济合作及发展组织
Organization for Petroleum Exporting Countries 石油输出国组织

P

Pacific Electric network 太平洋电车网络
Paratransit 辅助客运系统
Parking 停车场
Part-time work 兼职工作
Partnership for a New Generation of Vehicles 新一代汽车合作计划
Passenger miles 个人里程
Peak-hour travel 高峰时段出行
Personal miles of travel 个人出行里程
Personal Responsibility and Work Opportunity Reconciliation Act《个人责任和服从工作机会法案》
Petroleum 石油
Planning 规划
Polygon construct 多边形设计
Private goods 私人物品
Public goods 公共物品
Public transportation 公共交通

R

Racial discrimination 种族歧视
Rail Passenger Service Act《铁路客运服务法案》
Rail freight 铁路货运
Rapid bus 快速公交
Regional transportation planning 区域交通规划
Regional transportation planning organization 区域交通规划组织
Rights-of-way 路权
Road Transportation Informatics 道路交通通信技术

S

Sacramento Metropolitan Travel Model 萨克拉门托都市区出行模型
San Joaquin Hills Transportation Corridor Agency 圣华金山交通走廊管理局
Sherman Antitrust Act《谢尔曼反托拉斯法案》
Single-occupancy vehicles 单乘载车辆
Single-parent households 单亲家庭
Small-area zones 小区
Social justice 社会公正
Soil erosion 土壤侵蚀
Space-time autonomy 时空自治
Space-time prism 时空棱柱
Spatial mismatch 空间不匹配
Spatial patterns 空间模式
Spatial scales 空间尺度
Sport utility vehicles 运动型多功能车
State Implement Plan 国家实施计划
Suburbanization 郊区化
Sulfur dioxides 二氧化硫
Super low-emission vehicles 超低排放车辆
Surface Transportation Act 水陆交通法案
Surface Transportation Policy Program《水陆交通运输政策纲领》
Surface Transportation Program 水陆交通运输计划

T

Taxicabs 出租车
Technology 技术
Telecenters 电信服务中心
Telecommuting 远程办公
Teleconferencing 电信会议
Teleshopping 电话购货
Temporary Assistance for Needy Families 贫困家庭临时援助
Time Geography 时间地理学
Time-space path 时空通道

Traffic congestion 交通阻塞
Traffic fatality rates 交通事故率
Transit-oriented development 公交导向型
Transportation adequacy measure 运输充足措施
Transportation control measures 交通管制措施
Transportation Development Act《交通发展法案》
Transportation Equity Act for the 21st Century《21世纪交通运输公平法》
Transportation Improvement Plan 交通改善计划
Transportation investment 交通投资
Transportation needs report 运输需求报告
Transportation strategic plan 交通战略规划
Transportation system management 交通系统管理
Travel demand 出行需求
Travel forecasting 出行预测
Travel time 出行时间
Trip assignment models 出行分配模型
Trip distribution models 出行分布模型

U

United Parcel Service 联合包裹托运公司
United States Department of Transportation 美国运输部
Urban center 城市中心
Urban economic structure 城市经济结构
Urban transportation modeling system 城市交通建模系统
Urban transportation planning system 城市交通规划系统
Urbanization 城市化
U.S. Army Corps of Engineers 美国陆军工程师团
U.S. Fish and Wildlife Service 美国鱼类及野生动物保护局
U.S. Geological Survey 美国地质勘探局
U.S. Supreme Court 美国最高法院

V

Vehicle miles traveled 车辆行驶里程
Veterans Administration 退伍军人管理
Volatile Organic Compounds 挥发性有机化合物
Volume-to-capacity ratio 交通量/通行能力比率

W

Walking 步行
Walking horsecar era 步行—马车时代
Water quality 水质
Water resources 水资源
Western States Petroleum Association 西部各州石油协会
Wildness Society 野生动物协会
Work-trip mode 工作出行方式

Z

Zero-emission vehicles 零排放车辆
Zonal data 带状数据
Zoning 分区

（王姣娥译，金凤君校）

作者简介

苏珊·汉森(Susan Hanson)是克拉克大学地理学院院长、教授。她也是城市地理学家,主要从事性别和经济、日常生活中的地理和可持续性方面的教学和研究。汉森博士是三本地理杂志的编委:《经济地理》(*Economic Geography*)、《美国地理学会会刊》(*Annals of the Association of American Geographers*)和《专业地理学家》(*The Professional Geographer*),同时也是其他一些刊物的编委会成员。目前,她是美国交通运输研究会(Transportation Research Board,TRB[①])的执行委员。汉森博士是美国国家科学院(National Academy of Sciences)资深院士,美国科学促进会(American Association for the Advancement of Science)和美国艺术与科学研究院(American Academy of Arts and Sciences)会员,美国地理学会(Association of American Geographers)的前任主席。

吉纳维夫·朱利亚诺(Genevieve Giuliano)是南加州大学政策、规划与发展学院教授,也是美国国家大城市交通研究中心(METRANS)主任。她的研究兴趣主要集中在交通政策及土地利用与交通的关系方面。朱利亚诺博士是《城市研究》(*Urban Studies*)的前任编委,同时也担任其他一些杂志的编委。她曾入职林肯土地政策研究院(Lincoln Institute of Land Policy),也曾担任美国规划院校联合会(Association of Collegiate Schools of Planning)的执行委员会成员。朱利亚诺博士也是美国交通研究会(TRB)的会员、前执行委员会主席、美国国家科学院准院士(National Associate)。

[①] 译者注:交通领域非常权威的一个学术会议。

撰 稿 人

希钱格·克里斯汀·贝(Chang-Hee Christine Bae),博士,华盛顿大学城市设计与规划系,西雅图,华盛顿州。

德瓦乔提·德卡(Devajyoti Deka),博士,新泽西交通规划局,纽瓦克,新泽西州。

戴维·格林(David L. Greene),博士,橡树岭国家实验室,橡树岭,田纳西州。

吉纳维夫·朱利亚诺(Genevieve Giuliano),博士,南加州大学政策、规划与发展学院,洛杉矶,加利福尼亚州。

苏珊·汉森(Susan Hanson),博士,克拉克大学地理学院,伍斯特,马萨诸塞州。

唐纳德·贾内尔(Donald G. Janelle),博士,加州大学,圣巴巴拉,加利福尼亚州。

罗伯特·约翰斯顿(Robert A. Johnston),硕士,加州大学环境科学与政策系,加州大学,戴维斯,加利福尼亚州。

托马斯·莱茵巴克(Thomas R. Leinbach),博士,肯塔基大学地理系,列克星敦,肯塔基州。

彼得·马勒(Peter O. Muller),博士,迈阿密大学地理与区域研究系,珊瑚阁,佛罗里达州。

蒂莫西·涅尔盖什(Timothy L. Nyerges),博士,华盛顿大学地理系,西雅图,华盛顿州。

约翰·普克尔(John Pucher),博士,罗格斯大学城市规划系,新伯朗士威,新泽西州。

布赖恩·泰勒(Brian D. Taylor),博士,加州大学交通研究所主任,城市规划系,洛杉矶,加利福尼亚州。

马丁·瓦奇(Martin Wachs),博士,美国注册规划师学会会员,加州大学,伯克利,加利福尼亚州。

图书在版编目(CIP)数据

城市交通地理学/(美)汉森等编;金凤君等译. —北京:商务印书馆,2014
(当代地理科学译丛·学术专著系列)
ISBN 978-7-100-09674-4

Ⅰ.①城… Ⅱ.①汉…②金… Ⅲ.①城市交通—地理学 Ⅳ.①U12-05

中国版本图书馆 CIP 数据核字(2012)第 309120 号

所有权利保留。
未经许可,不得以任何方式使用。

城市交通地理学

〔美〕苏珊·汉森 吉纳维夫·朱利亚诺 编
金凤君 王姣娥 王成金 戴特奇 等译

商务印书馆出版
(北京王府井大街36号 邮政编码100710)
商务印书馆发行
北京瑞古冠中印刷厂印刷
ISBN 978-7-100-09674-4

2014年10月第1版 开本 787×960 1/16
2014年10月北京第1次印刷 印张 34

定价:85.00元